भू-राजनीति का व्याकरण

अमर कुमार

notionpress.com

INDIA · SINGAPORE · MALAYSIA

ISBN
Paperback 979-8-90451-909-4
Hardcase 979-8-90540-967-7

"प्रत्येक वैश्विक संघर्ष की जड़ विचारधारा में नहीं,

बल्कि भूगोल में निहित होती है, क्योंकि भूगोल राष्ट्रीय हितों को

गढ़ता है और युद्ध व शांति की रूपरेखा तय करता है।"

अनुक्रमणिका

भूमिका

भू-राजनीति केवल राज्यों के बीच शक्ति-संघर्ष का अध्ययन नहीं है, बल्कि यह उस जटिल और बहुआयामी अंतर्संबंध को समझने का एक व्यापक प्रयास है जो भूगोल, शक्ति, राजनीति, अर्थव्यवस्था, संसाधन, तकनीक और वैचारिक संरचनाओं के बीच विद्यमान है। मानव सभ्यता के विकास के साथ-साथ यह स्पष्ट होता गया है कि शक्ति का स्वरूप केवल सैन्य या राजनीतिक नहीं होता, बल्कि वह स्थान, संसाधन, परिवहन, संस्कृति और तकनीकी क्षमताओं से गहराई से जुड़ा होता है। इस प्रकार भू-राजनीति उस व्यापक बौद्धिक परिप्रेक्ष्य को प्रस्तुत करती है जिसके माध्यम से हम वैश्विक राजनीति की दिशा, प्रवृत्तियों और संभावनाओं को समझ सकते हैं। यदि हम अंतरराष्ट्रीय राजनीति को एक भाषा के रूप में देखें, तो भू-राजनीति उसका व्याकरण है; एक ऐसा ढाँचा जो यह निर्धारित करता है कि शक्ति कैसे उत्पन्न होती है, कैसे प्रयोग की जाती है और किस प्रकार संतुलित या चुनौती दी जाती है। जिस प्रकार भाषा का व्याकरण शब्दों और वाक्यों को अर्थ प्रदान करता है, उसी प्रकार भू-राजनीतिक व्याकरण वैश्विक घटनाओं और रणनीतियों को एक संरचनात्मक अर्थ प्रदान करता है। यह केवल यह नहीं बताता कि क्या हो रहा है, बल्कि यह भी स्पष्ट करता है कि क्यों हो रहा है और आगे क्या हो सकता है।

इतिहास में जब हम प्राचीन सभ्यताओं का अध्ययन करते हैं, तो यह स्पष्ट होता है कि भूगोल ने हमेशा शक्ति के स्वरूप को निर्धारित किया है। नदियों के किनारे विकसित सभ्यताएँ, पर्वतीय क्षेत्रों की रक्षा-व्यवस्थाएँ, समुद्री व्यापार मार्गों पर आधारित साम्राज्य,यह सभी इस तथ्य की पुष्टि करते हैं कि भूगोल केवल पृष्ठभूमि नहीं, बल्कि शक्ति का सक्रिय निर्धारक रहा है। उदाहरण के लिए, मेसोपोटामिया, मिस्र, सिंधु घाटी और चीन की सभ्यताएँ नदियों के कारण विकसित हुईं, जबकि यूनान और रोम जैसे साम्राज्यों ने समुद्री शक्ति के माध्यम से अपने प्रभाव का विस्तार किया।मध्यकाल और आधुनिक काल में प्रवेश करते हुए भू-राजनीति का स्वरूप और अधिक स्पष्ट होता गया। समुद्री अन्वेषणों, उपनिवेशवाद और साम्राज्यवाद के युग में यह सिद्ध हो गया कि जो राज्य समुद्रों पर नियंत्रण स्थापित कर सकते हैं, वे वैश्विक व्यापार और शक्ति पर भी प्रभुत्व स्थापित कर

सकते हैं। इसी संदर्भ में शास्त्रीय भू-राजनीतिक चिंतकों ने अपने सिद्धांत प्रस्तुत किए। इन चिंतकों ने यह तर्क दिया कि भूगोल शक्ति का स्थायी आधार है और जो राज्य अपने भौगोलिक लाभों का प्रभावी उपयोग कर सकते हैं, वे दीर्घकालिक रूप से वैश्विक राजनीति में प्रभावी बने रहते हैं। किन्तु भू-राजनीति का अध्ययन केवल अतीत तक सीमित नहीं है। 20वीं सदी में दो विश्व युद्धों और शीत युद्ध ने यह स्पष्ट कर दिया कि शक्ति का संतुलन केवल सैन्य क्षमता से निर्धारित नहीं होता, बल्कि वैचारिक संघर्ष, आर्थिक शक्ति और तकनीकी प्रगति भी इसमें महत्वपूर्ण भूमिका निभाते हैं। शीत युद्ध के दौरान विश्व दो ध्रुवों में विभाजित हो गया, जहाँ भू-राजनीतिक प्रतिस्पर्धा ने वैश्विक राजनीति को एक संरचनात्मक रूप प्रदान किया। यह वह समय था जब भू-राजनीति केवल भौगोलिक नियंत्रण का विषय नहीं रही, बल्कि यह वैचारिक और रणनीतिक प्रतिस्पर्धा का माध्यम बन गई।

21वीं सदी में प्रवेश करते हुए भू-राजनीति का स्वरूप और अधिक जटिल हो गया है। अब यह केवल स्थल और समुद्र तक सीमित नहीं है, बल्कि इसमें साइबर स्पेस, अंतरिक्ष, ऊर्जा संसाधन, जलवायु परिवर्तन और वैश्विक आपूर्ति श्रृंखलाएँ भी शामिल हो चुकी हैं। आज के युग में डेटा, तकनीक और सूचना भी उतनी ही महत्वपूर्ण हैं जितनी कि भूमि और समुद्र। इस प्रकार भू-राजनीतिक व्याकरण का विस्तार हुआ है और इसमें नए आयाम जुड़ गए हैं।समकालीन विश्व में बहुध्रुवीयता का उदय, वैश्विक संस्थाओं की भूमिका, क्षेत्रीय संगठनों का प्रभाव और उभरती शक्तियों का बढ़ता महत्व यह दर्शाता है कि अंतरराष्ट्रीय व्यवस्था एक परिवर्तनशील अवस्था में है। इस परिवर्तनशीलता को समझने के लिए केवल घटनाओं का अध्ययन पर्याप्त नहीं है; आवश्यक है कि उन घटनाओं के पीछे कार्यरत संरचनात्मक नियमों और तर्कों को समझा जाए। यही इस पुस्तक का मूल उद्देश्य हैयह पुस्तक यह तर्क प्रस्तुत करती है कि अंतरराष्ट्रीय राजनीति में घटित होने वाली अधिकांश घटनाएँ,चाहे वे युद्ध हों, गठबंधन हों, आर्थिक प्रतिस्पर्धा हो या तकनीकी संघर्ष,वे सभी किसी न किसी भू-राजनीतिक व्याकरण का अनुसरण करती हैं। उदाहरण के लिए, समुद्री मार्गों पर नियंत्रण की प्रतिस्पर्धा, ऊर्जा संसाधनों के लिए संघर्ष, रणनीतिक चोक-पॉइंट्स का महत्व, और क्षेत्रीय प्रभुत्व की आकांक्षा,यह सभी भू-राजनीतिक तर्कों से संचालित होते हैं।भू-राजनीति व्याकरण का यह दृष्टिकोण हमें यह समझने में सहायता करता है कि वैश्विक राजनीति में घटनाएँ आकस्मिक नहीं होतीं, बल्कि वे एक निश्चित संरचनात्मक ढाँचे के भीतर घटित होती हैं। यह ढाँचा ऐतिहासिक अनुभवों, भौगोलिक वास्तविकताओं और शक्ति

संतुलन के सिद्धांतों पर आधारित होता है। इस प्रकार भू-राजनीति का अध्ययन केवल वर्णनात्मक नहीं, बल्कि विश्लेषणात्मक और पूर्वानुमानात्मक भी है।

इस पुस्तक को तीन प्रमुख भागों में विभाजित किया गया है ताकि पाठक भू-राजनीति के विभिन्न आयामों को क्रमबद्ध और समग्र रूप से समझ सके।पहला भाग भू-राजनीति के सैद्धांतिक और वैचारिक आधारों पर केंद्रित है। इसमें भू-राजनीति की अवधारणा, उसके प्रमुख सिद्धांत, शक्ति की प्रकृति, राज्य की भूमिका, राष्ट्रीय हित की अवधारणा और शीत युद्ध की संरचना का विश्लेषण किया गया है। यह भाग पाठक को वह बौद्धिक आधार प्रदान करता है जिसके माध्यम से वह आगे के विश्लेषण को समझ सके।दूसरा भाग भू-राजनीतिक संरचनाओं और क्षेत्रों पर केंद्रित है। इसमें स्थल-आधारित शक्ति, समुद्री प्रभुत्व, संसाधन राजनीति, ऊर्जा सुरक्षा और वैश्विक संस्थाओं की भूमिका का अध्ययन किया गया है। यह भाग यह स्पष्ट करता है कि विभिन्न भौगोलिक और संरचनात्मक तत्व किस प्रकार शक्ति संतुलन को प्रभावित करते हैं।तीसरा भाग समकालीन और भविष्य की भू-राजनीति पर केंद्रित है। इसमें बहुध्रुवीय विश्व व्यवस्था, भू-अर्थशास्त्र, तकनीकी प्रतिस्पर्धा, साइबर स्पेस, जलवायु राजनीति और भारत की हिंद-प्रशांत भूमिका का विश्लेषण किया गया है। यह भाग यह दर्शाता है कि भविष्य की वैश्विक राजनीति किन कारकों से प्रभावित होगी और राज्यों को किस प्रकार अपनी रणनीतियों को अनुकूलित करना होगा।इस पुस्तक का एक महत्वपूर्ण उद्देश्य यह भी है कि यह भू-राजनीति को केवल एक सैद्धांतिक विषय के रूप में प्रस्तुत न करे, बल्कि इसे एक व्यावहारिक उपकरण के रूप में विकसित करे। नीति-निर्माताओं, शोधार्थियों और विद्यार्थियों के लिए यह आवश्यक है कि वे वैश्विक राजनीति को केवल घटनाओं के माध्यम से न समझें, बल्कि उसके पीछे कार्यरत तर्कों और संरचनाओं को भी समझें।

आज के युग में जब विश्व तेजी से बदल रहा है, तब भू-राजनीतिक समझ और भी अधिक महत्वपूर्ण हो गई है। वैश्विक आपूर्ति श्रृंखलाओं में व्यवधान, ऊर्जा संकट, क्षेत्रीय संघर्ष, तकनीकी प्रतिस्पर्धा और जलवायु परिवर्तन,यह सभी ऐसे मुद्दे हैं जो सीधे-सीधे भू-राजनीतिक तर्कों से जुड़े हुए हैं। इस प्रकार यह पुस्तक पाठकों को एक ऐसा दृष्टिकोण प्रदान करती है जिसके माध्यम से वे इन जटिल मुद्दों को अधिक स्पष्टता और गहराई से समझ सकें।इसके अतिरिक्त, यह पुस्तक भारतीय परिप्रेक्ष्य को भी विशेष महत्व देती है। भारत एक उभरती हुई वैश्विक शक्ति है और उसकी भौगोलिक स्थिति, संसाधन क्षमता, जनसांख्यिकी और सांस्कृतिक प्रभाव

उसे वैश्विक राजनीति में एक महत्वपूर्ण स्थान प्रदान करते हैं। हिंद-प्रशांत क्षेत्र में भारत की भूमिका, उसकी समुद्री रणनीति, क्षेत्रीय सहयोग और वैश्विक संस्थाओं में उसकी भागीदारी,यह सभी इस बात के संकेत हैं कि भारत की भू-राजनीतिक भूमिका भविष्य में और अधिक महत्वपूर्ण होगी।यह पुस्तक पाठक को एक महत्वपूर्ण प्रश्न के साथ छोड़ती है;यदि भू-राजनीति एक भाषा है, तो क्या हम उसकी व्याकरण को समझे बिना वैश्विक राजनीति को सही अर्थों में पढ़ सकते हैं? यह प्रश्न केवल बौद्धिक जिज्ञासा का विषय नहीं है, बल्कि यह हमारे समय की एक अनिवार्य आवश्यकता है। क्योंकि जब तक हम भू-राजनीतिक व्याकरण को नहीं समझेंगे, तब तक हम वैश्विक घटनाओं की सही व्याख्या नहीं कर पाएंगे और न ही भविष्य के रुझानों का सटीक अनुमान लगा सकेंगे।इस प्रकार, यह भूमिका केवल इस पुस्तक का परिचय नहीं है, बल्कि यह एक बौद्धिक आमंत्रण है;एक ऐसा आमंत्रण जो पाठक को वैश्विक राजनीति को एक नए दृष्टिकोण से देखने और समझने के लिए प्रेरित करता है।

भाग I:

भू-राजनी ति का सैद्धांतिक एवं वैचारिक व्याकरण

अध्याय-1

भू-राजनीति की अवधारणा, परिभाषा और विकास

भू-राजनीति आधुनिक राजनीतिक चिंतन का वह क्षेत्र है जो यह स्पष्ट करता है कि राजनीति केवल विचारधाराओं, संस्थाओं अथवा नेतृत्व की इच्छा से संचालित नहीं होती, बल्कि वह गहराई से भौगोलिक यथार्थ से जुड़ी होती है। किसी राज्य का भू-स्थान, उसकी प्राकृतिक संरचना, संसाधन-संपदा, जलवायु, सीमाएँ और संपर्क मार्ग; यह सभी तत्व राजनीति के स्वरूप, दिशा और सीमाओं को निर्धारित करते हैं। इस अर्थ में भू-राजनीति को राजनीति का वह "अदृश्य व्याकरण" कहा जा सकता है, जो यह समझने में सहायता करता है कि राज्य क्यों वैसा व्यवहार करते हैं जैसा वे करते हैं।[1] यह उप-अध्याय भू-राजनीति की अवधारणा, उसके बौद्धिक स्वरूप और उसके सैद्धांतिक आधारों का विस्तारपूर्वक विश्लेषण प्रस्तुत करता है। भू-राजनीति का शाब्दिक अर्थ "भूगोल और राजनीति का अंतर्संबंध" है, किंतु यह परिभाषा अत्यंत सीमित है। वास्तव में भू-राजनीति उस प्रक्रिया का अध्ययन है जिसके माध्यम से भौगोलिक संरचनाएँ राजनीतिक शक्ति में रूपांतरित होती हैं।[2] भूगोल यहाँ केवल पर्वत, नदी, समुद्र या भूमि-सीमा तक सीमित नहीं है, बल्कि उसमें जनसंख्या-वितरण, संसाधनों की उपलब्धता, परिवहन नेटवर्क और तकनीकी पहुँच भी सम्मिलित हैं। राजनीति, दूसरी ओर, केवल शासन-प्रणाली या नीति-निर्माण तक सीमित न होकर शक्ति-संघर्ष, राष्ट्रीय हित और रणनीतिक व्यवहार का समुच्चय है।[3] इस प्रकार भू-राजनीति को उस बौद्धिक ढाँचे के रूप में समझा जा सकता है जो यह स्पष्ट करता है कि भूगोल राजनीति को कैसे सक्षम, सीमित और निर्देशित करता है। यह अवधारणा मानती है कि राज्य एक अमूर्त इकाई नहीं, बल्कि एक निश्चित स्थान पर स्थित राजनीतिक संगठन है, और वही स्थान उसकी संभावनाओं और बाधाओं को निर्धारित करता है।[4]

भू-राजनीति को लेकर एक प्रमुख वैचारिक विवाद यह रहा है कि क्या यह भौगोलिक नियतिवाद को बढ़ावा देती है। आलोचकों का तर्क है कि भू-राजनीति विचारधारा और राजनीतिक नेतृत्व की भूमिका को कम करके देखती है।[5] किंतु आधुनिक भू-राजनीतिक चिंतन इस आलोचना से आगे बढ़ चुका है। समकालीन दृष्टिकोण भूगोल को एकमात्र निर्धारक नहीं, बल्कि एक संरचनात्मक संदर्भ के रूप में देखता है, जिसके भीतर राजनीतिक विकल्पों का चयन किया जाता है।[6]भू-राजनीति यह नहीं कहती कि भूगोल सब कुछ तय करता है, बल्कि यह कहती है कि भूगोल उन सीमाओं और अवसरों को निर्धारित करता है जिनके भीतर राजनीति संचालित होती है। उदाहरणस्वरूप, दो राज्यों के बीच समान राजनीतिक व्यवस्था होने के बावजूद, यदि उनके भौगोलिक संदर्भ भिन्न हैं, तो उनकी रणनीतियाँ भी भिन्न होंगी। इस प्रकार भू-राजनीति नियतिवाद नहीं, बल्कि संभाव्यता और संरचना की राजनीति है।[7] भू-राजनीति को समझने के लिए इसे राजनीतिक भूगोल से अलग करना आवश्यक है। राजनीतिक भूगोल मुख्यतः यह अध्ययन करता है कि राजनीतिक सीमाएँ, प्रशासनिक इकाइयाँ और क्षेत्रीय संगठन कैसे निर्मित होते हैं। इसके विपरीत, भू-राजनीति इस प्रश्न पर केंद्रित होती है कि शक्ति इन भौगोलिक संरचनाओं के माध्यम से कैसे कार्य करती है।[8] राजनीतिक भूगोल अधिक वर्णनात्मक है, जबकि भू-राजनीति अधिक विश्लेषणात्मक और रणनीतिक है। भू-राजनीति न केवल यह बताती है कि कोई राज्य कहाँ स्थित है, बल्कि यह भी स्पष्ट करती है कि उस स्थिति का उसके राजनीतिक व्यवहार पर क्या प्रभाव पड़ता है। इस दृष्टि से भू-राजनीति राजनीतिक भूगोल का विस्तार नहीं, बल्कि उसका रणनीतिक रूपांतरण है।[9] इस ग्रंथ में भू-राजनीति को "व्याकरण" के रूप में प्रस्तुत किया गया है, और यह उपमा अत्यंत महत्वपूर्ण है। जिस प्रकार व्याकरण भाषा के प्रयोग के नियमों को संरचित करता है, उसी प्रकार भू-राजनीति राजनीतिक व्यवहार के निहित नियमों को स्पष्ट करती है। भाषा बिना व्याकरण के अव्यवस्थित और असंगत हो जाती है; उसी प्रकार यदि अंतरराष्ट्रीय राजनीति को भू-राजनीतिक संदर्भ के बिना देखा जाए, तो वह घटनाओं, संकटों और गठबंधनों का एक बिखरा हुआ क्रम मात्र प्रतीत होती है। भू-राजनीतिक दृष्टि इन घटनाओं के बीच अंतर्संबंध, संरचना और निरंतरता को समझने का साधन प्रदान करती है।[10]भू-राजनीति यह स्पष्ट करती है कि क्यों कुछ क्षेत्र ऐतिहासिक रूप से संघर्ष के केंद्र बने रहते हैं; क्यों समुद्री मार्ग वैश्विक शक्ति-संतुलन में निर्णायक भूमिका निभाते हैं; और क्यों संसाधन-संपन्न क्षेत्र निरंतर प्रतिस्पर्धा और हस्तक्षेप का केंद्र बनते हैं।[11] यह दृष्टिकोण राजनीति के सतही आयामों से आगे बढ़कर उसके संरचनात्मक

आधारों को उद्घाटित करता है। उदाहरणतः सामरिक चोक-पॉइंट्स, ऊर्जा-मार्ग और सीमावर्ती क्षेत्र केवल भौगोलिक इकाइयाँ नहीं, बल्कि शक्ति-प्रक्षेपण के माध्यम बन जाते हैं।[12] आधुनिक संदर्भ में भू-राजनीति को केवल राजनीति विज्ञान के भीतर सीमित नहीं किया जा सकता। इसका स्वरूप बहु-विषयी है;यह इतिहास, अर्थशास्त्र, समाजशास्त्र, सुरक्षा अध्ययन और अंतरराष्ट्रीय संबंधों से अंतर्ग्रथित है। ऐतिहासिक अनुभव शक्ति-परिवर्तन के पैटर्न को समझने में सहायता करते हैं; अर्थशास्त्र संसाधन राजनीति, व्यापारिक मार्गों और भू-अर्थशास्त्र के महत्व को स्पष्ट करता है; जबकि सुरक्षा अध्ययन सैन्य, रणनीतिक और प्रतिरोधक आयामों को जोड़ता है।[13] इस अंतःविषय प्रकृति के कारण भू-राजनीति एक लचीला तथा व्यापक विश्लेषणात्मक उपकरण बन जाती है। यही कारण है कि नीति-निर्माता, रणनीतिक विश्लेषक और शोधकर्ता आज भी जटिल वैश्विक परिदृश्य को समझने के लिए भू-राजनीतिक दृष्टिकोण का सहारा लेते हैं।[14] परंपरागत रूप से भू-राजनीति का केंद्र राज्य रहा है। राज्य को शक्ति का प्रमुख धारक और भूगोल को उसकी शक्ति का आधार माना गया है।[15] यद्यपि समकालीन विश्व में बहुराष्ट्रीय कंपनियाँ, अंतरराष्ट्रीय संस्थाएँ और अन्य गैर-राज्य अभिनेता प्रभावशाली हो गए हैं, फिर भी राज्य की केंद्रीयता समाप्त नहीं हुई है। वैश्वीकरण के युग में भी राज्य अपनी भौगोलिक स्थिति, सीमाओं और संसाधनों के कारण विशिष्ट हितों और रणनीतियों का निर्माण करते हैं।इस प्रकार भू-राजनीति राज्य-केंद्रित दृष्टिकोण को अस्वीकार नहीं करती, बल्कि उसे एक व्यापक संरचनात्मक संदर्भ प्रदान करती है, जिसमें शक्ति के विविध आयामों; सैन्य, आर्थिक, तकनीकी और वैचारिक का समेकित विश्लेषण संभव होता है। यह स्पष्ट होता है कि भू-राजनीति न तो केवल भूगोल है और न ही मात्र राजनीति; यह दोनों के अंतर्संबंध का एक समग्र विश्लेषणात्मक ढाँचा है। इसे राजनीति के "व्याकरण" के रूप में समझना इसलिए आवश्यक है, क्योंकि यही दृष्टिकोण हमें वैश्विक और क्षेत्रीय राजनीति की गहन संरचना, उसकी निरंतरता और उसके परिवर्तनशील आयामों को समझने की क्षमता प्रदान करता है।

भू-राजनीति की परिभाषाएँ और वैचारिक विकास

भू-राजनीति की अवधारणा जितनी प्रभावशाली है, उतनी ही परिभाषात्मक रूप से जटिल भी है। इसका प्रमुख कारण यह है कि यह किसी एक अनुशासन, एक कालखंड या एक विचारधारा तक सीमित नहीं रही है। बदलती राजनीतिक परिस्थितियों, शक्ति-संरचनाओं और वैश्विक व्यवस्थाओं के साथ इसकी परिभाषाएँ और विश्लेषणात्मक दायरा भी विकसित होता रहा है। सॉल बी. कोहेन ने संकेत

किया है कि भू-राजनीति स्थिर सिद्धांत नहीं, बल्कि परिवर्तित होती विश्व-प्रणाली के साथ अनुकूलित होने वाला ढाँचा है।[16]किसी भी सामाजिक-विज्ञान अवधारणा की परिभाषा केवल शब्दों का संयोजन नहीं होती, बल्कि वह उसकी बौद्धिक दिशा और प्रयोजन को भी निर्धारित करती है। जॉन एगन्यू ने यह तर्क दिया कि भू-राजनीति की परिभाषाएँ "स्थानिक कल्पनाओं" और शक्ति-व्याख्याओं से निर्मित होती हैं।[17] यदि भू-राजनीति को केवल "भूगोल द्वारा राजनीति का निर्धारण" मान लिया जाए, तो यह नियतिवादी प्रतीत होगी; किंतु गेरोइड ओ'तुआथैल के अनुसार, आधुनिक भू-राजनीति विमर्श और शक्ति-ज्ञान के अंतर्संबंध को समझने का प्रयास है।[18] भू-राजनीति की प्रारंभिक परिभाषाएँ यूरोपीय राजनीतिक अनुभव से उत्पन्न हुईं। औद्योगिक क्रांति और औपनिवेशिक विस्तार ने यह प्रश्न खड़ा किया कि कुछ राज्य वैश्विक प्रभुत्व क्यों स्थापित कर पाते हैं। हैलफोर्ड मैकिंडर ने भूगोल को शक्ति का स्थायी आधार बताते हुए यूरेशियाई "पिवट क्षेत्र" की केंद्रीयता पर बल दिया।[19] इसी प्रकार निकोलस स्पाइक्मैन ने राज्य को विश्लेषण की मूल इकाई मानते हुए यह तर्क दिया कि उसकी सुरक्षा और प्रभाव उसकी भौगोलिक स्थिति से निर्धारित होते हैं।[20] इन प्रारंभिक परिभाषाओं में तीन विशेषताएँ स्पष्ट हैं; राज्य को केंद्रीय इकाई मानना, भूगोल को शक्ति का आधार समझना, और राजनीति को प्रतिस्पर्धा एवं संघर्ष की प्रक्रिया के रूप में देखना। हैंस मॉर्गेन्थाऊ ने शक्ति-संघर्ष को अंतरराष्ट्रीय राजनीति का स्वभाविक तत्व बताया।[21] उन्नीसवीं और बीसवीं शताब्दी के प्रारंभिक दशकों में भू-राजनीति साम्राज्यवादी अनुभवों से प्रभावित रही। अल्फ्रेड थायर महान ने समुद्री मार्गों और नौसैनिक शक्ति को राष्ट्रीय प्रभुत्व का अनिवार्य तत्व माना।[22] इस काल में भू-राजनीति को केवल स्थान की व्याख्या नहीं, बल्कि विस्तार और प्रभुत्व की रणनीति के रूप में देखा गया। कार्ल हाउसहोफर ने राज्य को "जीवित इकाई" के रूप में देखते हुए विस्तारवादी दृष्टिकोण को वैचारिक आधार प्रदान किया।[23] शीत युद्ध के काल में भू-राजनीति की परिभाषा में महत्वपूर्ण परिवर्तन आया। अब इसे द्विध्रुवीय शक्ति-संरचना के संदर्भ में समझा जाने लगा। स्पाइक्मैन ने "रिमलैंड" को वैश्विक संतुलन का निर्णायक क्षेत्र बताया।[24] इस काल में निरोध, संतुलन और प्रभाव-क्षेत्र; जैसे विचार भू-राजनीतिक विश्लेषण के केंद्र में आ गए। कॉलिन एस. ग्रे ने रणनीति को भौगोलिक और सैन्य शक्ति के संयोजन के रूप में परिभाषित किया।[25] इस प्रकार स्पष्ट होता है कि भू-राजनीति की परिभाषाएँ समय के साथ परिवर्तित होती रही हैं। यह अवधारणा न तो स्थिर है और न ही एकांगी; बल्कि यह बदलती शक्ति-संरचनाओं, वैचारिक प्रवृत्तियों और वैश्विक व्यवस्थाओं के साथ विकसित होने वाला बौद्धिक ढाँचा है।

परिभाषा पर पुनर्विचार

बीसवीं शताब्दी के उत्तरार्ध में भू-राजनीति की परिभाषाओं को लेकर एक आलोचनात्मक विमर्श उभरा। आलोचनात्मक विद्वानों ने यह तर्क दिया कि पारंपरिक भू-राजनीति सत्ता-केंद्रित और पश्चिम-प्रधान दृष्टिकोण को बढ़ावा देती है। गेरोइड ओ'तुआथैल ने स्पष्ट किया कि भू-राजनीति केवल भूगोल और शक्ति का अध्ययन नहीं, बल्कि वह एक "विमर्श" भी है जिसके माध्यम से राज्य अपने रणनीतिक कार्यों को वैध ठहराते हैं।[26] इसी प्रकार साइमन डाल्बी ने यह रेखांकित किया कि मानचित्र, सुरक्षा-भाषा और रणनीतिक दस्तावेज स्वयं भू-राजनीतिक शक्ति-निर्माण की प्रक्रिया का हिस्सा होते हैं।[27] इस दृष्टिकोण में भू-राजनीति की परिभाषा का विस्तार हुआ। अब इसे केवल रणनीतिक अध्ययन नहीं, बल्कि भाषा, विचारधारा और प्रतिनिधित्व की राजनीति के रूप में भी देखा जाने लगा। जॉन एगन्यू ने यह तर्क दिया कि भू-राजनीतिक कल्पनाएँ वैश्विक शक्ति-संरचनाओं को वैचारिक आधार प्रदान करती हैं।[28] उत्तर-औपनिवेशिक दृष्टिकोण ने इस विमर्श को और व्यापक बनाया। एशिया, अफ्रीका और लैटिन अमेरिका के विद्वानों ने यह प्रश्न उठाया कि क्या पारंपरिक भू-राजनीति केवल महाशक्तियों के अनुभवों को सार्वभौमिक मान लेती है। एडवर्ड सईद के "ओरिएंटलिज़्म" के विश्लेषण ने यह संकेत किया कि भू-राजनीतिक प्रतिनिधित्व भी शक्ति-संबंधों से निर्मित होते हैं।[29] इस संदर्भ में भू-राजनीति को केवल प्रभुत्व की राजनीति नहीं, बल्कि प्रतिरोध, स्वायत्तता और विकास की राजनीति के रूप में भी परिभाषित किया गया। संजय चतुर्वेदी ने ग्लोबल साउथ के संदर्भ में रणनीतिक स्वायत्तता और क्षेत्रीय दृष्टिकोण की आवश्यकता पर बल दिया।[30] इक्कीसवीं सदी में भू-राजनीति की परिभाषाएँ एक नए चरण में प्रवेश कर चुकी हैं। अब यह केवल सैन्य प्रतिस्पर्धा तक सीमित नहीं रही। भू-अर्थशास्त्र, आपूर्ति-श्रृंखलाएँ और ऊर्जा-राजनीति को शक्ति-प्रयोग के साधन के रूप में देखा जाने लगा है। एडवर्ड लुटवाक ने "जियोइकोनॉमिक्स" की अवधारणा के माध्यम से यह प्रतिपादित किया कि आर्थिक उपकरण रणनीतिक प्रतिस्पर्धा का नया माध्यम बन चुके हैं।[31] हेनरी फैरेल और अब्राहम न्यूमैन ने डिजिटल अवसंरचना और नेटवर्क-शक्ति को समकालीन भू-राजनीतिक प्रभाव का स्रोत बताया।[32] डैनियल यर्गिन ने ऊर्जा और संसाधनों को वैश्विक शक्ति-संतुलन का केंद्रीय तत्व माना।[33]इन समकालीन परिभाषाओं में भू-राजनीति को एक ऐसी प्रक्रिया के रूप में समझा जाता है जिसमें शक्ति का प्रयोग केवल सैन्य बल से नहीं, बल्कि आर्थिक दबाव, तकनीकी श्रेष्ठता, सूचना-नियंत्रण और डिजिटल प्रभुत्व

के माध्यम से भी किया जाता है। इस प्रकार भू-राजनीति अधिक सूक्ष्म, बहु-आयामी और अंतःविषय हो जाती है।

इतनी विविध परिभाषाओं के बावजूद, भू-राजनीति के अध्ययन के लिए एक समेकित वैचारिक ढाँचे की आवश्यकता बनी रहती है। कॉलिन एस. ग्रे ने यह सुझाव दिया कि रणनीति और भूगोल के बीच संबंध को समग्र रूप से समझे बिना अंतरराष्ट्रीय राजनीति का विश्लेषण अधूरा रहेगा।[34] सॉल बी. कोहेन ने भी भू-राजनीति को एक गतिशील और संरचनात्मक प्रक्रिया के रूप में परिभाषित किया, जो बदलती विश्व-व्यवस्था के साथ अनुकूलित होती है।[35]इस आधार पर भू-राजनीति को इस प्रकार परिभाषित किया जा सकता है। भू-राजनीति वह अध्ययन है जो यह विश्लेषण करता है कि भौगोलिक संरचनाएँ, संसाधन, स्थान, तथा तकनीकी-आर्थिक तत्त्व किस प्रकार राजनीतिक शक्ति, रणनीति और राष्ट्रीय हित के निर्माण तथा प्रयोग को प्रभावित करते हैं।यह परिभाषा न तो नियतिवादी है और न ही अत्यधिक अमूर्त; यह भू-राजनीति को एक संरचनात्मक, गतिशील और बहु-आयामी प्रक्रिया के रूप में प्रस्तुत करती है। ऐतिहासिक रूप से राज्य-केंद्रित और साम्राज्यवादी परिभाषाओं से लेकर समकालीन भू-अर्थशास्त्रीय और तकनीकी दृष्टिकोण तक, भू-राजनीति ने निरंतर अपने अर्थ और दायरे का विस्तार किया है।

भूगोल और राजनीति का अंतर्संबंध

भू-राजनीति के अध्ययन का मूल आधार यह है कि भूगोल और राजनीति परस्पर अंतर्निहित संबंध में स्थित हैं। हैलफोर्ड मैकिंडर ने यह स्पष्ट किया था कि अंतरराष्ट्रीय शक्ति-संतुलन को समझने के लिए भौगोलिक संरचना का विश्लेषण अनिवार्य है।[36] इसी प्रकार सॉल बी. कोहेन ने विश्व-व्यवस्था को भू-रणनीतिक क्षेत्रों के रूप में विश्लेषित करते हुए कहा कि राजनीतिक संरचनाएँ स्थानिक वास्तविकताओं से पृथक नहीं हो सकतीं।[37] परंपरागत दृष्टिकोण में भूगोल को राजनीति की निष्क्रिय पृष्ठभूमि माना गया, किंतु आधुनिक विश्लेषण इसे सक्रिय शक्ति के रूप में देखता है। जॉन एगन्यू के अनुसार, राजनीतिक व्यवहार "स्थानिक संदर्भ" से निर्मित होता है और भूगोल राजनीतिक विकल्पों की दिशा को प्रभावित करता है।[38] पर्वत, नदियाँ, समुद्र और संसाधन केवल भौतिक तत्व नहीं, बल्कि रणनीतिक अवसर और सीमाएँ भी हैं। कॉलिन एस. ग्रे ने तर्क दिया कि भूगोल रणनीति का स्थायी आयाम है, जिसे अनदेखा नहीं किया जा सकता।[39] भौतिक भूगोल, स्थलाकृति, जलवायु और संसाधन,राजनीतिक व्यवहार पर गहरा प्रभाव डालते हैं। अल्फ्रेड थायर महान ने समुद्री स्थिति को राष्ट्रीय शक्ति का आधार

बताया।[40] वहीं निकोलस स्पाइक्मैन ने यह प्रतिपादित किया कि भौगोलिक स्थिति किसी राज्य की सुरक्षा-नीति और प्रभाव-क्षेत्र को निर्धारित करती है।[41] नदियाँ और समुद्र केवल प्राकृतिक सीमाएँ नहीं, बल्कि व्यापार और सामरिक संपर्क के माध्यम भी रहे हैं। मानव भूगोल भी उतना ही महत्वपूर्ण है। जनसंख्या-वितरण, घनत्व और सांस्कृतिक संरचना राजनीति को प्रभावित करते हैं। पीटर जे. टेलर और कॉलिन फ्लिंट ने दिखाया कि विश्व-अर्थव्यवस्था और राज्य-व्यवस्था का विकास जनसांख्यिकीय और स्थानिक संरचनाओं से जुड़ा है।[42] जातीय विविधता और पहचान-राजनीति अक्सर क्षेत्रीय संघर्षों का कारण बनती है, जिसे गेरोइड ओ'तुआथैल ने भू-राजनीतिक विमर्श का सामाजिक आयाम बताया।[43] सीमाएँ भूगोल और राजनीति के अंतर्संबंध का प्रत्यक्ष उदाहरण हैं। सीमाएँ केवल प्रशासनिक रेखाएँ नहीं, बल्कि संप्रभुता और सुरक्षा के प्रतीक हैं। इसायाह बोमन ने यह संकेत किया कि प्राकृतिक और कृत्रिम सीमाओं का राजनीतिक स्थिरता पर भिन्न प्रभाव पड़ता है।[44] सीमा-विवाद यह दर्शाते हैं कि भूगोल निष्क्रिय तत्व नहीं है; वह राजनीतिक संघर्ष का सक्रिय केंद्र बन सकता है।प्राकृतिक संसाधन इस अंतर्संबंध का एक और महत्वपूर्ण आयाम हैं। एडवर्ड लुटवाक ने जियोइकोनॉमिक प्रतिस्पर्धा को आधुनिक शक्ति-संघर्ष का नया रूप बताया।[45] डैनियल यर्गिन ने ऊर्जा-संसाधनों को वैश्विक राजनीति का केंद्रीय तत्व माना।[46] संसाधनों का असमान वितरण निर्भरता, प्रतिस्पर्धा और गठबंधनों को जन्म देता है।जलवायु और पर्यावरणीय परिवर्तन ने भूगोल को और अधिक गतिशील बना दिया है। रॉबर्ट डी. कापलान ने संकेत किया कि पर्यावरणीय अस्थिरता भविष्य के संघर्षों को प्रभावित कर सकती है।[47] जल संकट और प्राकृतिक आपदाएँ राजनीतिक स्थिरता के लिए चुनौती बनती जा रही हैं।राजनीति केवल भूगोल से प्रभावित नहीं होती, बल्कि उसे पुनः संरचित भी करती है। परिवहन गलियारों, बंदरगाहों और सैन्य ठिकानों का निर्माण स्थान को रणनीतिक संसाधन में परिवर्तित करता है। हेनरी फैरेल और अब्राहम न्यूमैन ने यह दिखाया कि अवसंरचनात्मक नेटवर्क स्वयं शक्ति-प्रयोग का माध्यम बन जाते हैं।[48]समकालीन विश्व में वैश्वीकरण के बावजूद भौगोलिक स्थिति की प्रासंगिकता समाप्त नहीं हुई है। सॉल बी. कोहेन ने स्पष्ट किया कि बहुध्रुवीय विश्व में क्षेत्रीय शक्ति-संरचनाएँ पुनः उभर रही हैं।[49] भूगोल और राजनीति का संबंध स्थायी, गहन और बहुआयामी है। भूगोल राजनीति की संभावनाओं और सीमाओं को निर्धारित करता है, जबकि राजनीति भूगोल को रणनीतिक रूप में रूपांतरित करती है। इस अंतर्संबंध को समझे बिना न तो अंतरराष्ट्रीय राजनीति का सम्यक् विश्लेषण संभव है और न ही राष्ट्रीय नीति-निर्माण की गहन व्याख्या।

शक्ति, स्थान और रणनीति

भू-राजनीति का केंद्रीय उद्देश्य केवल यह समझना नहीं है कि राज्य कहाँ स्थित हैं, बल्कि यह विश्लेषण करना है कि वे अपनी भौगोलिक स्थिति को शक्ति में कैसे रूपांतरित करते हैं। हैन्स जे. मॉर्गेन्थाऊ ने शक्ति को अंतरराष्ट्रीय राजनीति की केंद्रीय श्रेणी बताया, किंतु यह भी स्पष्ट किया कि शक्ति सदैव विशिष्ट संदर्भ में कार्य करती है।[50] कॉलिन एस. ग्रे ने इस विचार को आगे बढ़ाते हुए कहा कि रणनीति और भूगोल के बीच संबंध स्थायी है; भूगोल रणनीतिक व्यवहार की पृष्ठभूमि नहीं, बल्कि उसका संरचनात्मक आधार है।[51] भू-राजनीति में शक्ति को केवल सैन्य बल तक सीमित नहीं किया जा सकता। जोसेफ एस. नाए ने शक्ति को "हार्ड" और "सॉफ्ट" आयामों में विभाजित करते हुए यह दिखाया कि आर्थिक, तकनीकी और सांस्कृतिक साधन भी रणनीतिक प्रभाव उत्पन्न करते हैं।[52] भूगोल इन सभी आयामों को प्रभावित करता है। समुद्र-तटीय राज्यों में नौसैनिक और व्यापारिक शक्ति का विकास स्वाभाविक रूप से अधिक होता है, जैसा कि अल्फ्रेड थायर महान ने प्रतिपादित किया।[53] इसके विपरीत, स्थल-आवेष्ठित राज्यों की रणनीतियाँ स्थल-सेना और क्षेत्रीय गठबंधनों पर अधिक निर्भर रहती हैं,इस तथ्य को निकोलस स्पाइक्मैन ने रेखांकित किया।[54]सैन्य शक्ति भू-राजनीति का पारंपरिक आयाम है। कार्ल वॉन क्लॉज़विट्ज़ ने युद्ध को राजनीति की निरंतरता कहा, किंतु यह भी माना कि भौगोलिक परिस्थितियाँ सैन्य संचालन की प्रकृति को प्रभावित करती हैं।[55] पर्वतीय और मैदानी क्षेत्रों में युद्ध की प्रकृति भिन्न होती है; समुद्री और स्थल-आधारित रणनीतियाँ अलग-अलग संरचनात्मक तर्कों पर आधारित होती हैं। इस प्रकार भूगोल सैन्य सिद्धांतों को आकार देता है।

इक्कीसवीं सदी में आर्थिक शक्ति भू-राजनीति का केंद्रीय आयाम बन चुकी है। एडवर्ड लुटवाक ने "जियोइकोनॉमिक्स" को रणनीतिक प्रतिस्पर्धा का नया रूप बताया।[56] व्यापार मार्ग, आपूर्ति-श्रृंखलाएँ और ऊर्जा गलियारे स्थान-विशिष्ट शक्ति के उदाहरण हैं। हेनरी फैरेल और अब्राहम न्यूमैन ने दिखाया कि वैश्विक नेटवर्क और अवसंरचनाएँ स्वयं रणनीतिक नियंत्रण के साधन बन जाती हैं।[57] इस प्रकार स्थान आर्थिक और राजनीतिक दोनों प्रकार की शक्ति का उपकरण बन जाता है।भू-राजनीति में "स्थान" केवल भौतिक विस्तार नहीं, बल्कि एक रणनीतिक संसाधन है। सॉल बी. कोहेन ने स्थान को भू-रणनीतिक क्षेत्र के रूप में परिभाषित करते हुए दिखाया कि राजनीतिक निर्णयों द्वारा उसे नए अर्थ प्रदान किए जाते हैं।[58] सीमावर्ती क्षेत्रों का सैन्यीकरण, अवसंरचना निर्माण और शहरी केंद्रों का विकास

यह दर्शाते हैं कि राजनीति स्थान को पुनः संरचित करती है।रणनीति वह माध्यम है जिसके द्वारा राज्य भूगोल को शक्ति में परिवर्तित करते हैं। बेज़िल लिडेल हार्ट ने रणनीति को दीर्घकालिक उद्देश्य की प्राप्ति हेतु साधनों के समन्वय के रूप में परिभाषित किया।[59] रणनीतिक सोच का उद्देश्य भूगोल की सीमाओं को न्यूनतम करना और उसकी संभावनाओं को अधिकतम करना है। महाशक्तियाँ अपने भौगोलिक और आर्थिक संसाधनों का उपयोग वैश्विक स्तर पर करती हैं, जबकि मध्यम और छोटे राज्य क्षेत्रीय संतुलन पर अधिक निर्भर रहते हैं यह विश्लेषण रॉबर्ट डी. कापलान ने भी प्रस्तुत किया।[60] आधुनिक युग में तकनीक ने "स्थान" की अवधारणा का विस्तार किया है। साइबर स्पेस और डिजिटल अवसंरचना अब नए भू-राजनीतिक क्षेत्र बन चुके हैं। फैरेल और न्यूमैन ने यह स्पष्ट किया कि नेटवर्क-नियंत्रण आधुनिक रणनीतिक प्रभाव का स्रोत है।[61] इस प्रकार शक्ति-स्थान-रणनीति का संबंध और अधिक जटिल हो गया है।राष्ट्रीय हित की अवधारणा भी भू-राजनीतिक संदर्भ से निर्मित होती है। मॉर्गेन्थाऊ के अनुसार, राष्ट्रीय हित शक्ति के संदर्भ में परिभाषित होते हैं।[62] किंतु यह शक्ति भूगोल, संसाधन और सुरक्षा-परिस्थितियों से प्रभावित होती है। इस प्रकार रणनीतिक निर्णय,चाहे वे सैन्य, आर्थिक या कूटनीतिक हों,भू-राजनीतिक यथार्थ से गहराई से जुड़े होते हैं।अंततः स्पष्ट होता है कि शक्ति, स्थान और रणनीति भू-राजनीति के कार्यात्मक आयाम हैं। शक्ति स्थान-विशिष्ट है; स्थान राजनीतिक रूप से रूपांतरित होता है; और रणनीति भूगोल को शक्ति में बदलने की प्रक्रिया है। इन तीनों के अंतर्संबंध को समझे बिना समकालीन राजनीति का विश्लेषण अधूरा रहेगा।

अध्याय-2

शास्त्रीय भू-राजनीतिक सिद्धांत

हार्टलैंड सिद्धांत शास्त्रीय भू-राजनीति का एक आधारभूत और निर्णायक स्तंभ है, जिसे 1904 में ब्रिटिश भूगोलवेत्ता एवं रणनीतिक चिंतक हैलफोर्ड मैकिंडर ने अपने प्रसिद्ध व्याख्यान "इतिहास का भौगोलिक ध्रुव" के माध्यम से प्रस्तुत किया।[63] यह वह कालखंड था जब विश्व राजनीति गहरे संक्रमण से गुजर रही थी,औद्योगिक क्रांति ने उत्पादन और सामरिक संरचनाओं को बदल दिया था, साम्राज्यवादी शक्तियाँ अपने उपनिवेशों का विस्तार कर चुकी थीं, और समुद्री वर्चस्व, जो अब तक वैश्विक शक्ति का मुख्य आधार माना जाता था, पहली बार गंभीर बौद्धिक चुनौती का सामना कर रहा था।[64] उन्नीसवीं शताब्दी के उत्तरार्ध तथा बीसवीं शताब्दी के प्रारंभ में रेलमार्गों का तीव्र विस्तार, महाद्वीपीय आंतरिक परिवहन की बढ़ती क्षमता और स्थल-आधारित संचार प्रणालियों का विकास इस परिवर्तन का संकेतक था।[65] इसी संदर्भ में मैकिंडर ने तर्क दिया कि तकनीकी नवाचार, विशेषतः रेल नेटवर्क ने भू-राजनीतिक समीकरणों को मूलतः परिवर्तित कर दिया है; परिणामस्वरूप महाद्वीपीय शक्तियाँ समुद्री शक्तियों के समकक्ष, बल्कि कुछ परिस्थितियों में उनसे अधिक प्रभावशाली हो सकती हैं।[66] सिद्धांत का मूल प्रतिपाद्य यह था कि पृथ्वी की भौगोलिक संरचना स्वयं वैश्विक राजनीति की दिशा और सीमाओं को प्रभावित करती है, तथा यूरेशिया का विशाल आंतरिक भू-भाग,जो प्राकृतिक अवरोधों, संसाधन-संपन्नता और रणनीतिक गहराई से युक्त है; भविष्य की शक्ति-संरचना का केंद्रीय क्षेत्र बन सकता है।[67] मैकिंडर के अनुसार यह क्षेत्र नौसैनिक घेराबंदी से अपेक्षाकृत सुरक्षित था और स्थल-आधारित परिवहन ने इसे आंतरिक रूप से संगठित एवं आत्मनिर्भर बनाने की क्षमता प्रदान कर दी थी।[68] यह विचार ब्रिटिश समुद्री रणनीतिक परंपरा के लिए एक वैचारिक चुनौती था, क्योंकि ब्रिटेन का प्रभुत्व लंबे समय से नौसेना और व्यापारिक समुद्री मार्गों पर आधारित था।[69] मैकिंडर का प्रतिपादन भविष्यवाणी से अधिक एक रणनीतिक चेतावनी के रूप में देखा जा सकता है: यदि कोई शक्ति यूरेशियाई आंतरिक क्षेत्र को संगठित कर उसके संसाधनों और परिवहन नेटवर्क पर नियंत्रण स्थापित कर

ले, तो वह न केवल यूरोप बल्कि संपूर्ण "विश्व-द्वीप" की राजनीति को प्रभावित करने में सक्षम हो सकती है।[70] यह प्रतिपादन ऐतिहासिक अनुभवों से भी पुष्ट था; एशियाई घुमंतू साम्राज्यों का विस्तार, रूसी साम्राज्य की भू-आधारित प्रगति और यूरोपीय महाद्वीपीय प्रतिस्पर्धा ने यह संकेत दिया था कि स्थल-आधारित शक्ति को नज़रअंदाज़ करना रणनीतिक भूल सिद्ध हो सकता है।[71] अतः हार्टलैंड सिद्धांत औद्योगिक युग की तकनीकी क्रांति, परिवहन संरचना में बदलाव और साम्राज्यवादी प्रतिस्पर्धा की परिस्थितियों की बौद्धिक प्रतिक्रिया था। मैकिंडर ने भूगोल को निष्क्रिय पृष्ठभूमि के बजाय सक्रिय ऐतिहासिक शक्ति के रूप में देखा, जो राजनीतिक संभावनाओं और सीमाओं दोनों को आकार देती है।[72] इसी कारण यह सिद्धांत आगे चलकर प्रथम विश्व युद्ध, द्वितीय विश्व युद्ध और शीत युद्ध की रणनीतिक व्याख्याओं में एक प्रमुख संदर्भ-बिंदु बना।[73]

हार्टलैंड की भौगोलिक परिभाषा

हार्टलैंड सिद्धांत की प्रमुख विशेषता उसकी भौगोलिक संरचना का सुव्यवस्थित निर्धारण है। हैलफोर्ड मैकिंडर ने विश्व को केवल राजनीतिक सीमाओं या सांस्कृतिक इकाइयों के आधार पर नहीं, बल्कि भू-आकृतिक तथा स्थानिक तर्क के आधार पर विभाजित किया।[74] उनके मत में वैश्विक राजनीति को समझने के लिए पृथ्वी को एक समेकित भू-राजनीतिक इकाई के रूप में देखना आवश्यक है, जहाँ कुछ क्षेत्र संरचनात्मक दृष्टि से शक्ति-संचयन के केंद्र बनते हैं और अन्य क्षेत्र प्रभाव-परिधि का निर्माण करते हैं।[75] इसी आधार पर उन्होंने विश्व को तीन व्यापक भू-राजनीतिक खंडों में वर्गीकृत किया,विश्व-द्वीप, हार्टलैंड अथवा पिवट क्षेत्र तथा परिधीय या द्वीपीय अर्धचंद्र ।[76] यह वर्गीकरण शक्ति-संतुलन के विश्लेषण का एक सैद्धांतिक प्रतिमान था।मैकिंडर की दृष्टि में विश्व-द्वीप वह संयुक्त स्थल-भाग है जिसमें यूरोप, एशिया और अफ्रीका सम्मिलित हैं। यह क्षेत्र जनसंख्या, संसाधन-संपन्नता और ऐतिहासिक साम्राज्य-निर्माण की दृष्टि से केंद्रीय रहा है।[77] कृषि योग्य भूमि, खनिज संपदा और सांस्कृतिक विकास की दीर्घ परंपरा ने इसे वैश्विक राजनीति का आधार-क्षेत्र बनाया।[78] उनका प्रतिपादन था कि जो शक्ति इस विश्व-द्वीप पर प्रभुत्व स्थापित कर लेगी, वह अंतरराष्ट्रीय व्यवस्था में निर्णायक प्रभाव डाल सकेगी।[79]हार्टलैंड, जिसे प्रारंभिक लेखन में पिवट एरिया कहा गया, विश्व-द्वीप का केंद्रीय स्थल-क्षेत्र है। यह मुख्यतः मध्य एवं उत्तरी यूरेशिया में विस्तृत है, जिसमें रूस का आंतरिक भाग, साइबेरिया, मध्य एशिया तथा पूर्वी यूरोप के कुछ क्षेत्र सम्मिलित माने जाते हैं।[80] यह भू-भाग प्राकृतिक अवरोधों,आर्कटिक हिमावरण,

पर्वत-श्रृंखलाओं, मरुस्थलों और विस्तृत स्थलीय विस्तार,से संरक्षित है, जिससे यह समुद्री शक्तियों की प्रत्यक्ष पहुँच से काफी हद तक सुरक्षित रहता है।[81] यही संरचनात्मक सुरक्षा इसे विशेष सामरिक महत्व प्रदान करती है।

रणनीतिक दृष्टि से हार्टलैंड की गहराई उसका मूल बल है। यह समुद्री तटों से लगभग 1,500 से 2,000 किलोमीटर भीतर स्थित है, जिससे किसी भी नौसैनिक शक्ति के लिए इसे सीधे समुद्री नियंत्रण या घेराबंदी द्वारा अधीन करना कठिन हो जाता है।[82] औद्योगिक युग से पूर्व वैश्विक वाणिज्य और सैन्य संचलन मुख्यतः समुद्री मार्गों पर आधारित थे, किंतु रेलमार्गों और आंतरिक परिवहन प्रणालियों के विकास ने स्थल-आधारित शक्तियों को स्वतंत्र सामरिक संगठन की क्षमता प्रदान की।[83] मैकिंडर ने इसी परिवर्तन को शक्ति-संतुलन में निर्णायक मोड़ के रूप में रेखांकित किया।[84]क्षेत्रफल की दृष्टि से हार्टलैंड लगभग 23–25 मिलियन वर्ग किलोमीटर में फैला माना जाता है, जो पृथ्वी की कुल स्थलीय सतह का लगभग एक-छठा भाग है।[85] यह विस्तार संसाधन-संपन्नता और दीर्घकालिक आत्मनिर्भरता की संभावना को इंगित करता है। ऊर्जा स्रोत, खनिज भंडार, कृषि योग्य भूमि और आंतरिक परिवहन की निरंतरता इसे एक स्थायी भू-राजनीतिक इकाई का स्वरूप प्रदान करते हैं।[86] मैकिंडर के अनुसार ऐसी शक्ति, जो बाहय समुद्री आपूर्ति पर न्यूनतम निर्भर हो, दीर्घकालीन संघर्षों में अधिक स्थायित्व प्रदर्शित कर सकती है।[87]हार्टलैंड की स्थल-निरंतरता भी उल्लेखनीय है। समुद्री शक्तियों के प्रभाव-क्षेत्र प्रायः बंदरगाहों और समुद्री मार्गों से जुड़े होते हैं, जहाँ चोक-पॉइंट्स रणनीतिक जोखिम उत्पन्न करते हैं। इसके विपरीत हार्टलैंड एक सतत, अविभाजित स्थल-क्षेत्र है, जहाँ परिवहन और सैन्य संचलन अपेक्षाकृत आंतरिक नियंत्रण में रहते हैं।[88] इसी कारण इसे वैश्विक शक्ति-संतुलन की “धुरी” कहा गया।[89]

परिधीय या द्वीपीय अर्धचंद्र में वे क्षेत्र आते हैं जो विश्व-द्वीप के बाहरी किनारों पर स्थित हैं अथवा उससे पृथक द्वीपीय स्वरूप रखते हैं,जैसे ब्रिटेन, जापान, संयुक्त राज्य अमेरिका और ऑस्ट्रेलिया।[90] यह क्षेत्र ऐतिहासिक रूप से समुद्री वर्चस्व और उपनिवेशवादी विस्तार से जुड़ा रहा है। किंतु यह भी प्रतिपादित किया गया कि यदि यह समुद्री शक्तियाँ हार्टलैंड की आंतरिक संगठनात्मक क्षमता को कम आँकेंगी, तो दीर्घकाल में उनका प्रभुत्व चुनौती का सामना कर सकता है।[91]इस प्रकार हार्टलैंड की भौगोलिक परिभाषा मानचित्र पर अंकित सीमा मात्र नहीं है, बल्कि यह स्थल-शक्ति और समुद्री शक्ति के बीच संरचनात्मक अंतर को स्पष्ट करती है। हार्टलैंड की शक्ति उसकी स्थिरता, गहराई और संसाधन-आधारित

आत्मनिर्भरता में निहित है।[92] इसी आधार पर यह प्रतिपादित किया गया कि जो शक्ति इस केंद्रीय क्षेत्र को संगठित कर लेगी, वह व्यापक विश्व-द्वीप पर प्रभाव स्थापित करने में सक्षम होगी।[93] अंततः यह प्रतिपादन इस व्यापक विचार से जुड़ा है कि भूगोल राजनीति को बाध्यकारी रूप से नियंत्रित नहीं करता, बल्कि उसकी दीर्घकालिक दिशा और संभावनाओं को आकार देता है।[94]**(मानचित्र 1,2)**

मानचित्र 1 : हार्टलैंड

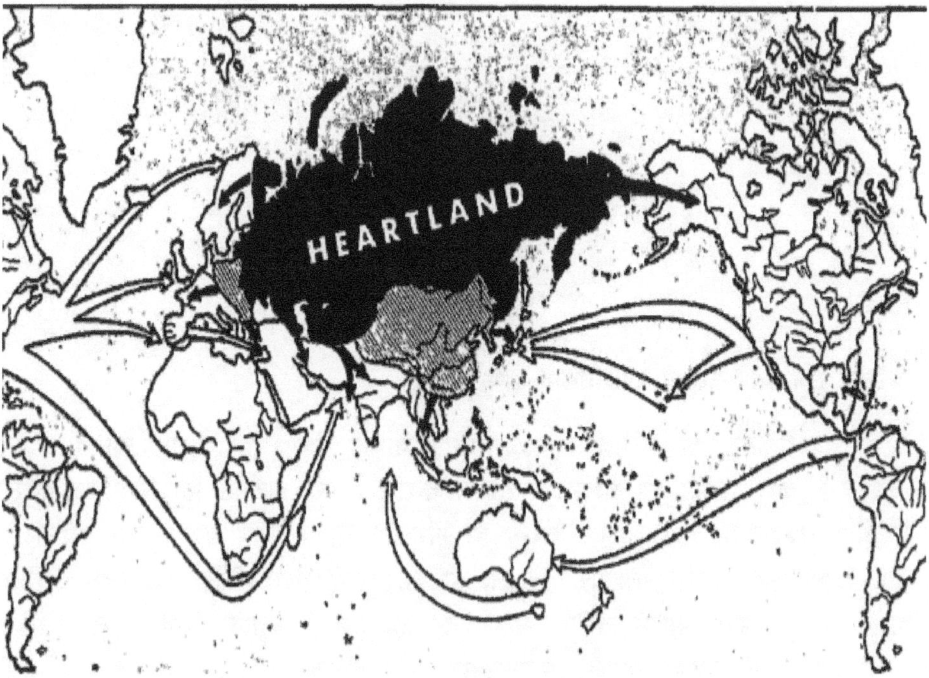

स्त्रोत : मैकिंडर, एच. जे.

मानचित्र 2 : पीवर्ट एरिया

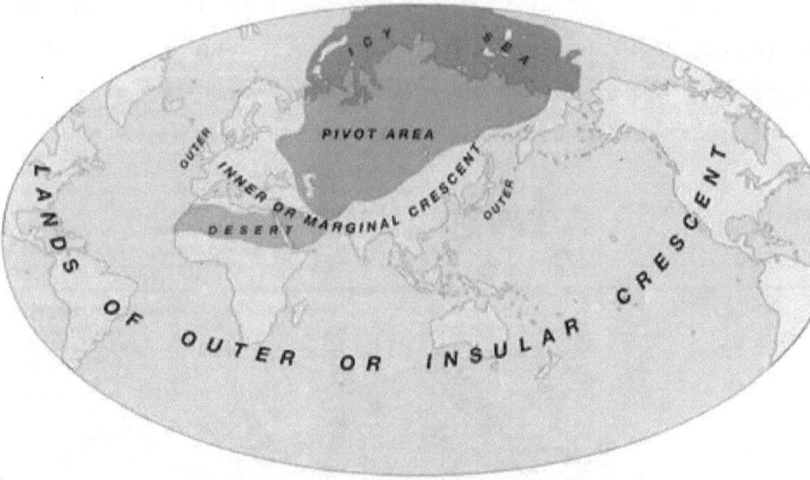

स्त्रोत : मैकिंडर, एच. जे.

प्रसिद्ध सूत्र और उसका रणनीतिक अर्थ

मैकिंडर का प्रसिद्ध भू-राजनीतिक कथन "जो पूर्वी यूरोप को नियंत्रित करता है, वह हार्टलैंड पर प्रभुत्व स्थापित करता है; जो हार्टलैंड को नियंत्रित करता है, वह विश्व-द्वीप पर शासन करता है; और जो विश्व-द्वीप पर शासन करता है, वह विश्व की नियति निर्धारित करता है" शास्त्रीय भू-राजनीति का सबसे अधिक उद्धृत, किंतु अक्सर सबसे अधिक सरलीकृत सूत्र रहा है, जबकि इसके भीतर निहित रणनीतिक अर्थ अत्यंत गहन, संरचनात्मक और दीर्घकालिक हैं।[95] यह कथन किसी प्रकार की यांत्रिक भविष्यवाणी नहीं था, न ही यह यह दावा करता था कि भौगोलिक नियंत्रण अपने-आप वैश्विक प्रभुत्व में परिणत हो जाएगा; बल्कि यह एक रणनीतिक चेतावनी थी, जो यह इंगित करती थी कि वैश्विक राजनीति में शक्ति-संतुलन आकस्मिक नहीं होता, बल्कि वह भौगोलिक संरचनाओं, संसाधनों, परिवहन-प्रणालियों और दीर्घकालिक कनेक्टिविटी से गहराई से जुड़ा होता है।[96] इस सूत्र का पहला चरण, पूर्वी यूरोप; विशेष रूप से महत्वपूर्ण है, क्योंकि मैकिंडर के अनुसार यह क्षेत्र स्थल-आधारित यूरेशियाई आंतरिक भू-भाग और पश्चिमी समुद्री शक्तियों के बीच रणनीतिक सेतु का कार्य करता है; यह न तो पूर्णतः समुद्री प्रभाव-क्षेत्र है और

न ही पूर्णतः हार्टलैंड का सुरक्षित आंतरिक भाग, बल्कि दोनों के बीच का वह संक्रमण क्षेत्र है जहाँ से महाद्वीपीय शक्ति का विस्तार या उसका अवरोध संभव होता है। ऐतिहासिक दृष्टि से देखा जाए तो नेपोलियन से लेकर प्रथम और द्वितीय विश्व युद्ध तक यूरोप में हुए अधिकांश निर्णायक संघर्ष इसी संक्रमण क्षेत्र में केंद्रित रहे, जो इस बात की पुष्टि करता है कि पूर्वी यूरोप केवल राजनीतिक नहीं, बल्कि संरचनात्मक रूप से भू-राजनीतिक कुंजी रहा है। मैकिंडर का तर्क यह था कि यदि कोई शक्ति पूर्वी यूरोप में स्थिर और संगठित नियंत्रण स्थापित कर लेती है, तो वह धीरे-धीरे हार्टलैंड की आंतरिक कनेक्टिविटी, संसाधनों और परिवहन नेटवर्क तक पहुँच बना सकती है, और यही पहुँच अंततः विश्व-द्वीप की राजनीति को प्रभावित करने की क्षमता प्रदान करती है। इस प्रकार यह सूत्र शक्ति के क्रमिक संकेन्द्रण की प्रक्रिया को दर्शाता है; सीधा और त्वरित प्रभुत्व नहीं, बल्कि धीरे-धीरे निर्मित होने वाला संरचनात्मक वर्चस्व।

इस संरचनात्मक वर्चस्व की वास्तविक शक्ति को समझने के लिए मैकिंडर द्वारा रेखांकित दूसरे और तीसरे तत्व रेलमार्ग, स्थल-कनेक्टिविटी और रणनीतिक गहराई पर ध्यान देना आवश्यक है, क्योंकि यहीं से हार्टलैंड सिद्धांत अपनी सबसे मौलिक अंतर्दृष्टि प्रस्तुत करता है। उन्नीसवीं शताब्दी के अंत तक वैश्विक शक्ति का अधिकांश भाग समुद्री मार्गों पर आधारित था; व्यापार, सैन्य आपूर्ति और साम्राज्यवादी विस्तार नौसैनिक क्षमता पर निर्भर थे। किंतु मैकिंडर ने समय से पहले यह पहचान लिया कि रेलवे नेटवर्क इस समीकरण को मूलतः बदल सकते हैं। रेलमार्गों ने विशाल महाद्वीपीय भू-भागों को आंतरिक रूप से जोड़ने की क्षमता प्रदान की, जिससे समुद्री मार्गों पर निर्भरता कम होने लगी। यही कारण है कि मैकिंडर ने रणनीतिक गहराई की अवधारणा को अत्यंत महत्व दिया,हार्टलैंड न केवल भौगोलिक रूप से विशाल है, बल्कि वह समुद्री हमलों से औसतन 1,500 से 2,000 किलोमीटर भीतर स्थित होने के कारण प्रत्यक्ष नौसैनिक हस्तक्षेप से सुरक्षित रहता है।[97] रेलमार्गों और स्थल-कनेक्टिविटी का यह संयोजन हार्टलैंड को एक ऐसे रणनीतिक किले में परिवर्तित कर देता है, जिसे न तो आसानी से घेरा जा सकता है और न ही समुद्री वर्चस्व के माध्यम से नियंत्रित किया जा सकता है।[98] इसके विपरीत, हार्टलैंड की संसाधन-सम्पन्नता और स्थल-आधारित परिवहन उसे एक आंतरिक रूप से सुदृढ़ और आत्मनिर्भर इकाई में परिवर्तित करती है।[99]

विश्व युद्धों में हार्टलैंड का प्रयोग

हार्टलैंड सिद्धांत की व्यावहारिक प्रासंगिकता को समझने के लिए प्रथम और द्वितीय विश्व युद्धों का विश्लेषण अत्यंत महत्वपूर्ण है, क्योंकि इन्हीं ऐतिहासिक संघर्षों में पहली बार यह स्पष्ट रूप से देखा गया कि महाद्वीपीय भू-भाग, आंतरिक कनेक्टिविटी, संसाधन-संपन्नता और रणनीतिक गहराई किस प्रकार युद्ध की दिशा और परिणामों को प्रभावित कर सकते हैं।[100] यद्यपि हार्टलैंड सिद्धांत को 1904 में सैद्धांतिक रूप से प्रस्तुत किया गया था, किंतु बीसवीं सदी के दोनों विश्व युद्धों ने इसके कई मूल तर्कों को व्यवहारिक स्तर पर परखने का अवसर प्रदान किया। इन युद्धों ने यह स्थापित किया कि वैश्विक संघर्ष केवल मोर्चों की संख्या या सैन्य तकनीक का परिणाम नहीं होते, बल्कि वह उस भू-राजनीतिक संरचना से गहराई से जुड़े होते हैं जिसमें युद्ध लड़े जाते हैं।प्रथम विश्व युद्ध के संदर्भ में हार्टलैंड सिद्धांत को समझने का प्रारंभिक बिंदु यूरोप का केंद्रीय भू-राजनीतिक महत्व है।[101] यूरोप उस समय न केवल औद्योगिक और सैन्य शक्ति का केंद्र था, बल्कि वह यूरेशियाई महाद्वीप के उस संक्रमण क्षेत्र में स्थित था जहाँ समुद्री और स्थल-आधारित शक्तियाँ सीधे आमने-सामने आती थीं। विशेष रूप से पूर्वी यूरोप वह क्षेत्र था जिसे मैकिंडर ने हार्टलैंड की "कुंजी" कहा था। प्रथम विश्व युद्ध में पश्चिमी मोर्चे की तुलना में पूर्वी मोर्चा अधिक विस्तृत, गतिशील और भू-राजनीतिक दृष्टि से निर्णायक सिद्ध हुआ। पश्चिमी मोर्चे पर खाइयों में फँसा युद्ध जहाँ स्थिरता और जड़ता का प्रतीक बन गया, वहीं पूर्वी मोर्चे पर विशाल स्थल-आधारित अभियान, सैनिकों की व्यापक आवाजाही और क्षेत्रीय नियंत्रण के प्रयास देखने को मिले। यह अंतर स्वयं इस तथ्य की ओर संकेत करता है कि महाद्वीपीय युद्ध का स्वरूप समुद्री या सीमित क्षेत्रीय युद्ध से भिन्न होता है।प्रथम विश्व युद्ध में रूस की भूमिका हार्टलैंड दृष्टिकोण से विशेष रूप से महत्वपूर्ण थी।[102] रूस का विशाल भू-भाग, उसकी जनसंख्या और उसकी रणनीतिक गहराई ने उसे प्रारंभिक सैन्य पराजयों के बावजूद युद्ध से तुरंत बाहर होने से रोके रखा। यद्यपि रूस आंतरिक राजनीतिक अस्थिरता और औद्योगिक पिछड़ेपन से जूझ रहा था, फिर भी उसकी भौगोलिक विशालता और स्थल-आधारित गहराई ने उसे पूर्ण सैन्य पतन से बचाए रखा।यह तथ्य इस बात को रेखांकित करता है कि भौगोलिक गहराई स्वयं में एक रणनीतिक संसाधन होती है, जो सैन्य कमजोरी की कुछ हद तक भरपाई कर सकती है। प्रथम विश्व युद्ध के दौरान जर्मनी की रणनीतिक चिंता यही थी कि यदि वह पूर्वी यूरोप और रूस के आंतरिक क्षेत्रों में निर्णायक नियंत्रण स्थापित नहीं कर पाया, तो उसे दीर्घकालिक युद्ध में संसाधन और जनशक्ति की

दृष्टि से नुकसान उठाना पड़ेगा। इस प्रकार, प्रथम विश्व युद्ध ने यह स्पष्ट किया कि यूरोप का केंद्रीय क्षेत्र और पूर्वी मोर्चा केवल सहायक युद्धक्षेत्र नहीं, बल्कि वैश्विक शक्ति-संतुलन का एक मूलभूत घटक था।

द्वितीय विश्व युद्ध में हार्टलैंड सिद्धांत का प्रयोग और भी अधिक प्रत्यक्ष तथा स्पष्ट रूप में सामने आया।[103] इस युद्ध में महाद्वीपीय संसाधनों और रणनीतिक गहराई की भूमिका निर्णायक सिद्ध हुई, विशेषकर जर्मनी और सोवियत संघ के बीच हुए संघर्ष में। 1941 में आरंभ किया गया ऑपरेशन बारबारोसा केवल एक सैन्य आक्रमण नहीं था, बल्कि एक व्यापक भू-राजनीतिक परियोजना थी, जिसका उद्देश्य सोवियत संघ के उस आंतरिक भू-भाग पर नियंत्रण स्थापित करना था जिसे हार्टलैंड का केंद्र माना जाता है।इस अभियान के पीछे निहित रणनीतिक सोच स्पष्ट रूप से हार्टलैंड-उन्मुख थी; जर्मनी का लक्ष्य केवल सैन्य विजय नहीं, बल्कि यूरेशियाई महाद्वीप के संसाधन-आधार को अपने नियंत्रण में लेना था।द्वितीय विश्व युद्ध के दौरान यूक्रेन और काकेशस क्षेत्रों का महत्व विशेष रूप से उल्लेखनीय है।[104] यूक्रेन को यूरोप का "अन्न-कोष" कहा जाता रहा है, और जर्मन रणनीतिकारों के लिए यह क्षेत्र कृषि उत्पादन और खाद्य सुरक्षा की दृष्टि से अत्यंत महत्वपूर्ण था। इसी प्रकार, काकेशस क्षेत्र में स्थित तेल भंडार जर्मनी की युद्ध-आधारित अर्थव्यवस्था के लिए जीवनरेखा के समान थे।इन दोनों क्षेत्रों पर नियंत्रण का अर्थ था; दीर्घकालिक युद्ध को बनाए रखने की क्षमता। यह स्पष्ट रूप से दर्शाता है कि द्वितीय विश्व युद्ध में सैन्य रणनीति और भू-राजनीति एक-दूसरे से पूर्णतः जुड़ी हुई थीं।जर्मनी की हार्टलैंड-उन्मुख रणनीति इस मान्यता पर आधारित थी कि यदि वह सोवियत संघ के संसाधन-सम्पन्न आंतरिक क्षेत्रों पर कब्ज़ा कर लेता है, तो समुद्री शक्तियों की आर्थिक नाकेबंदी अप्रासंगिक हो जाएगी।

शीत युद्ध : हार्टलैंड बनाम घेराबंदी

शीत युद्ध का काल (लगभग 1947–1991) हार्टलैंड सिद्धांत की सबसे प्रत्यक्ष ऐतिहासिक प्रयोगशाला के रूप में देखा जा सकता है, क्योंकि इसी अवधि में वैश्विक राजनीति पहली बार स्पष्ट रूप से एक ऐसी द्विध्रुवीय संरचना में बँटी, जहाँ एक ओर महाद्वीपीय, स्थल-आधारित शक्ति और दूसरी ओर समुद्री व परिधीय शक्तियों का गठजोड़ आमने-सामने खड़ा था।[109] इस संदर्भ में सोवियत संघ का उदय एक वास्तविक हार्टलैंड शक्ति के रूप में हुआ, जिसकी भौगोलिक संरचना, रणनीतिक गहराई, संसाधन-संपन्नता और आंतरिक कनेक्टिविटी मैकिंडर की अवधारणाओं से उल्लेखनीय रूप से मेल खाती थी।[110]यूरोप के पूर्वी भाग से

लेकर मध्य एशिया और साइबेरिया तक फैला सोवियत भू-भाग न केवल क्षेत्रफल की दृष्टि से विशाल था, बल्कि वह समुद्री शक्तियों की प्रत्यक्ष पहुँच से भी काफी हद तक सुरक्षित था। इसी भौगोलिक वास्तविकता ने शीत युद्ध की रणनीतिक प्रकृति को परिभाषित किया और यह स्पष्ट कर दिया कि हार्टलैंड पर प्रत्यक्ष सैन्य नियंत्रण स्थापित करना न केवल कठिन, बल्कि अत्यंत महँगा और जोखिमपूर्ण होगा।सोवियत संघ की इस हार्टलैंड स्थिति के सामने पश्चिमी शक्तियों विशेषकर संयुक्त राज्य अमेरिका और उसके सहयोगियों ने जो रणनीतिक प्रतिक्रिया विकसित की, उसे घेराबंदी के नाम से जाना जाता है। यह रणनीति हार्टलैंड सिद्धांत की एक अप्रत्यक्ष स्वीकृति भी कही जा सकती है, क्योंकि पश्चिमी नीति-निर्माताओं ने यह समझ लिया था कि सोवियत संघ जैसे महाद्वीपीय शक्ति-केंद्र पर सीधे आक्रमण या सैन्य कब्ज़ा स्थापित करना व्यावहारिक नहीं है। इसके बजाय उन्होंने हार्टलैंड को उसके परिधीय क्षेत्रों में सीमित रखने और उसके विस्तार को रोकने की नीति अपनाई।इस नीति का व्यावहारिक रूप विभिन्न सैन्य और राजनीतिक गठबंधनों के रूप में सामने आया, जिनमें प्रमुख थे; नाटो (उत्तरी अटलांटिक संधि संगठन), सिएटो और सेंटो। इन संगठनों का भौगोलिक विस्तार यदि देखा जाए, तो यह स्पष्ट होता है कि यह सभी हार्टलैंड के बाहरी किनारों पर स्थित थे और उनका उद्देश्य सोवियत प्रभाव को परिधि से आगे बढ़ने से रोकना था।[111]घेराबंदी की यह रणनीति मूलतः इस मान्यता पर आधारित थी कि हार्टलैंड की रणनीतिक गहराई; यानी विशाल स्थल-आधारित विस्तार, आंतरिक परिवहन नेटवर्क और संसाधन आधार ने सोवियत संघ को प्रत्यक्ष सैन्य टकराव में अत्यधिक मजबूत बना दिया है। किसी भी बड़े पैमाने के आक्रमण की स्थिति में पश्चिमी शक्तियों को न केवल भौगोलिक दूरी और कठोर जलवायु का सामना करना पड़ता, बल्कि उन्हें सोवियत संघ की विशाल जनशक्ति और आंतरिक औद्योगिक क्षमता से भी जूझना पड़ता।यही कारण था कि शीत युद्ध में प्रत्यक्ष युद्ध की बजाय परोक्ष रणनीतियाँ,जैसे सैन्य गठबंधन, आर्थिक दबाव, वैचारिक प्रतिस्पर्धा और क्षेत्रीय संघर्षों में हस्तक्षेप को प्राथमिकता दी गई।[112]शीत युद्ध की यह रणनीतिक संरचना हार्टलैंड बनाम परिधीय अर्धचंद्र के क्लासिक विभाजन को भी प्रतिबिंबित करती है। सोवियत संघ, पूर्वी यूरोप और मध्य एशिया के माध्यम से एक संगठित महाद्वीपीय ब्लॉक का प्रतिनिधित्व करता था, जबकि पश्चिमी गठबंधन समुद्री मार्गों, द्वीपीय राज्यों और तटीय क्षेत्रों पर आधारित था।नाटो का गठन यूरोप के पश्चिमी भाग में हुआ, सिएटो दक्षिण-पूर्व एशिया में सक्रिय रहा और सेंटो मध्य पूर्व में सोवियत प्रभाव को सीमित करने के लिए बनाया गया। यह संपूर्ण संरचना यह दर्शाती है कि पश्चिमी

रणनीति का केंद्र हार्टलैंड को घेरना था, न कि उस पर प्रत्यक्ष प्रभुत्व स्थापित करना।

हार्टलैंड सिद्धांत का समालोचनात्मक मूल्यांकन :

हार्टलैंड सिद्धांत, अपनी ऐतिहासिक गहराई और संरचनात्मक अंतर्दृष्टि के बावजूद, आलोचनाओं से मुक्त नहीं रहा है।[113] जिस प्रकार इस सिद्धांत ने शास्त्रीय भू-राजनीति को एक सुसंगत बौद्धिक ढाँचा प्रदान किया, उसी प्रकार इस पर यह आरोप भी लगाया गया कि यह आधुनिक राजनीति की जटिलताओं को अत्यधिक सरलीकृत कर देता है। विशेष रूप से, आलोचकों ने दो प्रमुख बिंदुओं पर हार्टलैंड सिद्धांत को चुनौती दी है; पहला, भौगोलिक नियतिवाद का आरोप; और दूसरा, तकनीकी परिवर्तन के कारण भूगोल की घटती प्रासंगिकता का तर्क।[114] इन आलोचनाओं को समझना आवश्यक है, क्योंकि इनके माध्यम से ही हार्टलैंड सिद्धांत की वास्तविक शक्ति और उसकी सीमाओं दोनों को स्पष्ट रूप से पहचाना जा सकता है। हार्टलैंड सिद्धांत पर सबसे प्रमुख और बार-बार दोहराई जाने वाली आलोचना यह है कि यह भूगोल को अत्यधिक निर्णायक मानता है और राजनीतिक नेतृत्व, विचारधारा, आर्थिक संस्थाओं तथा मानवीय एजेंसी की भूमिका को अपेक्षाकृत कम करके देखता है। इस दृष्टिकोण के अनुसार, मैकिंडर का प्रसिद्ध सूत्र पूर्वी यूरोप से लेकर विश्व-द्वीप और विश्व तक एक प्रकार की नियतिवादी व्याख्या प्रस्तुत करता है, जिसमें यह प्रतीत होता है कि भौगोलिक नियंत्रण अपने-आप राजनीतिक प्रभुत्व में परिणत हो जाएगा।आलोचकों का तर्क है कि इतिहास में ऐसे अनेक उदाहरण मिलते हैं जहाँ अनुकूल भूगोल के बावजूद राज्य राजनीतिक रूप से विफल रहे, और वहीं दूसरी ओर, प्रतिकूल भूगोल के बावजूद कुछ राज्यों ने असाधारण राजनीतिक और आर्थिक सफलता प्राप्त की।[115] इस आधार पर यह कहा गया कि भूगोल केवल एक कारक है, न कि अंतिम निर्धारक।यह आलोचना आंशिक रूप से उचित प्रतीत होती है, किंतु यह हार्टलैंड सिद्धांत की मूल भावना को पूर्णतः प्रतिबिंबित नहीं करती। वास्तव में, मैकिंडर स्वयं भूगोल को राजनीति का एकमात्र कारण नहीं मानते थे।[113] उनका तर्क यह था कि भूगोल राजनीतिक संभावनाओं और सीमाओं का ढाँचा तैयार करता है, जिसके भीतर मानव निर्णय और रणनीति कार्य करते हैं। इस दृष्टि से हार्टलैंड सिद्धांत को कठोर नियतिवाद के बजाय संरचनात्मक विश्लेषण के रूप में देखा जाना अधिक उपयुक्त है। यह सिद्धांत यह नहीं कहता कि भूगोल इतिहास को स्वचालित रूप से नियंत्रित करता है, बल्कि यह बताता है कि भूगोल कुछ विकल्पों को संभव बनाता है और कुछ को अत्यंत कठिन।हार्टलैंड

सिद्धांत की दूसरी बड़ी आलोचना आधुनिक तकनीकी परिवर्तन से जुड़ी हुई है। विशेष रूप से, बीसवीं सदी के मध्य से वायु-शक्ति, मिसाइल प्रौद्योगिकी और परमाणु हथियारों के विकास ने दूरी और स्थान की पारंपरिक अवधारणाओं को चुनौती दी। वायुसेनाओं और अंतरमहाद्वीपीय बैलिस्टिक मिसाइलों ने यह धारणा कमजोर कर दी कि विशाल भू-भाग और आंतरिक गहराई किसी राज्य को बाहरी आक्रमण से सुरक्षित रख सकती है।आलोचकों के अनुसार, जब कुछ ही घंटों में हजारों किलोमीटर दूर स्थित लक्ष्यों पर हमला संभव हो गया, तब हार्टलैंड जैसी अवधारणाएँ अपनी रणनीतिक प्रासंगिकता खोने लगीं। इस आलोचना का एक महत्वपूर्ण पक्ष यह भी है कि परमाणु हथियारों के युग में किसी भी क्षेत्र पर पूर्ण नियंत्रण स्थापित करने का अर्थ ही बदल गया है। अब युद्ध का उद्देश्य केवल भौगोलिक क्षेत्र पर कब्ज़ा करना नहीं, बल्कि प्रतिरोधक क्षमता और रणनीतिक संतुलन बनाए रखना बन गया है।[116]इस संदर्भ में यह तर्क दिया गया कि हार्टलैंड सिद्धांत, जो मूलतः औद्योगिक युग की स्थल-आधारित शक्ति पर केंद्रित था, परमाणु और उत्तर-औद्योगिक युग की वास्तविकताओं के साथ पूरी तरह सामंजस्य स्थापित नहीं कर पाता।फिर भी, तकनीकी आलोचना भी हार्टलैंड सिद्धांत को पूर्णतः अप्रासंगिक सिद्ध नहीं कर पाती। इसका कारण यह है कि तकनीक ने भले ही दूरी को संकुचित किया हो, किंतु उसने भूगोल को समाप्त नहीं किया, बल्कि उसके स्वरूप को परिवर्तित कर दिया है।[117] वायु-शक्ति और मिसाइलों के बावजूद, सैन्य अड्डों, आपूर्ति-श्रृंखलाओं, ऊर्जा संसाधनों और औद्योगिक अवसंरचना का स्थान-विशिष्ट होना आज भी उतना ही महत्वपूर्ण है।परमाणु युग में भी रणनीतिक स्थिरता का आधार भू-आधारित संरचनाएँ ही रही हैं; चाहे वह साइलो आधारित मिसाइलें हों, औद्योगिक केंद्र हों या ऊर्जा-उत्पादन क्षेत्र। इस प्रकार, तकनीक ने भूगोल को अप्रासंगिक नहीं बनाया, बल्कि उसे नई रणनीतिक जटिलताओं से युक्त कर दिया।

हार्टलैंड सिद्धांत की एक और सीमा यह मानी जाती है कि यह समुद्री शक्ति और आर्थिक वैश्वीकरण की भूमिका को पर्याप्त महत्व नहीं देता। आलोचकों का तर्क है कि वैश्विक व्यापार, वित्तीय नेटवर्क और समुद्री मार्गों की निरंतर केंद्रीयता यह दर्शाती है कि समुद्री शक्ति आज भी वैश्विक राजनीति में निर्णायक बनी हुई है। किंतु यहाँ भी यह ध्यान रखना आवश्यक है कि हार्टलैंड सिद्धांत समुद्री शक्ति को नकारता नहीं, बल्कि यह इंगित करता है कि समुद्री शक्ति की प्रभावशीलता महाद्वीपीय संरचनाओं के साथ उसके संबंध पर निर्भर करती है।इन आलोचनाओं के बावजूद, अधिकांश विद्वानों द्वारा यह स्वीकार किया गया है कि

हार्टलैंड सिद्धांत की मूल शक्ति उसकी संरचनात्मक अंतर्दृष्टि में निहित है। यह सिद्धांत यह दावा नहीं करता कि भूगोल राजनीति को यांत्रिक रूप से निर्धारित करता है; बल्कि यह यह स्पष्ट करता है कि भूगोल राजनीति की संभावनाओं और सीमाओं को परिभाषित करता है।संसाधन-गहराई, स्थल-कनेक्टिविटी और रणनीतिक सुरक्षा,यह तीनों तत्व आज भी अंतरराष्ट्रीय राजनीति के मूल प्रश्नों से जुड़े हुए हैं। ऊर्जा सुरक्षा, आपूर्ति श्रृंखलाएँ, परिवहन गलियारे और क्षेत्रीय स्थिरता,इन सभी समकालीन मुद्दों में हार्टलैंड सिद्धांत की अंतर्दृष्टि प्रत्यक्ष या अप्रत्यक्ष रूप से परिलक्षित होती है।हार्टलैंड सिद्धांत को उसकी सीमाओं के बावजूद खारिज करना उचित नहीं होगा। इसे एक पूर्ण सत्य या सार्वभौमिक नियम के रूप में नहीं, बल्कि एक विश्लेषणात्मक संदर्भ-बिंदु के रूप में समझना अधिक उपयुक्त है। इस दृष्टि से हार्टलैंड सिद्धांत शास्त्रीय भू-राजनीति का एक अनिवार्य आधार बना हुआ है, जो यह समझने में सहायता करता है कि क्यों भूगोल, अपने परिवर्तित रूपों में ही सही, आज भी वैश्विक राजनीति की संरचना और दिशा को प्रभावित करता है।

समुद्री शक्ति सिद्धांत :

समुद्री शक्ति सिद्धांत शास्त्रीय भू-राजनीति का वह केंद्रीय स्तंभ है जिसने यह स्पष्ट रूप से स्थापित किया कि वैश्विक राजनीति में प्रभुत्व केवल स्थल-आधारित विस्तार, क्षेत्रीय नियंत्रण या महाद्वीपीय गहराई से निर्मित नहीं होता, बल्कि समुद्रों पर नियंत्रण, व्यापारिक मार्गों की सुरक्षा और संगठित नौसैनिक शक्ति भी अंतरराष्ट्रीय शक्ति-संरचना के निर्णायक घटक होते हैं।[118] यह सिद्धांत इस बुनियादी मान्यता पर आधारित है कि समुद्र केवल भौगोलिक रिक्त स्थान नहीं हैं, बल्कि वह वैश्विक अर्थव्यवस्था, राजनीतिक प्रभाव और सामरिक क्षमता के सक्रिय माध्यम हैं।औद्योगिक युग से पूर्व भी समुद्रों की भूमिका महत्वपूर्ण थी, किंतु औद्योगिक क्रांति के साथ यह भूमिका गुणात्मक रूप से परिवर्तित हो गई। जैसे-जैसे उत्पादन बढ़ा, कच्चे माल की आवश्यकता और तैयार माल के निर्यात की आवश्यकता भी बढ़ी, और इस संपूर्ण आर्थिक चक्र का सबसे प्रभावी तथा सस्ता माध्यम समुद्री मार्ग ही बने। इस प्रकार समुद्रों ने न केवल भौगोलिक दूरी को पाटा, बल्कि उन्होंने शक्ति, पूँजी और प्रभाव के ऐसे वैश्विक नेटवर्क को जन्म दिया, जिसने आधुनिक विश्व-व्यवस्था की नींव रखी।समुद्री शक्ति सिद्धांत का उद्भव विशेष रूप से औद्योगिक युग और साम्राज्यवादी विस्तार के संदर्भ में हुआ।[119] उन्नीसवीं सदी तक आते-आते यूरोपीय शक्तियाँ एशिया, अफ्रीका और लैटिन अमेरिका में अपने उपनिवेश स्थापित कर चुकी थीं। इन उपनिवेशों का प्रशासन,

उनसे संसाधनों की आपूर्ति और वहाँ निर्मित या निकाले गए माल का यूरोपीय बाज़ारों तक पहुँचना; यह सभी प्रक्रियाएँ समुद्री मार्गों पर निर्भर थीं।इस संदर्भ में समुद्री शक्ति केवल सैन्य सुरक्षा का साधन नहीं रही, बल्कि वह साम्राज्य के आर्थिक जीवन-तंत्र में परिवर्तित हो गई। जिन राज्यों के पास शक्तिशाली नौसेना और संगठित समुद्री व्यापारिक बेड़ा था, वह न केवल अपने उपनिवेशों को सुरक्षित रख पाए, बल्कि उन्होंने वैश्विक व्यापार की शर्तों को भी निर्धारित किया। इस प्रकार समुद्री शक्ति को राजनीतिक-आर्थिक प्रभुत्व की संरचना के रूप में देखा जाने लगा, न कि केवल युद्धकालीन सैन्य साधन के रूप में।समुद्री शक्ति सिद्धांत का व्यवस्थित और सैद्धांतिक स्वरूप उन्नीसवीं सदी के अंत में अमेरिकी नौसैनिक इतिहासकार अल्फ्रेड थायर माहन द्वारा प्रस्तुत किया गया। माहन का चिंतन ऐसे समय में सामने आया जब ब्रिटिश साम्राज्य अपने चरम पर था और विश्व के अधिकांश समुद्री मार्ग, बंदरगाह तथा व्यापारिक नेटवर्क उसकी नौसैनिक शक्ति के संरक्षण में संचालित हो रहे थे। ब्रिटेन की स्थिति इस बात का प्रत्यक्ष उदाहरण थी कि किस प्रकार एक अपेक्षाकृत छोटा द्वीपीय राज्य, अपनी नौसैनिक श्रेष्ठता और समुद्री व्यापार के माध्यम से, विश्व-व्यापी राजनीतिक प्रभाव स्थापित कर सकता है। माहन ने इस ऐतिहासिक यथार्थ को मात्र संयोग नहीं माना, बल्कि इसके पीछे एक संरचनात्मक तर्क खोजने का प्रयास किया।

माहन का योगदान इस दृष्टि से महत्वपूर्ण था कि उन्होंने इतिहास को केवल घटनाओं के क्रम के रूप में नहीं, बल्कि भूगोल, व्यापार और शक्ति के अंतर्संबंध के रूप में पढ़ा।[120] उन्होंने प्राचीन एथेंस, रोमन साम्राज्य, वेनिस, डच गणराज्य और आधुनिक ब्रिटेन जैसे उदाहरणों का अध्ययन करते हुए यह तर्क प्रस्तुत किया कि जिन शक्तियों ने समुद्रों पर नियंत्रण स्थापित किया, वह दीर्घकाल तक वैश्विक राजनीति में अग्रणी बनी रहीं।उनके अनुसार समुद्री शक्ति का अर्थ केवल युद्धपोतों की संख्या या नौसेना के आकार से नहीं लगाया जा सकता। यह एक बहुआयामी संरचना है, जिसमें भौगोलिक स्थिति, तटीयता, प्राकृतिक बंदरगाहों की उपलब्धता, व्यापारिक बेड़े की क्षमता, नौसेना की संगठनात्मक शक्ति और राज्य की राजनीतिक इच्छाशक्ति सभी शामिल होते हैं। इस प्रकार समुद्री शक्ति किसी एक तत्व का परिणाम नहीं, बल्कि अनेक कारकों के संयोजन से निर्मित होती है। माहन के सिद्धांत का वैचारिक आधार इस मान्यता में निहित है कि व्यापार और नौसैनिक शक्ति एक-दूसरे के पूरक हैं। सुरक्षित व्यापार के बिना कोई भी राज्य दीर्घकालिक समृद्धि और स्थिरता प्राप्त नहीं कर सकता, और मजबूत नौसेना के बिना व्यापारिक मार्ग सुरक्षित नहीं रह सकते। इस द्वंद्वात्मक संबंध ने

समुद्री शक्ति को आधुनिक राज्य-शक्ति का अनिवार्य अंग बना दिया।माहन के अनुसार, समुद्री शक्ति का अंतिम उद्देश्य युद्ध नहीं, बल्कि ऐसी स्थिति का निर्माण है जिसमें राज्य अपने आर्थिक और राजनीतिक हितों की रक्षा बिना निरंतर युद्ध के कर सके। इस दृष्टि से समुद्री शक्ति न केवल आक्रामक, बल्कि निवारक भूमिका भी निभाती है।समुद्री शक्ति सिद्धांत का उद्भव एक और महत्वपूर्ण ऐतिहासिक पृष्ठभूमि से भी जुड़ा है; वह है संयुक्त राज्य अमेरिका का उदय।[121] उन्नीसवीं सदी के अंत तक अमेरिका एक महाद्वीपीय शक्ति से धीरे-धीरे वैश्विक शक्ति बनने की ओर अग्रसर था। माहन के विचारों ने अमेरिकी नीति-निर्माताओं को यह बौद्धिक आधार प्रदान किया कि यदि अमेरिका को वैश्विक राजनीति में निर्णायक भूमिका निभानी है, तो उसे केवल स्थल-आधारित विस्तार पर निर्भर नहीं रहना चाहिए, बल्कि समुद्रों पर भी अपनी उपस्थिति सुदृढ़ करनी चाहिए।इस प्रकार समुद्री शक्ति सिद्धांत केवल ब्रिटिश अनुभव की व्याख्या नहीं था, बल्कि वह भविष्य की अमेरिकी रणनीति का वैचारिक मार्गदर्शक भी बना। समुद्री शक्ति सिद्धांत का वैचारिक आधार इस व्यापक समझ में निहित है कि समुद्र आधुनिक विश्व-व्यवस्था की धमनियाँ हैं। वह व्यापार, ऊर्जा, संचार और सैन्य आवागमन को जोड़ते हैं और इस प्रकार वैश्विक राजनीति को गतिशील बनाते हैं। माहन का ऐतिहासिक योगदान यह था कि उन्होंने इस यथार्थ को एक सुसंगत सिद्धांत का रूप दिया और यह दिखाया कि समुद्री शक्ति केवल भौतिक सैन्य क्षमता नहीं, बल्कि एक दीर्घकालिक राजनीतिक-आर्थिक संरचना है।इसी कारण समुद्री शक्ति सिद्धांत शास्त्रीय भू-राजनीति में हार्टलैंड और रिमलैंड सिद्धांतों के साथ एक अनिवार्य और पूरक स्तंभ के रूप में स्थापित हुआ, जिसकी वैचारिक प्रासंगिकता आज भी वैश्विक राजनीति के विश्लेषण में बनी हुई है।

भूगोल और समुद्री शक्ति : तटीयता, द्वीप और महासागर

समुद्री शक्ति सिद्धांत में भूगोल को केंद्रीय और निर्णायक स्थान प्राप्त है, क्योंकि किसी भी राज्य की समुद्री क्षमता उसकी भौगोलिक स्थिति से गहराई से प्रभावित होती है।[122] अल्फ्रेड थायर माहन का मूल तर्क यह था कि समुद्री शक्ति केवल नौसेना के आकार या युद्धपोतों की संख्या से नहीं बनती, बल्कि वह उन भौगोलिक परिस्थितियों का परिणाम होती है जिनमें कोई राज्य स्थित होता है।[123] समुद्र तक सहज पहुँच, विस्तृत तटीय रेखा, प्राकृतिक बंदरगाहों की उपलब्धता, द्वीपों की श्रृंखला और महासागरों से जुड़ाव; यह सभी तत्व किसी राज्य को समुद्री शक्ति विकसित करने की अनुकूल संभावनाएँ प्रदान करते हैं। भूगोल यहाँ एक

सक्षमकारी संरचना के रूप में कार्य करता है, जो राज्य की राजनीतिक इच्छाशक्ति और आर्थिक क्षमता के साथ मिलकर समुद्री प्रभुत्व को संभव बनाता है।सबसे पहले, समुद्र तक पहुँच समुद्री शक्ति की बुनियादी शर्त है।[124] जिन राज्यों के पास खुला समुद्री तट होता है, वह वैश्विक व्यापार और नौसैनिक आवागमन में सीधे भाग ले सकते हैं। इसके विपरीत, स्थल-आवेष्ठित राज्य समुद्री मार्गों तक पहुँच के लिए अन्य राज्यों पर निर्भर रहते हैं, जिससे उनकी रणनीतिक स्वायत्तता सीमित हो जाती है।[125] माहन के अनुसार, समुद्र तक स्वतंत्र पहुँच किसी राज्य को न केवल आर्थिक अवसर प्रदान करती है, बल्कि वह उसे संकट के समय वैकल्पिक रणनीतिक विकल्प भी देती है; जैसे व्यापारिक मार्गों का पुनर्संयोजन या नौसैनिक तैनाती। इस दृष्टि से समुद्र तक पहुँच होना समुद्री शक्ति की पहली और अनिवार्य शर्त है।दूसरा महत्वपूर्ण भौगोलिक तत्व है तटीय रेखा की लंबाई और स्वरूप।[126] लंबी और विविध तटीय रेखा वाले राज्य अधिक बंदरगाहों, नौसैनिक अड्डों और व्यापारिक केंद्रों का विकास कर सकते हैं। ऐसी तटीयता समुद्री गतिविधियों को फैलाने और विविधीकृत करने में सहायक होती है। हालांकि, माहन यह भी स्पष्ट करते हैं कि तटीय रेखा की लंबाई तभी लाभकारी होती है जब वह सुरक्षित और संगठित हो; अत्यधिक लंबी किंतु असुरक्षित तटीय रेखा राज्य के लिए रक्षा-सम्बंधी चुनौती भी बन सकती है। इसलिए, समुद्री शक्ति के विकास में तटीयता की गुणवत्ता और नियंत्रण क्षमता उतनी ही महत्वपूर्ण है जितनी उसकी लंबाई। **(मानचित्र:3)**तीसरा प्रमुख तत्व है प्राकृतिक बंदरगाहों की उपलब्धता।[127] प्राकृतिक बंदरगाह समुद्री शक्ति की रीढ़ होते हैं, क्योंकि वह जहाजों को सुरक्षित आश्रय, मरम्मत, ईंधन और रसद की सुविधा प्रदान करते हैं। ऐतिहासिक रूप से जिन राज्यों के पास अच्छे प्राकृतिक बंदरगाह रहे, वह समुद्री व्यापार और नौसैनिक तैनाती में अग्रणी रहे। प्राकृतिक बंदरगाह न केवल आर्थिक गतिविधियों को बढ़ावा देते हैं, बल्कि वह नौसैनिक शक्ति को स्थायित्व भी प्रदान करते हैं। माहन के अनुसार, बंदरगाहों का जाल समुद्री शक्ति को स्थानीय से वैश्विक स्तर तक विस्तारित करने में निर्णायक भूमिका निभाता है।[128]चौथा, द्वीपों की श्रृंखला और द्वीपीय भूगोल समुद्री शक्ति को विशेष रणनीतिक लाभ प्रदान करता है।[129] द्वीप समुद्री मार्गों पर निगरानी, रक्षा की अग्रिम चौकियाँ और नौसैनिक अड्डों के रूप में कार्य कर सकते हैं। द्वीपीय राज्य समुद्र को स्वाभाविक सुरक्षा-घेरा मानकर अपनी रक्षा रणनीति विकसित कर सकते हैं, जिससे उन्हें स्थलीय आक्रमण का जोखिम अपेक्षाकृत कम होता है। इस संदर्भ में ब्रिटेन को समुद्री शक्ति सिद्धांत का क्लासिक उदाहरण माना जाता है। ब्रिटेन ने अपने द्वीपीय भूगोल का उपयोग कर

यूरोप की महाद्वीपीय शक्तियों के बीच संतुलन बनाए रखा और समुद्र के माध्यम से वैश्विक व्यापार तथा उपनिवेशों पर प्रभुत्व स्थापित किया।[130] समुद्र यहाँ ब्रिटेन के लिए रक्षा की दीवार भी था और विस्तार का मार्ग भी।

पाँचवाँ और व्यापक तत्व है महासागरों की भूमिका।[131] महासागर केवल जल-क्षेत्र नहीं, बल्कि वैश्विक संपर्क और शक्ति-प्रक्षेपण के मंच हैं। अटलांटिक, हिंद और प्रशांत महासागर विश्व व्यापार, ऊर्जा आपूर्ति और सैन्य आवागमन की प्रमुख धमनियाँ हैं। माहन के अनुसार, जो राज्य इन महासागरों में सतत नौसैनिक उपस्थिति बनाए रखते हैं, वह न केवल अपने हितों की रक्षा कर पाते हैं, बल्कि वह वैश्विक राजनीति की दिशा को भी प्रभावित करते हैं। महासागरीय उपस्थिति समुद्री शक्ति को क्षेत्रीय सीमाओं से मुक्त कर वैश्विक आयाम प्रदान करती है।**(मानचित्र :4)** माहन की दृष्टि में तटीय और द्वीपीय राज्य समुद्र का उपयोग द्वैतात्मक रूप में करते हैं,एक ओर वह सुरक्षा प्रदान करता है, दूसरी ओर वह विस्तार और संपर्क का माध्यम बनता है।[132] इसके विपरीत, स्थल-आवेष्ठित राज्य समुद्री शक्ति के इन लाभों से वंचित रहते हैं और उन्हें अपनी आर्थिक तथा रणनीतिक आवश्यकताओं के लिए अन्य राज्यों या स्थलीय मार्गों पर निर्भर रहना पड़ता है।यही कारण है कि समुद्री शक्ति सिद्धांत में भूगोल को केवल पृष्ठभूमि नहीं, बल्कि शक्ति-निर्माण की सक्रिय शर्त के रूप में देखा जाता है। भूगोल और समुद्री शक्ति का संबंध यह स्पष्ट करता है कि समुद्री प्रभुत्व आकस्मिक नहीं होता। वह उन भौगोलिक परिस्थितियों, संसाधनों और अवसरों का परिणाम होता है जिनका उपयोग राज्य अपनी राजनीतिक इच्छाशक्ति और रणनीतिक दृष्टि के माध्यम से करता है।माहन का योगदान इस बात में निहित है कि उन्होंने यह दिखाया कि भूगोल समुद्री शक्ति की संभावनाएँ रचता है, जबकि नीति और रणनीति उन संभावनाओं को वास्तविक शक्ति में रूपांतरित करती हैं। इसी कारण तटीयता, द्वीप और महासागर समुद्री शक्ति सिद्धांत के केवल भौगोलिक घटक नहीं, बल्कि उसकी वैचारिक आधारशिला हैं। **(मानचित्र : 5)**

मानचित्र 3 : विश्व महासागर और समुद्र मानचित्र

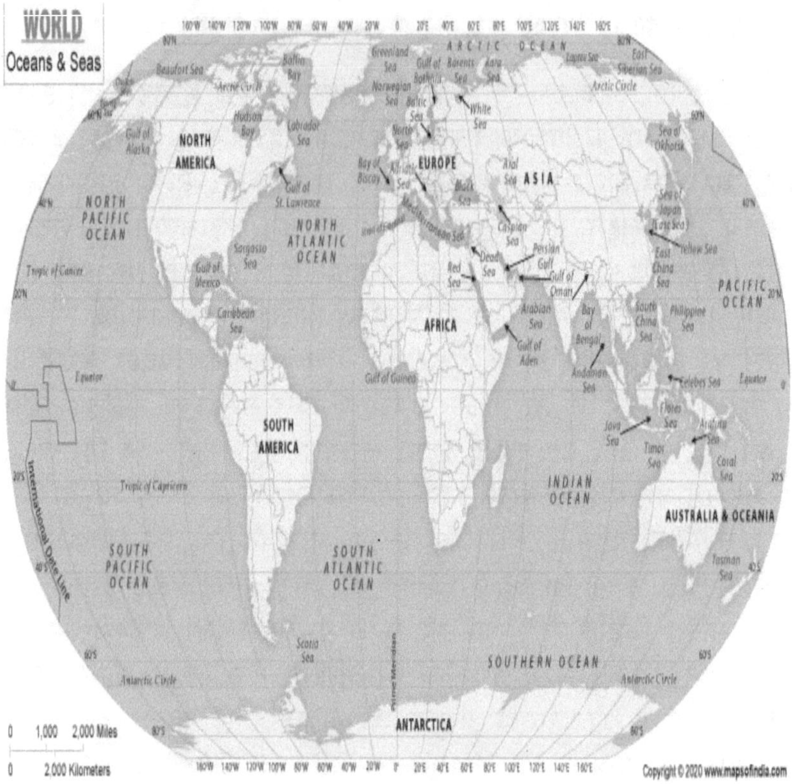

स्त्रोत :मैप्स ऑफ इंडिया

मानचित्र 4 : वैश्विक समुद्री चोकपॉइंट्स और प्रमुख नौवहन मार्गों का मानचित्र

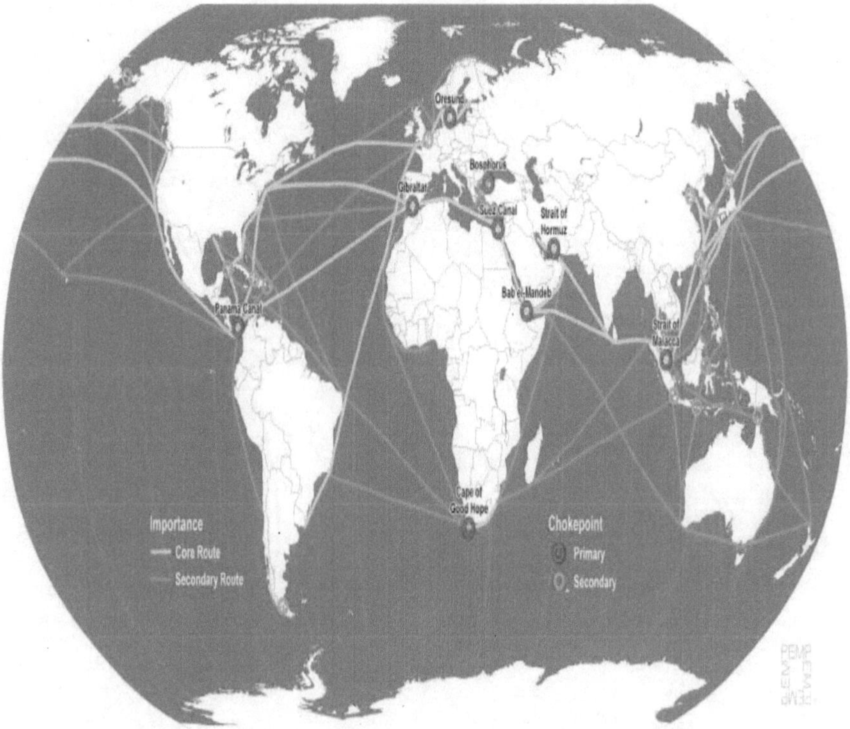

स्त्रोत : ओईसीईएमपी (OCEMP)

मानचित्र 5 : अटलांटिक महासागर में लगभग 1750 ई. के समुद्री व्यापार

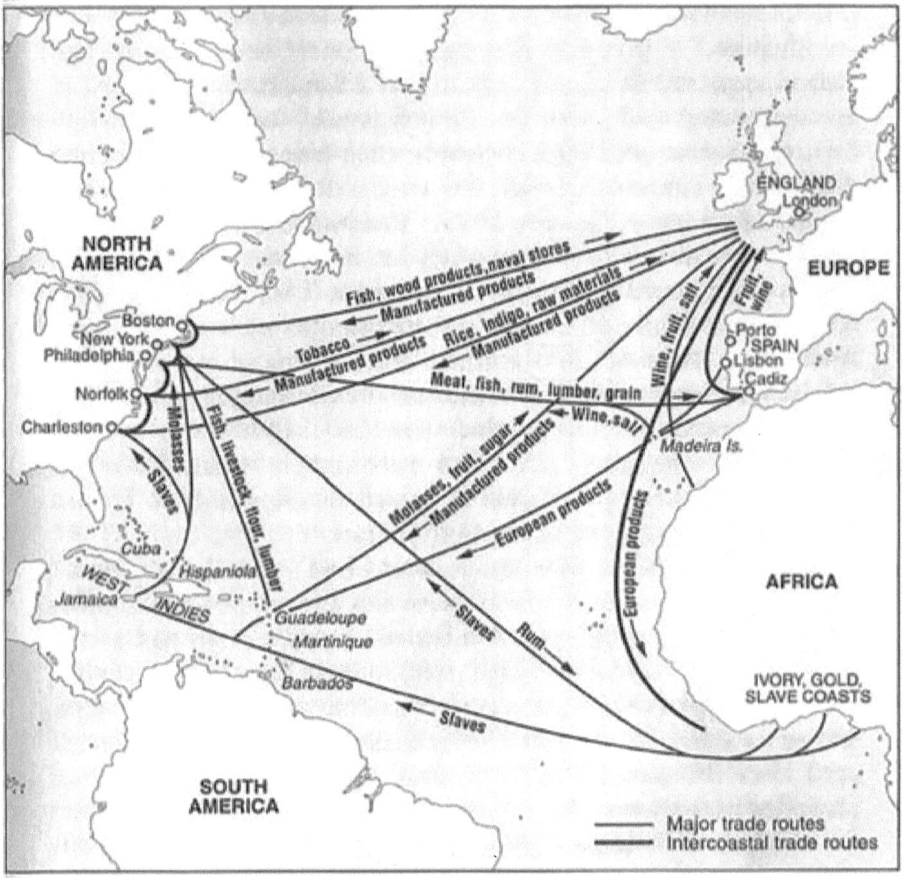

Map 3 Shipping routes in the Atlantic Ocean, c. 1750

स्त्रोत : मैकनील, डब्ल्यू. एच.

विश्लेषणात्मक संकेत:

अटलांटिक, हिंद और प्रशांत महासागर केवल भौगोलिक जल-क्षेत्र नहीं हैं, बल्कि वह आधुनिक वैश्विक राजनीति और अर्थव्यवस्था की रणनीतिक धमनियाँ (संचार की समुद्री रेखाएँ- SLOCs) हैं, जिनके माध्यम से आज भी विश्व व्यापार का लगभग 90 प्रतिशत संचालित होता है।[133] समुद्री शक्ति सिद्धांत के अंतर्गत इन महासागरों को इस कारण केंद्रीय स्थान प्राप्त है कि वह राज्यों को न केवल

परस्पर जोड़ते हैं, बल्कि संसाधनों, पूँजी, ऊर्जा और सैन्य शक्ति के प्रवाह को भी संभव बनाते हैं। अल्फ्रेड थायर माहन के अनुसार, किसी भी शक्ति की वास्तविक समुद्री क्षमता इस बात से आँकी जानी चाहिए कि वह इन महासागरीय मार्गों पर कितनी निरंतर, सुरक्षित और प्रभावी उपस्थिति बनाए रख सकती है।[134] महासागर इस दृष्टि से केवल भौतिक विस्तार नहीं, बल्कि रणनीतिक मंच हैं, जहाँ वैश्विक प्रभुत्व की शर्तें निर्मित और लागू होती हैं।अटलांटिक महासागर ऐतिहासिक रूप से समुद्री शक्ति का पहला वैश्विक रंगमंच रहा है। यूरोप और अमेरिका को जोड़ने वाले इस महासागर ने औद्योगिक युग में व्यापार, उपनिवेशवाद और सैन्य गठबंधनों की रीढ़ का कार्य किया। ब्रिटिश साम्राज्य की शक्ति काफी हद तक अटलांटिक SLOCs की सुरक्षा पर आधारित थी, जिसने उसे यूरोप, अफ्रीका और अमेरिका के बीच व्यापारिक नियंत्रण प्रदान किया। बाद में संयुक्त राज्य अमेरिका का उदय भी अटलांटिक महासागर पर उसकी मजबूत नौसैनिक उपस्थिति से जुड़ा रहा।[135] माहन के अनुसार, अटलांटिक पर प्रभुत्व ने न केवल व्यापार को सुरक्षित किया, बल्कि यह सुनिश्चित किया कि युद्ध की स्थिति में सैनिकों और संसाधनों का विशाल पैमाने पर स्थानांतरण संभव हो सके। इस प्रकार अटलांटिक महासागर समुद्री शक्ति सिद्धांत में व्यापार-सैन्य द्वैत का सबसे स्पष्ट उदाहरण प्रस्तुत करता है।हिंद महासागर का महत्व अपेक्षाकृत बाद में, किंतु अत्यंत तीव्रता से उभरा। यह महासागर एशिया, अफ्रीका और यूरोप को जोड़ने वाला ऐसा केंद्र है जहाँ से ऊर्जा, कच्चे माल और औद्योगिक वस्तुओं का प्रवाह होता है। आज वैश्विक तेल और गैस आपूर्ति का बड़ा भाग हिंद महासागर के माध्यम से गुजरता है, जिससे यह महासागर आधुनिक वैश्विक अर्थव्यवस्था की ऊर्जा-धुरी बन गया है।[136] माहन के सिद्धांत के अनुरूप, जो शक्ति हिंद महासागर की SLOCs पर प्रभावी नौसैनिक उपस्थिति बनाए रखती है, वह न केवल क्षेत्रीय बल्कि वैश्विक राजनीति में भी निर्णायक प्रभाव डाल सकती है। इस संदर्भ में हिंद महासागर को केवल क्षेत्रीय जल-क्षेत्र के रूप में नहीं, बल्कि वैश्विक सामरिक केंद्र के रूप में समझा जाना चाहिए।प्रशांत महासागर समुद्री शक्ति सिद्धांत का सबसे व्यापक और समकालीन रूप प्रस्तुत करता है। यह महासागर न केवल क्षेत्रफल की दृष्टि से सबसे बड़ा है, बल्कि आज यह वैश्विक उत्पादन, तकनीक और व्यापार का केंद्र भी बन चुका है। पूर्वी एशिया के औद्योगिक केंद्र, उत्तर अमेरिका के बाज़ार और ऑस्ट्रेलिया जैसे संसाधन-सम्पन्न क्षेत्र सभी प्रशांत महासागर की SLOCs से जुड़े हुए हैं।[137] माहन के अनुसार, प्रशांत पर प्रभुत्व स्थापित करना किसी भी शक्ति को दीर्घकालिक वैश्विक बढ़त प्रदान कर सकता है, क्योंकि यहाँ समुद्री मार्गों का नियंत्रण सीधे औद्योगिक

आपूर्ति श्रृंखलाओं और वैश्विक मूल्य-श्रृंखलाओं को प्रभावित करता है। इस प्रकार प्रशांत महासागर समुद्री शक्ति सिद्धांत के भविष्य उन्मुख आयाम को रेखांकित करता है।

माहन की दृष्टि में SLOCs का महत्व केवल आर्थिक नहीं, बल्कि गहराई से रणनीतिक है। समुद्री मार्गों का अवरोध किसी राज्य की अर्थव्यवस्था को पंगु बना सकता है, उसकी सैन्य क्षमता को सीमित कर सकता है और उसके राजनीतिक विकल्पों को संकुचित कर सकता है।[138] यही कारण है कि समुद्री शक्ति सिद्धांत में नौसेनाओं की भूमिका केवल युद्ध के समय नहीं, बल्कि शांति काल में भी अत्यंत महत्वपूर्ण मानी जाती है।महासागरों और SLOCs का एक और महत्वपूर्ण विश्लेषणात्मक पक्ष यह है कि वह वैश्विक राजनीति में असममित शक्ति उत्पन्न करते हैं। सीमित संसाधनों वाला कोई राज्य यदि रणनीतिक रूप से महत्वपूर्ण समुद्री मार्गों या महासागरीय क्षेत्रों में अपनी उपस्थिति स्थापित कर ले, तो वह अपेक्षाकृत बड़े राज्यों पर भी प्रभाव डाल सकता है।[139] माहन के अनुसार, समुद्रों पर प्रभावी उपस्थिति का अर्थ यह नहीं कि हर स्थान पर पूर्ण नियंत्रण हो, बल्कि यह कि निर्णायक बिंदुओं पर सतत उपस्थिति और प्रभाव बनाए रखा जाए।समकालीन वैश्वीकरण के युग में, जब उत्पादन और आपूर्ति-श्रृंखलाएँ अंतरराष्ट्रीय हो चुकी हैं, SLOCs का महत्व और अधिक बढ़ गया है। किसी एक महासागरीय मार्ग में व्यवधान का प्रभाव वैश्विक स्तर पर महसूस किया जाता है, जिससे यह स्पष्ट होता है कि समुद्री शक्ति अब केवल राष्ट्रीय सुरक्षा का प्रश्न नहीं, बल्कि वैश्विक स्थिरता का भी प्रश्न बन चुकी है।[140]इस संदर्भ में माहन की यह अंतर्दृष्टि आज भी प्रासंगिक है कि समुद्रों पर प्रभावी नौसैनिक उपस्थिति किसी भी शक्ति को वैश्विक रणनीतिक बढ़त प्रदान करती है, क्योंकि वह न केवल अपने हितों की रक्षा कर सकती है, बल्कि अंतरराष्ट्रीय प्रणाली की दिशा को भी प्रभावित कर सकती है।अटलांटिक, हिंद और प्रशांत महासागर समुद्री शक्ति सिद्धांत में केवल भौगोलिक इकाइयाँ नहीं, बल्कि वैश्विक शक्ति-संरचना के सक्रिय घटक हैं। SLOCs के माध्यम से व्यापार, ऊर्जा, संचार और सैन्य शक्ति का प्रवाह यह सिद्ध करता है कि समुद्र आधुनिक विश्व-व्यवस्था की जीवनरेखा हैं। माहन का स्थायी योगदान यही है कि उन्होंने इस यथार्थ को एक सुसंगत सैद्धांतिक ढाँचे में रूपांतरित किया और यह दिखाया कि महासागरों पर प्रभावी उपस्थिति बनाए बिना कोई भी शक्ति दीर्घकालिक वैश्विक प्रभुत्व की आकांक्षा नहीं कर सकती।

व्यापार और समुद्री प्रभुत्व :

समुद्री शक्ति सिद्धांत का दूसरा और अत्यंत केंद्रीय आयाम व्यापार है, जिसे अल्फ्रेड थायर माहन ने समुद्री शक्ति की आत्मा के रूप में परिभाषित किया।[141] माहन का यह स्पष्ट तर्क था कि समुद्री शक्ति का अंतिम और वास्तविक उद्देश्य केवल सैन्य विजय या युद्धकालीन प्रभुत्व नहीं है, बल्कि व्यापारिक मार्गों की सुरक्षा, निरंतरता और विस्तार है।[142]उनके अनुसार, इतिहास में जिन राज्यों ने समुद्रों पर प्रभुत्व स्थापित किया, उन्होंने ऐसा मुख्यतः इसलिए किया क्योंकि वह व्यापार को सुरक्षित और नियंत्रित करने में सफल रहे। इस दृष्टि से समुद्री शक्ति सैन्य शक्ति से अधिक आर्थिक शक्ति का संरचनात्मक विस्तार बन जाती है, जहाँ नौसेना और व्यापार एक-दूसरे के पूरक के रूप में कार्य करते हैं।औद्योगिक युग में व्यापार और समुद्रों का संबंध गुणात्मक रूप से और अधिक गहरा हो गया। औद्योगिक उत्पादन के विस्तार के साथ कच्चे माल,जैसे कोयला, लौह-अयस्क, तेल और अन्य खनिज संसाधनों,की मांग तेजी से बढ़ी। यह संसाधन प्रायः दूरस्थ उपनिवेशों या विदेशी क्षेत्रों से प्राप्त किए जाते थे, और उनका परिवहन मुख्यतः समुद्री मार्गों के माध्यम से ही संभव था। इसी प्रकार, औद्योगिक देशों में निर्मित वस्तुओं का निर्यात भी समुद्रों के सहारे ही वैश्विक बाज़ारों तक पहुँचता था।इस प्रकार समुद्री मार्ग औद्योगिक अर्थव्यवस्था की जीवनरेखा बन गए। माहन का तर्क था कि यदि यह मार्ग असुरक्षित हो जाएँ, तो किसी भी औद्योगिक शक्ति की आर्थिक और राजनीतिक स्थिरता खतरे में पड़ सकती है।[143]माहन के अनुसार, व्यापार और समुद्री प्रभुत्व के बीच संबंध द्वंद्वात्मक है। एक ओर, सुरक्षित व्यापार समुद्री शक्ति को आर्थिक आधार प्रदान करता है; दूसरी ओर, समुद्री शक्ति व्यापार को सुरक्षा प्रदान करती है।[144] इस चक्र को तोड़े बिना कोई भी राज्य दीर्घकालिक वैश्विक प्रभाव स्थापित नहीं कर सकता। यही कारण है कि समुद्री शक्ति सिद्धांत में नौसेना को केवल युद्धकालीन साधन नहीं, बल्कि शांति काल में भी व्यापारिक मार्गों की रक्षा करने वाला एक स्थायी संस्थान माना गया है। मजबूत नौसेना न केवल बाहरी आक्रमण को रोकती है, बल्कि समुद्री डकैती, अवरोध और प्रतिद्वंद्वी शक्तियों के दबाव से व्यापारिक जहाज़ों की रक्षा भी करती है।समुद्री व्यापार का एक और महत्वपूर्ण पक्ष यह है कि वह राज्य को वैश्विक संपर्क और प्रभाव प्रदान करता है। व्यापारिक जहाज़ केवल वस्तुएँ नहीं ले जाते, बल्कि वह विचार, संस्कृति, तकनीक और राजनीतिक प्रभाव भी साथ लेकर चलते हैं।[145] ऐतिहासिक रूप से, जिन राज्यों का व्यापारिक बेड़ा विशाल और सक्रिय रहा, वह वैश्विक राजनीति में भी अधिक प्रभावशाली रहे। ब्रिटिश साम्राज्य इसका प्रमुख उदाहरण है, जहाँ

व्यापारिक मार्गों और बंदरगाहों का वैश्विक नेटवर्क राजनीतिक और सैन्य प्रभुत्व का आधार बना। माहन ने इस उदाहरण के माध्यम से यह दिखाया कि समुद्री व्यापार और समुद्री शक्ति एक-दूसरे से अलग नहीं किए जा सकते।माहन के समुद्री शक्ति सिद्धांत में वाणिज्यिक बेड़े को विशेष महत्व दिया गया है। उनका तर्क था कि एक मजबूत व्यापारिक बेड़ा न केवल आर्थिक समृद्धि लाता है, बल्कि वह नौसेना के विकास के लिए भी आधार प्रदान करता है।[146] व्यापारिक जहाज़ों के माध्यम से नाविकों, तकनीकी कौशल और समुद्री अनुभव का विकास होता है, जो संकट के समय नौसेना के विस्तार में सहायक सिद्ध होता है। इस प्रकार वाणिज्यिक बेड़ा और नौसेना एक ही शक्ति-संरचना के दो पूरक अंग बन जाते हैं,एक आर्थिक स्थिरता और विस्तार सुनिश्चित करता है, तो दूसरा उस आर्थिक ढाँचे की रक्षा करता है।व्यापार और समुद्री प्रभुत्व का संबंध केवल आर्थिक नहीं, बल्कि गहराई से रणनीतिक भी है। समुद्री मार्गों पर नियंत्रण किसी राज्य को यह क्षमता प्रदान करता है कि वह प्रतिद्वंद्वी की अर्थव्यवस्था पर दबाव बना सके। युद्धकाल में समुद्री नाकेबंदी का प्रयोग इसी रणनीतिक तर्क का परिणाम है।यदि किसी राज्य के आयात-निर्यात मार्ग बाधित कर दिए जाएँ, तो उसकी औद्योगिक क्षमता, सैन्य आपूर्ति और नागरिक जीवन सभी प्रभावित हो जाते हैं। इस प्रकार समुद्री व्यापार का नियंत्रण प्रत्यक्ष युद्ध के बिना भी राजनीतिक परिणाम उत्पन्न कर सकता है।[147]

माहन के अनुसार, यही कारण है कि समुद्री शक्ति को निवारक शक्ति के रूप में भी देखा जाना चाहिए।समकालीन वैश्विक अर्थव्यवस्था में व्यापार और समुद्री शक्ति का यह संबंध और भी स्पष्ट हो गया है। आज भी विश्व व्यापार का लगभग 90 प्रतिशत समुद्री मार्गों के माध्यम से संचालित होता है। ऊर्जा संसाधनों विशेषकर तेल और गैस का परिवहन मुख्यतः समुद्रों पर निर्भर है।इस संदर्भ में समुद्री मार्गों की सुरक्षा किसी एक राज्य की समस्या नहीं, बल्कि वैश्विक स्थिरता का प्रश्न बन चुकी है। माहन के सिद्धांत की प्रासंगिकता यहाँ स्पष्ट रूप से दिखाई देती है, क्योंकि उन्होंने बहुत पहले यह चेतावनी दी थी कि समुद्री व्यापार की असुरक्षा वैश्विक राजनीतिक अस्थिरता को जन्म दे सकती है।[148]समुद्री शक्ति सिद्धांत में व्यापार का स्थान यह स्थापित करता है कि समुद्री प्रभुत्व का लक्ष्य युद्ध नहीं, बल्कि एक ऐसी अंतरराष्ट्रीय व्यवस्था का निर्माण है जिसमें व्यापार सुरक्षित, निरंतर और नियंत्रित रहे।माहन का योगदान इस दृष्टि से अत्यंत महत्वपूर्ण है कि उन्होंने नौसेना और वाणिज्यिक बेड़े को अलग-अलग क्षेत्रों के रूप में नहीं, बल्कि एक ही शक्ति-संरचना के पूरक तत्वों के रूप में देखा।इस प्रकार,

समुद्री शक्ति सिद्धांत यह स्पष्ट करता है कि वैश्विक राजनीति में समुद्रों पर प्रभुत्व स्थापित करने का अर्थ अंततः व्यापार पर प्रभाव स्थापित करना है, और व्यापार पर प्रभाव ही दीर्घकालिक राजनीतिक और रणनीतिक प्रभुत्व की आधारशिला बनता है।

नहरें : मानव-निर्मित समुद्री शक्ति

समुद्री शक्ति सिद्धांत में नहरें मानव द्वारा निर्मित वह भू-राजनीतिक संरचनाएँ हैं, जिन्होंने प्राकृतिक समुद्री भूगोल को पुनर्परिभाषित करते हुए वैश्विक शक्ति-संतुलन को गहराई से प्रभावित किया है।[149] जहाँ महासागर और समुद्री मार्ग प्राकृतिक रूप से राज्यों को जोड़ते हैं, वहीं नहरें उन मार्गों को संक्षिप्त, नियंत्रित और रणनीतिक रूप से केंद्रीकृत कर देती हैं।[150] इसी कारण नहरों को समुद्री शक्ति सिद्धांत में केवल अवसंरचनात्मक परियोजनाओं के रूप में नहीं, बल्कि रणनीतिक उपकरण के रूप में देखा जाता है।नहरों ने समुद्री दूरी को कम कर समय, लागत और सैन्य गतिशीलता,तीनों को निर्णायक रूप से बदल दिया, जिसके परिणामस्वरूप जिन शक्तियों ने इन पर नियंत्रण स्थापित किया, उन्हें वैश्विक राजनीति में असमान लाभ प्राप्त हुआ।[151]नहरों का सबसे प्रभावशाली उदाहरण स्वेज नहर है, जिसने यूरोप और एशिया के बीच समुद्री संपर्क की प्रकृति को पूरी तरह बदल दिया। स्वेज नहर के निर्माण से पूर्व यूरोप से एशिया जाने वाले जहाजों को अफ्रीका के केप ऑफ गुड होप का लंबा और जोखिमपूर्ण मार्ग अपनाना पड़ता था। स्वेज नहर ने इस दूरी को हजारों किलोमीटर कम कर दिया और यात्रा समय को कई सप्ताह घटा दिया।इस परिवर्तन का सबसे बड़ा लाभ ब्रिटिश साम्राज्य को मिला, जिसकी वैश्विक शक्ति एशिया और अफ्रीका में फैले उपनिवेशों पर निर्भर थी। स्वेज नहर के माध्यम से ब्रिटेन ने न केवल अपने व्यापारिक मार्गों को सुरक्षित और सस्ता बनाया, बल्कि उसने अपनी नौसैनिक शक्ति को भी अधिक प्रभावी ढंग से एशिया और हिंद महासागर क्षेत्र में प्रक्षेपित किया।[152]इस प्रकार स्वेज नहर समुद्री शक्ति सिद्धांत का एक क्लासिक उदाहरण बन गई, जहाँ मानव-निर्मित अवसंरचना ने साम्राज्यवादी प्रभुत्व को सुदृढ़ किया। **(मानचित्र 6)** इसी प्रकार, पनामा नहर ने समुद्री शक्ति की भू-राजनीति में एक और क्रांतिकारी परिवर्तन किया।[152] पनामा नहर के निर्माण से पूर्व अटलांटिक महासागर से प्रशांत महासागर की यात्रा के लिए जहाजों को दक्षिण अमेरिका के सिरे का चक्कर लगाना पड़ता था, जो समय और संसाधनों की दृष्टि से अत्यंत महँगा था।[153]पनामा नहर ने इस दूरी को नाटकीय रूप से कम कर दिया और संयुक्त राज्य अमेरिका को द्वि-

महासागरीय नौसैनिक शक्ति में परिवर्तित कर दिया।[154] इस नहर के माध्यम से अमेरिका ने यह क्षमता प्राप्त की कि वह अपने युद्धपोतों और व्यापारिक जहाजों को तेज़ी से अटलांटिक और प्रशांत दोनों महासागरों के बीच स्थानांतरित कर सके।इसने न केवल अमेरिकी व्यापार को लाभ पहुँचाया, बल्कि उसकी सैन्य रणनीति को भी अत्यधिक लचीला बना दिया। पनामा नहर इस बात का स्पष्ट प्रमाण है कि नहरें समुद्री शक्ति को केवल आर्थिक नहीं, बल्कि गहराई से सैन्य और रणनीतिक आयाम भी प्रदान करती हैं।[155] **(मानचित्र : 7)**

समुद्री शक्ति सिद्धांत में नहरों का महत्व इस कारण और बढ़ जाता है क्योंकि वह कृत्रिम चोक-पॉइंट्स के रूप में कार्य करती हैं।[156] प्राकृतिक चोक-पॉइंट्स जैसे जलडमरूमध्य,भूगोल द्वारा निर्धारित होते हैं, जबकि नहरें मानव द्वारा निर्मित होती हैं, किंतु उनका रणनीतिक प्रभाव समान या कभी-कभी उससे भी अधिक होता है।[157]किसी भी नहर पर नियंत्रण स्थापित करने का अर्थ यह होता है कि उस मार्ग से गुजरने वाले वैश्विक व्यापार और सैन्य आवागमन पर प्रभाव डाला जा सकता है। यही कारण है कि नहरें अक्सर अंतरराष्ट्रीय राजनीति में संघर्ष, हस्तक्षेप और कूटनीतिक दबाव का केंद्र बनती रही हैं। स्वेज संकट इसका प्रमुख उदाहरण है, जहाँ नहर के नियंत्रण ने वैश्विक शक्तियों को आमने-सामने ला खड़ा किया।[158]नहरों का आर्थिक महत्व समुद्री शक्ति सिद्धांत के व्यापार-नौसेना द्वंद्व को और अधिक स्पष्ट करता है। नहरें समुद्री परिवहन को सस्ता और तेज़ बनाकर व्यापार को बढ़ावा देती हैं, किंतु यही व्यापारिक महत्त्व उन्हें रणनीतिक रूप से संवेदनशील भी बना देता है। यदि किसी संकट या संघर्ष के दौरान नहर अवरुद्ध हो जाए, तो उसका प्रभाव केवल क्षेत्रीय नहीं, बल्कि वैश्विक स्तर पर महसूस किया जाता है।[159] इस प्रकार नहरें वैश्विक अर्थव्यवस्था की संवेदनशील कड़ियाँ बन जाती हैं, जिनकी सुरक्षा समुद्री शक्ति की प्राथमिक जिम्मेदारी होती है।समकालीन युग में भी नहरों की प्रासंगिकता कम नहीं हुई है। वैश्वीकरण, ऊर्जा व्यापार और आपूर्ति-श्रृंखलाओं के विस्तार के साथ नहरों का महत्व और अधिक बढ़ गया है। आधुनिक नौसेनाएँ और समुद्री शक्तियाँ न केवल महासागरों में, बल्कि इन संकीर्ण मानव-निर्मित मार्गों के आसपास भी अपनी उपस्थिति बनाए रखने का प्रयास करती हैं। यह दर्शाता है कि समुद्री शक्ति सिद्धांत में नहरें केवल अतीत की साम्राज्यवादी परियोजनाएँ नहीं, बल्कि वर्तमान और भविष्य की रणनीतिक वास्तविकता भी हैं।समुद्री शक्ति सिद्धांत के संदर्भ में नहरें यह सिद्ध करती हैं कि मानव हस्तक्षेप भूगोल को पुनर्गठित कर सकता है, किंतु वह भू-राजनीति के मूल नियमों को समाप्त नहीं करता। नहरें समुद्री दूरी को कम कर सकती हैं, मार्गों को

नियंत्रित कर सकती हैं और शक्ति-संतुलन को बदल सकती हैं, परंतु इसी कारण वह स्वयं शक्ति-संघर्ष का केंद्र भी बन जाती हैं।[160]इस दृष्टि से नहरें समुद्री शक्ति सिद्धांत में केवल अवसंरचनात्मक उपलब्धियाँ नहीं, बल्कि वैश्विक प्रभुत्व के निर्णायक उपकरण हैं, जो यह दर्शाती हैं कि समुद्री शक्ति प्राकृतिक और मानव-निर्मित दोनों तत्वों के संयोजन से निर्मित होती है।

मानचित्र 6 : स्वेज नहर

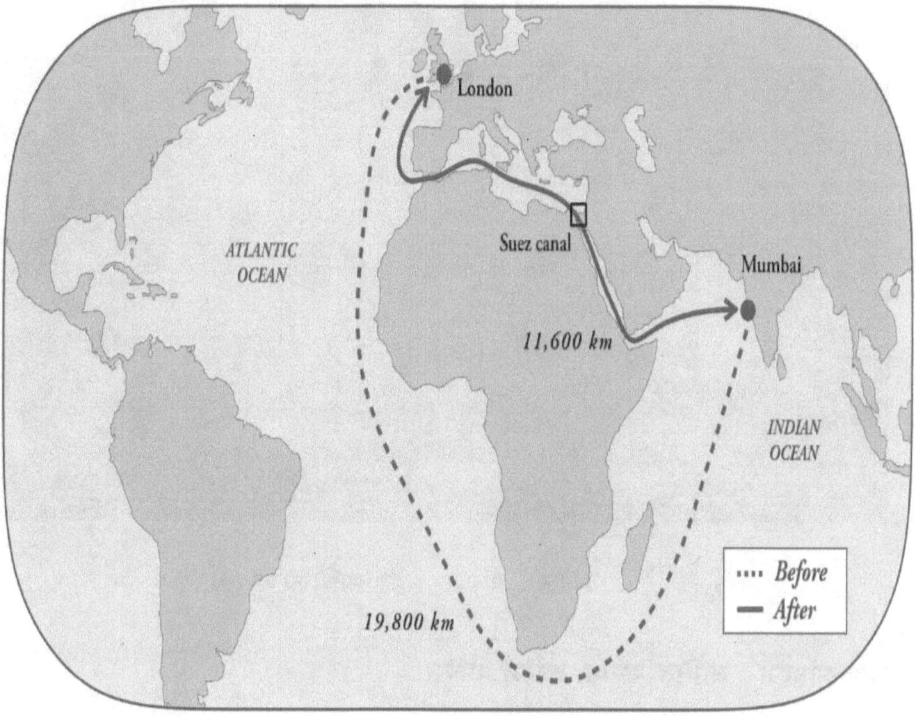

स्त्रोत : स्पाइकमैन, एन. जे.

मानचित्र 7 : पनामा नहर

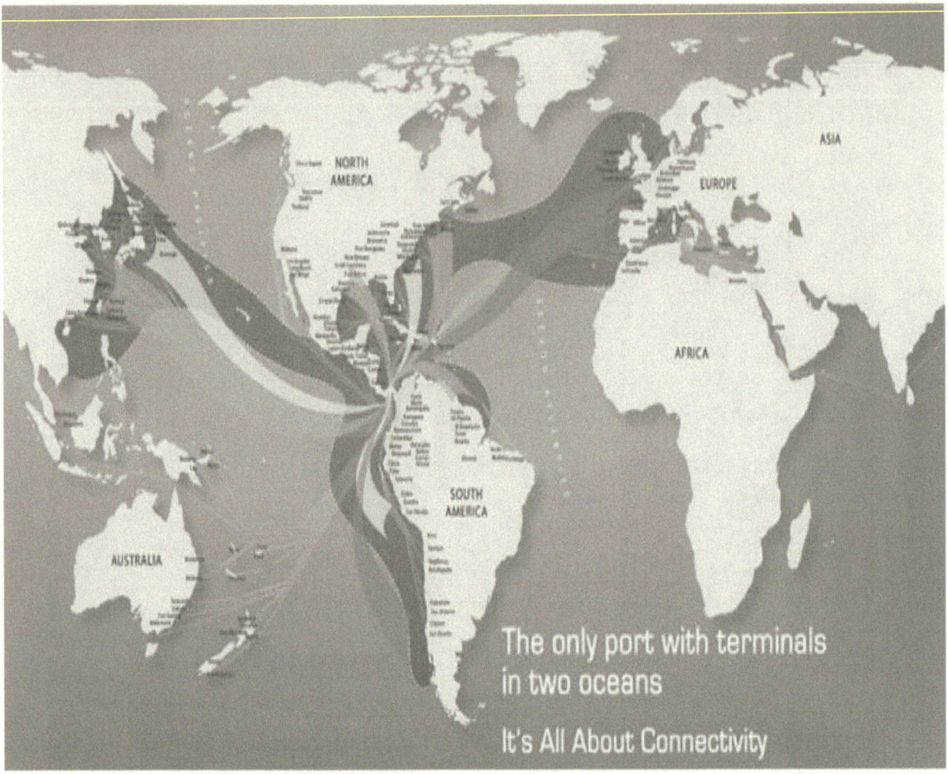

स्त्रोत : पनामा नहर प्राधिकरण (ACP)

चोक-पॉइंट्स : सीमित स्थान, असीम शक्ति

समुद्री शक्ति सिद्धांत में चोक-पॉइंट्स का स्थान अत्यंत केंद्रीय और संवेदनशील है, क्योंकि यह ऐसे संकीर्ण समुद्री मार्ग होते हैं जिनसे होकर वैश्विक व्यापार, ऊर्जा आपूर्ति और सैन्य आवागमन का अत्यधिक बड़ा भाग गुजरता है।[161] इन्हें "सीमित स्थान, असीम शक्ति" इसीलिए कहा जाता है क्योंकि भौगोलिक दृष्टि से यह छोटे और संकीर्ण होते हैं, किंतु इन पर नियंत्रण या व्यवधान का प्रभाव वैश्विक स्तर पर असमान रूप से विशाल होता है।[162] समुद्री शक्ति सिद्धांत यह स्पष्ट करता है कि महासागरों पर पूर्ण नियंत्रण आवश्यक नहीं; यदि कोई शक्ति कुछ निर्णायक चोक-पॉइंट्स पर प्रभाव स्थापित कर लेती है, तो वह अंतरराष्ट्रीय राजनीति, अर्थव्यवस्था और सुरक्षा-संतुलन को गहराई से प्रभावित कर सकती

है।चोक-पॉइंट्स का महत्व इस तथ्य से उत्पन्न होता है कि वैश्विक समुद्री व्यापार कुछ सीमित मार्गों पर अत्यधिक निर्भर है। समुद्री मार्गों की यह संरचनात्मक बाध्यता उन्हें रणनीतिक रूप से अत्यंत संवेदनशील बनाती है।[163]उदाहरणस्वरूप, होर्मुज़ जलडमरूमध्य से होकर विश्व के लगभग 20–25 प्रतिशत कच्चे तेल का समुद्री परिवहन होता है। इसी प्रकार मलक्का जलडमरूमध्य हिंद महासागर और प्रशांत महासागर को जोड़ने वाला सबसे व्यस्त समुद्री मार्ग है, जिससे होकर पूर्वी एशिया, दक्षिण-पूर्व एशिया और यूरोप के बीच व्यापार संचालित होता है। यदि इन मार्गों में किसी भी कारण से व्यवधान उत्पन्न हो जाए, तो उसका प्रभाव केवल क्षेत्रीय नहीं, बल्कि वैश्विक आर्थिक अस्थिरता के रूप में सामने आता है।[164]यही कारण है कि चोक-पॉइंट्स समुद्री शक्ति सिद्धांत में रणनीतिक गुणक के रूप में कार्य करते हैं।चोक-पॉइंट्स का विश्लेषण करते समय यह समझना आवश्यक है कि वह केवल व्यापारिक मार्ग नहीं, बल्कि ऊर्जा-सुरक्षा के भी केंद्र हैं। आधुनिक वैश्विक अर्थव्यवस्था तेल और गैस जैसे ऊर्जा संसाधनों पर निर्भर है, और इनका अधिकांश समुद्री परिवहन कुछ ही संकीर्ण जलडमरूमध्यों से होकर गुजरता है।[16]बाब-अल-मंदेब जलडमरूमध्य लाल सागर और हिंद महासागर को जोड़ता है और स्वेज नहर के साथ मिलकर यूरोप-एशिया ऊर्जा मार्ग की रीढ़ बनता है। इसी प्रकार जिब्राल्टर जलडमरूमध्य अटलांटिक महासागर और भूमध्य सागर के बीच संपर्क का प्रमुख बिंदु है। इन मार्गों पर नियंत्रण या संकट की स्थिति वैश्विक ऊर्जा कीमतों, आपूर्ति-श्रृंखलाओं और राजनीतिक स्थिरता को सीधे प्रभावित कर सकती है।समुद्री शक्ति सिद्धांत में चोक-पॉइंट्स की भूमिका केवल आर्थिक नहीं, बल्कि गहराई से सैन्य और रणनीतिक भी है। इतिहास में अनेक युद्धों और संघर्षों में चोक-पॉइंट्स पर नियंत्रण निर्णायक सिद्ध हुआ है। समुद्री नाकेबंदी, मार्ग अवरोध और नौसैनिक निगरानी जैसी रणनीतियाँ प्रायः इन्हीं संकीर्ण मार्गों के इर्द-गिर्द केंद्रित रहती हैं। किसी प्रतिद्वंद्वी की नौसेना या व्यापारिक बेड़े को चोक-पॉइंट्स पर रोकना, उसे दूरस्थ महासागरों में पीछा करने की तुलना में कहीं अधिक प्रभावी और कम लागत वाला उपाय होता है।[166]

इसलिए चोक-पॉइंट्स को समुद्री शक्ति का कम-लागत, उच्च-प्रभाव उपकरण माना जाता है।चोक-पॉइंट्स का एक और महत्वपूर्ण आयाम है उनका राजनीतिक और कूटनीतिक प्रभाव। चूँकि इन मार्गों से अनेक देशों का व्यापार और ऊर्जा प्रवाह जुड़ा होता है, इसलिए किसी एक शक्ति द्वारा इन पर प्रभाव स्थापित करना बहुपक्षीय दबाव और अंतरराष्ट्रीय प्रतिक्रिया को जन्म दे सकता है।इस कारण चोक-पॉइंट्स अक्सर अंतरराष्ट्रीय कूटनीति, सैन्य उपस्थिति और गठबंधन-

राजनीति के केंद्र बन जाते हैं। समुद्री शक्ति सिद्धांत के अनुसार, चोक-पॉइंट्स पर निरंतर नौसैनिक उपस्थिति केवल सैन्य आवश्यकता नहीं, बल्कि एक राजनीतिक संकेत भी होती है, जो यह दर्शाती है कि संबंधित शक्ति वैश्विक मार्गों की सुरक्षा या नियंत्रण में भूमिका निभाने के लिए तैयार है।समकालीन वैश्वीकरण के युग में चोक-पॉइंट्स का महत्व और अधिक बढ़ गया है। आज की आपूर्ति-श्रृंखलाएँ "जस्ट-इन-टाइम" प्रणाली पर आधारित हैं, जहाँ थोड़े समय के व्यवधान का भी वैश्विक उत्पादन और बाज़ारों पर गहरा प्रभाव पड़ता है।[167]किसी एक चोक-पॉइंट में दुर्घटना, संघर्ष या अवरोध,जैसे किसी जहाज़ का फँस जाना या क्षेत्रीय तनाव पूरे विश्व में आर्थिक और राजनीतिक तरंगें उत्पन्न कर सकता है।इस संदर्भ में चोक-पॉइंट्स वैश्विक अर्थव्यवस्था की संवेदनशील नसें बन जाते हैं, जिनकी सुरक्षा समुद्री शक्ति का प्रमुख दायित्व है।समुद्री शक्ति सिद्धांत में चोक-पॉइंट्स यह सिद्ध करते हैं कि शक्ति का प्रभाव केवल विस्तार या विशाल उपस्थिति से नहीं, बल्कि रणनीतिक संकेन्द्रण से भी उत्पन्न हो सकता है। सीमित भौगोलिक स्थान पर नियंत्रण स्थापित कर वैश्विक व्यापार, ऊर्जा और सैन्य आवागमन को प्रभावित करना समुद्री शक्ति की विशिष्ट विशेषता है।इसी कारण चोक-पॉइंट्स को समुद्री शक्ति सिद्धांत का सबसे संवेदनशील, किंतु सबसे प्रभावशाली घटक माना जाता है। वह यह दर्शाते हैं कि समुद्री प्रभुत्व का वास्तविक अर्थ महासागरों पर पूर्ण नियंत्रण नहीं, बल्कि उन निर्णायक बिंदुओं पर प्रभाव स्थापित करना है जहाँ से वैश्विक शक्ति-प्रवाह गुजरता है। **(मानचित्र 8)**

मानचित्र 8 : वैश्विक समुद्री चोकपॉइंट्स और अंतरराष्ट्रीय शिपिंग मार्ग

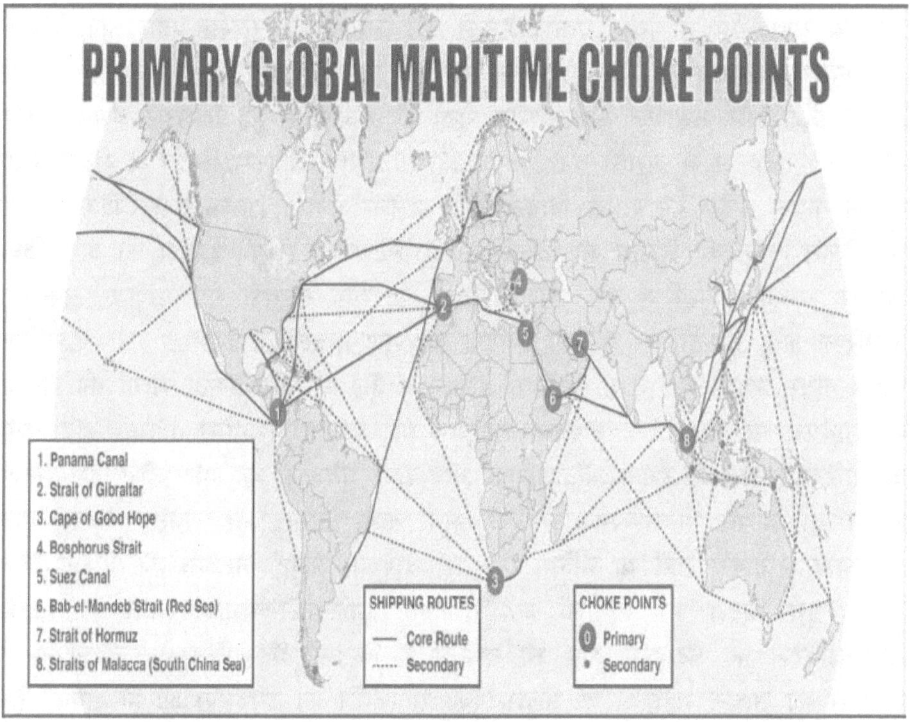

स्त्रोत : यू.एस. एनर्जी इन्फॉर्मेशन एडमिनिस्ट्रेशन (EIA)

ऐतिहासिक पुष्टि : ब्रिटेन और अमेरिका

समुद्री शक्ति सिद्धांत की ऐतिहासिक पुष्टि यदि किसी ठोस और निर्विवाद रूप में दिखाई देती है, तो वह ब्रिटेन और बाद में संयुक्त राज्य अमेरिका के वैश्विक उदय में स्पष्ट रूप से परिलक्षित होती है।[168] इन दोनों शक्तियों का उत्कर्ष इस तथ्य को प्रमाणित करता है कि समुद्रों पर नियंत्रण, व्यापारिक मार्गों की सुरक्षा, संगठित नौसैनिक शक्ति और वैश्विक बंदरगाह नेटवर्क,यह सभी तत्व मिलकर दीर्घकालिक अंतरराष्ट्रीय प्रभुत्व की आधारशिला रखते हैं।[169] यह कोई ऐतिहासिक संयोग नहीं था कि उन्नीसवीं सदी में ब्रिटेन और बीसवीं सदी में अमेरिका विश्व राजनीति के केंद्र में आए; बल्कि यह समुद्री शक्ति सिद्धांत के मूल तर्कों की व्यवहारिक पुष्टि थी।ब्रिटिश साम्राज्य का उदय समुद्री शक्ति सिद्धांत का सबसे क्लासिक और प्रारंभिक उदाहरण माना जाता है। एक अपेक्षाकृत छोटा

द्वीपीय राज्य होने के बावजूद ब्रिटेन ने अपनी नौसैनिक श्रेष्ठता के माध्यम से विश्व के विशाल भू-भागों पर प्रभाव स्थापित किया। ब्रिटेन की भौगोलिक स्थिति यूरोपीय महाद्वीप से पृथक एक द्वीप ने उसे स्वाभाविक सुरक्षा प्रदान की, जिससे वह स्थलीय आक्रमणों से अपेक्षाकृत सुरक्षित रहा।[170] इस सुरक्षा ने ब्रिटेन को अपनी ऊर्जा और संसाधन महाद्वीपीय युद्धों की बजाय समुद्री विस्तार, व्यापार और नौसेना के विकास में लगाने का अवसर दिया। परिणामस्वरूप, ब्रिटेन ने रॉयल नेवी को न केवल यूरोप की सबसे शक्तिशाली नौसेना बनाया, बल्कि उसे वैश्विक स्तर पर तैनात करने की क्षमता भी विकसित की।ब्रिटेन की समुद्री शक्ति का वास्तविक आधार उसका व्यापारिक बेड़ा और वैश्विक बंदरगाह नेटवर्क था। एशिया, अफ्रीका, अमेरिका और ऑस्ट्रेलिया में फैले ब्रिटिश बंदरगाह केवल सैन्य अड्डे नहीं थे, बल्कि वह व्यापार, प्रशासन और सांस्कृतिक प्रभाव के केंद्र भी थे। समुद्री मार्गों की सुरक्षा के माध्यम से ब्रिटेन ने वैश्विक व्यापार पर प्रभुत्व स्थापित किया और इसी व्यापारिक समृद्धि ने उसके औद्योगिक और सैन्य विकास को गति दी।[171]इस संदर्भ में प्रसिद्ध कथन "जिस साम्राज्य में सूर्य कभी अस्त नहीं होता" केवल एक प्रतीकात्मक वाक्य नहीं था, बल्कि यह उस वैश्विक समुद्री नेटवर्क की अभिव्यक्ति था, जिसने ब्रिटेन को चौबीसों घंटे वैश्विक उपस्थिति बनाए रखने में सक्षम बनाया।ब्रिटेन का उदाहरण यह भी दर्शाता है कि समुद्री शक्ति केवल आक्रामक विस्तार का साधन नहीं, बल्कि संतुलन की राजनीति का उपकरण भी हो सकती है। यूरोप में ब्रिटेन ने प्रायः महाद्वीपीय शक्तियों के बीच संतुलन बनाए रखा और स्वयं को किसी एक स्थलीय संघर्ष में पूर्णतः फँसने से बचाया।[172] समुद्रों पर नियंत्रण ने उसे यह लचीलापन प्रदान किया कि वह आवश्यकतानुसार हस्तक्षेप करे और फिर पीछे हट जाए। यह रणनीतिक लचीलापन समुद्री शक्ति सिद्धांत का एक महत्वपूर्ण गुण है, जो महाद्वीपीय शक्तियों को प्रायः उपलब्ध नहीं होता।बीसवीं सदी में यही समुद्री शक्ति सिद्धांत एक नए रूप में संयुक्त राज्य अमेरिका के उदय में दिखाई देता है। अमेरिका का प्रारंभिक विकास एक महाद्वीपीय शक्ति के रूप में हुआ, किंतु उन्नीसवीं सदी के अंत और बीसवीं सदी के प्रारंभ में उसने यह समझ लिया कि वैश्विक नेतृत्व केवल आंतरिक विस्तार से संभव नहीं है। अमेरिकी रणनीतिक चिंतन पर अल्फ्रेड थायर माहन के विचारों का गहरा प्रभाव पड़ा, जिसके परिणामस्वरूप अमेरिका ने संगठित रूप से अपनी नौसेना का विस्तार किया।[173]अटलांटिक और प्रशांत,दोनों महासागरों में नौसैनिक उपस्थिति स्थापित कर अमेरिका ने स्वयं को एक द्वि-महासागरीय शक्ति के रूप में रूपांतरित कर लिया।

प्रथम और द्वितीय विश्व युद्धों के दौरान अमेरिकी नौसैनिक शक्ति की भूमिका निर्णायक सिद्ध हुई। अटलांटिक महासागर में समुद्री मार्गों की सुरक्षा और प्रशांत महासागर में सैन्य अभियानों ने यह स्पष्ट कर दिया कि अमेरिका बिना व्यापक उपनिवेशवादी ढाँचे के भी वैश्विक प्रभाव स्थापित कर सकता है।द्वितीय विश्व युद्ध के बाद अमेरिका ने जिस प्रकार वैश्विक नौसैनिक अड्डों, गठबंधनों और समुद्री मार्गों की सुरक्षा का नेटवर्क विकसित किया, वह समुद्री शक्ति सिद्धांत का आधुनिक संस्करण था। इस नेटवर्क ने अमेरिका को न केवल सैन्य, बल्कि आर्थिक और राजनीतिक नेतृत्व भी प्रदान किया।[174]अमेरिका के उदाहरण से यह भी स्पष्ट होता है कि समुद्री शक्ति सिद्धांत समय के साथ अनुकूलित और विकसित हो सकता है। जहाँ ब्रिटेन की समुद्री शक्ति औपनिवेशिक व्यापार और प्रत्यक्ष नियंत्रण पर आधारित थी, वहीं अमेरिका की समुद्री शक्ति वैश्विक व्यापार, गठबंधनों और नियम-आधारित व्यवस्था के संरक्षण पर अधिक केंद्रित रही।फिर भी, दोनों ही मामलों में मूल तत्व समान रहे, समुद्री मार्गों की सुरक्षा, नौसैनिक उपस्थिति और वैश्विक संपर्क। यह निरंतरता इस बात का प्रमाण है कि समुद्री शक्ति सिद्धांत कोई समयबद्ध अवधारणा नहीं, बल्कि एक दीर्घकालिक भू-राजनीतिक ढाँचा है।ब्रिटेन और अमेरिका के ऐतिहासिक अनुभव यह स्थापित करते हैं कि समुद्री शक्ति सिद्धांत केवल सैद्धांतिक प्रतिपादन नहीं, बल्कि इतिहास द्वारा प्रमाणित रणनीतिक वास्तविकता है।इन दोनों शक्तियों का उदय यह दिखाता है कि जो राज्य समुद्रों को रक्षा, व्यापार और शक्ति-प्रक्षेपण के माध्यम के रूप में प्रभावी ढंग से उपयोग करता है, वह वैश्विक राजनीति में निर्णायक भूमिका निभाने की क्षमता प्राप्त करता है।इसी कारण समुद्री शक्ति सिद्धांत आज भी अंतरराष्ट्रीय राजनीति को समझने के लिए एक अनिवार्य विश्लेषणात्मक उपकरण बना हुआ है।

रिमलैंड सिद्धांत (स्पाइकमैन) :

रिमलैंड सिद्धांत शास्त्रीय भू-राजनीति की उस बौद्धिक परंपरा का प्रतिनिधित्व करता है, जिसने हार्टलैंड-केंद्रित चिंतन को केवल आंशिक सत्य मानते हुए उसकी मूल मान्यताओं की आलोचनात्मक पुनर्व्याख्या प्रस्तुत की।[175] जहाँ हार्टलैंड सिद्धांत ने यूरेशिया के आंतरिक भू-भाग को वैश्विक शक्ति का केंद्र माना, वहीं रिमलैंड सिद्धांत ने यह तर्क दिया कि आधुनिक और ऐतिहासिक दोनों ही संदर्भों में वैश्विक राजनीति का वास्तविक निर्धारण यूरेशिया के तटीय और परिधीय क्षेत्रों में होता रहा है।[176]यह विचार मुख्यतः अमेरिकी भू-राजनीतिक चिंतक निकोलस स्पाइकमैन द्वारा द्वितीय विश्व युद्ध के दौरान और उसके तुरंत बाद

विकसित किया गया। स्पाइकमैन का चिंतन ऐसे समय में सामने आया जब विश्व राजनीति तीव्र संक्रमण से गुजर रही थी; यूरोप युद्ध की विभीषिका में था, एशिया में साम्राज्यवादी ढाँचे टूट रहे थे, और समुद्री व स्थल-आधारित शक्तियों के बीच संघर्ष एक नए वैश्विक संतुलन की ओर बढ़ रहा था।[177]इसी ऐतिहासिक संदर्भ ने स्पाइकमैन को हार्टलैंड सिद्धांत की सीमाओं पर पुनर्विचार करने के लिए प्रेरित किया। स्पाइकमैन ने हार्टलैंड सिद्धांत की मूल धारणा "कि यूरेशिया का आंतरिक भू-भाग वैश्विक प्रभुत्व की कुंजी है"को पूर्णतः अस्वीकार नहीं किया, बल्कि उसे अपर्याप्त और अधूरा माना।उनके अनुसार, हार्टलैंड की विशालता और रणनीतिक गहराई निस्संदेह महत्वपूर्ण है, किंतु यह अपने आप में वैश्विक शक्ति को निर्धारित नहीं कर सकती। वैश्विक राजनीति केवल संसाधनों और भौगोलिक सुरक्षा का प्रश्न नहीं है, बल्कि वह संपर्क, व्यापार, जनसंख्या, तकनीक और सांस्कृतिक आदान-प्रदान से भी गहराई से जुड़ी होती है।[178] इन सभी तत्वों का सर्वाधिक संकेन्द्रण यूरेशिया के आंतरिक क्षेत्र में नहीं, बल्कि उसके तटीय और परिधीय क्षेत्रों में पाया जाता है। इसी तर्क के आधार पर स्पाइकमैन ने यह प्रतिपादित किया कि निर्णायक संघर्ष, गठबंधन और शक्ति-संतुलन वास्तव में उस क्षेत्र में आकार लेते हैं जहाँ स्थल और समुद्र का संगम होता है ,यानी रिमलैंड।[179] हार्टलैंड की आलोचना करते हुए स्पाइकमैन ने यह भी इंगित किया कि आधुनिक युग में समुद्री शक्ति, व्यापारिक मार्ग और तटीय औद्योगिक केंद्रों की भूमिका इतनी बढ़ चुकी है कि किसी भी शक्ति के लिए उन्हें नज़रअंदाज़ करना असंभव है। हार्टलैंड अपेक्षाकृत आत्मनिर्भर हो सकता है, किंतु वह वैश्विक अर्थव्यवस्था और राजनीति से कटकर प्रभावी शक्ति नहीं बन सकता।इसके विपरीत, रिमलैंड वह क्षेत्र है जहाँ महाद्वीपीय शक्तियाँ समुद्र तक पहुँच बनाना चाहती हैं और समुद्री शक्तियाँ महाद्वीप में प्रवेश का प्रयास करती हैं। यही द्वंद्व रिमलैंड को निरंतर संघर्ष, प्रतिस्पर्धा और गठबंधन-राजनीति का केंद्र बनाता है।[180] इस प्रकार, रिमलैंड सिद्धांत हार्टलैंड सिद्धांत की स्थिर और आंतरिक दृष्टि के विपरीत एक गतिशील और संपर्क-आधारित भू-राजनीतिक दृष्टिकोण प्रस्तुत करता है। **(मानचित्र 9)**

मानचित्र 9 : हार्टलैंड-रिमलैंड का वैश्विक भू-राजनीतिक मानचित्र

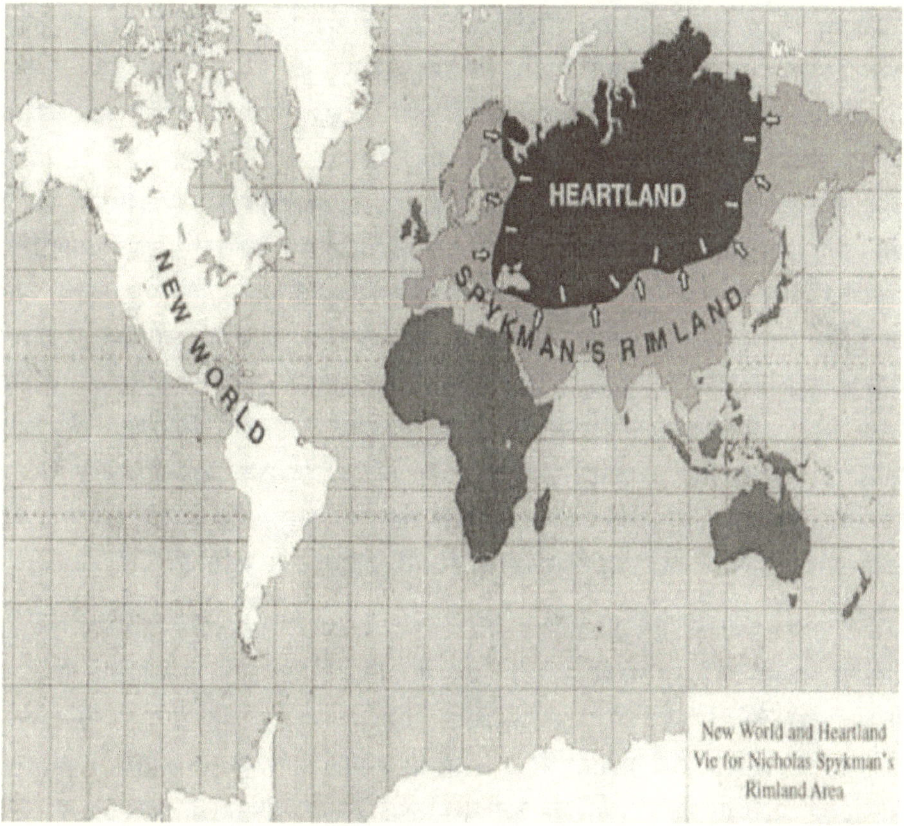

स्त्रोत : स्पाइकमैन, एन. जे.

स्पाइकमैन का यह तर्क द्वितीय विश्व युद्ध के अनुभवों से भी पुष्ट होता है।[181] युद्ध के दौरान यह स्पष्ट हो गया था कि निर्णायक सैन्य, औद्योगिक और राजनीतिक गतिविधियाँ मुख्यतः तटीय यूरोप, भूमध्यसागर, मध्य-पूर्व, पूर्वी एशिया और प्रशांत क्षेत्र में केंद्रित थीं। आंतरिक यूरेशिया की तुलना में यह क्षेत्र अधिक जनसंख्या-सघन, औद्योगिक रूप से विकसित और समुद्री मार्गों से जुड़े हुए थे। इससे यह स्पष्ट हुआ कि वैश्विक शक्ति का संतुलन उन क्षेत्रों में बनता-बिगड़ता है जहाँ संसाधन, जनसंख्या और संपर्क एक साथ उपस्थित हों।[182] यही ऐतिहासिक अनुभव रिमलैंड सिद्धांत की वैचारिक नींव बनता है। इसी वैचारिक पृष्ठभूमि में रिमलैंड की भौगोलिक परिभाषा को समझना आवश्यक हो जाता है। स्पाइकमैन ने

यूरेशिया को तीन व्यापक भू-राजनीतिक क्षेत्रों में विभाजित किया,हार्टलैंड (आंतरिक महाद्वीप), रिमलैंड (तटीय परिधि) और बाहरी अथवा द्वीपीय क्षेत्र।[183] रिमलैंड, इस विभाजन में, यूरेशिया की वह परिधीय पट्टी है जो यूरोप के पश्चिमी तट से प्रारंभ होकर भूमध्यसागर, मध्य-पूर्व, दक्षिण एशिया, दक्षिण-पूर्व एशिया और पूर्वी एशिया तक फैली हुई है। यह क्षेत्र भौगोलिक दृष्टि से न तो पूर्णतः समुद्री है और न ही पूर्णतः स्थलीय; बल्कि यह दोनों के बीच का संक्रमण क्षेत्र है, जहाँ स्थल-आधारित और समुद्री शक्तियाँ आमने-सामने आती हैं।रिमलैंड की भौगोलिक विशेषता यह है कि यहाँ जनसंख्या का उच्च संकेन्द्रण, औद्योगिक विकास, प्रमुख व्यापारिक बंदरगाह, समुद्री मार्ग (SLOCs) और सांस्कृतिक-राजनीतिक संपर्क एक साथ पाए जाते हैं। विश्व की अधिकांश जनसंख्या और आर्थिक गतिविधियाँ इसी पट्टी में केंद्रित रही हैं।[184]यही कारण है कि रिमलैंड न केवल आर्थिक दृष्टि से, बल्कि राजनीतिक और सैन्य दृष्टि से भी अत्यंत संवेदनशील और निर्णायक क्षेत्र बन जाता है। स्पाइकमैन के अनुसार, हार्टलैंड की शक्ति तब तक सीमित रहती है जब तक वह रिमलैंड तक प्रभावी पहुँच स्थापित नहीं कर लेती, और समुद्री शक्तियाँ भी तभी सफल होती हैं जब वह रिमलैंड में स्थायी प्रभाव बना पाती हैं।

रिमलैंड की यह भौगोलिक परिभाषा उसे रणनीतिक प्रतिस्पर्धा का स्थायी रंगमंच बनाती है। यूरोप में यह प्रतिस्पर्धा औद्योगिक और राजनीतिक रूप में दिखाई देती है; मध्य-पूर्व में ऊर्जा संसाधनों और चोक-पॉइंट्स के माध्यम से; दक्षिण एशिया और दक्षिण-पूर्व एशिया में जनसंख्या, व्यापार और समुद्री मार्गों के कारण; और पूर्वी एशिया में औद्योगिक उत्पादन तथा समुद्री संपर्कों के कारण।इन सभी क्षेत्रों में यह समानता है कि वह समुद्र से जुड़े हुए हैं और साथ ही महाद्वीपीय आंतरिक क्षेत्रों से भी संपर्क रखते हैं। यही द्वैत रिमलैंड को वैश्विक राजनीति का सबसे अस्थिर किंतु सबसे निर्णायक क्षेत्र बनाता है।[185]स्पाइकमैन का यह भी तर्क था कि रिमलैंड का नियंत्रण केवल सैन्य प्रभुत्व का प्रश्न नहीं है, बल्कि यह राजनीतिक गठबंधनों, आर्थिक संपर्कों और सांस्कृतिक प्रभाव से भी जुड़ा हुआ है। रिमलैंड में प्रभाव स्थापित करने का अर्थ है व्यापारिक मार्गों की सुरक्षा, औद्योगिक केंद्रों तक पहुँच और जनसंख्या-सघन क्षेत्रों में राजनीतिक प्रभाव।इस प्रकार, रिमलैंड सिद्धांत हार्टलैंड सिद्धांत की तुलना में अधिक बहुआयामी और यथार्थपरक प्रतीत होता है, क्योंकि यह शक्ति को केवल भौगोलिक सुरक्षा या संसाधनों तक सीमित नहीं करता, बल्कि उसे संपर्क और गतिशीलता से जोड़ता है।[186]हार्टलैंड की आलोचना से रिमलैंड के उद्भव और उसकी भौगोलिक परिभाषा को एक साथ देखने पर यह स्पष्ट होता है कि रिमलैंड सिद्धांत शास्त्रीय भू-राजनीति में एक संतुलनकारी और

संश्लेषणात्मक दृष्टिकोण प्रस्तुत करता है। यह न तो हार्टलैंड की महत्ता को पूर्णतः नकारता है और न ही समुद्री शक्ति को अकेला निर्णायक मानता है; बल्कि यह दिखाता है कि वैश्विक शक्ति का वास्तविक केंद्र उस परिधीय क्षेत्र में स्थित है जहाँ स्थल और समुद्र, संसाधन और व्यापार, तथा आंतरिक और बाहरी शक्तियाँ एक-दूसरे से टकराती और जुड़ती हैं।इसी कारण रिमलैंड सिद्धांत आधुनिक और समकालीन भू-राजनीति को समझने के लिए एक अत्यंत उपयोगी और प्रासंगिक वैचारिक ढाँचा प्रदान करता है।

स्पाइकमैन का केंद्रीय सूत्र और रणनीतिक अर्थ

रिमलैंड सिद्धांत का सबसे महत्वपूर्ण और विशिष्ट तत्व निकोलस स्पाइकमैन द्वारा प्रतिपादित वह केंद्रीय सूत्र है, जिसने शास्त्रीय भू-राजनीति में प्रचलित हार्टलैंड-केंद्रित सोच को सीधी चुनौती दी।[187] स्पाइकमैन का प्रसिद्ध कथन "जो रिमलैंड को नियंत्रित करता है, वही यूरेशिया को नियंत्रित करता है; और जो यूरेशिया को नियंत्रित करता है, वही विश्व की नियति निर्धारित करता है" केवल एक वैकल्पिक नारा नहीं था, बल्कि यह वैश्विक शक्ति-संतुलन की एक भिन्न, अधिक गतिशील और व्यावहारिक व्याख्या प्रस्तुत करता था।[188] यह कथन सीधे तौर पर मैकिंडर के हार्टलैंड सूत्र का प्रत्युत्तर था, जिसमें आंतरिक यूरेशिया को वैश्विक प्रभुत्व की कुंजी माना गया था। स्पाइकमैन का तर्क यह था कि हार्टलैंड की शक्ति तब तक अधूरी और सीमित रहती है जब तक वह रिमलैंड तक प्रभावी पहुँच स्थापित नहीं कर लेती, क्योंकि वैश्विक राजनीति का वास्तविक प्रवाह, संघर्ष और संपर्क रिमलैंड में ही केंद्रित रहता है।[189]स्पाइकमैन के केंद्रीय सूत्र का रणनीतिक अर्थ यह है कि भू-राजनीतिक शक्ति स्थिर नहीं, बल्कि संबंधपरक होती है। हार्टलैंड चाहे जितना भी विशाल, संसाधन-संपन्न और रणनीतिक रूप से सुरक्षित क्यों न हो, वह वैश्विक राजनीति को तभी प्रभावित कर सकता है जब उसके पास समुद्रों तक पहुँच, तटीय क्षेत्रों पर प्रभाव और व्यापारिक मार्गों से जुड़ाव हो।इसके विपरीत, समुद्री शक्तियाँ हार्टलैंड को सीधे नियंत्रित करने के बजाय यदि रिमलैंड पर प्रभुत्व स्थापित कर लें, तो वह हार्टलैंड को राजनीतिक, आर्थिक और सैन्य रूप से घेर सकती हैं। इस दृष्टि से रिमलैंड सिद्धांत न तो केवल स्थल-शक्ति का समर्थन करता है और न ही विशुद्ध समुद्री शक्ति का, बल्कि वह दोनों के बीच के संक्रमण क्षेत्र को निर्णायक मानता है।[190]यह सूत्र इस तथ्य को भी रेखांकित करता है कि वैश्विक शक्ति-संतुलन केवल संसाधनों या क्षेत्रफल का परिणाम नहीं होता, बल्कि वह कनेक्टिविटी , तटीय नियंत्रण और गठबंधन-राजनीति से निर्मित होता है।

रिमलैंड वह क्षेत्र है जहाँ महाद्वीपीय और समुद्री शक्तियाँ परस्पर टकराती हैं, सहयोग करती हैं और प्रतिस्पर्धा करती हैं।यहाँ बंदरगाह, औद्योगिक केंद्र, समुद्री मार्ग और जनसंख्या-सघन क्षेत्र एक साथ उपस्थित होते हैं, जिससे यह क्षेत्र निरंतर रणनीतिक गतिविधियों का केंद्र बना रहता है। स्पाइकमैन का सूत्र इसीलिए हार्टलैंड की तुलना में अधिक गतिशील और यथार्थपरक प्रतीत होता है, क्योंकि यह शक्ति को स्थिर भू-भाग के बजाय प्रवाह और संपर्क के संदर्भ में समझाता है।[191]स्पाइकमैन के केंद्रीय सूत्र का एक और महत्वपूर्ण रणनीतिक निहितार्थ यह है कि यह घेराबंदी की अवधारणा को सैद्धांतिक आधार प्रदान करता है। यदि रिमलैंड पर नियंत्रण स्थापित कर लिया जाए, तो हार्टलैंड को सीधे सैन्य टकराव में उलझाए बिना ही सीमित किया जा सकता है। यही तर्क बाद में शीत युद्ध की रणनीतियों में स्पष्ट रूप से दिखाई देता है, जहाँ महाद्वीपीय शक्ति को परिधीय क्षेत्रों के माध्यम से संतुलित करने का प्रयास किया गया।[192]इस प्रकार, रिमलैंड सिद्धांत वैश्विक शक्ति-संतुलन को प्रत्यक्ष विजय के बजाय रणनीतिक स्थिति-निर्माण के माध्यम से समझाता है।इसी केंद्रीय सूत्र से जुड़ा हुआ रिमलैंड सिद्धांत का दूसरा प्रमुख आयाम है; स्थल-समुद्र संगम : व्यापार, बंदरगाह और संचार की समुद्री रेखाएँ (SLOCs)। स्पाइकमैन के अनुसार, रिमलैंड की वास्तविक शक्ति का स्रोत यही संगम है, जहाँ स्थल-आधारित संसाधन और जनसंख्या समुद्री मार्गों और वैश्विक व्यापार से जुड़ते हैं।

रिमलैंड में स्थित बंदरगाह न केवल व्यापारिक गतिविधियों के केंद्र होते हैं, बल्कि वह सैन्य तैनाती, रसद आपूर्ति और शक्ति-प्रक्षेपण के अग्रिम मंच भी बनते हैं। इस प्रकार रिमलैंड वैश्विक राजनीति में एक साथ आर्थिक प्रवेश-द्वार और सैन्य अग्रिम-पंक्ति की भूमिका निभाता है।[193]व्यापारिक दृष्टि से रिमलैंड का महत्व इस तथ्य में निहित है कि विश्व व्यापार का बड़ा भाग तटीय क्षेत्रों और उनसे जुड़े समुद्री मार्गों के माध्यम से संचालित होता है। औद्योगिक केंद्र प्रायः समुद्र के निकट विकसित हुए हैं, क्योंकि इससे कच्चे माल का आयात और तैयार माल का निर्यात सरल और सस्ता हो जाता है।यही कारण है कि रिमलैंड में उच्च जनसंख्या घनत्व, औद्योगिक उत्पादन और व्यापारिक गतिविधियाँ एक साथ केंद्रित रहती हैं। स्पाइकमैन के अनुसार, जो शक्ति रिमलैंड पर प्रभाव स्थापित करती है, वह वैश्विक व्यापार के प्रवाह को प्रभावित करने की क्षमता प्राप्त कर लेती है, और यही क्षमता अंततः राजनीतिक प्रभाव में परिवर्तित हो जाती है।[194] सैन्य दृष्टि से भी स्थल-समुद्र संगम का महत्व अत्यंत गहरा है। रिमलैंड के बंदरगाह और तटीय क्षेत्र नौसेनाओं के लिए प्राकृतिक आधार प्रदान करते हैं, जहाँ से वह समुद्री मार्गों

की निगरानी, सुरक्षा और नियंत्रण कर सकती हैं। साथ ही, यही क्षेत्र स्थल-आधारित सेनाओं के लिए समुद्र तक पहुँच और बाहरी समर्थन का माध्यम बनते हैं।इस प्रकार रिमलैंड वह क्षेत्र है जहाँ स्थल-शक्ति और समुद्री शक्ति का वास्तविक समन्वय होता है। स्पाइकमैन का तर्क था कि जो शक्ति इस समन्वय को प्रभावी ढंग से नियंत्रित कर लेती है, वही वैश्विक राजनीति में निर्णायक भूमिका निभाने की स्थिति में पहुँच जाती है।SLOCs (संचार की समुद्री रेखाएँ) रिमलैंड की रणनीतिक महत्ता को और अधिक स्पष्ट करते हैं। यह समुद्री मार्ग वैश्विक व्यापार, ऊर्जा आपूर्ति और सैन्य आवागमन की धमनियाँ हैं, और इनका अधिकांश हिस्सा रिमलैंड से होकर गुजरता है।रिमलैंड पर प्रभुत्व स्थापित करने का अर्थ है इन मार्गों की सुरक्षा, निगरानी और आवश्यकता पड़ने पर अवरोध की क्षमता। इस प्रकार रिमलैंड सिद्धांत शक्ति को केवल क्षेत्रीय नियंत्रण के रूप में नहीं, बल्कि प्रवाह के नियंत्रण के रूप में परिभाषित करता है।यह दृष्टि हार्टलैंड सिद्धांत की तुलना में अधिक आधुनिक प्रतीत होती है, क्योंकि आधुनिक विश्व में शक्ति का केंद्र प्रवाह चाहे वह व्यापार का हो, ऊर्जा का हो या सूचना का नियंत्रण में निहित है।स्पाइकमैन के अनुसार, रिमलैंड पर प्रभुत्व स्थापित करना किसी एक क्षेत्र पर कब्ज़ा करने जैसा सरल कार्य नहीं है, बल्कि यह गठबंधनों, आर्थिक संपर्कों और सैन्य उपस्थिति के माध्यम से दीर्घकालिक प्रभाव बनाए रखने की प्रक्रिया है।यही कारण है कि रिमलैंड सिद्धांत में गठबंधन-राजनीति को विशेष महत्व दिया गया है। रिमलैंड में स्थित राज्य अक्सर न तो पूर्णतः महाद्वीपीय होते हैं और न ही पूर्णतः समुद्री; उनकी सुरक्षा और समृद्धि बाहरी संपर्कों पर निर्भर रहती है।इस निर्भरता का उपयोग कर बड़ी शक्तियाँ रिमलैंड में प्रभाव स्थापित करती हैं और इस प्रकार व्यापक वैश्विक संतुलन को आकार देती हैं।

शीत युद्ध में रिमलैंड : घेराबंदी की रणनीति

रिमलैंड सिद्धांत की सबसे स्पष्ट और व्यवहारिक ऐतिहासिक पुष्टि शीत युद्ध के दौरान देखने को मिलती है, जब वैश्विक राजनीति दो वैचारिक और सैन्य खेमों में विभाजित हो गई थी।[195] इस काल में पश्चिमी शक्तियों,विशेषतः संयुक्त राज्य अमेरिका और उसके सहयोगियों ने यूरेशिया के आंतरिक भू-भाग में स्थित सोवियत संघ को सीधे नियंत्रित करने या उस पर प्रत्यक्ष आक्रमण करने के बजाय, उसके चारों ओर स्थित रिमलैंड क्षेत्रों में घेराबंदी की रणनीति अपनाई।[196]यह रणनीति न केवल सैन्य दृष्टि से अधिक व्यवहारिक थी, बल्कि भू-राजनीतिक सिद्धांत के स्तर पर भी निकोलस स्पाइकमैन की अवधारणा के पूर्णतः अनुरूप थी;

अर्थात हार्टलैंड को परिधि से नियंत्रित करना।शीत युद्ध के प्रारंभिक वर्षों में यह स्पष्ट हो गया था कि हार्टलैंड के रूप में उभरे सोवियत संघ की विशालता, संसाधन-संपन्नता और रणनीतिक गहराई उसे सीधे सैन्य टकराव में हराना अत्यंत महँगा और जोखिमपूर्ण होगा। इसके विपरीत, रिमलैंड क्षेत्र जहाँ समुद्र, व्यापार, औद्योगिक केंद्र और राजनीतिक गठबंधन एक साथ उपस्थित थे; अधिक सुलभ और रणनीतिक रूप से निर्णायक प्रतीत हुए।[197]इसी समझ के आधार पर पश्चिमी शक्तियों ने सोवियत विस्तार को प्रत्यक्ष विजय के बजाय परिधीय संतुलन के माध्यम से सीमित करने का प्रयास किया। यह दृष्टिकोण हार्टलैंड सिद्धांत के बजाय रिमलैंड सिद्धांत की रणनीतिक उपयोगिता को रेखांकित करता है।यूरोप में रिमलैंड की भूमिका सबसे पहले और सबसे स्पष्ट रूप में सामने आई। पश्चिमी यूरोप, जो औद्योगिक रूप से विकसित, जनसंख्या-सघन और समुद्री मार्गों से जुड़ा हुआ था, सोवियत प्रभाव को रोकने के लिए निर्णायक क्षेत्र बना। इसी संदर्भ में नाटो की स्थापना की गई, जिसने पश्चिमी यूरोप को एक सामूहिक सुरक्षा ढाँचे में बाँध दिया।[198]नाटो के माध्यम से अमेरिका ने न केवल सैन्य उपस्थिति स्थापित की, बल्कि यूरोप के राजनीतिक और आर्थिक पुनर्निर्माण में भी भूमिका निभाई। यह व्यवस्था सोवियत संघ को यूरोप के रिमलैंड में आगे बढ़ने से रोकने में सफल रही और इस प्रकार हार्टलैंड को परिधि से संतुलित किया गया।

मध्य-पूर्व रिमलैंड का दूसरा महत्वपूर्ण क्षेत्र था, जहाँ ऊर्जा संसाधनों और रणनीतिक चोक-पॉइंट्स के कारण वैश्विक शक्तियों की विशेष रुचि थी। इस क्षेत्र में पश्चिमी शक्तियों ने विभिन्न द्विपक्षीय और बहुपक्षीय व्यवस्थाओं के माध्यम से प्रभाव बनाए रखने का प्रयास किया।[199]मध्य-पूर्व में स्थित तेल भंडार और समुद्री मार्गों पर नियंत्रण सोवियत संघ की वैश्विक प्रभाव-क्षमता को सीमित करने का एक प्रभावी साधन था। इस प्रकार, मध्य-पूर्व में पश्चिमी उपस्थिति केवल संसाधन-सुरक्षा का प्रश्न नहीं, बल्कि रिमलैंड रणनीति का अभिन्न अंग थी।दक्षिण एशिया और पूर्वी एशिया में भी रिमलैंड सिद्धांत शीत युद्ध की रणनीति का मार्गदर्शक बना। पूर्वी एशिया में अमेरिका ने जापान, दक्षिण कोरिया और अन्य सहयोगियों के साथ सुरक्षा गठबंधन स्थापित कर सोवियत और बाद में चीनी प्रभाव को संतुलित किया।[200] जापान का औद्योगिक और समुद्री महत्व, तथा कोरियाई प्रायद्वीप की रणनीतिक स्थिति ने इस क्षेत्र को रिमलैंड की अग्रिम पंक्ति बना दिया। इसी प्रकार, दक्षिण एशिया में पश्चिमी शक्तियों ने क्षेत्रीय साझेदारियों और सैन्य सहयोग के माध्यम से सोवियत प्रभाव को सीमित रखने का प्रयास किया।इन सभी प्रयासों में एक साझा तर्क स्पष्ट था; रिमलैंड में उपस्थिति बनाए

रखकर हार्टलैंड की विस्तार-क्षमता को नियंत्रित करना।[201] शीत युद्ध के दौरान घेराबंदी की यह रणनीति केवल सैन्य तैनाती तक सीमित नहीं थी; इसमें आर्थिक सहायता, राजनीतिक समर्थन और वैचारिक प्रभाव भी शामिल थे। रिमलैंड में स्थित राज्यों को आर्थिक और तकनीकी सहायता प्रदान कर पश्चिमी शक्तियों ने उन्हें सोवियत मॉडल के प्रति आकर्षित होने से रोका।[202] इस प्रकार, घेराबंदी एक बहुआयामी रणनीति थी, जिसमें सैन्य शक्ति के साथ-साथ आर्थिक और वैचारिक साधनों का भी प्रयोग किया गया। यह बहुआयामिता रिमलैंड सिद्धांत की उस समझ को दर्शाती है कि शक्ति केवल सैन्य बल से नहीं, बल्कि संपर्क और प्रभाव के नेटवर्क से निर्मित होती है।शीत युद्ध का अनुभव यह सिद्ध करता है कि रिमलैंड सिद्धांत केवल सैद्धांतिक प्रतिपादन नहीं था, बल्कि उसने वैश्विक रणनीति को वास्तविक दिशा प्रदान की। पश्चिमी शक्तियों द्वारा अपनाई गई घेराबंदी की नीति,यूरोप, मध्य-पूर्व, दक्षिण एशिया और पूर्वी एशिया में स्पाइकमैन की उस मूल धारणा की पुष्टि करती है कि हार्टलैंड को सीधे नियंत्रित करने की अपेक्षा उसे परिधि से संतुलित करना अधिक प्रभावी और टिकाऊ रणनीति है।इस प्रकार, शीत युद्ध में रिमलैंड सिद्धांत की भूमिका शास्त्रीय भू-राजनीति की व्यावहारिक सफलता का एक सशक्त उदाहरण प्रस्तुत करती है।

क्षेत्रीय अध्ययन : यूरोप, मध्य-पूर्व, दक्षिण एवं पूर्वी एशिया

रिमलैंड सिद्धांत के अंतर्गत क्षेत्रीय अध्ययन का उद्देश्य यह समझना है कि किस प्रकार यूरेशिया की परिधीय पट्टी के विभिन्न क्षेत्र,यूरोप, मध्य-पूर्व तथा दक्षिण एवं पूर्वी एशिया वैश्विक शक्ति-संतुलन को आकार देते हैं।[203] निकोलस स्पाइकमैन के अनुसार, रिमलैंड कोई एकसमान क्षेत्र नहीं है, बल्कि यह विभिन्न उप-क्षेत्रों का समुच्चय है, जिनकी अपनी-अपनी भौगोलिक, आर्थिक और रणनीतिक विशेषताएँ हैं।[204] फिर भी, इन सभी क्षेत्रों में एक समानता दिखाई देती है; यह सभी स्थल और समुद्र के संगम पर स्थित हैं और वैश्विक व्यापार, औद्योगिक उत्पादन तथा सैन्य संपर्कों के केंद्र बने हुए हैं।यूरोप रिमलैंड का वह भाग है जहाँ औद्योगिक शक्ति, बंदरगाहों का जाल और गठबंधन-राजनीति एक साथ विकसित हुई।[205] ऐतिहासिक रूप से यूरोप ने औद्योगिक क्रांति के माध्यम से उत्पादन और तकनीक में बढ़त प्राप्त की, और इसके तटीय क्षेत्रों में विकसित बंदरगाह जैसे उत्तरी और पश्चिमी यूरोप के समुद्री केंद्र वैश्विक व्यापार के प्रमुख प्रवेश-द्वार बने। यूरोप की यह औद्योगिक और व्यापारिक क्षमता उसे वैश्विक राजनीति में केंद्रीय भूमिका प्रदान करती रही है। साथ ही, यूरोप की सुरक्षा संरचना गठबंधनों पर आधारित रही है,

जहाँ समुद्री और महाद्वीपीय शक्तियों के बीच संतुलन बनाए रखने के लिए सामूहिक सुरक्षा व्यवस्थाएँ विकसित की गईं।[206] इस प्रकार, यूरोप का रिमलैंड चरित्र उसे वैश्विक अर्थव्यवस्था का एक प्रमुख इंजन और अंतरराष्ट्रीय गठबंधन-राजनीति का केंद्र बनाता है।मध्य-पूर्व रिमलैंड का दूसरा अत्यंत संवेदनशील और रणनीतिक क्षेत्र है, जहाँ ऊर्जा संसाधन और समुद्री चोक-पॉइंट्स वैश्विक राजनीति को सीधे प्रभावित करते हैं।[207] इस क्षेत्र में स्थित विशाल तेल और गैस भंडार आधुनिक वैश्विक अर्थव्यवस्था की ऊर्जा-आपूर्ति का आधार हैं।साथ ही, मध्य-पूर्व के तटीय और समीपवर्ती समुद्री मार्ग,विशेषकर होर्मुज़ जलडमरूमध्य और बाब-अल-मंदेब जलडमरूमध्य विश्व व्यापार और ऊर्जा परिवहन के लिए निर्णायक हैं।[208]इसी कारण मध्य-पूर्व में वैश्विक शक्तियों की निरंतर रुचि बनी रहती है, और यह क्षेत्र रिमलैंड सिद्धांत में शक्ति-संघर्ष का स्थायी केंद्र बना हुआ है।

दक्षिण एवं पूर्वी एशिया रिमलैंड का वह भाग है जहाँ जनसंख्या, उत्पादन, SLOCs और समुद्री विवाद एक साथ केंद्रित हैं।[209]इस क्षेत्र में विश्व की सबसे घनी आबादी वाले देश स्थित हैं, जिनकी आर्थिक गतिविधियाँ तटीय क्षेत्रों और समुद्री मार्गों पर अत्यधिक निर्भर हैं।दक्षिण एशिया और पूर्वी एशिया के औद्योगिक केंद्र वैश्विक आपूर्ति-श्रृंखलाओं में केंद्रीय भूमिका निभाते हैं, और इनके निर्यात-आयात का अधिकांश हिस्सा समुद्री मार्गों के माध्यम से संचालित होता है।इसी कारण, इस क्षेत्र में स्थित संचार की समुद्री रेखाएँ (SLOCs) वैश्विक अर्थव्यवस्था की धमनियाँ बन गई हैं।इस क्षेत्र में समुद्री विवाद,विशेषकर तटीय समुद्रों और द्वीपों को लेकर,रिमलैंड की रणनीतिक संवेदनशीलता को और अधिक बढ़ा देते हैं।इस प्रकार, दक्षिण एवं पूर्वी एशिया में रिमलैंड का नियंत्रण न केवल आर्थिक समृद्धि, बल्कि क्षेत्रीय और वैश्विक शक्ति-संतुलन को भी प्रभावित करता है।[210]इन तीनों क्षेत्रों का संयुक्त विश्लेषण यह स्पष्ट करता है कि रिमलैंड का नियंत्रण वैश्विक अर्थव्यवस्था पर गहरा प्रभाव डालता है।यूरोप औद्योगिक और वित्तीय स्थिरता का आधार है, मध्य-पूर्व ऊर्जा सुरक्षा का केंद्र है, और दक्षिण एवं पूर्वी एशिया उत्पादन तथा व्यापारिक प्रवाह का प्रमुख स्रोत है।यदि इन क्षेत्रों में से किसी एक में भी गंभीर अस्थिरता उत्पन्न होती है, तो उसका प्रभाव वैश्विक स्तर पर महसूस किया जाता है। यही कारण है कि रिमलैंड सिद्धांत वैश्विक राजनीति को केवल शक्ति-संघर्ष के रूप में नहीं, बल्कि आर्थिक प्रवाह, ऊर्जा सुरक्षा और संपर्क-तंत्र के रूप में समझने का प्रयास करता है।यूरोप, मध्य-पूर्व तथा दक्षिण एवं पूर्वी एशिया का क्षेत्रीय अध्ययन यह स्थापित करता है कि रिमलैंड सिद्धांत आधुनिक और समकालीन भू-राजनीति को समझने के लिए अत्यंत उपयोगी है।इस दृष्टि से, रिमलैंड सिद्धांत

शास्त्रीय भू-राजनीति का एक ऐसा ढाँचा प्रस्तुत करता है, जो विभिन्न क्षेत्रों की विशिष्टताओं को एक समग्र वैश्विक संदर्भ में जोड़कर देखने में सक्षम बनाता है।

समकालीन प्रासंगिकता :

रिमलैंड सिद्धांत की समकालीन प्रासंगिकता को यदि किसी एक भू-क्षेत्र में सबसे स्पष्ट रूप से देखा जा सकता है, तो वह हिंद-प्रशांत क्षेत्र है।[211] यह क्षेत्र रिमलैंड सिद्धांत की आधुनिक अभिव्यक्ति के रूप में सामने आता है, जहाँ तटीय एशिया, समुद्री मार्ग, ऊर्जा प्रवाह, चोक-पॉइंट्स और गठबंधन-राजनीति एक साथ सक्रिय हैं। निकोलस स्पाइकमैन का मूल तर्क,कि वैश्विक शक्ति का निर्धारण स्थल और समुद्र के संगम क्षेत्र में होता है,हिंद-प्रशांत में प्रत्यक्ष रूप से परिलक्षित होता है।[212]हिंद-प्रशांत क्षेत्र की संरचना रिमलैंड तर्क को इस कारण पुष्ट करती है कि यहाँ विश्व की सबसे घनी आबादी वाले तटीय क्षेत्र, तीव्र औद्योगिक उत्पादन केंद्र और वैश्विक व्यापार की प्रमुख समुद्री धमनियाँ स्थित हैं। दक्षिण एशिया, दक्षिण-पूर्व एशिया और पूर्वी एशिया के तटीय राज्यों की अर्थव्यवस्थाएँ समुद्री मार्गों पर अत्यधिक निर्भर हैं। ऊर्जा आयात, कच्चे माल की आपूर्ति और तैयार माल का निर्यात इन सभी का बड़ा भाग संचार की समुद्री रेखाएँ (SLOCs) के माध्यम से संचालित होता है।[213] समकालीन शक्ति-संतुलन में समुद्री शक्तियाँ रिमलैंड के भीतर साझेदारियों और गठबंधनों के माध्यम से अपनी स्थिति सुदृढ़ करने का प्रयास करती हैं। इन साझेदारियों का उद्देश्य केवल सैन्य उपस्थिति बढ़ाना नहीं, बल्कि समुद्री मार्गों की सुरक्षा, आपूर्ति-श्रृंखलाओं की निरंतरता और क्षेत्रीय स्थिरता बनाए रखना भी है।[214] रिमलैंड सिद्धांत के दृष्टिकोण से यह रणनीति अत्यंत तार्किक है, क्योंकि रिमलैंड में प्रभाव स्थापित करने का अर्थ है वैश्विक व्यापार और ऊर्जा प्रवाह पर अप्रत्यक्ष नियंत्रण। इसके विपरीत, महाद्वीपीय शक्तियाँ तटीय पहुँच बढ़ाने, बंदरगाहों तक पहुँच बनाने और समुद्री मार्गों से जुड़ने का प्रयास करती हैं, ताकि वह रिमलैंड में अपने रणनीतिक विकल्पों का विस्तार कर सकें। यह द्वंद्व,समुद्री शक्तियों द्वारा परिधीय नियंत्रण और महाद्वीपीय शक्तियों द्वारा तटीय विस्तार हिंद-प्रशांत में शक्ति-संतुलन की मूल गतिशीलता को परिभाषित करता है।[215] रिमलैंड सिद्धांत की यह समकालीन प्रासंगिकता यह भी दर्शाती है कि आज की भू-राजनीति में प्रत्यक्ष क्षेत्रीय विजय से अधिक महत्व स्थिति-निर्माण का है। समुद्री अड्डों, साझेदार देशों, लॉजिस्टिक समझौतों और नौसैनिक उपस्थिति के माध्यम से प्रभाव बनाए रखना; यह सब रिमलैंड सिद्धांत की उस समझ को दर्शाता है जिसमें शक्ति को संपर्क, पहुँच और नेटवर्क के रूप में देखा जाता है।[216]हालाँकि,

रिमलैंड सिद्धांत की प्रासंगिकता को स्वीकार करते हुए उसकी आलोचनाओं और सीमाओं पर विचार करना भी आवश्यक है। पहली प्रमुख आलोचना यह है कि यह सिद्धांत अत्यधिक सुरक्षा-केंद्रित है। यह वैश्विक राजनीति को मुख्यतः सैन्य और रणनीतिक प्रतिस्पर्धा के रूप में देखता है, जबकि आंतरिक राजनीति, विचारधारात्मक परिवर्तन, सामाजिक संरचनाएँ और घरेलू कारक अपेक्षाकृत कम महत्व प्राप्त करते हैं।[217]

दूसरी महत्वपूर्ण आलोचना तकनीकी परिवर्तन से संबंधित है। वायु-शक्ति, मिसाइल प्रौद्योगिकी, साइबर स्पेस और अंतरिक्ष क्षमताओं के विकास ने दूरी और स्थानिकता के पारंपरिक अर्थ को बदल दिया है। आज शक्ति-प्रक्षेपण केवल समुद्रों और तटीय क्षेत्रों तक सीमित नहीं है; डिजिटल नेटवर्क और अंतरिक्ष-आधारित प्रणालियाँ भी रणनीतिक भूमिका निभाती हैं।[218] फिर भी, यह आलोचना रिमलैंड सिद्धांत को पूरी तरह अप्रासंगिक नहीं बनाती, क्योंकि आधुनिक तकनीकें भी अंततः भौतिक अवसंरचना, बंदरगाहों, केबल मार्गों और तटीय केंद्रों पर निर्भर रहती हैं, जो रिमलैंड के भीतर ही स्थित होते हैं।इन आलोचनाओं के बावजूद रिमलैंड सिद्धांत की सबसे बड़ी शक्ति यह है कि वह कनेक्टिविटी और परिधीय नियंत्रण के महत्व को स्पष्ट रूप से रेखांकित करता है। आधुनिक वैश्विक व्यवस्था में जहाँ व्यापार, ऊर्जा और सूचना का प्रवाह निर्णायक है, वहाँ उन क्षेत्रों का महत्व स्वतः बढ़ जाता है जो इन प्रवाहों के केंद्र में स्थित हैं।इसी संदर्भ में हार्टलैंड बनाम रिमलैंड की तुलनात्मक दृष्टि अत्यंत महत्वपूर्ण हो जाती है। हार्टलैंड सिद्धांत वैश्विक शक्ति को गहराई, संसाधनों और भौगोलिक सुरक्षा से जोड़ता है। इसके विपरीत, रिमलैंड सिद्धांत शक्ति को कनेक्टिविटी, व्यापार, तटीय नियंत्रण और गठबंधनों के माध्यम से समझाता है। आधुनिक विश्व में जहाँ वैश्विक व्यापार, ऊर्जा आपूर्ति और SLOCs निर्णायक भूमिका निभाते हैं,रिमलैंड का महत्व स्पष्ट रूप से बढ़ जाता है। फिर भी, इन दोनों सिद्धांतों को परस्पर विरोधी मानना उचित नहीं होगा। हार्टलैंड और रिमलैंड एक-दूसरे के पूरक हैं;एक आंतरिक शक्ति-आधार को रेखांकित करता है, तो दूसरा बाहरी संपर्क और प्रभाव को।समकालीन भू-राजनीति में प्रभावी रणनीति वही है जो इन दोनों आयामों को संतुलित कर सके।रिमलैंड सिद्धांत का निष्कर्ष यह स्थापित करता है कि वैश्विक शक्ति का केंद्र यूरेशिया की तटीय परिधि में निहित है। यहीं जनसंख्या, उद्योग, बंदरगाह, SLOCs और गठबंधन-राजनीति एक साथ मिलकर शक्ति-संतुलन का निर्माण करते हैं।हिंद-प्रशांत क्षेत्र इस सच्चाई का सबसे सशक्त उदाहरण है, जहाँ रिमलैंड की गतिशीलता प्रतिदिन वैश्विक राजनीति को प्रभावित कर रही है।इस प्रकार, स्पाइकमैन का रिमलैंड सिद्धांत शास्त्रीय भू-राजनीति का एक

अनिवार्य स्तंभ बना रहता है, जो हार्टलैंड और समुद्री शक्ति सिद्धांत के साथ मिलकर 21वीं सदी की भू-राजनीति को समझने का एक समग्र, यथार्थपरक और सशक्त ढाँचा प्रदान करता है।

अध्याय-3

शक्ति, राज्य और राष्ट्रीय हित

भू-राजनीति और अंतरराष्ट्रीय राजनीति के अध्ययन में शक्ति, राज्य और राष्ट्रीय हित तीन ऐसी मूलभूत अवधारणाएँ हैं, जो मिलकर वैश्विक राजनीति की संरचना, प्रक्रिया और परिणामों को समझने का वैचारिक आधार प्रदान करती हैं। इन तीनों को अलग-अलग इकाइयों के रूप में नहीं, बल्कि एक परस्पर-संबद्ध वैचारिक त्रिकोण के रूप में देखा जाना चाहिए। राज्य वह केंद्रीय इकाई है जिसके माध्यम से शक्ति का संचय, संगठन और प्रयोग होता है; शक्ति वह साधन है जो राज्य को अपने अस्तित्व, सुरक्षा और प्रभाव को बनाए रखने की क्षमता देता है; और राष्ट्रीय हित वह उद्देश्य-संरचना है जो यह निर्धारित करती है कि शक्ति का प्रयोग किस दिशा और किस सीमा तक किया जाएगा। इस प्रकार, शक्ति-राज्य-राष्ट्रीय हित का संबंध स्थिर नहीं, बल्कि गतिशील, सापेक्ष और संदर्भ-आधारित होता है।इस वैचारिक त्रिकोण की पहली कड़ी शक्ति और राज्य के संबंध से जुड़ी है। आधुनिक अंतरराष्ट्रीय व्यवस्था में राज्य को शक्ति का प्राथमिक वाहक माना जाता है। राज्य न केवल शक्ति को संगठित करता है, बल्कि उसे वैधता भी प्रदान करता है। सैन्य बल, आर्थिक संसाधन, राजनीतिक संस्थाएँ और कूटनीतिक क्षमता; यह सभी शक्ति के घटक राज्य के भीतर ही विकसित और नियंत्रित होते हैं। बिना राज्य के शक्ति बिखरी हुई और असंगठित रहती है, जबकि बिना शक्ति के राज्य केवल एक औपचारिक इकाई बनकर रह जाता है। इस दृष्टि से, शक्ति और राज्य एक-दूसरे के अस्तित्व को परिभाषित करते हैं।इस त्रिकोण की दूसरी कड़ी राज्य और राष्ट्रीय हित के संबंध को स्पष्ट करती है। राष्ट्रीय हित राज्य की प्राथमिकताओं, लक्ष्यों और रणनीतिक आवश्यकताओं का प्रतिनिधित्व करते हैं। यह हित स्थायी भी हो सकते हैं; जैसे संप्रभुता, क्षेत्रीय अखंडता और आंतरिक स्थिरता और परिवर्तनीय भी, जो समय, परिस्थिति और वैश्विक संदर्भ के अनुसार बदलते रहते हैं। राज्य अपने राष्ट्रीय हितों के माध्यम से यह तय करता है कि किन क्षेत्रों में सहयोग करना है और किन क्षेत्रों में प्रतिस्पर्धा या संघर्ष। इस प्रकार राष्ट्रीय हित राज्य की विदेश नीति और भू-राजनीतिक आचरण के लिए दिशा-सूचक का

कार्य करते हैं।तीसरी और निर्णायक कड़ी शक्ति और राष्ट्रीय हित के संबंध से संबंधित है। शक्ति स्वयं में लक्ष्य नहीं होती, बल्कि वह राष्ट्रीय हितों की प्राप्ति का साधन होती है। कोई भी राज्य शक्ति का प्रयोग केवल इसलिए नहीं करता कि वह शक्तिशाली है, बल्कि इसलिए करता है कि उसके कुछ ठोस हित,सुरक्षा, समृद्धि, प्रभाव या प्रतिष्ठा,दाँव पर लगे होते हैं। इसी कारण शक्ति के प्रयोग की वैधता राष्ट्रीय हितों से जुड़ी होती है। यदि शक्ति का प्रयोग राष्ट्रीय हितों से कट जाता है, तो वह न केवल अप्रभावी होता है, बल्कि राज्य की आंतरिक और बाहरी वैधता को भी कमजोर कर सकता है।

भू-राजनीति और अंतरराष्ट्रीय राजनीति में इन तीनों अवधारणाओं की केंद्रीयता इस तथ्य से उत्पन्न होती है कि वैश्विक व्यवस्था मूलतः राज्य-केंद्रित है। यद्यपि वैश्वीकरण, अंतरराष्ट्रीय संस्थाओं और गैर-राज्य अभिनेताओं ने अंतरराष्ट्रीय राजनीति की जटिलता को बढ़ाया है, फिर भी अंतिम निर्णय,युद्ध और शांति, सहयोग और प्रतिस्पर्धा, संधि और संघर्ष,राज्यों द्वारा ही लिए जाते हैं। भू-राजनीति विशेष रूप से इस बात पर बल देती है कि राज्य किस प्रकार अपने भौगोलिक स्थान, संसाधनों और सामरिक परिवेश के अनुरूप शक्ति का उपयोग कर अपने राष्ट्रीय हितों को परिभाषित और सुरक्षित करते हैं। इस संदर्भ में शक्ति-राज्य-हित का त्रिकोण भू-राजनीतिक विश्लेषण की आधारशिला बन जाता है।इस वैचारिक ढाँचे को और अधिक स्पष्ट रूप से समझने के लिए अराजक अंतरराष्ट्रीय व्यवस्था की धारणा पर ध्यान देना आवश्यक है। अंतरराष्ट्रीय राजनीति में अराजकता का अर्थ अराजकता या अव्यवस्था नहीं, बल्कि यह तथ्य है कि अंतरराष्ट्रीय प्रणाली में कोई ऐसी सर्वोच्च सत्ता नहीं होती जो सभी राज्यों पर बाध्यकारी अधिकार रखती हो। प्रत्येक राज्य औपचारिक रूप से संप्रभु होता है और किसी उच्चतर वैश्विक सरकार के अधीन नहीं होता। इस संरचनात्मक स्थिति का सीधा परिणाम यह है कि राज्यों को अपनी सुरक्षा और अस्तित्व के लिए स्वयं जिम्मेदार होना पड़ता है।इसी अराजकता से आत्म-सहायता की धारणा उत्पन्न होती है। आत्म-सहायता का अर्थ यह है कि कोई भी राज्य अपनी सुरक्षा और राष्ट्रीय हितों की रक्षा के लिए दूसरों पर पूर्णतः निर्भर नहीं रह सकता। यद्यपि गठबंधन, अंतरराष्ट्रीय संस्थाएँ और सहयोग महत्वपूर्ण भूमिका निभाते हैं, फिर भी अंतिम विश्लेषण में प्रत्येक राज्य को यह मानकर चलना पड़ता है कि संकट की स्थिति में उसे स्वयं अपने संसाधनों और क्षमताओं पर निर्भर होना होगा। यही आत्म-सहायता की स्थिति शक्ति को अंतरराष्ट्रीय राजनीति का केंद्रीय तत्व बना देती है।आत्म-सहायता की यह संरचना शक्ति-राज्य-राष्ट्रीय हित के त्रिकोण को और

अधिक सुदृढ़ करती है। राज्य शक्ति का निर्माण इसलिए करता है क्योंकि अराजक व्यवस्था में सुरक्षा की कोई गारंटी नहीं होती। राष्ट्रीय हितों की परिभाषा इसलिए कठोर और सुरक्षा-केंद्रित हो जाती है क्योंकि राज्य अपने अस्तित्व को सर्वोच्च प्राथमिकता देता है। इस प्रक्रिया में शक्ति न केवल साधन बनती है, बल्कि कभी-कभी स्वयं राष्ट्रीय हित का अंग भी बन जाती है,जैसे शक्ति-संतुलन बनाए रखना या प्रतिद्वंद्वियों को निवारित करना।

शक्ति की अवधारणा : सैद्धांतिक पृष्ठभूमि

अंतरराष्ट्रीय राजनीति और भू-राजनीति में शक्ति की अवधारणा सबसे अधिक चर्चित, विवादित और बहुआयामी मानी जाती है।[219] शक्ति को लेकर विभिन्न सैद्धांतिक परंपराओं यथार्थवादी, नव-यथार्थवादी और उदारवादी ने अलग-अलग परिभाषाएँ और व्याख्याएँ प्रस्तुत की हैं, जिनके आधार पर यह समझा जा सकता है कि राज्य किस प्रकार अपने हितों की रक्षा करते हैं और वैश्विक व्यवस्था को प्रभावित करते हैं।शास्त्रीय यथार्थवादी चिंतक हंस जे. मॉर्गेंथाउ ने शक्ति को अंतरराष्ट्रीय राजनीति की केंद्रीय अवधारणा मानते हुए इसे “दूसरों के मन और कार्यों पर नियंत्रण स्थापित करने की क्षमता” के रूप में परिभाषित किया।[220] मॉर्गेंथाउ के अनुसार, राज्य मूलतः शक्ति की खोज में रहते हैं क्योंकि अराजक अंतरराष्ट्रीय व्यवस्था में अस्तित्व और सुरक्षा की कोई सुनिश्चित गारंटी नहीं होती।इस दृष्टिकोण में शक्ति का मूल आधार सैन्य क्षमता, भौगोलिक स्थिति और राजनीतिक इच्छाशक्ति मानी जाती है, और नैतिकता या अंतरराष्ट्रीय कानून को शक्ति-संघर्ष के अधीन माना जाता है।यथार्थवादी दृष्टि में शक्ति का स्वरूप अपेक्षाकृत ठोस और संसाधन-केंद्रित है। सैन्य बल, हथियारों की संख्या, सैनिकों की तैनाती, परमाणु क्षमता और रणनीतिक गहराई,यह सभी शक्ति के प्रत्यक्ष संकेतक माने जाते हैं। उदाहरणस्वरूप, द्वितीय विश्व युद्ध के बाद अमेरिका और सोवियत संघ की शक्ति का आकलन मुख्यतः उनकी सैन्य और परमाणु क्षमताओं के आधार पर किया जाता था।[221]यथार्थवाद यह मानता है कि अंतरराष्ट्रीय राजनीति एक निरंतर संघर्ष का क्षेत्र है, जहाँ शक्ति-संतुलन ही स्थिरता का एकमात्र व्यावहारिक आधार है।इसके विपरीत, नव-यथार्थवादी (संरचनात्मक यथार्थवादी) दृष्टिकोण शक्ति को केवल राज्यों की आंतरिक विशेषताओं से नहीं, बल्कि अंतरराष्ट्रीय प्रणाली की संरचना से जोड़ता है। इस परंपरा के प्रमुख विद्वान केनेथ वाल्ट्ज़ ने तर्क दिया कि शक्ति राज्यों के इरादों से अधिक, प्रणाली में उनकी स्थिति से निर्धारित होती है।[222]वाल्ट्ज़ के अनुसार, अंतरराष्ट्रीय व्यवस्था की

अराजक संरचना राज्यों को शक्ति संचय के लिए बाध्य करती है, क्योंकि सुरक्षा एक दुर्लभ वस्तु है। नव-यथार्थवाद में शक्ति का मापन मुख्यतः क्षमताओं के वितरण से किया जाता है;जैसे जनसंख्या, औद्योगिक उत्पादन, सैन्य क्षमता और तकनीकी दक्षता।नव-यथार्थवादी दृष्टिकोण शक्ति को सापेक्ष मानता है। कोई राज्य कितना शक्तिशाली है, इसका अर्थ तभी निकलता है जब उसकी तुलना अन्य राज्यों से की जाए। उदाहरण के लिए, यदि किसी क्षेत्र में एक राज्य अपनी सैन्य क्षमता बढ़ाता है, तो अन्य राज्य उसे अपने लिए खतरे के रूप में देख सकते हैं और प्रतिक्रिया स्वरूप अपनी शक्ति बढ़ाने लगते हैं। इसे सुरक्षा दुविधा कहा जाता है।[223]उदारवादी दृष्टिकोण शक्ति की अवधारणा को और अधिक विस्तृत और बहुआयामी बनाता है। उदारवादी विद्वान शक्ति को केवल सैन्य या भौतिक संसाधनों तक सीमित नहीं मानते, बल्कि वह संस्थाओं, नियमों, आर्थिक अंतर्संबंधों और सहयोग की भूमिका पर भी बल देते हैं। इस परंपरा के प्रमुख चिंतक रॉबर्ट कीओहैन का तर्क है कि आधुनिक विश्व में शक्ति का प्रयोग केवल बल के माध्यम से नहीं, बल्कि संस्थागत ढाँचों और सहयोगी व्यवस्थाओं के माध्यम से भी किया जाता है।[224]उदारवादी दृष्टि का एक महत्वपूर्ण योगदान शक्ति को क्षमता बनाम प्रभाव के रूप में समझना है। क्षमता का अर्थ है,किसी राज्य के पास उपलब्ध संसाधन, जैसे सेना, अर्थव्यवस्था, तकनीक और जनसंख्या। प्रभाव का अर्थ है,इन संसाधनों के माध्यम से दूसरों के व्यवहार को वास्तव में कितना बदला जा सकता है।इस संदर्भ में जोसेफ नाई द्वारा प्रस्तुत सॉफ्ट पावर की अवधारणा विशेष रूप से उल्लेखनीय है। नाई के अनुसार, शक्ति केवल "दूसरों को बाध्य करने" की क्षमता नहीं है, बल्कि "दूसरों को आकर्षित करने और सहमत कराने" की क्षमता भी शक्ति का ही रूप है।[225] संस्कृति, मूल्य, नीतिगत वैधता और अंतरराष्ट्रीय प्रतिष्ठा, यह सभी सॉफ्ट पावर के स्रोत हैं।

शक्ति का एक और महत्वपूर्ण आयाम उसका सापेक्ष और गतिशील स्वरूप है। शक्ति न तो स्थायी होती है और न ही सार्वभौमिक रूप से समान प्रभाव उत्पन्न करती है। समय के साथ तकनीकी परिवर्तन, आर्थिक विकास, जनसांख्यिकीय बदलाव और राजनीतिक नेतृत्व शक्ति-संतुलन को बदलते रहते हैं। उदाहरणस्वरूप, 19वीं सदी में सैन्य और औद्योगिक शक्ति के आधार पर यूरोपीय राज्य प्रमुख थे; 20वीं सदी में अमेरिका और सोवियत संघ महाशक्तियाँ बने; और 21वीं सदी में आर्थिक वृद्धि, तकनीक और नेटवर्क शक्ति के नए केंद्र उभर रहे हैं।[226] इससे यह स्पष्ट होता है कि शक्ति एक प्रक्रिया है, न कि केवल एक स्थिति।शक्ति का सापेक्ष स्वरूप यह भी दर्शाता है कि विभिन्न संदर्भों में अलग-

अलग प्रकार की शक्ति अधिक प्रभावी हो सकती है। सैन्य संघर्ष में सैन्य शक्ति निर्णायक हो सकती है, जबकि आर्थिक वार्ताओं में आर्थिक शक्ति और कूटनीति अधिक प्रभावशाली सिद्ध हो सकती है।इसी प्रकार, विचारधारात्मक संघर्ष या वैश्विक जनमत के संदर्भ में सॉफ्ट पावर की भूमिका बढ़ जाती है।इस प्रकार शक्ति को एक बहु-आयामी और संदर्भ-निर्भर अवधारणा के रूप में समझना आवश्यक है।शक्ति की परिभाषाएँ; चाहे वह यथार्थवादी हों, नव-यथार्थवादी हों या उदारवादी,यह स्पष्ट करती हैं कि शक्ति अंतरराष्ट्रीय राजनीति का केंद्रीय तत्व है, किंतु उसका स्वरूप स्थिर नहीं हैयथार्थवाद शक्ति को संसाधन और नियंत्रण के रूप में देखता है, नव-यथार्थवाद उसे संरचनात्मक वितरण से जोड़ता है, और उदारवाद शक्ति को संस्थागत प्रभाव, सहयोग और आकर्षण के माध्यम से समझाता है।क्षमता बनाम प्रभाव का अंतर यह दिखाता है कि शक्ति का वास्तविक मूल्य उसके परिणामों में निहित होता है, न कि केवल संसाधनों की मात्रा में।और शक्ति का सापेक्ष तथा गतिशील स्वरूप यह स्थापित करता है कि अंतरराष्ट्रीय राजनीति में कोई भी राज्य स्थायी रूप से शक्तिशाली या कमजोर नहीं रहता।इसी कारण शक्ति की अवधारणा भू-राजनीति और अंतरराष्ट्रीय राजनीति के विश्लेषण में आज भी उतनी ही केंद्रीय और अपरिहार्य बनी हुई है।

शक्ति के आयाम :

सैन्य शक्ति को परंपरागत रूप से राज्य की शक्ति का सबसे प्रत्यक्ष, ठोस और निर्णायक रूप माना जाता रहा है।[227] अंतरराष्ट्रीय राजनीति और भू-राजनीति के शास्त्रीय सिद्धांतों में सैन्य शक्ति को वह आधार माना गया है जिसके बिना न तो राज्य की संप्रभुता सुरक्षित रह सकती है और न ही उसके राष्ट्रीय हित प्रभावी रूप से संरक्षित हो सकते हैं।यथार्थवादी परंपरा के अनुसार, अराजक अंतरराष्ट्रीय व्यवस्था में सैन्य शक्ति ही वह अंतिम साधन है जो राज्य को अस्तित्व, सुरक्षा और प्रभाव प्रदान करता है।[228] हालांकि, समय के साथ सैन्य शक्ति का स्वरूप अत्यधिक विस्तृत, तकनीकी और बहुआयामी हो गया है, किंतु उसकी केंद्रीयता समाप्त नहीं हुई है।सैन्य शक्ति का सबसे पारंपरिक और दृश्य स्वरूप सेना , नौसेना और वायुसेना के रूप में सामने आता है। थलसेना किसी राज्य की क्षेत्रीय अखंडता और आंतरिक सुरक्षा की आधारशिला मानी जाती है। ऐतिहासिक रूप से, सीमाओं की रक्षा, भूमि पर नियंत्रण और जनसंख्या-सुरक्षा का दायित्व थलसेना पर ही रहा है।भू-राजनीतिक दृष्टि से, विशाल स्थल-सीमाओं वाले राज्यों के लिए थलसेना की भूमिका विशेष रूप से महत्वपूर्ण रही है, क्योंकि भूमि पर नियंत्रण

सीधे संप्रभुता से जुड़ा होता है।[229]नौसेना का महत्व समुद्री शक्ति, व्यापारिक मार्गों और रणनीतिक पहुँच से संबंधित है। अल्फ्रेड थायर माहन जैसे विचारकों ने यह स्पष्ट किया कि समुद्रों पर नियंत्रण केवल युद्धकालीन लाभ नहीं देता, बल्कि शांति काल में भी व्यापार, संचार और वैश्विक प्रभाव सुनिश्चित करता है।[230]नौसेना किसी राज्य को दूरस्थ क्षेत्रों में शक्ति-प्रक्षेपण की क्षमता प्रदान करती है, जो थलसेना के लिए संभव नहीं होती। इसी कारण आधुनिक युग में नौसेना को वैश्विक शक्ति का प्रमुख संकेतक माना जाता है।वायुसेना अपेक्षाकृत आधुनिक सैन्य शाखा है, किंतु उसका प्रभाव अत्यंत व्यापक है। वायुसेना ने युद्ध की गति, सीमा और स्वरूप ,तीनों को बदल दिया है। वायु प्रभुत्व किसी भी आधुनिक संघर्ष में निर्णायक माना जाता है, क्योंकि इसके बिना थल और नौसैनिक अभियानों की सफलता संदिग्ध हो जाती है।[231]इस प्रकार, पारंपरिक सैन्य शक्ति का वास्तविक प्रभाव इन तीनों शाखाओं के समन्वय पर निर्भर करता है, न कि किसी एक शाखा की श्रेष्ठता पर।

सैन्य शक्ति का प्रयोग केवल युद्ध लड़ने के लिए नहीं होता, बल्कि उसका एक अत्यंत महत्वपूर्ण उद्देश्य निवारण भी होता है। निवारण का अर्थ है संभावित विरोधी को यह विश्वास दिलाना कि आक्रमण की लागत उसके संभावित लाभ से कहीं अधिक होगी।[232]शीत युद्ध के दौरान निवारण सिद्धांत ने अंतरराष्ट्रीय राजनीति में केंद्रीय भूमिका निभाई, विशेषकर तब जब प्रत्यक्ष युद्ध विनाशकारी परिणाम उत्पन्न कर सकता था।निवारण का संबंध सीधे शक्ति-संतुलन से जुड़ा हुआ है। जब विभिन्न राज्यों की सैन्य क्षमताएँ एक-दूसरे को संतुलित करती हैं, तो प्रत्यक्ष युद्ध की संभावना कम हो जाती है।यथार्थवादी चिंतक यह मानते हैं कि शक्ति-संतुलन अस्थिरता को नहीं, बल्कि एक प्रकार की विवश स्थिरता को जन्म देता है।बीसवीं सदी के मध्य में परमाणु हथियारों के उदय ने सैन्य शक्ति की अवधारणा को मूलतः बदल दिया। परमाणु शक्ति ने युद्ध और शांति के पारंपरिक भेद को धुंधला कर दिया, क्योंकि पूर्ण युद्ध का अर्थ सामूहिक विनाश हो सकता था।[233] इस संदर्भ में परस्पर सुनिश्चित विनाश की अवधारणा विकसित हुई।परमाणु शक्ति के साथ-साथ मिसाइल प्रणालियाँ और रणनीतिक गहराई भी सैन्य शक्ति के प्रमुख घटक बन गए।इक्कीसवीं सदी में सैन्य शक्ति का स्वरूप पारंपरिक युद्ध-क्षेत्रों से आगे बढ़कर साइबर स्पेस, अंतरिक्ष और हाइब्रिड युद्ध तक विस्तारित हो गया है। साइबर युद्ध में शत्रु की संचार प्रणालियों, आर्थिक ढाँचों और सैन्य नेटवर्कों को बिना प्रत्यक्ष सैन्य टकराव के बाधित किया जा सकता है।[234]अंतरिक्ष सैन्य शक्ति का नया आयाम बन चुका है। उपग्रह संचार, निगरानी, नेविगेशन और मिसाइल चेतावनी प्रणालियाँ आधुनिक युद्ध का अभिन्न अंग हैं।हाइब्रिड युद्ध इन सभी

आयामों का संयोजन है; जहाँ पारंपरिक सैन्य बल, साइबर हमले, सूचना युद्ध, आर्थिक दबाव और राजनीतिक हस्तक्षेप एक साथ प्रयोग किए जाते हैं।सैन्य शक्ति का समग्र विश्लेषण यह स्पष्ट करता है कि यद्यपि उसका स्वरूप समय के साथ बदलता रहा है, फिर भी उसकी केंद्रीयता बनी हुई है।इस प्रकार, सैन्य शक्ति आज भी शक्ति-राज्य-राष्ट्रीय हित के वैचारिक त्रिकोण का एक अपरिहार्य स्तंभ बनी हुई है, जो राज्य को अस्तित्व, सुरक्षा और प्रभाव प्रदान करती है।

आर्थिक शक्ति :

आधुनिक अंतरराष्ट्रीय राजनीति और भू-राजनीति में आर्थिक शक्ति राज्य की समग्र शक्ति-संरचना का सबसे निर्णायक और दीर्घकालिक आयाम बन चुकी है।[235] यदि सैन्य शक्ति राज्य को तत्काल सुरक्षा प्रदान करती है, तो आर्थिक शक्ति उसे वह स्थायित्व, संसाधन-आधार और वैश्विक प्रभाव देती है, जिसके बिना सैन्य और राजनीतिक शक्ति टिकाऊ नहीं रह सकती।यही कारण है कि 21वीं सदी की भू-राजनीति को प्रायः "भू-अर्थशास्त्र " के युग के रूप में भी देखा जाता है, जहाँ राज्यों के बीच प्रतिस्पर्धा का प्रमुख माध्यम युद्ध के बजाय व्यापार, निवेश, आपूर्ति-श्रृंखलाएँ और आर्थिक दबाव बनते जा रहे हैं।[236] आर्थिक शक्ति की बुनियाद किसी राज्य की उत्पादन क्षमता और औद्योगिक आधार में निहित होती है। उत्पादन क्षमता का अर्थ है,किसी अर्थव्यवस्था की वह योग्यता जिससे वह वस्तुओं और सेवाओं का बड़े पैमाने पर, निरंतर और प्रतिस्पर्धी ढंग से उत्पादन कर सके।ऐतिहासिक रूप से, औद्योगिक क्रांति के बाद जिन राज्यों ने उत्पादन और तकनीक में बढ़त हासिल की, वही वैश्विक शक्ति-क्रम में अग्रणी बने।[237]उदाहरणस्वरूप, 19वीं सदी में ब्रिटेन और 20वीं सदी में संयुक्त राज्य अमेरिका का वैश्विक प्रभुत्व उनके औद्योगिक और उत्पादन आधार से गहराई से जुड़ा हुआ था।

समकालीन काल में, वैश्विक सकल घरेलू उत्पाद का वितरण आर्थिक शक्ति का एक प्रमुख संकेतक माना जाता है। अंतरराष्ट्रीय आँकड़ों के अनुसार, अमेरिका, चीन, यूरोपीय संघ और कुछ हद तक भारत व जापान,यह सभी अपने विशाल उत्पादन और औद्योगिक क्षमताओं के कारण वैश्विक राजनीति में प्रभावशाली भूमिका निभाते हैं।[238]इसके साथ ही प्राकृतिक संसाधन,जैसे ऊर्जा (तेल, गैस), खनिज, दुर्लभ मृदा तत्व और जल,आर्थिक शक्ति के मूल स्तंभ हैं।आधुनिक वैश्विक अर्थव्यवस्था में व्यापार ,आर्थिक शक्ति का सबसे प्रत्यक्ष अंतरराष्ट्रीय आयाम है। कोई राज्य कितना निर्यात-आयात करता है, किन बाज़ारों तक उसकी

पहुँच है, और वह वैश्विक व्यापार नियमों को किस हद तक प्रभावित कर सकता है; यह सभी तत्व उसकी आर्थिक शक्ति को परिभाषित करते हैं।[239]ऊर्जा सुरक्षा आर्थिक शक्ति का एक अत्यंत संवेदनशील और रणनीतिक पहलू है। आधुनिक उद्योग, परिवहन और सैन्य तंत्र ऊर्जा पर निर्भर हैं।इसके साथ ही आपूर्ति-श्रृंखलाएँ आर्थिक शक्ति की नई धुरी बन गई हैं। वैश्वीकरण के युग में उत्पादन बहु-क्षेत्रीय नेटवर्क में विभाजित हो गया है।[240] आर्थिक शक्ति का सबसे प्रत्यक्ष राजनीतिक प्रयोग प्रतिबंध और आर्थिक दबाव के रूप में दिखाई देता है। प्रतिबंधों का उद्देश्य किसी राज्य को सैन्य आक्रमण के बिना ही उसकी नीतियों में परिवर्तन के लिए बाध्य करना होता है।समकालीन अंतरराष्ट्रीय राजनीति में प्रतिबंधों का प्रयोग बढ़ा है, जिससे यह स्पष्ट होता है कि आर्थिक शक्ति अब सैन्य शक्ति का विकल्प और पूरक,दोनों बन चुकी है। यही प्रवृत्ति भू-अर्थशास्त्र की अवधारणा को जन्म देती है।[241] आर्थिक शक्ति और सैन्य-राजनीतिक प्रभाव के बीच संबंध परस्पर-पोषक होता है। मजबूत अर्थव्यवस्था के बिना आधुनिक सैन्य शक्ति का निर्माण और रख-रखाव संभव नहीं है।दूसरी ओर, सैन्य और राजनीतिक प्रभाव आर्थिक हितों की रक्षा और विस्तार में सहायक होते हैं।समकालीन अंतरराष्ट्रीय व्यवस्था में यह संबंध और अधिक स्पष्ट हो गया है। वैश्विक नेतृत्व अब केवल सैन्य श्रेष्ठता से नहीं, बल्कि आर्थिक स्थिरता, तकनीकी नवाचार और संस्थागत प्रभाव से निर्धारित होता है।[242]आर्थिक शक्ति का समग्र विश्लेषण यह स्पष्ट करता है कि यह आधुनिक भू-राजनीति का केंद्रीय स्तंभ बन चुकी है।इस प्रकार, आर्थिक शक्ति केवल समृद्धि का साधन नहीं, बल्कि रणनीतिक प्रभाव और राष्ट्रीय हितों की रक्षा का प्रमुख उपकरण है। 21वीं सदी की अंतरराष्ट्रीय राजनीति को समझने के लिए आर्थिक शक्ति का अध्ययन उतना ही आवश्यक है जितना सैन्य शक्ति का।

राजनीतिक शक्ति :

आधुनिक अंतरराष्ट्रीय राजनीति और भू-राजनीति में राजनीतिक शक्ति वह आयाम है जो सैन्य और आर्थिक संसाधनों को दिशा, वैधता और प्रभावशीलता प्रदान करता है।[243] यदि सैन्य शक्ति "क्या किया जा सकता है" और आर्थिक शक्ति "कितने साधन उपलब्ध हैं" का उत्तर देती है, तो राजनीतिक शक्ति यह निर्धारित करती है कि कब, कैसे और किस उद्देश्य से इन साधनों का प्रयोग किया जाएगा।इस दृष्टि से राजनीतिक शक्ति को राज्य की समग्र शक्ति-संरचना का संयोजक और नियामक तत्व माना जा सकता है। बिना प्रभावी राजनीतिक शक्ति के न तो सैन्य क्षमता का समुचित उपयोग संभव है और न ही आर्थिक शक्ति को

स्थायी राजनीतिक प्रभाव में बदला जा सकता है।राजनीतिक शक्ति की आधारशिला किसी राज्य की शासन-प्रणाली और उसकी संस्थागत क्षमता में निहित होती है।[244] शासन-प्रणाली से तात्पर्य है,राज्य किस प्रकार निर्णय लेता है, नीतियाँ बनाता है और उन्हें लागू करता है।संस्थागत क्षमता राजनीतिक शक्ति का वह पहलू है जो नीतियों को केवल कागज़ पर नहीं, बल्कि व्यवहार में बदलने की योग्यता प्रदान करता है। एक राज्य के पास प्रचुर संसाधन हो सकते हैं, किंतु यदि उसकी संस्थाएँ कमजोर हैं,जैसे भ्रष्ट प्रशासन, अस्थिर सरकार या नीति-कार्यान्वयन में अक्षमता ,तो उसकी वास्तविक शक्ति सीमित रह जाती है।[245]इसी कारण समकालीन भू-राजनीतिक विश्लेषण में "राज्य-क्षमता" को शक्ति का प्रमुख संकेतक माना जाने लगा है।राजनीतिक शक्ति का दूसरा महत्वपूर्ण आयाम कूटनीति गठबंधन-निर्माण से जुड़ा हुआ है। कूटनीति वह साधन है जिसके माध्यम से राज्य अपने हितों को बिना प्रत्यक्ष सैन्य टकराव के आगे बढ़ाते हैं।[246]गठबंधन राजनीतिक शक्ति का विस्तारक का कार्य करते हैं। कोई भी राज्य सबसे शक्तिशाली राज्य का अकेले सामना नहीं कर सकता। इसलिए गठबंधनों के माध्यम से राज्य अपनी सुरक्षा, आर्थिक हितों और राजनीतिक प्रभाव को साझा ढाँचे में सुरक्षित करते हैं।इन दोनों तत्वों से जुड़ा हुआ है अंतरराष्ट्रीय वैधता का प्रश्न। अंतरराष्ट्रीय राजनीति में वैधता का अर्थ है,राज्य की नीतियों और कार्यों को अंतरराष्ट्रीय समुदाय द्वारा स्वीकार किया जाना।[247] वैधता किसी राज्य की शक्ति को नैतिक और कानूनी आधार प्रदान करती है।

राजनीतिक शक्ति का एक अत्यंत निर्णायक, किंतु अक्सर उपेक्षित, पहलू घरेलू स्थिरता है। किसी भी राज्य की विदेश नीति और भू-राजनीतिक भूमिका अंततः उसकी आंतरिक राजनीतिक स्थिति से जुड़ी होती है।[248]घरेलू स्थिरता से जुड़ा हुआ दूसरा तत्व है राजनीतिक इच्छाशक्ति ।राजनीतिक इच्छाशक्ति का अर्थ है,राज्य का नेतृत्व अपने घोषित लक्ष्यों को प्राप्त करने के लिए कितनी दृढ़ता, निरंतरता और साहस के साथ कार्य करता है।समकालीन राजनीतिक शक्ति की चर्चा सॉफ्ट पावर के बिना अधूरी मानी जाती है। इस अवधारणा को व्यवस्थित रूप से प्रस्तुत करने का श्रेय जोसेफ नाई को दिया जाता है।[249] उनके अनुसार, सॉफ्ट पावर वह क्षमता है जिसके माध्यम से कोई राज्य आकर्षण, मूल्यों और वैधता के जरिए दूसरों को अपने अनुरूप व्यवहार करने के लिए प्रेरित करता है।सॉफ्ट पावर राजनीतिक शक्ति का वह आयाम है जो प्रत्यक्ष टकराव के बिना दीर्घकालिक प्रभाव उत्पन्न करता है।राजनीतिक शक्ति का समग्र विश्लेषण यह स्पष्ट करता है कि यह राज्य की शक्ति-संरचना का वह केंद्रीय आयाम है जो सैन्य और आर्थिक

क्षमताओं को रणनीतिक दिशा, वैधता और प्रभावशीलता प्रदान करता है।शासन-प्रणाली और संस्थागत क्षमता राजनीतिक शक्ति की आंतरिक नींव हैं; कूटनीति, गठबंधन और अंतरराष्ट्रीय वैधता उसका बाह्य विस्तार हैं; घरेलू स्थिरता और राजनीतिक इच्छाशक्ति उसकी निरंतरता सुनिश्चित करती हैं; और सॉफ्ट पावर उसे दीर्घकालिक वैचारिक प्रभाव में रूपांतरित करती है।इस प्रकार राजनीतिक शक्ति यह सिद्ध करती है कि अंतरराष्ट्रीय राजनीति में प्रभाव केवल हथियारों या धन से नहीं, बल्कि नेतृत्व, संस्थाओं, वैधता और विचारों से भी निर्मित होता है।यही कारण है कि 21वीं सदी की भू-राजनीति में राजनीतिक शक्ति शक्ति-राज्य-राष्ट्रीय हित के वैचारिक त्रिकोण का एक अपरिहार्य और निर्णायक स्तंभ बनी हुई है।[250]

राज्य : शक्ति का प्राथमिक वाहक

अंतरराष्ट्रीय राजनीति और भू-राजनीति के अध्ययन में राज्य को अब भी शक्ति का प्राथमिक, वैध और संगठित वाहक माना जाता है।[251] यद्यपि वैश्वीकरण, तकनीकी परिवर्तन और गैर-राज्य अभिनेताओं के उदय ने अंतरराष्ट्रीय व्यवस्था को अधिक जटिल बना दिया है, फिर भी राज्य की केंद्रीयता समाप्त नहीं हुई है।वास्तव में, संकट और संघर्ष के समय राज्य की भूमिका और अधिक स्पष्ट तथा सुदृढ़ हो जाती है। यही कारण है कि शक्ति, संप्रभुता और राष्ट्रीय हित की सभी प्रमुख बहसें अंततः राज्य के इर्द-गिर्द केंद्रित रहती हैं।[252]राज्य की परिभाषा सामान्यतः चार मूल तत्वों पर आधारित मानी जाती है; निश्चित भू-क्षेत्र, स्थायी जनसंख्या, संगठित सरकार और बाह्य संबंध स्थापित करने की क्षमताभू-क्षेत्र राज्य की भौतिक सीमा को परिभाषित करता है और उसकी संप्रभुता का स्थानिक आधार प्रदान करता है। जनसंख्या राज्य की सामाजिक और आर्थिक शक्ति का स्रोत होती है, जबकि सरकार वह संस्था है जो कानून-व्यवस्था बनाए रखती है, नीतियाँ बनाती है और शक्ति का प्रयोग करती है।[253] इन तत्वों का समुचित संयोजन ही राज्य को एक संगठित और प्रभावी इकाई बनाता है।भू-राजनीतिक दृष्टि से राज्य की शक्ति केवल उसके आकार या जनसंख्या से नहीं मापी जाती, बल्कि इस बात से भी निर्धारित होती है कि वह अपने क्षेत्र, जनसंख्या और संसाधनों को किस प्रकार संगठित और संचालित करता है।[254]इतिहास में अनेक उदाहरण मिलते हैं जहाँ छोटे राज्यों ने प्रभावी प्रशासन, रणनीतिक भू-स्थिति और कुशल कूटनीति के माध्यम से अपेक्षाकृत अधिक प्रभाव अर्जित किया।समकालीन अंतरराष्ट्रीय राजनीति में राज्य बनाम गैर-राज्य अभिनेता की बहस विशेष रूप से महत्त्वपूर्ण हो गई है। अंतरराष्ट्रीय संगठन, बहुराष्ट्रीय कंपनियाँ, आतंकवादी संगठन, गैर-सरकारी संगठन

और वैश्विक मीडिया,यह सभी गैर-राज्य अभिनेता आज वैश्विक राजनीति को प्रभावित करते हैं।[255]इसके बावजूद, इन सभी अभिनेताओं की वैधता, अधिकार-क्षेत्र और संचालन अंततः राज्यों की अनुमति, नियमों और संरचनाओं पर निर्भर रहते हैं। वैश्वीकरण के युग में राज्य की भूमिका में परिवर्तन अवश्य आया है, किंतु इसका अर्थ राज्य का क्षय नहीं, बल्कि उसका रूपांतरण है। आर्थिक वैश्वीकरण, अंतरराष्ट्रीय संस्थाएँ और वैश्विक मानदंडों ने राज्य की स्वायत्तता को कुछ हद तक सीमित किया है।[256]समकालीन राज्य अब केवल संप्रभुता की रक्षा तक सीमित नहीं हैं, बल्कि वह वैश्विक नियम-निर्माण, संकट-प्रबंधन और अंतरराष्ट्रीय सहयोग में सक्रिय भूमिका निभाते हैं।वैश्वीकरण के संदर्भ में राज्य की बदलती भूमिका को सुरक्षा, विकास और पहचान के प्रश्नों से जोड़कर देखा जा सकता है। सुरक्षा अब केवल सैन्य खतरे तक सीमित नहीं रही; इसमें आर्थिक असुरक्षा, ऊर्जा सुरक्षा, साइबर खतरे और महामारी जैसे गैर-पारंपरिक जोखिम भी शामिल हो गए हैं।[257]विकास राज्य की वैधता और स्थिरता का प्रमुख आधार बन गया है, जबकि पहचान,राष्ट्रीय, सांस्कृतिक और वैचारिक राज्य की आंतरिक एकता और बाहरी छवि दोनों को प्रभावित करती है। राज्य को शक्ति का प्राथमिक वाहक मानने का अर्थ यह नहीं है कि वह अकेला और सर्वशक्तिमान अभिनेता है, बल्कि यह कि वह वह केंद्रीय मंच है जहाँ विभिन्न प्रकार की शक्तियाँ सैन्य, आर्थिक, राजनीतिक और वैचारिक एकत्रित होकर संगठित रूप लेती हैं।[258]इस प्रकार, भू-राजनीति में राज्य की भूमिका न केवल प्रासंगिक बनी हुई है, बल्कि बदलती परिस्थितियों के अनुरूप और अधिक जटिल तथा बहुआयामी भी हो गई है।

संप्रभुता और राज्य-व्यवस्था :

संप्रभुता आधुनिक राज्य-व्यवस्था और अंतरराष्ट्रीय राजनीति की सबसे केंद्रीय अवधारणाओं में से एक है।[259] यह वह सिद्धांत है जो राज्य को उसके भू-क्षेत्र, जनसंख्या और शासन पर सर्वोच्च अधिकार प्रदान करता है तथा उसे बाहरी हस्तक्षेप से स्वतंत्र बनाता है।भू-राजनीति और अंतरराष्ट्रीय संबंधों के अध्ययन में संप्रभुता को केवल एक कानूनी सिद्धांत के रूप में नहीं, बल्कि शक्ति-संबंधों और व्यावहारिक क्षमताओं से जुड़ी अवधारणा के रूप में समझा जाता है।[260]इसी कारण संप्रभुता का अर्थ समय और संदर्भ के साथ बदलता रहा है, किंतु उसकी केंद्रीयता समाप्त नहीं हुई है।संप्रभुता की अवधारणा को समझने के लिए सबसे पहले आंतरिक और बाह्य संप्रभुता के भेद को स्पष्ट करना आवश्यक है। आंतरिक संप्रभुता का तात्पर्य है, राज्य के भीतर सर्वोच्च और अंतिम अधिकार। इसका अर्थ

यह है कि राज्य की सरकार अपने क्षेत्र में कानून बनाने, लागू करने और उल्लंघन पर दंड देने का सर्वोच्च अधिकार रखती है।[261]आंतरिक संप्रभुता राज्य की राजनीतिक एकता और प्रशासनिक नियंत्रण का आधार बनती है। यदि आंतरिक संप्रभुता कमजोर होती है, तो राज्य के भीतर अस्थिरता, विद्रोह और वैधता का संकट उत्पन्न हो सकता है।इसके विपरीत, बाह्य संप्रभुता का संबंध राज्य की अंतरराष्ट्रीय स्थिति से है। बाह्य संप्रभुता का अर्थ है कि राज्य अन्य राज्यों के समान कानूनी दर्जा रखता है और किसी बाहरी शक्ति के अधीन नहीं होता।अंतरराष्ट्रीय कानून के अनुसार प्रत्येक संप्रभु राज्य को अपनी विदेश नीति स्वतंत्र रूप से निर्धारित करने और अंतरराष्ट्रीय संबंध स्थापित करने का अधिकार होता है।[262]यह सिद्धांत आधुनिक अंतरराष्ट्रीय व्यवस्था की नींव है।संप्रभुता की चर्चा में दूसरा महत्वपूर्ण भेद कानूनी बनाम वास्तविक संप्रभुता का है। कानूनी संप्रभुता वह स्थिति है जिसमें किसी राज्य को अंतरराष्ट्रीय कानून और अंतरराष्ट्रीय समुदाय द्वारा संप्रभु राज्य के रूप में मान्यता प्राप्त होती है।

संयुक्त राष्ट्र की सदस्यता, राजनयिक मान्यता और संधियों में भागीदारी,यह सभी कानूनी संप्रभुता के संकेतक हैं।[263]इसके विपरीत, वास्तविक संप्रभुता उस व्यावहारिक क्षमता को दर्शाती है जिसके माध्यम से राज्य अपने अधिकारों का प्रयोग कर पाता है।इसमें सुरक्षा बनाए रखने की क्षमता, कर-व्यवस्था, कानून-प्रवर्तन, सीमाओं की रक्षा और स्वतंत्र नीति-निर्माण शामिल होते हैं।[264] यहीं से संप्रभुता और शक्ति के संबंध की चर्चा सामने आती है। भू-राजनीतिक दृष्टि से संप्रभुता तभी अर्थपूर्ण होती है जब उसके पीछे पर्याप्त शक्ति मौजूद हो। शक्ति चाहे वह सैन्य, आर्थिक या राजनीतिक हो,संप्रभुता को संरक्षित और क्रियाशील बनाती है।[265] समकालीन युग में संप्रभुता की अवधारणा और अधिक जटिल हो गई है। वैश्वीकरण, अंतरराष्ट्रीय संस्थाएँ, मानवाधिकार मानदंड और आर्थिक अंतर्संबंधों ने संप्रभुता को पूर्णतः निरपेक्ष नहीं रहने दिया है।अनेक मामलों में राज्य स्वेच्छा से अपनी संप्रभुता के कुछ अंश साझा करते हैं,जैसे व्यापार नियमों, सुरक्षा समझौतों या पर्यावरणीय संधियों के माध्यम से।इसे कभी-कभी "साझा" या "सीमित" संप्रभुता के रूप में भी देखा जाता है।[266]संप्रभुता की अवधारणा यह स्थापित करती है कि राज्य अंतरराष्ट्रीय राजनीति की मूल इकाई है और उसकी शक्ति का प्रयोग एक वैध ढाँचे के भीतर होता है।इस प्रकार संप्रभुता न केवल राज्य-व्यवस्था की आधारशिला है, बल्कि शक्ति, सुरक्षा और राष्ट्रीय हितों के विश्लेषण की भी केंद्रीय अवधारणा बनी हुई है।

वेस्टफेलियन राज्य-व्यवस्था

आधुनिक अंतरराष्ट्रीय राजनीति और राज्य-व्यवस्था की नींव वेस्टफेलियन राज्य-प्रणाली में निहित मानी जाती है, जिसका औपचारिक आरंभ 1648 ई. में हुआ।[267] यह व्यवस्था वेस्टफेलिया की संधि 1648 के माध्यम से स्थापित हुई, जिसने यूरोप में चले आ रहे तीस वर्षीय युद्ध (1618–1648) का अंत किया। इस युद्ध ने मध्य और पश्चिमी यूरोप को राजनीतिक, आर्थिक और जनसांख्यिकीय रूप से गंभीर क्षति पहुँचाई थी। इतिहासकारों के अनुसार जर्मन क्षेत्रों में कुछ स्थानों पर जनसंख्या का लगभग 20–30% तक ह्रास हुआ।[268] इस विनाशकारी अनुभव के बाद यूरोपीय शक्तियों को एक ऐसी राजनीतिक व्यवस्था की आवश्यकता महसूस हुई, जो निरंतर युद्ध को रोक सके और राज्यों के बीच स्थिर संबंध स्थापित कर सके।वेस्टफेलिया की संधि (1648) ने पहली बार यह सिद्धांत स्थापित किया कि प्रत्येक राज्य अपने भू-क्षेत्र के भीतर सर्वोच्च और स्वतंत्र सत्ता रखता है।[269]मुंस्टर की संधि (1648) और ओस्नाब्रुक की संधि (1648) पीस ऑफ वेस्टफेलिया कहलाती हैं।इस व्यवस्था का मूल तात्पर्य यह था कि किसी बाहरी शक्ति को किसी अन्य राज्य के आंतरिक मामलों, विशेषतः शासन, धर्म और कानून में हस्तक्षेप करने का अधिकार नहीं होगा।इस प्रकार, वेस्टफेलियन व्यवस्था ने आधुनिक संप्रभु राज्य की अवधारणा को जन्म दिया, जो आज भी अंतरराष्ट्रीय राजनीति की आधारशिला बनी हुई है।[270]वेस्टफेलियन राज्य-व्यवस्था का पहला और सबसे महत्वपूर्ण सिद्धांत है स्पष्ट सीमाएँ और क्षेत्रीय अखंडता।1648 से पूर्व राजनीतिक सत्ता प्रायः साम्राज्यों, धार्मिक संस्थाओं और राजवंशीय दावों पर आधारित थी, जहाँ सीमाएँ अस्पष्ट और परिवर्तनशील रहती थीं।वेस्टफेलिया के बाद यह स्वीकार किया गया कि प्रत्येक राज्य का एक निश्चित भू-क्षेत्र होगा, जिस पर उसका पूर्ण अधिकार होगा।[271]यह विचार आगे चलकर आधुनिक सीमा-रेखाओं, मानचित्रण और क्षेत्रीय संप्रभुता के विकास का आधार बना।आज संयुक्त राष्ट्र चार्टर (1945) में भी क्षेत्रीय अखंडता को अंतरराष्ट्रीय व्यवस्था का मूल सिद्धांत माना गया है, जो सीधे वेस्टफेलियन विरासत से जुड़ा हुआ है।[272] इससे जुड़ा हुआ दूसरा केंद्रीय सिद्धांत है गैर-हस्तक्षेप। वेस्टफेलियन व्यवस्था के अनुसार, कोई भी राज्य किसी अन्य राज्य के आंतरिक मामलों,जैसे शासन-प्रणाली, धार्मिक व्यवस्था या आंतरिक कानून,में हस्तक्षेप नहीं कर सकता।यह सिद्धांत उस समय विशेष रूप से महत्वपूर्ण था, क्योंकि तीस वर्षीय युद्ध का प्रमुख कारण धार्मिक हस्तक्षेप और सत्ता-संघर्ष था।ऐतिहासिक तथ्य यह

है कि 17वीं सदी के यूरोप में कैथोलिक और प्रोटेस्टेंट शक्तियों के बीच संघर्ष ने पूरे महाद्वीप को युद्ध में झोंक दिया था।[273]वेस्टफेलिया ने यह स्पष्ट किया कि धर्म राज्य का आंतरिक विषय होगा, जिससे भविष्य में धार्मिक युद्धों की संभावना कम हुई।**(चित्र 1, 2)**

वेस्टफेलियन व्यवस्था का तीसरा महत्वपूर्ण आयाम है राज्यों की कानूनी समानता और वैधता।[274] इस प्रणाली के अंतर्गत यह मान लिया गया कि आकार, शक्ति या जनसंख्या में भिन्नता के बावजूद सभी संप्रभु राज्य कानूनी रूप से समान हैं।यही सिद्धांत आगे चलकर आधुनिक अंतरराष्ट्रीय कानून और संस्थाओं का आधार बना। उदाहरणस्वरूप, संयुक्त राष्ट्र महासभा में प्रत्येक सदस्य राज्य को,चाहे वह छोटा हो या बड़ा,एक समान मताधिकार प्राप्त है।[275]अंतरराष्ट्रीय व्यवस्था में राज्य की वैधता भी वेस्टफेलियन ढाँचे से जुड़ी हुई है। वैधता का अर्थ है कि किसी राज्य को अंतरराष्ट्रीय समुदाय द्वारा एक संप्रभु और स्वतंत्र इकाई के रूप में स्वीकार किया जाए।1648 के बाद से वैधता का आधार राजवंशीय दावों या धार्मिक श्रेष्ठता के बजाय क्षेत्र, जनसंख्या और प्रभावी शासन बन गया।[276]आधुनिक काल में यह वैधता राजनयिक मान्यता, संधियों में भागीदारी और अंतरराष्ट्रीय संस्थाओं की सदस्यता के माध्यम से व्यक्त होती है।उदाहरण के लिए, 1945 के बाद संयुक्त राष्ट्र की सदस्यता किसी भी राज्य की अंतरराष्ट्रीय वैधता का प्रमुख संकेतक बन गई।[277]हालाँकि, यह भी एक ऐतिहासिक तथ्य है कि वेस्टफेलियन राज्य-व्यवस्था प्रारंभ में केवल यूरोप तक सीमित थी।एशिया, अफ्रीका और लैटिन अमेरिका में यह व्यवस्था औपनिवेशिक काल के बाद,मुख्यतः 20वीं सदी के मध्य (1945–1960) लागू हुई, जब उपनिवेश स्वतंत्र राष्ट्र बने।[278]इस प्रक्रिया के दौरान वेस्टफेलियन सिद्धांतों को वैश्विक स्तर पर अपनाया गया, जिससे आधुनिक अंतरराष्ट्रीय प्रणाली का विस्तार हुआ।समकालीन युग में वेस्टफेलियन व्यवस्था को अनेक चुनौतियों का सामना करना पड़ा है,जैसे वैश्वीकरण, मानवाधिकार हस्तक्षेप, अंतरराष्ट्रीय आतंकवाद और आर्थिक निर्भरता।फिर भी, तथ्य यह है कि आज भी अंतरराष्ट्रीय राजनीति की मूल इकाई संप्रभु राज्य ही है।[279]चाहे वह सुरक्षा का प्रश्न हो, विकास का, या पहचान का,अंतिम निर्णय और वैध अधिकार राज्य के पास ही रहता है।इस प्रकार, वेस्टफेलियन राज्य-व्यवस्था को "अतीत की वस्तु" कहना भ्रामक होगा; वह आज भी आधुनिक अंतरराष्ट्रीय व्यवस्था की संरचनात्मक रीढ़ बनी हुई है।1648 की वेस्टफेलिया संधि ने जिस राज्य-प्रणाली को जन्म दिया, उसने आधुनिक राजनीति को एक स्थिर ढाँचा प्रदान किया; स्पष्ट सीमाएँ, क्षेत्रीय अखंडता, गैर-हस्तक्षेप और वैध संप्रभुता।[280]इन सिद्धांतों ने न केवल यूरोप, बल्कि पूरे विश्व में आधुनिक

राज्य-व्यवस्था को आकार दिया।इसलिए, वेस्टफेलियन राज्य-व्यवस्था को समझे बिना शक्ति, संप्रभुता और अंतरराष्ट्रीय राजनीति की समकालीन संरचना को समझना संभव नहीं है।

चित्र 1 : मुंस्टर की संधि (1648) - स्पेन और डच गणराज्य

The Treaty of Münster, 1648

Introduction: The Treaty of Peace between the United Provinces of the Netherlands and Spain was signed at Münster on 30 January of 1648. It was part of a larger settlement, known as the Peace of Westphalia, which brought the Thirty Years War to an end and played a major role in establishing the principle of non-interference in the internal affairs of sovereign states in international law. It represented a defeat for the claims of personal rule by the Hapsburgs within the Holy Roman Empire and a victory for the sovereignty of national states (even though few national states were composed at the time of what came to be seen later as more clearly defined nationalities). The Peace of Westphalia did not bring peace to Europe, for France and Spain remained at war for more than another decade. Nonetheless, it laid a foundation for the development of the idea of national self-determination in Western international law. For the Dutch Republic the Treaty of Münster signified a victory in their Eighty Tears War with Spain, which finally recognized the legal existence of the Republic of the United Provinces as a sovereign state. The Treaty does not use the word 'Republic' but states that it is between the 'King' of Spain and the 'Lords States General of the United Netherlands. Both the 'King' and the 'States' are both identified here as sovereign.

Gerard ter Borch II, Gerard ter Borch II, *The Signing of the Treaty of Münster, 1648*, Rijksmuseum, Amsterdam

स्त्रोत : मुंस्टर की संधि (1648).

चित्र : 2 ओस्नाब्रुक की संधि (1648) - पवित्र रोमन साम्राज्य और स्वीडन

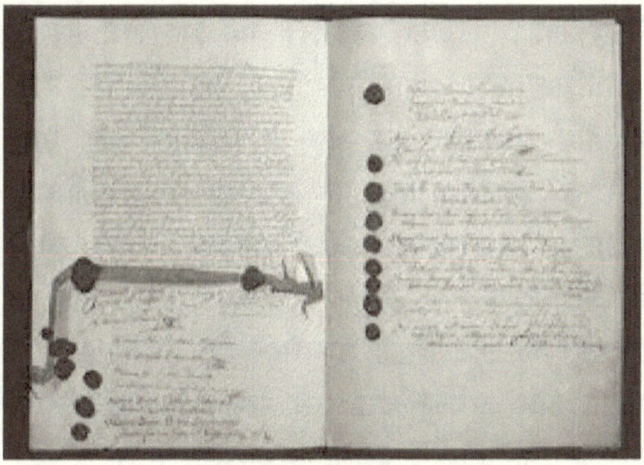

स्त्रोत : ओस्नाब्रुक संधि (1648)

समकालीन चुनौतियाँ :

समकालीन अंतरराष्ट्रीय राजनीति में संप्रभुता अवधारणा अनेक नई चुनौतियों से घिर गई है।[281] यद्यपि वेस्टफेलियन राज्य-व्यवस्था आज भी अंतरराष्ट्रीय प्रणाली की आधारशिला बनी हुई है, फिर भी वैश्वीकरण, अंतरराष्ट्रीय संस्थाओं की बढ़ती भूमिका, मानवाधिकार मानदंडों का प्रसार तथा साइबर स्पेस जैसी नई प्रौद्योगिकीय वास्तविकताओं ने संप्रभुता के पारंपरिक अर्थ को गहराई से प्रभावित किया है।इन परिवर्तनों ने यह प्रश्न खड़ा कर दिया है कि क्या संप्रभुता अब भी पूर्ण और निरपेक्ष है, या वह धीरे-धीरे एक साझा, सीमित और शर्तों-आधारित अवधारणा में रूपांतरित हो रही है।संप्रभुता के समक्ष पहली बड़ी चुनौती वैश्वीकरण और अंतरराष्ट्रीय संस्थाओं से उत्पन्न होती है। आर्थिक, तकनीकी और संचार-आधारित वैश्वीकरण ने राज्यों को अभूतपूर्व रूप से एक-दूसरे पर निर्भर बना दिया है।[282]इन समस्याओं से निपटने के लिए राज्य स्वेच्छा से अंतरराष्ट्रीय संस्थाओं और बहुपक्षीय समझौतों का हिस्सा बनते हैं, जिसके परिणामस्वरूप वह अपनी नीति-स्वायत्तता का कुछ हिस्सा साझा करते हैं।आलोचकों का तर्क है कि इससे संप्रभुता कमजोर होती है, किंतु समर्थकों के अनुसार यह संप्रभुता का क्षय नहीं, बल्कि उसका रूपांतरण है।दूसरी प्रमुख चुनौती मानवाधिकार, मानवीय हस्तक्षेप

और “जिम्मेदारी” (Responsibility) की अवधारणा से जुड़ी है। शीत युद्ध के बाद मानवाधिकारों को अंतरराष्ट्रीय राजनीति में केंद्रीय स्थान प्राप्त हुआ।[283]इसी संदर्भ में “मानवीय हस्तक्षेप” और बाद में “संरक्षण की जिम्मेदारी” जैसी अवधारणाएँ उभरीं।हालाँकि, यह अवधारणा संप्रभुता के पारंपरिक सिद्धांत,विशेषतः गैर-हस्तक्षेप से सीधे टकराती है।आलोचकों का कहना है कि मानवीय हस्तक्षेप अक्सर शक्तिशाली राज्यों के राजनीतिक और रणनीतिक हितों का उपकरण बन जाता है।[284]इस प्रकार, मानवाधिकार और मानवीय हस्तक्षेप ने संप्रभुता को एक निरपेक्ष अधिकार के बजाय एक सशर्त उत्तरदायित्व के रूप में प्रस्तुत किया है।संप्रभुता के समक्ष तीसरी और अत्यंत आधुनिक चुनौती साइबर स्पेस और डिजिटल संप्रभुता से उत्पन्न होती है। इंटरनेट, डिजिटल प्लेटफ़ॉर्म, डेटा प्रवाह और साइबर नेटवर्क ने राज्य की सीमाओं को लगभग अप्रासंगिक बना दिया है।[285]साइबर हमले, डेटा चोरी, डिजिटल जासूसी और सूचना युद्ध ऐसे खतरे हैं, जो बिना किसी सैनिक के सीमा पार कर जाते हैं।डिजिटल संप्रभुता का अर्थ है,राज्य का अपने डेटा, डिजिटल अवसंरचना और साइबर स्पेस पर नियंत्रण।कई राज्य अब डेटा स्थानीयकरण, साइबर कानूनों और डिजिटल निगरानी के माध्यम से इस नियंत्रण को स्थापित करने का प्रयास कर रहे हैं।[286]किंतु यह प्रयास स्वयं नए विवादों को जन्म देता है, क्योंकि वैश्विक इंटरनेट का स्वरूप मूलतः सीमा-रहित है।इन तीनों चुनौतियों,वैश्वीकरण, मानवाधिकार और डिजिटल युग,का संयुक्त प्रभाव यह है कि संप्रभुता अब केवल “नियंत्रण” की अवधारणा नहीं रह गई है, बल्कि वह प्रबंधन, सहयोग और उत्तरदायित्व से जुड़ गई है।[287]समकालीन अंतरराष्ट्रीय राजनीति में संप्रभुता एक लचीली और संदर्भ-निर्भर अवधारणा के रूप में उभर रही है।समकालीन चुनौतियाँ यह स्पष्ट करती हैं कि संप्रभुता न तो स्थिर है और न ही अप्रासंगिक। वह बदलते वैश्विक संदर्भ के अनुरूप स्वयं को पुनर्परिभाषित कर रही है।इस प्रकार, आधुनिक राज्य-व्यवस्था में संप्रभुता अब भी केंद्रीय है, किंतु उसका अर्थ पहले की तुलना में कहीं अधिक जटिल, बहुआयामी और चुनौतीपूर्ण हो गया है।[288]

राष्ट्रीय हित :

अंतरराष्ट्रीय राजनीति और भू-राजनीति में राष्ट्रीय हित (National Interest) वह केंद्रीय अवधारणा है जो राज्य की विदेश नीति, सुरक्षा रणनीति और शक्ति-प्रयोग की दिशा निर्धारित करती है।[289] राज्य क्या चाहता है, किसे प्राथमिकता देता है और किन परिस्थितियों में वह सहयोग या संघर्ष का मार्ग चुनता है,इन सभी प्रश्नों का उत्तर राष्ट्रीय हित की अवधारणा में निहित होता

है।इसी कारण राष्ट्रीय हित को प्रायः "राज्य की विदेश नीति की आत्मा" कहा जाता है।शास्त्रीय यथार्थवादी चिंतक हंस जे. मॉर्गेंथाउ ने राष्ट्रीय हित को अंतरराष्ट्रीय राजनीति का सबसे ठोस और व्यावहारिक मार्गदर्शक सिद्धांत माना।[290] उनकी प्रसिद्ध परिभाषा के अनुसार, "राष्ट्रीय हित को शक्ति के संदर्भ में परिभाषित किया जाना चाहिए।"इस कथन का आशय यह था कि राज्य की विदेश नीति नैतिक आदर्शों या भावनात्मक आग्रहों से नहीं, बल्कि शक्ति, सुरक्षा और अस्तित्व की वास्तविकताओं से संचालित होती है।राष्ट्रीय हित की परिभाषा सामान्यतः राज्य के उन लक्ष्यों और प्राथमिकताओं के रूप में की जाती है, जिनकी प्राप्ति राज्य के अस्तित्व, सुरक्षा और समृद्धि के लिए आवश्यक मानी जाती है।[291]इनमें क्षेत्रीय अखंडता की रक्षा, राजनीतिक स्वतंत्रता, आर्थिक विकास, आंतरिक स्थिरता और अंतरराष्ट्रीय प्रतिष्ठा जैसे तत्व शामिल होते हैं।राष्ट्रीय हित का स्वरूप बहुआयामी होता है और यह केवल सैन्य सुरक्षा तक सीमित नहीं रहता।उदाहरणस्वरूप, आधुनिक विश्व में ऊर्जा सुरक्षा, आपूर्ति-श्रृंखलाओं की सुरक्षा, समुद्री मार्गों की रक्षा और तकनीकी आत्मनिर्भरता,यह सभी राष्ट्रीय हित के महत्वपूर्ण घटक बन चुके हैं।[292]राष्ट्रीय हित की अवधारणा को और अधिक स्पष्ट करने के लिए स्थायी और परिवर्तनीय हितों के भेद पर विचार करना आवश्यक है।स्थायी राष्ट्रीय हित वह होते हैं जो लगभग सभी परिस्थितियों में अपरिवर्तित रहते हैं; जैसे संप्रभुता, क्षेत्रीय अखंडता और सुरक्षा।ब्रिटिश राजनेता लॉर्ड पामरस्टन का प्रसिद्ध कथन इस संदर्भ में विशेष रूप से उद्धृत किया जाता है,"राष्ट्रों के न तो स्थायी मित्र होते हैं और न ही स्थायी शत्रु, बल्कि केवल स्थायी हित होते हैं।"[293]इसके विपरीत, परिवर्तनीय राष्ट्रीय हित वह होते हैं जो समय, परिस्थिति और वैश्विक संदर्भ के अनुसार बदलते रहते हैं।शीत युद्ध के दौरान कई राज्यों के राष्ट्रीय हित वैचारिक ध्रुवीकरण के अनुरूप निर्धारित हुए; शीत युद्ध की समाप्ति के बाद वही राज्य आर्थिक सहयोग और वैश्वीकरण को प्राथमिकता देने लगे।[294]अमेरिकी यथार्थवादी चिंतक जॉर्ज एफ. केनन ने राष्ट्रीय हित की व्यावहारिक प्रकृति पर बल देते हुए कहा कि विदेश नीति को दीर्घकालिक राष्ट्रीय हितों की ठंडी गणना पर आधारित होना चाहिए।[295]राष्ट्रीय हित की अवधारणा की एक महत्वपूर्ण विशेषता यह है कि यह वस्तुनिष्ठ और व्यक्तिनिष्ठ दोनों तत्वों से मिलकर बनती है।अंततः, राष्ट्रीय हित की अवधारणा यह स्थापित करती है कि अंतरराष्ट्रीय राजनीति राज्यों की प्राथमिक आवश्यकताओं और रणनीतिक गणनाओं पर आधारित होती है।इस प्रकार, राष्ट्रीय हित शक्ति, राज्य और संप्रभुता को जोड़ने वाला वह वैचारिक सेतु है, जिसके बिना भू-राजनीति और अंतरराष्ट्रीय राजनीति की यथार्थपरक समझ संभव नहीं है।[296]

राष्ट्रीय हित और शक्ति का प्रयोग :

अंतरराष्ट्रीय राजनीति और भू-राजनीति में राष्ट्रीय हित केवल एक सैद्धांतिक अवधारणा नहीं, बल्कि वह व्यावहारिक दिशा-सूचक सिद्धांत है जिसके आधार पर राज्य अपनी शक्ति का प्रयोग करता है।[297] राज्य के पास उपलब्ध शक्ति,सैन्य, आर्थिक या राजनीतिक अपने आप में उद्देश्य नहीं होती; वह राष्ट्रीय हितों की रक्षा, पूर्ति और विस्तार का साधन होती है।इस संदर्भ में शक्ति का प्रयोग इस बात पर निर्भर करता है कि राज्य अपने हितों को कैसे परिभाषित करता है और उन्हें किस स्तर पर खतरा महसूस होता है।शास्त्रीय यथार्थवादी चिंतक हंस जे. मॉर्गेंथाउ ने स्पष्ट रूप से कहा था कि "विदेश नीति का अंतिम उद्देश्य राष्ट्रीय हितों की रक्षा है, और शक्ति उसका अपरिहार्य साधन है।"[298]राष्ट्रीय हित और शक्ति के प्रयोग का पहला और सबसे बुनियादी आयाम सुरक्षा (Security) से जुड़ा हुआ है। राज्य का अस्तित्व, संप्रभुता और क्षेत्रीय अखंडता उसकी सर्वोच्च प्राथमिकताएँ होती हैं।जब इन पर खतरा उत्पन्न होता है, तब राज्य सैन्य शक्ति के प्रयोग से भी पीछे नहीं हटता। इतिहास में युद्धों, रक्षा गठबंधनों और निवारण रणनीतियों का विकास इसी सुरक्षा-हित से प्रेरित रहा है।[299]सुरक्षा के साथ-साथ विकास आधुनिक राष्ट्रीय हित का केंद्रीय घटक बन चुका है।20वीं सदी के उत्तरार्द्ध से यह स्पष्ट हो गया कि आर्थिक कमजोरी अंततः राजनीतिक और सैन्य कमजोरी में बदल जाती है। इसलिए राज्य अब आर्थिक वृद्धि, तकनीकी उन्नति और संसाधन-सुरक्षा को भी राष्ट्रीय हित का अभिन्न अंग मानते हैं।[300]तीसरा महत्वपूर्ण आयाम प्रतिष्ठा से संबंधित है। प्रतिष्ठा का अर्थ है,अंतरराष्ट्रीय समुदाय में किसी राज्य की छवि, विश्वसनीयता और प्रभाव।शास्त्रीय यथार्थवादी विद्वान ई. एच. कार ने प्रतिष्ठा को शक्ति का एक स्वतंत्र आयाम माना और तर्क दिया कि राज्य केवल सुरक्षा और समृद्धि के लिए नहीं, बल्कि मान-सम्मान और प्रभाव के लिए भी शक्ति का प्रयोग करते हैं।[301]राष्ट्रीय हितों की प्राप्ति के लिए राज्य प्रायः सैन्य, आर्थिक और राजनीतिक साधनों का संयोजन करता है।आधुनिक भू-राजनीति में इसे "समग्र राष्ट्रीय शक्ति " के रूप में भी समझा जाता है, जहाँ विभिन्न साधनों का संतुलित उपयोग किया जाता है।[302]भू-राजनीतिक प्रतिस्पर्धा के संदर्भ में राष्ट्रीय हित और शक्ति का संबंध और अधिक स्पष्ट हो जाता है।जब विभिन्न राज्य समान संसाधनों, क्षेत्रों या प्रभाव-क्षेत्रों के लिए प्रतिस्पर्धा करते हैं, तब राष्ट्रीय हित संघर्ष की स्थिति में आ जाते हैं।[303]अमेरिकी रणनीतिक चिंतक जॉर्ज एफ. केनन ने भी

इस संदर्भ में बल दिया कि विदेश नीति को दीर्घकालिक राष्ट्रीय हितों की यथार्थवादी गणना पर आधारित होना चाहिए।इस प्रकार, राष्ट्रीय हित शक्ति को उद्देश्य प्रदान करते हैं और शक्ति राष्ट्रीय हितों को वास्तविकता में बदलने का साधन बनती है,यही आधुनिक अंतरराष्ट्रीय राजनीति का मूल यथार्थ है।[304]

शक्ति, संप्रभुता और राष्ट्रीय हित :

भू-राजनीति और अंतरराष्ट्रीय राजनीति के समग्र विश्लेषण में शक्ति, संप्रभुता और राष्ट्रीय हित को पृथक अवधारणाओं के रूप में नहीं, बल्कि एक अंतर्संबंधित त्रयी के रूप में समझना आवश्यक है।[305] यह तीनों अवधारणाएँ एक-दूसरे पर निर्भर करती हैं और एक में उत्पन्न संकट का प्रभाव अनिवार्य रूप से शेष दो पर भी पड़ता है।आधुनिक राज्य-व्यवस्था में किसी भी राज्य की स्थिरता, सुरक्षा और प्रभावशीलता इस बात पर निर्भर करती है कि वह इन तीनों के बीच किस प्रकार संतुलन स्थापित करता है।सबसे पहले शक्ति के बिना संप्रभुता के संकट को समझना आवश्यक है। सैद्धांतिक रूप से संप्रभुता राज्य को उसके भू-क्षेत्र और जनसंख्या पर सर्वोच्च अधिकार प्रदान करती है, किंतु व्यावहारिक रूप से यह अधिकार तभी प्रभावी होता है जब उसके पीछे पर्याप्त शक्ति मौजूद हो।[306]शक्ति,चाहे वह सैन्य, आर्थिक या राजनीतिक हो; संप्रभुता को वास्तविकता में बदलने का साधन है।जिन राज्यों के पास अपनी सीमाओं की रक्षा करने, कानून-व्यवस्था बनाए रखने और बाहरी दबावों का सामना करने की क्षमता नहीं होती, उनकी संप्रभुता केवल कानूनी या औपचारिक बनकर रह जाती है।[307]इसके विपरीत, संप्रभुता के बिना राष्ट्रीय हितों की असुरक्षा की स्थिति उत्पन्न होती है। राष्ट्रीय हित राज्य के दीर्घकालिक लक्ष्यों और प्राथमिकताओं को व्यक्त करते हैं,जैसे सुरक्षा, विकास, प्रतिष्ठा और पहचान।किंतु यदि राज्य अपनी संप्रभुता खो देता है या उस पर गंभीर आघात पड़ता है, तो वह अपने राष्ट्रीय हितों को स्वतंत्र रूप से परिभाषित और लागू नहीं कर पाता।[308]इस प्रकार, संप्रभुता राष्ट्रीय हितों के लिए एक संरक्षक ढाँचा प्रदान करती है।शक्ति और संप्रभुता के इस द्वंद्वात्मक संबंध के बीच राष्ट्रीय हित सेतु का कार्य करते हैं।राष्ट्रीय हित यह निर्धारित करते हैं कि राज्य को किस प्रकार की शक्ति विकसित करनी चाहिए और संप्रभुता की रक्षा किन साधनों से करनी है।[309]उदाहरण के लिए, यदि किसी राज्य के राष्ट्रीय हित समुद्री व्यापार पर आधारित हैं, तो उसकी रणनीतिक प्राथमिकताएँ नौसैनिक शक्ति पर केंद्रित होंगी।यहीं से राज्य की रणनीतिक प्राथमिकताओं का निर्धारण सामने आता है। राज्य सीमित संसाधनों के बीच यह तय करता है कि किस क्षेत्र में

अधिक निवेश किया जाए।[310]रणनीतिक प्राथमिकताएँ अंतरराष्ट्रीय परिवेश, तकनीकी परिवर्तन और घरेलू परिस्थितियों के अनुसार बदलती रहती हैं।समकालीन अंतरराष्ट्रीय राजनीति में यह अंतर्संबंध और अधिक जटिल हो गया है। वैश्वीकरण और आर्थिक निर्भरता ने संप्रभुता को पूर्णतः निरपेक्ष नहीं रहने दिया है।[311]इसके बावजूद, राज्य नई प्रकार की शक्ति विकसित कर रहे हैं; जैसे आर्थिक लचीलापन, तकनीकी आत्मनिर्भरता और डिजिटल संप्रभुता।शक्ति, संप्रभुता और राष्ट्रीय हित का अंतर्संबंधात्मक विश्लेषण यह स्पष्ट करता है कि यह तीनों अवधारणाएँ एक-दूसरे से अलग होकर कार्य नहीं कर सकतीं।शक्ति संप्रभुता को प्रभावी बनाती है, संप्रभुता राष्ट्रीय हितों को सुरक्षित ढाँचा प्रदान करती है, और राष्ट्रीय हित शक्ति के प्रयोग को दिशा और वैधता देते हैं।[312]इसलिए, आधुनिक भू-राजनीति को समझने के लिए आवश्यक है कि इन तीनों को एक एकीकृत विश्लेषणात्मक ढाँचे के रूप में देखा जाए।

अध्याय-4

साम्राज्यवाद, उपनिवेशवाद और भू-राजनीति

आधुनिक विश्व-व्यवस्था की संरचना, शक्ति-संतुलन और वैश्विक असमानताओं को समझने के लिए साम्राज्यवाद , उपनिवेशवाद और भू-राजनीति के अंतर्संबंध का विश्लेषण अनिवार्य है। यह तीनों अवधारणाएँ अलग-अलग ऐतिहासिक प्रक्रियाओं के रूप में नहीं, बल्कि एक संयुक्त शक्ति-तंत्र के रूप में विकसित हुईं, जिसने 15वीं सदी से लेकर 20वीं सदी के मध्य तक विश्व राजनीति, अर्थव्यवस्था और संस्कृति को निर्णायक रूप से आकार दिया। साम्राज्यवाद ने विस्तार की वैचारिक-रणनीतिक प्रेरणा प्रदान की, उपनिवेशवाद ने उस विस्तार को संस्थागत और प्रशासनिक रूप दिया, और भू-राजनीति ने इन प्रक्रियाओं को स्थान, संसाधन और रणनीतिक नियंत्रण के संदर्भ में वैधता तथा दिशा दी।साम्राज्यवाद की संकल्पनात्मक परिभाषा सामान्यतः उस नीति और प्रक्रिया के रूप में की जाती है जिसके अंतर्गत कोई राज्य अपनी शक्ति का विस्तार दूसरे क्षेत्रों, समाजों या राज्यों पर प्रत्यक्ष या परोक्ष नियंत्रण के माध्यम से करता है। यह नियंत्रण सैन्य अधिग्रहण, राजनीतिक प्रभुत्व, आर्थिक निर्भरता या सांस्कृतिक वर्चस्व के रूप में प्रकट हो सकता है। साम्राज्यवाद का उद्देश्य केवल भू-क्षेत्र का विस्तार नहीं, बल्कि शक्ति-संचय, संसाधन-नियंत्रण और वैश्विक प्रभाव का निर्माण होता है। इसके विपरीत, उपनिवेशवाद साम्राज्यवाद का वह ठोस और संस्थागत रूप है, जिसमें अधिगृहीत क्षेत्रों में प्रशासनिक ढाँचा स्थापित किया जाता है, जनसंख्या पर शासन किया जाता है और स्थानीय अर्थव्यवस्था को मेट्रोपोल की आवश्यकताओं के अनुरूप ढाला जाता है। इस प्रकार साम्राज्यवाद नीति और रणनीति है, जबकि उपनिवेशवाद उसका प्रशासनिक-व्यावहारिक रूप।

भू-राजनीतिक दृष्टि से साम्राज्यवाद और उपनिवेशवाद को स्थान और शक्ति के बीच संबंध के रूप में समझा जाता है। भू-राजनीति यह स्पष्ट करती है कि क्यों कुछ क्षेत्र;जैसे समुद्री मार्गों के किनारे स्थित तट, संकीर्ण जलडमरूमध्य, संसाधन-समृद्ध भूभाग या रणनीतिक द्वीप साम्राज्यवादी विस्तार के प्राथमिक

लक्ष्य बने। स्थान केवल भौतिक दूरी नहीं, बल्कि रणनीतिक मूल्य का सूचक होता है। समुद्रों पर नियंत्रण ने व्यापार और संचार को सुरक्षित किया; भूमि-आधारित विस्तार ने रणनीतिक गहराई और संसाधन-सुरक्षा प्रदान की। इस प्रकार भूगोल ने साम्राज्यवादी नीति को दिशा दी और उपनिवेशवाद को स्थायित्व।शक्ति, भूगोल और प्रभुत्व का संबंध साम्राज्यवादी युग में विशेष रूप से स्पष्ट दिखाई देता है। शक्ति का अर्थ केवल सैन्य बल नहीं, बल्कि आर्थिक क्षमता, तकनीकी श्रेष्ठता और संगठनात्मक दक्षता भी है। यूरोपीय शक्तियों ने नौसैनिक तकनीक, मानचित्रण, खगोलीय नौवहन और औद्योगिक उत्पादन में बढ़त के माध्यम से समुद्रों और दूरस्थ क्षेत्रों पर नियंत्रण स्थापित किया। भूगोल,विशेषतः समुद्री तटों, नदियों, पठारों और संसाधन-क्षेत्रों की उपलब्धता ने इस शक्ति-प्रयोग को प्रभावी बनाया। प्रभुत्व तब स्थिर हुआ जब भूगोल के नियंत्रण को प्रशासन, कानून और वैचारिक औचित्य के साथ जोड़ा गया। इस प्रक्रिया में उपनिवेश केवल संसाधन-आपूर्ति के क्षेत्र नहीं रहे, बल्कि साम्राज्यिक नेटवर्क के नोड्स बन गए।यूरोपीय विस्तार का ऐतिहासिक क्रम इस अंतर्संबंध को और स्पष्ट करता है। 15वीं-16वीं सदी के भौगोलिक अन्वेषण ने अटलांटिक और हिंद महासागर के मार्ग खोले; 17वीं-18वीं सदी में व्यापारिक कंपनियों (चार्टर्ड कंपनियाँ) ने परोक्ष नियंत्रण स्थापित किया; और 19वीं सदी में औद्योगिक पूँजीवाद के साथ प्रत्यक्ष औपनिवेशिक शासन का विस्तार हुआ। इस क्रम में समुद्री शक्ति निर्णायक रही नौसेनाओं, बंदरगाहों और चोक-पॉइंट्स के नियंत्रण ने साम्राज्य को दूरस्थ उपनिवेशों से जोड़े रखा। भूमि-आधारित अवसंरचनाएँ रेलमार्ग, टेलीग्राफ और प्रशासनिक केंद्र ने नियंत्रण को गहरा किया। इस प्रकार भू-राजनीति ने साम्राज्य को वैश्विक पैमाने पर संचालित प्रणाली में परिवर्तित किया।

यूरोपीय विस्तार और आधुनिक विश्व-व्यवस्था का निर्माण परस्पर-निर्भर प्रक्रियाएँ थीं। साम्राज्यवाद ने विश्व को केंद्र-परिधि संरचना में बाँटा, जहाँ औद्योगिक केंद्रों ने कच्चे माल, श्रम और बाज़ारों के लिए उपनिवेशों पर निर्भरता विकसित की। इस निर्भरता ने वैश्विक उत्पादन-श्रृंखलाएँ बनाईं और असमान विनिमय को संस्थागत किया। आधुनिक राष्ट्र-राज्य प्रणाली, अंतरराष्ट्रीय व्यापार नियम, समुद्री कानून और यहाँ तक कि वैश्विक समय-मान तक,इन सब पर साम्राज्यवादी भू-राजनीति की छाप रही। परिणामस्वरूप आधुनिक विश्व-व्यवस्था का उदय तटस्थ या स्वाभाविक नहीं, बल्कि ऐतिहासिक रूप से निर्मित और शक्ति-संचालित था।साम्राज्यवाद-उपनिवेशवाद का वैचारिक औचित्य भी भू-राजनीति से जुड़ा रहा। "सभ्यतागत मिशन", "प्रगति" और "आधुनिकीकरण" जैसे विचारों ने

प्रभुत्व को नैतिक आवरण दिया। शिक्षा, भाषा और कानून के माध्यम से सांस्कृतिक प्रभुत्व स्थापित किया गया, जिससे उपनिवेशों की राजनीतिक अर्थव्यवस्था मेट्रोपोल के हितों से जुड़ी रही। इस वैचारिक प्रभुत्व ने भूगोल को केवल भौतिक नियंत्रण का विषय नहीं, बल्कि ज्ञान और पहचान के निर्माण का साधन बनाया,मानचित्रों, सर्वेक्षणों और वर्गीकरणों के माध्यम से।20वीं सदी के मध्य में औपनिवेशिक साम्राज्यों का विघटन हुआ, किंतु साम्राज्यवाद-भू-राजनीति का अंत नहीं। स्वतंत्रता के बाद भी वैश्विक शक्ति-संरचनाएँ, सीमाएँ और आर्थिक निर्भरताएँ काफी हद तक बनी रहीं,जिसे अक्सर नव-उपनिवेशवाद कहा जाता है। यहाँ प्रत्यक्ष शासन के स्थान पर आर्थिक, वित्तीय और रणनीतिक प्रभाव के माध्यम से नियंत्रण कायम रहता है। यह निरंतरता दर्शाती है कि साम्राज्यवाद, उपनिवेशवाद और भू-राजनीति का संबंध ऐतिहासिक घटना भर नहीं, बल्कि दीर्घकालिक संरचनात्मक विरासत है।

साम्राज्यवाद और उपनिवेशवाद :

साम्राज्यवाद और उपनिवेशवाद को समझने के लिए केवल ऐतिहासिक घटनाओं का वर्णन पर्याप्त नहीं है; इसके लिए उन सैद्धांतिक व्याख्याओं का विश्लेषण आवश्यक है, जिन्होंने साम्राज्यवादी विस्तार को औचित्य, दिशा और संरचना प्रदान की। शास्त्रीय साम्राज्यवाद, आर्थिक व्याख्या, राजनीतिक-रणनीतिक दृष्टिकोण और वैचारिक-सभ्यतागत औचित्य,यह चार प्रमुख सैद्धांतिक ढाँचे साम्राज्यवाद की बहुआयामी प्रकृति को स्पष्ट करते हैं।[313]इन सभी दृष्टियों में शक्ति, भूगोल और प्रभुत्व की केंद्रीय भूमिका स्पष्ट रूप से दिखाई देती है।सबसे पहले, शास्त्रीय साम्राज्यवाद (Empire-building) को सत्ता-विस्तार की उस प्रक्रिया के रूप में देखा जाता है, जिसमें कोई राज्य प्रत्यक्ष राजनीतिक और प्रशासनिक नियंत्रण के माध्यम से अन्य क्षेत्रों को अपने अधीन करता है।[314]यह दृष्टिकोण साम्राज्यवाद को मूलतः राज्य-केंद्रित शक्ति-राजनीति का परिणाम मानता है। रोमन साम्राज्य से लेकर ब्रिटिश साम्राज्य तक, साम्राज्य-निर्माण का लक्ष्य केवल संसाधन-संग्रह नहीं, बल्कि सुरक्षा, प्रतिष्ठा और प्रभुत्व की स्थापना रहा है।[315]शास्त्रीय साम्राज्यवाद में सीमाओं का विस्तार, सैन्य अधिग्रहण, उपनिवेशों की स्थापना और प्रशासनिक नियंत्रण प्रमुख तत्व होते हैं। इस दृष्टि से साम्राज्यवाद अंतरराष्ट्रीय अराजक व्यवस्था में राज्यों द्वारा अपनी सुरक्षा और प्रभाव बढ़ाने का साधन बनता है।दूसरी महत्वपूर्ण व्याख्या आर्थिक दृष्टिकोण से जुड़ी है, जो साम्राज्यवाद को पूँजीवाद की संरचनात्मक आवश्यकता के रूप में देखती है।[316]इस व्याख्या के अनुसार, औद्योगिक पूँजीवाद के विकास के साथ यूरोपीय शक्तियों को कच्चे माल,

सस्ते श्रम और नए बाज़ारों की आवश्यकता पड़ी। उपनिवेश इन आवश्यकताओं की पूर्ति का माध्यम बने।संसाधन-समृद्ध क्षेत्रों पर नियंत्रण ने औद्योगिक उत्पादन को गति दी, जबकि उपनिवेशों को माहनगरों के लिए बाज़ार के रूप में विकसित किया गया।[317]इस प्रक्रिया में उपनिवेशों की अर्थव्यवस्था को इस प्रकार ढाला गया कि वह स्वतंत्र विकास के बजाय निर्यात-आधारित और निर्भर बन गईं। आर्थिक व्याख्या यह स्पष्ट करती है कि साम्राज्यवाद केवल राजनीतिक प्रभुत्व नहीं, बल्कि वैश्विक आर्थिक संरचना का निर्माण भी था, जिसने केंद्र और परिधि के बीच असमान संबंधों को स्थायी रूप दिया।तीसरी व्याख्या राजनीतिक-रणनीतिक दृष्टिकोण पर आधारित है, जिसमें साम्राज्यवाद को सुरक्षा और शक्ति-संतुलन की राजनीति से जोड़ा जाता है।[318]इस दृष्टिकोण के अनुसार, साम्राज्यवादी विस्तार का उद्देश्य केवल आर्थिक लाभ नहीं, बल्कि रणनीतिक सुरक्षा भी था। समुद्री मार्गों का नियंत्रण, नौसैनिक अड्डों की स्थापना, सीमाओं पर बफर-राज्यों का निर्माण और प्रतिस्पर्धी शक्तियों को रोकना,यह सभी साम्राज्यवाद के रणनीतिक लक्ष्य थे।

19वीं सदी में यूरोपीय शक्तियों के बीच उपनिवेशों को लेकर प्रतिस्पर्धा इसी शक्ति-संतुलन की राजनीति का परिणाम थी।[319]भू-राजनीतिक दृष्टि से साम्राज्यवाद ने वैश्विक मानचित्र को इस प्रकार पुनर्गठित किया कि साम्राज्यवादी शक्तियाँ अपने प्रतिद्वंद्वियों पर रणनीतिक बढ़त बनाए रख सकें।चौथी और अत्यंत प्रभावशाली व्याख्या वैचारिक-सभ्यतागत औचित्य से संबंधित है।[320]इस दृष्टिकोण में साम्राज्यवाद को केवल स्वार्थपरक शक्ति-प्रयोग के रूप में नहीं, बल्कि एक नैतिक और सभ्यतागत दायित्व के रूप में प्रस्तुत किया गया। "सभ्यता", "प्रगति", "आधुनिकीकरण" और "ज्ञान" जैसे विचारों के माध्यम से उपनिवेशवाद को वैध ठहराया गया।यह तर्क दिया गया कि यूरोपीय शक्तियाँ पिछड़े समाजों को उन्नत बनाने, शिक्षा देने और आधुनिक प्रशासन स्थापित करने का कार्य कर रही हैं।वास्तव में, यह वैचारिक औचित्य प्रभुत्व को स्वीकार्य बनाने का साधन था, जिसने दमन और शोषण को नैतिक आवरण प्रदान किया।[321]इस प्रक्रिया में संस्कृति, भाषा और शिक्षा के माध्यम से वैचारिक नियंत्रण स्थापित किया गया, जो भौतिक नियंत्रण जितना ही प्रभावी सिद्ध हुआ।इन चारों दृष्टिकोणों का तुलनात्मक विश्लेषण यह स्पष्ट करता है कि साम्राज्यवाद किसी एक कारण का परिणाम नहीं था।शास्त्रीय साम्राज्यवाद ने सत्ता-विस्तार की राजनीतिक आकांक्षा को रेखांकित किया; आर्थिक व्याख्या ने पूँजीवाद और संसाधनों की भूमिका को उजागर किया; राजनीतिक-रणनीतिक दृष्टिकोण ने सुरक्षा और शक्ति-संतुलन की आवश्यकता को समझाया; और वैचारिक-सभ्यतागत औचित्य ने प्रभुत्व को नैतिक वैधता प्रदान

की।[322]भू-राजनीति इन सभी दृष्टियों को एक साथ जोड़ती है, क्योंकि यह दिखाती है कि कैसे स्थान, संसाधन और शक्ति ने साम्राज्यवादी परियोजना को वैश्विक रूप दिया।साम्राज्यवाद और उपनिवेशवाद की सैद्धांतिक व्याख्याएँ यह स्थापित करती हैं कि आधुनिक विश्व-व्यवस्था किसी स्वाभाविक विकास का परिणाम नहीं, बल्कि शक्ति-संचालित और वैचारिक रूप से औचित्यपूर्ण बनाई गई संरचना है।[323]इन सिद्धांतों को समझना इसलिए आवश्यक है, क्योंकि इनके प्रभाव आज भी वैश्विक राजनीति, आर्थिक असमानताओं और भू-राजनीतिक प्रतिस्पर्धा में स्पष्ट रूप से दिखाई देते हैं।

औपनिवेशिक विस्तार के भू-रणनीतिक आयाम :

औपनिवेशिक विस्तार के इतिहास में समुद्री शक्ति वह निर्णायक कारक रही, जिसने यूरोपीय शक्तियों को न केवल दूरस्थ क्षेत्रों तक पहुँच प्रदान की, बल्कि उन क्षेत्रों पर दीर्घकालिक नियंत्रण और वैश्विक प्रभुत्व भी सुनिश्चित किया।[324]15वीं से 20वीं सदी के मध्य तक औपनिवेशिक साम्राज्यों का निर्माण मूलतः समुद्रों पर नियंत्रण, व्यापार मार्गों की सुरक्षा, चोक-पॉइंट्स के अधिग्रहण और नौसैनिक अड्डों के जाल पर आधारित था।ऐतिहासिक तथ्य यह दर्शाते हैं कि 1500 से 1800 के बीच विश्व व्यापार का लगभग 80–85% समुद्री मार्गों से संचालित होने लगा था, और औद्योगिक क्रांति (18वीं-19वीं सदी) के बाद यह अनुपात और बढ़ गया।[325]इस पृष्ठभूमि में समुद्री शक्ति केवल सैन्य क्षमता नहीं, बल्कि वैश्विक संचार, अर्थव्यवस्था और प्रशासन की रीढ़ बन गई।समुद्री शक्ति और औपनिवेशिक विस्तार का संबंध इस तथ्य से स्पष्ट होता है कि जिन यूरोपीय राज्यों ने नौसेना, जहाज़ निर्माण और समुद्री नेविगेशन में बढ़त हासिल की, वही वैश्विक साम्राज्य बनाने में सफल हुए।[326]उदाहरणस्वरूप, 18वीं सदी के अंत तक ब्रिटेन के पास दुनिया का सबसे बड़ा नौसैनिक बेड़ा था,1815 (नेपोलियन युद्धों के बाद) तक रॉयल नेवी के पास लगभग 600 से अधिक युद्धपोत थे, जबकि उसके प्रमुख प्रतिद्वंद्वी फ्रांस के पास यह संख्या आधी से भी कम थी।इस नौसैनिक श्रेष्ठता ने ब्रिटेन को अटलांटिक, हिंद महासागर और बाद में प्रशांत क्षेत्र में निर्बाध आवाजाही और प्रभुत्व प्रदान किया।[327]परिणामस्वरूप, ब्रिटिश साम्राज्य का भूगोल भूमि से अधिक समुद्रों द्वारा जुड़ा हुआ था।औपनिवेशिक भू-रणनीति में चोक-पॉइंट्स का महत्व असाधारण था। चोक-पॉइंट्स वह संकीर्ण समुद्री मार्ग हैं, जिनसे होकर वैश्विक व्यापार और सैन्य आवागमन का बड़ा हिस्सा गुजरता है।[328]ऐतिहासिक रूप से जिब्राल्टर जलडमरूमध्य, केप ऑफ गुड होप, स्वेज नहर (1869) और बाद में पनामा नहर

(1914) ने साम्राज्यिक शक्ति-संतुलन को गहराई से प्रभावित किया।स्वेज नहर के खुलने से यूरोप और एशिया के बीच समुद्री दूरी लगभग 7,000–8,000 किमी तक कम हो गई, जिससे ब्रिटेन को भारत और पूर्वी एशिया पर नियंत्रण बनाए रखने में निर्णायक लाभ मिला।[329]इसी प्रकार, पनामा नहर ने अमेरिका को अटलांटिक और प्रशांत के बीच नौसैनिक गतिशीलता प्रदान की और उसे पश्चिमी गोलार्ध में उभरती साम्राज्यिक शक्ति के रूप में स्थापित किया।बंदरगाह (Ports) और नौसैनिक अड्डे (Naval Bases) औपनिवेशिक समुद्री शक्ति के ठोस स्तंभ थे। औपनिवेशिक साम्राज्यों ने रणनीतिक बंदरगाहों को केवल व्यापारिक केंद्र नहीं, बल्कि सैन्य और प्रशासनिक नोड्स के रूप में विकसित किया।[330]उदाहरण के लिए, बॉम्बे (मुंबई), कोलकाता, सिंगापुर, केप टाउन और हांगकांग जैसे बंदरगाह साम्राज्यिक नेटवर्क के प्रमुख केंद्र बने।19वीं सदी के अंत तक ब्रिटेन के पास दुनिया भर में 50 से अधिक प्रमुख नौसैनिक अड्डे और कोयला-स्टेशन थे, जो जहाज़ों को ईंधन, मरम्मत और संचार सुविधा प्रदान करते थे।[331]यह नेटवर्क साम्राज्यिक "वैश्विक उपस्थिति" का भौतिक आधार था, जिसके बिना दूरस्थ उपनिवेशों का नियंत्रण संभव नहीं था।

समुद्री शक्ति का एक और महत्वपूर्ण आयाम था व्यापार मार्गों (संचार की समुद्री रेखाएँ- SLOCs) और साम्राज्यिक संचार का नियंत्रण। औपनिवेशिक युग में साम्राज्य केवल भू-क्षेत्रों का समूह नहीं, बल्कि एक संचार-आधारित प्रणाली थे।[332]समुद्री मार्गों के माध्यम से कच्चा माल उपनिवेशों से माहनगरों तक पहुँचता था और निर्मित वस्तुएँ उपनिवेशों के बाज़ारों में जाती थीं।19वीं सदी के उत्तरार्द्ध तक ब्रिटिश साम्राज्य विश्व व्यापार का लगभग 25–30% नियंत्रित करता था, और इसका अधिकांश हिस्सा समुद्री मार्गों से संचालित होता था।[333]टेलीग्राफ केबलों,विशेषतः "ऑल-रेड लाइन" ने लंदन को भारत, अफ्रीका और ऑस्ट्रेलिया से जोड़ दिया, जिससे प्रशासनिक आदेश और सूचनाएँ दिनों के बजाय घंटों में पहुँचने लगीं।यह तकनीकी-संचार नेटवर्क समुद्री प्रभुत्व को और अधिक सुदृढ़ करता था।समुद्री शक्ति, चोक-पॉइंट्स और संचार का यह संयोजन औपनिवेशिक प्रभुत्व को केवल सैन्य रूप से ही नहीं, बल्कि आर्थिक और राजनीतिक रूप से भी स्थिर बनाता था।[334]किसी चोक-पॉइंट या बंदरगाह पर नियंत्रण खोने का अर्थ था,व्यापार अवरोध, प्रशासनिक संकट और साम्राज्यिक कमजोरियाँ।इसी कारण औपनिवेशिक युद्धों और प्रतिस्पर्धाओं में समुद्री मार्गों की रक्षा सर्वोच्च प्राथमिकता रही।उदाहरणस्वरूप, प्रथम और द्वितीय विश्व युद्धों में ब्रिटेन और बाद में अमेरिका ने अपने नौसैनिक संसाधनों का बड़ा हिस्सा समुद्री मार्गों की सुरक्षा में लगाया,

क्योंकि साम्राज्यिक और औद्योगिक जीवन-रेखाएँ इन्हीं पर निर्भर थीं।[335]तथ्य और आँकड़े यह स्पष्ट करते हैं कि औपनिवेशिक विस्तार का मूल आधार समुद्री शक्ति थी।चोक-पॉइंट्स के नियंत्रण, बंदरगाहों और नौसैनिक अड्डों के जाल, तथा व्यापार मार्गों और संचार प्रणालियों की सुरक्षा ने साम्राज्यों को वैश्विक स्तर पर संचालित होने की क्षमता दी।[336]भू-राजनीतिक दृष्टि से समुद्र केवल भौगोलिक विस्तार नहीं, बल्कि प्रभुत्व की संरचना थे।यही कारण है कि औपनिवेशिक युग में "समुद्रों पर शासन" का अर्थ "विश्व पर प्रभाव" से लगभग समानार्थी बन गया,और इसकी विरासत आज की वैश्विक भू-राजनीति में भी स्पष्ट रूप से दिखाई देती है।

स्थल-आधारित विस्तार और महाद्वीपीय नियंत्रण :

औपनिवेशिक विस्तार को प्रायः समुद्री शक्ति के संदर्भ में समझा जाता है, किंतु स्थल-आधारित विस्तार और महाद्वीपीय नियंत्रण ने भी साम्राज्यवादी प्रभुत्व को स्थायित्व और गहराई प्रदान की।[337]समुद्रों के माध्यम से प्राप्त क्षेत्रों पर वास्तविक शासन तभी संभव हुआ, जब साम्राज्यवादी शक्तियों ने भूमि के भीतर सीमाओं का निर्धारण, प्रशासनिक संरचनाओं का निर्माण और सैन्य तैनाती सुनिश्चित की।इस दृष्टि से औपनिवेशिक भू-रणनीति केवल तटों तक सीमित नहीं रही, बल्कि उसने महाद्वीपों के आंतरिक भू-भाग को भी अपने नियंत्रण में लेने का प्रयास किया।स्थल-आधारित विस्तार का पहला महत्वपूर्ण आयाम सीमाएँ, फ्रंटियर और रणनीतिक गहराई से जुड़ा हुआ है।[338]औपनिवेशिक शक्तियों ने उपनिवेशों में स्पष्ट सीमाएँ खींचकर अपने प्रभुत्व को औपचारिक रूप दिया।ऐतिहासिक तथ्य यह है कि अफ्रीका में आज की लगभग 80% अंतरराष्ट्रीय सीमाएँ औपनिवेशिक काल (1880–1914) में निर्धारित की गईं, जिनका स्थानीय सामाजिक-सांस्कृतिक वास्तविकताओं से बहुत कम संबंध था।[339]सीमाओं का यह कृत्रिम निर्धारण साम्राज्यवादी शक्तियों के लिए प्रशासनिक सुविधा और रणनीतिक नियंत्रण का साधन था।फ्रंटियर क्षेत्रों,जहाँ प्रत्यक्ष नियंत्रण कमजोर था,को धीरे-धीरे सैन्य चौकियों, बसावटों और कर-व्यवस्था के माध्यम से साम्राज्य में समाहित किया गया।[340] इस प्रक्रिया ने साम्राज्य को रणनीतिक गहराई प्रदान की, जिससे बाहरी खतरों और विद्रोहों का सामना अपेक्षाकृत सरल हो गया।दूसरा केंद्रीय तत्व रेलमार्ग, आंतरिक कनेक्टिविटी और प्रशासन था। स्थल-आधारित नियंत्रण को प्रभावी बनाने के लिए औपनिवेशिक शक्तियों ने विशाल अवसंरचनात्मक परियोजनाएँ आरंभ कीं,विशेषतः रेलमार्गों का निर्माण।[341]उदाहरणस्वरूप, ब्रिटिश भारत में 1853 में पहली रेल लाइन शुरू होने के बाद 1947 तक रेल नेटवर्क की लंबाई लगभग 65,000

किमी तक पहुँच गई।यद्यपि इसे अक्सर "आधुनिकीकरण" के प्रतीक के रूप में प्रस्तुत किया गया, किंतु इसका प्राथमिक उद्देश्य प्रशासनिक नियंत्रण, सैनिकों की त्वरित तैनाती और कच्चे माल को बंदरगाहों तक पहुँचाना था।[342]

इसी प्रकार, अफ्रीका में औपनिवेशिक रेलमार्ग खनिज क्षेत्रों और कृषि-उत्पादन क्षेत्रों को तटीय बंदरगाहों से जोड़ने के लिए बनाए गए, न कि आंतरिक आर्थिक एकीकरण के लिए।रेलमार्गों और सड़कों ने औपनिवेशिक प्रशासन को दूरस्थ क्षेत्रों तक विस्तारित करने में निर्णायक भूमिका निभाई।टेलीग्राफ और बाद में टेलीफोन नेटवर्क ने प्रशासनिक संचार को तेज किया,19वीं सदी के अंत तक ब्रिटिश साम्राज्य में लाखों किलोमीटर टेलीग्राफ लाइनें बिछाई जा चुकी थीं।[343] इससे कर-संग्रह, कानून-व्यवस्था और संसाधन-नियंत्रण अधिक प्रभावी हो गया।इस प्रकार आंतरिक कनेक्टिविटी ने भू-राजनीतिक स्थान को एक शासनीय और निगरानीयुक्त क्षेत्र में परिवर्तित कर दिया।तीसरा और अत्यंत महत्वपूर्ण आयाम था उपनिवेशों का सैन्यीकरण। औपनिवेशिक नियंत्रण केवल प्रशासनिक उपायों से संभव नहीं था; इसके लिए स्थायी सैन्य उपस्थिति आवश्यक थी।[344]उपनिवेशों में सैन्य छावनियाँ, किले और पुलिस बल स्थापित किए गए, जो स्थानीय विद्रोहों और बाहरी खतरों से निपटने का साधन बने।उदाहरण के लिए, 19वीं सदी के अंत तक ब्रिटिश भारत में स्थायी रूप से तैनात सैनिकों की संख्या लगभग 200,000 से अधिक थी, जिनमें बड़ी संख्या स्थानीय भर्ती (सेपॉय) की थी।इस "स्थानीय सैन्यीकरण" ने साम्राज्यवादी शक्तियों को कम लागत में विशाल क्षेत्रों पर नियंत्रण बनाए रखने में सहायता की।[345]उपनिवेशों का सैन्यीकरण केवल प्रत्यक्ष दमन तक सीमित नहीं था, बल्कि उसने भू-रणनीतिक संतुलन को भी प्रभावित किया।सीमावर्ती क्षेत्रों में सैन्य तैनाती ने प्रतिस्पर्धी साम्राज्यवादी शक्तियों को रोकने का कार्य किया। "बफर ज़ोन" और "फॉरवर्ड पॉलिसी" जैसी रणनीतियाँ इसी संदर्भ में अपनाई गईं।[346]इसके साथ-साथ, सैन्य अवसंरचना ने आंतरिक संसाधनों,खनिज, कृषि-उत्पादन और श्रम पर नियंत्रण को भी सुनिश्चित किया।तथ्य और आँकड़े यह स्पष्ट करते हैं कि स्थल-आधारित विस्तार और महाद्वीपीय नियंत्रण औपनिवेशिक प्रभुत्व का अपरिहार्य घटक था।सीमाओं का निर्धारण, फ्रंटियर का समावेशन, रेलमार्गों और संचार नेटवर्क का निर्माण, तथा उपनिवेशों का सैन्यीकरण,इन सभी ने मिलकर साम्राज्य को स्थायित्व, गहराई और प्रशासनिक क्षमता प्रदान की।[347]भू-राजनीतिक दृष्टि से यह प्रक्रिया दर्शाती है कि समुद्री प्रभुत्व के साथ-साथ भूमि का संगठित नियंत्रण ही साम्राज्यवाद को दीर्घकालिक और प्रभावी बना सका।यही कारण है कि औपनिवेशिक

युग की स्थल-आधारित रणनीतियों की विरासत आज भी अनेक क्षेत्रों में सीमाओं, अवसंरचना और सुरक्षा-संरचनाओं के रूप में दिखाई देती है।

संसाधन, श्रम और आर्थिक भू-राजनीति :

औपनिवेशिक विस्तार का सबसे स्थायी और गहन प्रभाव संसाधनों, श्रम और अर्थव्यवस्था के क्षेत्र में दिखाई देता है।[348]साम्राज्यवाद केवल राजनीतिक या सैन्य प्रभुत्व तक सीमित नहीं था, बल्कि वह मूलतः एक आर्थिक भू-राजनीतिक परियोजना थी, जिसका उद्देश्य उपनिवेशों के प्राकृतिक संसाधनों, कृषि उत्पादन और मानव श्रम को वैश्विक पूँजीवादी व्यवस्था में माहनगरों के हित में समाहित करना था।इस प्रक्रिया में उपनिवेशों की स्थानीय अर्थव्यवस्थाएँ पुनर्गठित हुईं, उत्पादन-प्रणालियाँ बदलीं और वैश्विक आर्थिक असमानताओं की नींव पड़ी, जिनका प्रभाव आज भी स्पष्ट रूप से देखा जा सकता है।औपनिवेशिक अर्थव्यवस्था का पहला और केंद्रीय आयाम था कच्चा माल, खनिज और कृषि-उपनिवेशों का निर्माण।[349]औद्योगिक क्रांति के बाद यूरोपीय शक्तियों को कपास, कोयला, रबर, चाय, कॉफी, चीनी, मसाले और धातुओं की निरंतर आपूर्ति की आवश्यकता थी। उपनिवेश इस आवश्यकता की पूर्ति का प्राथमिक स्रोत बने।उदाहरणस्वरूप, 19वीं सदी के अंत तक ब्रिटिश भारत विश्व का लगभग 60–70% कच्चा कपास, 90% से अधिक चाय, और बड़ी मात्रा में जूट व मसाले निर्यात कर रहा था।[350]इसी प्रकार, अफ्रीका में कांगो से रबर, दक्षिण अफ्रीका से सोना और हीरा, तथा पश्चिम अफ्रीका से कोको और पाम ऑयल का निर्यात यूरोपीय उद्योगों के लिए जीवनरेखा बन गया।इस संसाधन-निकासी ने उपनिवेशों को एक-उत्पाद आधारित अर्थव्यवस्थाओं में बदल दिया, जिससे उनकी आंतरिक विविधता और आत्मनिर्भरता समाप्त हो गई।[351]दूसरा महत्वपूर्ण आयाम श्रम-प्रणालियाँ और जनसंख्या-नियंत्रण था।[352]औपनिवेशिक संसाधन-निकासी और कृषि उत्पादन को बनाए रखने के लिए विशाल श्रम-बल की आवश्यकता थी।इस आवश्यकता की पूर्ति के लिए साम्राज्यवादी शक्तियों ने विभिन्न प्रकार की श्रम-प्रणालियाँ विकसित कीं,जैसे दासता, बंधुआ मजदूरी, अनुबंधित श्रम और कर-आधारित श्रम।ऐतिहासिक तथ्य यह है कि 16वीं से 19वीं सदी के बीच अटलांटिक दास व्यापार के माध्यम से लगभग 12–15 मिलियन अफ्रीकी लोगों को जबरन अमेरिका और कैरिबियन ले जाया गया।[353]दासता के औपचारिक अंत (19वीं सदी) के बाद भी श्रम-शोषण समाप्त नहीं हुआ; इसके स्थान पर अनुबंधित श्रम की प्रणाली विकसित हुई, जिसके तहत भारत, चीन और अन्य क्षेत्रों से लाखों मजदूरों को अफ्रीका, कैरिबियन और दक्षिण-पूर्व

एशिया में भेजा गया।[354]श्रम-प्रणालियाँ केवल आर्थिक शोषण का साधन नहीं थीं, बल्कि वह जनसंख्या-नियंत्रण और सामाजिक अनुशासन का भी माध्यम थीं।कर-व्यवस्था, भूमि-स्वामित्व के नए कानून और प्रशासनिक दबावों के माध्यम से स्थानीय जनसंख्या को नगद अर्थव्यवस्था में प्रवेश के लिए बाध्य किया गया।[355]इससे पारंपरिक आजीविका प्रणालियाँ कमजोर हुईं और लोग औपनिवेशिक उत्पादन-तंत्र पर निर्भर हो गए।इस प्रक्रिया ने सामाजिक संरचनाओं, जनसंख्या-वितरण और प्रवासन-पैटर्न को स्थायी रूप से बदल दिया।तीसरा और व्यापक आयाम था औपनिवेशिक अर्थव्यवस्था का वैश्वीकरण।[356]साम्राज्यवादी शक्तियों ने उपनिवेशों को एक वैश्विक आर्थिक नेटवर्क में इस प्रकार जोड़ा कि वह कच्चे माल के आपूर्तिकर्ता और निर्मित वस्तुओं के उपभोक्ता बन गए।

19वीं सदी के उत्तरार्द्ध तक विश्व व्यापार का एक बड़ा हिस्सा औपनिवेशिक नेटवर्क के माध्यम से संचालित होने लगा।उदाहरणस्वरूप, 1913 तक ब्रिटिश साम्राज्य वैश्विक व्यापार का लगभग 25% नियंत्रित करता था।[357]यह व्यापार असमान विनिमय (unequal exchange) पर आधारित था, जहाँ उपनिवेशों से सस्ते कच्चे माल का निर्यात और माहनगरों से महँगी निर्मित वस्तुओं का आयात होता था।इस वैश्वीकरण का एक महत्वपूर्ण पहलू आर्थिक निर्भरता था।[358]उपनिवेशों की उत्पादन-प्रणालियाँ, परिवहन अवसंरचना और वित्तीय तंत्र इस प्रकार डिज़ाइन किए गए कि वह माहनगरों की आवश्यकताओं के अनुरूप कार्य करें।परिणामस्वरूप, उपनिवेशों में स्वतंत्र औद्योगिकीकरण की संभावनाएँ सीमित हो गईं।स्वतंत्रता के बाद भी अनेक पूर्व-उपनिवेश इसी संरचना में फँसे रहे, जिसे बाद में नव-उपनिवेशवाद के रूप में पहचाना गया।[359]भू-राजनीतिक दृष्टि से संसाधन, श्रम और अर्थव्यवस्था का यह संयोजन साम्राज्यवादी शक्ति का आधार बना।संसाधन-समृद्ध क्षेत्रों पर नियंत्रण ने साम्राज्य को आर्थिक शक्ति दी; श्रम-प्रणालियों ने उत्पादन को निरंतर बनाए रखा; और वैश्विक आर्थिक नेटवर्क ने प्रभुत्व को अंतरराष्ट्रीय स्तर पर संस्थागत किया।इस प्रकार औपनिवेशिक अर्थव्यवस्था केवल अतीत की घटना नहीं, बल्कि आधुनिक वैश्विक असमानताओं, उत्तर-दक्षिण विभाजन और संसाधन-राजनीति की संरचनात्मक जड़ है।[360]औपनिवेशिक साम्राज्यवाद की सबसे स्थायी विरासत आर्थिक भू-राजनीति में निहित है।कच्चे माल की निकासी, श्रम का शोषण और वैश्विक अर्थव्यवस्था में असमान एकीकरण,इन सभी ने मिलकर एक ऐसी विश्व-व्यवस्था बनाई, जिसमें शक्ति और समृद्धि का वितरण अत्यंत असमान रहा।[361]इसी कारण संसाधन, श्रम और आर्थिक भू-राजनीति का अध्ययन न केवल औपनिवेशिक अतीत को समझने

के लिए, बल्कि समकालीन वैश्विक राजनीति और विकास की चुनौतियों को समझने के लिए भी अनिवार्य है।

साम्राज्य और वैश्विक प्रभुत्व की राजनीति :

साम्राज्यवाद और उपनिवेशवाद का इतिहास मूलतः शक्ति-संतुलन और महाशक्तियों की प्रतिस्पर्धा का इतिहास है।[362]17वीं सदी से लेकर 20वीं सदी के पूर्वार्द्ध तक यूरोपीय अंतरराष्ट्रीय व्यवस्था इस धारणा पर आधारित रही कि कोई भी शक्ति इतनी प्रबल न हो जाए कि वह संपूर्ण महाद्वीप या विश्व पर प्रभुत्व स्थापित कर सके।इसी संदर्भ में उपनिवेश केवल आर्थिक संसाधनों के स्रोत नहीं थे, बल्कि वह रणनीतिक शक्ति-संतुलन के उपकरण भी थे।[363]यूरोपीय शक्तियों,ब्रिटेन, फ्रांस, स्पेन, पुर्तगाल, नीदरलैंड्स और बाद में जर्मनी व इटली,के बीच प्रतिस्पर्धा ने औपनिवेशिक विस्तार को तेज़ किया और वैश्विक भू-राजनीति को निर्णायक रूप से आकार दिया।यूरोपीय शक्तियों की प्रतिद्वंद्विता का प्रारंभिक चरण समुद्री अन्वेषण और व्यापारिक प्रतिस्पर्धा से जुड़ा था।16वीं-17वीं सदी में स्पेन और पुर्तगाल ने लैटिन अमेरिका, अफ्रीका और एशिया में अग्रणी स्थिति बनाई, किंतु 17वीं सदी के उत्तरार्द्ध से ब्रिटेन और नीदरलैंड्स जैसी समुद्री शक्तियाँ उभरने लगीं।[364]डच-अंग्रेज़ नौसैनिक युद्ध (1652–1674) इस तथ्य का प्रमाण हैं कि समुद्री व्यापार और उपनिवेशों पर नियंत्रण यूरोपीय शक्ति-संतुलन का केंद्रीय प्रश्न बन चुका था।18वीं सदी तक यह प्रतिस्पर्धा और तीव्र हो गई, जब फ्रांस और ब्रिटेन के बीच वैश्विक स्तर पर संघर्ष फैल गया,अमेरिका, कैरिबियन, अफ्रीका और भारत तक।[365]इस प्रतिद्वंद्विता का एक प्रमुख परिणाम था उपनिवेशों के माध्यम से शक्ति-संतुलन बनाए रखने का प्रयास।यूरोपीय शक्तियाँ अपने महाद्वीपीय प्रतिद्वंद्वियों को कमजोर करने के लिए उपनिवेशों का उपयोग करती थीं;कभी आर्थिक संसाधनों को काटकर, कभी रणनीतिक अड्डों पर कब्ज़ा कर, और कभी वैश्विक व्यापार मार्गों को बाधित करके।[366]उदाहरणस्वरूप, 18वीं सदी के सात वर्षीय युद्ध (1756–1763) को अक्सर "पहला वैश्विक युद्ध" कहा जाता है, क्योंकि यह यूरोप के साथ-साथ उत्तर अमेरिका, कैरिबियन, अफ्रीका और भारत में भी लड़ा गया।इस युद्ध के बाद ब्रिटेन ने कनाडा और भारत में निर्णायक बढ़त हासिल की, जिससे वह 19वीं सदी की प्रमुख साम्राज्यिक शक्ति बन गया।[367]यहाँ उपनिवेशों ने सीधे-सीधे शक्ति-संतुलन को बदलने में भूमिका निभाई।उपनिवेशों के माध्यम से शक्ति-संतुलन का एक और पहलू था रणनीतिक भू-स्थिति का नियंत्रण।[368]समुद्री चोक-पॉइंट्स, द्वीप और बंदरगाह,जैसे जिब्राल्टर, माल्टा, केप ऑफ गुड होप और

सिंगापुर,साम्राज्यिक प्रतिस्पर्धा के केंद्र बने।इन स्थानों पर नियंत्रण का अर्थ था न केवल व्यापारिक लाभ, बल्कि प्रतिद्वंद्वी शक्तियों की सैन्य गतिशीलता को सीमित करने की क्षमता।इस प्रकार उपनिवेशों का मूल्य उनके आकार या जनसंख्या से अधिक उनके रणनीतिक स्थान में निहित था।[369]युद्ध और साम्राज्य-विस्तार के बीच का संबंध इस प्रतिस्पर्धा को और स्पष्ट करता है।यूरोपीय युद्ध अक्सर औपनिवेशिक विस्तार के अवसर बन जाते थे। युद्धों के दौरान विजयी शक्तियाँ पराजित शक्तियों से उपनिवेश छीन लेती थीं, जिससे साम्राज्यिक मानचित्र पुनर्गठित होता था।[370]उदाहरण के लिए, नेपोलियन युद्धों (1799–1815) के बाद ब्रिटेन ने कई फ्रांसीसी और डच उपनिवेशों पर नियंत्रण स्थापित किया, जिससे उसका समुद्री और औपनिवेशिक प्रभुत्व और सुदृढ़ हुआ।इसी प्रकार, 19वीं सदी के उत्तरार्द्ध में जर्मनी और इटली के एकीकरण के बाद नई शक्तियों ने "देर से आने वालों" के रूप में उपनिवेशों की माँग की, जिससे अफ्रीका और एशिया में प्रतिस्पर्धा और तीव्र हो गई।[371]

19वीं सदी के अंत का अफ्रीका का विभाजन (लगभग 1880–1914) साम्राज्यिक शक्ति-संतुलन और प्रतिस्पर्धा का चरम उदाहरण था।[372]कुछ ही दशकों में अफ्रीका का लगभग पूरा भू-भाग यूरोपीय शक्तियों में बाँट दिया गया।इस प्रक्रिया का उद्देश्य केवल संसाधनों पर कब्ज़ा नहीं, बल्कि प्रतिद्वंद्वी शक्तियों को पीछे छोड़ना और वैश्विक शक्ति-स्थिति में अपनी जगह मज़बूत करना था।बर्लिन सम्मेलन (1884–85) इस बात का प्रमाण है कि औपनिवेशिक विस्तार को भी यूरोपीय शक्ति-संतुलन के नियमों के भीतर संस्थागत करने का प्रयास किया गया।[373]साम्राज्यिक प्रतिस्पर्धा ने अंततः प्रथम विश्व युद्ध (1914–1918) की पृष्ठभूमि भी तैयार की।उपनिवेशों, बाजारों और रणनीतिक क्षेत्रों को लेकर प्रतिस्पर्धा ने यूरोपीय गठबंधनों को कठोर बना दिया।युद्ध के बाद जर्मनी और ऑटोमन साम्राज्य से उपनिवेश छीनकर विजयी शक्तियों में बाँट दिए गए, जिससे औपनिवेशिक प्रभुत्व और असमान हुआ।[374]यद्यपि द्वितीय विश्व युद्ध के बाद औपनिवेशिक साम्राज्यों का विघटन हुआ, किंतु शक्ति-संतुलन और प्रतिस्पर्धा की तर्कशक्ति समाप्त नहीं हुई; उसने केवल नए रूप,शीत युद्ध और नव-उपनिवेशवाद,धारण कर लिए।[375]साम्राज्यिक शक्ति-संतुलन और प्रतिस्पर्धा का विश्लेषण यह स्पष्ट करता है कि औपनिवेशिक विस्तार किसी एक राज्य की आकांक्षा का परिणाम नहीं था, बल्कि यह बहु-ध्रुवीय यूरोपीय व्यवस्था में निरंतर चल रहे शक्ति-संघर्ष का वैश्विक विस्तार था।उपनिवेशों ने इस संघर्ष में संसाधन, रणनीतिक गहराई और अंतरराष्ट्रीय प्रभाव प्रदान किया, जबकि युद्धों ने साम्राज्यिक

सीमाओं को बार-बार पुनर्परिभाषित किया।[376]इस प्रकार, साम्राज्यवाद और उपनिवेशवाद को समझने के लिए शक्ति-संतुलन, प्रतिद्वंद्विता और युद्ध की त्रयी को एक साथ देखना अनिवार्य है, क्योंकि इन्हीं के माध्यम से आधुनिक वैश्विक भू-राजनीतिक संरचना का निर्माण हुआ।**(मानचित्र 10)**

मानचित्र 10 : 15वीं-18वीं सदी में यूरोपीय औपनिवेशिक विस्तार

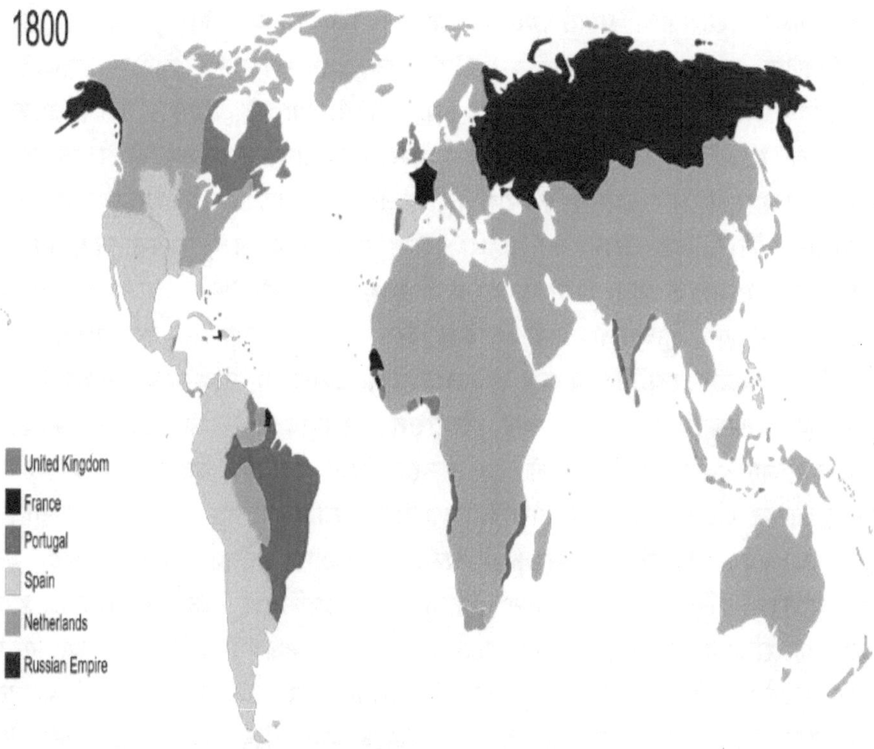

स्त्रोत : विकिमीडिया कॉमन्स

औपनिवेशिक शासन, वैधता और नियंत्रण :

औपनिवेशिक साम्राज्यवाद केवल सैन्य विजय या भू-क्षेत्रीय अधिग्रहण तक सीमित नहीं था, बल्कि उसका वास्तविक स्थायित्व प्रशासनिक संरचनाओं, सांस्कृतिक प्रभुत्व और वैचारिक नियंत्रण के माध्यम से सुनिश्चित किया

गया।[377]उपनिवेशों पर दीर्घकालिक शासन बनाए रखने के लिए साम्राज्यवादी शक्तियों ने ऐसे प्रशासनिक, कानूनी और सांस्कृतिक ढाँचे विकसित किए, जो स्थानीय समाजों को न केवल नियंत्रित करें, बल्कि उन्हें मानसिक और वैचारिक रूप से भी अधीनस्थ बना दें।इस प्रक्रिया में दमन और सहमति दोनों का रणनीतिक उपयोग किया गया।[378]औपनिवेशिक शासन की आधारशिला प्रशासनिक संरचनाएँ और दमन थीं।यूरोपीय शक्तियों ने उपनिवेशों अफ्रीका ,एशिया में केंद्रीकृत नौकरशाही, कर-प्रणाली और कानून-व्यवस्था की संस्थाएँ स्थापित कीं, जिनका प्राथमिक उद्देश्य संसाधन-निकासी, राजस्व-संग्रह और राजनीतिक नियंत्रण था।[379]स्थानीय शासकीय प्रणालियों को या तो समाप्त कर दिया गया या उन्हें औपनिवेशिक प्रशासन के अधीन कर दिया गया।उदाहरणस्वरूप, ब्रिटिश उपनिवेशों में "सिविल सेवा" का निर्माण किया गया, जो संख्या में सीमित किंतु अत्यंत शक्तिशाली थी।[380]यह नौकरशाही स्थानीय समाज से सामाजिक रूप से पृथक रहती थी, जिससे शासन और जनता के बीच दूरी बनी रहती थी।जब प्रशासनिक नियंत्रण को चुनौती मिली, तब दमन का सहारा लिया गया,सैन्य बल, पुलिस तंत्र, आपात कानून और सामूहिक दंड जैसी व्यवस्थाएँ लागू की गईं।[381]इस दमन का उद्देश्य केवल विद्रोह को कुचलना नहीं, बल्कि भय और अनुशासन के माध्यम से सामाजिक नियंत्रण स्थापित करना था।प्रशासनिक दमन के साथ-साथ औपनिवेशिक शासन ने सांस्कृतिक प्रभुत्व और वैचारिक नियंत्रण को भी अत्यंत महत्त्व दिया।[382]साम्राज्यवादी शक्तियों ने यह समझ लिया था कि केवल बल प्रयोग से स्थायी शासन संभव नहीं है; इसके लिए शासित समाज की चेतना को भी प्रभावित करना आवश्यक है।इसीलिए संस्कृति, धर्म, ज्ञान और इतिहास की व्याख्या को औपनिवेशिक दृष्टि से पुनर्गठित किया गया।उपनिवेशों की परंपराओं और सामाजिक संरचनाओं को "पिछड़ा", "अतार्किक" या "असभ्य" घोषित किया गया, जबकि यूरोपीय संस्कृति को "आधुनिक", "वैज्ञानिक" और "उन्नत" के रूप में प्रस्तुत किया गया।[383]इस सांस्कृतिक पदानुक्रम ने प्रभुत्व को नैतिक वैधता प्रदान की और शासित समाजों में हीनता-बोध को जन्म दिया। **(मानचित्र : 11)**

मानचित्र 11 अफ्रीका का औपनिवेशिक विभाजन (1880–1914)

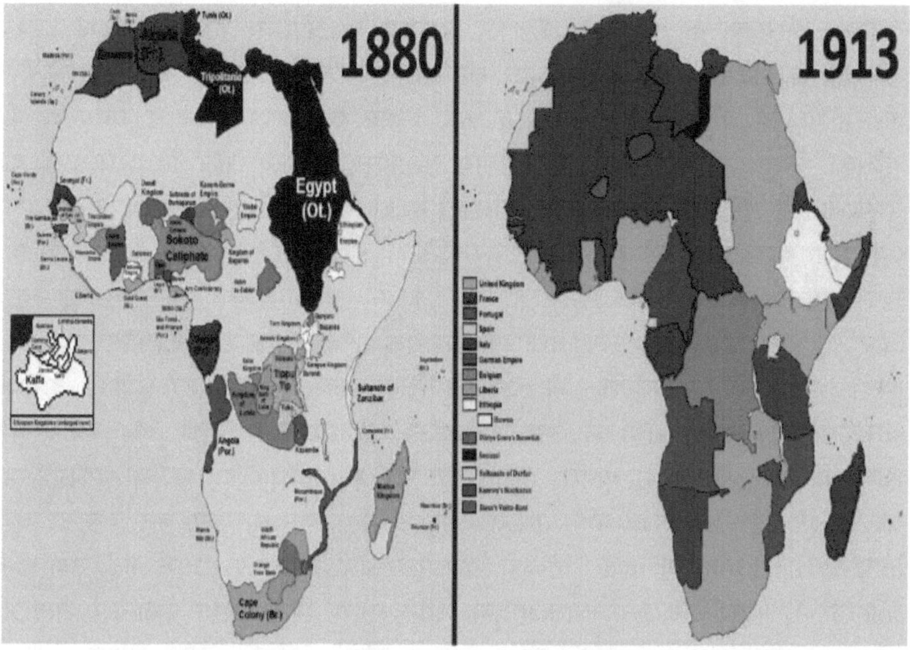

स्त्रोत ;विकिमीडिया कॉमन्स.

वैचारिक नियंत्रण का एक प्रमुख साधन था ज्ञान का उत्पादन और नियंत्रण।[384]औपनिवेशिक शक्तियों ने मानचित्रण, जनगणना, सर्वेक्षण और इतिहास-लेखन के माध्यम से उपनिवेशों को वर्गीकृत और परिभाषित किया।यह ज्ञान तटस्थ नहीं था; यह सत्ता के हितों से निर्देशित था।[385]जाति, जनजाति और नस्ल जैसी श्रेणियों को प्रशासनिक उपकरणों के रूप में उपयोग किया गया, जिससे समाज को विभाजित और नियंत्रित किया जा सके।इस प्रकार ज्ञान स्वयं सत्ता का एक रूप बन गया, जिसने औपनिवेशिक शासन को वैचारिक आधार प्रदान किया।[386]औपनिवेशिक प्रभुत्व को स्थायी बनाने में कानून, शिक्षा और भाषा की राजनीति ने निर्णायक भूमिका निभाई।औपनिवेशिक कानून-व्यवस्था ने स्थानीय न्याय-प्रणालियों को प्रतिस्थापित किया और ऐसे कानून बनाए गए, जो औपनिवेशिक हितों की रक्षा करें।[387]भूमि-स्वामित्व कानूनों ने पारंपरिक सामुदायिक अधिकारों को समाप्त कर निजी स्वामित्व और कर-आधारित व्यवस्था को लागू किया, जिससे किसान और स्थानीय समुदाय औपनिवेशिक अर्थव्यवस्था पर निर्भर

हो गए।कानून का यह ढाँचा औपचारिक रूप से "न्याय" का प्रतीक था, किंतु व्यावहारिक रूप से यह प्रभुत्व का उपकरण बन गया।[388]शिक्षा-प्रणाली औपनिवेशिक वैचारिक नियंत्रण का एक और सशक्त माध्यम थी।औपनिवेशिक शिक्षा का उद्देश्य व्यापक जन-शिक्षा नहीं, बल्कि एक सीमित स्थानीय अभिजात वर्ग का निर्माण करना था, जो औपनिवेशिक प्रशासन और स्थानीय समाज के बीच मध्यस्थ की भूमिका निभाए।[389]पाठ्यक्रमों में यूरोपीय इतिहास, साहित्य और विचारधाराओं को प्रमुखता दी गई, जबकि स्थानीय ज्ञान-परंपराओं को हाशियह पर रखा गया।इससे एक ऐसा वर्ग उभरा, जो भाषा और संस्कृति में औपनिवेशिक सत्ता के निकट था, किंतु सामाजिक रूप से अपने ही समाज से अलग-थलग पड़ गया।यह वर्ग औपनिवेशिक शासन के लिए वैचारिक समर्थन और प्रशासनिक सहयोग का स्रोत बना।[39]भाषा की राजनीति भी औपनिवेशिक प्रभुत्व का महत्वपूर्ण आयाम थी।औपनिवेशिक शक्तियों ने अपनी भाषाओं को प्रशासन, शिक्षा और न्याय की भाषा बनाया।[391]इससे न केवल शासन-संचालन में सुविधा हुई, बल्कि सांस्कृतिक प्रभुत्व भी स्थापित हुआ।भाषा सत्ता और अवसर का माध्यम बन गई,जो वर्ग औपनिवेशिक भाषा में दक्ष था, वही प्रशासन और शिक्षा में आगे बढ़ सका।इस प्रक्रिया ने सामाजिक असमानताओं को और गहरा किया तथा स्थानीय भाषाओं और सांस्कृतिक अभिव्यक्तियों को गौण बना दिया।[392]इन सभी प्रक्रियाओं,प्रशासनिक दमन, सांस्कृतिक प्रभुत्व, वैचारिक नियंत्रण, कानून, शिक्षा और भाषा,का संयुक्त प्रभाव यह था कि औपनिवेशिक शासन केवल बाहरी नियंत्रण नहीं रहा, बल्कि वह समाज की आंतरिक संरचना में भी समा गया।सत्ता केवल सैनिक छावनियों या प्रशासनिक कार्यालयों में नहीं, बल्कि स्कूलों, अदालतों और सांस्कृतिक मानकों में भी उपस्थित हो गई।[393] इसी कारण औपनिवेशिक प्रभुत्व का प्रभाव स्वतंत्रता के बाद भी लंबे समय तक बना रहा।औपनिवेशिक शासन की यह संरचना यह दर्शाती है कि साम्राज्यवाद केवल भौतिक शक्ति का प्रयोग नहीं था, बल्कि वह प्रशासनिक, सांस्कृतिक और वैचारिक वर्चस्व की समग्र परियोजना थी।दमन और सहमति, कानून और शिक्षा, भाषा और ज्ञान,इन सभी के माध्यम से उपनिवेशों को नियंत्रित किया गया।[394]इस विरासत को समझे बिना न तो औपनिवेशिक अतीत का सम्यक विश्लेषण संभव है और न ही समकालीन विश्व में सत्ता, संस्कृति और पहचान की राजनीति को पूर्णतः समझा जा सकता है।

वैश्विक पदानुक्रम और केंद्र-परिधि संरचना :

औपनिवेशिक साम्राज्यवाद की सबसे स्थायी और संरचनात्मक विशेषता मेट्रोपोल और उपनिवेश के बीच निर्मित वह असमान संबंध था, जिसने वैश्विक राजनीति और अर्थव्यवस्था को एक पदानुक्रमित ढाँचे में संगठित किया।[395]मेट्रोपोल वह केंद्रीय सत्ता थी जहाँ राजनीतिक निर्णय, औद्योगिक उत्पादन, पूँजी संचय और वैचारिक नेतृत्व केंद्रित था, जबकि उपनिवेश वह परिधीय क्षेत्र थे जिन्हें संसाधन-आपूर्ति, श्रम-शोषण और बाज़ार के रूप में ढाला गया।यह संबंध केवल अस्थायी शोषण का परिणाम नहीं था, बल्कि एक संस्थागत और दीर्घकालिक संरचना थी, जिसने आधुनिक विश्व-प्रणाली की नींव रखी।[396]माहनगर-उपनिवेश संबंध की मूल विशेषता थी आर्थिक असमानता का योजनाबद्ध निर्माण।औपनिवेशिक शासन के अंतर्गत उत्पादन की दिशा और स्वरूप मेट्रोपोल की आवश्यकताओं के अनुसार निर्धारित किए जाते थे।[397]उपनिवेशों में औद्योगिकीकरण को या तो रोका गया या सीमित रखा गया, ताकि वह मेट्रोपोल के उद्योगों के लिए प्रतिस्पर्धी न बन सकें।इसके विपरीत, उन्हें कच्चे माल, कृषि-उत्पाद और खनिजों के निर्यातक के रूप में विकसित किया गया।इस प्रक्रिया में माहनगरों में औद्योगिक पूँजी और तकनीक का संकेन्द्रण हुआ, जबकि उपनिवेशों में एक-उत्पाद आधारित और बाह्य-निर्भर अर्थव्यवस्थाएँ स्थापित हो गईं।[398]यह असमान विकास किसी आकस्मिक ऐतिहासिक परिस्थिति का परिणाम नहीं था, बल्कि औपनिवेशिक नीति का केंद्रीय उद्देश्य था।इस असमानता का दूसरा आयाम निर्भरता के रूप में प्रकट हुआ।[399]उपनिवेशों की अर्थव्यवस्था, वित्त, परिवहन और व्यापार संरचना इस प्रकार डिज़ाइन की गई कि वह मेट्रोपोल पर निर्भर रहें।निर्यात-आयात की दिशा, कीमतों का निर्धारण और वित्तीय प्रवाह माहनगरों के नियंत्रण में था।परिणामस्वरूप, उपनिवेशों में पूँजी का संचय नहीं हो पाया और वह बाहरी निवेश, प्रौद्योगिकी और बाज़ारों पर निर्भर बने रहे।[400]स्वतंत्रता के बाद भी अनेक पूर्व-उपनिवेश इस संरचना से पूरी तरह बाहर नहीं निकल सके, जिससे नव-उपनिवेशवाद की स्थिति उत्पन्न हुई;जहाँ राजनीतिक स्वतंत्रता के बावजूद आर्थिक निर्भरता बनी रही।[401]माहन गर-उपनिवेश संबंध को व्यापक स्तर पर समझने के लिए इसे साम्राज्यवादी विश्व-प्रणाली के रूप में देखना आवश्यक है।[402]

इस विश्व-प्रणाली में मेट्रोपोल केंद्र के रूप में कार्य करते थे, जहाँ उच्च-मूल्य उत्पादन, वित्त और निर्णय-निर्माण केंद्रित था; उपनिवेश परिधि के रूप में, जहाँ निम्न-मूल्य उत्पादन और संसाधन-निकासी होती थी; और कुछ क्षेत्र अर्ध-

परिधि के रूप में, जो दोनों के बीच सेतु का कार्य करते थे।यह संरचना केवल आर्थिक नहीं, बल्कि राजनीतिक और वैचारिक भी थी;केंद्र में नियम-निर्माण और वैधता का अधिकार, परिधि में अनुकूलन और अनुपालन की बाध्यता।[403]इस साम्राज्यवादी विश्व-प्रणाली ने वैश्विक असमानताओं को संस्थागत कर दिया।व्यापार के नियम, समुद्री कानून, वित्तीय संस्थाएँ और यहाँ तक कि ज्ञान-उत्पादन की प्रणालियाँ भी केंद्र के हितों के अनुरूप विकसित हुईं।[404]उपनिवेशों में शिक्षा, कानून और प्रशासन का उद्देश्य स्थानीय स्वायत्तता को बढ़ाना नहीं, बल्कि केंद्र-परिधि संबंध को बनाए रखना था।इस प्रकार, माहन गर-उपनिवेश संबंध केवल आर्थिक लेन-देन नहीं, बल्कि सत्ता और ज्ञान की वैश्विक राजनीति का हिस्सा बन गया।[405]भू-राजनीतिक दृष्टि से यह संबंध साम्राज्यिक स्थिरता और प्रतिस्पर्धा दोनों का आधार था।माहनगरों के बीच प्रतिस्पर्धा परिधीय क्षेत्रों में संसाधनों, बाज़ारों और रणनीतिक स्थानों पर नियंत्रण के लिए लड़ी जाती थी।युद्धों और संधियों के माध्यम से परिधि का पुनर्वितरण होता था, किंतु केंद्र-परिधि की मूल संरचना बनी रहती थी।[406]यही कारण है कि औपनिवेशिक साम्राज्यों के पतन के बाद भी वैश्विक आर्थिक और राजनीतिक असमानताएँ पूरी तरह समाप्त नहीं हुईं।इस व्यवस्था का सामाजिक-सांस्कृतिक प्रभाव भी गहरा था।उपनिवेशों में यह धारणा प्रबल हुई कि विकास का एकमात्र मार्ग माहनगरों के मॉडल का अनुकरण है, जबकि स्थानीय ज्ञान और उत्पादन-प्रणालियाँ हाशियह पर चली गईं।[407]इससे विकास का एक एकरेखीय और पदानुक्रमित मॉडल स्थापित हुआ, जिसने परिधीय समाजों की आत्मनिर्भरता और विविधता को कमजोर किया।मेट्रोपोल बनाम उपनिवेश का विश्लेषण यह स्पष्ट करता है कि साम्राज्यवाद केवल अतीत की राजनीतिक घटना नहीं, बल्कि आधुनिक विश्व-प्रणाली की संरचनात्मक नींव है।असमान विकास, निर्भरता और केंद्र-परिधि विभाजन आज भी वैश्विक राजनीति, विकास-विवाद और भू-राजनीतिक प्रतिस्पर्धा में परिलक्षित होते हैं।[408]इसलिए, साम्राज्यवादी विश्व-प्रणाली को समझना केवल इतिहास का अध्ययन नहीं, बल्कि समकालीन वैश्विक असमानताओं और शक्ति-संबंधों की व्याख्या के लिए भी अनिवार्य है।

साम्राज्यवाद, उपनिवेशवाद और भू-राजनीतिक सिद्धांत

साम्राज्यवाद और उपनिवेशवाद केवल ऐतिहासिक घटनाएँ नहीं थे, बल्कि वह भू-राजनीतिक सिद्धांतों के व्यवहारिक प्रयोग भी थे।[409]19वीं और 20वीं सदी की प्रमुख भू-राजनीतिक अवधारणाएँ,समुद्री शक्ति सिद्धांत, हार्टलैंड सिद्धांत और रिमलैंड सिद्धांत,प्रत्यक्ष या अप्रत्यक्ष रूप से औपनिवेशिक राजनीति से प्रेरित थीं और उसी

से पुष्ट भी हुईं।इन सिद्धांतों ने यह स्पष्ट किया कि किस प्रकार भूगोल, संसाधन, संचार मार्ग और शक्ति का संयोजन वैश्विक प्रभुत्व को जन्म देता है।[410]साम्राज्यवाद इन सिद्धांतों की प्रयोगशाला था, जबकि उपनिवेशवाद उनका संस्थागत रूप।सबसे पहले, समुद्री शक्ति सिद्धांत और साम्राज्य के संबंध को देखा जा सकता है।उन्नीसवीं सदी के अंत में अल्फ्रेड थायर माहन द्वारा प्रतिपादित समुद्री शक्ति सिद्धांत इस ऐतिहासिक अनुभव पर आधारित था कि जिन शक्तियों ने समुद्रों पर नियंत्रण स्थापित किया, वह वैश्विक राजनीति में अग्रणी बनीं।[411]तथ्य यह है कि 1800 से 1914 के बीच विश्व व्यापार का लगभग 85–90% समुद्री मार्गों से संचालित होता था।ब्रिटिश साम्राज्य, जिसने 19वीं सदी में विश्व के लगभग एक-चौथाई भू-भाग और जनसंख्या पर शासन किया, अपने नौसैनिक प्रभुत्व के बिना यह स्थिति प्राप्त नहीं कर सकता था।[412]1914 तक ब्रिटेन के पास दुनिया का सबसे बड़ा नौसैनिक बेड़ा था और उसके नियंत्रण में जिब्राल्टर, स्वेज, केप ऑफ गुड होप, सिंगापुर और हांगकांग जैसे रणनीतिक समुद्री नोड्स थे।समुद्री शक्ति सिद्धांत ने इस अनुभव को सैद्धांतिक रूप दिया और यह स्थापित किया कि साम्राज्य भूमि से अधिक समुद्रों के माध्यम से जुड़े और नियंत्रित किए जाते हैं।[413]समुद्री शक्ति सिद्धांत में साम्राज्य को एक वैश्विक नेटवर्क के रूप में देखा गया,जहाँ उपनिवेश व्यापारिक, सैन्य और संचार नोड्स के रूप में कार्य करते थे।औपनिवेशिक राजनीति में बंदरगाह, नौसैनिक अड्डे और चोक-पॉइंट्स का महत्व इसी सिद्धांत का व्यावहारिक प्रमाण था।उदाहरणस्वरूप, 1869 में स्वेज नहर के खुलने के बाद यूरोप-भारत समुद्री मार्ग लगभग 40% छोटा हो गया, जिससे ब्रिटिश साम्राज्य की प्रशासनिक और सैन्य क्षमता में उल्लेखनीय वृद्धि हुई।[414]इस प्रकार समुद्री शक्ति सिद्धांत साम्राज्यवाद की रणनीतिक रीढ़ बन गया।दूसरा प्रमुख सैद्धांतिक आयाम हार्टलैंड और रिमलैंड दृष्टि में औपनिवेशिक राजनीति से संबंधित है।हैलफोर्ड मैकिंडर का हार्टलैंड सिद्धांत (1904) मूलतः इस चिंता से उत्पन्न हुआ कि यदि यूरेशिया के आंतरिक भू-भाग पर किसी एक शक्ति का नियंत्रण हो गया, तो वह समुद्री शक्तियों के प्रभुत्व को चुनौती दे सकती है।[415]यद्यपि हार्टलैंड स्वयं औपनिवेशिक उपनिवेशीकरण का प्रमुख क्षेत्र नहीं था, फिर भी औपनिवेशिक राजनीति का एक उद्देश्य यह था कि हार्टलैंड-आधारित शक्तियाँ समुद्रों और परिधीय क्षेत्रों तक न पहुँच सकें।ब्रिटिश साम्राज्य की "ग्रेट गेम" नीति,मध्य एशिया और अफगानिस्तान में प्रभाव बनाए रखना,इसी हार्टलैंड चिंता से प्रेरित थी।[416]इसके प्रत्युत्तर में विकसित रिमलैंड सिद्धांत (निकोलस स्पाइकमैन) औपनिवेशिक यथार्थ के और अधिक निकट था।रिमलैंड,यूरोप के तटीय क्षेत्र, मध्य-पूर्व, दक्षिण एशिया,

दक्षिण-पूर्व एशिया और पूर्वी एशिया,वही क्षेत्र थे जहाँ औपनिवेशिक प्रतिस्पर्धा सबसे तीव्र थी।तथ्य यह है कि 19वीं सदी के अंत तक वैश्विक औद्योगिक उत्पादन, जनसंख्या और व्यापार का बड़ा हिस्सा इन्हीं तटीय और परिधीय क्षेत्रों में केंद्रित था।[417]

स्पाइकमैन का तर्क कि "जो रिमलैंड को नियंत्रित करता है, वही यूरेशिया को नियंत्रित करता है," औपनिवेशिक अनुभव से पुष्ट होता है,क्योंकि यूरोपीय शक्तियों ने इन्हीं क्षेत्रों में उपनिवेश, नौसैनिक अड्डे और व्यापारिक केंद्र स्थापित किए।[418]औपनिवेशिक राजनीति ने हार्टलैंड और रिमलैंड दोनों सिद्धांतों को यह दिखाया कि भू-रणनीति केवल भू-क्षेत्र का प्रश्न नहीं, बल्कि कनेक्टिविटी और नियंत्रण का प्रश्न है।समुद्री मार्गों, तटीय क्षेत्रों और आंतरिक कनेक्टिविटी पर नियंत्रण ने साम्राज्यों को वैश्विक स्तर पर प्रभावी बनाया।[419]इस प्रकार भू-राजनीतिक सिद्धांत औपनिवेशिक अनुभवों से जन्मे और उन्हीं अनुभवों के माध्यम से पुष्ट हुए।तीसरा और सबसे व्यापक आयाम है भू-रणनीति और प्रभुत्व की दीर्घकालिक विरासत।औपनिवेशिक साम्राज्यों के पतन के बाद भी उनके द्वारा निर्मित भू-रणनीतिक ढाँचे पूरी तरह समाप्त नहीं हुए।[420]आज की अंतरराष्ट्रीय सीमाएँ, समुद्री कानून, वैश्विक व्यापार मार्ग और यहाँ तक कि कई रणनीतिक विवाद औपनिवेशिक भू-राजनीति की विरासत हैं।उदाहरणस्वरूप, अफ्रीका और मध्य-पूर्व की अनेक सीमाएँ औपनिवेशिक काल में खींची गईं, जिनसे आज भी संघर्ष उत्पन्न होते हैं।[421]इसी प्रकार, वैश्विक नौसैनिक उपस्थिति और चोक-पॉइंट्स की राजनीति,जैसे होर्मुज़, मलक्का और बाब-अल-मंदेब,सीधे औपनिवेशिक समुद्री रणनीतियों की निरंतरता हैं।[422]आर्थिक दृष्टि से भी यह विरासत स्पष्ट है।औपनिवेशिक भू-रणनीति ने संसाधन-आधारित परिधीय अर्थव्यवस्थाओं और औद्योगिक केंद्रों के बीच जो विभाजन बनाया, वह आज की वैश्विक असमानताओं में परिलक्षित होता है।[423]आधुनिक भू-अर्थशास्त्र, ऊर्जा-सुरक्षा और आपूर्ति-श्रृंखला राजनीति उसी साम्राज्यवादी तर्क का आधुनिक रूप है,जहाँ प्रत्यक्ष उपनिवेशों के स्थान पर आर्थिक और तकनीकी निर्भरता ने प्रभुत्व का स्वरूप ग्रहण कर लिया है।[424]साम्राज्यवाद, उपनिवेशवाद और भू-राजनीतिक सिद्धांतों का विश्लेषण यह स्थापित करता है कि आधुनिक भू-राजनीति किसी शून्य में विकसित नहीं हुई।समुद्री शक्ति सिद्धांत, हार्टलैंड और रिमलैंड दृष्टियाँ औपनिवेशिक अनुभवों से उत्पन्न और उन्हीं के माध्यम से सैद्धांतिक रूप से परिष्कृत हुईं।[425]इन सिद्धांतों की दीर्घकालिक विरासत आज भी वैश्विक शक्ति-संतुलन, रणनीतिक प्रतिस्पर्धा और अंतरराष्ट्रीय राजनीति में स्पष्ट रूप से देखी जा सकती है।इसलिए, साम्राज्यवाद को

समझना केवल अतीत का अध्ययन नहीं, बल्कि समकालीन और भविष्य की भू-राजनीति को समझने की अनिवार्य शर्त है।

उपनिवेशवाद का अंत और उत्तर-औपनिवेशिक भू-राजनीति

20वीं सदी के मध्य तक आते-आते औपनिवेशिक साम्राज्यवाद का वह ढाँचा, जिसने लगभग चार शताब्दियों तक विश्व राजनीति को आकार दिया था, धीरे-धीरे विघटित होने लगा।[426]उपनिवेशवाद का अंत किसी एक घटना का परिणाम नहीं था, बल्कि यह स्वतंत्रता आंदोलनों, वैश्विक शक्ति-संतुलन में परिवर्तन, आर्थिक थकान और वैचारिक चुनौती का संयुक्त परिणाम था।हालाँकि राजनीतिक उपनिवेशवाद का औपचारिक अंत हो गया, किंतु उसकी जगह एक नई संरचना ने ले ली, जिसे सामान्यतः उत्तर-औपनिवेशिक भू-राजनीति और नव-उपनिवेशवाद के रूप में समझा जाता है।[427] उपनिवेशवाद के अंत का पहला और सबसे निर्णायक कारक थे स्वतंत्रता आंदोलन और साम्राज्य का विघटन।एशिया, अफ्रीका और लैटिन अमेरिका में उपनिवेशों के भीतर राजनीतिक चेतना, राष्ट्रवाद और आत्मनिर्णय की माँग तेज़ होती गई।[428]प्रथम और द्वितीय विश्व युद्धों ने यूरोपीय शक्तियों की आर्थिक-सैन्य क्षमता को गंभीर रूप से कमजोर कर दिया, जबकि उपनिवेशों में यह स्पष्ट हो गया कि मेट्रोपोल अब अजेय नहीं हैं।1945 के बाद भारत (1947), इंडोनेशिया (1949), घाना (1957), अल्जीरिया (1962) जैसे उदाहरणों ने औपनिवेशिक साम्राज्यों के पतन की श्रृंखला को तेज़ कर दिया।[429]1945 से 1975 के बीच एशिया और अफ्रीका में लगभग 70 से अधिक नए संप्रभु राष्ट्र अस्तित्व में आए, जिससे अंतरराष्ट्रीय प्रणाली का स्वरूप ही बदल गया।[430]स्वतंत्रता आंदोलनों ने केवल राजनीतिक सत्ता का हस्तांतरण नहीं किया, बल्कि उन्होंने औपनिवेशिक वैचारिक प्रभुत्व को भी चुनौती दी।राष्ट्रवाद, आत्मसम्मान और सांस्कृतिक पुनरुत्थान के विचारों ने यह स्थापित किया कि औपनिवेशिक शासन न तो नैतिक था और न ही अपरिहार्य।[431]संयुक्त राष्ट्र की स्थापना (1945) और आत्मनिर्णय के सिद्धांत ने इस प्रक्रिया को अंतरराष्ट्रीय वैधता प्रदान की।इस प्रकार, औपनिवेशिक साम्राज्य औपचारिक रूप से टूट गए और एक राज्य-केंद्रित, संप्रभु अंतरराष्ट्रीय व्यवस्था का विस्तार हुआ।[432]हालाँकि, औपनिवेशिक शासन के अंत का अर्थ प्रभुत्व के अंत से नहीं था।यहीं से नव-उपनिवेशवाद की अवधारणा सामने आती है।नव-उपनिवेशवाद उस स्थिति को दर्शाता है जिसमें कोई राज्य राजनीतिक रूप से स्वतंत्र तो होता है, किंतु आर्थिक, तकनीकी, वित्तीय और रणनीतिक रूप से बाहरी शक्तियों पर निर्भर बना रहता है।[433]प्रत्यक्ष प्रशासन और सैनिक शासन के स्थान

पर अब बाज़ार, निवेश, ऋण, बहुराष्ट्रीय कंपनियाँ और रणनीतिक गठबंधन प्रभुत्व के प्रमुख साधन बन गए।इस नई व्यवस्था में नियंत्रण अदृश्य होता है, किंतु प्रभाव उतना ही गहरा रहता है।[434]नव-उपनिवेशवाद का सबसे स्पष्ट रूप आर्थिक निर्भरता में दिखाई देता है।अनेक नव-स्वतंत्र देशों की अर्थव्यवस्थाएँ औपनिवेशिक काल में इस प्रकार संरचित थीं कि वह कच्चे माल के निर्यातक और निर्मित वस्तुओं के आयातक बनी रहीं।[435] स्वतंत्रता के बाद भी यह संरचना मूलतः बनी रही।औद्योगिकीकरण, तकनीकी विकास और पूँजी-संचय के लिए यह देश विकसित विश्व पर निर्भर रहे।अंतरराष्ट्रीय वित्तीय संस्थाएँ, ऋण-शर्तें और व्यापार नियम अक्सर ऐसी शर्तें लेकर आए, जो इन देशों की नीति-स्वायत्तता को सीमित करती थीं।[436]इस प्रकार, आर्थिक निर्भरता ने राजनीतिक स्वतंत्रता को आंशिक और सशर्त बना दिया।नव-उपनिवेशवाद का दूसरा प्रमुख आयाम है रणनीतिक प्रभाव और सुरक्षा-निर्भरता।शीत युद्ध के दौरान अनेक नव-स्वतंत्र राष्ट्र दो महाशक्तियों के बीच प्रतिस्पर्धा के क्षेत्र बन गए।[437]सैन्य सहायता, हथियारों की आपूर्ति और सुरक्षा समझौतों के माध्यम से बाहरी शक्तियों ने इन राज्यों की रणनीतिक दिशा को प्रभावित किया।यद्यपि औपचारिक उपनिवेश समाप्त हो चुके थे, किंतु सैन्य अड्डों, रक्षा सहयोग और खुफिया नेटवर्क के माध्यम से प्रभाव बनाए रखा गया।[438]यह स्थिति दर्शाती है कि भू-राजनीति में प्रभुत्व का स्वरूप बदला, समाप्त नहीं हुआ।

उत्तर-औपनिवेशिक भू-राजनीति का एक और महत्वपूर्ण पहलू है विकास और पहचान की राजनीति।नव-स्वतंत्र राष्ट्रों को एक साथ दो चुनौतियों का सामना करना पड़ा,आर्थिक विकास और राष्ट्रीय एकता।[439]औपनिवेशिक सीमाओं ने अनेक क्षेत्रों में जातीय, भाषाई और धार्मिक विभाजनों को जन्म दिया, जिससे आंतरिक संघर्ष और अस्थिरता बढ़ी।बाहरी शक्तियों ने कई बार इन आंतरिक कमजोरियों का लाभ उठाकर अपना प्रभाव बढ़ाया।[440]इस प्रकार, उत्तर-औपनिवेशिक राज्य न केवल बाहरी निर्भरता से, बल्कि आंतरिक संरचनात्मक समस्याओं से भी जूझते रहे।भू-राजनीतिक दृष्टि से, उपनिवेशवाद के अंत ने विश्व को अधिक बहुध्रुवीय और जटिल बना दिया।बड़ी संख्या में नए राज्यों के उदय ने अंतरराष्ट्रीय राजनीति में विविधता तो बढ़ाई, किंतु साथ ही असमानता और प्रतिस्पर्धा के नए रूप भी सामने आए।[441]गुटनिरपेक्ष आंदोलन जैसे प्रयासों ने नव-स्वतंत्र देशों को रणनीतिक स्वायत्तता प्रदान करने का प्रयास किया, किंतु आर्थिक और तकनीकी वास्तविकताओं ने इस स्वायत्तता को सीमित रखा।[442]इस प्रकार, उत्तर-औपनिवेशिक भू-राजनीति निरंतर स्वतंत्रता और निर्भरता के बीच संतुलन खोजने की प्रक्रिया बन गई।उपनिवेशवाद का अंत एक ऐतिहासिक मील का पत्थर था,

जिसने प्रत्यक्ष साम्राज्यिक शासन को समाप्त किया और संप्रभु राष्ट्र-राज्यों की संख्या में अभूतपूर्व वृद्धि की।किंतु उत्तर-औपनिवेशिक भू-राजनीति यह स्पष्ट करती है कि शक्ति-संबंध पूरी तरह समाप्त नहीं होते; वह केवल नए रूप, नए साधन और नई भाषाएँ ग्रहण कर लेते हैं।[443]नव-उपनिवेशवाद, आर्थिक निर्भरता और रणनीतिक प्रभाव आज भी वैश्विक राजनीति की वास्तविकताएँ हैं।इसलिए, उपनिवेशवाद के अंत को अंतिम बिंदु नहीं, बल्कि एक संक्रमण-काल के रूप में समझना अधिक उपयुक्त है; जहाँ औपचारिक स्वतंत्रता प्राप्त हुई, किंतु वास्तविक स्वायत्तता अब भी एक सतत संघर्ष और रणनीतिक चुनौती बनी हुई है।[444]

समकालीन वैश्विक व्यवस्था में साम्राज्यवादी विरासत

समकालीन वैश्विक व्यवस्था को यदि केवल शीत युद्ध, वैश्वीकरण या तकनीकी क्रांति के संदर्भ में समझा जाए, तो उसका विश्लेषण अधूरा रह जाएगा।[445]वास्तव में, आज की अंतरराष्ट्रीय राजनीति, संघर्षों की प्रकृति, असमान विकास और शक्ति-संरचना को गहराई से देखने पर यह स्पष्ट होता है कि उनमें साम्राज्यवादी और औपनिवेशिक विरासत गहराई से अंतर्निहित हैऔपनिवेशिक साम्राज्यों का औपचारिक अंत भले ही 20वीं सदी के मध्य में हो गया हो, किंतु उनके द्वारा निर्मित राजनीतिक सीमाएँ, आर्थिक संरचनाएँ और भू-रणनीतिक तर्क आज भी वैश्विक व्यवस्था को प्रभावित कर रहे हैं।[446]इस दृष्टि से समकालीन भू-राजनीति को उत्तर-औपनिवेशिक निरंतरता के रूप में समझना अधिक यथार्थपरक है।साम्राज्यवादी विरासत का सबसे प्रत्यक्ष और दृश्यमान प्रभाव सीमाओं, संघर्षों और पहचान की राजनीति में दिखाई देता है।औपनिवेशिक काल में खींची गई सीमाएँ प्रायः स्थानीय सामाजिक, जातीय, धार्मिक और सांस्कृतिक वास्तविकताओं की उपेक्षा करके निर्धारित की गई थीं।[447]अफ्रीका, मध्य-पूर्व और दक्षिण एशिया में आज भी अनेक संघर्ष इन्हीं कृत्रिम सीमाओं की देन हैं।औपनिवेशिक शक्तियों ने “प्रशासनिक सुविधा” और “रणनीतिक संतुलन” के आधार पर सीमाएँ तय कीं, जिसके परिणामस्वरूप कई समाज विभाजित हो गए और कई परस्पर विरोधी समूहों को एक ही राज्य के भीतर समाहित कर दिया गया।स्वतंत्रता के बाद इन राज्यों को राष्ट्र-निर्माण की कठिन चुनौती का सामना करना पड़ा, जहाँ पहचान की राजनीति,जातीयता, धर्म और भाषा अक्सर हिंसक संघर्षों का रूप ले लेती है।[448]इस प्रकार, औपनिवेशिक सीमाएँ आज भी राजनीतिक अस्थिरता और सुरक्षा संकट का प्रमुख स्रोत बनी हुई हैं।दूसरा महत्वपूर्ण आयाम वैश्विक असमानता और शक्ति-संरचना से संबंधित है।औपनिवेशिक साम्राज्यवाद ने विश्व को एक ऐसे पदानुक्रमित

ढाँचे में संगठित किया, जहाँ कुछ क्षेत्र औद्योगिक, वित्तीय और तकनीकी केंद्र बने, जबकि अन्य क्षेत्र कच्चे माल, सस्ते श्रम और बाज़ार के रूप में विकसित किए गए।[449]स्वतंत्रता के बाद भी यह संरचना मूलतः बनी रही।विकसित और विकासशील देशों के बीच आर्थिक खाई, तकनीकी निर्भरता और वित्तीय असमानता इस औपनिवेशिक विश्व-प्रणाली की निरंतरता को दर्शाती है।[450]अंतरराष्ट्रीय व्यापार नियम, वित्तीय संस्थाएँ और वैश्विक बाज़ार अक्सर उन देशों के हितों के अनुरूप कार्य करते हैं, जो ऐतिहासिक रूप से साम्राज्यवादी केंद्र रहे हैं।इस प्रकार, वैश्विक असमानता केवल वर्तमान नीतियों का परिणाम नहीं, बल्कि ऐतिहासिक शक्ति-संचय और शोषण की दीर्घकालिक विरासत है।[45]साम्राज्यवादी विरासत का तीसरा और अधिक सूक्ष्म रूप भू-राजनीति में औपनिवेशिक निरंतरता के रूप में दिखाई देता है।आज प्रत्यक्ष उपनिवेश भले ही न हों, किंतु रणनीतिक प्रभाव, सैन्य उपस्थिति, आर्थिक निर्भरता और राजनीतिक हस्तक्षेप के माध्यम से प्रभुत्व के नए रूप विकसित हो चुके हैं।[452]समुद्री मार्गों, चोक-पॉइंट्स, ऊर्जा संसाधनों और रणनीतिक क्षेत्रों पर नियंत्रण की राजनीति औपनिवेशिक युग की समुद्री और भू-रणनीतिक सोच का आधुनिक संस्करण है।अनेक क्षेत्रों में विदेशी सैन्य अड्डे, सुरक्षा समझौते और आर्थिक निवेश उसी तर्क पर आधारित हैं, जिस पर कभी औपनिवेशिक विस्तार हुआ करता था,अर्थात स्थान और संसाधनों पर नियंत्रण के माध्यम से वैश्विक प्रभाव बनाए रखना।[453]

औपनिवेशिक निरंतरता का एक और महत्वपूर्ण पक्ष ज्ञान, मानदंड और वैधता की राजनीति में दिखाई देता है।अंतरराष्ट्रीय कानून, शासन के मॉडल, विकास की अवधारणाएँ और यहाँ तक कि “आधुनिकता” की परिभाषाएँ भी काफी हद तक औपनिवेशिक अनुभवों से निर्मित हैं।[454]अनेक विकासशील देशों पर ऐसे राजनीतिक और आर्थिक मॉडल अपनाने का दबाव रहा है, जो ऐतिहासिक रूप से पश्चिमी अनुभवों पर आधारित हैं।इससे यह धारणा बनी कि विकास और प्रगति का एक ही मार्ग है, जबकि वैकल्पिक ऐतिहासिक और सांस्कृतिक मार्गों को कम महत्व दिया गया।यह वैचारिक प्रभुत्व भी साम्राज्यवादी विरासत का एक महत्वपूर्ण रूप है।[455]समकालीन वैश्विक व्यवस्था में साम्राज्यवादी विरासत का प्रभाव अंतरराष्ट्रीय संस्थाओं और निर्णय-प्रक्रियाओं में भी देखा जा सकता है।वैश्विक शासन-व्यवस्था में शक्ति का वितरण अभी भी असमान है; कुछ राज्य नियम-निर्माता हैं, जबकि अधिकांश नियम-पालक।[456]यह स्थिति औपनिवेशिक केंद्र-परिधि संरचना की स्मृति कराती है, जहाँ निर्णय एक सीमित समूह द्वारा लिए जाते थे और शेष विश्व उन निर्णयों के प्रभावों को झेलता था।यद्यपि आज यह प्रक्रिया औपचारिक रूप से

बहुपक्षीय है, किंतु वास्तविक प्रभाव-क्षमता अभी भी असमान रूप से वितरित है।समकालीन वैश्विक व्यवस्था में साम्राज्यवादी विरासत यह स्पष्ट करती है कि इतिहास और वर्तमान के बीच एक गहरा संरचनात्मक संबंध है।सीमाएँ, संघर्ष, पहचान की राजनीति, वैश्विक असमानता और भू-रणनीतिक प्रतिस्पर्धा,यह सभी केवल समकालीन घटनाएँ नहीं, बल्कि औपनिवेशिक अतीत से जुड़े हुए हैं।[457]इसलिए, आधुनिक भू-राजनीति को समझने के लिए यह आवश्यक है कि साम्राज्यवाद को एक समाप्त अध्याय नहीं, बल्कि एक लगातार प्रभाव डालने वाली ऐतिहासिक प्रक्रिया के रूप में देखा जाए।इसी समझ के आधार पर ही अधिक न्यायसंगत, संतुलित और स्थायी वैश्विक व्यवस्था की कल्पना की जा सकती है।[458]

यह अध्याय साम्राज्यवाद, उपनिवेशवाद और भू-राजनीति के अंतर्संबंधों का समग्र विश्लेषण प्रस्तुत करता है और यह स्पष्ट करता है कि औपनिवेशिक विस्तार केवल ऐतिहासिक घटना नहीं, बल्कि आधुनिक वैश्विक व्यवस्था की भू-रणनीतिक आधारशिला रहा है।[459]औपनिवेशिक भू-रणनीति ने जिस प्रकार समुद्रों, भू-क्षेत्रों, संसाधनों और संचार मार्गों को संगठित किया, उसने अंतरराष्ट्रीय राजनीति की दिशा को दीर्घकाल तक प्रभावित किया।इस निष्कर्ष में अध्याय के प्रमुख बिंदुओं को समेकित करते हुए यह समझने का प्रयास किया गया है कि साम्राज्यवाद से शीत युद्ध तक की यात्रा किस प्रकार एक निरंतरता के रूप में विकसित हुई।[460]औपनिवेशिक भू-रणनीति का पहला और केंद्रीय निष्कर्ष यह है कि भूगोल सत्ता का निष्क्रिय मंच नहीं, बल्कि शक्ति का सक्रिय कारक है।साम्राज्यवादी शक्तियों ने समुद्री मार्गों, चोक-पॉइंट्स, बंदरगाहों, रेलमार्गों और सीमाओं को रणनीतिक रूप से इस प्रकार व्यवस्थित किया कि वैश्विक प्रभुत्व संभव हो सके।[461]समुद्री शक्ति सिद्धांत, हार्टलैंड और रिमलैंड जैसी अवधारणाएँ औपनिवेशिक अनुभवों से ही विकसित हुईं और उन्होंने यह स्थापित किया कि नियंत्रण का प्रश्न केवल भूमि या जनसंख्या का नहीं, बल्कि कनेक्टिविटी, संसाधन-प्रवाह और रणनीतिक गहराई का है।औपनिवेशिक भू-रणनीति ने विश्व को केंद्र-परिधि संरचना में बाँट दिया, जहाँ कुछ क्षेत्र निर्णय और शक्ति के केंद्र बने, जबकि शेष क्षेत्र संसाधन-आपूर्ति और रणनीतिक उपयोग के साधन।[462]दूसरा प्रमुख निष्कर्ष यह है कि साम्राज्यवाद केवल बाहरी प्रभुत्व नहीं था, बल्कि उसने आंतरिक शासन, अर्थव्यवस्था और संस्कृति को भी पुनर्गठित किया।प्रशासनिक संरचनाएँ, कानून, शिक्षा और भाषा,इन सभी के माध्यम से औपनिवेशिक सत्ता ने केवल दमन नहीं, बल्कि सहमति और वैचारिक अधीनता भी निर्मित की।[46]इस प्रक्रिया ने उपनिवेशों में असमान विकास, आर्थिक निर्भरता और पहचान-संकट को जन्म दिया, जो

स्वतंत्रता के बाद भी पूरी तरह समाप्त नहीं हो सके।इस प्रकार औपनिवेशिक भू-रणनीति की विरासत केवल सीमाओं और संसाधनों तक सीमित नहीं रही, बल्कि उसने समाजों की आंतरिक संरचना को भी प्रभावित किया।[464]तीसरा महत्वपूर्ण निष्कर्ष यह है कि साम्राज्यवाद और शक्ति-संतुलन एक-दूसरे से अविभाज्य थे।यूरोपीय शक्तियों की प्रतिद्वंद्विता, औपनिवेशिक युद्ध और साम्राज्य-विस्तार ने वैश्विक राजनीति को एक प्रतिस्पर्धी और संघर्षपूर्ण स्वरूप दिया।[465]

उपनिवेश केवल आर्थिक लाभ के स्रोत नहीं थे, बल्कि वह शक्ति-संतुलन के उपकरण थे,जिनके माध्यम से प्रतिद्वंद्वी शक्तियों को रोका या कमजोर किया जा सकता था।इस प्रतिस्पर्धा ने अंततः विश्व युद्धों की पृष्ठभूमि तैयार की, जहाँ औपनिवेशिक संसाधन और रणनीतिक क्षेत्र निर्णायक कारक बने।[466]यहीं से साम्राज्यवाद से शीत युद्ध तक की संक्रमण-रेखा स्पष्ट होती है।द्वितीय विश्व युद्ध के बाद औपनिवेशिक साम्राज्यों का औपचारिक अंत हुआ, किंतु उनकी भू-रणनीतिक तर्कशक्ति समाप्त नहीं हुई।प्रत्यक्ष उपनिवेशवाद के स्थान पर प्रभाव-क्षेत्रों, सैन्य गठबंधनों, आर्थिक निर्भरता और वैचारिक प्रतिस्पर्धा ने ले ली।[467]शीत युद्ध की द्विध्रुवीय व्यवस्था,अमेरिका और सोवियत संघ के बीच,औपनिवेशिक शक्ति-संतुलन की ही एक नई अभिव्यक्ति थी।एशिया, अफ्रीका और लैटिन अमेरिका के नव-स्वतंत्र राष्ट्र इस प्रतिस्पर्धा के प्रमुख क्षेत्र बने, जहाँ पहले उपनिवेशों के रूप में और बाद में प्रभाव-क्षेत्रों के रूप में नियंत्रण की राजनीति चली।[468]इस संक्रमण में नव-उपनिवेशवाद की अवधारणा विशेष रूप से महत्वपूर्ण हो जाती है।यद्यपि औपनिवेशिक शासन समाप्त हो गया, किंतु आर्थिक संरचनाएँ, व्यापार-निर्भरता, तकनीकी असमानता और रणनीतिक हस्तक्षेप जारी रहे।[469]शीत युद्ध के दौरान सहायता, ऋण, सैन्य सहयोग और वैचारिक समर्थन के माध्यम से बाहरी शक्तियों ने नव-स्वतंत्र राज्यों की नीति-स्वायत्तता को सीमित किया।इस प्रकार, साम्राज्यवाद का प्रत्यक्ष रूप भले ही समाप्त हो गया हो, किंतु उसका भू-राजनीतिक सार नए रूपों में जीवित रहा।[470]औपनिवेशिक भू-रणनीति आधुनिक अंतरराष्ट्रीय व्यवस्था की एक ऐतिहासिक निरंतरता है।साम्राज्यवाद, विश्व युद्ध, शीत युद्ध और यहाँ तक कि समकालीन भू-राजनीतिक प्रतिस्पर्धाएँ,सभी एक ही दीर्घकालिक शक्ति-तर्क की विभिन्न अवस्थाएँ हैं।[471]इसलिए, आधुनिक भू-राजनीति को समझने के लिए औपनिवेशिक अतीत को केवल ऐतिहासिक पृष्ठभूमि नहीं, बल्कि एक सक्रिय संरचनात्मक विरासत के रूप में देखना आवश्यक है।इसी समझ से यह स्पष्ट होता है कि वर्तमान वैश्विक व्यवस्था में शक्ति, असमानता और संघर्ष की जड़ें कहाँ

निहित हैं, और भविष्य में अधिक संतुलित तथा न्यायपूर्ण अंतरराष्ट्रीय व्यवस्था की संभावनाएँ किस प्रकार विकसित हो सकती हैं।[472] **(मानचित्र : 12)**

मानचित्र 12 : हार्टलैंड-रिमलैंड दृष्टि में औपनिवेशिक एवं उत्तर-औपनिवेशिक प्रभाव क्षेत्र

स्त्रोत : कोहेन, सॉल बी.

अध्याय-5

शीत युद्ध और द्विध्रुवीय विश्व व्यवस्था

शीत युद्ध का उद्भव 20वीं सदी की अंतरराष्ट्रीय राजनीति की सबसे निर्णायक घटनाओं में से एक था, जिसने लगभग पाँच दशकों तक वैश्विक व्यवस्था, शक्ति-संतुलन और भू-राजनीतिक चिंतन को गहराई से प्रभावित किया।[473]इसका आरंभ किसी औपचारिक युद्ध-घोषणा से नहीं, बल्कि द्वितीय विश्व युद्ध के बाद उत्पन्न शक्ति-रिक्तता, वैचारिक टकराव और सुरक्षा-संबंधी आशंकाओं से हुआ।[474]शीत युद्ध को समझने के लिए यह आवश्यक है कि उसे केवल अमेरिका और सोवियत संघ के बीच संघर्ष के रूप में न देखकर, एक वैश्विक संरचनात्मक परिवर्तन के रूप में देखा जाए,जहाँ बहुध्रुवीय यूरोपीय व्यवस्था का अंत हुआ और एक नई द्विध्रुवीय विश्व व्यवस्था अस्तित्व में आई।[475]द्वितीय विश्व युद्ध (1939–1945) के बाद अंतरराष्ट्रीय स्थिति मूलतः परिवर्तित हो चुकी थी।यूरोप, जो सदियों तक विश्व राजनीति का केंद्र रहा था, युद्ध से आर्थिक, सैन्य और नैतिक रूप से टूट चुका था।[476]ब्रिटेन, फ्रांस और जर्मनी जैसी पारंपरिक महाशक्तियाँ न तो वैश्विक नेतृत्व की स्थिति में थीं और न ही अपने उपनिवेशों पर पहले जैसा नियंत्रण बनाए रखने में सक्षम थीं।इस शक्ति-पतन के परिणामस्वरूप अंतरराष्ट्रीय व्यवस्था में एक शक्ति-रिक्तता उत्पन्न हुई, जिसे दो नई महाशक्तियों,संयुक्त राज्य अमेरिका और सोवियत संघ ने भरना शुरू किया।[477]अमेरिका युद्ध से अपेक्षाकृत सुरक्षित और आर्थिक रूप से सुदृढ़ होकर उभरा, जबकि सोवियत संघ ने भारी जन-हानि के बावजूद पूर्वी यूरोप में सैन्य उपस्थिति और वैचारिक प्रभाव स्थापित किया।[478]इस स्थिति में अंतरराष्ट्रीय राजनीति का संक्रमण पारंपरिक शक्ति-संतुलन से हटकर द्विध्रुवीयता की ओर हुआ।[479]शीत युद्ध से पूर्व यूरोपीय राजनीति बहुध्रुवीय थी, जहाँ कई शक्तियाँ एक-दूसरे को संतुलित करती थीं।किंतु 1945 के बाद यह संरचना टिकाऊ नहीं रही।अमेरिका और सोवियत संघ,दोनों के पास विशाल सैन्य क्षमता, वैचारिक आकर्षण, आर्थिक संसाधन और वैश्विक प्रभाव था।[480]अन्य राज्य या तो इन दो ध्रुवों के प्रभाव में आए या उनके बीच संतुलन साधने का प्रयास करने लगे।इस प्रकार, विश्व राजनीति दो स्पष्ट शक्ति-केंद्रों में विभाजित हो गई, जिसने

अंतरराष्ट्रीय संबंधों की प्रकृति को मूलतः बदल दिया।[481]द्विध्रुवीयता के इस ढाँचे को और अधिक कठोर बनाने वाला तत्व था वैचारिक विभाजन : पूँजीवाद बनाम समाजवाद।अमेरिका के नेतृत्व में पश्चिमी खेमे ने उदार लोकतंत्र, मुक्त बाज़ार अर्थव्यवस्था और व्यक्तिगत स्वतंत्रता को अपनी वैचारिक पहचान बनाया।[482]इसके विपरीत, सोवियत संघ ने साम्यवादी विचारधारा, राज्य-नियंत्रित अर्थव्यवस्था और वर्गहीन समाज के आदर्श को आगे बढ़ाया।यह वैचारिक विभाजन केवल घरेलू राजनीतिक व्यवस्था तक सीमित नहीं था, बल्कि विदेश नीति, गठबंधन-निर्माण और वैश्विक हस्तक्षेप की दिशा भी इसी से निर्धारित होती थी।[483]प्रत्येक ध्रुव स्वयं को न केवल एक शक्ति के रूप में, बल्कि एक वैश्विक वैचारिक मॉडल के रूप में प्रस्तुत कर रहा था।इस वैचारिक टकराव ने शीत युद्ध को विशिष्ट स्वरूप प्रदान किया।

अमेरिका और सोवियत संघ के बीच प्रत्यक्ष सैन्य संघर्ष से बचाव किया गया, क्योंकि परमाणु हथियारों के उदय ने युद्ध को विनाशकारी बना दिया था।[484]इसके स्थान पर वैचारिक प्रतिस्पर्धा, कूटनीतिक संघर्ष, आर्थिक सहायता कार्यक्रम और परोक्ष युद्ध को प्राथमिकता दी गई।इसीलिए इसे "शीत" युद्ध कहा गया; जहाँ तनाव, अविश्वास और प्रतिस्पर्धा स्थायी थे, किंतु प्रत्यक्ष महायुद्ध से परहेज़ किया गया।[485]द्वितीय विश्व युद्ध के बाद स्थापित अंतरराष्ट्रीय संस्थाएँ भी इस नए वैश्विक संदर्भ का हिस्सा बनीं।संयुक्त राष्ट्र जैसे मंच शांति और सहयोग के लिए बनाए गए थे, किंतु व्यवहार में वह भी महाशक्तियों की राजनीति से अछूते नहीं रहे।[486]सुरक्षा परिषद में स्थायी सदस्यों की वीटो शक्ति ने यह स्पष्ट कर दिया कि द्विध्रुवीय विश्व में अंतरराष्ट्रीय व्यवस्था भी शक्ति-संबंधों से संचालित होगी।इसी प्रकार, आर्थिक पुनर्निर्माण और सहायता कार्यक्रम,जैसे मार्शल योजना,केवल मानवीय प्रयास नहीं थे, बल्कि वह वैचारिक और रणनीतिक साधन भी थे, जिनके माध्यम से प्रभाव-क्षेत्रों का विस्तार किया गया।[487]वैश्विक संदर्भ में शीत युद्ध का एक महत्वपूर्ण पहलू था उपनिवेशवाद का पतन और नव-स्वतंत्र राष्ट्रों का उदय।एशिया, अफ्रीका और लैटिन अमेरिका में स्वतंत्रता आंदोलनों ने दर्जनों नए राज्यों को जन्म दिया, जो इस द्विध्रुवीय प्रतिस्पर्धा के बीच अपने लिए स्थान तलाश रहे थे।[488] यह राज्य न तो औपनिवेशिक अतीत को दोहराना चाहता था और न ही किसी नए प्रभुत्व के अधीन जाना चाहता थे।यहीं से "तीसरी दुनिया" और आगे चलकर गुटनिरपेक्ष आंदोलन की पृष्ठभूमि तैयार हुई।[489]इस प्रकार, शीत युद्ध केवल दो महाशक्तियों का संघर्ष नहीं रहा, बल्कि वह एक वैश्विक प्रक्रिया बन गया,

जिसने विकसित और विकासशील,दोनों प्रकार के देशों को प्रभावित किया।[490]**(मानचित्र 13)**

मानचित्र 13 द्वितीय विश्व युद्ध के बाद द्विध्रुवीय विश्व व्यवस्था

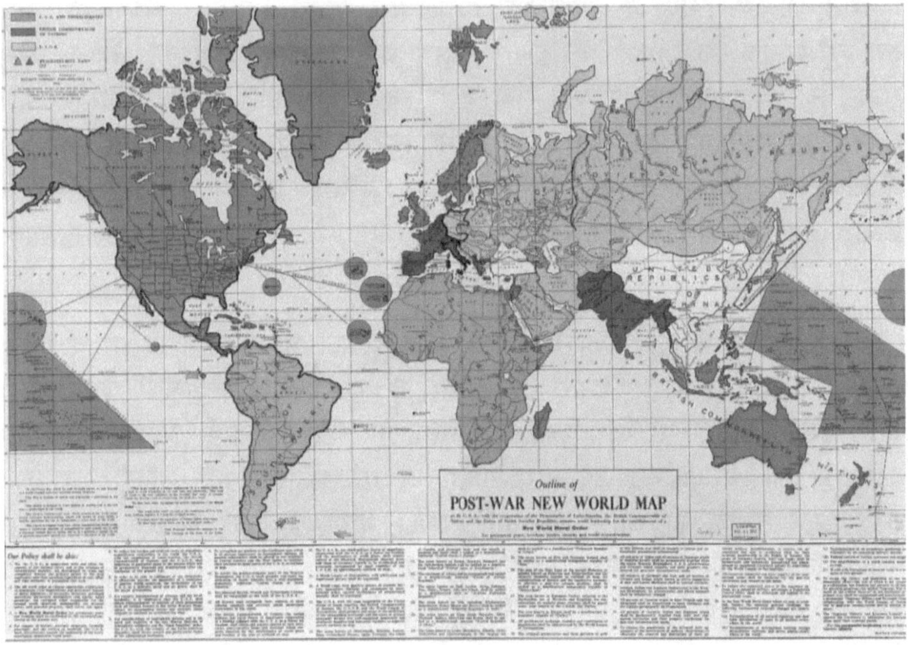

स्त्रोत : विकिमीडिया कॉमन्स

द्विध्रुवीय विश्व व्यवस्था का सिद्धांतात्मक आधार

शीत युद्ध की अंतरराष्ट्रीय व्यवस्था को समझने के लिए द्विध्रुवीयता (Bipolarity) की अवधारणा, यथार्थवादी दृष्टिकोण, और सुरक्षा दुविधा इन तीनों को एक साथ देखना अनिवार्य है।[491]अंतरराष्ट्रीय संबंधों के प्रमुख विद्वानों ने यह स्थापित किया है कि शीत युद्ध की राजनीति न तो आकस्मिक थी और न ही केवल वैचारिक शत्रुता का परिणाम; बल्कि वह अंतरराष्ट्रीय प्रणाली की संरचनात्मक अनिवार्यताओं से उत्पन्न हुई थी। द्विध्रुवीयता से आशय उस अंतरराष्ट्रीय संरचना से है जिसमें वैश्विक शक्ति दो प्रमुख महाशक्तियों में केंद्रित हो जाती है।इस अवधारणा को विशेष रूप से केनेथ वॉल्ट्ज ने अपनी कृति अंतरराष्ट्रीय राजनीति का सिद्धांत (1979) में स्पष्ट किया।[492]वॉल्ट्ज के अनुसार, द्वितीय विश्व युद्ध के

बाद अंतरराष्ट्रीय प्रणाली बहुध्रुवीयता से द्विध्रुवीयता में परिवर्तित हो गई, क्योंकि केवल संयुक्त राज्य अमेरिका और सोवियत संघ के पास ही इतनी सैन्य, आर्थिक और तकनीकी क्षमता थी कि वह वैश्विक स्तर पर प्रभाव डाल सकें।वॉल्ट्ज का तर्क था कि द्विध्रुवीय व्यवस्था अपेक्षाकृत अधिक स्थिर होती है, क्योंकि इसमें गठबंधन स्पष्ट होते हैं और गलत आकलन की संभावना बहुध्रुवीय व्यवस्था की तुलना में कम रहती है।[493]द्विध्रुवीयता की यह संरचना यथार्थवादी दृष्टिकोण के साथ गहराई से जुड़ी हुई है।शास्त्रीय यथार्थवाद के प्रवर्तक हंस जे. मॉर्गेंथाऊ ने राष्ट्रों के बीच राजनीति (1948) में यह प्रतिपादित किया कि अंतरराष्ट्रीय राजनीति मूलतः शक्ति की राजनीति (power politics) है, जहाँ राज्य अपने राष्ट्रीय हितों को शक्ति के माध्यम से साधते हैं।[494]मॉर्गेंथाऊ के अनुसार, कोई भी राज्य नैतिकता या आदर्शों के आधार पर नहीं, बल्कि सुरक्षा और हितों के आधार पर कार्य करता है।शीत युद्ध में अमेरिका और सोवियत संघ दोनों ने इसी यथार्थवादी तर्क का अनुसरण किया,दोनों ने एक-दूसरे को संभावित खतरे के रूप में देखा और शक्ति-संचय को अपनी नीति का केंद्र बनाया।नव-यथार्थवाद ने इस सोच को और संरचनात्मक आधार दिया।केनेथ वॉल्ट्ज ने यह तर्क दिया कि राज्यों का व्यवहार उनकी आंतरिक विचारधाराओं से अधिक अंतरराष्ट्रीय प्रणाली की संरचना से निर्धारित होता है।अमेरिका पूँजीवादी था और सोवियत संघ समाजवादी,फिर भी दोनों की रणनीतियाँ कई मामलों में समान थीं : गठबंधन निर्माण, सैन्य विस्तार और प्रभाव-क्षेत्रों की स्थापना।इससे यह स्पष्ट होता है कि शीत युद्ध केवल वैचारिक संघर्ष नहीं, बल्कि संरचनात्मक प्रतिस्पर्धा भी था।[492]यथार्थवादी ढाँचे में शक्ति-संतुलन की अवधारणा केंद्रीय है।ई. एच. कार ने *बीस वर्षों का संकट (1939)* में यह दिखाया कि शक्ति-संतुलन अंतरराष्ट्रीय व्यवस्था को पूरी तरह शांत नहीं करता, किंतु वह किसी एक शक्ति के पूर्ण प्रभुत्व को रोकता है।[495]शीत युद्ध में शक्ति-संतुलन का यह सिद्धांत परमाणु हथियारों के संदर्भ में और अधिक जटिल हो गया।अमेरिका और सोवियत संघ दोनों ने यह मान लिया कि प्रत्यक्ष युद्ध आत्मघाती होगा, इसलिए संतुलन निवारण पर आधारित होना चाहिए। यही सोच आगे चलकर म्यूचुअली एश्योर्ड डिस्ट्रक्शन सिद्धांत का आधार बनी।इस संरचना के मनोवैज्ञानिक और रणनीतिक आयाम को समझाने के लिए जॉन एच. हर्ज़ ने 1950 में सुरक्षा दुविधा की अवधारणा प्रस्तुत की।[496]

हर्ज़ के अनुसार, अराजक अंतरराष्ट्रीय व्यवस्था में जब कोई राज्य अपनी सुरक्षा बढ़ाने के लिए सैन्य तैयारी करता है, तो अन्य राज्य उसे आक्रामक इरादे के रूप में देखते हैं और प्रतिक्रिया में अपनी सुरक्षा बढ़ाते हैं।इस प्रक्रिया में सभी

राज्य स्वयं को पहले से अधिक असुरक्षित महसूस करने लगते हैं।शीत युद्ध में यह दुविधा अत्यंत स्पष्ट थी,नाटो का गठन सोवियत संघ को घेराबंदी जैसा लगा, जबकि वारसा संधि अमेरिका को साम्यवादी विस्तार का संकेत प्रतीत हुई।सुरक्षा दुविधा का स्वाभाविक परिणाम था आत्म-सहायता की धारणा, जिसे नव-यथार्थवादी विद्वानों ने विशेष रूप से रेखांकित किया।वॉल्ट्ज के अनुसार, अंतरराष्ट्रीय अराजकता में कोई भी केंद्रीय सत्ता राज्यों की रक्षा की गारंटी नहीं देती; इसलिए प्रत्येक राज्य को स्वयं अपनी सुरक्षा सुनिश्चित करनी पड़ती है।[492]शीत युद्ध में संयुक्त राष्ट्र जैसी संस्थाएँ महाशक्तियों को नियंत्रित करने में असमर्थ रहीं, जिससे अमेरिका और सोवियत संघ ने अपने-अपने सैन्य गठबंधनों और परमाणु क्षमताओं पर ही भरोसा किया।इन अवधारणाओं का संयुक्त प्रभाव यह था कि शीत युद्ध स्थायी तनाव की स्थिति बन गया।रॉबर्ट जर्विस ने *अंतर्राष्ट्रीय राजनीति में धारणा और भ्रांति (1976)* में दिखाया कि गलत धारणाएँ और अविश्वास सुरक्षा दुविधा को और गहरा करते हैं।[497]शीत युद्ध में कई बार दोनों पक्षों की नीतियाँ रक्षा के लिए थीं, किंतु उन्हें आक्रामक समझा गया, जिससे प्रतिस्पर्धा और तेज़ हो गई।विद्वानों के इस विश्लेषण से यह स्पष्ट होता है कि शीत युद्ध की द्विध्रुवीय व्यवस्था केवल ऐतिहासिक संयोग नहीं थी।वॉल्ट्ज की द्विध्रुवीयता, मॉर्गेंथाऊ का यथार्थवाद, हर्ज़ की सुरक्षा दुविधा, और कार का शक्ति-संतुलन सिद्धांत; यह सभी मिलकर शीत युद्ध की संरचना और व्यवहार को समझने का एक सुसंगत सैद्धांतिक ढाँचा प्रदान करते हैं।इसलिए, शीत युद्ध को सही अर्थों में समझने के लिए इन लेखकों और उनके सिद्धांतों का अध्ययन अनिवार्य है, क्योंकि इनके बिना न तो उस काल की स्थिरता समझी जा सकती है और न ही उसके अंतर्निहित तनावों की व्याख्या संभव है।

अमेरिका-सोवियत प्रतिस्पर्धा :

अमेरिका-सोवियत प्रतिस्पर्धा शीत युद्ध की केंद्रीय धुरी थी, जिसने 1945 से 1991 तक वैश्विक राजनीति की संरचना, दिशा और भाषा को निर्णायक रूप से निर्धारित किया।[498]यह प्रतिस्पर्धा केवल दो महाशक्तियों के बीच सत्ता-संघर्ष नहीं थी, बल्कि दो परस्पर विरोधी वैचारिक-आर्थिक प्रणालियों,लोकतांत्रिक पूँजीवाद और साम्यवादी समाजवाद,के बीच एक व्यापक ऐतिहासिक संघर्ष थी।द्वितीय विश्व युद्ध के बाद संयुक्त राज्य अमेरिका एक ऐसे देश के रूप में उभरा, जिसकी औद्योगिक क्षमता विश्व के कुल उत्पादन का लगभग 45–50 प्रतिशत थी, जिसके पास विशाल स्वर्ण भंडार, तकनीकी श्रेष्ठता और परमाणु हथियारों पर एकाधिकार था, जबकि सोवियत संघ ने युद्ध में लगभग 2.7 करोड़ नागरिकों और सैनिकों की क्षति उठाने

के बावजूद पूर्वी यूरोप में सैन्य उपस्थिति, विशाल भू-क्षेत्र और एक वैकल्पिक समाजवादी मॉडल के माध्यम से स्वयं को दूसरी महाशक्ति के रूप में स्थापित किया।[499]अमेरिका ने उदार लोकतंत्र, मुक्त बाज़ार, निजी संपत्ति और व्यक्तिगत स्वतंत्रता को न केवल अपने राष्ट्रीय मूल्यों के रूप में प्रस्तुत किया, बल्कि इन्हें एक वैश्विक मानक के रूप में प्रचारित किया, जबकि सोवियत संघ ने मार्क्स-लेनिनवादी समाजवाद, राज्य-नियंत्रित अर्थव्यवस्था और वर्गहीन समाज की अवधारणा को ऐतिहासिक रूप से अनिवार्य और नैतिक रूप से श्रेष्ठ विकल्प के रूप में सामने रखा।यह वैचारिक द्वंद्व अंतरराष्ट्रीय राजनीति में इस रूप में प्रकट हुआ कि प्रत्येक पक्ष दूसरे के विस्तार को अपने अस्तित्व के लिए खतरा मानने लगा।इसी संदर्भ में 1947 में घोषित ट्रूमैन डॉक्ट्रिन अमेरिका-सोवियत प्रतिस्पर्धा का औपचारिक आरंभिक बिंदु बनी, जिसके तहत अमेरिका ने यह घोषणा की कि वह उन सभी देशों की सहायता करेगा जो साम्यवाद के विस्तार या "बाहरी दबाव" के विरुद्ध संघर्ष कर रहे हैं।[500]इस नीति का वैचारिक आधार अमेरिकी राजनयिक जॉर्ज एफ. केनन द्वारा प्रतिपादित रोकथाम (साम्यवाद-निरोध) सिद्धांत था, जिसका उद्देश्य सोवियत संघ को प्रत्यक्ष युद्ध के बजाय राजनीतिक, आर्थिक और सैन्य उपायों के माध्यम से परिधि पर रोकना था।[501]

इसके व्यावहारिक रूप के रूप में 1947–1951 के बीच पश्चिमी यूरोप को मार्शल योजना के तहत लगभग 13 अरब डॉलर की आर्थिक सहायता दी गई, जिससे न केवल यूरोपीय पुनर्निर्माण संभव हुआ, बल्कि फ्रांस और इटली जैसे देशों में साम्यवादी दलों के प्रभाव को भी सीमित किया गया; इसी क्रम में 1949 में नाटो की स्थापना हुई, जिसने सामूहिक सुरक्षा के माध्यम से अमेरिकी नेतृत्व वाले पश्चिमी खेमे को संस्थागत रूप दिया। रोकथाम नीति ने अमेरिका को एशिया, मध्य-पूर्व, अफ्रीका और लैटिन अमेरिका तक सक्रिय हस्तक्षेप के लिए प्रेरित किया, जिसके परिणामस्वरूप कोरिया युद्ध, वियतनाम युद्ध और अनेक तख्तापलट व प्रॉक्सी संघर्ष सामने आए।[502]इसके समानांतर सोवियत संघ ने अमेरिकी रणनीति को घेराबंदी के रूप में देखते हुए अपनी प्रभाव-क्षेत्र नीति को सुदृढ़ किया और पूर्वी यूरोप में पोलैंड, हंगरी, रोमानिया, बुल्गारिया और चेकोस्लोवाकिया जैसे देशों में समाजवादी सरकारों की स्थापना सुनिश्चित की; 1949 में जर्मनी का विभाजन और 1955 में वारसा संधि का गठन इस नीति के संस्थागत प्रतीक थे।[503]सोवियत दृष्टि से यह विस्तार आक्रामक नहीं, बल्कि ऐतिहासिक अनुभवों,विशेषकर नेपोलियन और हिटलर के आक्रमणों के कारण अपनाई गई एक रक्षात्मक रणनीति थी, जिसका उद्देश्य पश्चिम से संभावित खतरे के विरुद्ध सुरक्षा-घेरा बनाना था।1960 के दशक

तक सोवियत संघ के पास लगभग 35–40 लाख सक्रिय सैनिक और अमेरिका के समकक्ष परमाणु हथियार भंडार विकसित हो चुका था, जिससे द्विध्रुवीय शक्ति-संतुलन परमाणु निवारण पर आधारित हो गया।यह वैचारिक-रणनीतिक प्रतिस्पर्धा सैन्य क्षेत्र तक सीमित नहीं रही, बल्कि आर्थिक सहायता, तकनीकी विकास, अंतरिक्ष दौड़ और वैचारिक प्रतिष्ठा तक फैल गई,1957 में सोवियत स्पुतनिक उपग्रह और 1969 में अमेरिकी अपोलो-11 चंद्र अभियान इसके प्रतीकात्मक उदाहरण थे।[504]तीसरी दुनिया के नव-स्वतंत्र राष्ट्र इस प्रतिस्पर्धा के प्रमुख रणक्षेत्र बने, जहाँ अमेरिका और सोवियत संघ ने सहायता, हथियार और वैचारिक समर्थन के माध्यम से प्रभाव बढ़ाने का प्रयास किया।इस प्रकार, लोकतांत्रिक पूँजीवाद बनाम साम्यवादी समाजवाद का संघर्ष, ट्रूमैन डॉक्ट्रिन और रोकथाम नीति, तथा सोवियत प्रभाव-क्षेत्र रणनीति,इन तीनों ने मिलकर अमेरिका-सोवियत प्रतिस्पर्धा को शीत युद्ध की स्थायी संरचना में बदल दिया, जो प्रत्यक्ष युद्ध से बचते हुए भी निरंतर तनाव, अविश्वास और वैश्विक हस्तक्षेप की राजनीति को जन्म देती रही, और जिसकी विरासत आज भी अंतरराष्ट्रीय संबंधों, गठबंधन राजनीति और भू-राजनीतिक सोच में स्पष्ट रूप से परिलक्षित होती है।[505]

शस्त्रीकरण, परमाणु संतुलन और निवारण

शीत युद्ध का सैन्य आयाम अमेरिका-सोवियत प्रतिस्पर्धा का सबसे खतरनाक और निर्णायक पक्ष था, जिसका केंद्र शस्त्रीकरण, परमाणु संतुलन और निवारण की राजनीति रही।[506]द्वितीय विश्व युद्ध के अंत में अमेरिका परमाणु हथियार रखने वाला एकमात्र देश था,1945 में हिरोशिमा और नागासाकी पर गिराए गए परमाणु बमों ने न केवल युद्ध का अंत किया, बल्कि वैश्विक राजनीति में सैन्य शक्ति की परिभाषा ही बदल दी; किंतु 1949 में सोवियत संघ के पहले परमाणु परीक्षण के साथ यह एकाधिकार समाप्त हो गया और परमाणु हथियारों की दौड़ आरंभ हुई।[507]1950 और 1960 के दशकों में दोनों महाशक्तियों ने न केवल परमाणु बमों की संख्या बढ़ाई, बल्कि उनकी गुणवत्ता और वितरण क्षमता,हाइड्रोजन बम, अंतरमहाद्वीपीय बैलिस्टिक मिसाइलें (ICBMs), पनडुब्बी-आधारित मिसाइलें (SLBMs) और रणनीतिक बमवर्षक को भी विकसित किया; परिणामस्वरूप 1960 के दशक के अंत तक अमेरिका और सोवियत संघ के पास मिलाकर 60,000 से अधिक परमाणु हथियार जमा हो चुके थे, जो पृथ्वी को कई बार नष्ट करने के लिए पर्याप्त थे।[508]इसी भयावह संतुलन से (पारस्परिक सुनिश्चित विनाश)सिद्धांत का जन्म हुआ, जिसका मूल तर्क यह था कि यदि एक पक्ष परमाणु हमला करता

है, तो दूसरा पक्ष प्रतिघात में इतना विनाश करेगा कि दोनों का अस्तित्व ही समाप्त हो जाएगा; इस प्रकार, परमाणु हथियार युद्ध-लड़ने के साधन के बजाय युद्ध-रोकने के साधन बन गए।[509]अमेरिकी रक्षा विश्लेषकों और यथार्थवादी चिंतकों,विशेषतः थॉमस शेलिंग ने इस निवारण तर्क को रणनीतिक सिद्धांत का रूप दिया, जिसके तहत सुरक्षा का आधार हथियारों का उपयोग नहीं, बल्कि उनकी विश्वसनीय क्षमता और प्रतिघात की निश्चितता बनी।[510]इस परमाणु संतुलन ने प्रत्यक्ष अमेरिका-सोवियत युद्ध को रोके रखा, किंतु इसके साथ ही दुनिया को निरंतर विनाश के भय में भी रखा, जैसा कि 1962 के क्यूबा मिसाइल संकट में स्पष्ट रूप से दिखाई दिया, जब मात्र कुछ दिनों में मानवता परमाणु युद्ध के कगार पर पहुँच गई।[511]इस सैन्य प्रतिस्पर्धा को संस्थागत रूप दिया नाटो (1949) और वारसा संधि (1955) जैसे सैन्य गठबंधनों ने,नाटो अमेरिका के नेतृत्व में पश्चिमी यूरोप की सामूहिक सुरक्षा का ढाँचा था, जबकि वारसा संधि सोवियत संघ के नेतृत्व में पूर्वी यूरोप का सैन्य संगठन; इन दोनों गठबंधनों ने यूरोप को सशस्त्र शिविरों में विभाजित कर दिया, जहाँ लाखों सैनिक, टैंक, मिसाइलें और परमाणु हथियार तैनात थे।1980 के दशक तक नाटो और वारसा संधि के संयुक्त सैन्य बजट और हथियार भंडार वैश्विक सैन्य शक्ति का बहुमत नियंत्रित करते थे, जिससे शीत युद्ध की राजनीति स्थायी सैन्यीकरण की स्थिति में बदल गई।इस प्रकार, शस्त्रीकरण की दौड़, परमाणु संतुलन और निवारण की रणनीति ने शीत युद्ध को एक ऐसी विरोधाभासी व्यवस्था बना दिया, जहाँ युद्ध की संभावना निरंतर बनी रही, किंतु उसी भय के कारण प्रत्यक्ष महायुद्ध टलता रहा,और यही सैन्य आयाम शीत युद्ध की सबसे स्थायी, खतरनाक और निर्णायक विशेषता सिद्ध हुआ।[512]

भू-राजनीतिक प्रतिस्पर्धा : क्षेत्र, मोर्चे और प्रभाव-क्षेत्र

शीत युद्ध की भू-राजनीतिक प्रतिस्पर्धा को समझने का सर्वाधिक उपयुक्त तरीका यह है कि उसे अलग-अलग क्षेत्रों, मोर्चों और प्रभाव-क्षेत्रों के माध्यम से देखा जाए, क्योंकि अमेरिका-सोवियत प्रतिद्वंद्विता किसी एक भू-भाग तक सीमित नहीं रही, बल्कि उसने संपूर्ण विश्व को एक विस्तृत रणनीतिक रंगमंच में बदल दिया।[513]द्वितीय विश्व युद्ध के बाद उभरी द्विध्रुवीय व्यवस्था में दोनों महाशक्तियों ने यह स्पष्ट कर लिया था कि प्रत्यक्ष युद्ध विनाशकारी होगा; इसलिए प्रतिस्पर्धा को स्थानिक और परोक्ष रूप दिया गया। इसी कारण यूरोप स्थायी सैन्य मोर्चा बना, एशिया प्रत्यक्ष युद्धों का क्षेत्र बना, और मध्य-पूर्व, अफ्रीका तथा लैटिन अमेरिका प्रभाव-क्षेत्रों की राजनीति, तख्तापलटों और गृहयुद्धों से भर गए।इस भू-राजनीतिक

प्रतिस्पर्धा का पहला और सबसे संगठित क्षेत्र यूरोप था। 1945 के बाद यूरोप केवल पुनर्निर्माण का क्षेत्र नहीं, बल्कि शीत युद्ध की अग्रिम पंक्ति बन गया। 1946 में विंस्टन चर्चिल द्वारा दिया गया "आयरन कर्टन" का रूपक वास्तविकता में बदल गया; बाल्टिक सागर से लेकर एड्रियाटिक सागर तक एक ऐसी विभाजन रेखा खिंच गई, जिसने यूरोप को दो राजनीतिक-सैन्य खेमों में बाँट दिया।[514]पश्चिमी यूरोप अमेरिकी प्रभाव में नाटो के माध्यम से संगठित हुआ, जबकि पूर्वी यूरोप सोवियत संघ के नेतृत्व में वारसा संधि का हिस्सा बना। इस विभाजन का सबसे सशक्त प्रतीक जर्मनी और बर्लिन बने। 1949 में जर्मनी का औपचारिक विभाजन हुआ,पश्चिम जर्मनी (FRG) और पूर्वी जर्मनी (GDR) और बर्लिन, जो स्वयं पूर्वी जर्मनी के भीतर स्थित था, एक विभाजित शहर में बदल गया। 1948–49 की बर्लिन नाकेबंदी और उसके उत्तर में अमेरिकी-ब्रिटिश एयरलिफ्ट, तथा 1961 में बर्लिन दीवार का निर्माण इस तथ्य का प्रमाण था कि यूरोप शीत युद्ध का सबसे संवेदनशील मोर्चा था।[515]1980 के दशक तक केवल मध्य यूरोप में नाटो और वारसा संधि के 20–25 लाख से अधिक सैनिक, हज़ारों टैंक, मिसाइलें और परमाणु हथियार तैनात थे, जिससे यूरोप विश्व का सबसे अधिक सैन्यीकृत क्षेत्र बन गया।

यूरोप की तुलना में एशिया शीत युद्ध का सबसे हिंसक और रक्तरंजित भू-राजनीतिक रणक्षेत्र सिद्ध हुआ। एशिया में उपनिवेशवाद के पतन, नव-स्वतंत्र राष्ट्रों की अस्थिरता और साम्यवादी आंदोलनों के उदय ने महाशक्तियों को प्रत्यक्ष हस्तक्षेप के लिए प्रेरित किया। कोरिया युद्ध (1950–1953) शीत युद्ध का पहला बड़ा प्रॉक्सी युद्ध था, जिसमें अमेरिका के नेतृत्व में संयुक्त राष्ट्र बलों ने दक्षिण कोरिया का समर्थन किया, जबकि उत्तर कोरिया को सोवियत संघ और चीन का समर्थन प्राप्त था। इस युद्ध में लगभग 30–35 लाख लोग मारे गए, और अंततः कोरियाई प्रायद्वीप 38वें समानांतर पर स्थायी रूप से विभाजित हो गया,एक ऐसा विभाजन जो आज भी बना हुआ है।[516]इसके बाद वियतनाम युद्ध (1955–1975) ने शीत युद्ध की भू-राजनीति को और गहरा कर दिया। अमेरिका ने साम्यवाद-निरोध के नाम पर भारी सैन्य हस्तक्षेप किया; 1968 तक वियतनाम में अमेरिकी सैनिकों की संख्या 5.4 लाख तक पहुँच गई,जबकि उत्तर वियतनाम को सोवियत संघ और चीन से सैन्य व आर्थिक सहायता मिली। इस युद्ध में 30 लाख से अधिक लोग मारे गए, और अमेरिका को पीछे हटना पड़ा, जिससे एशिया में अमेरिकी रणनीति की सीमाएँ उजागर हुईं।[517]मध्य-पूर्व शीत युद्ध की भू-राजनीतिक प्रतिस्पर्धा का एक अत्यंत रणनीतिक क्षेत्र था, जहाँ तेल संसाधन, समुद्री चोक-पॉइंट्स और भौगोलिक स्थिति ने इस क्षेत्र को महाशक्तियों के लिए अनिवार्य बना दिया। 1956 का स्वेज

संकट और 1973 का अरब-इज़राइल युद्ध इस बात का प्रमाण थे कि क्षेत्रीय संघर्ष वैश्विक शक्ति-संतुलन और अर्थव्यवस्था को प्रभावित कर सकते हैं।[518]अफ्रीका शीत युद्ध के दौरान नव-स्वतंत्र देशों की अस्थिरता के कारण एक प्रमुख प्रतिस्पर्धात्मक क्षेत्र बन गया, जबकि लैटिन अमेरिका में अमेरिका ने अपने पारंपरिक प्रभाव-क्षेत्र को बनाए रखने के लिए हस्तक्षेप की नीति अपनाई,1959 की क्यूबा क्रांति और 1962 का मिसाइल संकट इसके प्रमुख उदाहरण हैं।[519]इस प्रकार, शीत युद्ध की भू-राजनीतिक प्रतिस्पर्धा ने विश्व को एक ऐसे वैश्विक मोर्चे में बदल दिया, जहाँ प्रत्येक क्षेत्र की अपनी भूमिका थी,यूरोप स्थायी सैन्य संतुलन का केंद्र बना, एशिया प्रत्यक्ष युद्धों का रणक्षेत्र रहा, और मध्य-पूर्व, अफ्रीका तथा लैटिन अमेरिका प्रभाव-क्षेत्रों की राजनीति और प्रॉक्सी संघर्षों से ग्रस्त रहे।[520] **(मानचित्र : 14)**

मानचित्र 14 नाटो और वारसा संधि के सदस्य देश

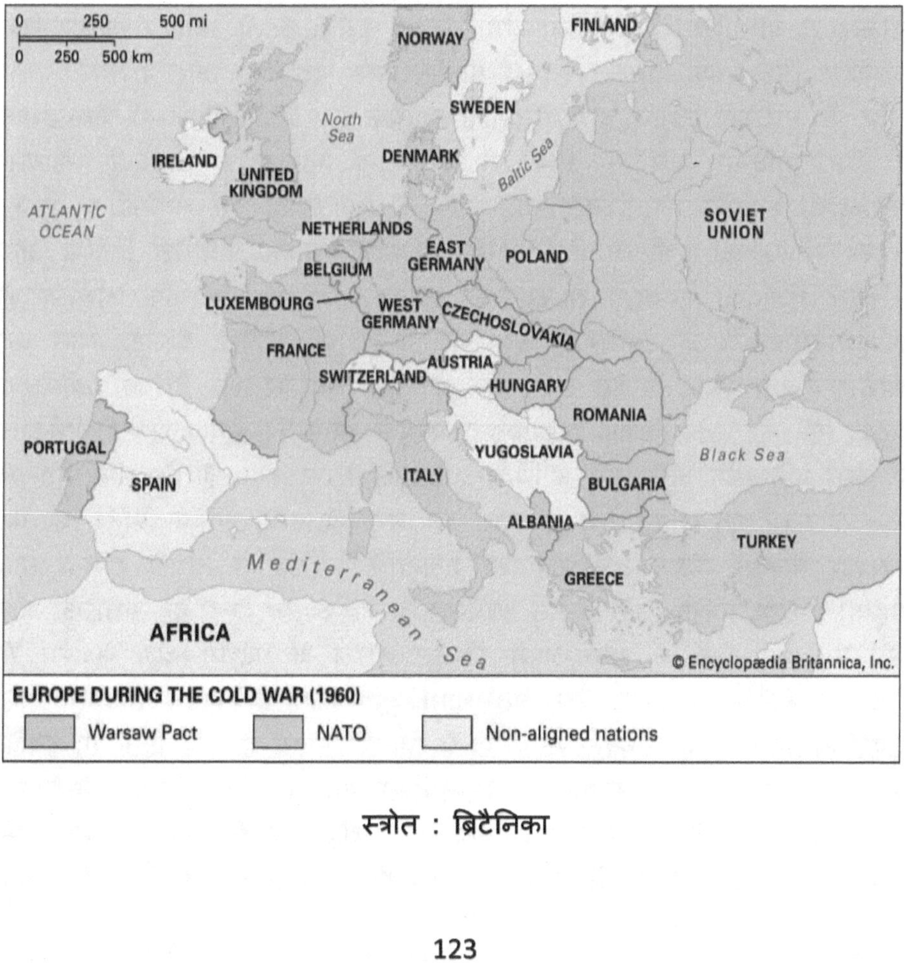

स्त्रोत : ब्रिटैनिका

आर्थिक और तकनीकी प्रतिस्पर्धा

शीत युद्ध की प्रतिस्पर्धा केवल सैन्य या वैचारिक स्तर तक सीमित नहीं थी, बल्कि उसका एक अत्यंत निर्णायक आयाम आर्थिक, विकासात्मक और तकनीकी प्रतिस्पर्धा था, जिसके माध्यम से अमेरिका और सोवियत संघ ने वैश्विक नेतृत्व, वैधता और प्रभाव-क्षेत्र स्थापित करने का प्रयास किया।[521]इस संदर्भ में मार्शल योजना बनाम कोमेकोन शीत युद्ध की आर्थिक ध्रुवीयता के प्रतीक बनकर उभरे। 1947 में प्रारंभ की गई मार्शल योजना अमेरिका की वह रणनीति थी, जिसके अंतर्गत पश्चिमी यूरोप के पुनर्निर्माण के लिए 1947 से 1951 के बीच लगभग 13 अरब अमेरिकी डॉलर (आज के मूल्यों में 150–170 अरब डॉलर से अधिक) की आर्थिक सहायता प्रदान की गई।[522]इस योजना का उद्देश्य केवल युद्ध-ग्रस्त अर्थव्यवस्थाओं को पुनर्जीवित करना नहीं था, बल्कि यूरोप में राजनीतिक स्थिरता स्थापित कर साम्यवादी दलों और सोवियत प्रभाव को रोकना भी था। मार्शल योजना से लाभान्वित देशों,ब्रिटेन, फ्रांस, पश्चिम जर्मनी, इटली आदि में औद्योगिक उत्पादन 1951 तक औसतन 30–40 प्रतिशत तक बढ़ गया, और पश्चिमी यूरोप शीघ्र ही अमेरिकी नेतृत्व वाले पूँजीवादी आर्थिक तंत्र में समाहित हो गया।इसके विपरीत, सोवियत संघ ने 1949 में कोमेकोन (पारस्परिक आर्थिक सहायता परिषद)की स्थापना की, जिसमें पूर्वी यूरोप के समाजवादी देश शामिल थे; इसका उद्देश्य समाजवादी देशों के बीच आर्थिक सहयोग, योजना-आधारित विकास और पश्चिमी पूँजीवादी संस्थाओं से स्वतंत्रता बनाए रखना था।[523]हालाँकि कोमेकोन ने औद्योगिकीकरण और बुनियादी ढाँचे के विकास में भूमिका निभाई, किंतु वह मार्शल योजना जैसी वित्तीय लचीलापन, तकनीकी नवाचार और वैश्विक एकीकरण प्रदान नहीं कर सका, जिसके परिणामस्वरूप पूर्वी यूरोप की अर्थव्यवस्थाएँ दीर्घकाल में कम प्रतिस्पर्धी बनीं। इस आर्थिक द्वंद्व से स्पष्ट होता है कि शीत युद्ध में विकास स्वयं एक रणनीतिक हथियार बन गया था।इसी आर्थिक प्रतिस्पर्धा का विस्तार विकास मॉडल और सहायता राजनीति के रूप में तीसरी दुनिया तक पहुँचा। एशिया, अफ्रीका और लैटिन अमेरिका के नव-स्वतंत्र राष्ट्रों को अमेरिका और सोवियत संघ दोनों ने अपने-अपने विकास मॉडल के प्रदर्शन-स्थल के रूप में देखा।[524]अमेरिका ने विश्व बैंक, अंतर्राष्ट्रीय मुद्रा कोष, द्विपक्षीय सहायता और तकनीकी सहयोग के माध्यम से पूँजीवादी विकास मॉडल को बढ़ावा दिया, जबकि सोवियत संघ ने भारी उद्योग, राज्य-नियंत्रित योजना और बुनियादी ढाँचे पर आधारित समाजवादी विकास मॉडल प्रस्तुत किया।शीत युद्ध की प्रतिस्पर्धा का सबसे प्रतीकात्मक और मनोवैज्ञानिक रूप से प्रभावी आयाम था अंतरिक्ष दौड़ और

तकनीकी वर्चस्व। 1957 में सोवियत संघ द्वारा स्पुतनिक-1 उपग्रह का प्रक्षेपण न केवल तकनीकी उपलब्धि था, बल्कि यह अमेरिकी रणनीतिक प्रतिष्ठा के लिए एक बड़ा झटका भी था।[525]1961 में यूरी गागरिन का अंतरिक्ष में जाना सोवियत संघ की वैज्ञानिक श्रेष्ठता का प्रतीक बना, जबकि 1969 में अपोलो-11 मिशन के तहत चंद्रमा पर मानव का उतरना अमेरिकी तकनीकी वर्चस्व का वैश्विक प्रदर्शन था।अंतरिक्ष दौड़ ने कंप्यूटर, संचार, उपग्रह और मिसाइल तकनीक में ऐसे नवाचारों को जन्म दिया, जिन्होंने बाद में वैश्विक अर्थव्यवस्था और सैन्य शक्ति,दोनों को प्रभावित किया।[526]इस प्रकार, मार्शल योजना बनाम कोमेकोन , विकास मॉडल और सहायता राजनीति, तथा अंतरिक्ष दौड़यह सभी शीत युद्ध की उस वास्तविकता को उजागर करते हैं जिसमें अर्थव्यवस्था, विकास और तकनीक स्वयं भू-राजनीतिक हथियार बन गए थे।

प्रॉक्सी युद्ध और तीसरी दुनिया

शीत युद्ध की एक सबसे विशिष्ट और निर्णायक विशेषता यह थी कि अमेरिका और सोवियत संघ ने प्रत्यक्ष युद्ध से परहेज़ करते हुए अपनी प्रतिस्पर्धा को परोक्ष संघर्षों के माध्यम से संचालित किया।[527] परमाणु हथियारों के उदय और पारस्परिक सुनिश्चित विनाश (MAD)की वास्तविकता ने यह स्पष्ट कर दिया था कि प्रत्यक्ष सैन्य टकराव दोनों महाशक्तियों के लिए आत्मघाती होगा। परिणामस्वरूप, शीत युद्ध की रणनीति इस बात पर केंद्रित हो गई कि कैसे प्रतिद्वंद्वी की शक्ति, प्रभाव और वैचारिक विस्तार को बिना सीधे युद्ध में उतरे सीमित किया जाए।प्रत्यक्ष युद्ध से परहेज़ की यह नीति केवल सैन्य विवेक का परिणाम नहीं थी, बल्कि वह शीत युद्ध की संरचनात्मक अनिवार्यता थी। 1950 के दशक तक अमेरिका और सोवियत संघ दोनों के पास सैकड़ों परमाणु हथियार थे और 1960 के दशक के अंत तक यह संख्या हज़ारों में पहुँच गई। ऐसी स्थिति में किसी भी प्रत्यक्ष टकराव का अर्थ था वैश्विक विनाश। इसलिए प्रतिस्पर्धा को भू-राजनीतिक परिधियों की ओर धकेल दिया गया।एशिया शीत युद्ध के प्रॉक्सी युद्धों का सबसे हिंसक मंच बना। कोरिया युद्ध (1950–1953) इसका पहला बड़ा उदाहरण था, जहाँ अमेरिका और उसके सहयोगियों ने दक्षिण कोरिया का समर्थन किया, जबकि उत्तर कोरिया को सोवियत संघ और चीन से सहायता मिली। इस संघर्ष में 30–35 लाख से अधिक लोग मारे गए।[528]इसके बाद वियतनाम युद्ध (1955–1975) ने शीत युद्ध की परोक्ष रणनीति को और गहराई दी; अमेरिका ने साम्यवाद-निरोध के नाम पर भारी सैन्य हस्तक्षेप किया, जबकि उत्तर वियतनाम को सोवियत संघ

और चीन से व्यापक सहायता मिली; इस युद्ध में 30 लाख से अधिक लोगों की मृत्यु हुई।[529]एशिया में अफ़ग़ानिस्तान (1979–1989) भी एक प्रमुख प्रॉक्सी युद्ध बना, जहाँ सोवियत हस्तक्षेप के विरुद्ध अमेरिका और उसके सहयोगियों ने मुजाहिदीन को सैन्य सहायता प्रदान की; इस संघर्ष ने सोवियत अर्थव्यवस्था और राजनीतिक स्थिरता को गंभीर रूप से कमजोर किया।[530]अफ्रीका में अंगोला, मोज़ाम्बीक और इथियोपिया जैसे देशों में गृहयुद्धों के दौरान सोवियत संघ और क्यूबा ने समाजवादी गुटों का समर्थन किया, जबकि अमेरिका ने प्रतिद्वंद्वी गुटों को सहायता दी,जिससे लाखों लोग प्रभावित हुए और महाद्वीप अस्थिरता से ग्रस्त रहा।[531]लैटिन अमेरिका में शीत युद्ध की परोक्ष रणनीति तख्तापलटों और राजनीतिक हस्तक्षेप के रूप में सामने आई; ग्वाटेमाला (1954), क्यूबा (1961), और चिली (1973) इसके प्रमुख उदाहरण हैं, जहाँ अमेरिका ने प्रत्यक्ष या अप्रत्यक्ष भूमिका निभाई।[532]इन प्रॉक्सी संघर्षों का एक केंद्रीय साधन थी सैन्य सहायता और हथियारों की आपूर्ति। अमेरिका और सोवियत संघ दोनों ने मित्र देशों और गुटों को हथियार, प्रशिक्षण और वित्तीय सहायता प्रदान की, जिससे तीसरी दुनिया में सैन्यीकरण बढ़ा और राजनीतिक अस्थिरता गहरी हुई।इस प्रकार, शीत युद्ध की परोक्ष रणनीति ने वैश्विक स्तर पर संघर्ष को फैलाया और इसे एक बहु-क्षेत्रीय, दीर्घकालिक और अत्यंत विनाशकारी प्रक्रिया में बदल दिया; जहाँ महाशक्तियाँ प्रत्यक्ष युद्ध से बचीं, किंतु दुनिया के अनेक क्षेत्रों ने इसकी भारी कीमत चुकाई।[533]

गुटनिरपेक्ष आंदोलन : तीसरी दुनिया की रणनीति

शीत युद्ध की द्विध्रुवीय विश्व व्यवस्था में गुटनिरपेक्ष आंदोलन तीसरी दुनिया की वह सामूहिक रणनीति था, जिसके माध्यम से एशिया, अफ्रीका और लैटिन अमेरिका के नव-स्वतंत्र देशों ने अमेरिका-सोवियत प्रतिस्पर्धा से दूरी बनाते हुए रणनीतिक स्वायत्तता, राष्ट्रीय संप्रभुता और विकासात्मक प्राथमिकताओं को सुरक्षित रखने का प्रयास किया।[534]गुटनिरपेक्षता की अवधारणा का जन्म द्वितीय विश्व युद्ध के बाद उस ऐतिहासिक संदर्भ में हुआ, जब औपनिवेशिक साम्राज्यों का विघटन हो रहा था और दर्जनों नए राष्ट्र स्वतंत्रता प्राप्त कर रहे थे। यह राज्य न तो पश्चिमी पूँजीवादी खेमे में पूर्णतः समाहित होना चाहते थे और न ही सोवियत समाजवादी गुट का हिस्सा बनना चाहते थे।इसी कारण गुटनिरपेक्षता को एक निष्क्रिय तटस्थता नहीं, बल्कि एक सक्रिय विदेश नीति सिद्धांत के रूप में विकसित किया गया।इस विचारधारा की पहली संगठित अभिव्यक्ति बांडुंग सम्मेलन (1955) में देखने को मिली, जिसे एशिया और अफ्रीका के 29 देशों ने मिलकर आयोजित

किया।[535]बांडुंग सम्मेलन का महत्व इस तथ्य में निहित था कि यह पहली बार था जब एशिया-अफ्रीका के देशों ने बिना किसी पश्चिमी या सोवियत नेतृत्व के, स्वतंत्र रूप से अंतरराष्ट्रीय मुद्दों पर विचार-विमर्श किया।गुटनिरपेक्ष आंदोलन को औपचारिक संस्थागत स्वरूप बेलग्रेड सम्मेलन (1961) में मिला, जहाँ पहली बार "गुटनिरपेक्ष आंदोलन" को एक अंतरराष्ट्रीय मंच के रूप में स्थापित किया गया।[536]इस सम्मेलन में भारत के जवाहरलाल नेहरू, यूगोस्लाविया के जोसेफ ब्रोज़ टीटो, मिस्र के गमाल अब्दुल नासेर, इंडोनेशिया के सुकर्णो और घाना के क्वामे एनक्रूमा जैसे नेताओं की केंद्रीय भूमिका रही।गुटनिरपेक्ष आंदोलन में भारत की भूमिका विशेष रूप से महत्वपूर्ण रही, जहाँ नेहरू ने इसे "रणनीतिक स्वायत्तता" के सिद्धांत से जोड़ा और स्वतंत्र विदेश नीति का आधार बनाया।[537]यूगोस्लाविया, मिस्र और इंडोनेशिया ने भी अपने-अपने क्षेत्रीय और वैचारिक संदर्भों में NAM को मजबूत किया,जिससे यह आंदोलन केवल एक नीति नहीं, बल्कि एक वैश्विक राजनीतिक मंच बन गया।1970 के दशक तक NAM के सदस्य देशों की संख्या 90 से अधिक हो गई, जिससे यह संयुक्त राष्ट्र में एक प्रभावशाली समूह के रूप में उभरा।हालाँकि, आंदोलन को आंतरिक मतभेदों और बाहरी दबावों का सामना करना पड़ा, फिर भी इसने तीसरी दुनिया को एक सामूहिक आवाज़ प्रदान की।[538]इस प्रकार, गुटनिरपेक्ष आंदोलन शीत युद्ध की राजनीति में तीसरी दुनिया की एक सजग और रचनात्मक प्रतिक्रिया था, जिसने वैश्विक शक्ति-संरचना में संतुलन और वैकल्पिक दृष्टिकोण प्रस्तुत किया।[539]

तीसरी दुनिया : विकास, निर्भरता और रणनीतिक दुविधा

शीत युद्ध के काल में तीसरी दुनिया,अर्थात एशिया, अफ्रीका और लैटिन अमेरिका के नव-स्वतंत्र राष्ट्र,अंतरराष्ट्रीय राजनीति का सबसे जटिल और दुविधापूर्ण क्षेत्र बन गई, क्योंकि इन्हें एक साथ विकास, सुरक्षा और संप्रभुता की चुनौतियों से जूझना पड़ा।[540]द्वितीय विश्व युद्ध के बाद औपनिवेशिक साम्राज्यों के पतन से लगभग 1945 से 1970 के बीच दर्जनों नए राष्ट्र अस्तित्व में आए, जिनके सामने राज्य-निर्माण, आर्थिक पुनर्गठन और राष्ट्रीय पहचान का प्रश्न था।इन देशों की अर्थव्यवस्थाएँ औपनिवेशिक शोषण के कारण कमजोर थीं, औद्योगिक आधार सीमित था और राजनीतिक संस्थाएँ अभी स्थिर नहीं हुई थीं। ऐसे में उन्हें यह निर्णय करना था कि वह शीत युद्ध की द्विध्रुवीय व्यवस्था में किस प्रकार अपनी जगह बनाएँ।नव-स्वतंत्र राष्ट्रों के सामने पहला बड़ा प्रश्न था रणनीतिक विकल्पों का,क्या वह किसी महाशक्ति के साथ जुड़ें या गुटनिरपेक्ष रहकर स्वतंत्र नीति

अपनाएँ।[541]अमेरिका ने पूँजीवादी विकास मॉडल प्रस्तुत किया, जबकि सोवियत संघ ने समाजवादी योजना-आधारित मॉडल को विकल्प के रूप में रखा। भारत, मिस्र और इंडोनेशिया जैसे देशों ने गुटनिरपेक्षता को अपनाया, जबकि कुछ देशों ने सुरक्षा कारणों से महाशक्तियों के साथ गठबंधन किया।इन रणनीतिक विकल्पों के साथ ही तीसरी दुनिया को विकास बनाम सुरक्षा की गंभीर चुनौती का सामना करना पड़ा। सीमित संसाधनों का बड़ा भाग सैन्यीकरण में खर्च हुआ, जिससे विकास की गति प्रभावित हुई।[542]इस दुविधा को और गहरा किया नव-उपनिवेशवाद ने, जिसने औपचारिक स्वतंत्रता के बाद भी आर्थिक और संरचनात्मक निर्भरता को बनाए रखा।[543]अफ्रीका और लैटिन अमेरिका में यह निर्भरता विशेष रूप से स्पष्ट दिखाई दी, जहाँ राजनीतिक अस्थिरता, तख्तापलट और बाहरी हस्तक्षेप आम हो गए।तीसरी दुनिया की यह स्थिति केवल बाहरी दबावों का परिणाम नहीं थी, बल्कि आंतरिक विभाजनों और कमजोर संस्थाओं ने भी इसे जटिल बनाया।फिर भी, गुटनिरपेक्ष आंदोलन, दक्षिण-दक्षिण सहयोग और क्षेत्रीय संगठनों के माध्यम से इन देशों ने अपनी सामूहिक आवाज़ उठाने का प्रयास किया।[544]इस प्रकार, तीसरी दुनिया शीत युद्ध की केवल परिधि नहीं थी, बल्कि एक सक्रिय ऐतिहासिक अभिनेता भी थी, जिसने वैश्विक राजनीति को प्रभावित करने की क्षमता दिखाई।[545]

शीत युद्ध का अंत और द्विध्रुवीयता का पतन

शीत युद्ध का अंत 20वीं सदी की अंतरराष्ट्रीय राजनीति की सबसे निर्णायक घटनाओं में से एक था, जिसने लगभग पाँच दशकों तक चली द्विध्रुवीय विश्व व्यवस्था को समाप्त कर दिया और वैश्विक शक्ति-संरचना को एक नए चरण में प्रवेश कराया।[546]इस प्रक्रिया का केंद्रीय बिंदु सोवियत संघ का विघटन (1991) था, जिसने न केवल अमेरिका-सोवियत प्रतिस्पर्धा का औपचारिक अंत किया, बल्कि उस वैचारिक, सैन्य और भू-राजनीतिक ढाँचे को भी तोड़ दिया जिस पर शीत युद्ध टिका हुआ था।1980 के दशक के उत्तरार्ध तक सोवियत संघ गंभीर आर्थिक ठहराव, तकनीकी पिछड़ेपन और बढ़ते सैन्य खर्च के बोझ से जूझ रहा था। अनुमानतः सोवियत GDP का 20–25 प्रतिशत रक्षा क्षेत्र में खर्च हो रहा था।[547]इसी पृष्ठभूमि में मिखाइल गोर्बाचेव द्वारा शुरू की गई पेरेस्त्रोइका और ग्लासनोस्त की नीतियों ने सुधार का प्रयास किया, किंतु इससे केंद्रीकृत नियंत्रण कमजोर हुआ और राजनीतिक अस्थिरता बढ़ी।1989 में पूर्वी यूरोप में समाजवादी शासन गिरने लगे और बर्लिन दीवार का पतन शीत युद्ध के अंत का प्रतीक बन गया। अंततः दिसंबर 1991 में सोवियत संघ का विघटन हो गया।[548]सोवियत संघ के पतन के बाद

अंतरराष्ट्रीय व्यवस्था में जो स्थिति उभरी, उसे "एकध्रुवीय क्षण" के रूप में वर्णित किया गया, जहाँ अमेरिका एकमात्र वैश्विक महाशक्ति के रूप में उभरा।[549]1990 के दशक में अमेरिका का वैश्विक सैन्य और आर्थिक प्रभुत्व स्पष्ट था, और 1991 का खाड़ी युद्ध इस एकध्रुवीय शक्ति का प्रमुख प्रदर्शन था।इस काल में उदार लोकतंत्र और मुक्त बाज़ार को वैश्विक मॉडल के रूप में प्रस्तुत किया गया, जिसे फ्रांसिस फुकुयामा ने "इतिहास का अंत" के रूप में सिद्धांतित किया।[550]हालाँकि, यह एकध्रुवीय व्यवस्था स्थायी नहीं रही,रूस का पुनरुत्थान, चीन का उदय और क्षेत्रीय शक्तियों की भूमिका ने इसे चुनौती दी।इसके बावजूद, शीत युद्ध की भू-राजनीतिक विरासत आज भी स्पष्ट रूप से दिखाई देती है,नाटो का विस्तार, परमाणु निवारण, क्षेत्रीय संघर्ष और वैश्विक असमानताएँ इसकी निरंतरता को दर्शाती हैं।[551]इस प्रकार, शीत युद्ध का अंत केवल एक युग का अंत नहीं था, बल्कि एक नई वैश्विक व्यवस्था की शुरुआत भी था, जिसकी संरचनात्मक जड़ें अब भी अंतरराष्ट्रीय राजनीति को प्रभावित कर रही हैं।[552]

शीत युद्ध और भू-राजनीतिक सिद्धांत

शीत युद्ध ने केवल अंतरराष्ट्रीय राजनीति की व्यवहारिक संरचना को ही नहीं बदला, बल्कि उसने शास्त्रीय भू-राजनीतिक सिद्धांतों,विशेषकर हार्टलैंड, रिमलैंड और समुद्री शक्ति,को एक नए ऐतिहासिक संदर्भ में पुनर्परिभाषित भी किया।[553]हैलफोर्ड मैकिंडर का हार्टलैंड सिद्धांत, जो यूरेशिया के आंतरिक भू-भाग को वैश्विक शक्ति की कुंजी मानता था, शीत युद्ध में सोवियत संघ की भूमिका के साथ अत्यंत प्रासंगिक दिखाई दिया।[554]सोवियत संघ एक विशिष्ट हार्टलैंड शक्ति के रूप में उभरा,विशाल स्थल-क्षेत्र, रणनीतिक गहराई और संसाधन,यह सभी तत्व मैकिंडर के तर्क की पुष्टि करते थे।इसके विपरीत, अमेरिकी रणनीति ने निकोलस स्पाइकमैन के रिमलैंड सिद्धांत को व्यवहार में उतारते हुए यूरेशिया की तटीय परिधि में गठबंधनों और सैन्य उपस्थिति के माध्यम से हार्टलैंड को घेरने की नीति अपनाई।[555]इसी क्रम में समुद्री शक्ति सिद्धांत ने परमाणु युग में नया रूप धारण किया। अल्फ्रेड थायर माहन के अनुसार समुद्रों पर नियंत्रण वैश्विक प्रभुत्व की कुंजी है, और शीत युद्ध में अमेरिका ने इसे अपनी नौसैनिक श्रेष्ठता और वैश्विक अड्डों के नेटवर्क के माध्यम से लागू किया।[556]परमाणु युग में समुद्री शक्ति का सबसे महत्वपूर्ण आयाम बना पनडुब्बी-आधारित परमाणु प्रतिघात (SLBMs), जिसने निवारण (Deterrence) को विश्वसनीय बनाया और महासागरों को रणनीतिक संतुलन का आधार बना दिया।शीत युद्ध के दौरान शक्ति-संतुलन की अवधारणा भी

परिवर्तित हुई। पारंपरिक संतुलन अब परमाणु निवारण के रूप में विकसित हुआ, जहाँ लक्ष्य युद्ध जीतना नहीं बल्कि उसे टालना था।[557] 1991 के बाद यह संतुलन अस्थायी रूप से एकध्रुवीय प्रभुत्व में बदल गया, जिससे यह स्पष्ट हुआ कि शक्ति-संतुलन और प्रभुत्व के बीच गतिशील संबंध मौजूद है।इस प्रकार, शीत युद्ध ने भू-राजनीतिक सिद्धांतों को सत्यापित, संशोधित और समन्वित किया,और उन्हें आधुनिक रणनीतिक यथार्थ के अनुरूप ढाल दिया।[558]**(मानचित्र 15)**

मानचित्र 15 : शीत युद्ध के बाद यूरोप और पूर्वी यूरोप का भू-राजनीतिक पुनर्गठन

स्त्रोत : सेलर अकादमी

द्विध्रुवीय विश्व व्यवस्था का समग्र मूल्यांकन

शीत युद्ध और उससे निर्मित द्विध्रुवीय विश्व व्यवस्था 20वीं सदी की अंतरराष्ट्रीय राजनीति की सबसे प्रभावशाली संरचना रही, जिसने लगभग पाँच दशकों तक वैश्विक शक्ति-संबंधों, सुरक्षा-धारणाओं और विकास-पथों को निर्धारित किया।[559]इस व्यवस्था का केंद्रीय निष्कर्ष यह है कि द्वितीय विश्व युद्ध के बाद अंतरराष्ट्रीय प्रणाली ने पारंपरिक बहुध्रुवीय शक्ति-संतुलन को त्यागकर दो महाशक्तियों संयुक्त राज्य अमेरिका और सोवियत संघ के इर्द-गिर्द संगठित रूप धारण कर लिया।इस द्विध्रुवीयता ने विश्व राजनीति को अपेक्षाकृत स्पष्ट, किंतु अत्यंत तनावपूर्ण ढाँचा प्रदान किया, जहाँ मित्र-शत्रु की रेखाएँ स्पष्ट थीं, परंतु संघर्ष का जोखिम सर्वव्यापी बना रहा।शीत युद्ध का सबसे बड़ा व्यावहारिक निष्कर्ष यह था कि परमाणु हथियारों और निवारण की उपस्थिति में प्रत्यक्ष महायुद्ध टल गया, किंतु उसकी कीमत प्रॉक्सी युद्धों और अस्थिरता के रूप में चुकाई गई।[560]द्विध्रुवीय व्यवस्था का दूसरा प्रमुख निष्कर्ष यह है कि शीत युद्ध केवल सैन्य प्रतिस्पर्धा नहीं था, बल्कि वह एक समग्र वैचारिक, आर्थिक और भू-राजनीतिक संघर्ष था,जहाँ संस्थाएँ, विचारधाराएँ और विकास मॉडल भी शक्ति के उपकरण बन गए।[561] इस प्रक्रिया में तीसरी दुनिया एक ओर अपनी संप्रभुता और विकास के लिए संघर्ष करती रही, तो दूसरी ओर महाशक्तियों की प्रतिस्पर्धा में फँसकर निर्भरता और असमानता का शिकार भी बनी।वैश्विक राजनीति पर शीत युद्ध का दीर्घकालिक प्रभाव अत्यंत गहरा रहा है; सैन्य गठबंधन, परमाणु निवारण, प्रभाव-क्षेत्रों की राजनीति और सुरक्षा दुविधा आज भी अंतरराष्ट्रीय संबंधों को प्रभावित कर रहे हैं।[562]कोरियाई प्रायद्वीप का विभाजन, नाटो का विस्तार और रूस-पश्चिम तनाव इस विरासत के प्रत्यक्ष उदाहरण हैं।शीत युद्ध का अंत और सोवियत संघ का विघटन द्विध्रुवीयता के अंत का प्रतीक बना, किंतु इसके बाद की व्यवस्था स्थायी रूप से एकध्रुवीय नहीं रही और धीरे-धीरे बहुध्रुवीय प्रवृत्तियाँ उभरने लगीं।[563]इस नई व्यवस्था में वैश्वीकरण, क्षेत्रीय शक्तियों का उदय और गैर-राज्य अभिनेताओं की भूमिका बढ़ी, किंतु सुरक्षा की मूल अवधारणाएँ शीत युद्ध से ही विरासत में मिली रहीं।इस प्रकार, शीत युद्ध को केवल एक ऐतिहासिक कालखंड नहीं, बल्कि आधुनिक वैश्विक व्यवस्था की संरचनात्मक नींव के रूप में समझना आवश्यक है,जिसकी रणनीतिक सोच और संस्थागत प्रभाव आज भी अंतरराष्ट्रीय राजनीति को दिशा प्रदान कर रहे हैं।[564]

भू-राजनीति के मूल नियम और सिद्धांत

खंड-I में भू-राजनीति के सैद्धांतिक, वैचारिक और ऐतिहासिक आयामों का जो विस्तृत विश्लेषण प्रस्तुत किया गया है, उसका मूल उद्देश्य भू-राजनीति को केवल एक परिभाषात्मक या वर्णनात्मक विषय के रूप में नहीं, बल्कि एक समग्र बौद्धिक अनुशासन के रूप में स्थापित करना रहा है। यह खंड इस मूल मान्यता से आरंभ होता है कि अंतरराष्ट्रीय राजनीति को केवल विचारधाराओं, संस्थाओं या नेताओं की इच्छाओं के माध्यम से नहीं समझा जा सकता, बल्कि उसके पीछे कार्यरत भौगोलिक संरचनाएँ, स्थानिक सीमाएँ और संसाधन-संबंधी वास्तविकताएँ भी उतनी ही निर्णायक भूमिका निभाती हैं। भू-राजनीति इसी अंतर्संबंध को समझने का प्रयास है; जहाँ भूगोल राजनीति को सीमित भी करता है और दिशा भी देता है, और राजनीति भूगोल को शक्ति के साधन में रूपांतरित करती है। इस खंड का उद्देश्य केवल यह बताना नहीं था कि भू-राजनीति क्या है, बल्कि यह स्पष्ट करना था कि भूगोल, शक्ति और राजनीति किस प्रकार एक-दूसरे के साथ अंतःक्रिया करते हुए अंतरराष्ट्रीय व्यवस्था, राज्य-व्यवहार और वैश्विक संघर्षों को आकार देते हैं। भू-राजनीति को यहाँ एक स्थिर या नियतिवादी सिद्धांत के रूप में नहीं, बल्कि एक गतिशील विश्लेषणात्मक ढाँचे के रूप में देखा गया है, जो समय, तकनीक और ऐतिहासिक परिस्थितियों के साथ स्वयं को पुनर्परिभाषित करता रहता है। इस दृष्टि से खंड-I भू-राजनीति को इतिहास, रणनीति और राजनीति के संगम पर स्थित एक ऐसे अध्ययन क्षेत्र के रूप में प्रस्तुत करता है, जो अतीत की व्याख्या के साथ-साथ वर्तमान और भविष्य की समझ भी प्रदान करता है।

खंड-I के अध्यायों में यह दिखाया गया है कि भू-राजनीति की जड़ें केवल आधुनिक युग में नहीं, बल्कि साम्राज्य-निर्माण, औपनिवेशिक विस्तार और शक्ति-संतुलन की दीर्घकालिक प्रक्रियाओं में निहित हैं। शास्त्रीय भू-राजनीतिक सिद्धांतों; जैसे हार्टलैंड, समुद्री शक्ति और रिमलैंड,का विश्लेषण इस उद्देश्य से किया गया कि यह समझा जा सके कि कैसे विभिन्न भू-भौतिकीय परिस्थितियों ने राज्यों की रणनीतियों और वैश्विक प्रभुत्व की आकांक्षाओं को प्रभावित किया। इन सिद्धांतों को किसी एक युग तक सीमित न मानकर, उन्हें स्थायी अंतर्दृष्टियों के रूप में देखा गया है, जो बदलते संदर्भों में नए रूप ग्रहण करते हैं।इसी क्रम में, खंड-I ने यह भी स्पष्ट किया है कि भू-राजनीति केवल शक्ति-राजनीति का तकनीकी अध्ययन नहीं है, बल्कि वह राज्य, संप्रभुता और राष्ट्रीय हित जैसे मूल राजनीतिक प्रश्नों से भी गहराई से जुड़ी हुई है। राज्य किस प्रकार अपने भूगोल का उपयोग सुरक्षा, विकास

और प्रभाव-विस्तार के लिए करता है,यह प्रश्न इस खंड के केंद्र में रहा है। यहाँ यह स्थापित किया गया है कि संप्रभुता केवल कानूनी अवधारणा नहीं, बल्कि वह भू-राजनीतिक शक्ति की व्यावहारिक अभिव्यक्ति है, और राष्ट्रीय हित उस शक्ति का रणनीतिक लक्ष्य। इस प्रकार भू-राजनीति को एक ऐसे ढाँचे के रूप में प्रस्तुत किया गया है, जो भौतिक स्थान और मानवीय संस्थाओं,दोनों को समान महत्व देता है।खंड-। का एक और महत्वपूर्ण बौद्धिक योगदान यह है कि इसमें भू-राजनीति को नियतिवाद बनाम संभाव्यता के द्वंद्व में संतुलित रूप से रखा गया है। इस खंड का निष्कर्ष यह नहीं है कि भूगोल सब कुछ तय कर देता है, बल्कि यह कि भूगोल राजनीति की संभावनाओं और सीमाओं को निर्धारित करता है। तकनीक, नेतृत्व, वैचारिक दृष्टि और नीतिगत निर्णय इन सीमाओं के भीतर कार्य करते हैं और कई बार उन्हें विस्तृत भी कर सकते हैं, किंतु पूरी तरह नकार नहीं सकते। यह दृष्टिकोण भू-राजनीति को एक लचीला, बहु-कारक और यथार्थवादी अध्ययन क्षेत्र बनाता है।इस निष्कर्षात्मक भूमिका का उद्देश्य खंड-। के सभी अध्यायों से उभरने वाले मूल नियमों, सैद्धांतिक प्रतिमानों और दीर्घकालिक सिद्धांतों को एक साथ समेकित करना है। यहाँ यह दिखाने का प्रयास किया गया है कि भू-राजनीति कोई बिखरे हुए सिद्धांतों का संग्रह नहीं, बल्कि एक सुसंगत बौद्धिक परंपरा है, जो इतिहास, भूगोल और राजनीति को एक साझा भाषा में जोड़ती है। इन नियमों और सिद्धांतों का समेकन इसलिए भी आवश्यक है, क्योंकि आगे के खंडों; जहाँ संरचनात्मक, क्षेत्रीय और समकालीन भू-राजनीतिक चुनौतियों का विश्लेषण किया जाएगा, का वैचारिक आधार इसी खंड में निर्मित होता है।खंड-। केवल एक प्रारंभिक या पृष्ठभूमि खंड नहीं है, बल्कि पूरी पुस्तक की सैद्धांतिक रीढ़ है। यहाँ प्रतिपादित अवधारणाएँ, नियम और दृष्टिकोण आगे आने वाले विश्लेषणों के लिए दिशा-निर्देशक का कार्य करते हैं। इस प्रकार, खंड-। का यह निष्कर्षात्मक परिचय पाठक को यह समझने में सक्षम बनाता है कि भू-राजनीति क्यों आज भी प्रासंगिक है, कैसे वह बदलती वैश्विक परिस्थितियों में स्वयं को पुनर्परिभाषित करती है, और क्यों उसके मूल सिद्धांत समय और संदर्भ के बदलने के बावजूद अपनी दीर्घकालिक उपयोगिता बनाए रखते हैं।

1. भू-राजनीति का प्रथम मूल नियम : भूगोल राजनीति का निष्क्रिय मंच नहीं, सक्रिय शक्ति-तत्व है

खंड-। का सबसे बुनियादी निष्कर्ष यह है कि भूगोल केवल पृष्ठभूमि नहीं, बल्कि राजनीति का सक्रिय निर्धारक है। पर्वत, नदियाँ, समुद्र, मरुस्थल, जलवायु,

संसाधन और स्थानिक दूरी, यह सभी तत्व राज्य की सुरक्षा, आर्थिक क्षमता, सैन्य रणनीति और विदेश नीति को प्रत्यक्ष रूप से प्रभावित करते हैं। भू-राजनीति इसी बिंदु से प्रारंभ होती है कि राजनीति को केवल वैचारिक या संस्थागत प्रक्रिया के रूप में नहीं, बल्कि स्थानिक प्रक्रिया के रूप में देखा जाए।इतिहास इस तथ्य की पुष्टि करता है कि शक्तियाँ उन क्षेत्रों में उभरीं जहाँ भूगोल ने उन्हें सुरक्षा, संसाधन और संपर्क प्रदान किया,चाहे वह ब्रिटेन की द्वीपीय स्थिति हो, रूस की महाद्वीपीय गहराई हो, या अमेरिका की महासागरीय सुरक्षा। इस प्रकार, भूगोल राजनीति को सीमित भी करता है और सक्षम भी बनाता है।

2. शक्ति-स्थान-रणनीति का त्रिकोण : भू-राजनीति की आधारशिला

खंड-I का दूसरा केंद्रीय निष्कर्ष यह है कि भू-राजनीति को शक्ति, स्थान और रणनीति के त्रिकोण के बिना नहीं समझा जा सकता।

- शक्ति केवल सैन्य क्षमता नहीं, बल्कि आर्थिक संसाधन, जनसंख्या, तकनीक, वैचारिक प्रभाव और राजनीतिक इच्छाशक्ति का समन्वय है।
- स्थान केवल क्षेत्रफल नहीं, बल्कि उसकी स्थिति, कनेक्टिविटी, पहुँच और रणनीतिक गहराई है।
- रणनीति इन दोनों का वह प्रयोग है जिसके माध्यम से राज्य अपने राष्ट्रीय हितों को साधता है।

भू-राजनीति इस त्रिकोण के संतुलन की विद्या है। जब शक्ति और स्थान का मेल रणनीतिक दृष्टि से सुसंगत होता है, तब राज्य वैश्विक राजनीति में प्रभावशाली बनता है; और जब यह संतुलन बिगड़ता है, तब पतन और असुरक्षा की प्रक्रिया प्रारंभ होती है।

3. शास्त्रीय भू-राजनीतिक सिद्धांत : स्थायी अंतर्दृष्टियाँ, न कि यांत्रिक सूत्र

हार्टलैंड, समुद्री शक्ति और रिमलैंड,खंड-I में विश्लेषित यह तीनों शास्त्रीय सिद्धांत यह स्पष्ट करते हैं कि भू-राजनीति कोई एकांगी सिद्धांत नहीं, बल्कि बहुस्तरीय व्याख्या-ढाँचा है।

- हार्टलैंड सिद्धांत यह दिखाता है कि स्थल-आधारित शक्ति, रणनीतिक गहराई और संसाधन-सम्पन्नता दीर्घकालिक सुरक्षा और प्रभुत्व का आधार बन सकती है।

- समुद्री शक्ति सिद्धांत यह स्थापित करता है कि समुद्रों पर नियंत्रण, व्यापारिक मार्गों (SLOCs), चोक-पॉइंट्स और नौसैनिक वर्चस्व के बिना वैश्विक शक्ति अधूरी है।
- रिमलैंड सिद्धांत इन दोनों के बीच सेतु का कार्य करता है और यह समझाता है कि वास्तविक संघर्ष स्थल-समुद्र संगम क्षेत्रों में होता है, जहाँ जनसंख्या, उद्योग और कनेक्टिविटी केंद्रित होती है।

खंड-I का निष्कर्ष यह है कि यह सिद्धांत परस्पर विरोधी नहीं, बल्कि पूरक हैं। आधुनिक भू-राजनीति में शक्ति का निर्धारण इन तीनों आयामों के संयोजन से होता है।

4. साम्राज्यवाद और उपनिवेशवाद : भू-राजनीति की ऐतिहासिक प्रयोगशाला

खंड-I यह स्पष्ट करता है कि आधुनिक भू-राजनीति का विकास साम्राज्यवाद और उपनिवेशवाद के अनुभवों से गहराई से जुड़ा हुआ है। औपनिवेशिक विस्तार ने यह दिखाया कि कैसे समुद्री मार्ग, बंदरगाह, चोक-पॉइंट्स, रेलमार्ग और संसाधन-क्षेत्र वैश्विक प्रभुत्व के उपकरण बनते हैं।साम्राज्यवाद केवल आर्थिक शोषण नहीं था, बल्कि वह भू-रणनीतिक पुनर्गठन की प्रक्रिया थी, जिसने विश्व को केंद्र-परिधि संरचना में बाँट दिया। इस अनुभव से भू-राजनीति का यह मूल नियम निकलता है कि स्थान पर नियंत्रण, संसाधनों पर नियंत्रण में बदल जाता है, और संसाधनों पर नियंत्रण, शक्ति-संतुलन को बदल देता है।

5. शीत युद्ध : भू-राजनीतिक सिद्धांतों का व्यावहारिक परीक्षण

खंड-I के विश्लेषण से यह भी स्पष्ट होता है कि शीत युद्ध शास्त्रीय भू-राजनीतिक सिद्धांतों का सबसे बड़ा ऐतिहासिक परीक्षण था।

- सोवियत संघ का हार्टलैंड-आधारित उभार,
- अमेरिका की समुद्री शक्ति और रिमलैंड-आधारित घेराबंदी,
- परमाणु निवारण के माध्यम से शक्ति-संतुलन

यह सभी यह दर्शाते हैं कि भू-राजनीति केवल सिद्धांत नहीं, बल्कि व्यवहारिक रणनीति है। शीत युद्ध ने यह भी सिद्ध किया कि भू-राजनीति स्थिर नहीं रहती; वह तकनीक, विचारधारा और वैश्विक संरचना के साथ रूपांतरित होती रहती है।

6. राज्य, संप्रभुता और राष्ट्रीय हित : भू-राजनीति का मानवीय और संस्थागत आयाम

खंड-I का एक महत्वपूर्ण निष्कर्ष यह है कि भू-राजनीति केवल क्षेत्र और शक्ति का खेल नहीं, बल्कि वह राज्य-व्यवस्था, संप्रभुता और राष्ट्रीय हित से गहराई से जुड़ी हुई है।राज्य भू-राजनीति का प्राथमिक वाहक है, क्योंकि वही भूगोल को शक्ति में बदलने की संस्थागत क्षमता रखता है। संप्रभुता इस क्षमता की कानूनी और राजनीतिक अभिव्यक्ति है, जबकि राष्ट्रीय हित उसका रणनीतिक उद्देश्य है। इस खंड से यह सिद्ध होता है कि शक्ति के बिना संप्रभुता असुरक्षित है, और संप्रभुता के बिना राष्ट्रीय हित अर्थहीन हो जाते हैं। भू-राजनीति इन तीनों के संतुलन की विद्या है।

7. निर्धारणवाद बनाम संभाव्यता : भू-राजनीति का संतुलित दृष्टिकोण

खंड-I एक महत्वपूर्ण वैचारिक निष्कर्ष प्रस्तुत करता है,भू-राजनीति नियतिवादी नहीं है, बल्कि संभाव्यतावादी है। भूगोल राजनीति को पूरी तरह निर्धारित नहीं करता, किंतु वह उसकी संभावनाओं और सीमाओं को रेखांकित करता है। तकनीक, नेतृत्व, विचारधारा और नीतिगत निर्णय भूगोल के प्रभाव को कम या अधिक कर सकते हैं, किंतु उसे पूरी तरह समाप्त नहीं कर सकते। इसीलिए भू-राजनीति को न तो शुद्ध नियतिवाद के रूप में देखा जाना चाहिए और न ही भूगोल-उपेक्षा के रूप में।

8. भू-राजनीति का नैतिक और वैचारिक पक्ष

खंड-I यह भी स्पष्ट करता है कि भू-राजनीति केवल शक्ति की भाषा नहीं बोलती, बल्कि वह नैतिक और वैचारिक प्रश्न भी उठाती है। साम्राज्यवाद, युद्ध, संसाधन-शोषण और हस्तक्षेप,इन सभी के नैतिक निहितार्थ हैं।
आधुनिक भू-राजनीति में वैधता, अंतरराष्ट्रीय कानून और नैतिक विमर्श शक्ति-राजनीति को सीमित करने का प्रयास करते हैं, भले ही वह उसे पूरी तरह समाप्त न कर पाते हों।

9. खंड-I का निष्कर्ष : भू-राजनीति के मूल सिद्धांत

खंड-I के विश्लेषण से निम्नलिखित मूल सिद्धांत उभरते हैं :

1. भूगोल राजनीति का सक्रिय निर्धारक है, निष्क्रिय पृष्ठभूमि नहीं।

2. शक्ति, स्थान और रणनीति भू-राजनीति की त्रयी हैं।

3. स्थल, समुद्र और तटीय परिधि,तीनों आयामों का संयुक्त विश्लेषण आवश्यक है।

4. संसाधन, कनेक्टिविटी और चोक-पॉइंट्स शक्ति के निर्णायक तत्व हैं।

5. राज्य भू-राजनीति का केंद्रीय अभिनेता बना रहता है, भले ही वैश्वीकरण बढ़े।

6. भू-राजनीति संभाव्यतावादी है,वह विकल्प सीमित करती है, पर समाप्त नहीं।

7. ऐतिहासिक अनुभव भू-राजनीतिक सिद्धांतों की प्रयोगशाला हैं।

8. भू-राजनीति शक्ति के साथ-साथ वैधता और नैतिकता के प्रश्न भी उठाती है।

भाग II

संरचनाएँ, क्षेत्र और वैश्विक भू-राजनीतिक व्यवस्था

अध्याय-6

स्थल-आधारित भू-राजनीति

स्थल-शक्ति की अवधारणा भू-राजनीति के मूल में निहित उस संरचनात्मक शक्ति को अभिव्यक्त करती है, जो किसी राज्य के भू-भाग, सीमाओं, जनसंख्या, संसाधनों, आंतरिक संचार, प्रशासनिक नियंत्रण और भूमि-आधारित सैन्य क्षमता से उत्पन्न होती है। ऐतिहासिक दृष्टि से स्थल-शक्ति को राज्य की स्थायित्वकारी शक्ति के रूप में देखा गया है, क्योंकि भूमि पर नियंत्रण न केवल राजनीतिक संप्रभुता की वैधानिक नींव प्रदान करता है, बल्कि वह आर्थिक उत्पादन, जनसांख्यिकीय संगठन और दीर्घकालिक सुरक्षा का आधार भी बनता है। प्राचीन काल से ही राजनीतिक सत्ता का केंद्रीय लक्ष्य भूमि पर अधिकार रहा है, क्योंकि भूमि ही वह माध्यम है जिसके द्वारा कर-संग्रह, कृषि उत्पादन, जनसंख्या नियंत्रण और सैन्य तैनाती संभव होती है। मेसोपोटामिया, मिस्र, सिंधु घाटी और प्राचीन चीनी सभ्यताओं में नदी-घाटियों के उपजाऊ भू-भाग पर नियंत्रण ने राजनीतिक शक्ति को जन्म दिया, जहाँ स्थल-शक्ति का स्वरूप मुख्यतः भू-विस्तार, स्थायी बसावट और सैन्य प्रभुत्व पर आधारित था। रोमन साम्राज्य में स्थल-शक्ति सड़कों, किलों और सीमांत रक्षा-रेखाओं के माध्यम से संगठित हुई, जिसने विशाल भू-भाग पर प्रशासनिक नियंत्रण को संभव बनाया और यह स्पष्ट किया कि भूमि-आधारित अवसंरचना किसी भी साम्राज्य की शक्ति का मेरुदंड होती है। भारत के संदर्भ में मौर्य साम्राज्य से लेकर गुप्त काल तक स्थल-शक्ति का प्रयोग भू-विस्तार, केंद्रीकृत प्रशासन और थलसेना के माध्यम से किया गया, जहाँ भूमि न केवल सैन्य बल्कि वैचारिक और सांस्कृतिक एकता का भी माध्यम बनी। मध्यकाल में स्थल-शक्ति का विकास सामंती ढाँचों और साम्राज्यवादी अभियानों के साथ हुआ, जिसमें मंगोल साम्राज्य का उदाहरण विशेष रूप से उल्लेखनीय है, जिसने यूरेशिया के विशाल भू-भाग पर नियंत्रण स्थापित कर यह सिद्ध किया कि गतिशील स्थल-सेना, आंतरिक संचार और रणनीतिक गहराई किसी भी महाद्वीपीय शक्ति की निर्णायक विशेषताएँ होती हैं।

यूरोप में मध्यकालीन राजतंत्रों ने किलाबंदी, सीमाओं और स्थायी सेनाओं के माध्यम से शक्ति-संतुलन बनाए रखा, जिससे स्थल-शक्ति क्षेत्रीय प्रभुत्व और सुरक्षा का पर्याय बन गई। आधुनिक युग में वेस्टफेलियन व्यवस्था के पश्चात राष्ट्र-राज्य के उदय ने स्थल-शक्ति को एक नया वैधानिक और संरचनात्मक स्वरूप प्रदान किया, जहाँ भूमि केवल विजय का साधन न रहकर संप्रभुता, राष्ट्रीय पहचान और अंतरराष्ट्रीय कानून की आधारशिला बन गई। स्पष्ट सीमाओं, स्थायी सेनाओं और केंद्रीकृत प्रशासन ने स्थल-शक्ति को आधुनिक राज्य-व्यवस्था का अनिवार्य घटक बना दिया। उन्नीसवीं शताब्दी के औद्योगीकरण ने स्थल-शक्ति को और अधिक सुदृढ़ किया, क्योंकि रेलवे, सड़कें और आंतरिक संचार नेटवर्क ने विशाल भू-भागों पर नियंत्रण और संसाधनों की तीव्र गतिशीलता को संभव बनाया, जिसके परिणामस्वरूप जर्मनी और रूस जैसे महाद्वीपीय राज्यों ने स्थल-शक्ति को अपनी राष्ट्रीय रणनीति का मूल आधार बनाया। बीसवीं शताब्दी के प्रारंभ में भू-राजनीतिक चिंतन के विकास के साथ स्थल-शक्ति को सैद्धांतिक रूप प्राप्त हुआ, विशेषतः हैलफोर्ड मैकिंडर के हार्टलैंड सिद्धांत में, जिसमें यूरेशिया के केंद्रीय भू-भाग को वैश्विक प्रभुत्व की कुंजी माना गया और यह प्रतिपादित किया गया कि स्थल-आधारित नियंत्रण समुद्री और वैश्विक शक्ति का पूर्वापेक्षित आधार है। यद्यपि बाद में निकोलस स्पाइकमैन ने रिमलैंड सिद्धांत प्रस्तुत कर समुद्री परिधि के महत्व पर बल दिया, फिर भी उन्होंने भी यह स्वीकार किया कि स्थायी प्रभुत्व भूमि-आधारित संरचनाओं के बिना संभव नहीं है। प्रथम और द्वितीय विश्व युद्धों ने स्थल-शक्ति की निर्णायक भूमिका को व्यावहारिक रूप में सिद्ध किया, जहाँ जर्मनी की महाद्वीपीय रणनीति, सोवियत संघ की विशाल भूमि और रणनीतिक गहराई तथा आंतरिक संचार नेटवर्क युद्ध-परिणामों को निर्धारित करने वाले कारक बने। विशेष रूप से द्वितीय विश्व युद्ध में सोवियत संघ की विजय ने यह स्पष्ट कर दिया कि भूमि पर नियंत्रण, जनसंख्या और संसाधनों का संयोजन किसी भी बाहरी आक्रमण को निष्फल कर सकता है। शीत युद्ध काल में स्थल-शक्ति वैचारिक और सैन्य प्रतिस्पर्धा का माध्यम बनी, जहाँ सोवियत संघ ने पूर्वी यूरोप और मध्य एशिया में भूमि-आधारित प्रभुत्व स्थापित किया, जबकि संयुक्त राज्य अमेरिका ने समुद्री और वायु-शक्ति के साथ-साथ भूमि-आधारित गठबंधनों के माध्यम से संतुलन साधा। इस काल में स्थल-शक्ति का स्वरूप केवल सैन्य न रहकर राजनीतिक प्रभाव, गठबंधन-निर्माण और क्षेत्रीय नियंत्रण से भी जुड़ गया। समकालीन युग में, यद्यपि वैश्वीकरण, तकनीकी प्रगति, वायु-शक्ति और साइबर-क्षेत्र का महत्व अत्यधिक बढ़ गया है, फिर भी स्थल-शक्ति की प्रासंगिकता कम

नहीं हुई है, क्योंकि आज भी सीमा-विवाद, क्षेत्रीय संघर्ष, संसाधन नियंत्रण और आधारभूत संरचना पर नियंत्रण अंतरराष्ट्रीय राजनीति के केंद्रीय मुद्दे बने हुए हैं। रूस-यूक्रेन संघर्ष, भारत-चीन सीमा तनाव और मध्य-पूर्व के भू-संघर्ष यह दर्शाते हैं कि भूमि आज भी शक्ति-राजनीति की आधारशिला है। आधुनिक स्थल-शक्ति अब केवल सैन्य नियंत्रण तक सीमित नहीं रह गई है, बल्कि इसमें आर्थिक गलियारे, परिवहन नेटवर्क, ऊर्जा पाइपलाइनें, जनसांख्यिकीय प्रभाव और प्रशासनिक स्थिरता भी सम्मिलित हो गई है, जिससे यह स्पष्ट होता है कि स्थल-शक्ति एक बहुआयामी और दीर्घकालिक संरचनात्मक शक्ति है। इस प्रकार स्थल-शक्ति की अवधारणा का ऐतिहासिक विकास यह सिद्ध करता है कि प्राचीन साम्राज्यों से लेकर आधुनिक राष्ट्र-राज्यों तक भूमि ने ही शक्ति, संप्रभुता और सुरक्षा की बुनियाद रखी है, और यद्यपि समकालीन युग में शक्ति के नए आयाम उभरे हैं, फिर भी स्थल-शक्ति आज भी भू-राजनीतिक संरचना की केंद्रीय धुरी बनी हुई है। **(मानचित्र :16)**

मानचित्र : 16 स्थल-आधारित भू-राजनीति

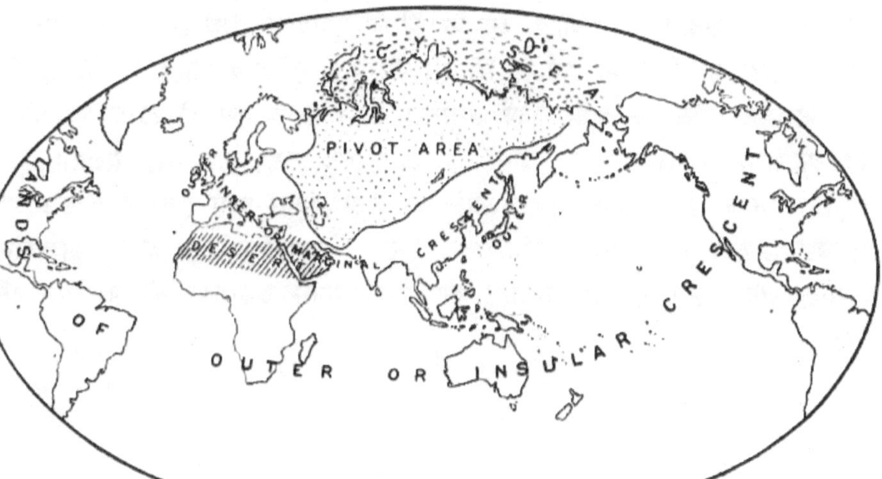

स्त्रोत : सेंट्रल प्रेस.

हार्टलैंड सिद्धांत और यूरेशियन प्रभुत्व

यूरेशिया को वैश्विक भू-राजनीति का केंद्र मानने की अवधारणा का सैद्धांतिक औचित्य सर्वप्रथम बीसवीं शताब्दी के प्रारंभ में औपचारिक रूप से प्रस्तुत किया गया, जब हैलफोर्ड मैकिंडर ने वर्ष 1904 में रॉयल जियोग्राफिकल सोसाइटी,

लंदन में अपना प्रसिद्ध व्याख्यान "इतिहास का भौगोलिक केंद्र" प्रस्तुत किया।[565]इस व्याख्यान में मैकिंडर ने यह तर्क दिया कि विश्व राजनीति अब समुद्री खोजों के युग से निकलकर एक ऐसे चरण में प्रवेश कर चुकी है जहाँ भूमि-आधारित शक्ति निर्णायक भूमिका निभाएगी। उनके अनुसार यूरेशिया का केंद्रीय भाग जिसे उन्होंने हार्टलैंड कहा,ऐसा क्षेत्र है जो प्राकृतिक रूप से सुरक्षित, संसाधन-संपन्न और आंतरिक रूप से संगठित होने की क्षमता रखता है।मैकिंडर का प्रसिद्ध सूत्र,"जो पूर्वी यूरोप पर शासन करता है,वही विश्व पर शासन करता है" स्थल-शक्ति और यूरेशियन प्रभुत्व के संबंध को स्पष्ट करता है।[566]इस सिद्धांत के ऐतिहासिक संदर्भ को समझने के लिए 19वीं सदी के उत्तरार्ध में रेल नेटवर्क के विस्तार को देखा जाना चाहिए। ट्रांस-साइबेरियन रेलवे (1891–1916) ने यूरेशिया के आंतरिक भाग को समुद्री निर्भरता से मुक्त कर स्थल-शक्ति को मजबूत किया,जिसने मैकिंडर के तर्क को व्यावहारिक आधार दिया।प्रथम और द्वितीय विश्व युद्ध की घटनाओं,विशेषतः जर्मनी का पूर्व की ओर विस्तार और ऑपरेशन बारबारोसा ने यह दिखाया कि हार्टलैंड पर नियंत्रण वैश्विक शक्ति के लिए निर्णायक हो सकता है।[567]शीत युद्ध के दौरान सोवियत संघ का पूर्वी यूरोप और मध्य एशिया पर नियंत्रण हार्टलैंड सिद्धांत की पुनः पुष्टि करता है, जबकि अमेरिका की कंटेनमेंट नीति इस शक्ति को संतुलित करने का प्रयास थी।21वीं सदी में रूस की यूरेशियन रणनीति और चीन की बेल्ट एंड रोड पहल यह दर्शाती है कि यूरेशिया आज भी वैश्विक भू-राजनीति का केंद्रीय क्षेत्र बना हुआ है।[568]इस प्रकार हार्टलैंड सिद्धांत न केवल ऐतिहासिक दृष्टि से महत्वपूर्ण है, बल्कि समकालीन वैश्विक शक्ति-संतुलन को समझने का एक प्रभावी उपकरण भी है।[569]**(मानचित्र 17)**

मानचित्र 17 यूरेशिया का भौगोलिक विस्तार और वैश्विक स्थिति

स्त्रोत : ब्रिटानिका संपादक

महाद्वीपीय शक्तियाँ और भूमि-आधारित रणनीति

महाद्वीपीय शक्तियाँ वह राज्य होते हैं जिनकी सुरक्षा, विस्तार और प्रभाव-नीति मुख्यतः भूमि-आधारित रणनीतियों पर निर्भर करती है।[570]ऐतिहासिक रूप से रूस, जर्मनी, चीन और कुछ हद तक भारत को महाद्वीपीय शक्ति की श्रेणी में रखा जाता है, क्योंकि इन राज्यों का विशाल भू-भाग, लंबी सीमाएँ और विविध भौगोलिक परिस्थितियाँ उनकी रणनीतिक सोच को निर्धारित करती रही हैं।भूमि-आधारित रणनीति का मूल उद्देश्य केवल सैन्य विजय नहीं, बल्कि भू-क्षेत्रीय नियंत्रण, संसाधन-सुरक्षा, आंतरिक स्थिरता और रणनीतिक गहराई सुनिश्चित करना होता है।[571]रूस का उदाहरण महाद्वीपीय शक्ति के विकास को स्पष्ट रूप से दर्शाता है; विशेषतः उसकी "रणनीतिक गहराई" आधारित सुरक्षा सोच, जिसने नेपोलियन (1812) और नाजी जर्मनी (1941) के आक्रमणों को विफल किया।[572]जर्मनी की

महाद्वीपीय रणनीति, विशेषकर 1871 के बाद, यूरोप में थल-आधारित प्रभुत्व और औद्योगिक सैन्य समेकन पर आधारित रही, किंतु बहु-मोर्चीय युद्ध और समुद्री नाकेबंदी ने इसकी सीमाएँ उजागर कीं।चीन की भूमि-आधारित रणनीति ऐतिहासिक रूप से सीमांत नियंत्रण और आंतरिक स्थिरता पर केंद्रित रही है, जबकि समकालीन दौर में यह बुनियादी ढाँचे और बेल्ट एंड रोड जैसी परियोजनाओं के माध्यम से विस्तारित हुई है।[573]भारत के संदर्भ में भी भूमि-आधारित रणनीति उसकी भौगोलिक संरचना और सुरक्षा चुनौतियों से जुड़ी है, जहाँ सीमा अवसंरचना और सैन्य आधुनिकीकरण इस शक्ति को सुदृढ़ करते हैं।समकालीन अंतरराष्ट्रीय राजनीति में महाद्वीपीय शक्ति केवल सैन्य नहीं, बल्कि आर्थिक गलियारों, ऊर्जा नेटवर्क और कनेक्टिविटी के माध्यम से भी व्यक्त होती है; जो यूरेशियन भू-राजनीति को पुनर्परिभाषित कर रही है।[574]इस प्रकार महाद्वीपीय शक्तियाँ और उनकी भूमि-आधारित रणनीतियाँ न केवल ऐतिहासिक अनुभवों से निर्मित हैं, बल्कि वह भविष्य की वैश्विक शक्ति-संरचना को भी आकार दे रही हैं।[575]

सीमाएँ, संप्रभुता और भू-राजनीतिक पहचान

सीमाएँ किसी भी राष्ट्र-राज्य की संप्रभुता, सुरक्षा और भू-राजनीतिक पहचान की सबसे ठोस अभिव्यक्ति होती हैं।[577]ऐतिहासिक रूप से सीमाओं का निर्माण कभी प्राकृतिक कारकों,जैसे पर्वत, नदियाँ, मरुस्थल और समुद्र,के आधार पर हुआ है, तो कभी राजनीतिक निर्णयों, उपनिवेशवादी समझौतों और युद्धोत्तर संधियों के परिणामस्वरूप कृत्रिम रूप से किया गया है।प्राकृतिक और कृत्रिम सीमाओं का यह द्वंद्व केवल भौगोलिक नहीं है, बल्कि यह राज्य-निर्माण, पहचान-राजनीति और सुरक्षा-संरचना से गहराई से जुड़ा हुआ है।[578]प्राचीन काल में सीमाओं की अवधारणा अपेक्षाकृत लचीली थी; साम्राज्यों की सीमाएँ प्रभाव-क्षेत्रों के रूप में परिभाषित होती थीं, न कि कठोर रेखाओं के रूप में,जैसा कि रोमन लाइम्स या चीन की महान दीवार के उदाहरण से स्पष्ट होता है। प्राकृतिक सीमाएँ ऐतिहासिक रूप से अधिक स्थिर और संघर्ष-न्यूनक मानी गई हैं, क्योंकि वह भौतिक रूप से स्पष्ट होती हैं और सामाजिक-आर्थिक विभाजन को स्वाभाविक रूप से आकार देती हैं।[579]हिमालय, आल्प्स और राइन जैसी भौगोलिक संरचनाएँ इस बात का उदाहरण हैं कि प्राकृतिक सीमाएँ रक्षा-रणनीति और प्रशासनिक नियंत्रण को स्थिर बनाने में सहायक होती हैं।हालाँकि, आधुनिक राजनीतिक भूगोल यह भी इंगित करता है कि कोई भी सीमा पूर्णतः स्थायी या संघर्ष-मुक्त नहीं होती; उनकी प्रभावशीलता राज्य की शक्ति, प्रशासनिक क्षमता और राजनीतिक वैधता पर भी निर्भर करती है।[580]इस प्रकार

सीमाएँ केवल भौगोलिक रेखाएँ नहीं, बल्कि शक्ति, पहचान और राज्य-संरचना की गतिशील अभिव्यक्ति हैं।[581]**(मानचित्र 18, 19)**इसके विपरीत, कृत्रिम सीमाएँ मुख्यतः आधुनिक राष्ट्र-राज्य प्रणाली की देन हैं, जिनका निर्माण राजनीतिक समझौतों, औपनिवेशिक हितों और युद्धोत्तर पुनर्संरचनाओं के परिणामस्वरूप हुआ।[582]1648 की वेस्टफेलियन संधि के बाद यूरोप में संप्रभु राज्यों की स्पष्ट सीमाओं की अवधारणा विकसित हुई, किंतु इसका व्यापक और अक्सर समस्याग्रस्त प्रयोग 19वीं और 20वीं शताब्दी के औपनिवेशिक विस्तार के दौरान हुआ।[583]अफ्रीका में 1884–85 के बर्लिन सम्मेलन के दौरान यूरोपीय शक्तियों द्वारा खींची गई सीमाएँ इसका सबसे स्पष्ट उदाहरण हैं, जहाँ जातीय, सांस्कृतिक और भौगोलिक वास्तविकताओं की उपेक्षा कर सीधी रेखाओं में सीमाएँ निर्धारित की गईं। परिणामस्वरूप नाइजीरिया, कांगो, सूडान और सोमालिया जैसे राज्यों में दीर्घकालिक आंतरिक संघर्ष उत्पन्न हुए।[584]कृत्रिम सीमाओं की समस्या केवल औपनिवेशिक क्षेत्रों तक सीमित नहीं रही। प्रथम विश्व युद्ध के बाद 1919 की वर्साय संधि और उससे जुड़ी व्यवस्थाओं ने मध्य और पूर्वी यूरोप में नए राष्ट्रों का निर्माण किया, जहाँ सीमाएँ राजनीतिक संतुलन के उद्देश्य से निर्धारित की गईं।चेकोस्लोवाकिया और यूगोस्लाविया जैसे राज्यों में विविध जातीय समूहों को एक ही राजनीतिक इकाई में समाहित किया गया, जिससे भविष्य में गंभीर आंतरिक तनाव उत्पन्न हुए। इस प्रकार कृत्रिम सीमाएँ अक्सर अस्थिरता, पहचान-संघर्ष और सुरक्षा-दुविधा को जन्म देती हैं।[585]समकालीन भू-राजनीति में प्राकृतिक और कृत्रिम सीमाओं का अंतर और भी जटिल हो गया है। तकनीकी प्रगति, संचार-साधनों और सैन्य क्षमता के विकास ने प्राकृतिक सीमाओं की रक्षात्मक उपयोगिता को आंशिक रूप से कम किया है, जबकि कृत्रिम सीमाएँ अब अंतरराष्ट्रीय कानून और संप्रभुता की वैधानिक अभिव्यक्ति बन चुकी हैं।फिर भी यह स्पष्ट है कि जहाँ सीमाएँ स्थानीय भूगोल और सामाजिक संरचना के अनुरूप होती हैं, वहाँ राज्य अपेक्षाकृत अधिक स्थिर और सुरक्षित होते हैं, जबकि मनमाने ढंग से खींची गई सीमाएँ दीर्घकालिक भू-राजनीतिक तनाव का कारण बनती हैं।

मानचित्र 18 : प्राकृतिक पर्वतीय सीमा

स्त्रोत : एनसाइक्लोपीडिया ब्रिटानिका

मानचित्र 19 : नदियाँ

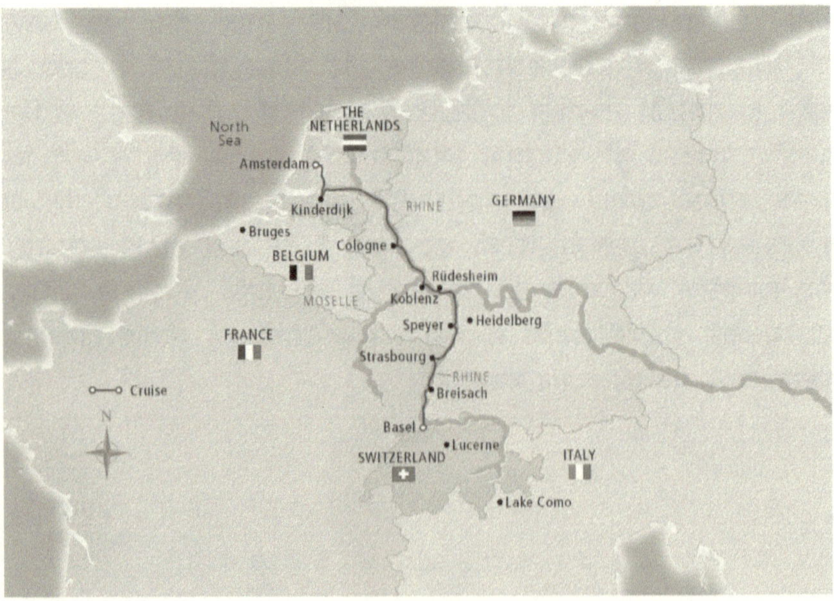

स्त्रोत : एनसाइक्लोपीडिया ब्रिटानिका

सीमा-विवाद और राष्ट्र-राज्य की सुरक्षा

सीमा-विवाद आधुनिक अंतरराष्ट्रीय राजनीति की सबसे स्थायी और जटिल समस्याओं में से एक हैं, क्योंकि वह सीधे-सीधे संप्रभुता, क्षेत्रीय अखंडता और राष्ट्रीय पहचान से जुड़े होते हैं।[587]ऐतिहासिक रूप से अधिकांश सीमा-विवाद या तो औपनिवेशिक विरासत का परिणाम हैं या फिर युद्ध, संधि और राजनीतिक पुनर्संरचना के दौरान उत्पन्न अस्पष्टताओं से जुड़े हैं। 20वीं शताब्दी में राष्ट्र-राज्य प्रणाली के विस्तार के साथ सीमा-विवादों की संख्या और तीव्रता में उल्लेखनीय वृद्धि हुई।1945 के बाद संयुक्त राष्ट्र की स्थापना ने सीमाओं के बलपूर्वक परिवर्तन को अवैध घोषित किया, किंतु व्यवहार में सीमा-विवाद आज भी सैन्य संघर्ष, कूटनीतिक तनाव और क्षेत्रीय अस्थिरता का प्रमुख कारण बने हुए हैं।[588]भारत-पाकिस्तान सीमा-विवाद इसका एक प्रमुख उदाहरण है, जिसकी उत्पत्ति 1947 के विभाजन से जुड़ी है। रेडक्लिफ रेखा के त्वरित और अपर्याप्त निर्धारण ने कश्मीर सहित कई क्षेत्रों में विवाद को जन्म दिया, जिसके परिणामस्वरूप 1947–48, 1965 और 1999 (कारगिल) जैसे सैन्य संघर्ष हुए।इसी प्रकार भारत-चीन सीमा विवाद की जड़ें औपनिवेशिक काल की मैकमोहन रेखा (1914) और उसके बाद की व्याख्याओं में निहित हैं, जिसने 1962 के युद्ध और बाद के सीमा तनावों को जन्म दिया। यह उदाहरण स्पष्ट करते हैं कि सीमा-विवाद केवल भू-क्षेत्रीय प्रश्न नहीं होते, बल्कि वह राष्ट्रीय सुरक्षा, सैन्य रणनीति और घरेलू राजनीति से भी गहराई से जुड़े होते हैं।[589]यूरोप में भी सीमा-विवादों ने राष्ट्र-राज्य की सुरक्षा को गंभीर रूप से प्रभावित किया है। द्वितीय विश्व युद्ध के बाद जर्मनी की सीमाओं का पुनर्निर्धारण और बाद में शीत युद्ध के दौरान यूरोप का विभाजन सुरक्षा-संरचनाओं का आधार बना।1991 में सोवियत संघ के विघटन के बाद पूर्वी यूरोप और काकेशस क्षेत्र में नए सीमा-विवाद उभरे, जिनमें नागोर्नो-काराबाख, जॉर्जिया और यूक्रेन से जुड़े संघर्ष प्रमुख हैं। विशेष रूप से 2014 के बाद यूक्रेन संकट ने यह दिखाया कि सीमा-विवाद किस प्रकार वैश्विक शक्ति-संतुलन और अंतरराष्ट्रीय सुरक्षा व्यवस्था को चुनौती दे सकते हैं।[590]सीमा-विवाद राष्ट्र-राज्य की सुरक्षा को तीन स्तरों पर प्रभावित करते हैं। पहला, सैन्य स्तर, जहाँ सीमावर्ती क्षेत्रों में तैनाती, बुनियादी ढाँचा और बल-प्रयोग की संभावना बनी रहती है।दूसरा, राजनीतिक स्तर, जहाँ सीमाएँ राष्ट्रीय पहचान और वैधता का प्रतीक बन जाती हैं, जिससे समझौते की संभावनाएँ सीमित हो जाती हैं।तीसरा, आर्थिक और सामाजिक स्तर, जहाँ सीमावर्ती क्षेत्रों में विकास की कमी, विस्थापन और मानव-सुरक्षा के प्रश्न उत्पन्न होते हैं।[591]समकालीन विश्व में सीमा-विवादों का प्रबंधन केवल सैन्य शक्ति से संभव नहीं है। अंतरराष्ट्रीय कानून,

द्विपक्षीय वार्ता, विश्वास-निर्माण उपाय और क्षेत्रीय संस्थाएँ इस दिशा में महत्वपूर्ण भूमिका निभाती हैं।फिर भी यह तथ्य बना हुआ है कि जहाँ सीमा-विवाद लंबे समय तक अनसुलझे रहते हैं, वहाँ वह राष्ट्र-राज्य की सुरक्षा को स्थायी रूप से कमजोर करते हैं और क्षेत्रीय अस्थिरता को जन्म देते हैं। इस प्रकार सीमाएँ केवल मानचित्र पर खींची गई रेखाएँ नहीं हैं, बल्कि वह संप्रभुता, पहचान और सुरक्षा की जीवंत भू-राजनीतिक संरचनाएँ हैं।

क्षेत्रीय संघर्ष और भूमि-आधारित युद्ध

सीमावर्ती संघर्ष आधुनिक अंतरराष्ट्रीय राजनीति में भूमि-आधारित युद्धों का सबसे सामान्य और स्थायी रूप हैं, क्योंकि वह सीधे-सीधे संप्रभुता, क्षेत्रीय अखंडता और राष्ट्रीय पहचान से जुड़े होते हैं।[592]ऐतिहासिक रूप से सीमावर्ती संघर्षों के कारण केवल भूगोल तक सीमित नहीं रहे, बल्कि उनमें औपनिवेशिक विरासत, अस्पष्ट सीमांकन, जातीय-सांस्कृतिक विभाजन, संसाधन प्रतिस्पर्धा और रणनीतिक असुरक्षा जैसे अनेक कारक सम्मिलित रहे हैं।20वीं शताब्दी में राष्ट्र-राज्य प्रणाली के वैश्विक विस्तार के साथ सीमाएँ कठोर हुईं और उसी के साथ सीमावर्ती संघर्षों की संभावना भी बढ़ती चली गई।1945 के बाद संयुक्त राष्ट्र चार्टर ने बलपूर्वक सीमाओं के परिवर्तन को अवैध घोषित किया, किंतु व्यवहार में सीमावर्ती संघर्ष आज भी सबसे अधिक युद्धजन्य स्थितियों को जन्म देते हैं, विशेषतः एशिया, अफ्रीका और पूर्वी यूरोप में।[593]सीमावर्ती संघर्षों का पहला और सबसे मूल कारण औपनिवेशिक सीमांकन की विरासत है। एशिया और अफ्रीका में अधिकांश सीमाएँ 19वीं और 20वीं शताब्दी के औपनिवेशिक प्रशासन द्वारा खींची गईं, जिनमें स्थानीय भूगोल, जातीय संरचना और ऐतिहासिक संपर्कों की उपेक्षा की गई।उदाहरणतः 1947 में भारत का विभाजन एक अत्यंत सीमित समय-सीमा में किया गया, जिसके परिणामस्वरूप कश्मीर सहित कई क्षेत्रों में अस्पष्ट और विवादित सीमाएँ रह गईं।इसी प्रकार अफ्रीका में 1884–85 के बर्लिन सम्मेलन के दौरान बनाई गई सीमाएँ आज भी सूडान, नाइजीरिया, कांगो और सोमालिया जैसे राज्यों में आंतरिक तथा अंतर-राज्यीय संघर्षों का कारण बनी हुई हैं। इन उदाहरणों से स्पष्ट होता है कि सीमाओं की कृत्रिमता और ऐतिहासिक असंगति सीमावर्ती संघर्षों की दीर्घकालिक जड़ें बनती हैं।[594]दूसरा प्रमुख कारण भौगोलिक अस्पष्टता और कठिन भू-क्षेत्र है। पर्वतीय, मरुस्थलीय और घने वन क्षेत्रों में सीमाओं का स्पष्ट निर्धारण ऐतिहासिक रूप से कठिन रहा है।हिमालय क्षेत्र में भारत-चीन सीमा विवाद इसका प्रत्यक्ष उदाहरण है, जहाँ औपनिवेशिक काल की मैकमोहन रेखा (1914) की व्याख्या को लेकर मतभेद आज भी बने हुए हैं और जिसके

परिणामस्वरूप 1962 का युद्ध, 1967 के नाथू ला संघर्ष, तथा 2020 का गलवान संकट जैसी घटनाएँ हुईं। ऐसे कठिन भू-क्षेत्रों में सीमावर्ती संघर्ष केवल भू-राजनीतिक नहीं रहते, बल्कि वह सैन्य तैनाती, रसद और मानव-सुरक्षा की जटिल समस्याओं से भी जुड़ जाते हैं।[595]तीसरा महत्वपूर्ण कारण राष्ट्रीय पहचान और घरेलू राजनीति है। सीमाएँ अक्सर राष्ट्रीय गौरव और ऐतिहासिक स्मृति का प्रतीक बन जाती हैं, जिससे समझौते की राजनीतिक गुंजाइश सीमित हो जाती है।कई राज्यों में सीमावर्ती क्षेत्रों को लेकर कठोर रुख अपनाना घरेलू राजनीतिक वैधता का साधन बन जाता है। उदाहरणतः मध्य-पूर्व में अरब-इज़राइल संघर्ष की पृष्ठभूमि में सीमाएँ केवल भू-क्षेत्र नहीं, बल्कि धार्मिक और ऐतिहासिक पहचान से जुड़ी हुई हैं, जिसके कारण 1948, 1967 और 1973 के युद्धों में भूमि-आधारित संघर्ष निर्णायक भूमिका में रहे।चौथा कारण संसाधन प्रतिस्पर्धा है। सीमावर्ती क्षेत्रों में जल, खनिज, तेल और गैस जैसे संसाधनों की उपलब्धता संघर्ष को और तीव्र कर देती है। दक्षिण चीन सागर के तटीय विवाद, मध्य एशिया में ऊर्जा संसाधनों को लेकर प्रतिस्पर्धा, तथा अफ्रीका के सीमावर्ती खनिज-समृद्ध क्षेत्रों में संघर्ष इस प्रवृत्ति के उदाहरण हैं।यद्यपि यह संघर्ष अक्सर समुद्री या आर्थिक रूप में दिखाई देते हैं, किंतु उनका मूल स्वरूप भूमि-आधारित नियंत्रण से ही जुड़ा रहता है।सीमावर्ती संघर्षों का एक संरचनात्मक कारण सुरक्षा-दुविधा है, जिसमें एक राज्य द्वारा अपनी सुरक्षा के लिए की गई सैन्य तैयारी पड़ोसी राज्य द्वारा खतरे के रूप में देखी जाती है, जिससे तनाव का चक्र उत्पन्न होता है।सीमावर्ती क्षेत्रों में बुनियादी ढाँचे का विकास, सड़कों और सैन्य चौकियों का निर्माण अक्सर संघर्ष को टालने के बजाय और अधिक जटिल बना देता है। इस प्रकार सीमावर्ती संघर्ष बहु-कारकीय होते हैं, जिनकी जड़ें इतिहास, भूगोल, पहचान और सुरक्षा संरचनाओं में गहराई से समाई रहती हैं।

स्थल-शक्ति और सैन्य तैनाती

स्थल-शक्ति और सैन्य तैनाती का संबंध क्षेत्रीय संघर्षों और भूमि-आधारित युद्धों को समझने के लिए केंद्रीय महत्व रखता है। ऐतिहासिक रूप से किसी भी राज्य की सैन्य रणनीति का मूल प्रश्न यह रहा है कि वह अपनी थलसेना को कहाँ, कितनी मात्रा में और किस उद्देश्य से तैनात करता है। भूमि-आधारित युद्धों में सैन्य तैनाती केवल युद्ध के समय की गतिविधि नहीं होती, बल्कि वह शांति काल में भी प्रतिरोध, संकेत-प्रेषण और क्षेत्रीय नियंत्रण का साधन बन जाती है। 19वीं और 20वीं शताब्दी के अधिकांश युद्धों में यह स्पष्ट रूप से देखा जा सकता है कि स्थायी सैन्य तैनाती ने ही संघर्ष की दिशा और परिणाम को

निर्धारित किया।[597]प्रथम विश्व युद्ध (1914–1918) में पश्चिमी मोर्चे पर खाइयों की प्रणाली,स्थल-शक्ति और सैन्य तैनाती के गहन अंतर्संबंध का उदाहरण है, जहाँ भूमि पर स्थायी उपस्थिति ने युद्ध को दीर्घकालिक और विनाशकारी बना दिया।द्वितीय विश्व युद्ध (1939–1945) में जर्मनी और सोवियत संघ के बीच हुए भूमि-आधारित संघर्षों ने यह सिद्ध किया कि विशाल भू-भाग, जनसंख्या और रसद क्षमता सैन्य तैनाती की सफलता में निर्णायक होती है। सोवियत संघ ने अपनी स्थल-शक्ति का प्रयोग करते हुए सैनिकों को गहराई में पुनः तैनात किया और आक्रमणकारी सेना को थकाने की रणनीति अपनाई, जो अंततः निर्णायक सिद्ध हुई।[598]शीत युद्ध काल (1947–1991) में स्थल-शक्ति और सैन्य तैनाती का स्वरूप अपेक्षाकृत स्थिर लेकिन अत्यंत सघन हो गया। यूरोप में नाटो और वारसा संधि संगठन के बीच भारी सैन्य तैनाती ने प्रत्यक्ष युद्ध को रोके रखा, किंतु साथ ही एक स्थायी तनाव की स्थिति भी बनाए रखी।इस काल में जर्मनी का विभाजन और कोरियाई प्रायद्वीप पर सैनिकों की स्थायी तैनाती यह दर्शाती है कि भूमि पर सैन्य उपस्थिति केवल युद्ध के लिए नहीं, बल्कि राजनीतिक संदेश देने और प्रभाव बनाए रखने का साधन भी होती है।[599]समकालीन युग में स्थल-शक्ति और सैन्य तैनाती का स्वरूप तकनीकी प्रगति के साथ बदल गया है, किंतु उसका मूल तर्क वही बना हुआ है।आज सीमावर्ती क्षेत्रों में सैन्य तैनाती को सड़क, सुरंग, हवाई पट्टियों और रसद अवसंरचना के साथ जोड़ा जा रहा है, जिससे त्वरित सैन्य प्रतिक्रिया संभव हो सके। भारत द्वारा 2010 के बाद सीमावर्ती क्षेत्रों में बुनियादी ढाँचे का विकास, चीन द्वारा पश्चिमी सीमांत क्षेत्रों में सैन्य-सिविल एकीकरण, और रूस द्वारा पूर्वी यूरोप में सैन्य उपस्थिति,यह सभी आधुनिक स्थल-शक्ति के उदाहरण हैं।[600]महत्वपूर्ण यह है कि सैन्य तैनाती अब केवल पारंपरिक युद्ध की तैयारी नहीं रह गई है, बल्कि वह प्रतिरोध, संकट-प्रबंधन और शक्ति-संतुलन का उपकरण बन चुकी है।फिर भी अत्यधिक सैन्य तैनाती सीमावर्ती क्षेत्रों को स्थायी संघर्ष-क्षेत्र में परिवर्तित कर सकती है, जिससे मानव-सुरक्षा, आर्थिक विकास और क्षेत्रीय स्थिरता प्रभावित होती है। इस प्रकार स्थल-शक्ति और सैन्य तैनाती के बीच संतुलन स्थापित करना आधुनिक राष्ट्र-राज्यों के लिए एक केंद्रीय भू-राजनीतिक चुनौती बना हुआ है।क्षेत्रीय संघर्ष और भूमि-आधारित युद्ध स्थल-शक्ति की व्यावहारिक अभिव्यक्ति हैं। सीमावर्ती संघर्षों के कारण जहाँ ऐतिहासिक और संरचनात्मक हैं, वहीं सैन्य तैनाती उन संघर्षों को प्रबंधित करने या तीव्र करने का माध्यम बनती है। अतः स्थल-शक्ति को केवल सैन्य अवधारणा के रूप में नहीं, बल्कि एक व्यापक भू-राजनीतिक संरचना के रूप में समझना आवश्यक है।

अध्याय-7

समुद्री भू-राजनीति और महासागरीय शक्ति

समुद्री शक्ति की अवधारणा आधुनिक भू-राजनीति और अंतरराष्ट्रीय संबंधों के अध्ययन में एक केंद्रीय स्थान रखती है, क्योंकि वैश्विक व्यापार, ऊर्जा आपूर्ति, सैन्य पहुँच और राजनीतिक प्रभाव का एक बड़ा भाग समुद्रों और महासागरों के माध्यम से संचालित होता है। समुद्री शक्ति का मूल तात्पर्य केवल नौसेना की सैन्य क्षमता से नहीं है, बल्कि यह एक व्यापक संरचनात्मक शक्ति है, जिसमें समुद्री मार्गों पर नियंत्रण, बंदरगाहों और नौसैनिक अड्डों की उपलब्धता, समुद्री व्यापारिक क्षमता, तकनीकी श्रेष्ठता और समुद्री भूगोल की समझ सम्मिलित होती है। ऐतिहासिक दृष्टि से समुद्री शक्ति ने साम्राज्य-निर्माण, औपनिवेशिक विस्तार और वैश्विक शक्ति-संतुलन को निर्णायक रूप से प्रभावित किया है, और आज भी यह अंतरराष्ट्रीय व्यवस्था के संचालन का एक प्रमुख आधार बनी हुई है।समुद्री शक्ति का सिद्धांतात्मक विकास विशेष रूप से उन्नीसवीं शताब्दी के उत्तरार्ध और बीसवीं शताब्दी के प्रारंभ में हुआ, जब औद्योगीकरण, वैश्विक व्यापार और नौसैनिक तकनीक में तीव्र परिवर्तन देखने को मिले। इस संदर्भ में अमेरिकी नौसैनिक विचारक अल्फ्रेड थायर माहन को समुद्री शक्ति के सिद्धांत का प्रणेता माना जाता है। माहन ने वर्ष 1890 में प्रकाशित अपनी प्रसिद्ध कृति *इतिहास पर समुद्री शक्ति का प्रभाव (1660–1783)* में यह प्रतिपादित किया कि इतिहास में जिन राष्ट्रों ने समुद्रों पर प्रभुत्व स्थापित किया, वह वैश्विक राजनीति में दीर्घकाल तक प्रभावशाली बने रहे। माहन के अनुसार समुद्री शक्ति के छह प्रमुख घटक होते हैं; भौगोलिक स्थिति, भौतिक संरचना और प्राकृतिक बंदरगाह, क्षेत्रफल और समुद्र तट की लंबाई, जनसंख्या, राष्ट्रीय चरित्र, और सरकार की नीतियाँ। इन तत्वों का संयोजन किसी भी राज्य को समुद्री प्रभुत्व की ओर ले जाता है। माहन का तर्क था कि समुद्री मार्गों और व्यापार पर नियंत्रण न केवल आर्थिक समृद्धि लाता है, बल्कि वह सैन्य और राजनीतिक प्रभाव का भी आधार बनता है।

माहन का सिद्धांत उस ऐतिहासिक अनुभव से प्रेरित था, जिसमें ब्रिटेन ने 17वीं से 19वीं शताब्दी के बीच समुद्री प्रभुत्व स्थापित कर एक वैश्विक साम्राज्य

का निर्माण किया। ब्रिटिश नौसेना की श्रेष्ठता, रणनीतिक चोक-पॉइंट्स पर नियंत्रण और विश्व-व्यापी बंदरगाह नेटवर्क ने यह सिद्ध किया कि समुद्री शक्ति भूमि-आधारित शक्तियों की तुलना में अधिक लचीली और दूरगामी होती है। इसी कारण माहन ने यह निष्कर्ष निकाला कि भविष्य की महाशक्तियाँ वही होंगी, जो समुद्रों पर नियंत्रण स्थापित कर सकेंगी। इस सिद्धांत का प्रभाव केवल शैक्षणिक नहीं रहा, बल्कि इसने अमेरिका, जापान और जर्मनी जैसी शक्तियों की नौसैनिक नीतियों को भी प्रभावित किया।हालाँकि समुद्री शक्ति के सिद्धांत को केवल माहन तक सीमित नहीं किया जा सकता। ब्रिटिश रणनीतिकार जूलियन कॉर्बेट ने समुद्री शक्ति की एक अधिक संतुलित और यथार्थवादी व्याख्या प्रस्तुत की। कॉर्बेट के अनुसार समुद्री शक्ति का उद्देश्य पूर्ण समुद्री प्रभुत्व नहीं, बल्कि *समुद्री संचार लाइनों पर नियंत्रण* होना चाहिए। उन्होंने यह भी स्पष्ट किया कि समुद्री शक्ति और स्थल-शक्ति को एक-दूसरे से अलग करके नहीं देखा जा सकता, क्योंकि अधिकांश युद्धों का निर्णायक परिणाम अंततः भूमि पर ही तय होता है। इस प्रकार कॉर्बेट का सिद्धांत समुद्री और स्थल-शक्ति के अंतर्संबंध पर बल देता है और समुद्री शक्ति को एक सहायक लेकिन निर्णायक साधन के रूप में देखता है।बीसवीं शताब्दी में समुद्री शक्ति का सिद्धांत शीत युद्ध के संदर्भ में और अधिक विकसित हुआ। परमाणु पनडुब्बियों, विमानवाहक पोतों और लंबी दूरी की मिसाइल प्रणालियों ने समुद्री शक्ति को रणनीतिक प्रतिरोध का एक प्रमुख उपकरण बना दिया। समुद्र अब केवल व्यापार और नौसैनिक युद्ध का क्षेत्र नहीं रहे, बल्कि वह परमाणु शक्ति-संतुलन का भी आधार बन गए। इस दौर में समुद्री शक्ति का उद्देश्य केवल दुश्मन के जहाजों को नष्ट करना नहीं, बल्कि उसकी आर्थिक आपूर्ति-श्रृंखला को बाधित करना और वैश्विक पहुँच बनाए रखना भी हो गया।

हिंद-प्रशांत क्षेत्र : 21वीं सदी का भू-राजनीतिक केंद्र

हिंद महासागर 21वीं सदी की वैश्विक राजनीति में केवल एक जल-क्षेत्र नहीं, बल्कि शक्ति-संतुलन, ऊर्जा सुरक्षा, समुद्री व्यापार, सैन्य प्रतिस्पर्धा और भू-रणनीतिक स्थिरता का केंद्रीय आधार बन चुका है। शीत युद्ध की समाप्ति (1991) के बाद कुछ समय तक विश्व राजनीति अटलांटिक-केंद्रित रही, किंतु 2000 के बाद एशिया के आर्थिक उभार, 2008 की वैश्विक आर्थिक मंदी, 2011 में अमेरिकी "एशिया पुनर्संतुलन", 2013 में चीन की बेल्ट एंड रोड पहल और 2020 के बाद कोविड-19 तथा यूक्रेन युद्ध के प्रभावों ने हिंद महासागर को 21वीं सदी की भू-राजनीति का अनिवार्य केंद्र बना दिया। आज यह महासागर एशिया, अफ्रीका और ऑस्ट्रेलिया को

जोड़ते हुए वैश्विक उत्पादन, उपभोग और ऊर्जा आपूर्ति की जीवनरेखा के रूप में कार्य करता है, जिससे इसका सामरिक महत्व निरंतर बढ़ता गया है।[601]ऐतिहासिक दृष्टि से हिंद महासागर का महत्व अत्यंत प्राचीन है। पहली शताब्दी ईस्वी में भारत और रोमन साम्राज्य के बीच समुद्री व्यापार ने इस क्षेत्र को समृद्ध बनाया। सातवीं से पंद्रहवीं शताब्दी के बीच अरब व्यापारिक नेटवर्क ने हिंद महासागर को इस्लामी विश्व, पूर्वी अफ्रीका और दक्षिण-पूर्व एशिया से जोड़ा। 1498 ईस्वी में वास्को-दा-गामा का कालीकट पहुँचना हिंद महासागर में यूरोपीय हस्तक्षेप का आरंभ था, जिसने सोलहवीं से बीसवीं शताब्दी तक पुर्तगाली, डच, फ्रांसीसी और अंततः ब्रिटिश प्रभुत्व को जन्म दिया। 1757 से 1947 तक ब्रिटिश साम्राज्य ने हिंद महासागर को अपने साम्राज्यवादी व्यापार और सैन्य शक्ति का आधार बनाया। द्वितीय विश्व युद्ध (1939–45) के बाद उपनिवेशवाद का अंत हुआ, किंतु समुद्री शक्ति और नौसैनिक नियंत्रण का महत्व समाप्त नहीं हुआ; बल्कि शीत युद्ध के दौरान यह महासागर सामरिक संतुलन का एक मौन किंतु निर्णायक क्षेत्र बना रहा।[602]भौगोलिक रूप से हिंद महासागर की स्थिति इसे अद्वितीय बनाती है। यह पश्चिम में अफ्रीका के तटों से लेकर पूर्व में ऑस्ट्रेलिया तक फैला है और उत्तर में एशिया की विशाल तटरेखा को स्पर्श करता है। यही भौगोलिक संरचना इसे विश्व के प्रमुख समुद्री संचार मार्गों का केंद्र बनाती है। आज वैश्विक समुद्री व्यापार का लगभग 40 प्रतिशत भाग हिंद महासागर से होकर गुजरता है। विश्व के कुल कच्चे तेल व्यापार का लगभग 65 प्रतिशत और कंटेनर यातायात का लगभग 50 प्रतिशत इसी महासागर से संचालित होता है। प्रतिदिन लगभग 17 से 18 मिलियन बैरल कच्चा तेल केवल एक प्रमुख जलडमरूमध्य से होकर गुजरता है, जो वैश्विक ऊर्जा आपूर्ति की रीढ़ है। यदि इन मार्गों में किसी भी कारण से व्यवधान उत्पन्न होता है, तो उसका प्रभाव तुरंत अंतरराष्ट्रीय ऊर्जा बाजारों, औद्योगिक उत्पादन और उपभोक्ता मूल्यों पर पड़ता है।[603]

समुद्री संचार मार्गों के साथ-साथ हिंद महासागर के चोक-पॉइंट्स इसकी सामरिक महत्ता को और बढ़ाते हैं। यह संकीर्ण जलमार्ग वैश्विक व्यापार और ऊर्जा प्रवाह के लिए अनिवार्य हैं। इतिहास और समकालीन घटनाएँ दर्शाती हैं कि इन क्षेत्रों में अस्थिरता वैश्विक संकट को जन्म दे सकती है। 1973 का तेल संकट, 1980–88 का ईरान-इराक युद्ध और 1990–91 का खाड़ी युद्ध इस तथ्य को स्पष्ट करते हैं कि हिंद महासागर क्षेत्र में किसी भी प्रकार का सैन्य या राजनीतिक संकट विश्व अर्थव्यवस्था को सीधे प्रभावित करता है। 2008 के बाद अदन की खाड़ी में समुद्री डकैती की घटनाओं ने भी यह सिद्ध किया कि गैर-राज्यीय तत्व भी इस

महासागर की सुरक्षा को चुनौती दे सकते हैं, जिसके परिणामस्वरूप बहुराष्ट्रीय नौसैनिक अभियानों की आवश्यकता पड़ी।[604]ऊर्जा सुरक्षा के संदर्भ में हिंद महासागर का महत्व 21वीं सदी में और अधिक बढ़ गया है। एशिया की उभरती अर्थव्यवस्थाएँ,विशेषकर चीन और भारत,ऊर्जा आयात पर अत्यधिक निर्भर हैं। वर्ष 2023 तक भारत अपनी कुल कच्चे तेल की आवश्यकता का लगभग 85 प्रतिशत आयात करता है, जबकि चीन लगभग 75 प्रतिशत तेल आयात समुद्री मार्गों से प्राप्त करता है। खाड़ी देशों से पूर्वी एशिया तक फैली ऊर्जा आपूर्ति शृंखला हिंद महासागर पर निर्भर है। यही कारण है कि ऊर्जा उत्पादक और उपभोक्ता दोनों ही इस महासागर की सुरक्षा को अपनी राष्ट्रीय सुरक्षा का अभिन्न अंग मानते हैं। 2010 के बाद से तेल और गैस के साथ-साथ तरलीकृत प्राकृतिक गैस (LNG) का व्यापार भी इसी क्षेत्र में तीव्र गति से बढ़ा है, जिससे हिंद महासागर की सामरिक प्रासंगिकता और गहरी हुई है।[605]ऊर्जा और व्यापार के साथ-साथ हिंद महासागर में सैन्यीकरण की प्रक्रिया भी स्पष्ट रूप से देखी जा सकती है। 2000 के बाद से इस क्षेत्र में नौसैनिक आधुनिकीकरण, अड्डों की स्थापना और सैन्य अभ्यासों की संख्या में उल्लेखनीय वृद्धि हुई है। 2008 में समुद्री डकैती के विरुद्ध अंतरराष्ट्रीय नौसैनिक अभियानों ने इस महासागर में स्थायी सैन्य उपस्थिति को वैधता प्रदान की। 2015 में एक प्रमुख एशियाई शक्ति द्वारा अफ्रीकी तट पर पहला स्थायी नौसैनिक अड्डा स्थापित किया गया, जिसने हिंद महासागर की सामरिक राजनीति में एक नया अध्याय जोड़ा। 2020 के बाद से फ्रांस, अमेरिका, जापान और भारत जैसे देशों की नियमित नौसैनिक तैनाती ने इस क्षेत्र को बहुध्रुवीय सैन्य क्षेत्र में परिवर्तित कर दिया है, जहाँ किसी एक शक्ति का पूर्ण वर्चस्व संभव नहीं रह गया है।[606]हिंद महासागर में महाशक्तियों की बढ़ती उपस्थिति का एक कारण यह भी है कि यह क्षेत्र अब केवल समुद्री सुरक्षा तक सीमित नहीं, बल्कि भू-राजनीतिक प्रतिस्पर्धा का मंच बन गया है। शीत युद्ध के बाद अमेरिका ने इस महासागर में अपनी उपस्थिति बनाए रखी, किंतु 2000 के बाद चीन के उदय ने शक्ति-संतुलन को बदलना शुरू किया। 2013 में घोषित बेल्ट एंड रोड पहल के समुद्री आयाम ने हिंद महासागर के बंदरगाहों और समुद्री अवसंरचना को रणनीतिक महत्व प्रदान किया। इसके प्रत्युत्तर में अमेरिका, जापान, ऑस्ट्रेलिया और भारत ने क्षेत्रीय साझेदारियों और सुरक्षा संवादों को मजबूत किया। इस प्रकार हिंद महासागर प्रतिस्पर्धा और सहयोग,दोनों का साझा क्षेत्र बन गया।[607]

भारत के लिए हिंद महासागर का सामरिक महत्व विशेष रूप से गहरा है। भौगोलिक दृष्टि से भारत इस महासागर के केंद्र में स्थित है और इसकी विशाल

तटरेखा इसे प्राकृतिक समुद्री शक्ति बनाती है। स्वतंत्रता के बाद प्रारंभिक दशकों में भारत की समुद्री नीति अपेक्षाकृत सीमित रही, किंतु 1991 के आर्थिक उदारीकरण और 2000 के बाद वैश्विक एकीकरण ने समुद्री सुरक्षा को राष्ट्रीय प्राथमिकता बना दिया। 2007 के बाद "लुक ईस्ट" से "एक्ट ईस्ट" नीति में परिवर्तन, 2015 में "सागर" सिद्धांत की घोषणा और 2022 के बाद इंडो-पैसिफिक ओशंस इनिशिएटिव के माध्यम से भारत ने हिंद महासागर में अपनी भूमिका को स्पष्ट रूप से परिभाषित किया है। भारत स्वयं को "नेट सिक्योरिटी प्रोवाइडर" के रूप में प्रस्तुत करता है, जिसकी रणनीति आक्रामक प्रभुत्व के बजाय सहयोगात्मक सुरक्षा और नियम-आधारित समुद्री व्यवस्था पर आधारित है।[608]हिंद महासागर का सामरिक महत्व केवल राज्य-स्तरीय प्रतिस्पर्धा तक सीमित नहीं है; यह क्षेत्र गैर-परंपरागत सुरक्षा चुनौतियों का भी केंद्र है। समुद्री डकैती, आतंकवाद, अवैध तस्करी, मानव-तस्करी और पर्यावरणीय संकट इस महासागर की सुरक्षा को प्रभावित करते हैं। 2004 की हिंद महासागर सुनामी ने यह भी दर्शाया कि प्राकृतिक आपदाएँ इस क्षेत्र में मानवीय और रणनीतिक दोनों स्तरों पर गंभीर प्रभाव डाल सकती हैं। जलवायु परिवर्तन के परिणामस्वरूप समुद्र-स्तर में वृद्धि और तटीय असुरक्षा भविष्य में हिंद महासागर की राजनीति को और जटिल बना सकती है।[609]21वीं सदी के तीसरे दशक में हिंद महासागर का महत्व तकनीकी और डिजिटल आयामों से भी जुड़ गया है। समुद्र के नीचे बिछी फाइबर-ऑप्टिक केबलें वैश्विक इंटरनेट और संचार का आधार हैं। इन केबलों की सुरक्षा अब राष्ट्रीय सुरक्षा का विषय बन चुकी है। इसके अतिरिक्त, समुद्री डोमेन जागरूकता, उपग्रह निगरानी और कृत्रिम बुद्धिमत्ता आधारित नौसैनिक प्रणालियाँ हिंद महासागर में रणनीतिक प्रतिस्पर्धा को नई दिशा दे रही हैं। 2020 के बाद ड्रोन, साइबर क्षमताएँ और सूचना युद्ध भी इस क्षेत्र की सामरिक गणनाओं का हिस्सा बन गए हैं।[610] भविष्य की दृष्टि से हिंद महासागर का सामरिक महत्व और अधिक बढ़ने की संभावना है। एशिया और अफ्रीका की जनसंख्या वृद्धि, ऊर्जा मांग में निरंतर वृद्धि, समुद्री व्यापार का विस्तार और बहुध्रुवीय विश्व व्यवस्था का उदय इस महासागर को 21वीं सदी का निर्णायक क्षेत्र बनाए रखेंगे। आने वाले दशकों में हिंद महासागर केवल व्यापार और ऊर्जा का मार्ग नहीं रहेगा, बल्कि वैश्विक शक्ति-संतुलन, तकनीकी प्रतिस्पर्धा और अंतरराष्ट्रीय नियमों की परीक्षा का भी मंच बनेगा। इस संदर्भ में हिंद महासागर की स्थिरता और सुरक्षा न केवल क्षेत्रीय, बल्कि वैश्विक शांति और समृद्धि के लिए अनिवार्य है।[611] हिंद महासागर का सामरिक महत्व ऐतिहासिक, भौगोलिक, आर्थिक, सैन्य और तकनीकी सभी आयामों में निहित है। 21वीं सदी में यह महासागर विश्व राजनीति

का मौन किंतु निर्णायक केंद्र बन चुका है। जो शक्ति इस क्षेत्र में संतुलन, सहयोग और सुरक्षा को प्रभावी ढंग से प्रबंधित करेगी, वही भविष्य की वैश्विक व्यवस्था में निर्णायक भूमिका निभाएगी।[612]

प्रशांत क्षेत्र में शक्ति प्रतिस्पर्धा

प्रशांत क्षेत्र 21वीं सदी में वैश्विक शक्ति प्रतिस्पर्धा का सबसे सक्रिय और निर्णायक मंच बन चुका है। यह क्षेत्र अब केवल एक भौगोलिक विस्तार नहीं, बल्कि सैन्य शक्ति, आर्थिक प्रभुत्व, तकनीकी नियंत्रण और वैचारिक प्रभाव की बहुस्तरीय प्रतिस्पर्धा का केंद्र है।**(मानचित्र-21)** द्वितीय विश्व युद्ध की समाप्ति (1945) के बाद अमेरिका ने प्रशांत क्षेत्र में जो रणनीतिक प्रभुत्व स्थापित किया था, वह शीत युद्ध (1947–1991) के दौरान और अधिक मजबूत हुआ, किंतु 21वीं सदी के पहले दो दशकों में, विशेषकर 2000 के बाद, चीन के तीव्र आर्थिक और सैन्य उदय ने इस स्थापित शक्ति-संतुलन को चुनौती दी, जिससे प्रशांत क्षेत्र वैश्विक भू-राजनीति का सबसे संवेदनशील और अस्थिर क्षेत्र बन गया।[613]ऐतिहासिक दृष्टि से प्रशांत क्षेत्र की शक्ति राजनीति की जड़ें द्वितीय विश्व युद्ध में निहित हैं। 1941 में पर्ल हार्बर पर जापानी हमले और 1945 में हिरोशिमा तथा नागासाकी पर परमाणु बम गिराए जाने के बाद अमेरिका ने प्रशांत महासागर में निर्णायक सैन्य प्रभुत्व स्थापित किया। 1950–53 का कोरियाई युद्ध और 1955–75 का वियतनाम युद्ध इस क्षेत्र में अमेरिका और उसके सहयोगियों की सामरिक प्रतिबद्धता के उदाहरण हैं। शीत युद्ध के दौरान अमेरिका ने जापान, दक्षिण कोरिया, फिलीपींस और ऑस्ट्रेलिया के साथ सुरक्षा गठबंधन स्थापित कर प्रशांत क्षेत्र में सोवियत और चीनी प्रभाव को सीमित किया। 1979 में चीन और अमेरिका के बीच औपचारिक राजनयिक संबंधों की स्थापना ने क्षेत्रीय राजनीति को नया मोड़ दिया, किंतु 1991 में सोवियत संघ के विघटन के बाद अमेरिका एकमात्र प्रमुख शक्ति के रूप में उभरा।[614]1991 से 2008 के बीच प्रशांत क्षेत्र में अपेक्षाकृत स्थिर शक्ति-संतुलन देखने को मिला, जिसे अक्सर "अमेरिकी एकध्रुवीय क्षण" कहा जाता है। इस अवधि में अमेरिका की सैन्य, आर्थिक और तकनीकी श्रेष्ठता निर्विवाद थी। किंतु 2001 में चीन की विश्व व्यापार संगठन (WTO) में सदस्यता और 2008 की वैश्विक आर्थिक मंदी ने वैश्विक शक्ति-संरचना को बदलना प्रारंभ किया। 2008 के बाद जब पश्चिमी अर्थव्यवस्थाएँ संकट से जूझ रही थीं, तब चीन ने निरंतर उच्च आर्थिक वृद्धि बनाए रखी, जिससे वह प्रशांत क्षेत्र में एक वैकल्पिक शक्ति केंद्र के रूप में उभरने लगा। यही वह समय था जब प्रशांत क्षेत्र में शक्ति प्रतिस्पर्धा का नया चरण आरंभ हुआ।[615]

चीन के उदय ने प्रशांत क्षेत्र की भू-राजनीति को मूलतः बदल दिया। 2010 तक चीन विश्व की दूसरी सबसे बड़ी अर्थव्यवस्था बन चुका था, और 2013 में घोषित बेल्ट एंड रोड पहल ने उसकी वैश्विक महत्वाकांक्षाओं को स्पष्ट कर दिया। प्रशांत क्षेत्र में चीन की रणनीति का प्रमुख केंद्र दक्षिण चीन सागर रहा है। 2014 से 2020 के बीच चीन ने इस क्षेत्र में कृत्रिम द्वीपों का निर्माण किया, जिन पर हवाई पट्टियाँ, रडार प्रणालियाँ और सैन्य ठिकाने विकसित किए गए। यह क्षेत्र विश्व व्यापार के लिए अत्यंत महत्वपूर्ण है, क्योंकि वैश्विक समुद्री व्यापार का एक बड़ा हिस्सा इसी मार्ग से होकर गुजरता है। चीन का दावा है कि यह क्षेत्र ऐतिहासिक रूप से उसका रहा है, जबकि वियतनाम, फिलीपींस, मलेशिया और ब्रुनेई जैसे देश अंतरराष्ट्रीय समुद्री कानून के आधार पर इसका विरोध करते हैं। 2016 में अंतरराष्ट्रीय पंचाट द्वारा दिए गए निर्णय ने चीन के दावों को अमान्य ठहराया, किंतु चीन ने इस निर्णय को अस्वीकार कर दिया, जिससे क्षेत्रीय तनाव और बढ़ गया।[616]प्रशांत क्षेत्र में चीन के बढ़ते प्रभाव के प्रत्युत्तर में अमेरिका ने अपनी रणनीति में परिवर्तन किया। 2011 में अमेरिकी राष्ट्रपति द्वारा घोषित "पिवट टू एशिया" या "एशिया पुनर्संतुलन" नीति का उद्देश्य प्रशांत क्षेत्र में अमेरिकी सैन्य, कूटनीतिक और आर्थिक उपस्थिति को सुदृढ़ करना था। 2017 में "फ्री एंड ओपन इंडो-पैसिफिक" रणनीति ने इस दृष्टिकोण को और व्यापक बनाया। अमेरिका ने जापान, दक्षिण कोरिया और ऑस्ट्रेलिया के साथ अपने गठबंधनों को मजबूत किया तथा 2021 में AUKUS सुरक्षा साझेदारी के माध्यम से क्षेत्रीय सैन्य संतुलन को नया आयाम दिया। इसके साथ ही, QUAD जैसे मंचों के माध्यम से बहुपक्षीय सहयोग को बढ़ावा दिया गया, जिससे चीन के बढ़ते प्रभाव को संतुलित किया जा सके।[617]प्रशांत क्षेत्र की शक्ति प्रतिस्पर्धा केवल अमेरिका और चीन तक सीमित नहीं है। जापान ने 2015 में अपनी रक्षा नीति में ऐतिहासिक परिवर्तन करते हुए सामूहिक आत्मरक्षा के अधिकार को मान्यता दी, और 2022 में अपनी राष्ट्रीय सुरक्षा रणनीति में रक्षा बजट बढ़ाने की घोषणा की। ऑस्ट्रेलिया ने भी इंडो-पैसिफिक को अपनी राष्ट्रीय सुरक्षा नीति के केंद्र में रखा और अमेरिका तथा ब्रिटेन के साथ गहरे सैन्य सहयोग को अपनाया। दक्षिण कोरिया, जो लंबे समय तक कोरियाई प्रायद्वीप पर केंद्रित रहा, अब प्रशांत क्षेत्र में व्यापक भूमिका निभाने लगा है। ASEAN देशों ने इस प्रतिस्पर्धा में संतुलनकारी भूमिका निभाने का प्रयास किया है, किंतु आंतरिक विविधताओं के कारण उनकी सामूहिक प्रभावशीलता सीमित रही है।[618]

21वीं सदी में प्रशांत क्षेत्र की शक्ति प्रतिस्पर्धा का एक महत्वपूर्ण आयाम आर्थिक और तकनीकी है। सेमीकंडक्टर उद्योग, 5G नेटवर्क, कृत्रिम बुद्धिमत्ता और क्वांटम प्रौद्योगिकी में प्रभुत्व अब सैन्य शक्ति जितना ही महत्वपूर्ण हो गया है। ताइवान इस संदर्भ में अत्यंत संवेदनशील क्षेत्र बन गया है, क्योंकि विश्व के उन्नत सेमीकंडक्टर उत्पादन का बड़ा हिस्सा यहीं होता है। 2020 के बाद अमेरिका और चीन के बीच तकनीकी प्रतिबंधों और निर्यात नियंत्रणों ने प्रशांत क्षेत्र को तकनीकी शीत युद्ध का केंद्र बना दिया है। यह प्रतिस्पर्धा केवल आर्थिक लाभ के लिए नहीं, बल्कि भविष्य की सैन्य और औद्योगिक क्षमताओं को नियंत्रित करने के लिए है।[619]वैचारिक स्तर पर भी प्रशांत क्षेत्र वैश्विक संघर्ष का मंच बन गया है। एक ओर लोकतांत्रिक शासन, मुक्त बाजार और नियम-आधारित अंतरराष्ट्रीय व्यवस्था का मॉडल है, तो दूसरी ओर राज्य-नियंत्रित विकास, संप्रभुता पर बल और वैकल्पिक वैश्विक संस्थागत ढांचे का मॉडल। यह वैचारिक प्रतिस्पर्धा विकासशील देशों के लिए विकल्प प्रस्तुत करती है, जिससे प्रशांत क्षेत्र वैश्विक राजनीति का वैचारिक प्रयोगशाला बन गया है। मीडिया, सूचना युद्ध और साइबर क्षमताएँ इस प्रतिस्पर्धा को और जटिल बनाती हैं।[620]सैन्य दृष्टि से प्रशांत क्षेत्र में हथियारों की होड़ स्पष्ट रूप से देखी जा सकती है। नौसैनिक आधुनिकीकरण, पनडुब्बी क्षमताओं का विस्तार, हाइपरसोनिक मिसाइलों का विकास और अंतरिक्ष-आधारित निगरानी प्रणालियाँ इस क्षेत्र की सामरिक गणनाओं को बदल रही हैं। 2020 के बाद चीन और अमेरिका दोनों ने अपनी नौसैनिक तैनाती और सैन्य अभ्यासों की आवृत्ति बढ़ाई है, जिससे आकस्मिक संघर्ष की आशंका भी बढ़ी है। ताइवान जलडमरूमध्य, दक्षिण चीन सागर और कोरियाई प्रायद्वीप ऐसे संभावित फ्लैशप्वाइंट हैं, जहाँ किसी भी संकट का वैश्विक प्रभाव हो सकता है।[621]भविष्य की दृष्टि से प्रशांत क्षेत्र में शक्ति प्रतिस्पर्धा और तीव्र होने की संभावना है। जनसंख्या, आर्थिक उत्पादन और तकनीकी नवाचार का केंद्र धीरे-धीरे एशिया-प्रशांत की ओर स्थानांतरित हो रहा है। इसके साथ ही, जलवायु परिवर्तन, समुद्री संसाधनों की प्रतिस्पर्धा और आपूर्ति शृंखलाओं की सुरक्षा जैसे नए मुद्दे भी शक्ति राजनीति को प्रभावित करेंगे। आने वाले दशकों में प्रशांत क्षेत्र यह निर्धारित करेगा कि वैश्विक व्यवस्था सहयोग, प्रतिस्पर्धा या संघर्ष की दिशा में जाएगी।[622]प्रशांत क्षेत्र में शक्ति प्रतिस्पर्धा 21वीं सदी की वैश्विक राजनीति का सबसे निर्णायक तत्व बन चुकी है। यह प्रतिस्पर्धा केवल सैन्य प्रभुत्व के लिए नहीं, बल्कि आर्थिक नियंत्रण, तकनीकी नेतृत्व और वैचारिक प्रभाव के लिए है। जिस शक्ति या समूह की रणनीति इस क्षेत्र में

संतुलन, स्थिरता और नियम-आधारित व्यवस्था को प्रभावी ढंग से आकार दे पाएगी, वही भविष्य की वैश्विक व्यवस्था में केंद्रीय भूमिका निभाएगी।[623]

मानचित्र 21 : मानचित्र-1 : हिंद-प्रशांत क्षेत्र का भौगोलिक विस्तार

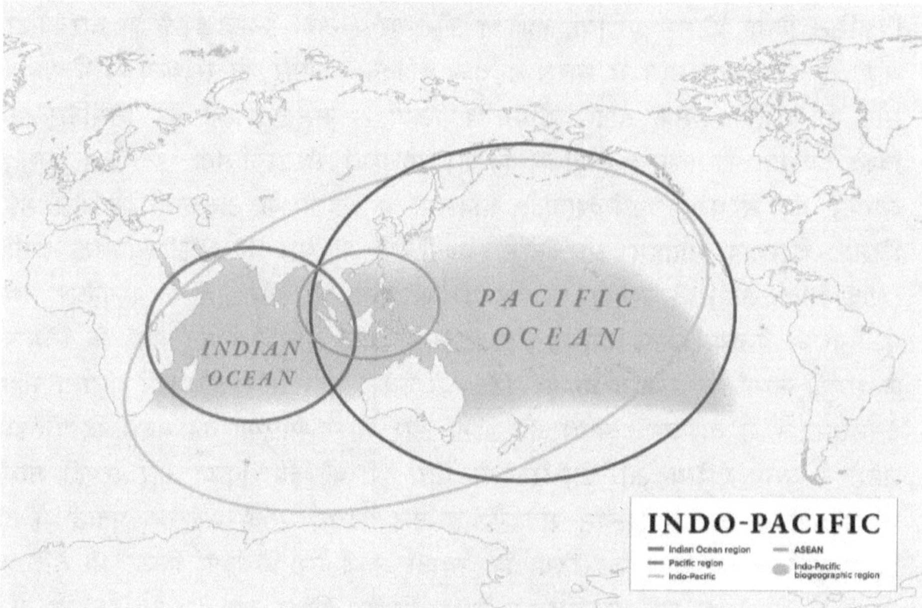

स्त्रोत : विकिमीडिया कॉमन्स के योगदानकर्ताs

समुद्री मार्ग, व्यापार और रणनीतिक निर्भरता

वैश्विक समुद्री व्यापार की संरचना आधुनिक विश्व व्यवस्था की आधारशिला है, क्योंकि अंतरराष्ट्रीय अर्थव्यवस्था का सर्वाधिक महत्वपूर्ण भाग समुद्री मार्गों के माध्यम से संचालित होता है। 21वीं सदी में विश्व व्यापार का लगभग 80 से 90 प्रतिशत आयतन (volume) और लगभग 70 प्रतिशत मूल्य (value) समुद्री मार्गों से ही वहन किया जाता है। यह तथ्य अपने आप में यह स्पष्ट करता है कि समुद्री मार्ग केवल आर्थिक साधन नहीं, बल्कि राज्यों की रणनीतिक निर्भरता और राष्ट्रीय सुरक्षा का मूल आधार बन चुके हैं। शीत युद्ध की समाप्ति (1991) के बाद वैश्वीकरण की प्रक्रिया ने समुद्री व्यापार को अभूतपूर्व विस्तार दिया, किंतु 2000 के बाद उभरती अर्थव्यवस्थाओं, विशेषकर एशिया के उत्थान ने वैश्विक समुद्री व्यापार की संरचना को मौलिक रूप से परिवर्तित कर दिया।[624]ऐतिहासिक दृष्टि से समुद्री व्यापार की संरचना का विकास सहस्राब्दियों में

हुआ है। प्राचीन काल में फोनीशियन, यूनानी और रोमन साम्राज्य समुद्री व्यापार पर निर्भर थे, जबकि पहली शताब्दी ईस्वी में भारत और रोमन साम्राज्य के बीच हिंद महासागर मार्गों से मसालों, वस्त्रों और कीमती धातुओं का व्यापार होता था। मध्यकाल में अरब व्यापारियों ने हिंद महासागर और लाल सागर मार्गों को विकसित किया, जिससे एशिया, अफ्रीका और यूरोप जुड़े। 1498 ईस्वी में वास्को-दा-गामा द्वारा समुद्री मार्ग से भारत पहुँचना वैश्विक व्यापार की संरचना में निर्णायक मोड़ था, क्योंकि इसके बाद यूरोपीय शक्तियों ने समुद्री मार्गों को नियंत्रित कर विश्व व्यापार पर प्रभुत्व स्थापित किया। सोलहवीं से उन्नीसवीं सदी तक समुद्री व्यापार की संरचना उपनिवेशवादी शक्तियों के हितों के अनुरूप विकसित हुई, जिसमें बंदरगाह, नौवहन और बीमा प्रणालियाँ शामिल थीं।[625]औद्योगिक क्रांति (18वीं-19वीं सदी) ने समुद्री व्यापार की संरचना को और अधिक संगठित तथा पूंजी-प्रधान बनाया। भाप-चालित जहाजों, नहरों और आधुनिक बंदरगाहों के निर्माण ने समुद्री मार्गों की क्षमता बढ़ाई। 1869 में स्वेज नहर और 1914 में पनामा नहर के उद्घाटन ने वैश्विक व्यापार की दिशा और समय-सारिणी को बदल दिया। इन नहरों ने यूरोप, एशिया और अमेरिका के बीच दूरी को कम किया और समुद्री मार्गों को रणनीतिक रूप से अत्यंत संवेदनशील बना दिया। 20वीं सदी के पूर्वार्द्ध में दो विश्व युद्धों ने यह सिद्ध कर दिया कि समुद्री मार्गों पर नियंत्रण किसी भी वैश्विक संघर्ष में निर्णायक भूमिका निभाता है।[626]द्वितीय विश्व युद्ध (1939–45) के बाद वैश्विक समुद्री व्यापार की संरचना एक नए चरण में प्रवेश करती है। 1945 के बाद अमेरिका के नेतृत्व में एक नियम-आधारित अंतरराष्ट्रीय आर्थिक व्यवस्था विकसित हुई, जिसमें मुक्त नौवहन, खुले समुद्र और अंतरराष्ट्रीय समुद्री कानून को बढ़ावा दिया गया। 1950 और 1960 के दशकों में तेल व्यापार और औद्योगिक वस्तुओं के समुद्री परिवहन ने वैश्विक व्यापार को गति दी। किंतु समुद्री व्यापार की संरचना में सबसे बड़ा परिवर्तन 1960 के दशक के उत्तरार्ध में कंटेनरीकरण के साथ आया। कंटेनर जहाजों ने परिवहन लागत को नाटकीय रूप से कम किया, समय बचाया और वैश्विक आपूर्ति शृंखलाओं को संभव बनाया। 1970 से 2000 के बीच कंटेनरीकरण ने विश्व व्यापार के स्वरूप को पूरी तरह बदल दिया।[627]1991 के बाद शीत युद्ध की समाप्ति और वैश्वीकरण के विस्तार ने समुद्री व्यापार की संरचना को अभूतपूर्व स्तर तक विस्तारित किया। 2001 में चीन की विश्व व्यापार संगठन में सदस्यता ने वैश्विक समुद्री व्यापार को नया केंद्र प्रदान किया। 2000 से 2015 के बीच विश्व व्यापार में एशिया की हिस्सेदारी लगातार बढ़ती गई, जिससे अटलांटिक-केंद्रित व्यापार संरचना का स्थान हिंद-प्रशांत केंद्रित व्यापार संरचना ने ले लिया।

आज विश्व के सबसे व्यस्त समुद्री मार्ग एशिया से यूरोप और एशिया से उत्तरी अमेरिका को जोड़ते हैं। इसी अवधि में बड़े कंटेनर जहाजों, अत्याधुनिक बंदरगाहों और लॉजिस्टिक्स नेटवर्क का विकास हुआ, जिसने समुद्री व्यापार को वैश्विक उत्पादन प्रणाली से जोड़ दिया।[628]वैश्विक समुद्री व्यापार की संरचना को समझने के लिए उसके प्रमुख घटकों,ऊर्जा व्यापार, कच्चे माल का परिवहन, विनिर्मित वस्तुओं का व्यापार और खाद्य आपूर्ति,का विश्लेषण आवश्यक है। ऊर्जा व्यापार, विशेषकर कच्चा तेल और तरलीकृत प्राकृतिक गैस, समुद्री व्यापार का सबसे रणनीतिक घटक है। वैश्विक कच्चे तेल व्यापार का लगभग दो-तिहाई हिस्सा समुद्री मार्गों से होकर गुजरता है। खाड़ी क्षेत्र से पूर्वी एशिया, यूरोप और अमेरिका तक फैली ऊर्जा आपूर्ति शृंखला समुद्री मार्गों पर निर्भर है। इसी प्रकार लौह अयस्क, कोयला, अनाज और अन्य कच्चे माल का परिवहन भी मुख्यतः समुद्री मार्गों से होता है। विनिर्मित वस्तुओं जैसे इलेक्ट्रॉनिक्स, मशीनरी और उपभोक्ता वस्तुओं का अधिकांश अंतरराष्ट्रीय व्यापार कंटेनर जहाजों द्वारा किया जाता है, जो आधुनिक वैश्विक अर्थव्यवस्था की रीढ़ हैं।[629]

समुद्री व्यापार की संरचना में चोक-पॉइंट्स की भूमिका अत्यंत महत्वपूर्ण है। यह संकीर्ण जलमार्ग वैश्विक व्यापार के लिए अनिवार्य हैं और इनके माध्यम से प्रतिदिन अरबों डॉलर मूल्य का व्यापार होता है। इतिहास और समकालीन घटनाएँ यह दर्शाती हैं कि इन मार्गों में किसी भी प्रकार का व्यवधान वैश्विक आपूर्ति शृंखला को बाधित कर सकता है। 1973 के तेल संकट, 1990–91 के खाड़ी युद्ध और 2021 में एक प्रमुख नहर में जहाज के फँसने की घटना ने यह स्पष्ट किया कि समुद्री व्यापार की संरचना कितनी संवेदनशील है। इन घटनाओं के कारण अंतरराष्ट्रीय बाजारों में कीमतों में वृद्धि और आपूर्ति में देरी देखी गई, जिसने राज्यों की रणनीतिक निर्भरता को उजागर किया।[630]21वीं सदी में समुद्री व्यापार की संरचना केवल आर्थिक नहीं, बल्कि रणनीतिक निर्भरता का प्रश्न बन गई है। वैश्विक आपूर्ति शृंखलाएँ इस प्रकार विकसित हुई हैं कि किसी एक क्षेत्र में व्यवधान का प्रभाव विश्व के अन्य हिस्सों तक पहुँचता है। उदाहरणस्वरूप, पूर्वी एशिया में विनिर्माण केंद्रों पर निर्भर यूरोप और अमेरिका की अर्थव्यवस्थाएँ समुद्री मार्गों की सुरक्षा पर निर्भर हैं। इसी प्रकार, ऊर्जा आयातक देश समुद्री मार्गों की स्थिरता को अपनी राष्ट्रीय सुरक्षा से जोड़कर देखते हैं। यह निर्भरता राज्यों को समुद्री सुरक्षा, नौसैनिक शक्ति और अंतरराष्ट्रीय सहयोग में निवेश के लिए प्रेरित करती है।[631]वैश्विक समुद्री व्यापार की संरचना में 2008 की वैश्विक आर्थिक मंदी एक महत्वपूर्ण मोड़ थी। इस संकट ने यह स्पष्ट कर दिया कि अत्यधिक वैश्विक

निर्भरता जोखिम भी उत्पन्न करती है। इसके बाद कई देशों ने आपूर्ति शृंखलाओं के विविधीकरण और समुद्री मार्गों की सुरक्षा पर अधिक ध्यान देना प्रारंभ किया। 2020 के बाद कोविड-19 महामारी ने समुद्री व्यापार की संरचना को और अधिक चुनौती दी। बंदरगाहों का बंद होना, कंटेनरों की कमी और परिवहन लागत में वृद्धि ने यह सिद्ध किया कि वैश्विक समुद्री व्यापार प्रणाली कितनी नाजुक है। इसके बावजूद, महामारी के दौरान भी समुद्री मार्ग वैश्विक आपूर्ति के लिए अनिवार्य बने रहे, जिससे उनकी रणनीतिक महत्ता और अधिक स्पष्ट हुई।[632]तकनीकी दृष्टि से भी वैश्विक समुद्री व्यापार की संरचना में परिवर्तन हो रहा है। स्वचालित बंदरगाह, डिजिटल लॉजिस्टिक्स, उपग्रह निगरानी और कृत्रिम बुद्धिमत्ता आधारित प्रबंधन प्रणालियाँ समुद्री व्यापार को अधिक कुशल बना रही हैं। साथ ही, समुद्र के नीचे बिछी फाइबर-ऑप्टिक केबलें वैश्विक डिजिटल अर्थव्यवस्था की आधारशिला हैं, जो समुद्री मार्गों की रणनीतिक निर्भरता को एक नया आयाम देती हैं। अब समुद्री व्यापार केवल वस्तुओं के प्रवाह तक सीमित नहीं, बल्कि सूचना और डेटा के प्रवाह से भी जुड़ गया है।[633]भविष्य की दृष्टि से वैश्विक समुद्री व्यापार की संरचना और अधिक जटिल होने की संभावना है। जलवायु परिवर्तन, समुद्र-स्तर में वृद्धि, आर्कटिक मार्गों का संभावित विकास, और भू-राजनीतिक प्रतिस्पर्धा समुद्री व्यापार को प्रभावित करेंगे। इसके साथ ही, राज्यों के बीच रणनीतिक अविश्वास और संरक्षणवादी नीतियाँ समुद्री मार्गों की खुली प्रकृति को चुनौती दे सकती हैं। फिर भी, यह स्पष्ट है कि समुद्री मार्ग वैश्विक अर्थव्यवस्था के लिए अपरिहार्य बने रहेंगे।[634]वैश्विक समुद्री व्यापार की संरचना 21वीं सदी की रणनीतिक निर्भरता का मूल आधार है। यह संरचना इतिहास, प्रौद्योगिकी, अर्थव्यवस्था और भू-राजनीति के जटिल अंतर्संबंधों का परिणाम है। समुद्री मार्गों की सुरक्षा, स्थिरता और खुलापन न केवल अंतरराष्ट्रीय व्यापार के लिए, बल्कि वैश्विक शांति और स्थिरता के लिए भी अनिवार्य है। यही कारण है कि समुद्री व्यापार और उससे जुड़ी रणनीतिक निर्भरता 21वीं सदी की भू-राजनीति का केंद्रीय प्रश्न बन चुकी है।[663]

ऊर्जा और वस्तु आपूर्ति मार्ग

ऊर्जा और वस्तु आपूर्ति मार्ग आधुनिक वैश्विक व्यवस्था की सबसे संवेदनशील और निर्णायक कड़ियाँ हैं, क्योंकि 21वीं सदी की अर्थव्यवस्था का संचालन बड़े पैमाने पर ऊर्जा संसाधनों और कच्चे माल के निरंतर, सुरक्षित और सुलभ प्रवाह पर निर्भर करता है। शीत युद्ध की समाप्ति (1991) के बाद वैश्वीकरण के तीव्र विस्तार, औद्योगिक उत्पादन के वैश्विक बँटवारे और उभरती

अर्थव्यवस्थाओं के उत्थान ने ऊर्जा तथा वस्तु आपूर्ति मार्गों को केवल आर्थिक साधन नहीं, बल्कि राष्ट्रीय सुरक्षा और भू-राजनीतिक रणनीति का मूल आधार बना दिया है। आज विश्व की औद्योगिक उत्पादन शृंखला इस तथ्य से बंधी हुई है कि ऊर्जा स्रोत; जैसे कच्चा तेल, प्राकृतिक गैस और कोयला,तथा वस्तुएँ,जैसे लौह अयस्क, तांबा, अनाज और उर्वरक समुद्री मार्गों के माध्यम से निर्बाध रूप से प्रवाहित होती रहें।[636]ऐतिहासिक रूप से ऊर्जा और वस्तु आपूर्ति मार्गों का सामरिक महत्व 20वीं सदी के मध्य से स्पष्ट होना शुरू हुआ। द्वितीय विश्व युद्ध (1939–45) ने यह सिद्ध कर दिया कि ऊर्जा संसाधनों पर नियंत्रण किसी भी आधुनिक युद्ध में निर्णायक भूमिका निभाता है। 1945 के बाद औद्योगिक पुनर्निर्माण और शीत युद्ध के दौरान पश्चिमी अर्थव्यवस्थाओं की तेल पर बढ़ती निर्भरता ने समुद्री ऊर्जा मार्गों को रणनीतिक दृष्टि से अत्यंत महत्वपूर्ण बना दिया। 1956 का स्वेज संकट इस बात का स्पष्ट उदाहरण था कि किसी एक समुद्री मार्ग में व्यवधान वैश्विक ऊर्जा आपूर्ति और अंतरराष्ट्रीय राजनीति को किस प्रकार प्रभावित कर सकता है। इसके बाद 1973 और 1979 के तेल संकटों ने यह स्थापित कर दिया कि ऊर्जा आपूर्ति मार्ग केवल आर्थिक विषय नहीं, बल्कि राजनीतिक दबाव और रणनीतिक शक्ति का माध्यम भी बन सकते हैं।[637]21वीं सदी में ऊर्जा आपूर्ति मार्गों का महत्व और अधिक बढ़ गया है, क्योंकि वैश्विक ऊर्जा खपत में एशिया की हिस्सेदारी लगातार बढ़ रही है। वर्ष 2000 से 2020 के बीच चीन और भारत जैसे देशों की ऊर्जा मांग में अभूतपूर्व वृद्धि हुई। 2023 तक विश्व के कुल कच्चे तेल व्यापार का लगभग दो-तिहाई हिस्सा समुद्री मार्गों से होकर गुजरता है। खाड़ी क्षेत्र विश्व का प्रमुख ऊर्जा उत्पादक क्षेत्र है, जहाँ से पूर्वी एशिया, यूरोप और उत्तरी अमेरिका तक तेल और गैस की आपूर्ति मुख्यतः समुद्री मार्गों के माध्यम से होती है। इन मार्गों की सुरक्षा ऊर्जा आयातक देशों के लिए अस्तित्व का प्रश्न बन चुकी है, क्योंकि किसी भी प्रकार का व्यवधान सीधे उनकी आर्थिक स्थिरता और सामाजिक व्यवस्था को प्रभावित कर सकता है।[638]ऊर्जा आपूर्ति मार्गों के संदर्भ में समुद्री चोक-पॉइंट्स की भूमिका अत्यंत निर्णायक है। यह संकीर्ण जलमार्ग वैश्विक ऊर्जा प्रवाह की धमनियों के समान हैं। प्रतिदिन लाखों बैरल कच्चा तेल और विशाल मात्रा में तरलीकृत प्राकृतिक गैस इन मार्गों से होकर गुजरती है। इन क्षेत्रों में राजनीतिक अस्थिरता, सैन्य संघर्ष या गैर-राज्यीय हिंसा वैश्विक ऊर्जा बाजार में तुरंत अस्थिरता पैदा कर सकती है। 1980–88 के ईरान-इराक युद्ध के दौरान तेल टैंकरों पर हमले, 1990–91 के खाड़ी युद्ध में समुद्री मार्गों की सैन्य सुरक्षा और 2019–20 में टैंकर हमलों की घटनाएँ यह दर्शाती हैं कि ऊर्जा आपूर्ति मार्ग किस

प्रकार भू-राजनीतिक संघर्ष का केंद्र बन जाते हैं। इन घटनाओं के परिणामस्वरूप तेल कीमतों में वृद्धि और वैश्विक बाजारों में अनिश्चितता देखी गई।[639]ऊर्जा के साथ-साथ वस्तु आपूर्ति मार्ग भी वैश्विक अर्थव्यवस्था के लिए समान रूप से महत्वपूर्ण हैं। आधुनिक उद्योग और कृषि कच्चे माल पर निर्भर हैं, जिनका अंतरराष्ट्रीय परिवहन मुख्यतः समुद्री मार्गों से होता है। लौह अयस्क, कोयला, बॉक्साइट, तांबा और अन्य खनिज संसाधनों का परिवहन बड़े पैमाने पर समुद्री जहाजों द्वारा किया जाता है। इसी प्रकार, अनाज, खाद्य तेल और उर्वरक जैसी कृषि वस्तुएँ भी वैश्विक खाद्य सुरक्षा के लिए समुद्री मार्गों पर निर्भर हैं। 2007–08 के वैश्विक खाद्य संकट और 2022 के बाद यूक्रेन युद्ध के प्रभावों ने यह स्पष्ट कर दिया कि वस्तु आपूर्ति मार्गों में व्यवधान वैश्विक खाद्य कीमतों और सामाजिक स्थिरता को गंभीर रूप से प्रभावित कर सकता है।[640]ऊर्जा और वस्तु आपूर्ति मार्गों की रणनीतिक निर्भरता का एक महत्वपूर्ण पहलू यह है कि उत्पादन और उपभोग के क्षेत्र भौगोलिक रूप से अलग-अलग स्थित हैं। ऊर्जा उत्पादक क्षेत्र सीमित हैं, जबकि उपभोक्ता क्षेत्र व्यापक और जनसंख्या-सघन हैं। इसी प्रकार, कई महत्वपूर्ण खनिज संसाधन कुछ विशिष्ट देशों या क्षेत्रों में केंद्रित हैं। इस असंतुलन के कारण समुद्री मार्ग वैश्विक अर्थव्यवस्था की जीवनरेखा बन जाते हैं। 2000 के बाद वैश्विक आपूर्ति शृंखलाओं के विस्तार ने इस निर्भरता को और गहरा कर दिया है, जिससे किसी एक क्षेत्र में संकट का प्रभाव विश्व के अन्य हिस्सों तक पहुँचता है।[641]

21वीं सदी में ऊर्जा और वस्तु आपूर्ति मार्ग केवल आर्थिक नहीं, बल्कि रणनीतिक प्रतिस्पर्धा का क्षेत्र बन चुके हैं। महाशक्तियाँ इन मार्गों की सुरक्षा और नियंत्रण के लिए नौसैनिक शक्ति, बंदरगाह अवसंरचना और कूटनीतिक साझेदारियों का उपयोग कर रही हैं। 2010 के बाद से हिंद-प्रशांत क्षेत्र में नौसैनिक आधुनिकीकरण और सैन्य अभ्यासों में वृद्धि इसी प्रवृत्ति का संकेत है। ऊर्जा आयातक देश अपने समुद्री मार्गों की सुरक्षा के लिए नौसैनिक तैनाती और अंतरराष्ट्रीय सहयोग पर निर्भर हो रहे हैं, जबकि ऊर्जा उत्पादक देश भी इन मार्गों की स्थिरता को अपने राष्ट्रीय हितों से जोड़कर देखते हैं।[642]ऊर्जा आपूर्ति मार्गों की रणनीतिक निर्भरता का एक नया आयाम तरलीकृत प्राकृतिक गैस (LNG) के बढ़ते व्यापार के साथ जुड़ा है। 2010 के बाद तरलीकृत प्राकृतिक गैस का वैश्विक व्यापार तेजी से बढ़ा है, क्योंकि यह अपेक्षाकृत स्वच्छ ऊर्जा स्रोत माना जाता है और इसे समुद्री मार्गों से लंबी दूरी तक ले जाया जा सकता है। तरलीकृत प्राकृतिक गैस टैंकरों की सुरक्षा, बंदरगाह सुविधाएँ और समुद्री मार्गों की स्थिरता अब ऊर्जा सुरक्षा

की नई चुनौतियाँ बन गई हैं। इसके अतिरिक्त, नवीकरणीय ऊर्जा के लिए आवश्यक खनिज,जैसे लिथियम, कोबाल्ट और दुर्लभ मृदा तत्व,भी वैश्विक आपूर्ति मार्गों पर निर्भर हैं, जिससे भविष्य की ऊर्जा संक्रमण प्रक्रिया भी समुद्री मार्गों से जुड़ जाती है।[643]कोविड-19 महामारी (2020–21) ने ऊर्जा और वस्तु आपूर्ति मार्गों की नाजुकता को उजागर कर दिया। बंदरगाहों के बंद होने, जहाजों की कमी और लॉजिस्टिक अवरोधों ने वैश्विक आपूर्ति शृंखलाओं को बाधित किया। इसके परिणामस्वरूप ऊर्जा और वस्तुओं की कीमतों में वृद्धि हुई और कई देशों को आपूर्ति संकट का सामना करना पड़ा। इसके बाद 2022 में यूक्रेन युद्ध ने ऊर्जा और अनाज आपूर्ति मार्गों को और अधिक अस्थिर बना दिया, जिससे यह स्पष्ट हो गया कि भू-राजनीतिक संघर्ष ऊर्जा और वस्तु आपूर्ति को किस हद तक प्रभावित कर सकते हैं।[644] तकनीकी दृष्टि से भी ऊर्जा और वस्तु आपूर्ति मार्गों की प्रकृति बदल रही है। डिजिटल लॉजिस्टिक्स, उपग्रह निगरानी, समुद्री डोमेन जागरूकता और स्वचालित बंदरगाह प्रणालियाँ आपूर्ति मार्गों की निगरानी और सुरक्षा को अधिक प्रभावी बना रही हैं। इसके साथ ही, समुद्र के नीचे बिछी फाइबर-ऑप्टिक केबलें ऊर्जा और वस्तु व्यापार से जुड़ी सूचना प्रवाह को नियंत्रित करती हैं, जिससे समुद्री मार्गों की रणनीतिक निर्भरता और बढ़ जाती है। अब ऊर्जा और वस्तु आपूर्ति केवल भौतिक प्रवाह तक सीमित नहीं, बल्कि डिजिटल और सूचना सुरक्षा से भी जुड़ चुकी है।[645] भविष्य की दृष्टि से ऊर्जा और वस्तु आपूर्ति मार्गों का महत्व और अधिक बढ़ने की संभावना है। वैश्विक जनसंख्या वृद्धि, औद्योगीकरण और ऊर्जा संक्रमण की प्रक्रिया इन मार्गों पर निर्भरता को बनाए रखेगी। जलवायु परिवर्तन, समुद्र-स्तर में वृद्धि और चरम मौसम की घटनाएँ आपूर्ति मार्गों को नई चुनौतियाँ देंगी। इसके साथ ही, भू-राजनीतिक प्रतिस्पर्धा और रणनीतिक अविश्वास समुद्री मार्गों की खुली और स्थिर प्रकृति को चुनौती दे सकते हैं। फिर भी, यह स्पष्ट है कि ऊर्जा और वस्तु आपूर्ति मार्ग 21वीं सदी की वैश्विक अर्थव्यवस्था और राजनीति के केंद्र में बने रहेंगे।[646]ऊर्जा और वस्तु आपूर्ति मार्ग आधुनिक विश्व व्यवस्था की जीवनरेखा हैं। इन मार्गों की सुरक्षा, स्थिरता और निरंतरता न केवल आर्थिक समृद्धि, बल्कि राष्ट्रीय और अंतरराष्ट्रीय सुरक्षा के लिए भी अनिवार्य है। 21वीं सदी की भू-राजनीति में ऊर्जा और वस्तु आपूर्ति मार्गों पर नियंत्रण, सहयोग और संतुलन वह निर्णायक तत्व होगा, जो भविष्य की वैश्विक शक्ति-संरचना को आकार देगा।[647]

चोक-पॉइंट्स और नौसैनिक रणनीति (मलक्का, होर्मुज़, बाब-अल-मंदेब)

चोक-पॉइंट्स किसी भी वैश्विक समुद्री व्यवस्था के वह संकीर्ण भौगोलिक बिंदु होते हैं, जिनसे होकर अंतरराष्ट्रीय व्यापार, ऊर्जा आपूर्ति और सैन्य आवागमन का बड़ा भाग गुजरता है। 21वीं सदी में यह चोक-पॉइंट्स केवल नौवहन की भौगोलिक बाधाएँ नहीं रहे, बल्कि वैश्विक शक्ति-संतुलन, ऊर्जा सुरक्षा और रणनीतिक निर्भरता के निर्णायक केंद्र बन चुके हैं। शीत युद्ध की समाप्ति (1991) के बाद वैश्वीकरण के विस्तार, समुद्री व्यापार में तीव्र वृद्धि और एशिया के आर्थिक उभार ने इन चोक-पॉइंट्स के महत्व को कई गुना बढ़ा दिया। मलक्का जलडमरूमध्य, होर्मुज़ जलडमरूमध्य और बाब-अल-मंदेब ऐसे तीन प्रमुख चोक-पॉइंट्स हैं, जिन पर आधुनिक विश्व अर्थव्यवस्था और भू-राजनीति की स्थिरता काफी हद तक निर्भर करती है।[648]मलक्का जलडमरूमध्य हिंद महासागर और प्रशांत महासागर को जोड़ने वाला सबसे महत्वपूर्ण समुद्री मार्ग है। ऐतिहासिक रूप से यह मार्ग सदियों से एशिया-यूरोप व्यापार का केंद्र रहा है। सातवीं से पंद्रहवीं शताब्दी के बीच अरब और चीनी व्यापारियों ने इस मार्ग का व्यापक उपयोग किया, जबकि 16वीं सदी में पुर्तगाली और बाद में डच तथा ब्रिटिश शक्तियों ने इस पर नियंत्रण स्थापित करने का प्रयास किया। 1945 के बाद औपनिवेशिक प्रभुत्व समाप्त हुआ, किंतु मलक्का का रणनीतिक महत्व कम नहीं हुआ। 21वीं सदी में यह जलडमरूमध्य वैश्विक समुद्री व्यापार की जीवनरेखा बन चुका है, क्योंकि पूर्वी एशिया की औद्योगिक अर्थव्यवस्थाएँ इसी मार्ग के माध्यम से कच्चा माल और ऊर्जा प्राप्त करती हैं।[649]आधुनिक आँकड़ों के अनुसार, वैश्विक समुद्री व्यापार का लगभग एक-तिहाई भाग मलक्का जलडमरूमध्य से होकर गुजरता है। प्रतिदिन लगभग 90,000 जहाज इस मार्ग का उपयोग करते हैं, जिनमें बड़ी संख्या में तेल टैंकर और कंटेनर जहाज शामिल हैं। चीन, जापान और दक्षिण कोरिया जैसे देश अपनी ऊर्जा आवश्यकताओं का बड़ा हिस्सा इसी मार्ग से आयात करते हैं। वर्ष 2000 के बाद चीन की तीव्र औद्योगिक वृद्धि और ऊर्जा मांग में वृद्धि ने मलक्का जलडमरूमध्य को चीन की रणनीतिक चिंता का केंद्र बना दिया, जिसे अक्सर "मलक्का दुविधा" के रूप में संदर्भित किया जाता है। किसी भी प्रकार का व्यवधान,चाहे वह सैन्य संघर्ष हो, समुद्री डकैती हो या प्राकृतिक आपदा,पूर्वी एशिया की अर्थव्यवस्थाओं को तत्काल प्रभावित कर सकता है।[650] नौसैनिक रणनीति के दृष्टिकोण से मलक्का जलडमरूमध्य अत्यंत संवेदनशील क्षेत्र है। इसकी संकीर्णता और भारी यातायात इसे दुर्घटनाओं और सुरक्षा खके लिए संवेदनशील बनाते हैं। 2000 के दशक के प्रारंभ में इस क्षेत्र में समुद्री डकैती की घटनाओं में वृद्धि देखी गई, जिसके परिणामस्वरूप

क्षेत्रीय देशों ने संयुक्त नौसैनिक गश्त और सुरक्षा सहयोग को बढ़ाया। 2010 के बाद से मलक्का जलडमरूमध्य केवल क्षेत्रीय नहीं, बल्कि वैश्विक नौसैनिक रणनीतियों का भी हिस्सा बन गया है, क्योंकि किसी भी महाशक्ति के लिए इस मार्ग की सुरक्षा या अवरोधन रणनीतिक लाभ या हानि का कारण बन सकता है।[651]

होर्मुज़ जलडमरूमध्य वैश्विक ऊर्जा सुरक्षा का सबसे महत्वपूर्ण चोक-पॉइंट माना जाता है। यह फारस की खाड़ी को अरब सागर से जोड़ता है और विश्व के प्रमुख तेल उत्पादक देशों को अंतरराष्ट्रीय बाजारों से जोड़ने का कार्य करता है। ऐतिहासिक रूप से इस क्षेत्र का महत्व 20वीं सदी के मध्य से स्पष्ट हुआ, जब औद्योगिक विश्व की तेल पर निर्भरता बढ़ी। 1973 के तेल संकट ने यह सिद्ध कर दिया कि होर्मुज़ जलडमरूमध्य में किसी भी प्रकार का व्यवधान वैश्विक अर्थव्यवस्था को झकझोर सकता है। उस संकट के दौरान तेल आपूर्ति में कमी और कीमतों में वृद्धि ने पश्चिमी अर्थव्यवस्थाओं को गहरे संकट में डाल दिया।[652]आज के आँकड़ों के अनुसार, प्रतिदिन लगभग 17 से 18 मिलियन बैरल कच्चा तेल होर्मुज़ जलडमरूमध्य से होकर गुजरता है, जो विश्व के कुल तेल व्यापार का लगभग 20 प्रतिशत है। इसके अतिरिक्त, तरलीकृत प्राकृतिक गैस का भी एक बड़ा भाग इसी मार्ग से गुजरता है। खाड़ी क्षेत्र के तेल और गैस संसाधन एशिया, यूरोप और उत्तरी अमेरिका की ऊर्जा आवश्यकताओं को पूरा करते हैं, जिससे यह जलडमरूमध्य वैश्विक ऊर्जा आपूर्ति की धुरी बन जाता है। 1980–88 के ईरान-इराक युद्ध के दौरान टैंकर युद्ध और 1990–91 के खाड़ी युद्ध में इस मार्ग की सैन्य सुरक्षा ने यह स्पष्ट कर दिया कि होर्मुज़ केवल व्यापारिक नहीं, बल्कि सैन्य और राजनीतिक रणनीति का भी केंद्र है।[653] नौसैनिक रणनीति के संदर्भ में होर्मुज़ जलडमरूमध्य अत्यंत जटिल है। इसकी भौगोलिक संरचना इसे अवरोधन के लिए सैद्धांतिक रूप से उपयुक्त बनाती है, जबकि इसके आसपास के क्षेत्र में राजनीतिक तनाव इसे लगातार अस्थिर बनाए रखते हैं। 2010 के बाद से इस क्षेत्र में नौसैनिक तैनाती, सैन्य अभ्यास और निगरानी गतिविधियों में वृद्धि हुई है। किसी भी संभावित संघर्ष की स्थिति में यह जलडमरूमध्य वैश्विक शक्ति-प्रदर्शन का प्रमुख मंच बन सकता है। यही कारण है कि ऊर्जा आयातक और निर्यातक दोनों ही देश इसकी सुरक्षा को सर्वोच्च प्राथमिकता देते हैं।[654]बाब-अल-मंदेब जलडमरूमध्य लाल सागर को अदन की खाड़ी और हिंद महासागर से जोड़ता है। ऐतिहासिक रूप से यह मार्ग यूरोप और एशिया के बीच व्यापार का प्रमुख माध्यम रहा है, विशेषकर 1869 में स्वेज नहर के उद्घाटन के बाद। इस जलडमरूमध्य ने यूरोप-एशिया समुद्री मार्ग को छोटा और अधिक कुशल बना दिया, जिससे इसका सामरिक महत्व अत्यधिक बढ़ गया। 20वीं

सदी में औपनिवेशिक शक्तियों और बाद में क्षेत्रीय देशों ने इस मार्ग पर नियंत्रण को रणनीतिक लाभ के रूप में देखा।[655]

21वीं सदी में बाब-अल-मंदेब का महत्व ऊर्जा और वस्तु आपूर्ति के संदर्भ में और अधिक बढ़ गया है। प्रतिदिन लाखों बैरल कच्चा तेल और विशाल मात्रा में कंटेनर व्यापार इस मार्ग से होकर गुजरता है। यह मार्ग यूरोप, मध्य-पूर्व और एशिया को जोड़ता है, जिससे किसी भी प्रकार का व्यवधान वैश्विक आपूर्ति शृंखला को प्रभावित कर सकता है। 2008 के बाद अदन की खाड़ी में समुद्री डकैती की घटनाओं ने इस क्षेत्र की सुरक्षा चुनौतियों को उजागर किया, जिसके परिणामस्वरूप बहुराष्ट्रीय नौसैनिक अभियानों की शुरुआत हुई।[656]बाब-अल-मंदेब की नौसैनिक रणनीति में क्षेत्रीय अस्थिरता की भूमिका अत्यंत महत्वपूर्ण है। आसपास के देशों में राजनीतिक संघर्ष, गृहयुद्ध और आतंकवाद ने इस मार्ग को संवेदनशील बना दिया है। 2015 के बाद क्षेत्रीय संघर्षों के कारण इस जलडमरूमध्य की सुरक्षा वैश्विक चिंता का विषय बन गई। इस मार्ग की स्थिरता न केवल ऊर्जा आपूर्ति, बल्कि वैश्विक व्यापार और समुद्री कानून की विश्वसनीयता के लिए भी अनिवार्य है।[657]इन तीनों चोक-पॉइंट्स मलक्का, होर्मुज़ और बाब-अल-मंदेब का सामूहिक विश्लेषण यह स्पष्ट करता है कि 21वीं सदी की नौसैनिक रणनीति केवल खुले समुद्रों में शक्ति-प्रदर्शन तक सीमित नहीं है, बल्कि इन संकीर्ण मार्गों की सुरक्षा और नियंत्रण पर केंद्रित है। महाशक्तियाँ और क्षेत्रीय शक्तियाँ इन मार्गों के आसपास नौसैनिक अड्डे, निगरानी प्रणालियाँ और कूटनीतिक साझेदारियाँ विकसित कर रही हैं। इन चोक-पॉइंट्स पर नियंत्रण या प्रभाव किसी भी शक्ति को वैश्विक रणनीतिक लाभ प्रदान कर सकता है, जबकि इनका अस्थिर होना वैश्विक अर्थव्यवस्था को संकट में डाल सकता है।[658]21वीं सदी के तीसरे दशक में चोक-पॉइंट्स और नौसैनिक रणनीति का महत्व तकनीकी आयामों से भी जुड़ गया है। उपग्रह निगरानी, ड्रोन, साइबर क्षमताएँ और समुद्री डोमेन जागरूकता प्रणालियाँ इन क्षेत्रों की सुरक्षा को नई दिशा दे रही हैं। इसके साथ ही, जलवायु परिवर्तन और समुद्र-स्तर में वृद्धि जैसे कारक भविष्य में इन मार्गों की भौगोलिक और रणनीतिक प्रकृति को प्रभावित कर सकते हैं। इन सभी कारकों के बीच, चोक-पॉइंट्स की स्थिरता और सुरक्षा वैश्विक शांति और समृद्धि के लिए अनिवार्य बनी रहेगी।[659]मलक्का, होर्मुज़ और बाब-अल-मंदेब जैसे चोक-पॉइंट्स 21वीं सदी की नौसैनिक रणनीति और भू-राजनीति के केंद्र में हैं। यह केवल समुद्री मार्ग नहीं, बल्कि वैश्विक अर्थव्यवस्था की धमनियाँ हैं, जिन पर ऊर्जा, व्यापार और शक्ति-संतुलन निर्भर करता है। इन चोक-पॉइंट्स की सुरक्षा,

प्रबंधन और सहयोगात्मक उपयोग ही भविष्य की वैश्विक स्थिरता और रणनीतिक संतुलन का निर्धारण करेगा।[660] **(मानचित्र-22,23)**

मानचित्र 22 : हिंद महासागर क्षेत्र के प्रमुख समुद्री संचार मार्ग (SLOCs)

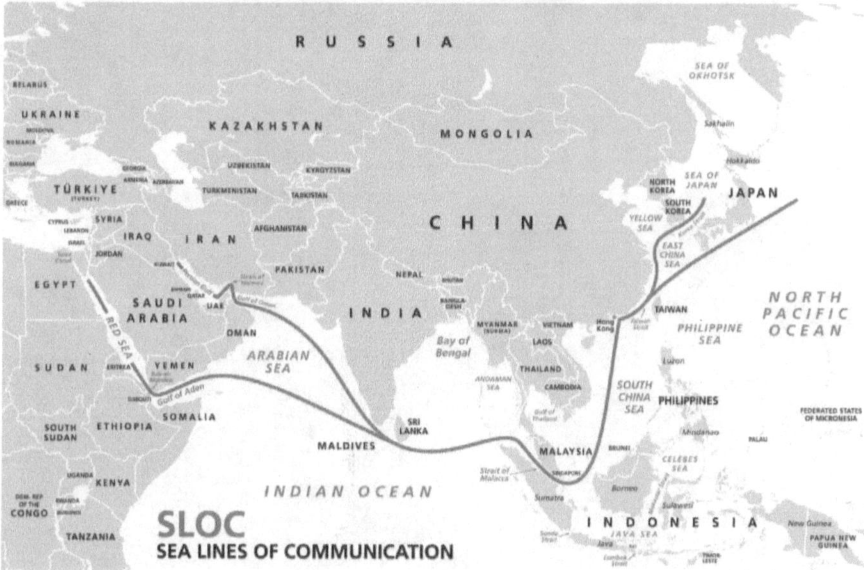

स्त्रोत : गाबा, ई. (2020)

मानचित्र : मलक्का, होर्मुज़, बाब-अल-मंदेब

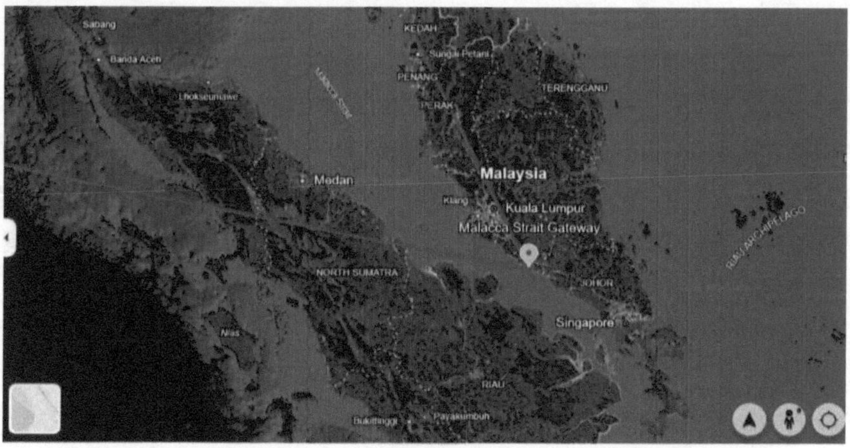

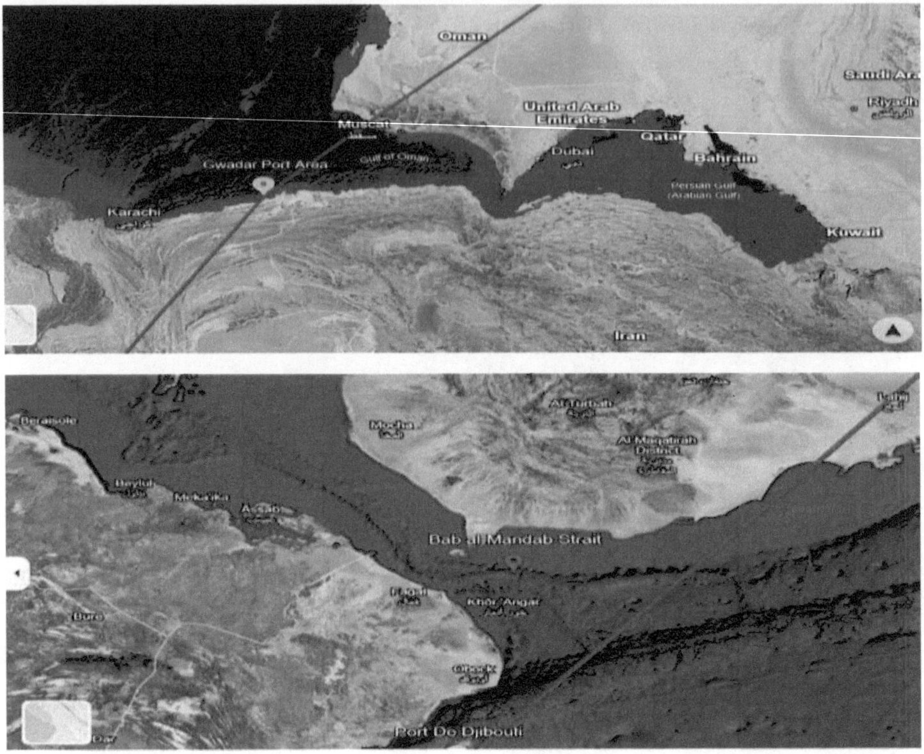

स्त्रोत : गूगल अर्थ

चोक-पॉइंट्स पर नियंत्रण की राजनीति

चोक-पॉइंट्स पर नियंत्रण की राजनीति आधुनिक वैश्विक व्यवस्था की सबसे जटिल और निर्णायक राजनीतिक प्रक्रियाओं में से एक है, क्योंकि अंतरराष्ट्रीय व्यापार, ऊर्जा आपूर्ति और सैन्य आवागमन का एक बड़ा हिस्सा कुछ सीमित, संकीर्ण समुद्री मार्गों पर निर्भर करता है। चोक-पॉइंट्स वह भौगोलिक बिंदु होते हैं जहाँ समुद्री मार्ग अत्यधिक संकुचित हो जाते हैं और जिनसे होकर वैश्विक अर्थव्यवस्था की धमनियाँ गुजरती हैं। 21वीं सदी में इन चोक-पॉइंट्स का महत्व केवल भौगोलिक नहीं, बल्कि राजनीतिक, आर्थिक, सैन्य और वैचारिक हो चुका है। शीत युद्ध की समाप्ति (1991) के बाद वैश्वीकरण, समुद्री व्यापार में अभूतपूर्व वृद्धि और एशिया के आर्थिक उत्थान ने इन मार्गों को रणनीतिक निर्भरता के केंद्र में ला खड़ा किया है, जिसके परिणामस्वरूप चोक-पॉइंट्स पर नियंत्रण की राजनीति वैश्विक शक्ति-संतुलन का अनिवार्य तत्व बन गई है।[661]ऐतिहासिक दृष्टि से चोक-पॉइंट्स पर नियंत्रण की राजनीति नई नहीं है। प्राचीन काल में भी साम्राज्य उन

मार्गों को नियंत्रित करने का प्रयास करते थे, जिनसे व्यापार और सैन्य आवागमन संभव होता था। मध्यकाल में अरब और एशियाई शक्तियों ने हिंद महासागर के समुद्री मार्गों पर प्रभाव स्थापित किया, जबकि 16वीं सदी के बाद यूरोपीय शक्तियों ने चोक-पॉइंट्स को साम्राज्यवादी विस्तार का माध्यम बनाया। 1498 ईस्वी में वास्को-दा-गामा के भारत पहुँचने के बाद पुर्तगाल, डच और ब्रिटिश शक्तियों ने समुद्री मार्गों और जलडमरूमध्य पर नियंत्रण स्थापित कर वैश्विक व्यापार को अपने अधीन कर लिया। स्वेज नहर (1869) और पनामा नहर (1914) का निर्माण इस राजनीति का औपचारिक संस्थानीकरण था, क्योंकि इन कृत्रिम चोक-पॉइंट्स ने वैश्विक व्यापार और शक्ति-संतुलन की दिशा बदल दी।[662]20वीं सदी में चोक-पॉइंट्स पर नियंत्रण की राजनीति और अधिक स्पष्ट हो गई। प्रथम और द्वितीय विश्व युद्धों (1914–18, 1939–45) ने यह सिद्ध कर दिया कि समुद्री मार्गों और चोक-पॉइंट्स पर नियंत्रण किसी भी वैश्विक संघर्ष में निर्णायक भूमिका निभाता है। द्वितीय विश्व युद्ध के बाद शीत युद्ध के दौरान समुद्री चोक-पॉइंट्स वैश्विक रणनीतिक प्रतिस्पर्धा के मूक लेकिन प्रभावशाली मंच बने। अमेरिका और उसके सहयोगियों ने महत्वपूर्ण जलडमरूमध्य और नहरों की सुरक्षा को सामूहिक सुरक्षा रणनीति का हिस्सा बनाया, जबकि सोवियत संघ ने वैकल्पिक मार्गों और प्रभाव क्षेत्रों के माध्यम से संतुलन बनाने का प्रयास किया। इस दौर में चोक-पॉइंट्स पर नियंत्रण प्रत्यक्ष उपनिवेशवाद से हटकर सैन्य अड्डों, गठबंधनों और कूटनीतिक प्रभाव के माध्यम से स्थापित किया गया।[663]

ऊर्जा राजनीति ने चोक-पॉइंट्स पर नियंत्रण की राजनीति को एक नया और अधिक तीव्र आयाम प्रदान किया। 1973 का तेल संकट इस बात का स्पष्ट उदाहरण था कि ऊर्जा आपूर्ति मार्गों में व्यवधान वैश्विक राजनीति और अर्थव्यवस्था को किस हद तक प्रभावित कर सकता है। उस संकट के दौरान कुछ सीमित समुद्री मार्गों पर निर्भरता ने पश्चिमी औद्योगिक देशों को गंभीर आर्थिक और राजनीतिक संकट में डाल दिया। इसके बाद से ऊर्जा आयातक देशों ने चोक-पॉइंट्स की सुरक्षा को अपनी राष्ट्रीय सुरक्षा रणनीतियों का अभिन्न अंग बना लिया। 1980–88 के ईरान-इराक युद्ध, 1990–91 के खाड़ी युद्ध और 2003 के इराक युद्ध ने यह स्थापित किया कि चोक-पॉइंट्स पर नियंत्रण या प्रभाव वैश्विक ऊर्जा राजनीति का केंद्रीय तत्व है।[664]शीत युद्ध की समाप्ति के बाद चोक-पॉइंट्स पर नियंत्रण की राजनीति और अधिक बहुआयामी हो गई। 1991 के बाद वैश्विक व्यापार और आपूर्ति शृंखलाओं का तीव्र विस्तार हुआ, जिससे समुद्री मार्गों और चोक-पॉइंट्स पर निर्भरता अभूतपूर्व स्तर तक बढ़ गई। 2000 के बाद एशिया के

आर्थिक उभार, विशेषकर चीन और भारत की बढ़ती ऊर्जा और व्यापारिक आवश्यकताओं ने चोक-पॉइंट्स को वैश्विक रणनीति के केंद्र में ला दिया। अब यह राजनीति केवल सैन्य प्रभुत्व तक सीमित नहीं रही, बल्कि बंदरगाह अवसंरचना, लॉजिस्टिक नेटवर्क, निवेश और कूटनीतिक साझेदारियों के माध्यम से भी संचालित होने लगी।[665]चोक-पॉइंट्स पर नियंत्रण की राजनीति का एक महत्वपूर्ण आयाम यह है कि अधिकांश प्रमुख चोक-पॉइंट्स राजनीतिक रूप से अस्थिर क्षेत्रों में स्थित हैं। इन क्षेत्रों में क्षेत्रीय संघर्ष, गृहयुद्ध और भू-राजनीतिक प्रतिस्पर्धा नियंत्रण की राजनीति को और जटिल बना देती है। उदाहरण के लिए, ऊर्जा और व्यापार के लिए महत्वपूर्ण जलडमरूमध्य उन क्षेत्रों से जुड़े हैं जहाँ क्षेत्रीय तनाव लंबे समय से मौजूद हैं। इस अस्थिरता का परिणाम यह होता है कि वैश्विक शक्तियाँ इन क्षेत्रों में प्रत्यक्ष या अप्रत्यक्ष रूप से हस्तक्षेप करती हैं, जिससे स्थानीय राजनीति और वैश्विक शक्ति-संतुलन आपस में गहराई से जुड़ जाते हैं।[666]नौसैनिक रणनीति चोक-पॉइंट्स पर नियंत्रण की राजनीति का सबसे प्रत्यक्ष और दृश्य रूप है। 21वीं सदी में नौसैनिक शक्ति का उपयोग केवल युद्ध के लिए नहीं, बल्कि निरोध, उपस्थिति और प्रभाव के प्रदर्शन के लिए किया जा रहा है। महाशक्तियाँ और क्षेत्रीय शक्तियाँ महत्वपूर्ण चोक-पॉइंट्स के आसपास नौसैनिक अड्डे, निगरानी प्रणालियाँ और संयुक्त सैन्य अभ्यास विकसित कर रही हैं। यह रणनीति प्रत्यक्ष नियंत्रण की बजाय "प्रभाव के क्षेत्र" (spheres of influence) स्थापित करने पर केंद्रित है, जिससे किसी भी संकट की स्थिति में मार्गों की सुरक्षा या अवरोधन संभव हो सके। इस प्रकार चोक-पॉइंट्स पर नियंत्रण की राजनीति सैन्य और कूटनीतिक साधनों का संयोजन बन गई है।[667]चोक-पॉइंट्स पर नियंत्रण की राजनीति में गैर-राज्यीय तत्वों की भूमिका भी महत्वपूर्ण हो गई है। समुद्री डकैती, आतंकवाद और संगठित अपराध ने इन मार्गों की सुरक्षा को चुनौती दी है। 2000 के दशक के उत्तरार्ध में समुद्री डकैती की घटनाओं ने यह सिद्ध कर दिया कि गैर-राज्यीय तत्व भी वैश्विक व्यापार और सुरक्षा को प्रभावित कर सकते हैं। इसके परिणामस्वरूप बहुराष्ट्रीय नौसैनिक अभियानों और अंतरराष्ट्रीय सहयोग को बढ़ावा मिला, जिसने चोक-पॉइंट्स पर नियंत्रण की राजनीति को बहुपक्षीय स्वरूप प्रदान किया।[668]

21वीं सदी के तीसरे दशक में चोक-पॉइंट्स पर नियंत्रण की राजनीति तकनीकी आयामों से भी गहराई से जुड़ गई है। उपग्रह निगरानी, ड्रोन, समुद्री डोमेन जागरूकता, साइबर क्षमताएँ और कृत्रिम बुद्धिमत्ता आधारित प्रणालियाँ इन मार्गों की निगरानी और नियंत्रण को अधिक प्रभावी बना रही हैं। इसके साथ ही, समुद्र के

नीचे बिछी फाइबर-ऑप्टिक केबलें वैश्विक डिजिटल अर्थव्यवस्था की रीढ़ हैं, जिससे चोक-पॉइंट्स पर नियंत्रण केवल भौतिक नौवहन तक सीमित नहीं रहता, बल्कि सूचना और डेटा सुरक्षा से भी जुड़ जाता है। अब किसी चोक-पॉइंट पर संकट का अर्थ केवल जहाजों की आवाजाही रुकना नहीं, बल्कि वैश्विक संचार और वित्तीय प्रणालियों पर प्रभाव पड़ना भी हो सकता है।[669]चोक-पॉइंट्स पर नियंत्रण की राजनीति का एक और महत्वपूर्ण पहलू यह है कि यह सहयोग और प्रतिस्पर्धा,दोनों को जन्म देती है। एक ओर, वैश्विक शक्तियाँ इन मार्गों की सुरक्षा के लिए सहयोग करती हैं, क्योंकि सभी की निर्भरता समान है। दूसरी ओर, वही शक्तियाँ अपने-अपने रणनीतिक हितों के लिए प्रभाव और प्रभुत्व बढ़ाने का प्रयास भी करती हैं। यह द्वंद्व चोक-पॉइंट्स को सहयोगात्मक सुरक्षा और शक्ति-राजनीति के बीच संतुलन का क्षेत्र बनाता है। यही कारण है कि 21वीं सदी में चोक-पॉइंट्स पर नियंत्रण की राजनीति न तो पूर्णतः संघर्षात्मक है और न ही पूर्णतः सहयोगात्मक, बल्कि दोनों का मिश्रण है।[670]भविष्य की दृष्टि से चोक-पॉइंट्स पर नियंत्रण की राजनीति और अधिक जटिल होने की संभावना है। वैश्विक ऊर्जा संक्रमण, नए समुद्री मार्गों की खोज, जलवायु परिवर्तन और भू-राजनीतिक प्रतिस्पर्धा इस राजनीति को नई दिशा देंगे। इसके साथ ही, उभरती शक्तियों की बढ़ती भूमिका और बहुध्रुवीय विश्व व्यवस्था चोक-पॉइंट्स पर नियंत्रण के पारंपरिक तरीकों को चुनौती दे सकती है। फिर भी, यह स्पष्ट है कि जब तक वैश्विक व्यापार और ऊर्जा आपूर्ति समुद्री मार्गों पर निर्भर रहेगी, तब तक चोक-पॉइंट्स पर नियंत्रण की राजनीति वैश्विक भू-राजनीति का केंद्रीय तत्व बनी रहेगी।[671]चोक-पॉइंट्स पर नियंत्रण की राजनीति आधुनिक विश्व व्यवस्था की एक अनिवार्य वास्तविकता है। यह राजनीति इतिहास, भूगोल, अर्थव्यवस्था, सैन्य शक्ति और तकनीक के जटिल अंतर्संबंधों का परिणाम है। 21वीं सदी में चोक-पॉइंट्स केवल संकीर्ण जलमार्ग नहीं, बल्कि वैश्विक शक्ति-संतुलन के निर्णायक केंद्र हैं। इन पर नियंत्रण, प्रभाव और सहयोग की राजनीति ही भविष्य की वैश्विक स्थिरता, सुरक्षा और समृद्धि की दिशा निर्धारित करेगी।[672]

अध्याय-8

संसाधन, ऊर्जा और भू-राजनीति

21वीं सदी की वैश्विक राजनीति को समझने के लिए "संसाधन, ऊर्जा और भू-राजनीति" के आपसी संबंधों का अध्ययन अनिवार्य हो गया है, क्योंकि आधुनिक राज्य-व्यवस्था की स्थिरता, आर्थिक विकास और राष्ट्रीय सुरक्षा प्रत्यक्ष रूप से प्राकृतिक संसाधनों की उपलब्धता, नियंत्रण और वितरण पर निर्भर करती है। शीत युद्ध की समाप्ति (1991) के बाद यह अपेक्षा की जा रही थी कि वैचारिक संघर्ष के अंत के साथ संसाधन आधारित टकराव भी कम हो जाएगा, किंतु 2000 के बाद की घटनाओं विशेषकर 2008 की वैश्विक आर्थिक मंदी, 2011 के बाद मध्य-पूर्व की अस्थिरता, 2014 के पश्चात यूक्रेन संकट और 2022 में आरंभ हुए रूस-यूक्रेन युद्ध ने यह स्पष्ट कर दिया कि संसाधन और ऊर्जा अब भी अंतरराष्ट्रीय राजनीति के मूल चालक बने हुए हैं। इस पृष्ठभूमि में "संसाधन भू-राजनीति" केवल एक सैद्धांतिक अवधारणा नहीं, बल्कि समकालीन विश्व व्यवस्था को समझने का एक केंद्रीय उपकरण बन चुकी है।[673]संसाधन भू-राजनीति की अवधारणा इस मूल मान्यता पर आधारित है कि प्राकृतिक संसाधन,जैसे ऊर्जा स्रोत, खनिज, जल और खाद्य संसाधन ,राज्यों की शक्ति, प्रभाव और रणनीतिक व्यवहार को प्रत्यक्ष रूप से प्रभावित करते हैं। ऐतिहासिक रूप से देखें तो संसाधनों का राजनीतिक महत्व औद्योगिक क्रांति (18वीं-19वीं सदी) के साथ तीव्र हुआ, जब कोयला, लौह अयस्क और बाद में तेल आधुनिक अर्थव्यवस्था के आधार बने। 20वीं सदी के प्रारंभ में तेल ने कोयले का स्थान लिया और सैन्य तथा औद्योगिक शक्ति का मुख्य स्रोत बन गया। प्रथम विश्व युद्ध (1914–18) और द्वितीय विश्व युद्ध (1939–45) दोनों ही इस तथ्य के सशक्त उदाहरण हैं कि संसाधनों पर नियंत्रण युद्ध की दिशा और परिणाम को निर्धारित कर सकता है। द्वितीय विश्व युद्ध के दौरान तेल क्षेत्रों पर नियंत्रण के लिए किए गए सैन्य अभियानों ने यह स्थापित किया कि ऊर्जा संसाधन केवल आर्थिक साधन नहीं, बल्कि रणनीतिक हथियार भी हो सकते हैं।[674]शीत युद्ध (1947–1991) के दौरान संसाधन भू-राजनीति ने एक अलग स्वरूप ग्रहण किया। इस काल में ऊर्जा संसाधन, विशेषकर तेल और गैस, वैचारिक

प्रतिस्पर्धा के साथ-साथ रणनीतिक गठबंधनों का आधार बने। 1973 का तेल संकट संसाधन भू-राजनीति के इतिहास में एक निर्णायक मोड़ था, जब ऊर्जा उत्पादक देशों द्वारा तेल आपूर्ति में कटौती ने पश्चिमी औद्योगिक अर्थव्यवस्थाओं को गंभीर संकट में डाल दिया। इस घटना ने यह स्पष्ट कर दिया कि संसाधन नियंत्रण अंतरराष्ट्रीय राजनीति में दबाव और प्रभाव का प्रभावी साधन बन सकता है। इसके बाद से ऊर्जा सुरक्षा राष्ट्रीय सुरक्षा का अभिन्न अंग बन गई और संसाधन भू-राजनीति को औपचारिक रूप से रणनीतिक अध्ययन के क्षेत्र में स्थान मिला।[675] 1991 के बाद शीत युद्ध की समाप्ति और वैश्वीकरण के विस्तार ने संसाधन भू-राजनीति को एक नया आयाम प्रदान किया। वैश्विक उत्पादन और आपूर्ति शृंखलाओं के विस्तार के साथ संसाधनों की मांग में अभूतपूर्व वृद्धि हुई। वर्ष 2000 से 2020 के बीच विश्व की कुल ऊर्जा खपत में उल्लेखनीय वृद्धि दर्ज की गई, जिसमें एशिया की हिस्सेदारी सबसे अधिक रही। चीन और भारत जैसे देशों के तीव्र औद्योगिक विकास ने ऊर्जा और कच्चे माल की वैश्विक प्रतिस्पर्धा को तेज कर दिया। इस अवधि में यह स्पष्ट हो गया कि संसाधन अब केवल राष्ट्रीय सीमाओं के भीतर सीमित नहीं हैं, बल्कि वैश्विक नेटवर्क का हिस्सा बन चुके हैं, जहाँ किसी एक क्षेत्र में संकट का प्रभाव पूरे विश्व पर पड़ता है।[676]

संसाधन भू-राजनीति की अवधारणा में ऊर्जा एक केंद्रीय तत्व है, क्योंकि आधुनिक अर्थव्यवस्था और सैन्य शक्ति दोनों ऊर्जा पर निर्भर हैं। 21वीं सदी में वैश्विक ऊर्जा प्रणाली मुख्यतः जीवाश्म ईंधनों,तेल, गैस और कोयला,पर आधारित रही है। उपलब्ध आँकड़ों के अनुसार, वैश्विक ऊर्जा उपभोग का एक बड़ा हिस्सा अभी भी इन स्रोतों से प्राप्त होता है। ऊर्जा उत्पादन और उपभोग के भौगोलिक वितरण में असमानता संसाधन भू-राजनीति को और जटिल बनाती है। ऊर्जा उत्पादक क्षेत्र सीमित हैं, जबकि उपभोक्ता क्षेत्र व्यापक और जनसंख्या-सघन हैं। इस असंतुलन के कारण ऊर्जा आपूर्ति मार्ग, समुद्री संचार मार्ग और चोक-पॉइंट्स रणनीतिक महत्व प्राप्त करते हैं।[677] ऊर्जा के अतिरिक्त, खनिज संसाधनों की भूमिका भी संसाधन भू-राजनीति में निरंतर बढ़ रही है। औद्योगीकरण, शहरीकरण और तकनीकी विकास ने खनिजों की मांग को अभूतपूर्व स्तर तक पहुँचा दिया है। लौह अयस्क, तांबा, बॉक्साइट, दुर्लभ मृदा तत्व और अब ऊर्जा संक्रमण से जुड़े खनिज,जैसे लिथियम और कोबाल्ट,रणनीतिक संसाधनों की श्रेणी में आ चुके हैं। 2010 के बाद से स्वच्छ ऊर्जा और इलेक्ट्रिक वाहनों के प्रसार ने इन खनिजों की भू-राजनीतिक महत्ता को और बढ़ा दिया है। संसाधन भू-राजनीति अब केवल तेल-केंद्रित नहीं रही, बल्कि बहु-संसाधन आधारित हो गई है, जिसमें ऊर्जा और खनिज

दोनों निर्णायक भूमिका निभाते हैं।[678]संसाधन भू-राजनीति की अवधारणा को समझने में जल और खाद्य संसाधनों की भूमिका को भी अनदेखा नहीं किया जा सकता। 21वीं सदी में जल संकट और खाद्य सुरक्षा वैश्विक राजनीति के उभरते मुद्दे बन चुके हैं। जनसंख्या वृद्धि, जलवायु परिवर्तन और शहरीकरण ने जल संसाधनों पर दबाव बढ़ा दिया है। कई क्षेत्रों में जल संसाधनों का असमान वितरण अंतर-राज्यीय और अंतर-क्षेत्रीय तनाव का कारण बन रहा है। इसी प्रकार, वैश्विक खाद्य आपूर्ति शृंखलाएँ भी संसाधन भू-राजनीति का हिस्सा बन चुकी हैं, जहाँ अनाज, उर्वरक और कृषि भूमि पर नियंत्रण रणनीतिक महत्व प्राप्त कर रहा है। 2007–08 का वैश्विक खाद्य संकट और 2022 के बाद वैश्विक अनाज आपूर्ति में आई अस्थिरता इस तथ्य को रेखांकित करती है कि संसाधन भू-राजनीति अब केवल ऊर्जा तक सीमित नहीं है।[679]संसाधन भू-राजनीति का एक महत्वपूर्ण सैद्धांतिक पहलू यह है कि यह शक्ति-राजनीति और आर्थिक संरचनाओं के बीच सेतु का कार्य करती है। परंपरागत यथार्थवादी दृष्टिकोण संसाधनों को शक्ति के साधन के रूप में देखता है, जबकि उदारवादी दृष्टिकोण संसाधनों के सहयोगात्मक उपयोग और अंतरराष्ट्रीय संस्थानों की भूमिका पर बल देता है। 21वीं सदी में संसाधन भू-राजनीति इन दोनों दृष्टिकोणों से आगे बढ़कर एक समेकित स्वरूप ग्रहण कर चुकी है, जहाँ प्रतिस्पर्धा और सहयोग साथ-साथ विद्यमान हैं। राज्य एक ओर संसाधनों पर नियंत्रण के लिए प्रतिस्पर्धा करते हैं, तो दूसरी ओर वैश्विक बाजार और आपूर्ति शृंखलाओं की स्थिरता के लिए सहयोग भी करते हैं।[680] डिजिटल और तकनीकी विकास ने संसाधन भू-राजनीति को एक नया आयाम प्रदान किया है। ऊर्जा और खनिज संसाधनों के साथ-साथ अब डेटा, तकनीक और अवसंरचना भी रणनीतिक संसाधन बन चुके हैं। समुद्र के नीचे बिछी फाइबर-ऑप्टिक केबलें, ऊर्जा ग्रिड और डिजिटल नेटवर्क आधुनिक भू-राजनीति का अभिन्न अंग हैं। इस प्रकार संसाधन भू-राजनीति 21वीं सदी में भौतिक संसाधनों से आगे बढ़कर अमूर्त और तकनीकी संसाधनों को भी समाहित करती है।[681]**(मानचित्र-24)**

मानचित्र

24 विश्व के प्रमुख प्राकृतिक संसाधन क्षेत्र (प्रमुख तेल और गैस क्षेत्र)

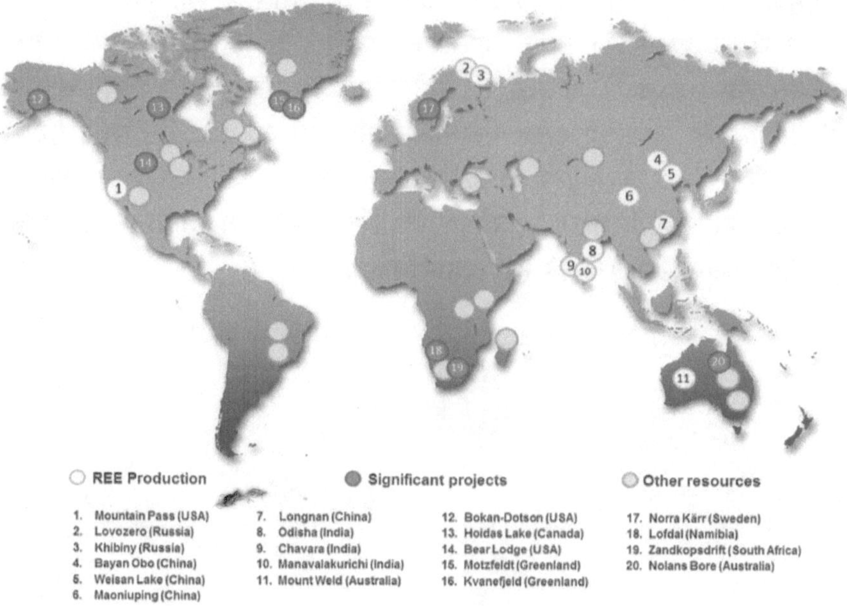

स्त्रोत बराकोस, जी., मिशो, एच., और गुत्ज़मेर, जे. (2016)

तेल और गैस : शक्ति और निर्भरता

तेल और गैस आधुनिक विश्व राजनीति की सबसे निर्णायक शक्ति-स्रोतों में से हैं, और मध्य-पूर्व इस ऊर्जा-भू-राजनीति का ऐतिहासिक तथा समकालीन केंद्र रहा है। 20वीं सदी की शुरुआत से ही यह क्षेत्र वैश्विक शक्ति-संतुलन में एक केंद्रीय स्थान रखता आया है, क्योंकि विश्व के सिद्ध कच्चे तेल भंडार का एक बड़ा हिस्सा और प्राकृतिक गैस के विशाल संसाधन यहीं केंद्रित हैं। 1908 में फारस (वर्तमान ईरान) में वाणिज्यिक तेल की खोज ने मध्य-पूर्व को वैश्विक राजनीति के केंद्र में ला खड़ा किया। इसके बाद 1938 में सऊदी अरब के दम्माम क्षेत्र में तेल की खोज और द्वितीय विश्व युद्ध (1939–45) के दौरान ऊर्जा की बढ़ती सैन्य आवश्यकता ने यह स्पष्ट कर दिया कि तेल और गैस केवल आर्थिक संसाधन नहीं, बल्कि शक्ति, सुरक्षा और प्रभुत्व के आधार बन चुके हैं। इसी ऐतिहासिक पृष्ठभूमि में मध्य-पूर्व और ऊर्जा प्रभुत्व का संबंध विकसित हुआ, जिसने 21वीं सदी तक वैश्विक राजनीति को गहराई से प्रभावित किया है।[682]मध्य-पूर्व का ऊर्जा प्रभुत्व मुख्यतः इसके विशाल तेल और गैस भंडारों पर आधारित है। उपलब्ध आँकड़ों के

अनुसार, विश्व के कुल सिद्ध कच्चे तेल भंडार का लगभग 48–50 प्रतिशत हिस्सा मध्य-पूर्वी देशों में स्थित है, जिनमें सऊदी अरब, ईरान, इराक, कुवैत और संयुक्त अरब अमीरात प्रमुख हैं। इसके अतिरिक्त, कतर और ईरान विश्व के सबसे बड़े प्राकृतिक गैस भंडारों में शामिल हैं। यह संसाधन-संपन्नता मध्य-पूर्व को वैश्विक ऊर्जा आपूर्ति का अनिवार्य स्तंभ बनाती है। औद्योगिक विश्व, विशेषकर यूरोप और एशिया की उभरती अर्थव्यवस्थाएँ, लंबे समय से इस क्षेत्र की ऊर्जा आपूर्ति पर निर्भर रही हैं। यही निर्भरता मध्य-पूर्व को अंतरराष्ट्रीय राजनीति में असमान रूप से अधिक प्रभाव प्रदान करती है।[683] **(मानचित्र-25)**

मानचित्र 25 : पूर्व के तेल एवं गैस भंडार

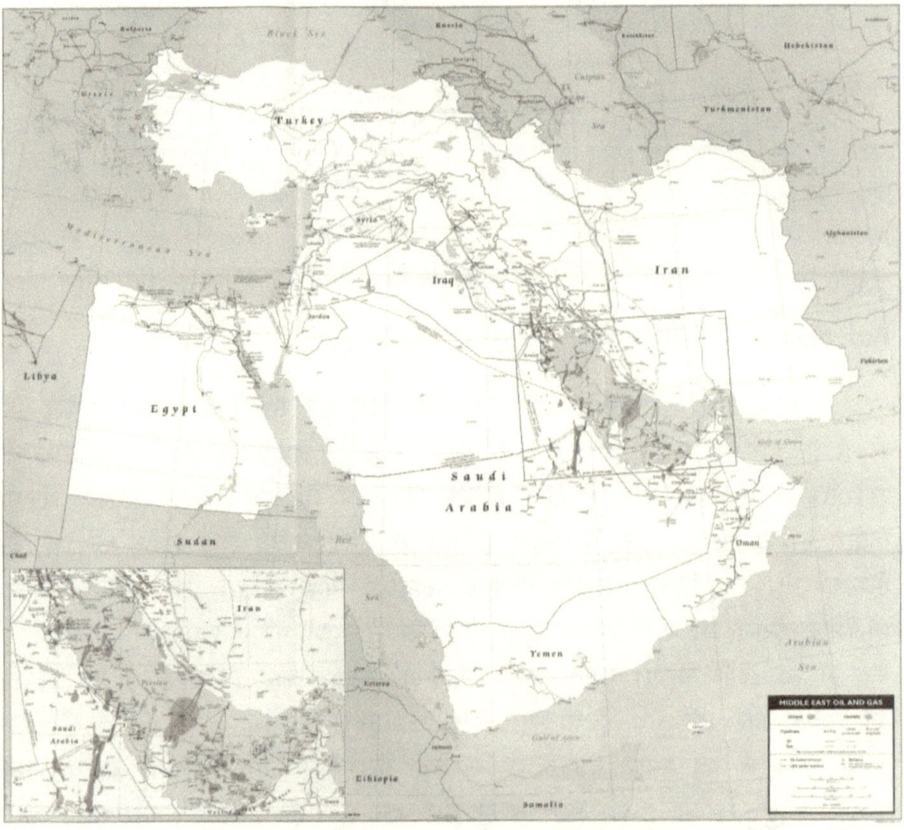

स्त्रोत : यूनाइटेड स्टेट्स सेंट्रल इंटेलिजेंस एजेंसी (CIA) 2007

20वीं सदी के मध्य में तेल ने वैश्विक शक्ति-संरचना को निर्णायक रूप से प्रभावित किया। द्वितीय विश्व युद्ध के बाद जब अमेरिका और पश्चिमी यूरोप

का औद्योगिक पुनर्निर्माण प्रारंभ हुआ, तब मध्य-पूर्वी तेल इन अर्थव्यवस्थाओं की ऊर्जा आवश्यकताओं का मुख्य आधार बना। इसी काल में अमेरिका और पश्चिमी शक्तियों ने इस क्षेत्र में राजनीतिक और सैन्य प्रभाव बढ़ाना शुरू किया। 1945 में अमेरिकी राष्ट्रपति और सऊदी नेतृत्व के बीच हुए ऐतिहासिक समझौते ने ऊर्जा सुरक्षा और सैन्य संरक्षण के बीच संबंध को संस्थागत रूप दिया। इस समझौते ने यह स्थापित किया कि मध्य-पूर्वी तेल की स्थिर आपूर्ति पश्चिमी सुरक्षा व्यवस्था का एक अभिन्न अंग बनेगी। इसी के साथ, मध्य-पूर्व की राजनीति धीरे-धीरे वैश्विक शक्ति-राजनीति से गहराई से जुड़ती चली गई।[684]मध्य-पूर्व और ऊर्जा प्रभुत्व की राजनीति का सबसे स्पष्ट उदाहरण 1973 का तेल संकट था। इस संकट के दौरान तेल उत्पादक देशों द्वारा तेल आपूर्ति में कटौती और मूल्य वृद्धि ने पश्चिमी औद्योगिक देशों को गंभीर आर्थिक संकट में डाल दिया। यह पहली बार था जब ऊर्जा संसाधनों का उपयोग प्रत्यक्ष राजनीतिक दबाव के रूप में किया गया। इस घटना ने यह स्पष्ट कर दिया कि तेल केवल आर्थिक वस्तु नहीं, बल्कि भू-राजनीतिक हथियार भी हो सकता है। इसके बाद से ऊर्जा सुरक्षा पश्चिमी देशों की राष्ट्रीय सुरक्षा रणनीतियों का केंद्रीय तत्व बन गई। इसी काल में रणनीतिक तेल भंडारों की अवधारणा विकसित हुई और मध्य-पूर्व में सैन्य उपस्थिति को और अधिक सुदृढ़ किया गया।[685]शीत युद्ध (1947–1991) के दौरान मध्य-पूर्व की ऊर्जा राजनीति ने द्विध्रुवीय शक्ति-संरचना में महत्वपूर्ण भूमिका निभाई। अमेरिका और सोवियत संघ दोनों ही इस क्षेत्र में प्रभाव स्थापित करने का प्रयास करते रहे, क्योंकि तेल और गैस की आपूर्ति वैश्विक आर्थिक और सैन्य शक्ति के लिए अनिवार्य थी। 1956 का स्वेज संकट, 1967 और 1973 के अरब-इजरायल युद्ध तथा 1979 की ईरानी क्रांति इस बात के उदाहरण हैं कि मध्य-पूर्व में राजनीतिक अस्थिरता वैश्विक ऊर्जा बाजारों को किस प्रकार प्रभावित कर सकती है। विशेष रूप से 1979 की ईरानी क्रांति ने तेल आपूर्ति को बाधित किया और वैश्विक तेल कीमतों में तीव्र वृद्धि हुई, जिससे ऊर्जा और राजनीति के अंतर्संबंध और अधिक स्पष्ट हो गए।[686]

1991 में शीत युद्ध की समाप्ति के बाद यह अपेक्षा की जा रही थी कि मध्य-पूर्व का भू-राजनीतिक महत्व कुछ हद तक कम हो जाएगा, किंतु वास्तविकता इसके विपरीत रही। 1990–91 का खाड़ी युद्ध इस बात का प्रमाण था कि तेल और गैस की राजनीति अब भी वैश्विक शक्ति-संरचना का केंद्र बनी हुई है। इस युद्ध के दौरान तेल आपूर्ति की सुरक्षा और क्षेत्रीय संतुलन बनाए रखना प्रमुख उद्देश्य थे। इसके बाद 2003 में इराक युद्ध ने मध्य-पूर्व और ऊर्जा प्रभुत्व के संबंध को और

अधिक जटिल बना दिया। इस युद्ध ने यह प्रश्न उठाया कि क्या सैन्य हस्तक्षेप के पीछे ऊर्जा संसाधनों की भूमिका थी, और इस बहस ने संसाधन भू-राजनीति को अंतरराष्ट्रीय संबंधों के अध्ययन में और अधिक प्रासंगिक बना दिया।[687]21वीं सदी के पहले दो दशकों में मध्य-पूर्व की ऊर्जा राजनीति नए रूपों में सामने आई। एक ओर, एशिया की उभरती अर्थव्यवस्थाएँ,विशेषकर चीन और भारत,तेल और गैस की बढ़ती मांग के साथ मध्य-पूर्व पर अधिक निर्भर होती गईं। दूसरी ओर, अमेरिका ने शेल तेल और गैस क्रांति के माध्यम से अपनी ऊर्जा निर्भरता को कुछ हद तक कम किया। इसके बावजूद, मध्य-पूर्व का वैश्विक ऊर्जा बाजारों पर प्रभाव कम नहीं हुआ, क्योंकि यह क्षेत्र अब भी वैश्विक आपूर्ति और मूल्य निर्धारण में केंद्रीय भूमिका निभाता है। तेल की कीमतों में उतार-चढ़ाव, उत्पादन कोटा और आपूर्ति नीतियाँ वैश्विक अर्थव्यवस्था को प्रभावित करती हैं, जिससे मध्य-पूर्व का ऊर्जा प्रभुत्व बना रहता है।[688]प्राकृतिक गैस ने 21वीं सदी में मध्य-पूर्व की ऊर्जा राजनीति को एक नया आयाम प्रदान किया है। कतर और ईरान के विशाल गैस भंडार और तरलीकृत प्राकृतिक गैस (LNG) के बढ़ते वैश्विक व्यापार ने इस क्षेत्र को ऊर्जा संक्रमण की राजनीति में भी महत्वपूर्ण बना दिया है। 2010 के बाद LNG व्यापार में तीव्र वृद्धि हुई, जिससे गैस अब केवल क्षेत्रीय नहीं, बल्कि वैश्विक ऊर्जा बाजार का प्रमुख हिस्सा बन गई है। इसके परिणामस्वरूप मध्य-पूर्व की भूमिका केवल तेल आपूर्ति तक सीमित नहीं रही, बल्कि गैस के माध्यम से भी उसका प्रभाव बढ़ता गया।[689]

मध्य-पूर्व और ऊर्जा प्रभुत्व की राजनीति का एक महत्वपूर्ण पहलू यह है कि यह क्षेत्र राजनीतिक अस्थिरता और संघर्षों से घिरा रहा है। आंतरिक संघर्ष, क्षेत्रीय प्रतिस्पर्धा और बाहरी हस्तक्षेप ऊर्जा आपूर्ति को लगातार जोखिम में डालते रहे हैं। 2011 के बाद अरब वसंत, क्षेत्रीय गृहयुद्ध और भू-राजनीतिक तनावों ने ऊर्जा आपूर्ति की सुरक्षा को वैश्विक चिंता का विषय बना दिया। इसके बावजूद, वैश्विक ऊर्जा बाजार मध्य-पूर्व पर निर्भर बने रहे, क्योंकि विकल्प सीमित थे और आपूर्ति शृंखलाएँ इस क्षेत्र से गहराई से जुड़ी थीं।[690]ऊर्जा प्रभुत्व का एक और महत्वपूर्ण आयाम समुद्री आपूर्ति मार्गों और चोक-पॉइंट्स से जुड़ा है। मध्य-पूर्व से निकलने वाला अधिकांश तेल और गैस समुद्री मार्गों के माध्यम से विश्व बाजारों तक पहुँचता है। इन मार्गों की सुरक्षा और स्थिरता वैश्विक ऊर्जा राजनीति का केंद्रीय प्रश्न बन जाती है। किसी भी प्रकार का व्यवधान,चाहे वह सैन्य संघर्ष हो या राजनीतिक तनाव,तेल और गैस की कीमतों को तुरंत प्रभावित करता है। इस प्रकार मध्य-पूर्व की ऊर्जा राजनीति समुद्री भू-राजनीति और नौसैनिक रणनीति से भी

गहराई से जुड़ जाती है।[691]निर्भरता की राजनीति मध्य-पूर्व और ऊर्जा प्रभुत्व के संबंध को और अधिक जटिल बनाती है। ऊर्जा आयातक देश इस क्षेत्र पर निर्भर रहते हुए अपनी विदेश और सुरक्षा नीतियाँ आकार देते हैं, जबकि ऊर्जा उत्पादक देश इस निर्भरता का उपयोग राजनीतिक प्रभाव और आर्थिक लाभ के लिए करते हैं। यह पारस्परिक निर्भरता एक ओर सहयोग को प्रोत्साहित करती है, तो दूसरी ओर असंतुलन और तनाव को भी जन्म देती है। यही कारण है कि मध्य-पूर्व की ऊर्जा राजनीति न तो पूर्णतः संघर्षात्मक है और न ही पूर्णतः सहयोगात्मक, बल्कि दोनों का मिश्रण है।[692]21वीं सदी के तीसरे दशक में ऊर्जा संक्रमण और जलवायु परिवर्तन की राजनीति ने मध्य-पूर्व की ऊर्जा भूमिका को नए प्रश्नों के घेरे में ला दिया है। नवीकरणीय ऊर्जा, इलेक्ट्रिक वाहनों और कार्बन-न्यूट्रल नीतियों के बढ़ते प्रभाव के बीच यह प्रश्न उठता है कि क्या मध्य-पूर्व का ऊर्जा प्रभुत्व भविष्य में कम हो जाएगा। इसके बावजूद, निकट भविष्य में तेल और गैस की वैश्विक मांग पूरी तरह समाप्त होने की संभावना नहीं है। संक्रमण की इस अवधि में मध्य-पूर्व की भूमिका और भी महत्वपूर्ण हो जाती है, क्योंकि यह क्षेत्र पारंपरिक ऊर्जा और उभरती ऊर्जा राजनीति,दोनों के बीच सेतु का कार्य करता है।[693]मध्य-पूर्व और ऊर्जा प्रभुत्व का संबंध आधुनिक भू-राजनीति का एक केंद्रीय स्तंभ है। तेल और गैस ने इस क्षेत्र को वैश्विक शक्ति-संरचना में असाधारण स्थान प्रदान किया है, जबकि वैश्विक निर्भरता ने इसे रणनीतिक रूप से अनिवार्य बना दिया है। 20वीं सदी से 21वीं सदी तक मध्य-पूर्व की ऊर्जा राजनीति ने युद्ध, सहयोग, निर्भरता और प्रभुत्व सभी को आकार दिया है।[694]

पाइपलाइन राजनीति और रणनीतिक मार्ग

लाइन राजनीति और रणनीतिक मार्ग आधुनिक ऊर्जा भू-राजनीति का एक केंद्रीय आयाम हैं, क्योंकि 20वीं सदी के उत्तरार्ध से लेकर 21वीं सदी तक तेल और गैस की वैश्विक आपूर्ति केवल समुद्री टैंकरों पर निर्भर नहीं रही, बल्कि स्थलीय पाइपलाइनों के माध्यम से दीर्घकालिक, अपेक्षाकृत स्थिर और नियंत्रित आपूर्ति शृंखलाएँ विकसित हुईं। पाइपलाइनें ऊर्जा संसाधनों को उत्पादन क्षेत्रों से उपभोक्ता बाजारों तक पहुँचाने का तकनीकी साधन मात्र नहीं हैं, बल्कि वह शक्ति, निर्भरता, संप्रभुता और रणनीतिक प्रभाव का माध्यम बन चुकी हैं। शीत युद्ध के दौरान (1947–1991) पाइपलाइनें मुख्यतः क्षेत्रीय आर्थिक परियोजनाएँ थीं, किंतु शीत युद्धोत्तर काल में, विशेषकर 2000 के बाद, वैश्वीकरण, ऊर्जा मांग में वृद्धि और भू-राजनीतिक प्रतिस्पर्धा ने लाइन राजनीति को अंतरराष्ट्रीय शक्ति-संतुलन का एक

निर्णायक उपकरण बना दिया।[695]पाइपलाइन राजनीति की अवधारणा इस तथ्य से उत्पन्न होती है कि ऊर्जा संसाधनों का भौगोलिक वितरण असमान है। उत्पादन क्षेत्र; जैसे मध्य-पूर्व, रूस, मध्य एशिया और अफ्रीका,अक्सर उपभोग केंद्रों,यूरोप, पूर्वी एशिया और उत्तरी अमेरिका से दूर स्थित हैं। इस दूरी को पाटने के लिए पाइपलाइनें बनाई जाती हैं, जो दशकों तक चलने वाली पूंजी-प्रधान अवसंरचनाएँ होती हैं। एक बार स्थापित होने पर, पाइपलाइनें दीर्घकालिक निर्भरता पैदा करती हैं, क्योंकि उपभोक्ता देश वैकल्पिक मार्गों या स्रोतों को तुरंत विकसित नहीं कर पाते। यही निर्भरता लाइन राजनीति को जन्म देती है, जिसमें मार्ग चयन, पारगमन देश, शुल्क, सुरक्षा और राजनीतिक संबंध निर्णायक भूमिका निभाते हैं।[696]20वीं सदी के मध्य में पाइपलाइन राजनीति का महत्व स्पष्ट होना शुरू हुआ। द्वितीय विश्व युद्ध (1939–45) के बाद यूरोप के पुनर्निर्माण और औद्योगीकरण के लिए स्थिर ऊर्जा आपूर्ति की आवश्यकता थी। इसी पृष्ठभूमि में सोवियत संघ से पूर्वी और पश्चिमी यूरोप तक गैस पाइपलाइनों का विकास हुआ। 1960 और 1970 के दशकों में बनी यह पाइपलाइनें शीत युद्ध की वैचारिक विभाजन रेखाओं के बावजूद ऊर्जा निर्भरता की वास्तविकता को दर्शाती थीं। 1973 के तेल संकट ने यह स्पष्ट कर दिया कि समुद्री मार्गों के साथ-साथ स्थलीय पाइपलाइनें भी ऊर्जा सुरक्षा के लिए आवश्यक हैं, क्योंकि वह कुछ हद तक समुद्री चोक-पॉइंट्स के जोखिम को कम कर सकती हैं।[697]

शीत युद्धोत्तर काल में लाइन राजनीति ने नया स्वरूप ग्रहण किया। 1991 के बाद सोवियत संघ के विघटन से मध्य एशिया और काकेशस क्षेत्र स्वतंत्र ऊर्जा उत्पादक क्षेत्रों के रूप में उभरे। इस परिवर्तन ने पाइपलाइन मार्गों के चयन को तीव्र भू-राजनीतिक प्रतिस्पर्धा का विषय बना दिया। 1990 के दशक में कैस्पियन सागर क्षेत्र से यूरोप और एशिया तक ऊर्जा पहुँचाने के लिए कई वैकल्पिक मार्गों पर विचार हुआ। इन परियोजनाओं में मार्गों का चयन केवल भौगोलिक या आर्थिक आधार पर नहीं, बल्कि राजनीतिक गठबंधनों, सुरक्षा जोखिमों और रणनीतिक हितों के आधार पर किया गया। इस दौर में यह स्पष्ट हो गया कि पाइपलाइनें “राजनीतिक भूगोल” का ठोस रूप हैं।[698]लाइन राजनीति का एक प्रमुख उदाहरण रूस-यूरोप गैस संबंध हैं। 2000 के बाद यूरोप की प्राकृतिक गैस आपूर्ति का एक बड़ा हिस्सा रूसी स्रोतों से पाइपलाइनों के माध्यम से आता रहा। इस निर्भरता ने यूरोप को सस्ती और स्थिर गैस प्रदान की, किंतु साथ ही राजनीतिक जोखिम भी उत्पन्न किए। 2006 और 2009 में गैस आपूर्ति विवादों ने यह दिखाया कि पारगमन देशों और आपूर्तिकर्ताओं के बीच राजनीतिक तनाव उपभोक्ता देशों

को सीधे प्रभावित कर सकता है। इस अनुभव के बाद यूरोप ने आपूर्ति विविधीकरण, वैकल्पिक मार्गों और तरलीकृत प्राकृतिक गैस आयात पर अधिक ध्यान देना शुरू किया, जिससे लाइन राजनीति और समुद्री मार्गों की प्रतिस्पर्धा और तीव्र हो गई।[699]मध्य-पूर्व में भी लाइन राजनीति ऊर्जा प्रभुत्व का महत्वपूर्ण साधन रही है। तेल और गैस पाइपलाइनें समुद्री मार्गों पर निर्भरता को कम करने और निर्यात मार्गों को सुरक्षित करने के लिए विकसित की गईं। विशेष रूप से उन क्षेत्रों में जहाँ समुद्री चोक-पॉइंट्स रणनीतिक रूप से संवेदनशील हैं, पाइपलाइनें वैकल्पिक मार्ग प्रदान करती हैं। इस संदर्भ में पाइपलाइनें केवल आर्थिक परियोजनाएँ नहीं, बल्कि रणनीतिक बीमा के रूप में देखी जाती हैं। किसी संकट या संघर्ष की स्थिति में, पाइपलाइनें निर्यात को जारी रखने या राजनीतिक दबाव बनाने का साधन बन सकती हैं।[700]

मध्य एशिया और दक्षिण एशिया में लाइन राजनीति ने क्षेत्रीय भू-राजनीति को गहराई से प्रभावित किया है। मध्य एशियाई ऊर्जा संसाधनों को वैश्विक बाजारों से जोड़ने के लिए विभिन्न मार्गों पर प्रतिस्पर्धा हुई, जिनमें रूस, चीन और पश्चिमी शक्तियों के हित टकराते रहे। 2000 के बाद चीन ने पाइपलाइन कूटनीति के माध्यम से मध्य एशिया में अपनी ऊर्जा सुरक्षा को मजबूत किया। इस रणनीति ने चीन को समुद्री मार्गों पर निर्भरता कम करने और स्थलीय ऊर्जा गलियारों के माध्यम से दीर्घकालिक आपूर्ति सुनिश्चित करने में सहायता दी। इसके परिणामस्वरूप, लाइन राजनीति एशिया की ऊर्जा भू-राजनीति का केंद्रीय तत्व बन गई।[701]दक्षिण एशिया में लाइन राजनीति की जटिलता और अधिक स्पष्ट है, क्योंकि यहाँ ऊर्जा मांग तेजी से बढ़ रही है, जबकि क्षेत्रीय राजनीति अस्थिर रही है। प्रस्तावित और आंशिक रूप से विकसित पाइपलाइन परियोजनाएँ केवल ऊर्जा आपूर्ति के साधन नहीं, बल्कि क्षेत्रीय सहयोग और संघर्ष,दोनों की संभावनाएँ लिए हुए हैं। इस क्षेत्र में मार्ग चयन, सुरक्षा जोखिम और राजनीतिक विश्वास की कमी ने कई परियोजनाओं को विलंबित या अवरुद्ध किया है। इससे यह स्पष्ट होता है कि लाइन राजनीति में तकनीकी और आर्थिक व्यवहार्यता के साथ-साथ राजनीतिक स्थिरता भी अनिवार्य शर्त है।[702]लाइन राजनीति का एक महत्वपूर्ण पहलू पारगमन देशों की भूमिका है। जिन देशों से होकर पाइपलाइन गुजरती है, वह ऊर्जा आपूर्ति शृंखला में रणनीतिक स्थान प्राप्त कर लेते हैं। यह स्थिति उन्हें पारगमन शुल्क, राजनीतिक प्रभाव और कभी-कभी अवरोध की क्षमता प्रदान करती है। इसी कारण पाइपलाइन मार्गों का चयन अक्सर पारगमन जोखिम को न्यूनतम करने के प्रयास के रूप में किया जाता है। वैकल्पिक मार्गों का निर्माण पारगमन देशों की शक्ति

को संतुलित करने का साधन बनता है, जिससे लाइन राजनीति और अधिक जटिल हो जाती है।[703]

21वीं सदी में लाइन राजनीति केवल तेल और गैस तक सीमित नहीं रही, बल्कि ऊर्जा संक्रमण के संदर्भ में भी प्रासंगिक हो गई है। हाइड्रोजन, बिजली ग्रिड और कार्बन कैप्चर अवसंरचना के लिए भी नए प्रकार की "ऊर्जा लाइनें" विकसित की जा रही हैं। यह परिवर्तन दर्शाता है कि भविष्य की ऊर्जा भू-राजनीति में भी मार्गों का चयन, अवसंरचना नियंत्रण और तकनीकी मानक रणनीतिक महत्व रखते रहेंगे। इस प्रकार लाइन राजनीति पारंपरिक ऊर्जा से आगे बढ़कर नई ऊर्जा प्रणालियों में भी शक्ति और निर्भरता को आकार दे रही है।[704]समुद्री मार्गों और स्थलीय पाइपलाइनों के बीच प्रतिस्पर्धा लाइन राजनीति का एक और महत्वपूर्ण आयाम है। समुद्री मार्ग लचीले और वैश्विक हैं, जबकि पाइपलाइनें स्थिर और क्षेत्र-विशिष्ट होती हैं। राज्य इन दोनों विकल्पों के बीच संतुलन बनाने का प्रयास करते हैं, ताकि ऊर्जा सुरक्षा को अधिकतम किया जा सके। किसी एक माध्यम पर अत्यधिक निर्भरता रणनीतिक जोखिम बढ़ा सकती है। इसलिए आधुनिक ऊर्जा नीति में मार्गों का विविधीकरण एक प्रमुख लक्ष्य बन गया है, जो लाइन राजनीति को बहुआयामी बनाता है।[705]भविष्य की दृष्टि से लाइन राजनीति और रणनीतिक मार्गों का महत्व कम होने के बजाय और अधिक बढ़ने की संभावना है। वैश्विक ऊर्जा मांग, भू-राजनीतिक प्रतिस्पर्धा, जलवायु नीति और तकनीकी परिवर्तन,यह सभी कारक मार्गों के चयन और नियंत्रण को रणनीतिक मुद्दा बनाए रखेंगे। पाइपलाइनें केवल ऊर्जा ढोने वाली संरचनाएँ नहीं रहेंगी, बल्कि वह राजनीतिक संबंधों, रणनीतिक गठबंधनों और शक्ति-संतुलन की ठोस अभिव्यक्ति बनी रहेंगी।[706]लाइन राजनीति और रणनीतिक मार्ग आधुनिक संसाधन और ऊर्जा भू-राजनीति के केंद्रीय स्तंभ हैं। पाइपलाइनें शक्ति और निर्भरता के बीच सेतु का कार्य करती हैं,एक ओर वह स्थिर आपूर्ति और आर्थिक सहयोग को संभव बनाती हैं, तो दूसरी ओर वह राजनीतिक दबाव, रणनीतिक प्रतिस्पर्धा और असमान निर्भरता को भी जन्म देती हैं। 21वीं सदी में, जब ऊर्जा और संसाधन वैश्विक राजनीति के मूल चालक बने हुए हैं, तब लाइन राजनीति का अध्ययन अंतरराष्ट्रीय संबंधों को समझने के लिए अनिवार्य हो जाता है।[707]

दुर्लभ खनिज और नई भू-राजनीति

21वीं सदी की वैश्विक भू-राजनीति में यदि तेल और गैस ने 20वीं सदी की शक्ति-संरचना को आकार दिया था, तो रेयर अर्थ मिनरल्स (REM) नई सदी की

रणनीतिक प्रतिस्पर्धा के मूल आधार के रूप में उभर रहे हैं। दुर्लभ खनिजों की राजनीति अब केवल संसाधन उपलब्धता तक सीमित नहीं रही, बल्कि यह तकनीकी प्रभुत्व, सैन्य क्षमता, ऊर्जा संक्रमण और वैश्विक आपूर्ति शृंखलाओं के नियंत्रण से गहराई से जुड़ चुकी है। शीत युद्ध की समाप्ति (1991) के बाद वैश्वीकरण और तकनीकी क्रांति ने जिन नए रणनीतिक संसाधनों को जन्म दिया, उनमें रेयर अर्थ मिनरल्स सबसे अधिक निर्णायक सिद्ध हुए हैं। 2000 के बाद डिजिटल प्रौद्योगिकी, स्मार्ट हथियार प्रणालियों, नवीकरणीय ऊर्जा और इलेक्ट्रिक वाहनों के तीव्र विकास ने इन खनिजों को भू-राजनीतिक शक्ति का नया प्रतीक बना दिया है।[708]रेयर अर्थ मिनरल्स वस्तुतः 17 तत्वों का एक समूह हैं, जिनमें 15 लैंथेनाइड तत्वों के साथ स्कैंडियम और यिट्रियम शामिल हैं। यद्यपि इन्हें "दुर्लभ" कहा जाता है, परंतु यह पृथ्वी की पर्पटी में अत्यंत सीमित मात्रा में नहीं पाए जाते; इनकी दुर्लभता मुख्यतः इनके आर्थिक रूप से व्यवहार्य निष्कर्षण और शुद्धिकरण की जटिल प्रक्रिया से जुड़ी है। 20वीं सदी के मध्य तक इन तत्वों का सीमित औद्योगिक उपयोग था, किंतु 1980 के बाद इलेक्ट्रॉनिक्स, रक्षा और संचार प्रौद्योगिकी में इनके उपयोग ने इनके रणनीतिक महत्व को तेजी से बढ़ा दिया। 21वीं सदी में रेयर अर्थ मिनरल्स आधुनिक तकनीकी सभ्यता की आधारशिला बन चुके हैं।[709]रेयर अर्थ मिनरल्स का भू-राजनीतिक महत्व मुख्यतः उनके उपयोग क्षेत्रों से उत्पन्न होता है। आधुनिक स्मार्टफोन, कंप्यूटर, सेमीकंडक्टर, मिसाइल मार्गदर्शन प्रणाली, रडार, फाइटर जेट, परमाणु पनडुब्बियाँ, सैटेलाइट, विंड टर्बाइन और इलेक्ट्रिक वाहन,इन सभी में रेयर अर्थ तत्वों की अनिवार्य भूमिका है। उदाहरण के लिए, नियोडिमियम और डिस्प्रोसियम उच्च-क्षमता वाले स्थायी चुम्बकों के निर्माण में प्रयुक्त होते हैं, जो सैन्य और नवीकरणीय ऊर्जा प्रणालियों के लिए अत्यंत आवश्यक हैं। इस प्रकार, जो राज्य रेयर अर्थ आपूर्ति शृंखला को नियंत्रित करता है, वह न केवल औद्योगिक उत्पादन बल्कि सैन्य और तकनीकी शक्ति पर भी अप्रत्यक्ष नियंत्रण प्राप्त कर लेता है।[710]21वीं सदी की नई भू-राजनीति में रेयर अर्थ मिनरल्स का महत्व पहली बार वैश्विक स्तर पर तब उभरा, जब 2000 के बाद एक प्रमुख एशियाई शक्ति ने इनके उत्पादन और प्रसंस्करण में लगभग एकाधिकार स्थापित कर लिया। 2010 तक वैश्विक रेयर अर्थ उत्पादन का लगभग 90 प्रतिशत से अधिक भाग एक ही देश से आता था। यह स्थिति केवल प्राकृतिक संसाधनों की उपलब्धता का परिणाम नहीं थी, बल्कि दीर्घकालिक औद्योगिक नीति, कम लागत, पर्यावरणीय नियमों में लचीलापन और वैश्विक बाजार रणनीति का संयुक्त परिणाम थी। इस एकाधिकार

ने वैश्विक शक्तियों को यह एहसास कराया कि उनकी तकनीकी और सैन्य क्षमताएँ एक सीमित आपूर्ति शृंखला पर निर्भर हो गई हैं।[711]**(मानचित्र-26)**

मानचित्र 26 : रेयर अर्थ मिनरल्स (REM) का वैश्विक वितरण

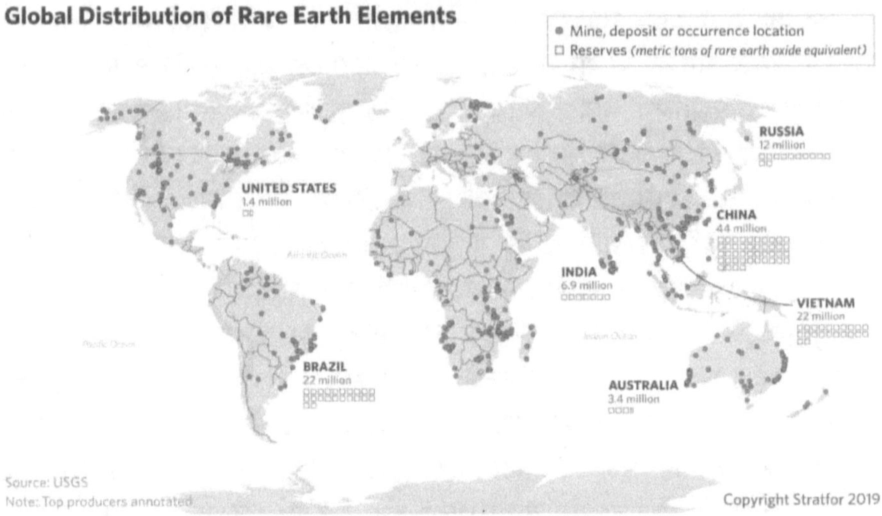

स्त्रोत :स्ट्रेटफ़ोर. (2019)

रेयर अर्थ मिनरल्स की राजनीति का एक निर्णायक मोड़ 2010 के दशक के प्रारंभ में सामने आया, जब आपूर्ति प्रतिबंधों और निर्यात नियंत्रणों ने वैश्विक बाजारों में अस्थिरता उत्पन्न की। इस घटना ने यह स्पष्ट कर दिया कि रेयर अर्थ मिनरल्स को राजनीतिक दबाव और रणनीतिक साधन के रूप में प्रयोग किया जा सकता है। इसके बाद से अमेरिका, यूरोपीय संघ, जापान और अन्य तकनीकी शक्तियों ने रेयर अर्थ निर्भरता को राष्ट्रीय सुरक्षा के मुद्दे के रूप में पुनः परिभाषित किया। यह क्षण रेयर अर्थ मिनरल्स को पारंपरिक संसाधन राजनीति से निकालकर नई भू-राजनीति के केंद्र में ले आया।[712]रेयर अर्थ मिनरल्स की नई भू-राजनीति का एक प्रमुख आयाम यह है कि यह उत्पादन से अधिक प्रसंस्करण और शुद्धिकरण पर केंद्रित है। कच्चे खनिजों का खनन अपेक्षाकृत अधिक देशों में संभव है, किंतु उच्च-स्तरीय प्रसंस्करण क्षमता कुछ ही देशों के पास केंद्रित है। यह स्थिति वैश्विक आपूर्ति शृंखला में असमान शक्ति-संतुलन को जन्म देती है। जो देश प्रसंस्करण तकनीक और अवसंरचना को नियंत्रित करता है, वह मूल्य निर्धारण और आपूर्ति की दिशा तय कर सकता है। इस प्रकार, रेयर अर्थ भू-राजनीति केवल खनन नहीं, बल्कि औद्योगिक और तकनीकी प्रभुत्व की राजनीति बन जाती है।[713]रेयर

अर्थ मिनरल्स और नई भू-राजनीति का संबंध ऊर्जा संक्रमण से और अधिक गहरा हो गया है। 2015 के बाद वैश्विक स्तर पर स्वच्छ ऊर्जा, कार्बन न्यूट्रैलिटी और इलेक्ट्रिक मोबिलिटी पर बढ़ते ज़ोर ने रेयर अर्थ तत्वों की मांग को अभूतपूर्व स्तर तक पहुँचा दिया। विंड टर्बाइन, सोलर पैनल, बैटरी स्टोरेज और इलेक्ट्रिक वाहनों में इन खनिजों का उपयोग अनिवार्य है। इसका अर्थ यह है कि भविष्य की ऊर्जा प्रणाली, जो जीवाश्म ईंधनों से मुक्त होने की दिशा में बढ़ रही है, स्वयं एक नई प्रकार की संसाधन निर्भरता पैदा कर रही है। इस प्रकार, रेयर अर्थ मिनरल्स ऊर्जा संक्रमण की राजनीति में केंद्रीय भूमिका निभा रहे हैं।[714]सैन्य और रक्षा क्षेत्र में रेयर अर्थ मिनरल्स की भूमिका नई भू-राजनीति को और अधिक संवेदनशील बनाती है। आधुनिक हथियार प्रणालियाँ उच्च-प्रदर्शन वाले चुम्बकों, सेंसर और इलेक्ट्रॉनिक घटकों पर निर्भर हैं, जिनके लिए रेयर अर्थ तत्व आवश्यक हैं। इस संदर्भ में किसी भी देश की सैन्य स्वायत्तता उसकी रेयर अर्थ आपूर्ति की सुरक्षा से जुड़ जाती है। यही कारण है कि कई देशों ने रेयर अर्थ को "रणनीतिक खनिज" घोषित किया है और इनके भंडारण तथा वैकल्पिक आपूर्ति स्रोतों पर विशेष ध्यान देना शुरू किया है।[715]रेयर अर्थ मिनरल्स की भू-राजनीति में विकासशील देशों की भूमिका भी महत्वपूर्ण होती जा रही है। अफ्रीका, दक्षिण-पूर्व एशिया और लैटिन अमेरिका के कई देशों में रेयर अर्थ भंडार पाए जाते हैं, किंतु उनके पास तकनीकी, वित्तीय और पर्यावरणीय क्षमता का अभाव है। इस स्थिति में वह वैश्विक शक्तियों के लिए संसाधन आपूर्ति क्षेत्र बन जाते हैं, जिससे नई प्रकार की संसाधन निर्भरता और असमानता उत्पन्न होती है। यह परिघटना पारंपरिक संसाधन शोषण की याद दिलाती है, किंतु इस बार केंद्र में तेल नहीं, बल्कि तकनीकी खनिज हैं।[716]

रेयर अर्थ मिनरल्स और नई भू-राजनीति का एक और महत्वपूर्ण आयाम पर्यावरण और सामाजिक प्रभावों से जुड़ा है। रेयर अर्थ खनन और प्रसंस्करण पर्यावरणीय दृष्टि से अत्यंत संवेदनशील गतिविधियाँ हैं, जिनसे भूमि क्षरण, जल प्रदूषण और सामाजिक विस्थापन जैसी समस्याएँ उत्पन्न होती हैं। विकसित देशों में कड़े पर्यावरणीय नियमों के कारण खनन सीमित रहा, जबकि विकासशील देशों में पर्यावरणीय लागत को अनदेखा कर उत्पादन बढ़ाया गया। इस असमानता ने रेयर अर्थ आपूर्ति शृंखला में नैतिक और राजनीतिक प्रश्नों को जन्म दिया है, जो नई भू-राजनीति को और जटिल बनाते हैं।[717]21वीं सदी के तीसरे दशक में रेयर अर्थ मिनरल्स की भू-राजनीति बहुध्रुवीय स्वरूप ग्रहण करती दिखाई दे रही है। वैश्विक शक्तियाँ एकाधिकार को तोड़ने, वैकल्पिक स्रोत विकसित करने, पुनर्चक्रण तकनीक को बढ़ावा देने और घरेलू उत्पादन को पुनर्जीवित करने के प्रयास कर रही

हैं। यह प्रक्रिया धीरे-धीरे रेयर अर्थ राजनीति को एक अधिक प्रतिस्पर्धात्मक और जटिल क्षेत्र में बदल रही है। इसके साथ ही, तकनीकी नवाचार;जैसे वैकल्पिक सामग्री का विकास और कुशल पुनर्चक्रण,भविष्य में रेयर अर्थ निर्भरता को आंशिक रूप से कम कर सकते हैं, किंतु निकट भविष्य में इनकी रणनीतिक महत्ता कम होने की संभावना नहीं है।[718]भविष्य की दृष्टि से रेयर अर्थ मिनरल्स नई भू-राजनीति के केंद्र में बने रहेंगे। डिजिटल अर्थव्यवस्था, रक्षा आधुनिकीकरण और ऊर्जा संक्रमण,यह तीनों प्रवृत्तियाँ इन खनिजों की मांग को निरंतर बनाए रखेंगी। इस संदर्भ में रेयर अर्थ भू-राजनीति केवल संसाधन नियंत्रण का प्रश्न नहीं, बल्कि वैश्विक शक्ति-संतुलन, तकनीकी नेतृत्व और रणनीतिक स्वायत्तता का निर्णायक तत्व बन चुकी है। जो देश इस क्षेत्र में दीर्घकालिक रणनीति अपनाने में सफल होंगे, वह 21वीं सदी की वैश्विक राजनीति में निर्णायक भूमिका निभाएँगे।[719]रेयर अर्थ मिनरल्स (REM) 21वीं सदी की नई भू-राजनीति का केंद्रीय स्तंभ हैं। उन्होंने संसाधन राजनीति की परिभाषा को बदल दिया है,जहाँ अब शक्ति का आधार केवल ऊर्जा उत्पादन नहीं, बल्कि तकनीकी अवसंरचना, आपूर्ति शृंखला नियंत्रण और रणनीतिक नवाचार है।[720]

तकनीक, रक्षा और संसाधन नियंत्रण

21वीं सदी की भू-राजनीति में तकनीक, रक्षा और संसाधन नियंत्रण के बीच का संबंध अभूतपूर्व रूप से सघन हो गया है। यदि 20वीं सदी में सैन्य शक्ति का आधार मुख्यतः जनशक्ति, औद्योगिक उत्पादन और पारंपरिक ऊर्जा संसाधनों पर था, तो 21वीं सदी में यह आधार उन्नत तकनीक, रणनीतिक खनिजों, डेटा अवसंरचना और उच्च-स्तरीय आपूर्ति शृंखलाओं के नियंत्रण पर स्थानांतरित हो चुका है। शीत युद्ध की समाप्ति (1991) के बाद कुछ समय तक यह माना गया कि वैश्वीकरण तकनीक और संसाधनों को राजनीतिक संघर्ष से अलग कर देगा, किंतु 2000 के बाद की घटनाओं,विशेषकर डिजिटल क्रांति, रक्षा आधुनिकीकरण और ऊर्जा संक्रमण,ने यह स्पष्ट कर दिया कि तकनीक स्वयं एक रणनीतिक संसाधन बन चुकी है और उसका नियंत्रण रक्षा तथा शक्ति-संतुलन का निर्णायक तत्व है।[721]तकनीक और संसाधन नियंत्रण का संबंध मूलतः इस तथ्य से उत्पन्न होता है कि आधुनिक तकनीकी प्रणालियाँ विशिष्ट और सीमित संसाधनों पर निर्भर हैं। सेमीकंडक्टर, उन्नत बैटरियाँ, रडार, मिसाइल मार्गदर्शन प्रणाली, उपग्रह, ड्रोन और कृत्रिम बुद्धिमत्ता आधारित हथियार प्रणालियाँ,यह सभी उच्च-गुणवत्ता वाले खनिजों, ऊर्जा आपूर्ति और जटिल औद्योगिक नेटवर्क पर आधारित हैं। 2000 के

बाद रक्षा प्रणालियों में नेटवर्क-केंद्रित युद्ध की अवधारणा के विकास ने तकनीक को सैन्य शक्ति का केंद्रीय घटक बना दिया। इस संदर्भ में संसाधन नियंत्रण केवल कच्चे माल तक सीमित नहीं रहता, बल्कि तकनीकी मानकों, बौद्धिक संपदा और उत्पादन क्षमताओं तक विस्तारित हो जाता है।[722]रक्षा क्षेत्र में तकनीक की बढ़ती भूमिका ने संसाधन नियंत्रण को राष्ट्रीय सुरक्षा के केंद्र में ला दिया है। आधुनिक हथियार प्रणालियाँ अब बड़ी मात्रा में उत्पादन की बजाय उच्च-स्तरीय तकनीकी घटकों पर निर्भर हैं। उदाहरणस्वरूप, फाइटर जेट, मिसाइल रक्षा प्रणाली और नौसैनिक प्लेटफॉर्म अत्यंत विशिष्ट इलेक्ट्रॉनिक घटकों और रणनीतिक खनिजों का उपयोग करते हैं। इन घटकों की आपूर्ति यदि बाधित होती है, तो सैन्य तत्परता और स्वायत्तता सीधे प्रभावित होती है। यही कारण है कि 2010 के बाद कई देशों ने रणनीतिक संसाधनों और तकनीकी आपूर्ति को रक्षा नीति का अभिन्न अंग घोषित किया। इस परिवर्तन ने संसाधन भू-राजनीति को रक्षा रणनीति के साथ गहराई से जोड़ दिया।[723]

तकनीक, रक्षा और संसाधन नियंत्रण का एक महत्वपूर्ण आयाम यह है कि आधुनिक युद्ध अब केवल युद्धक्षेत्र तक सीमित नहीं रहा। साइबर स्पेस, अंतरिक्ष और समुद्री डोमेन जैसे नए क्षेत्रों में प्रतिस्पर्धा ने संसाधन नियंत्रण को बहु-आयामी बना दिया है। उपग्रह संचार, नेविगेशन और निगरानी प्रणालियाँ आधुनिक सैन्य अभियानों के लिए अनिवार्य हैं, और यह सभी विशिष्ट तकनीकी संसाधनों पर निर्भर हैं। अंतरिक्ष में प्रतिस्पर्धा और साइबर क्षमताओं का विकास यह दर्शाता है कि संसाधन नियंत्रण अब भौतिक खनिजों से आगे बढ़कर अमूर्त तकनीकी अवसंरचनाओं तक पहुँच चुका है।[724]21वीं सदी में तकनीक आधारित रक्षा प्रणालियों ने आपूर्ति शृंखलाओं को रणनीतिक कमजोरी के रूप में उजागर किया है। वैश्विक उत्पादन नेटवर्क इस प्रकार विकसित हुए हैं कि किसी एक क्षेत्र में व्यवधान का प्रभाव पूरी प्रणाली पर पड़ता है। 2020 के बाद वैश्विक संकटों ने यह स्पष्ट किया कि तकनीकी और रक्षा उत्पादन अत्यधिक वैश्विक निर्भरता के कारण असुरक्षित हो सकते हैं। इसके परिणामस्वरूप, कई देशों ने "रणनीतिक स्वायत्तता" और "आत्मनिर्भरता" को नीति-निर्माण के केंद्र में रखा। यह प्रवृत्ति दर्शाती है कि संसाधन नियंत्रण अब केवल आर्थिक नीति का विषय नहीं, बल्कि रक्षा और सुरक्षा नीति का मूल स्तंभ बन गया है।[725]रक्षा उद्योग में तकनीक और संसाधन नियंत्रण का संबंध सैन्य-औद्योगिक संरचना को भी प्रभावित करता है। 20वीं सदी के उत्तरार्ध में विकसित सैन्य-औद्योगिक परिसर अब तकनीकी-औद्योगिक परिसर में रूपांतरित हो चुका है, जहाँ रक्षा, तकनीक और संसाधन एक-दूसरे से अविभाज्य हैं।

अनुसंधान एवं विकास (R&D), उच्च-शिक्षा संस्थान, निजी तकनीकी कंपनियाँ और रक्षा प्रतिष्ठान मिलकर एक ऐसा पारिस्थितिकी तंत्र बनाते हैं, जिसमें संसाधन नियंत्रण रणनीतिक प्राथमिकता बन जाता है। इस संरचना में जो राज्य तकनीकी नवाचार और संसाधन आपूर्ति दोनों को नियंत्रित करने में सक्षम होते हैं, वह दीर्घकालिक सैन्य और राजनीतिक लाभ प्राप्त करते हैं।[726]तकनीक, रक्षा और संसाधन नियंत्रण का एक और महत्वपूर्ण पहलू निर्यात नियंत्रण और प्रतिबंध नीति से जुड़ा है। 2010 के बाद से उन्नत तकनीकों और रणनीतिक संसाधनों के निर्यात पर नियंत्रण वैश्विक राजनीति का प्रमुख उपकरण बन गया है। इन नियंत्रणों का उद्देश्य केवल आर्थिक लाभ नहीं, बल्कि संभावित प्रतिद्वंद्वियों की तकनीकी और सैन्य क्षमताओं को सीमित करना है। इस प्रकार, संसाधन और तकनीक नियंत्रण "शक्ति के शांत हथियार" के रूप में कार्य करते हैं, जो बिना प्रत्यक्ष सैन्य संघर्ष के रणनीतिक प्रभाव उत्पन्न कर सकते हैं।[727]

ऊर्जा संक्रमण और रक्षा आधुनिकीकरण के संगम ने संसाधन नियंत्रण को और अधिक जटिल बना दिया है। नवीकरणीय ऊर्जा प्रणालियाँ, इलेक्ट्रिक सैन्य वाहन और ऊर्जा-कुशल रक्षा प्लेटफॉर्म नई प्रकार की संसाधन निर्भरता उत्पन्न कर रहे हैं। इन प्रणालियों के लिए आवश्यक खनिज और तकनीकें सीमित आपूर्ति में हैं, जिससे नई भू-राजनीतिक प्रतिस्पर्धा जन्म लेती है। इस संदर्भ में तकनीक और संसाधन नियंत्रण भविष्य की रक्षा क्षमता का निर्धारक बन जाता है।[728]विकासशील देशों के लिए तकनीक, रक्षा और संसाधन नियंत्रण की राजनीति विशेष चुनौती प्रस्तुत करती है। एक ओर, वह वैश्विक आपूर्ति शृंखलाओं में संसाधन प्रदाता के रूप में महत्वपूर्ण भूमिका निभाते हैं, दूसरी ओर, उनके पास तकनीकी और रक्षा अवसंरचना सीमित होती है। इस असमानता के कारण वह अक्सर तकनीकी निर्भरता और रणनीतिक दबाव का सामना करते हैं। 21वीं सदी की नई भू-राजनीति में यह प्रश्न केंद्रीय हो गया है कि क्या विकासशील देश संसाधन आपूर्ति से आगे बढ़कर तकनीकी और रक्षा मूल्य शृंखला में उच्च स्थान प्राप्त कर सकते हैं।[729]भविष्य की दृष्टि से तकनीक, रक्षा और संसाधन नियंत्रण का महत्व और अधिक बढ़ने की संभावना है। कृत्रिम बुद्धिमत्ता, क्वांटम कंप्यूटिंग, अंतरिक्ष प्रौद्योगिकी और स्वायत्त हथियार प्रणालियाँ संसाधन और तकनीक नियंत्रण को और अधिक रणनीतिक बनाएँगी। इस प्रक्रिया में जो राज्य दीर्घकालिक दृष्टि के साथ संसाधन सुरक्षा, तकनीकी नवाचार और रक्षा आधुनिकीकरण को समन्वित करेंगे, वह 21वीं सदी की शक्ति-संरचना में अग्रणी भूमिका निभाएँगे।[730]तकनीक, रक्षा और संसाधन नियंत्रण आधुनिक भू-राजनीति का त्रिकोणीय आधार बन चुके

हैं। तकनीक रक्षा शक्ति को आकार देती है, रक्षा संसाधन नियंत्रण की आवश्यकता को बढ़ाती है, और संसाधन नियंत्रण तकनीकी तथा सैन्य स्वायत्तता को सुनिश्चित करता है। 21वीं सदी में यह त्रिकोण वैश्विक शक्ति-संतुलन, रणनीतिक निर्भरता और अंतरराष्ट्रीय प्रतिस्पर्धा की दिशा निर्धारित कर रहा है। इस संदर्भ में तकनीक, रक्षा और संसाधन नियंत्रण का अध्ययन केवल अकादमिक विषय नहीं, बल्कि भविष्य की वैश्विक राजनीति को समझने की अनिवार्य कुंजी है।[731]

संसाधन प्रतिस्पर्धा और संघर्ष

संसाधन-अभाव और युद्ध का संबंध अंतरराष्ट्रीय राजनीति के इतिहास में अत्यंत पुराना और संरचनात्मक रहा है, किंतु 21वीं सदी में यह संबंध नए रूपों, नए संसाधनों और नई तीव्रता के साथ पुनः उभर कर सामने आया है। संसाधन-अभाव से तात्पर्य केवल किसी संसाधन की भौतिक कमी से नहीं है, बल्कि उसकी असमान उपलब्धता, असुरक्षित आपूर्ति, बढ़ती मांग और राजनीतिक नियंत्रण से उत्पन्न संरचनात्मक संकट से है। शीत युद्ध की समाप्ति (1991) के बाद यह धारणा प्रबल हुई थी कि वैश्वीकरण और मुक्त बाजार संसाधन संघर्षों को कम कर देंगे, किंतु 2000 के बाद की वैश्विक घटनाओं,विशेषकर ऊर्जा संकट, जल संकट, खाद्य असुरक्षा, दुर्लभ खनिजों की प्रतिस्पर्धा और जलवायु परिवर्तन ने यह स्पष्ट कर दिया कि संसाधन-अभाव आज भी युद्ध और संघर्ष का एक केंद्रीय कारण बना हुआ है। इस संदर्भ में संसाधन-अभाव और युद्ध का अध्ययन आधुनिक भू-राजनीति को समझने के लिए अनिवार्य हो जाता है।[732]ऐतिहासिक दृष्टि से देखें तो संसाधन-अभाव और युद्ध का संबंध औद्योगिक युग से पहले भी विद्यमान था, किंतु औद्योगिक क्रांति (18वीं-19वीं सदी) के बाद यह संबंध अधिक संगठित और व्यापक हो गया। औद्योगिक उत्पादन के लिए कोयला, लौह अयस्क और बाद में तेल जैसे संसाधनों की आवश्यकता ने राज्यों को संसाधन-संपन्न क्षेत्रों की ओर विस्तार के लिए प्रेरित किया। प्रथम विश्व युद्ध (1914–18) में औद्योगिक संसाधनों और ऊर्जा आपूर्ति की भूमिका निर्णायक रही, जबकि द्वितीय विश्व युद्ध (1939–45) में तेल, रबर और अन्य रणनीतिक संसाधनों पर नियंत्रण के लिए किए गए सैन्य अभियानों ने यह स्थापित कर दिया कि संसाधन-अभाव केवल आर्थिक समस्या नहीं, बल्कि अस्तित्वगत सुरक्षा प्रश्न बन सकता है। इन युद्धों ने संसाधन नियंत्रण को सैन्य रणनीति का केंद्रीय तत्व बना दिया।[733]20वीं सदी के मध्य में ऊर्जा संसाधनों, विशेषकर तेल, ने संसाधन-अभाव और युद्ध के संबंध को और अधिक स्पष्ट किया। 1973 और 1979 के तेल संकटों ने यह दिखाया कि संसाधन-अभाव

केवल युद्ध का कारण नहीं, बल्कि युद्ध के बिना भी वैश्विक संकट उत्पन्न कर सकता है। इन संकटों के दौरान ऊर्जा आपूर्ति में कमी और कीमतों में तीव्र वृद्धि ने कई देशों को राजनीतिक अस्थिरता और आर्थिक मंदी की ओर धकेल दिया। इसके बाद से ऊर्जा सुरक्षा राष्ट्रीय सुरक्षा का अभिन्न अंग बन गई, और संसाधन-अभाव को संभावित संघर्ष के संकेतक के रूप में देखा जाने लगा। इस दौर में संसाधन-अभाव और युद्ध का संबंध प्रत्यक्ष सैन्य संघर्ष से आगे बढ़कर संरचनात्मक अस्थिरता के रूप में सामने आया।[734]शीत युद्ध (1947–1991) के दौरान संसाधन-अभाव और युद्ध का संबंध वैचारिक प्रतिस्पर्धा के साथ जुड़ा रहा। अमेरिका और सोवियत संघ दोनों ही संसाधन-संपन्न क्षेत्रों में प्रभाव स्थापित करने का प्रयास करते रहे, क्योंकि ऊर्जा और कच्चे माल की उपलब्धता औद्योगिक और सैन्य शक्ति के लिए अनिवार्य थी। कई क्षेत्रीय संघर्षों में संसाधन-अभाव प्रत्यक्ष या अप्रत्यक्ष कारण के रूप में विद्यमान था। इस दौर में यह स्पष्ट हुआ कि संसाधन-अभाव केवल दो राज्यों के बीच युद्ध का कारण नहीं बनता, बल्कि वह प्रॉक्सी युद्धों, गृहयुद्धों और दीर्घकालिक अस्थिरता को भी जन्म दे सकता है।[735]

1991 के बाद संसाधन-अभाव और युद्ध का स्वरूप और अधिक जटिल हो गया। वैश्वीकरण ने संसाधनों को वैश्विक आपूर्ति शृंखलाओं से जोड़ दिया, जिससे किसी एक क्षेत्र में संकट का प्रभाव विश्व के अन्य हिस्सों तक पहुँचने लगा। 2000 के बाद एशिया की उभरती अर्थव्यवस्थाओं विशेषकर चीन और भारत की बढ़ती ऊर्जा और संसाधन मांग ने वैश्विक प्रतिस्पर्धा को तीव्र कर दिया। इस बढ़ती मांग के साथ संसाधनों की सीमित उपलब्धता ने संभावित संघर्ष की आशंकाओं को जन्म दिया। इस चरण में संसाधन-अभाव और युद्ध का संबंध प्रत्यक्ष सैन्य टकराव से अधिक रणनीतिक प्रतिस्पर्धा, दबाव और अस्थिरता के रूप में उभरा।[736]जल संसाधन 21वीं सदी में संसाधन-अभाव और संघर्ष का एक प्रमुख आयाम बन चुके हैं। जनसंख्या वृद्धि, शहरीकरण और जलवायु परिवर्तन ने जल की उपलब्धता को गंभीर रूप से प्रभावित किया है। कई क्षेत्रों में जल संसाधनों का असमान वितरण अंतर-राज्यीय और अंतर-क्षेत्रीय तनाव का कारण बन रहा है। जल संकट से उत्पन्न संघर्ष अक्सर सीमित क्षेत्रीय विवादों के रूप में प्रारंभ होते हैं, किंतु दीर्घकाल में वह व्यापक राजनीतिक अस्थिरता को जन्म दे सकते हैं। इस संदर्भ में जल को "भविष्य का तेल" कहा जाने लगा है, क्योंकि इसका अभाव भी उतनी ही तीव्रता से संघर्ष को जन्म दे सकता है।[737]खाद्य संसाधनों का अभाव भी संसाधन-अभाव और युद्ध के संबंध को गहराई प्रदान करता है। 2007–08 का वैश्विक खाद्य संकट इस बात का उदाहरण है कि अनाज की कीमतों में वृद्धि और आपूर्ति की अस्थिरता

सामाजिक अशांति और राजनीतिक अस्थिरता को जन्म दे सकती है। खाद्य असुरक्षा अक्सर प्रत्यक्ष युद्ध का कारण नहीं बनती, किंतु यह सामाजिक तनाव, विद्रोह और गृहयुद्ध के लिए अनुकूल परिस्थितियाँ उत्पन्न करती है। इस प्रकार संसाधन-अभाव और युद्ध का संबंध प्रत्यक्ष और अप्रत्यक्ष दोनों रूपों में कार्य करता है।[738]

21वीं सदी में दुर्लभ खनिजों और रणनीतिक संसाधनों का अभाव संसाधन संघर्ष की नई दिशा प्रस्तुत करता है। तकनीकी विकास, रक्षा आधुनिकीकरण और ऊर्जा संक्रमण ने ऐसे संसाधनों की मांग को बढ़ा दिया है, जिनकी आपूर्ति सीमित और भौगोलिक रूप से केंद्रित है। इस स्थिति ने नई प्रकार की प्रतिस्पर्धा को जन्म दिया है, जहाँ संसाधन-अभाव प्रत्यक्ष युद्ध के बजाय तकनीकी प्रतिबंध, आपूर्ति नियंत्रण और रणनीतिक दबाव के रूप में सामने आता है। यह "अघोषित युद्ध" संसाधन राजनीति का नया रूप है, जो पारंपरिक सैन्य संघर्ष से कम दृश्य, किंतु उतना ही प्रभावशाली है।[739]संसाधन-अभाव और युद्ध का एक महत्वपूर्ण पहलू यह है कि संसाधन स्वयं युद्ध का कारण नहीं होते, बल्कि वह पहले से मौजूद राजनीतिक, सामाजिक और आर्थिक तनावों को तीव्र कर देते हैं। जिन क्षेत्रों में शासन कमजोर होता है, आर्थिक असमानता अधिक होती है और संस्थागत क्षमता सीमित होती है, वहाँ संसाधन-अभाव संघर्ष को जन्म देने की अधिक संभावना रखता है। इस दृष्टि से संसाधन-अभाव को युद्ध का "त्वरक" कहा जा सकता है, न कि एकमात्र कारण। यह समझ 21वीं सदी की संघर्ष-प्रवृत्तियों को समझने के लिए अत्यंत महत्वपूर्ण है।[740]जलवायु परिवर्तन ने संसाधन-अभाव और युद्ध के संबंध को और अधिक जटिल बना दिया है। बदलते मौसम पैटर्न, सूखा, बाढ़ और समुद्र-स्तर में वृद्धि संसाधनों की उपलब्धता को प्रभावित कर रहे हैं। इन परिवर्तनों के कारण कृषि उत्पादन, जल संसाधन और आवासीय क्षेत्र प्रभावित हो रहे हैं, जिससे विस्थापन और सामाजिक तनाव बढ़ रहा है। जलवायु परिवर्तन इस प्रकार संसाधन-अभाव को एक स्थायी और दीर्घकालिक समस्या बना देता है, जिसके परिणामस्वरूप संघर्ष की संभावनाएँ भी दीर्घकालिक हो जाती हैं।[741]21वीं सदी के तीसरे दशक में संसाधन-अभाव और युद्ध का संबंध पारंपरिक युद्ध की तुलना में अधिक जटिल और बहुस्तरीय हो गया है। अब संघर्ष केवल सीमाओं पर नहीं, बल्कि आपूर्ति शृंखलाओं, बाजारों, तकनीकी मानकों और कूटनीतिक मंचों पर भी लड़ा जाता है। संसाधन नियंत्रण के लिए अपनाए गए,यह नए तरीके युद्ध की पारंपरिक परिभाषा को चुनौती देते हैं। इस संदर्भ में संसाधन-अभाव और संघर्ष को केवल सैन्य दृष्टिकोण से नहीं, बल्कि व्यापक भू-राजनीतिक और संरचनात्मक परिप्रेक्ष्य से समझना आवश्यक हो

जाता है।[742]संसाधन-अभाव और युद्ध का संबंध 21वीं सदी की भू-राजनीति का एक केंद्रीय और अपरिहार्य विषय है। संसाधनों की सीमित उपलब्धता, बढ़ती मांग और असमान वितरण वैश्विक राजनीति में स्थायी तनाव उत्पन्न कर रहे हैं। यह तनाव कभी प्रत्यक्ष युद्ध के रूप में, कभी गृहयुद्ध और अस्थिरता के रूप में, और कभी रणनीतिक प्रतिस्पर्धा और दबाव के रूप में सामने आता है। इस प्रकार, संसाधन-अभाव आधुनिक संघर्षों का न तो एकमात्र कारण है और न ही एक अस्थायी कारक, बल्कि यह वैश्विक शक्ति-संरचना और सुरक्षा राजनीति का स्थायी तत्व बन चुका है।[743]

संसाधन-कूटनीति बनाम सैन्य हस्तक्षेप

संसाधन-कूटनीति बनाम सैन्य हस्तक्षेप का विमर्श आधुनिक भू-राजनीति के सबसे महत्वपूर्ण और विवादास्पद प्रश्नों में से एक है, क्योंकि प्राकृतिक संसाधनों,विशेषकर ऊर्जा, खनिज, जल और रणनीतिक कच्चे माल,पर नियंत्रण को लेकर राज्य अक्सर दो भिन्न मार्गों के बीच चयन करते दिखाई देते हैं। संसाधन-कूटनीति वह रणनीति है, जिसमें राज्य संसाधन सुरक्षा और पहुँच सुनिश्चित करने के लिए कूटनीतिक वार्ताओं, दीर्घकालिक समझौतों, निवेश, विकास सहयोग और बहुपक्षीय संस्थाओं का सहारा लेते हैं, जबकि सैन्य हस्तक्षेप वह मार्ग है जिसमें संसाधन-संपन्न क्षेत्रों में प्रत्यक्ष या अप्रत्यक्ष बल प्रयोग के माध्यम से रणनीतिक हित साधने का प्रयास किया जाता है। शीत युद्ध की समाप्ति (1991) के बाद यह अपेक्षा की गई थी कि सैन्य हस्तक्षेप की तुलना में संसाधन-कूटनीति को प्राथमिकता दी जाएगी, किंतु 21वीं सदी की घटनाओं ने यह दिखाया कि दोनों ही रणनीतियाँ समानांतर रूप से प्रयुक्त होती रही हैं।[744]ऐतिहासिक रूप से संसाधन-कूटनीति और सैन्य हस्तक्षेप दोनों ही संसाधन राजनीति के अभिन्न अंग रहे हैं। औद्योगिक युग के प्रारंभ से ही संसाधन-संपन्न क्षेत्रों पर नियंत्रण के लिए साम्राज्यवादी विस्तार, सैन्य अभियान और उपनिवेशवाद अपनाया गया। 20वीं सदी के पूर्वार्द्ध में तेल और अन्य औद्योगिक संसाधनों के लिए सैन्य हस्तक्षेप सामान्य रणनीति थी। प्रथम और द्वितीय विश्व युद्धों के दौरान संसाधन-संपन्न क्षेत्रों पर सैन्य नियंत्रण निर्णायक सिद्ध हुआ। किंतु द्वितीय विश्व युद्ध के बाद अंतरराष्ट्रीय संस्थाओं और नियम-आधारित व्यवस्था के विकास ने सैन्य हस्तक्षेप की वैधता को सीमित किया और संसाधन-कूटनीति को अपेक्षाकृत स्वीकार्य विकल्प के रूप में उभारा।[745]

शीत युद्ध काल (1947–1991) में संसाधन-कूटनीति और सैन्य हस्तक्षेप दोनों ही रणनीतियाँ वैचारिक प्रतिस्पर्धा के साथ जुड़ी रहीं। महाशक्तियों ने संसाधन-संपन्न क्षेत्रों में प्रभाव स्थापित करने के लिए कूटनीतिक गठबंधनों, आर्थिक सहायता और विकास परियोजनाओं का उपयोग किया, किंतु आवश्यकता पड़ने पर सैन्य हस्तक्षेप से भी परहेज़ नहीं किया गया। इस दौर में यह स्पष्ट हुआ कि संसाधन-कूटनीति दीर्घकालिक प्रभाव उत्पन्न करती है, जबकि सैन्य हस्तक्षेप त्वरित परिणाम तो दे सकता है, परंतु उसके दीर्घकालिक राजनीतिक और सामाजिक दुष्परिणाम भी होते हैं।[746]1991 के बाद शीत युद्ध की समाप्ति और वैश्वीकरण के विस्तार ने संसाधन-कूटनीति को नई गति प्रदान की। वैश्विक आपूर्ति शृंखलाओं, बहुराष्ट्रीय कंपनियों और अंतरराष्ट्रीय निवेश ने संसाधन राजनीति को अधिक आर्थिक और कूटनीतिक स्वरूप दिया। कई देशों ने दीर्घकालिक ऊर्जा समझौतों, निवेश साझेदारियों और रणनीतिक संवादों के माध्यम से संसाधन सुरक्षा सुनिश्चित करने का प्रयास किया। इस चरण में संसाधन-कूटनीति अपेक्षाकृत कम लागत, कम जोखिम और अधिक स्थिर विकल्प के रूप में उभरी। इसके विपरीत, सैन्य हस्तक्षेप को अक्सर अंतिम उपाय के रूप में देखा जाने लगा।[747]इसके बावजूद, 21वीं सदी के पहले दो दशकों में सैन्य हस्तक्षेप पूरी तरह समाप्त नहीं हुआ। कुछ प्रमुख संघर्षों ने यह प्रश्न उठाया कि क्या संसाधन हित सैन्य कार्रवाई को प्रेरित कर रहे हैं। इन घटनाओं ने संसाधन-कूटनीति बनाम सैन्य हस्तक्षेप की बहस को पुनः जीवित कर दिया। सैन्य हस्तक्षेप के समर्थक तर्क देते हैं कि संसाधन सुरक्षा कभी-कभी इतनी महत्वपूर्ण होती है कि कूटनीति अपर्याप्त सिद्ध होती है, विशेषकर जब राजनीतिक अस्थिरता या सुरक्षा जोखिम आपूर्ति को खतरे में डालते हैं। इसके विपरीत, आलोचक मानते हैं कि सैन्य हस्तक्षेप अल्पकालिक नियंत्रण तो प्रदान कर सकता है, किंतु दीर्घकालिक स्थिरता और वैधता नहीं।[748]

संसाधन-कूटनीति की प्रभावशीलता का एक प्रमुख कारण यह है कि यह पारस्परिक निर्भरता को बढ़ावा देती है। दीर्घकालिक आपूर्ति समझौते, संयुक्त उद्यम और अवसंरचना निवेश ऐसे संबंध निर्मित करते हैं, जिनमें दोनों पक्षों के हित जुड़े होते हैं। इस प्रकार संसाधन-कूटनीति संघर्ष की संभावना को कम कर सकती है। इसके अतिरिक्त, यह रणनीति स्थानीय समाजों और अर्थव्यवस्थाओं में अपेक्षाकृत कम अस्थिरता उत्पन्न करती है, जिससे संसाधन परियोजनाओं की दीर्घकालिक सुरक्षा सुनिश्चित होती है।[749] इसके विपरीत, सैन्य हस्तक्षेप संसाधन राजनीति में अत्यधिक जोखिमपूर्ण विकल्प है। बल प्रयोग से संसाधन-संपन्न क्षेत्रों में अस्थिरता, सामाजिक विघटन और दीर्घकालिक संघर्ष उत्पन्न हो सकते हैं। सैन्य

हस्तक्षेप से संसाधन आपूर्ति बाधित भी हो सकती है, जिससे उस हस्तक्षेप का मूल उद्देश्य ही कमजोर पड़ जाता है। 21वीं सदी के अनुभवों से यह स्पष्ट हुआ है कि सैन्य हस्तक्षेप संसाधन सुरक्षा को सुनिश्चित करने के बजाय अक्सर नई असुरक्षाएँ पैदा करता है।[750]संसाधन-कूटनीति बनाम सैन्य हस्तक्षेप का एक महत्वपूर्ण पहलू यह भी है कि दोनों रणनीतियाँ अक्सर पूर्णतः अलग नहीं होतीं। कई मामलों में कूटनीति और सैन्य शक्ति का संयोजन अपनाया जाता है, जहाँ सैन्य उपस्थिति कूटनीतिक वार्ताओं के लिए दबाव या निरोध का साधन बनती है। इस प्रकार संसाधन-कूटनीति और सैन्य हस्तक्षेप एक-दूसरे के विकल्प के बजाय एक निरंतरता के दो छोर माने जा सकते हैं। 21वीं सदी की भू-राजनीति में यह मिश्रित रणनीति अधिक सामान्य होती जा रही है।[751]

ऊर्जा संक्रमण और नई तकनीकी आवश्यकताओं ने संसाधन-कूटनीति बनाम सैन्य हस्तक्षेप की बहस को नया आयाम प्रदान किया है। दुर्लभ खनिजों, रणनीतिक तकनीकी संसाधनों और स्वच्छ ऊर्जा से जुड़े कच्चे माल की राजनीति में सैन्य हस्तक्षेप की तुलना में कूटनीति, निवेश और आपूर्ति शृंखला सहयोग अधिक प्रभावी प्रतीत होते हैं। इन संसाधनों की प्रकृति ऐसी है कि उनका सैन्य नियंत्रण व्यावहारिक रूप से कठिन और राजनीतिक रूप से महँगा है। परिणामस्वरूप, 21वीं सदी में संसाधन-कूटनीति की प्रासंगिकता और बढ़ती जा रही है।[752] विकासशील देशों के संदर्भ में संसाधन-कूटनीति और सैन्य हस्तक्षेप का अंतर और भी स्पष्ट हो जाता है। संसाधन-कूटनीति उन्हें निवेश, प्रौद्योगिकी हस्तांतरण और विकास के अवसर प्रदान कर सकती है, जबकि सैन्य हस्तक्षेप अक्सर संप्रभुता, स्थिरता और विकास को कमजोर करता है। इस कारण वैश्विक दक्षिण के कई देश संसाधन राजनीति में कूटनीतिक और बहुपक्षीय मार्गों को प्राथमिकता देने लगे हैं।[753]भविष्य की दृष्टि से यह कहा जा सकता है कि संसाधन-कूटनीति और सैन्य हस्तक्षेप के बीच संतुलन 21वीं सदी की भू-राजनीति का एक केंद्रीय प्रश्न बना रहेगा। संसाधनों की बढ़ती मांग, जलवायु परिवर्तन और आपूर्ति शृंखला की नाजुकता राज्यों को कठिन विकल्पों के सामने खड़ा करेगी। फिर भी, अब तक के अनुभव यह संकेत देते हैं कि दीर्घकालिक स्थिरता, वैधता और सहयोग के लिए संसाधन-कूटनीति सैन्य हस्तक्षेप की तुलना में अधिक प्रभावी और टिकाऊ रणनीति सिद्ध होती है।[754]संसाधन-कूटनीति बनाम सैन्य हस्तक्षेप का विमर्श आधुनिक संसाधन भू-राजनीति की आत्मा को प्रतिबिंबित करता है। जहाँ सैन्य हस्तक्षेप त्वरित लेकिन अस्थिर समाधान प्रदान करता है, वहीं संसाधन-कूटनीति दीर्घकालिक, सहयोगात्मक और अपेक्षाकृत स्थिर मार्ग प्रस्तुत करती है। 21वीं सदी की जटिल

वैश्विक व्यवस्था में, संसाधन सुरक्षा के लिए कूटनीति, सहयोग और बहुपक्षीयता का मार्ग अधिक व्यावहारिक और नैतिक विकल्प के रूप में उभरता दिखाई देता है, जबकि सैन्य हस्तक्षेप धीरे-धीरे अंतिम और अपवादात्मक विकल्प बनता जा रहा है।[755]

अध्याय-9

क्षेत्रीय भू-राजनीति और शक्ति-संतुलन

क्षेत्रीय भू-राजनीति और शक्ति-संतुलन की अवधारणा अंतरराष्ट्रीय संबंधों के अध्ययन में एक केंद्रीय स्थान रखती है, क्योंकि वैश्विक राजनीति व्यवहार में प्रायः क्षेत्रीय स्तर पर ही संचालित होती है। यद्यपि अंतरराष्ट्रीय प्रणाली को अक्सर वैश्विक शक्ति-संतुलन के संदर्भ में समझा जाता है, किंतु वास्तविकता यह है कि अधिकांश राजनीतिक संघर्ष, सहयोग, प्रतिस्पर्धा और रणनीतिक निर्णय क्षेत्रीय भूगोल, ऐतिहासिक अनुभव और स्थानीय शक्ति संरचनाओं से गहराई से प्रभावित होते हैं। शीत युद्ध की समाप्ति (1991) के बाद यह स्पष्ट हो गया कि वैश्विक द्विध्रुवीय व्यवस्था के विघटन के साथ-साथ क्षेत्रीय शक्ति-संतुलन की भूमिका और अधिक महत्वपूर्ण हो गई है। 21वीं सदी में विश्व राजनीति एक ऐसे चरण में प्रवेश कर चुकी है, जहाँ वैश्विक शक्ति का पुनर्वितरण मुख्यतः क्षेत्रीय स्तर पर उभरते और प्रतिस्पर्धी शक्ति केंद्रों के माध्यम से हो रहा है। इस संदर्भ में क्षेत्रीय शक्ति-संतुलन की सैद्धांतिक पृष्ठभूमि को समझना समकालीन भू-राजनीति के विश्लेषण के लिए अनिवार्य हो जाता है।शक्ति-संतुलन की अवधारणा अंतरराष्ट्रीय संबंधों के शास्त्रीय यथार्थवादी चिंतन से उत्पन्न हुई है। 17वीं और 18वीं सदी के यूरोपीय शक्ति संघर्षों के दौरान यह धारणा विकसित हुई कि किसी एक राज्य के अत्यधिक शक्तिशाली हो जाने से संपूर्ण प्रणाली में अस्थिरता उत्पन्न होती है, इसलिए राज्य स्वाभाविक रूप से संतुलन स्थापित करने का प्रयास करते हैं। 1648 की वेस्टफेलिया संधि के बाद यूरोप में विकसित राज्य-प्रणाली ने शक्ति-संतुलन को राजनीतिक व्यवहार का एक व्यावहारिक सिद्धांत बना दिया। 19वीं सदी के यूरोपीय शक्ति-राजनीति, विशेषकर 1815 के बाद की व्यवस्था, इस सिद्धांत का शास्त्रीय उदाहरण प्रस्तुत करती है। यहीं से शक्ति-संतुलन को अंतरराष्ट्रीय स्थिरता का एक साधन माना जाने लगा।20वीं सदी में शक्ति-संतुलन की अवधारणा को अंतरराष्ट्रीय संबंधों के सैद्धांतिक ढाँचे में व्यवस्थित रूप से स्थापित किया गया।[756] प्रथम विश्व युद्ध (1914–18) और द्वितीय विश्व युद्ध (1939–45) ने यह दिखाया कि शक्ति-संतुलन के विफल होने पर व्यापक संघर्ष उत्पन्न हो सकता है। द्वितीय विश्व युद्ध

के बाद विकसित शीत युद्ध व्यवस्था (1947–1991) मूलतः एक वैश्विक द्विध्रुवीय शक्ति-संतुलन पर आधारित थी, जिसमें दो महाशक्तियाँ प्रत्यक्ष युद्ध से बचते हुए क्षेत्रीय स्तर पर प्रतिस्पर्धा करती थीं। इस अवधि में यह स्पष्ट हुआ कि वैश्विक शक्ति-संतुलन का व्यवहारिक स्वरूप क्षेत्रीय संघर्षों, गठबंधनों और प्रभाव क्षेत्रों के माध्यम से ही प्रकट होता है। इस प्रकार, शीत युद्ध ने क्षेत्रीय शक्ति-संतुलन को वैश्विक राजनीति की प्रयोगशाला बना दिया।शीत युद्ध की समाप्ति के बाद क्षेत्रीय शक्ति-संतुलन की सैद्धांतिक प्रासंगिकता और अधिक बढ़ गई।[757] 1991 के बाद वैश्विक स्तर पर कोई स्पष्ट द्विध्रुवीय या बहुध्रुवीय संतुलन तुरंत स्थापित नहीं हो पाया। इसके स्थान पर विभिन्न क्षेत्रों में अलग-अलग शक्ति संरचनाएँ उभरने लगीं। यूरोप, मध्य-पूर्व, दक्षिण एशिया, पूर्वी एशिया और अफ्रीका,इन सभी क्षेत्रों में शक्ति-संतुलन की प्रकृति, अभिनेताओं और तर्कों में स्पष्ट भिन्नता दिखाई देने लगी। यह बहुस्तरीय यथार्थ इस बात की ओर संकेत करता है कि क्षेत्रीय भू-राजनीति केवल वैश्विक राजनीति का उपखंड नहीं, बल्कि एक स्वतंत्र विश्लेषणात्मक स्तर है, जिसकी अपनी गतिशीलता और नियम हैं।

क्षेत्रीय शक्ति-संतुलन की सैद्धांतिक पृष्ठभूमि को समझने के लिए यह आवश्यक है कि हम शक्ति की अवधारणा को केवल सैन्य क्षमता तक सीमित न रखें।[758] 21वीं सदी में शक्ति बहुआयामी हो चुकी है, जिसमें आर्थिक सामर्थ्य, तकनीकी क्षमता, ऊर्जा और संसाधन नियंत्रण, भूगोल, जनसांख्यिकी तथा वैचारिक प्रभाव सभी शामिल हैं। क्षेत्रीयस्तर पर यह कारक वैश्विक स्तर की तुलना में अधिक प्रत्यक्ष और प्रभावी होते हैं। उदाहरणस्वरूप, किसी क्षेत्र में भौगोलिक निकटता, ऐतिहासिक शत्रुता और सांस्कृतिक समानता शक्ति-संतुलन के स्वरूप को निर्णायक रूप से प्रभावित कर सकती है। इस प्रकार, क्षेत्रीय शक्ति-संतुलन की अवधारणा को केवल सैन्य संतुलन के रूप में देखना सैद्धांतिक रूप से अपर्याप्त होगा।सैद्धांतिक दृष्टि से क्षेत्रीय शक्ति-संतुलन को समझने में यथार्थवाद, नव-यथार्थवाद और क्षेत्रीय सुरक्षा परिसर सिद्धांत जैसे दृष्टिकोण महत्वपूर्ण योगदान देते हैं।[759] शास्त्रीय यथार्थवाद शक्ति-संतुलन को राज्यों की स्वाभाविक प्रवृत्ति के रूप में देखता है, जबकि नव-यथार्थवाद इसे अंतरराष्ट्रीय संरचना की अनिवार्यता मानता है। क्षेत्रीय सुरक्षा परिसर सिद्धांत यह स्थापित करता है कि सुरक्षा और शक्ति की गतिशीलता मुख्यतः क्षेत्रीय स्तर पर केंद्रित होती है।21वीं सदी में क्षेत्रीय शक्ति-संतुलन की प्रकृति को बदलने वाले कारकों;जैसे 2008 की वैश्विक आर्थिक मंदी, मध्य-पूर्व की अस्थिरता और पूर्वी एशिया में बढ़ती रणनीतिक प्रतिस्पर्धा ने इसे अधिक गतिशील और बहुपक्षीय बना दिया है।[760] इस परिवर्तन ने पारंपरिक सिद्धांतों

की सीमाओं को उजागर किया है और नए सैद्धांतिक दृष्टिकोणों की आवश्यकता को रेखांकित किया है।

मध्य-पूर्व की भू-राजनीति

मध्य-पूर्व की भू-राजनीति 20वीं और 21वीं सदी की अंतरराष्ट्रीय राजनीति का सबसे जटिल और निर्णायक क्षेत्र रही है, जहाँ तेल, धर्म और शक्ति एक-दूसरे से गहराई से अंतर्संबद्ध होकर क्षेत्रीय तथा वैश्विक शक्ति-संतुलन को आकार देते हैं। इस क्षेत्र का भू-राजनीतिक महत्व केवल इसके भौगोलिक स्थान या ऐतिहासिक विरासत तक सीमित नहीं है, बल्कि विश्व की ऊर्जा प्रणाली, धार्मिक-वैचारिक पहचान और बाहरी शक्तियों की रणनीतियों के संगम से उत्पन्न होता है। 1908 में फारस (ईरान) में वाणिज्यिक तेल की खोज से लेकर 2020 के बाद ऊर्जा संक्रमण और क्षेत्रीय पुनर्संयोजन तक, मध्य-पूर्व लगातार वैश्विक राजनीति के केंद्र में रहा है। इस दीर्घकालिक प्रक्रिया में तेल ने आर्थिक और रणनीतिक शक्ति प्रदान की, धर्म ने वैचारिक और पहचान-आधारित राजनीति को प्रेरित किया, और शक्ति ने क्षेत्रीय व वैश्विक हस्तक्षेपों के रूप में स्वयं को अभिव्यक्त किया।[761]तेल की खोज ने मध्य-पूर्व की भू-राजनीति में निर्णायक मोड़ लाया। 1908 की खोज के बाद 1938 में सऊदी अरब के दम्माम क्षेत्र में तेल मिलने से यह क्षेत्र विश्व ऊर्जा आपूर्ति का प्रमुख केंद्र बन गया। द्वितीय विश्व युद्ध (1939–45) के दौरान औद्योगिक और सैन्य आवश्यकताओं ने तेल को रणनीतिक संसाधन के रूप में स्थापित किया। युद्धोत्तर काल में अमेरिका और पश्चिमी यूरोप के पुनर्निर्माण के लिए मध्य-पूर्वी तेल अनिवार्य बन गया। 1945 में अमेरिकी नेतृत्व और सऊदी शासन के बीच ऊर्जा-सुरक्षा समझ ने क्षेत्रीय राजनीति को वैश्विक रणनीति से जोड़ दिया। इस समय से तेल केवल आर्थिक वस्तु नहीं रहा, बल्कि सुरक्षा, गठबंधन और प्रभुत्व का साधन बन गया।[762]**(मानचित्र 27)**

धर्म मध्य-पूर्व की राजनीति का दूसरा केंद्रीय स्तंभ है। इस क्षेत्र में इस्लाम का उद्भव और इसके भीतर की वैचारिक-सांप्रदायिक विविधता ने राजनीतिक पहचान को गहराई से प्रभावित किया है। सुन्नी-शिया विभाजन ऐतिहासिक है, किंतु आधुनिक राजनीति में इसका सशक्तिकरण 20वीं सदी के उत्तरार्ध में हुआ। 1979 की ईरानी क्रांति ने शिया राजनीतिक इस्लाम को राज्य-शक्ति के रूप में स्थापित किया, जिसने क्षेत्रीय संतुलन को बदल दिया। इस घटना के बाद सऊदी अरब और ईरान के बीच वैचारिक-रणनीतिक प्रतिस्पर्धा तीव्र हुई। यहाँ धर्म केवल आस्था का विषय नहीं रहा, बल्कि राज्य-नीति और क्षेत्रीय प्रभाव

का उपकरण बन गया।[763]तेल और धर्म के संगम से शक्ति-राजनीति की जो संरचना बनी, उसने मध्य-पूर्व को निरंतर संघर्ष और प्रतिस्पर्धा का क्षेत्र बना दिया। 1956 का स्वेज संकट दिखाता है कि रणनीतिक मार्ग और संसाधन नियंत्रण कैसे वैश्विक शक्तियों को प्रत्यक्ष हस्तक्षेप के लिए प्रेरित करते हैं। 1967 और 1973 के अरब-इज़रायल युद्धों में तेल-राजनीति और धार्मिक-राष्ट्रीय पहचान का मिश्रण स्पष्ट दिखाई देता है। विशेषकर 1973 के युद्ध के बाद तेल उत्पादक देशों द्वारा अपनाए गए आपूर्ति-नीति परिवर्तनों ने वैश्विक ऊर्जा बाजार को प्रभावित किया और पश्चिमी देशों को यह एहसास कराया कि मध्य-पूर्व की राजनीति सीधे उनकी आर्थिक स्थिरता से जुड़ी है।[764]

1973 का तेल संकट मध्य-पूर्व की भू-राजनीति में एक ऐतिहासिक मोड़ था। तेल निर्यात में कटौती और कीमतों में तीव्र वृद्धि ने यह स्पष्ट कर दिया कि संसाधन को राजनीतिक दबाव के रूप में प्रयोग किया जा सकता है। इस संकट ने ऊर्जा सुरक्षा को राष्ट्रीय सुरक्षा के समकक्ष ला खड़ा किया। इसके बाद से पश्चिमी देशों ने रणनीतिक भंडार, वैकल्पिक आपूर्ति और क्षेत्रीय सैन्य उपस्थिति को सुदृढ़ किया। इसी प्रक्रिया में मध्य-पूर्व में बाहरी शक्तियों की सैन्य-राजनीतिक संलिप्तता और गहरी हो गई।[765]धर्म और शक्ति का संबंध 1979 की ईरानी क्रांति के बाद और अधिक तीव्र हुआ। क्रांति ने न केवल ईरान की आंतरिक राजनीति बदली, बल्कि पूरे क्षेत्र में वैचारिक ध्रुवीकरण को जन्म दिया। सऊदी अरब ने अपनी सुन्नी-इस्लामी वैधता को क्षेत्रीय नेतृत्व के रूप में प्रस्तुत किया, जबकि ईरान ने शिया समुदायों के माध्यम से प्रभाव बढ़ाने का प्रयास किया। इस प्रतिस्पर्धा ने मध्य-पूर्व में प्रॉक्सी संघर्षों को जन्म दिया, जहाँ धर्म पहचान का माध्यम और शक्ति रणनीतिक उद्देश्य बन गई। तेल-सम्पन्नता ने इन संघर्षों को आर्थिक संसाधन उपलब्ध कराए, जिससे वह दीर्घकालिक और जटिल होते चले गए।[766]1990–91 का खाड़ी युद्ध मध्य-पूर्व में तेल और शक्ति के संबंध का एक और महत्वपूर्ण उदाहरण है। इस युद्ध का तत्काल कारण क्षेत्रीय आक्रामकता था, किंतु व्यापक संदर्भ में यह तेल आपूर्ति और वैश्विक ऊर्जा स्थिरता से जुड़ा था। युद्ध के दौरान ऊर्जा मार्गों की सुरक्षा और क्षेत्रीय संतुलन बनाए रखना प्रमुख उद्देश्य रहा। इसके बाद मध्य-पूर्व में बाहरी शक्तियों की सैन्य उपस्थिति स्थायी स्वरूप लेने लगी, जिसने क्षेत्रीय राजनीति को और अधिक अंतरराष्ट्रीय बना दिया।[767]2003 का इराक युद्ध मध्य-पूर्व की भू-राजनीति में अत्यंत विवादास्पद अध्याय है। इस युद्ध ने तेल, शक्ति और हस्तक्षेप के संबंध पर वैश्विक बहस को जन्म दिया। युद्ध के बाद उत्पन्न अस्थिरता ने यह स्पष्ट किया कि सैन्य हस्तक्षेप संसाधन-सुरक्षा सुनिश्चित करने के बजाय अक्सर दीर्घकालिक

अराजकता को जन्म देता है। इस अराजकता का लाभ विभिन्न गैर-राज्यीय और वैचारिक समूहों ने उठाया, जिससे क्षेत्रीय सुरक्षा परिदृश्य और अधिक जटिल हो गया।[768]

2011 के बाद आरंभ हुए अरब आंदोलनों ने मध्य-पूर्व की भू-राजनीति में नया आयाम जोड़ा। इन आंदोलनों की जड़ें सामाजिक-आर्थिक असंतोष में थीं, किंतु उनके परिणामों ने तेल-सम्पन्न राज्यों, धार्मिक राजनीति और क्षेत्रीय शक्ति-संतुलन को प्रभावित किया। कुछ देशों में राजनीतिक परिवर्तन हुए, तो कुछ में गृहयुद्ध और बाहरी हस्तक्षेप बढ़ा। इस अवधि में यह स्पष्ट हुआ कि तेल-सम्पन्नता राजनीतिक स्थिरता की गारंटी नहीं है, बल्कि कई बार यह संघर्ष के संसाधन भी प्रदान करती है।[769]धर्म, तेल और शक्ति का त्रिकोण 2010 के दशक में प्रॉक्सी युद्धों के रूप में और अधिक स्पष्ट हुआ। क्षेत्रीय शक्तियाँ प्रत्यक्ष युद्ध से बचते हुए वैचारिक और सामरिक समर्थन के माध्यम से प्रभाव बढ़ाने लगीं। इस प्रक्रिया में तेल-आय ने सैन्य और कूटनीतिक क्षमताओं को पोषित किया, जबकि धार्मिक पहचान ने स्थानीय वैधता प्रदान की। परिणामस्वरूप, मध्य-पूर्व की भू-राजनीति बहु-स्तरीय संघर्षों का क्षेत्र बन गई, जहाँ स्थानीय, क्षेत्रीय और वैश्विक हित एक-दूसरे से टकराते रहे।[770]21वीं सदी के तीसरे दशक में मध्य-पूर्व की भू-राजनीति ऊर्जा संक्रमण के संदर्भ में नए प्रश्नों से घिर गई है। नवीकरणीय ऊर्जा, कार्बन-न्यूट्रल नीतियाँ और तकनीकी परिवर्तन तेल-आधारित प्रभुत्व को दीर्घकाल में चुनौती दे रहे हैं। इसके बावजूद, निकट भविष्य में तेल और गैस की भूमिका समाप्त होने की संभावना नहीं है। इसके उलट, संक्रमण की इस अवधि में तेल-सम्पन्न राज्यों की रणनीतिक भूमिका और अधिक जटिल हो गई है, क्योंकि वह पारंपरिक ऊर्जा से प्राप्त शक्ति को नए आर्थिक और तकनीकी क्षेत्रों में रूपांतरित करने का प्रयास कर रहे हैं।[771]**(मानचित्र-28)** धर्म की राजनीति भी इस संक्रमण के साथ बदल रही है। युवा जनसंख्या, शहरीकरण और डिजिटल संचार ने धार्मिक पहचान के राजनीतिक उपयोग को नए रूप दिए हैं। वैचारिक प्रभाव अब केवल धार्मिक संस्थानों तक सीमित नहीं रहा, बल्कि मीडिया, सामाजिक नेटवर्क और कूटनीति के माध्यम से प्रसारित हो रहा है। इस प्रकार, मध्य-पूर्व में धर्म अब भी शक्ति-राजनीति का महत्वपूर्ण घटक है, किंतु उसका स्वरूप अधिक जटिल और बहुआयामी हो गया है।तेल, धर्म और शक्ति के अंतर्संबंधों का समकालीन स्वरूप यह दर्शाता है कि मध्य-पूर्व की भू-राजनीति किसी एक कारक से संचालित नहीं होती। तेल आर्थिक और रणनीतिक संसाधन प्रदान करता है, धर्म वैचारिक वैधता और पहचान निर्मित करता है, और शक्ति इन दोनों को संगठित कर क्षेत्रीय तथा वैश्विक प्रभाव उत्पन्न

करती है। इस त्रिकोण की असंतुलित प्रकृति ही मध्य-पूर्व को निरंतर परिवर्तन और संघर्ष के क्षेत्र के रूप में बनाए रखती है।मध्य-पूर्व की भू-राजनीति में तेल, धर्म और शक्ति एक अविभाज्य त्रय हैं, जिनके बिना क्षेत्रीय राजनीति को समझना संभव नहीं है। 1908 की तेल खोज से लेकर 21वीं सदी के ऊर्जा संक्रमण तक, इस क्षेत्र की राजनीति ने वैश्विक व्यवस्था को प्रभावित किया है। तेल ने आर्थिक और सैन्य क्षमता दी, धर्म ने पहचान और वैचारिक प्रेरणा प्रदान की, और शक्ति ने इन दोनों को रणनीतिक व्यवहार में रूपांतरित किया।

मानचित्र 27 : मध्य-पूर्व का भू-राजनीतिक परिदृश्य

स्त्रोत : USGS. (2024). खनिज वस्तु सारांश : दुर्लभ मृदाएँ

मानचित्र 28 : तेल-आधारित प्रभुत्व

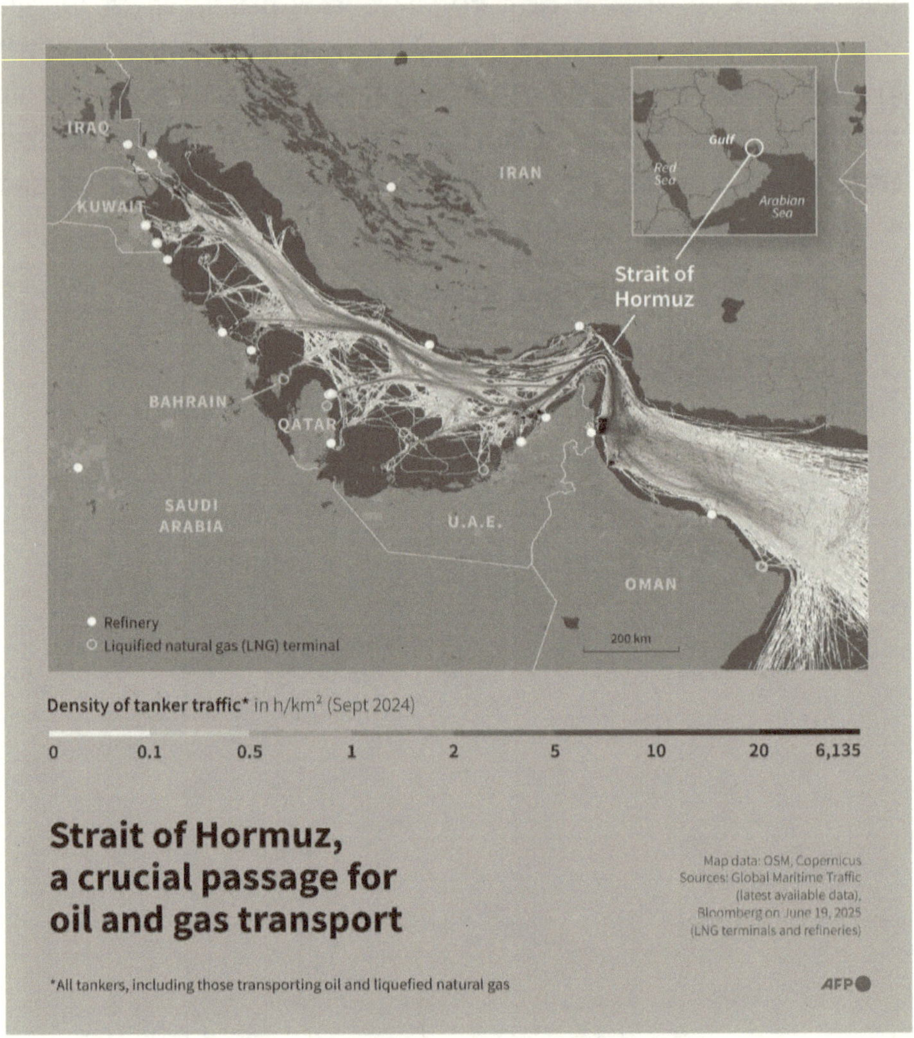

स्त्रोत : एजेंस फ्रांस-प्रेसे (एएफपी)। (2025)

बाहय शक्तियों का हस्तक्षेप

मध्य-पूर्व की भू-राजनीति में बाहय शक्तियों का हस्तक्षेप एक स्थायी और निर्णायक तत्व रहा है, जिसने क्षेत्रीय शक्ति-संतुलन, राज्य-निर्माण, संघर्षों और शांति प्रक्रियाओं को गहराई से प्रभावित किया है। इस क्षेत्र का भू-रणनीतिक स्थान, विशाल ऊर्जा संसाधन, प्रमुख समुद्री मार्गों की निकटता और धार्मिक-वैचारिक महत्व

ने इसे सदैव बाहरी शक्तियों के लिए आकर्षण का केंद्र बनाए रखा। 20वीं सदी के आरंभ से लेकर 21वीं सदी के तीसरे दशक तक, मध्य-पूर्व में बाह्य हस्तक्षेप औपनिवेशिक नियंत्रण से लेकर सैन्य अड्डों, गठबंधनों, प्रॉक्सी युद्धों और कूटनीतिक प्रभाव तक विभिन्न रूपों में प्रकट हुआ है। यह हस्तक्षेप कभी क्षेत्रीय स्थिरता के नाम पर तो कभी संसाधन सुरक्षा, आतंकवाद-निरोध और शक्ति-प्रतिस्पर्धा के तर्क के तहत किया गया, किंतु इसके परिणाम अक्सर दीर्घकालिक अस्थिरता और संरचनात्मक तनाव के रूप में सामने आए।[772]ऐतिहासिक रूप से मध्य-पूर्व में बाह्य शक्तियों का हस्तक्षेप 20वीं सदी के प्रारंभ में औपनिवेशिक राजनीति के साथ सुदृढ़ हुआ। प्रथम विश्व युद्ध (1914–18) के बाद ओटोमन साम्राज्य के विघटन ने इस क्षेत्र को बाहरी शक्तियों के प्रभाव के लिए खुला छोड़ दिया। 1916 के सायक्स-पिको समझौते और 1920 के दशक में स्थापित जनादेश प्रणालियों ने आधुनिक मध्य-पूर्वी राज्यों की सीमाएँ निर्धारित कीं। इन सीमाओं का निर्माण स्थानीय सामाजिक, धार्मिक और जातीय वास्तविकताओं के अनुरूप नहीं था, जिसके परिणामस्वरूप भविष्य में आंतरिक अस्थिरता और संघर्ष की संभावनाएँ बनी रहीं। इस औपनिवेशिक हस्तक्षेप ने मध्य-पूर्व की राजनीति को बाह्य शक्ति-निर्भर ढाँचे में ढाल दिया, जिसकी छाया आज भी दिखाई देती है।[773]द्वितीय विश्व युद्ध (1939–45) के बाद मध्य-पूर्व में बाह्य शक्तियों का हस्तक्षेप नए रूप में सामने आया। औपनिवेशिक शक्तियों के प्रत्यक्ष नियंत्रण के स्थान पर महाशक्तियों का रणनीतिक प्रभाव बढ़ने लगा। इस दौर में ऊर्जा संसाधनों की रणनीतिक महत्ता और शीत युद्ध की वैचारिक प्रतिस्पर्धा ने क्षेत्र को वैश्विक शक्ति-राजनीति का प्रमुख मंच बना दिया। 1945 के बाद अमेरिका और सोवियत संघ दोनों ने मध्य-पूर्व में प्रभाव स्थापित करने का प्रयास किया। यह प्रभाव सैन्य सहायता, राजनीतिक समर्थन, हथियार आपूर्ति और गठबंधनों के माध्यम से प्रकट हुआ। इस अवधि में यह स्पष्ट हो गया कि क्षेत्रीय शक्ति-संतुलन बाह्य शक्तियों की रणनीतियों से गहराई से प्रभावित होता है।[774]

मध्य-पूर्व में बाह्य हस्तक्षेप का एक निर्णायक मोड़ 1956 का स्वेज संकट था। इस संकट ने यह दिखाया कि पारंपरिक औपनिवेशिक शक्तियों का प्रभाव घट रहा है और नई महाशक्तियाँ क्षेत्रीय राजनीति में निर्णायक भूमिका निभाने लगी हैं। इसके बाद से बाह्य हस्तक्षेप अधिक संस्थागत और दीर्घकालिक होता गया। 1967 और 1973 के अरब-इज़रायल युद्धों में बाहरी शक्तियों की कूटनीतिक और सैन्य भूमिका ने क्षेत्रीय संघर्षों को वैश्विक राजनीति से जोड़ दिया। इस चरण में मध्य-पूर्व क्षेत्रीय युद्धों का ऐसा मंच बन गया, जहाँ स्थानीय संघर्ष वैश्विक शक्ति-संतुलन

को प्रभावित करने लगे।[775]शीत युद्ध काल (1947–1991) में बाह्य शक्तियों का हस्तक्षेप प्रायः प्रॉक्सी राजनीति के रूप में सामने आया। प्रत्यक्ष महाशक्ति संघर्ष से बचते हुए क्षेत्रीय अभिनेताओं को समर्थन देकर प्रभाव बढ़ाया गया। इस रणनीति ने कई देशों में आंतरिक राजनीतिक संरचनाओं को कमजोर किया और संघर्षों को लंबा खींचा। इस दौर में बाह्य हस्तक्षेप का तर्क वैचारिक सुरक्षा और क्षेत्रीय स्थिरता था, किंतु इसके परिणामस्वरूप राज्य-संरचनाएँ कमजोर और समाज अधिक ध्रुवीकृत होते चले गए। यह स्थिति आगे चलकर शीत युद्धोत्तर अस्थिरता की आधारभूमि बनी।[776]1991 में शीत युद्ध की समाप्ति के बाद यह अपेक्षा की जा रही थी कि मध्य-पूर्व में बाह्य हस्तक्षेप कम होगा और क्षेत्रीय स्वायत्तता बढ़ेगी, किंतु वास्तविकता इसके विपरीत रही। 1990–91 का खाड़ी युद्ध शीत युद्धोत्तर युग में बाह्य सैन्य हस्तक्षेप का पहला बड़ा उदाहरण था। इस युद्ध ने यह स्पष्ट कर दिया कि ऊर्जा सुरक्षा और रणनीतिक मार्गों की रक्षा के नाम पर बाहरी शक्तियाँ प्रत्यक्ष सैन्य कार्रवाई करने को तैयार हैं। युद्ध के बाद क्षेत्र में सैन्य अड्डों और सुरक्षा व्यवस्थाओं की स्थायी उपस्थिति ने मध्य-पूर्व की राजनीति को और अधिक अंतरराष्ट्रीय बना दिया।[777]

21वीं सदी के प्रारंभिक वर्षों में बाह्य हस्तक्षेप का स्वरूप और अधिक विवादास्पद हो गया। 2003 में इराक में किया गया सैन्य हस्तक्षेप मध्य-पूर्व की भू-राजनीति में एक निर्णायक और विवादित अध्याय है। इस हस्तक्षेप ने क्षेत्रीय शक्ति-संतुलन को गंभीर रूप से बाधित किया और दीर्घकालिक अस्थिरता को जन्म दिया। युद्ध के बाद राज्य-संरचना के कमजोर पड़ने, सामाजिक विभाजन और हिंसा के प्रसार ने यह स्पष्ट कर दिया कि बाह्य हस्तक्षेप त्वरित राजनीतिक परिवर्तन तो ला सकता है, किंतु स्थिरता और वैधता सुनिश्चित करने में प्रायः विफल रहता है। इस अनुभव ने बाह्य शक्तियों की हस्तक्षेप नीति पर वैश्विक बहस को जन्म दिया।[778]2011 के बाद मध्य-पूर्व में उभरी राजनीतिक उथल-पुथल ने बाह्य हस्तक्षेप को नए आयाम दिए। कुछ मामलों में बाह्य शक्तियों ने राजनीतिक परिवर्तन को समर्थन दिया, तो कुछ में उन्होंने स्थिति को नियंत्रित करने के लिए हस्तक्षेप किया। इस अवधि में बाह्य हस्तक्षेप प्रत्यक्ष सैन्य कार्रवाई से आगे बढ़कर कूटनीतिक दबाव, आर्थिक प्रतिबंध, प्रॉक्सी समर्थन और सूचना-रणनीति तक विस्तारित हो गया। इस बहुआयामी हस्तक्षेप ने क्षेत्रीय राजनीति को और अधिक जटिल बना दिया, जहाँ स्थानीय और बाहरी हितों की रेखाएँ धुंधली होती चली गईं।[779]बाह्य शक्तियों के हस्तक्षेप का एक महत्वपूर्ण आयाम यह है कि यह अक्सर क्षेत्रीय शक्ति-संतुलन को कृत्रिम रूप से बनाए रखने या बदलने का प्रयास

करता है। बाहरी शक्तियाँ कभी किसी एक क्षेत्रीय शक्ति को संतुलित करने के लिए दूसरे को समर्थन देती हैं, तो कभी अस्थिरता को नियंत्रित करने के नाम पर हस्तक्षेप करती हैं। इस प्रक्रिया में क्षेत्रीय स्वायत्तता सीमित होती जाती है और स्थानीय अभिनेताओं की नीति-निर्माण क्षमता प्रभावित होती है। परिणामस्वरूप, मध्य-पूर्व की राजनीति में दीर्घकालिक आत्मनिर्भर स्थिरता का अभाव बना रहता है।[780]बाह्य हस्तक्षेप का धार्मिक और वैचारिक आयाम भी मध्य-पूर्व की भू-राजनीति में महत्वपूर्ण है। बाहरी शक्तियाँ कभी-कभी क्षेत्रीय वैचारिक विभाजनों का उपयोग अपने रणनीतिक हितों के लिए करती हैं। इससे धार्मिक और सांप्रदायिक तनाव और अधिक तीव्र हो जाते हैं। यह स्थिति प्रॉक्सी संघर्षों को बढ़ावा देती है, जहाँ बाहरी शक्तियाँ प्रत्यक्ष युद्ध से बचते हुए क्षेत्रीय अभिनेताओं के माध्यम से प्रभाव स्थापित करती हैं। इस प्रकार बाह्य हस्तक्षेप स्थानीय समाजों में विभाजन को गहरा कर देता है।[781]

21वीं सदी के तीसरे दशक में बाह्य हस्तक्षेप की प्रकृति फिर से बदलती दिखाई दे रही है। प्रत्यक्ष सैन्य हस्तक्षेप की तुलना में अब कूटनीति, आर्थिक साधन, तकनीकी प्रभाव और सीमित सैन्य उपस्थिति को प्राथमिकता दी जा रही है। यह परिवर्तन हस्तक्षेप की लागत और राजनीतिक जोखिम को कम करने का प्रयास है। इसके बावजूद, बाह्य शक्तियों की भूमिका पूरी तरह समाप्त होने की संभावना नहीं है, क्योंकि मध्य-पूर्व की रणनीतिक महत्ता अभी भी बनी हुई है। ऊर्जा संक्रमण, समुद्री मार्गों की सुरक्षा और क्षेत्रीय प्रतिस्पर्धा आने वाले वर्षों में भी बाह्य शक्तियों को इस क्षेत्र से जोड़े रखेंगी।[782]बाह्य शक्तियों के हस्तक्षेप का समग्र मूल्यांकन यह दर्शाता है कि यह हस्तक्षेप न तो पूर्णतः नकारात्मक है और न ही पूर्णतः सकारात्मक। कुछ मामलों में बाह्य हस्तक्षेप ने संघर्षों को सीमित किया या संतुलन बनाए रखने में योगदान दिया, किंतु अधिकांश मामलों में इसने दीर्घकालिक अस्थिरता, निर्भरता और संरचनात्मक समस्याओं को जन्म दिया। मध्य-पूर्व की भू-राजनीति में बाह्य हस्तक्षेप एक ऐसा कारक बन गया है, जो क्षेत्रीय शक्ति-संतुलन को अस्थायी रूप से प्रभावित करता है, किंतु स्थायी समाधान प्रदान करने में प्रायः असफल रहता है।[783]बाह्य शक्तियों का हस्तक्षेप मध्य-पूर्व की भू-राजनीति का एक अनिवार्य और जटिल तत्व है। ऐतिहासिक औपनिवेशिक विरासत से लेकर समकालीन रणनीतिक प्रतिस्पर्धा तक, इस हस्तक्षेप ने क्षेत्रीय राजनीति की दिशा निर्धारित की है। यह हस्तक्षेप कभी संसाधन सुरक्षा, कभी वैचारिक प्रतिस्पर्धा और कभी क्षेत्रीय स्थिरता के नाम पर किया गया, किंतु इसके दीर्घकालिक परिणाम अक्सर अनिश्चित और अस्थिर रहे हैं।[784]

अफ्रीका : संसाधन, संघर्ष और नई प्रतिस्पर्धा

अफ्रीका की भू-राजनीति 21वीं सदी में वैश्विक शक्ति-संतुलन का एक केंद्रीय क्षेत्र बनकर उभरी है, जहाँ प्राकृतिक संसाधन, राजनीतिक अस्थिरता और बाह्य शक्तियों की प्रतिस्पर्धा एक-दूसरे से गहराई से जुड़ी हुई हैं। शीत युद्ध की समाप्ति (1991) के बाद कुछ समय तक अफ्रीका को वैश्विक राजनीति के हाशिए पर माना गया, किंतु 2000 के बाद वैश्विक आर्थिक विस्तार, ऊर्जा और खनिजों की बढ़ती मांग, तथा उभरती और स्थापित महाशक्तियों की रणनीतिक आवश्यकताओं ने इस महाद्वीप को पुनः वैश्विक भू-राजनीति के केंद्र में ला खड़ा किया। आज अफ्रीका केवल विकासशील विश्व का प्रतीक नहीं, बल्कि संसाधन-संपन्न, रणनीतिक रूप से महत्वपूर्ण और बहुध्रुवीय प्रतिस्पर्धा का सक्रिय क्षेत्र है, जहाँ चीन, अमेरिका और यूरोप की भूमिकाएँ निर्णायक होती जा रही हैं।[785]अफ्रीका का भू-राजनीतिक महत्व मुख्यतः इसके संसाधन आधार से उत्पन्न होता है। महाद्वीप में विश्व के बड़े हिस्से के खनिज संसाधन पाए जाते हैं,तेल, प्राकृतिक गैस, सोना, हीरा, तांबा, कोबाल्ट, यूरेनियम और दुर्लभ खनिज। 21वीं सदी के प्रारंभ में यह स्पष्ट हो गया कि वैश्विक औद्योगिक उत्पादन, ऊर्जा सुरक्षा और तकनीकी विकास के लिए अफ्रीका के संसाधन अनिवार्य होते जा रहे हैं।**(मानचित्र 29)(मानचित्र 30)** 2000 के बाद वैश्विक ऊर्जा और खनिज मांग में आई तीव्र वृद्धि ने अफ्रीका को संसाधन प्रतिस्पर्धा का प्रमुख क्षेत्र बना दिया। इसी पृष्ठभूमि में चीन, अमेरिका और यूरोप ने अफ्रीका में अपनी-अपनी रणनीतियों को पुनर्परिभाषित किया।[786]चीन की भूमिका अफ्रीका में 21वीं सदी की सबसे उल्लेखनीय भू-राजनीतिक प्रवृत्तियों में से एक है। वर्ष 2000 में चीन-अफ्रीका सहयोग मंच (FOCAC) की स्थापना ने चीन की अफ्रीकी नीति को संस्थागत रूप दिया। इसके बाद से चीन ने अफ्रीका में बड़े पैमाने पर निवेश, अवसंरचना परियोजनाएँ और संसाधन-आधारित समझौते किए। 2000 से 2020 के बीच चीन-अफ्रीका व्यापार में अभूतपूर्व वृद्धि हुई, और चीन कई अफ्रीकी देशों का सबसे बड़ा व्यापारिक भागीदार बन गया। इस संबंध का आधार "संसाधन के बदले अवसंरचना" मॉडल रहा, जिसके तहत चीन ने तेल, खनिज और अन्य संसाधनों तक पहुँच के बदले सड़कों, रेलमार्गों, बंदरगाहों और ऊर्जा परियोजनाओं का निर्माण किया।[787]

चीन की अफ्रीकी रणनीति का एक प्रमुख पहलू यह है कि वह राजनीतिक शर्तों की तुलना में आर्थिक सहयोग पर अधिक जोर देता है। इस नीति ने कई अफ्रीकी सरकारों को आकर्षित किया, विशेषकर उन देशों को, जहाँ पश्चिमी सहायता

के साथ राजनीतिक और प्रशासनिक शर्तें जुड़ी होती थीं। चीन ने अफ्रीका में न केवल संसाधन-संपन्न देशों में, बल्कि रणनीतिक दृष्टि से महत्वपूर्ण क्षेत्रों में भी अपनी उपस्थिति बढ़ाई। 2010 के बाद चीन की भूमिका केवल आर्थिक तक सीमित नहीं रही, बल्कि उसने सुरक्षा सहयोग और सीमित सैन्य उपस्थिति के माध्यम से भी अपने हितों की रक्षा शुरू की। इस परिवर्तन ने यह संकेत दिया कि चीन अफ्रीका को दीर्घकालिक रणनीतिक क्षेत्र के रूप में देख रहा है।[788]अमेरिका की भूमिका अफ्रीका में ऐतिहासिक रूप से अपेक्षाकृत सीमित रही है, किंतु 21वीं सदी में इसमें महत्वपूर्ण परिवर्तन देखने को मिले हैं। शीत युद्ध के दौरान अमेरिका ने अफ्रीका में मुख्यतः वैचारिक और रणनीतिक कारणों से हस्तक्षेप किया था, किंतु शीत युद्धोत्तर काल में उसका ध्यान कुछ समय तक अन्य क्षेत्रों पर केंद्रित रहा। 2000 के बाद, विशेषकर 2001 के पश्चात, अमेरिका ने अफ्रीका में अपनी भूमिका को पुनः सक्रिय किया। इस सक्रियता के पीछे आतंकवाद-निरोध, ऊर्जा सुरक्षा और वैश्विक प्रतिस्पर्धा जैसे कारक थे। अमेरिका ने अफ्रीका में सुरक्षा सहयोग, सैन्य प्रशिक्षण और आतंकवाद-रोधी अभियानों पर जोर दिया।[789]अमेरिका की अफ्रीकी नीति का एक महत्वपूर्ण आयाम यह है कि वह संसाधनों के साथ-साथ सुरक्षा और राजनीतिक स्थिरता को भी अपने हितों से जोड़ता है। 2007 में स्थापित अमेरिकी अफ्रीका कमान (AFRICOM) इस नीति का संस्थागत रूप है। इसके माध्यम से अमेरिका ने अफ्रीका में अपनी सैन्य और सुरक्षा उपस्थिति को समन्वित किया। यद्यपि अमेरिका का प्रत्यक्ष आर्थिक निवेश चीन की तुलना में कम रहा है, किंतु उसने बहुराष्ट्रीय कंपनियों, ऊर्जा परियोजनाओं और कूटनीतिक दबाव के माध्यम से अफ्रीका में अपने प्रभाव को बनाए रखने का प्रयास किया है। 2010 के बाद अमेरिका की नीति में चीन के बढ़ते प्रभाव को संतुलित करने की प्रवृत्ति और अधिक स्पष्ट हो गई।[790]

यूरोप की भूमिका अफ्रीका में ऐतिहासिक रूप से गहराई से जुड़ी रही है। औपनिवेशिक विरासत ने यूरोप और अफ्रीका के बीच राजनीतिक, आर्थिक और सांस्कृतिक संबंधों को आकार दिया। 20वीं सदी के उत्तरार्ध में औपनिवेशिक शासन समाप्त होने के बाद भी यूरोपीय देशों ने विकास सहायता, व्यापार और राजनीतिक सहयोग के माध्यम से अफ्रीका में प्रभाव बनाए रखा। 21वीं सदी में यूरोप की अफ्रीकी नीति संसाधनों, प्रवासन, सुरक्षा और मानवीय मुद्दों के इर्द-गिर्द केंद्रित रही है। यूरोपीय संघ ने अफ्रीका के साथ साझेदारी को बहुपक्षीय ढाँचे में विकसित करने का प्रयास किया, जिसमें विकास, शासन और मानवाधिकारों पर विशेष जोर दिया गया।[791]यूरोप की अफ्रीकी रणनीति चीन और अमेरिका से इस अर्थ में भिन्न रही है

कि उसने संसाधन पहुँच को राजनीतिक और संस्थागत सुधारों से जोड़ने का प्रयास किया। यह दृष्टिकोण कुछ अफ्रीकी देशों में सकारात्मक परिवर्तन लाने में सहायक रहा, किंतु कई मामलों में इसे हस्तक्षेपकारी और शर्त-आधारित माना गया। 2010 के बाद, जब चीन की भूमिका अफ्रीका में तीव्रता से बढ़ी, तब यूरोप को यह एहसास हुआ कि उसकी पारंपरिक रणनीतियाँ प्रभावी नहीं रह गई हैं। इसके परिणामस्वरूप यूरोप ने अफ्रीका के साथ अपने संबंधों को पुनः परिभाषित करने का प्रयास किया, जिसमें संसाधन, निवेश और रणनीतिक साझेदारी पर अधिक व्यावहारिक दृष्टिकोण अपनाया गया।[792]अफ्रीका में संसाधन, संघर्ष और नई प्रतिस्पर्धा का संबंध अत्यंत जटिल है। संसाधन-संपन्न क्षेत्रों में अक्सर राजनीतिक अस्थिरता, गृहयुद्ध और बाह्य हस्तक्षेप देखने को मिलते हैं। यह स्थिति "संसाधन अभिशाप" की अवधारणा को सुदृढ़ करती है, जिसके अनुसार प्राकृतिक संसाधनों की प्रचुरता कभी-कभी विकास के बजाय संघर्ष और भ्रष्टाचार को जन्म देती है। अफ्रीका के कई क्षेत्रों में यह परिघटना स्पष्ट रूप से दिखाई देती है, जहाँ संसाधनों पर नियंत्रण को लेकर स्थानीय और बाह्य शक्तियों के बीच संघर्ष होते रहे हैं। इस संदर्भ में चीन, अमेरिका और यूरोप की प्रतिस्पर्धा कभी-कभी इन संघर्षों को शांत करने के बजाय और जटिल बना देती है।[793]

21वीं सदी में अफ्रीका की भू-राजनीति का एक महत्वपूर्ण आयाम यह है कि यह केवल संसाधन आपूर्ति का क्षेत्र नहीं रहा, बल्कि रणनीतिक और वैचारिक प्रतिस्पर्धा का मंच भी बन गया है। चीन की "विकास-केंद्रित" और अमेरिका-यूरोप की "मूल्य-केंद्रित" नीतियों के बीच अफ्रीकी देश स्वयं को संतुलित करने का प्रयास कर रहे हैं। कई अफ्रीकी सरकारें इस प्रतिस्पर्धा का उपयोग अपने राष्ट्रीय हितों को आगे बढ़ाने के लिए कर रही हैं। इस प्रक्रिया में अफ्रीका केवल प्रतिस्पर्धा का शिकार नहीं, बल्कि एक सक्रिय रणनीतिक अभिनेता के रूप में उभर रहा है।[794]अफ्रीका में नई प्रतिस्पर्धा का एक और महत्वपूर्ण पहलू भविष्य की संसाधन राजनीति से जुड़ा है। ऊर्जा संक्रमण, हरित प्रौद्योगिकी और डिजिटल अर्थव्यवस्था ने ऐसे संसाधनों की मांग बढ़ा दी है, जो अफ्रीका में प्रचुर मात्रा में उपलब्ध हैं। इस स्थिति ने अफ्रीका को भविष्य की वैश्विक अर्थव्यवस्था का एक अनिवार्य घटक बना दिया है। चीन, अमेरिका और यूरोप इस वास्तविकता को समझते हुए दीर्घकालिक रणनीतियाँ विकसित कर रहे हैं, जिनमें संसाधन पहुँच के साथ-साथ तकनीकी, राजनीतिक और सुरक्षा सहयोग शामिल है।[795]अफ्रीका संसाधन, संघर्ष और नई प्रतिस्पर्धा का अध्ययन यह दर्शाता है कि 21वीं सदी की क्षेत्रीय भू-राजनीति में अफ्रीका एक निर्णायक भूमिका निभा रहा है। चीन, अमेरिका और यूरोप की

भूमिकाएँ केवल आर्थिक या सैन्य नहीं हैं, बल्कि वह वैश्विक शक्ति-संतुलन की दिशा निर्धारित करने में सहायक हैं। संसाधनों की प्रचुरता, राजनीतिक चुनौतियाँ और बाह्य प्रतिस्पर्धा अफ्रीका को एक ऐसे भू-राजनीतिक क्षेत्र में परिवर्तित कर रही हैं, जहाँ भविष्य की वैश्विक राजनीति के कई उत्तर निहित हैं।[796]

मानचित्र 29 : अफ्रीका के प्रमुख प्राकृतिक संसाधन क्षेत्र

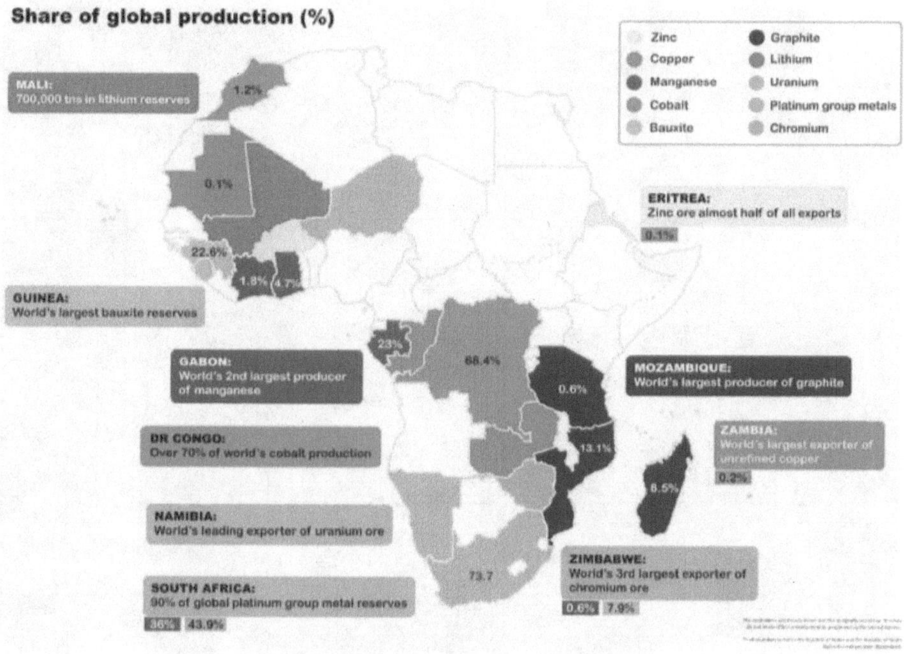

स्त्रोत ;विज़ुअल कैपिटलिस्ट (2023)

मानचित्र 30 : पूर्वी अफ्रीका में तेल अन्वेषण क्षेत्र और सामरिक समुद्री मार्ग

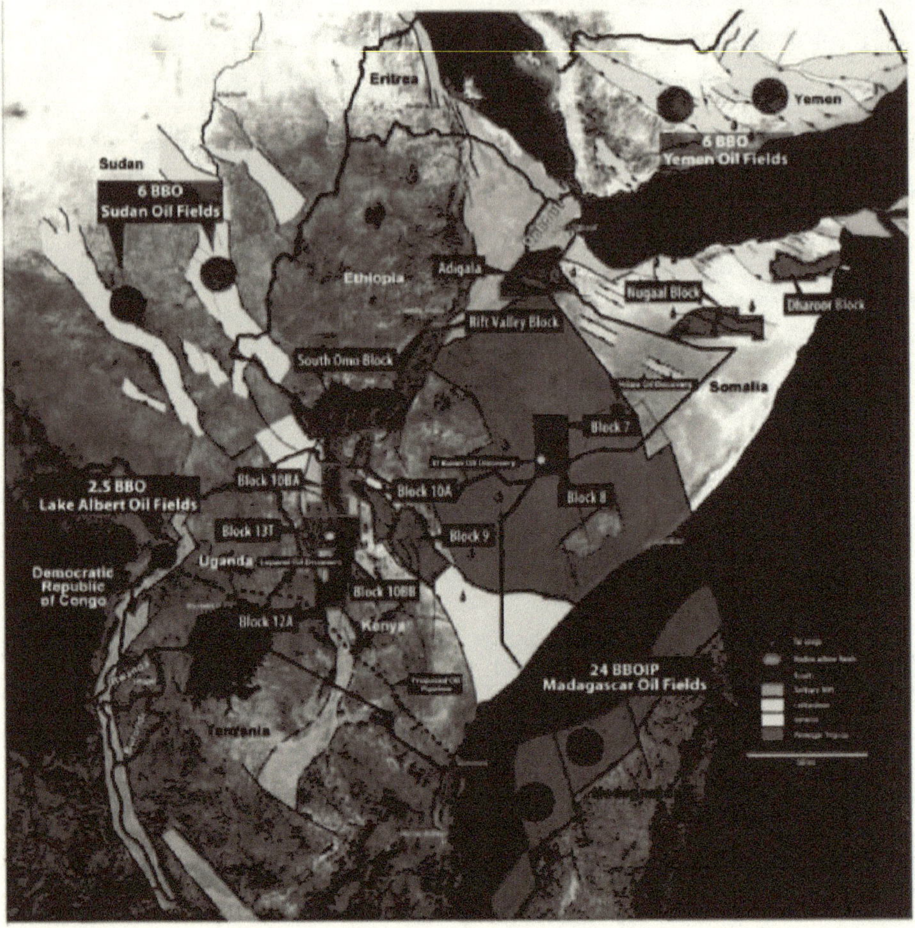

स्त्रोत U.S. ऊर्जा सूचना प्रशासन (EIA). (2022/2023)

अफ्रीका में रणनीतिक निवेश

अफ्रीका में रणनीतिक निवेश 21वीं सदी की वैश्विक भू-राजनीति का एक केंद्रीय उपकरण बन चुका है, जिसके माध्यम से बाह्य शक्तियाँ संसाधन-सुरक्षा, आपूर्ति शृंखला नियंत्रण, राजनीतिक प्रभाव और दीर्घकालिक शक्ति-संतुलन को साधने का प्रयास कर रही हैं। शीत युद्ध की समाप्ति (1991) के बाद प्रारंभिक दशक में अफ्रीका को वैश्विक निवेश मानचित्र के हाशिए पर माना गया, किंतु 2000 के बाद ऊर्जा, खनिज और अवसंरचना की बढ़ती वैश्विक मांग ने इस महाद्वीप को रणनीतिक निवेश का प्रमुख गंतव्य बना दिया। इस परिवर्तन ने यह स्पष्ट कर

दिया कि अफ्रीका में निवेश अब केवल विकास सहायता या व्यापार विस्तार का विषय नहीं रहा, बल्कि यह वैश्विक प्रतिस्पर्धा में बढ़त हासिल करने का एक संरचनात्मक साधन बन चुका है।[797]रणनीतिक निवेश की अवधारणा को समझने के लिए यह आवश्यक है कि हम इसे पारंपरिक विदेशी प्रत्यक्ष निवेश (FDI) से अलग देखें। रणनीतिक निवेश वह निवेश होता है, जो किसी देश की दीर्घकालिक सुरक्षा, संसाधन उपलब्धता, राजनीतिक प्रभाव और भू-राजनीतिक स्थिति को सुदृढ़ करता है। अफ्रीका के संदर्भ में यह निवेश मुख्यतः ऊर्जा परियोजनाओं, खनिज उत्खनन, अवसंरचना विकास, डिजिटल नेटवर्क और बंदरगाह-लॉजिस्टिक्स से जुड़ा है। 2000 के बाद इन क्षेत्रों में निवेश की तीव्रता ने अफ्रीका को वैश्विक शक्ति-राजनीति के केंद्र में ला खड़ा किया।[798]चीन का रणनीतिक निवेश मॉडल अफ्रीका में सबसे व्यापक और दृश्य रूप में उभरा है। वर्ष 2000 में चीन-अफ्रीका सहयोग मंच (FOCAC) की स्थापना के बाद चीन ने अफ्रीका में दीर्घकालिक निवेश रणनीति अपनाई। 2000 से 2020 के बीच चीन-अफ्रीका व्यापार कई गुना बढ़ा और चीन अनेक अफ्रीकी देशों का सबसे बड़ा व्यापारिक भागीदार बन गया। चीन का निवेश मॉडल मुख्यतः अवसंरचना-केंद्रित रहा है,रेलमार्ग, सड़कें, बंदरगाह, ऊर्जा संयंत्र और औद्योगिक क्षेत्र। इन परियोजनाओं के माध्यम से चीन ने न केवल संसाधनों तक पहुँच बनाई, बल्कि अफ्रीकी अर्थव्यवस्थाओं की बुनियादी संरचना में स्थायी उपस्थिति भी स्थापित की। इस निवेश का रणनीतिक पक्ष यह है कि अवसंरचना नियंत्रण से आपूर्ति शृंखला और लॉजिस्टिक्स पर दीर्घकालिक प्रभाव संभव हो जाता है।[799]

अमेरिका का रणनीतिक निवेश दृष्टिकोण अफ्रीका में तुलनात्मक रूप से चयनात्मक और सुरक्षा-केंद्रित रहा है। शीत युद्धोत्तर काल में अमेरिका का प्रत्यक्ष आर्थिक निवेश सीमित रहा, किंतु 2000 के बाद उसने ऊर्जा, सुरक्षा और प्रौद्योगिकी से जुड़े क्षेत्रों में अपनी उपस्थिति बढ़ाई। अमेरिकी निवेश प्रायः निजी क्षेत्र और बहुराष्ट्रीय कंपनियों के माध्यम से होता है, जिसे कूटनीतिक और सुरक्षा सहयोग का समर्थन प्राप्त होता है। अमेरिका का रणनीतिक उद्देश्य अफ्रीका में स्थिरता बनाए रखना, आतंकवाद-निरोध सुनिश्चित करना और प्रतिस्पर्धी शक्तियों के प्रभाव को संतुलित करना रहा है। इस संदर्भ में निवेश केवल आर्थिक लाभ का साधन नहीं, बल्कि व्यापक सुरक्षा और राजनीतिक रणनीति का हिस्सा है।[800]यूरोप का रणनीतिक निवेश अफ्रीका में ऐतिहासिक और संस्थागत विरासत से जुड़ा हुआ है। औपनिवेशिक काल के बाद भी यूरोपीय देशों ने विकास सहायता, व्यापार और निवेश के माध्यम से अफ्रीका में गहरी उपस्थिति बनाए रखी। 21वीं सदी में

यूरोपीय संघ ने अफ्रीका के साथ साझेदारी को संसाधन, प्रवासन और सुरक्षा जैसे मुद्दों से जोड़ा। यूरोप का निवेश मॉडल अपेक्षाकृत अधिक शर्त-आधारित और संस्थागत सुधारों से जुड़ा रहा है। यह दृष्टिकोण कभी-कभी अफ्रीकी देशों को प्रतिबंधात्मक प्रतीत हुआ, किंतु इसके पीछे दीर्घकालिक स्थिरता और शासन सुधार का तर्क निहित रहा। चीन की बढ़ती भूमिका के बाद यूरोप ने भी अपने निवेश दृष्टिकोण को अधिक रणनीतिक और प्रतिस्पर्धी बनाने का प्रयास किया।[801]अफ्रीका में रणनीतिक निवेश का एक प्रमुख क्षेत्र ऊर्जा है। तेल, गैस और हाल के वर्षों में नवीकरणीय ऊर्जा परियोजनाएँ बाह्य निवेशकों के लिए अत्यंत आकर्षक रही हैं। ऊर्जा निवेश केवल आर्थिक लाभ नहीं, बल्कि आपूर्ति सुरक्षा और भू-राजनीतिक प्रभाव का साधन भी है। ऊर्जा अवसंरचना में निवेश करने वाले देश उस क्षेत्र की नीति-निर्माण प्रक्रिया में अप्रत्यक्ष रूप से प्रभाव प्राप्त कर लेते हैं। इस प्रकार ऊर्जा निवेश अफ्रीका में शक्ति-प्रक्षेपण का एक मौन लेकिन प्रभावी माध्यम बन जाता है।[802]खनिज संसाधनों में निवेश अफ्रीका की रणनीतिक महत्ता को और बढ़ाता है। 21वीं सदी में तकनीकी विकास और ऊर्जा संक्रमण ने ऐसे खनिजों की मांग बढ़ा दी है, जो अफ्रीका में प्रचुर मात्रा में उपलब्ध हैं। इन खनिजों में निवेश केवल औद्योगिक उत्पादन के लिए नहीं, बल्कि भविष्य की तकनीकी और सैन्य क्षमताओं के लिए भी आवश्यक माना जा रहा है। इस संदर्भ में अफ्रीका में खनिज निवेश वैश्विक शक्ति-संतुलन से सीधे जुड़ जाता है।[803]अवसंरचना निवेश रणनीतिक निवेश का सबसे व्यापक और दीर्घकालिक रूप है। सड़कें, रेलमार्ग, बंदरगाह और डिजिटल नेटवर्क किसी भी देश की आर्थिक रीढ़ होते हैं। अफ्रीका में इन क्षेत्रों में निवेश करने वाली शक्तियाँ स्थानीय अर्थव्यवस्था में गहरी पैठ बना लेती हैं। यह पैठ केवल आर्थिक नहीं, बल्कि राजनीतिक और कूटनीतिक प्रभाव भी उत्पन्न करती है। अवसंरचना निवेश के माध्यम से बाह्य शक्तियाँ अफ्रीका के विकास पथ को भी प्रभावित कर सकती हैं, जिससे यह निवेश भू-राजनीतिक महत्व प्राप्त कर लेता है।[804]

अफ्रीका में रणनीतिक निवेश का एक जटिल पक्ष यह है कि यह कभी-कभी संघर्ष और अस्थिरता को भी जन्म दे सकता है। संसाधन-संपन्न क्षेत्रों में निवेश से स्थानीय प्रतिस्पर्धा, असमानता और सत्ता संघर्ष बढ़ सकते हैं। यदि निवेश के लाभ समान रूप से वितरित नहीं होते, तो यह सामाजिक असंतोष और राजनीतिक अस्थिरता को जन्म दे सकता है। इस संदर्भ में रणनीतिक निवेश और संघर्ष के बीच संबंध को समझना अत्यंत आवश्यक हो जाता है।[805]21वीं सदी के तीसरे दशक में अफ्रीका में रणनीतिक निवेश नई दिशा में आगे बढ़ रहा है। ऊर्जा

संक्रमण, डिजिटल अर्थव्यवस्था और वैश्विक आपूर्ति शृंखलाओं के पुनर्संयोजन ने निवेश की प्राथमिकताओं को बदल दिया है। अब निवेश केवल पारंपरिक संसाधनों तक सीमित नहीं, बल्कि डिजिटल अवसंरचना, हरित ऊर्जा और तकनीकी सहयोग तक विस्तारित हो रहा है। यह परिवर्तन अफ्रीका को भविष्य की वैश्विक अर्थव्यवस्था का एक केंद्रीय स्तंभ बना सकता है, बशर्ते निवेश को स्थानीय विकास और स्वायत्तता के साथ संतुलित किया जाए।[806]अफ्रीकी देशों की भूमिका भी इस प्रक्रिया में बदल रही है। वह अब केवल निवेश के निष्क्रिय प्राप्तकर्ता नहीं, बल्कि सक्रिय रणनीतिक अभिनेता बनते जा रहे हैं। कई अफ्रीकी सरकारें बाह्य प्रतिस्पर्धा का उपयोग अपने राष्ट्रीय हितों को आगे बढ़ाने के लिए कर रही हैं। यह प्रवृत्ति अफ्रीका में रणनीतिक निवेश को एक द्विपक्षीय या बहुपक्षीय शक्ति-खेल में परिवर्तित कर रही है, जहाँ स्थानीय एजेंसी की भूमिका लगातार बढ़ रही है।[807]अफ्रीका में रणनीतिक निवेश 21वीं सदी की क्षेत्रीय और वैश्विक भू-राजनीति का एक निर्णायक आयाम है। यह निवेश आर्थिक विकास का साधन होने के साथ-साथ संसाधन सुरक्षा, आपूर्ति शृंखला नियंत्रण और शक्ति-संतुलन का उपकरण बन चुका है। चीन, अमेरिका और यूरोप की प्रतिस्पर्धी रणनीतियाँ अफ्रीका को वैश्विक राजनीति के केंद्र में स्थापित कर रही हैं। इस संदर्भ में अफ्रीका का भविष्य इस बात पर निर्भर करेगा कि रणनीतिक निवेश को किस प्रकार स्थानीय विकास, राजनीतिक स्थिरता और रणनीतिक स्वायत्तता के साथ समन्वित किया जाता है।[808]**(मानचित्र-31)**

मानचित्र 31 : चीन का रणनीतिक प्रभाव

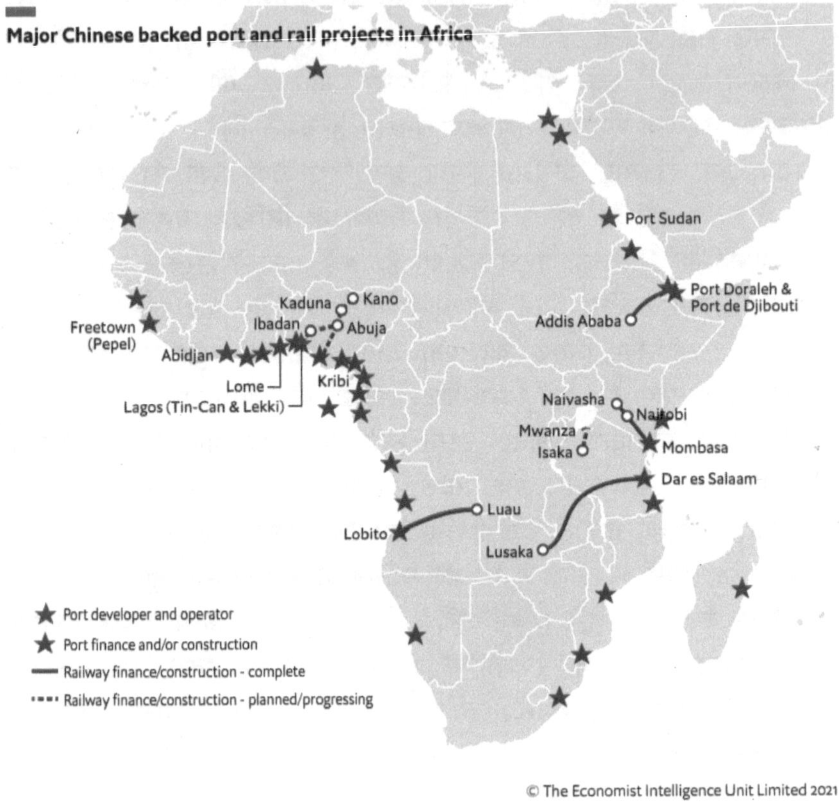

स्त्रोत : अल जज़ीरा. अफ्रीका के प्राकृतिक संसाधनों का मानचित्रण

यूरोप : सुरक्षा, गठबंधन और क्षेत्रीय संतुलन

पूर्वी यूरोप और सुरक्षा संकट 21वीं सदी की यूरोपीय भू-राजनीति का सबसे संवेदनशील और निर्णायक प्रश्न बन चुका है, क्योंकि इसी क्षेत्र में सुरक्षा, गठबंधन और क्षेत्रीय शक्ति-संतुलन की जटिल अंतःक्रिया सबसे तीव्र रूप में दिखाई देती है। शीत युद्ध की समाप्ति (1991) के बाद यह अपेक्षा की गई थी कि यूरोप स्थायी शांति और सहयोग का क्षेत्र बनेगा, किंतु पूर्वी यूरोप में विकसित घटनाक्रमों ने इस धारणा को चुनौती दी। 1990 के दशक से लेकर 2020 के दशक तक, यह क्षेत्र लगातार सुरक्षा अनिश्चितताओं, सैन्य पुनर्संयोजन और रणनीतिक प्रतिस्पर्धा का केंद्र बना रहा। पूर्वी यूरोप की भू-राजनीति केवल क्षेत्रीय सीमाओं का प्रश्न नहीं है, बल्कि यह यूरोप-व्यापी सुरक्षा संरचना, अटलांटिक गठबंधन और रूस-पश्चिम

संबंधों की दिशा तय करने वाला कारक बन चुकी है।[809]ऐतिहासिक दृष्टि से पूर्वी यूरोप की सुरक्षा स्थिति शीत युद्ध की विरासत से गहराई से जुड़ी हुई है। 1945 के बाद यह क्षेत्र दो वैचारिक और सैन्य खेमों के बीच विभाजित हो गया। वारसा संधि और नाटो के बीच की विभाजन रेखा ने पूर्वी यूरोप को प्रत्यक्ष सैन्य टकराव से तो बचाया, किंतु इसे शक्ति-राजनीति की अग्रिम पंक्ति बना दिया। 1989–91 के दौरान समाजवादी शासन के पतन और सोवियत संघ के विघटन ने इस क्षेत्र को एक नए सुरक्षा वातावरण में प्रवेश कराया। उस समय यह माना गया कि सैन्य प्रतिस्पर्धा के स्थान पर राजनीतिक और आर्थिक एकीकरण सुरक्षा का आधार बनेगा, किंतु यह संक्रमण अपेक्षाकृत असमान और विवादास्पद सिद्ध हुआ।[810]1990 के दशक में पूर्वी यूरोप की सुरक्षा राजनीति का प्रमुख विषय नाटो और यूरोपीय संस्थाओं का विस्तार रहा। कई पूर्वी यूरोपीय देशों ने अपने ऐतिहासिक अनुभवों और सुरक्षा आशंकाओं के कारण पश्चिमी सुरक्षा ढाँचे में सम्मिलित होने को प्राथमिकता दी। इस प्रक्रिया को पश्चिमी देशों ने स्थिरता और लोकतांत्रिक एकीकरण के रूप में प्रस्तुत किया, जबकि रूस ने इसे अपने रणनीतिक हितों और सुरक्षा परिवेश के लिए चुनौती के रूप में देखा। इस विरोधाभास ने पूर्वी यूरोप को सहयोग और प्रतिस्पर्धा के बीच एक अस्थिर क्षेत्र बना दिया।[811]

पूर्वी यूरोप में सुरक्षा संकट का एक महत्वपूर्ण पहलू यह है कि यह क्षेत्र भौगोलिक रूप से बफर ज़ोन की भूमिका निभाता है। ऐतिहासिक रूप से, यह क्षेत्र पश्चिमी और पूर्वी शक्तियों के बीच सुरक्षा अवरोध के रूप में देखा जाता रहा है। शीत युद्ध के बाद जब यह अवरोध धीरे-धीरे समाप्त हुआ, तब सुरक्षा संरचना के पुनर्गठन का प्रश्न सामने आया। पूर्वी यूरोपीय देशों ने अपनी संप्रभुता और सुरक्षा सुनिश्चित करने के लिए गठबंधनों की ओर रुख किया, जबकि रूस ने अपने प्रभाव-क्षेत्र के संकुचन को रणनीतिक नुकसान के रूप में देखा। यही टकराव पूर्वी यूरोप के सुरक्षा संकट का संरचनात्मक आधार बना।[812]21वीं सदी के प्रारंभ में पूर्वी यूरोप में सुरक्षा संकट का स्वरूप और अधिक स्पष्ट होने लगा। 2000 के बाद यूरोपीय सुरक्षा परिदृश्य में सैन्य आधुनिकीकरण, मिसाइल रक्षा प्रणालियाँ और सैन्य अभ्यासों की संख्या में वृद्धि देखी गई। यह प्रवृत्ति इस बात का संकेत थी कि शीत युद्धोत्तर शांति स्थायी नहीं थी। 2008 के बाद क्षेत्रीय सुरक्षा संकट और अधिक तीव्र हुए, जिससे यह स्पष्ट हो गया कि यूरोप में शक्ति-संतुलन पुनः एक विवादास्पद मुद्दा बन चुका है।[813]पूर्वी यूरोप का सुरक्षा संकट केवल सैन्य शक्ति तक सीमित नहीं है, बल्कि यह राजनीतिक, आर्थिक और वैचारिक आयामों से भी जुड़ा हुआ है। यूरोपीय संघ का विस्तार और पूर्वी यूरोप में लोकतांत्रिक परिवर्तन एक ओर

सहयोग और एकीकरण के अवसर लेकर आए, तो दूसरी ओर उन्होंने आंतरिक असमानताओं और बाहरी प्रतिस्पर्धा को भी जन्म दिया। कुछ देशों में आर्थिक संक्रमण और सामाजिक असंतोष ने राजनीतिक अस्थिरता को बढ़ाया, जिससे सुरक्षा वातावरण और अधिक जटिल हो गया।[814]2010 के दशक में पूर्वी यूरोप की सुरक्षा राजनीति में निर्णायक परिवर्तन देखने को मिला। इस अवधि में सैन्य तैनाती, अभ्यास और रणनीतिक संवादों में वृद्धि हुई। क्षेत्रीय सुरक्षा का प्रश्न अब केवल यूरोपीय देशों तक सीमित नहीं रहा, बल्कि इसमें वैश्विक शक्तियों की भूमिका भी स्पष्ट होने लगी। इसने पूर्वी यूरोप को वैश्विक शक्ति-संतुलन का एक महत्वपूर्ण घटक बना दिया।[815] पूर्वी यूरोप के सुरक्षा संकट का एक महत्वपूर्ण आयाम ऊर्जा और आर्थिक निर्भरता से भी जुड़ा है। कई पूर्वी यूरोपीय देश ऊर्जा आपूर्ति के लिए बाहरी स्रोतों पर निर्भर रहे हैं, जिससे उनकी रणनीतिक स्वायत्तता प्रभावित हुई। ऊर्जा मार्गों, आपूर्ति सुरक्षा और आर्थिक निर्भरता ने सुरक्षा नीति को प्रभावित किया और इसे व्यापक भू-राजनीतिक संदर्भ में जोड़ दिया। इस प्रकार, पूर्वी यूरोप में सुरक्षा संकट केवल सैन्य टकराव की आशंका नहीं, बल्कि संरचनात्मक निर्भरता का भी परिणाम है।[816]पूर्वी यूरोप की सुरक्षा राजनीति में गठबंधन-निर्माण की भूमिका अत्यंत महत्वपूर्ण है। नाटो और यूरोपीय संघ जैसे संस्थानों ने सुरक्षा सहयोग को संस्थागत रूप प्रदान किया, किंतु इससे क्षेत्रीय संतुलन पर नए प्रश्न भी खड़े हुए। कुछ देशों के लिए यह गठबंधन सुरक्षा की गारंटी बने, जबकि अन्य के लिए यह रणनीतिक असंतुलन का स्रोत बन गए। इस द्वंद्व ने पूर्वी यूरोप को स्थायी अनिश्चितता के क्षेत्र में बनाए रखा।[817]

21वीं सदी के तीसरे दशक में पूर्वी यूरोप का सुरक्षा संकट और अधिक बहुआयामी हो गया है। सैन्य शक्ति के साथ-साथ अब साइबर सुरक्षा, सूचना युद्ध, आर्थिक दबाव और राजनीतिक प्रभाव जैसे तत्व भी सुरक्षा समीकरण का हिस्सा बन चुके हैं। यह परिवर्तन दर्शाता है कि आधुनिक सुरक्षा संकट केवल टैंकों और सेनाओं से नहीं, बल्कि बहु-आयामी साधनों से उत्पन्न होते हैं। पूर्वी यूरोप इस नई सुरक्षा वास्तविकता का प्रत्यक्ष उदाहरण बन चुका है।[818]पूर्वी यूरोप में सुरक्षा संकट का एक और महत्वपूर्ण पहलू क्षेत्रीय संतुलन से जुड़ा है। यूरोप की समग्र सुरक्षा संरचना पूर्वी यूरोप में संतुलन या असंतुलन पर निर्भर करती है। यदि यह क्षेत्र स्थिर रहता है, तो यूरोप में सहयोग और सुरक्षा की संभावनाएँ बढ़ती हैं; यदि यहाँ अस्थिरता बढ़ती है, तो उसका प्रभाव पूरे महाद्वीप पर पड़ता है। इस कारण पूर्वी यूरोप को यूरोपीय सुरक्षा व्यवस्था की धुरी कहा जा सकता है।[819]भविष्य की दृष्टि से पूर्वी यूरोप का सुरक्षा संकट यूरोपीय राजनीति के लिए दीर्घकालिक चुनौती बना

रहेगा। सैन्य आधुनिकीकरण, गठबंधन-राजनीति और रणनीतिक प्रतिस्पर्धा इस क्षेत्र को निरंतर परिवर्तनशील बनाए रखेंगी। इसके साथ ही, आर्थिक विकास, ऊर्जा संक्रमण और राजनीतिक सुधार सुरक्षा संकट को प्रबंधित करने के संभावित साधन भी प्रदान कर सकते हैं। यह द्वंद्व,संघर्ष और सहयोग के बीच,पूर्वी यूरोप की भू-राजनीति की मूल विशेषता बना रहेगा।[820]पूर्वी यूरोप और सुरक्षा संकट 21वीं सदी की यूरोपीय भू-राजनीति का केंद्रीय प्रश्न है। यह संकट शीत युद्ध की विरासत, गठबंधन-विस्तार, क्षेत्रीय असंतुलन और नई सुरक्षा चुनौतियों का संयुक्त परिणाम है। पूर्वी यूरोप न केवल यूरोप की सुरक्षा का अग्रिम क्षेत्र है, बल्कि वैश्विक शक्ति-संतुलन का भी एक महत्वपूर्ण परीक्षण स्थल है।[821]

यूरोपीय संघ और सामूहिक शक्ति

यूरोपीय संघ और सामूहिक शक्ति की अवधारणा 21वीं सदी की क्षेत्रीय भू-राजनीति को समझने के लिए अत्यंत महत्वपूर्ण है, क्योंकि यह पहली बार दर्शाती है कि संप्रभु राष्ट्र अपनी पारंपरिक शक्ति को साझा कर एक संयुक्त राजनीतिक, आर्थिक और रणनीतिक इकाई के रूप में कार्य कर सकते हैं। द्वितीय विश्व युद्ध (1939–45) के बाद यूरोप में यह बोध गहराया कि राष्ट्र-राज्य आधारित शक्ति-राजनीति महाद्वीप को बार-बार युद्ध की ओर ले जाती है। इसी ऐतिहासिक अनुभव से यूरोपीय एकीकरण की प्रक्रिया आरंभ हुई, जिसने धीरे-धीरे यूरोपीय संघ को एक ऐसी संरचना में रूपांतरित किया, जो सैन्य महाशक्ति न होते हुए भी सामूहिक प्रभाव, मानक-निर्धारण और संस्थागत शक्ति के माध्यम से वैश्विक और क्षेत्रीय राजनीति को प्रभावित करने में सक्षम है।[822]यूरोपीय संघ की सामूहिक शक्ति की जड़ें 1951 में स्थापित यूरोपीय कोयला और इस्पात समुदाय (ECSC) तथा 1957 की रोम संधि में निहित हैं। इन व्यवस्थाओं का मूल उद्देश्य फ्रांस और जर्मनी जैसे ऐतिहासिक प्रतिद्वंद्वियों के बीच संसाधनों और उत्पादन को साझा कर युद्ध की संभावना को समाप्त करना था। यह व्यवस्था शक्ति-संतुलन की पारंपरिक धारणा से भिन्न थी, क्योंकि इसमें शक्ति को संतुलित करने के बजाय उसे संस्थागत रूप से बाँधने का प्रयास किया गया। 1992 की मास्ट्रिख्ट संधि ने यूरोपीय संघ को औपचारिक रूप दिया और राजनीतिक, आर्थिक तथा मौद्रिक एकीकरण को नई दिशा प्रदान की। यहीं से यूरोपीय संघ एक आर्थिक समुदाय से आगे बढ़कर एक संभावित सामूहिक शक्ति के रूप में उभरने लगा।[823]

शीत युद्ध की समाप्ति (1991) के बाद यूरोपीय संघ की सामूहिक शक्ति की भूमिका और अधिक स्पष्ट हो गई। द्विध्रुवीय व्यवस्था के अंत के साथ यूरोप

को अपनी सुरक्षा और संतुलन स्वयं परिभाषित करना पड़ा। इसी संदर्भ में यूरोपीय संघ ने विस्तार और एकीकरण,दोनों को साथ-साथ आगे बढ़ाया। 2004 और 2007 के विस्तारों के बाद यूरोपीय संघ पूर्वी यूरोप तक फैल गया, जिससे उसकी जनसंख्या, आर्थिक क्षमता और भू-राजनीतिक पहुँच में उल्लेखनीय वृद्धि हुई। यह विस्तार केवल आर्थिक नहीं था, बल्कि क्षेत्रीय शक्ति-संतुलन को पुनः परिभाषित करने वाला कदम भी था, क्योंकि इससे यूरोपीय संघ सीधे उन क्षेत्रों तक पहुँचा जो ऐतिहासिक रूप से सुरक्षा अस्थिरता से जुड़े रहे हैं।[824]यूरोपीय संघ की सामूहिक शक्ति का सबसे सशक्त आधार उसकी आर्थिक क्षमता है। 21वीं सदी के दूसरे दशक तक यूरोपीय संघ विश्व की सबसे बड़ी या दूसरी सबसे बड़ी अर्थव्यवस्थाओं में शामिल रहा। इसकी संयुक्त GDP, विशाल आंतरिक बाजार और वैश्विक व्यापार में केंद्रीय भूमिका ने इसे आर्थिक महाशक्ति का दर्जा दिया। यह आर्थिक शक्ति यूरोपीय संघ को प्रतिबंध, व्यापार समझौते और नियामक मानकों के माध्यम से प्रभाव स्थापित करने की क्षमता प्रदान करती है। इस प्रकार, यूरोपीय संघ की सामूहिक शक्ति मुख्यतः आर्थिक और संस्थागत साधनों पर आधारित रही है, न कि पारंपरिक सैन्य प्रभुत्व पर।[825]सुरक्षा और रक्षा के क्षेत्र में यूरोपीय संघ की सामूहिक शक्ति अधिक जटिल और सीमित रही है। ऐतिहासिक रूप से यूरोप की सामूहिक सुरक्षा नाटो पर निर्भर रही, जिसमें अमेरिका की भूमिका निर्णायक रही। इसके बावजूद, 1999 के बाद यूरोपीय संघ ने सामान्य सुरक्षा और रक्षा नीति के माध्यम से सीमित सैन्य और असैन्य क्षमताएँ विकसित कीं। शांति-रक्षण, संकट प्रबंधन और मानवीय हस्तक्षेप जैसे क्षेत्रों में यूरोपीय संघ ने सामूहिक रूप से कार्य किया। हालाँकि, पूर्ण सैन्य स्वायत्तता की दिशा में प्रगति धीमी और विवादास्पद रही है, क्योंकि सदस्य देशों की सुरक्षा प्राथमिकताएँ और रणनीतिक संस्कृतियाँ भिन्न हैं।[826]पूर्वी यूरोप में सुरक्षा संकट ने यूरोपीय संघ की सामूहिक शक्ति की सीमाओं और संभावनाओं,दोनों को उजागर किया है। एक ओर, यूरोपीय संघ ने राजनीतिक एकजुटता, आर्थिक प्रतिबंध और कूटनीतिक दबाव के माध्यम से सामूहिक प्रतिक्रिया देने की क्षमता दिखाई। दूसरी ओर, प्रत्यक्ष सैन्य क्षमता और त्वरित निर्णय-निर्माण में उसकी सीमाएँ भी स्पष्ट हुईं। यह स्थिति दर्शाती है कि यूरोपीय संघ की सामूहिक शक्ति अभी भी अधूरी और संक्रमणशील अवस्था में है, जहाँ आर्थिक और कूटनीतिक साधन मजबूत हैं, किंतु सैन्य साधन अपेक्षाकृत कमजोर और असमान रूप से विकसित हैं।[827]

यूरोपीय संघ की सामूहिक शक्ति का एक महत्वपूर्ण पहलू उसका मानक-निर्धारण प्रभाव है। यूरोपीय संघ अंतरराष्ट्रीय राजनीति में लोकतंत्र, मानवाधिकार,

क़ानून के शासन और बहुपक्षीयता जैसे मूल्यों को बढ़ावा देता रहा है। यह मूल्य-आधारित शक्ति उसे वैश्विक शासन, व्यापार नियमों और पर्यावरणीय मानकों के निर्धारण में प्रभावी बनाती है। इस संदर्भ में यूरोपीय संघ की शक्ति प्रत्यक्ष दबाव से अधिक नियम और संस्थानों के माध्यम से प्रकट होती है। हालाँकि, पूर्वी यूरोप और पड़ोसी क्षेत्रों में बढ़ते सुरक्षा संकट ने यह प्रश्न उठाया है कि क्या मानक-आधारित शक्ति कठोर सुरक्षा चुनौतियों का पर्याप्त उत्तर दे सकती है।[828]21वीं सदी के तीसरे दशक में यूरोपीय संघ की सामूहिक शक्ति नई चुनौतियों से घिरी हुई है। आंतरिक राजनीतिक मतभेद, आर्थिक असमानताएँ, ऊर्जा निर्भरता और बाहरी सुरक्षा दबावों ने सामूहिक निर्णय-निर्माण को जटिल बना दिया है। इसके बावजूद, इन चुनौतियों ने यूरोपीय संघ के भीतर सामूहिक कार्रवाई की आवश्यकता को भी रेखांकित किया है। ऊर्जा सुरक्षा, रक्षा सहयोग और रणनीतिक स्वायत्तता जैसे मुद्दों पर बढ़ता संवाद यह संकेत देता है कि यूरोपीय संघ धीरे-धीरे अपनी सामूहिक शक्ति को नए सिरे से परिभाषित करने का प्रयास कर रहा है।[829]भविष्य की दृष्टि से यूरोपीय संघ और सामूहिक शक्ति का प्रश्न यूरोप की क्षेत्रीय भूमिका के लिए निर्णायक बना रहेगा। यदि यूरोपीय संघ अपनी आर्थिक, कूटनीतिक और सीमित सैन्य क्षमताओं को प्रभावी ढंग से समन्वित कर पाता है, तो वह क्षेत्रीय संतुलन में एक स्थिरकारी शक्ति के रूप में उभर सकता है। इसके विपरीत, यदि आंतरिक विभाजन और बाहरी दबाव हावी रहते हैं, तो उसकी सामूहिक शक्ति प्रतीकात्मक स्तर तक सीमित रह सकती है। इस द्वंद्व के बीच यूरोपीय संघ का भविष्य यूरोपीय भू-राजनीति की दिशा तय करेगा।[830]यूरोपीय संघ और सामूहिक शक्ति आधुनिक क्षेत्रीय भू-राजनीति में शक्ति की एक वैकल्पिक अवधारणा प्रस्तुत करते हैं। यह शक्ति सैन्य प्रभुत्व पर नहीं, बल्कि आर्थिक क्षमता, संस्थागत एकीकरण और मानक-निर्धारण पर आधारित है। पूर्वी यूरोप और व्यापक यूरोपीय सुरक्षा संकट ने इस सामूहिक शक्ति की सीमाओं को उजागर किया है, किंतु साथ ही इसकी आवश्यकता और संभावनाओं को भी स्पष्ट किया है।[831]

सुरक्षा गठबंधन

सुरक्षा गठबंधन आधुनिक अंतरराष्ट्रीय राजनीति और क्षेत्रीय भू-राजनीति की वह केन्द्रीय संरचना है, जिसके माध्यम से राज्य अपनी सुरक्षा, अस्तित्व और शक्ति-स्थिति को संरक्षित करने का प्रयास करते हैं। "क्षेत्रीय संगठन और गठबंधन" के व्यापक ढाँचे में सुरक्षा गठबंधन केवल सैन्य सहयोग का साधन नहीं हैं, बल्कि वह राजनीतिक विश्वास, सामरिक प्रतिबद्धता, संस्थागत समन्वय और दीर्घकालिक

शक्ति-संतुलन के उपकरण के रूप में विकसित हुए हैं। ऐतिहासिक रूप से गठबंधनों की अवधारणा प्राचीन काल से विद्यमान रही है, किंतु 20वीं सदी के बाद,विशेषकर द्वितीय विश्व युद्ध (1939–45) और शीत युद्ध (1947–1991) के दौरान,सुरक्षा गठबंधनों ने एक संगठित, संस्थागत और वैश्विक स्वरूप ग्रहण किया। 21वीं सदी में क्षेत्रीय स्तर पर उभरते सुरक्षा संकटों, बहुध्रुवीयता और नई सुरक्षा चुनौतियों ने सुरक्षा गठबंधनों की भूमिका को और अधिक जटिल तथा बहुआयामी बना दिया है।[832]सैद्धांतिक दृष्टि से सुरक्षा गठबंधन शक्ति-संतुलन सिद्धांत से गहराई से जुड़े हुए हैं। शास्त्रीय यथार्थवादी दृष्टिकोण के अनुसार राज्य अराजक अंतरराष्ट्रीय प्रणाली में सुरक्षा की खोज में गठबंधन करते हैं, ताकि किसी संभावित या वास्तविक खतरे का संतुलन स्थापित किया जा सके। नव-यथार्थवाद इस प्रक्रिया को संरचनात्मक अनिवार्यता के रूप में देखता है, जहाँ गठबंधन शक्ति वितरण का स्वाभाविक परिणाम होते हैं। क्षेत्रीय स्तर पर यह प्रक्रिया और अधिक तीव्र हो जाती है, क्योंकि भौगोलिक निकटता, ऐतिहासिक शत्रुता और सीमित संसाधन सुरक्षा आशंकाओं को बढ़ा देते हैं। इस प्रकार, सुरक्षा गठबंधन केवल विकल्प नहीं, बल्कि कई बार राज्यों के लिए विवशता बन जाते हैं।[833]

20वीं सदी के पूर्वार्द्ध में गठबंधनों का स्वरूप अपेक्षाकृत ढीला और अस्थायी था। प्रथम विश्व युद्ध (1914–18) के दौरान बने गठबंधन विशिष्ट परिस्थितियों तक सीमित रहे और युद्ध के बाद शीघ्र ही विघटित हो गए। किंतु द्वितीय विश्व युद्ध के बाद अंतरराष्ट्रीय व्यवस्था में एक मौलिक परिवर्तन हुआ। 1945 के बाद विश्व ने देखा कि स्थायी और संस्थागत सुरक्षा गठबंधन शांति बनाए रखने या शक्ति-संतुलन को स्थिर करने का प्रयास कर सकते हैं। इसी संदर्भ में 1949 में गठित उत्तर अटलांटिक संधि संगठन (नाटो) आधुनिक सुरक्षा गठबंधन का सबसे सशक्त उदाहरण बनकर उभरा। नाटो ने सामूहिक सुरक्षा की अवधारणा को औपचारिक रूप दिया, जिसके अनुसार एक सदस्य पर हमला सभी पर हमला माना जाएगा। यह सिद्धांत सुरक्षा गठबंधनों को मात्र रणनीतिक समझौते से आगे ले जाकर एक सामूहिक पहचान और प्रतिबद्धता में रूपांतरित करता है।[834]शीत युद्ध काल में सुरक्षा गठबंधनों का स्वरूप स्पष्ट रूप से द्विध्रुवीय था। एक ओर पश्चिमी सुरक्षा गठबंधन, दूसरी ओर समाजवादी खेमे के गठबंधन। इस अवधि में गठबंधनों ने क्षेत्रीय स्तर पर संघर्षों को नियंत्रित करने के साथ-साथ उन्हें वैश्विक शक्ति-प्रतिस्पर्धा से भी जोड़ दिया। एशिया, यूरोप और मध्य-पूर्व में क्षेत्रीय सुरक्षा व्यवस्थाएँ वैश्विक रणनीति का विस्तार बन गईं। इस दौर में सुरक्षा गठबंधन न केवल सैन्य सुरक्षा के साधन थे, बल्कि वैचारिक और राजनीतिक निष्ठा के प्रतीक

भी बन गए।[835]1991 में शीत युद्ध की समाप्ति के बाद यह अनुमान लगाया गया था कि सुरक्षा गठबंधनों की भूमिका घट जाएगी, क्योंकि वैश्विक द्विध्रुवीयता समाप्त हो चुकी थी। किंतु वास्तविकता इसके विपरीत रही। शीत युद्धोत्तर काल में सुरक्षा गठबंधनों ने स्वयं को नए खतरों और नई परिस्थितियों के अनुरूप ढाल लिया। आतंकवाद, क्षेत्रीय संघर्ष, राज्य-विघटन और मानवीय संकटों ने सुरक्षा गठबंधनों को नई भूमिका प्रदान की। इस परिवर्तन ने यह स्पष्ट किया कि सुरक्षा गठबंधन केवल एक विशिष्ट ऐतिहासिक संदर्भ की उपज नहीं हैं, बल्कि वह अंतरराष्ट्रीय राजनीति की स्थायी संरचना बन चुके हैं।[836]क्षेत्रीय स्तर पर सुरक्षा गठबंधनों की भूमिका और अधिक महत्वपूर्ण हो जाती है। यूरोप में सुरक्षा गठबंधन महाद्वीपीय स्थिरता का आधार बने, जबकि एशिया में वह शक्ति-संतुलन और निरोध के साधन के रूप में उभरे। मध्य-पूर्व और अफ्रीका में सुरक्षा गठबंधनों का स्वरूप अपेक्षाकृत कमजोर और अनौपचारिक रहा, किंतु बाहरी शक्तियों के हस्तक्षेप के कारण उनका प्रभाव बना रहा। इस क्षेत्रीय विविधता से यह स्पष्ट होता है कि सुरक्षा गठबंधन एक समान मॉडल नहीं अपनाते, बल्कि वह क्षेत्रीय संदर्भों के अनुसार स्वयं को ढालते हैं।[837]

21वीं सदी में सुरक्षा गठबंधनों के समक्ष नई चुनौतियाँ उभरी हैं। पारंपरिक सैन्य खतरे अब भी मौजूद हैं, किंतु उनके साथ-साथ गैर-पारंपरिक सुरक्षा चुनौतियाँ,जैसे आतंकवाद, साइबर सुरक्षा, ऊर्जा सुरक्षा और समुद्री मार्गों की सुरक्षा,भी प्रमुख हो गई हैं। इन चुनौतियों ने सुरक्षा गठबंधनों की भूमिका को केवल सैन्य सहयोग तक सीमित नहीं रखा, बल्कि उन्हें बहु-क्षेत्रीय और बहु-आयामी बनाना आवश्यक कर दिया। इस प्रक्रिया में कई क्षेत्रीय संगठन सुरक्षा गठबंधनों के रूप में स्वयं को पुनर्परिभाषित करने लगे।[838]एशिया-प्रशांत क्षेत्र में सुरक्षा गठबंधनों का स्वरूप विशेष रूप से उल्लेखनीय है। इस क्षेत्र में औपचारिक सामूहिक सुरक्षा व्यवस्था अपेक्षाकृत कमजोर रही है, किंतु द्विपक्षीय और लघु-बहुपक्षीय सुरक्षा गठबंधन प्रभावी रहे हैं। 21वीं सदी के दूसरे दशक में एशिया में उभरती रणनीतिक प्रतिस्पर्धा ने सुरक्षा गठबंधनों को नई गति दी। यह क्षेत्रीय परिघटना दर्शाती है कि सुरक्षा गठबंधन केवल यूरोपीय अनुभव तक सीमित नहीं हैं, बल्कि वह विभिन्न क्षेत्रों में अलग-अलग रूपों में विकसित हो सकते हैं।[839]मध्य-पूर्व में सुरक्षा गठबंधनों की स्थिति अधिक जटिल रही है। यहाँ क्षेत्रीय प्रतिद्वंद्विता, वैचारिक विभाजन और बाहरी हस्तक्षेप ने किसी स्थायी सामूहिक सुरक्षा व्यवस्था के विकास को कठिन बना दिया। इसके बावजूद, क्षेत्रीय और बाहरी शक्तियों के बीच अस्थायी सुरक्षा सहयोग और गठबंधन बने रहे हैं। यह स्थिति दर्शाती है कि सुरक्षा गठबंधन कभी-

कभी स्थायी संरचना न होकर परिस्थितिजन्य प्रतिक्रिया के रूप में भी उभर सकते हैं।[840]अफ्रीका में सुरक्षा गठबंधनों का विकास अपेक्षाकृत नया और असमान रहा है। कई अफ्रीकी क्षेत्रीय संगठनों ने सामूहिक सुरक्षा और शांति-रक्षण के प्रयास किए, किंतु संसाधनों की कमी और राजनीतिक अस्थिरता ने उनकी प्रभावशीलता को सीमित किया। इसके बावजूद, अफ्रीका में सुरक्षा गठबंधनों का महत्व बढ़ रहा है, क्योंकि क्षेत्रीय संगठन संघर्ष-प्रबंधन और शांति-स्थापना में अधिक सक्रिय भूमिका निभाने लगे हैं। यह प्रवृत्ति क्षेत्रीय स्वामित्व की अवधारणा को सुदृढ़ करती है।[841]

सुरक्षा गठबंधनों का एक महत्वपूर्ण पहलू उनकी राजनीतिक और मनोवैज्ञानिक भूमिका से भी जुड़ा है। गठबंधन केवल सैन्य क्षमता जोड़ने का माध्यम नहीं होते, बल्कि वह भरोसे, प्रतिबद्धता और साझा पहचान का निर्माण भी करते हैं। किसी गठबंधन में सम्मिलित होना संभावित शत्रुओं को संकेत देता है कि सदस्य राज्य अलग-थलग नहीं हैं। यह संकेत ही कई बार निरोध का कार्य कर देता है। इस प्रकार, सुरक्षा गठबंधन केवल युद्ध की स्थिति में ही नहीं, बल्कि शांति के समय भी रणनीतिक भूमिका निभाते हैं।[842] इसके साथ-साथ, सुरक्षा गठबंधनों की आलोचना भी कम नहीं है। आलोचकों का तर्क है कि गठबंधन कभी-कभी संघर्ष को रोकने के बजाय उसे बढ़ावा दे सकते हैं, क्योंकि वह सुरक्षा दुविधा को तीव्र करते हैं। एक गठबंधन की मजबूती दूसरे पक्ष को भी गठबंधन या सैन्य विस्तार के लिए प्रेरित कर सकती है। इस प्रक्रिया में क्षेत्रीय संतुलन अस्थिर हो सकता है। 21वीं सदी के कई सुरक्षा संकटों में यह दुविधा स्पष्ट रूप से दिखाई देती है।[843] सुरक्षा गठबंधनों की एक और चुनौती आंतरिक एकता से जुड़ी होती है। जैसे-जैसे गठबंधन का विस्तार होता है, सदस्य देशों की प्राथमिकताएँ, खतरे की धारणा और रणनीतिक संस्कृति भिन्न होती जाती है। यह विविधता निर्णय-निर्माण को जटिल बना देती है। कई बार गठबंधन औपचारिक रूप से तो सुदृढ़ होते हैं, किंतु व्यवहार में उनकी प्रतिक्रिया धीमी या असंगत हो जाती है। यह समस्या विशेष रूप से बहुपक्षीय सुरक्षा गठबंधनों में देखने को मिलती है।[844]21वीं सदी के तीसरे दशक में सुरक्षा गठबंधनों का भविष्य परिवर्तनशील दिखाई देता है। एक ओर, बढ़ती क्षेत्रीय अस्थिरता और शक्ति-प्रतिस्पर्धा सुरक्षा गठबंधनों की आवश्यकता को बढ़ा रही है; दूसरी ओर, नई प्रकार की सुरक्षा चुनौतियाँ उन्हें स्वयं को रूपांतरित करने के लिए बाध्य कर रही हैं। साइबर सुरक्षा, अंतरिक्ष सुरक्षा और आपूर्ति शृंखला सुरक्षा जैसे नए क्षेत्र गठबंधनों के एजेंडे में शामिल हो रहे हैं। यह परिवर्तन सुरक्षा गठबंधनों को अधिक व्यापक और जटिल बना रहा है।[845] क्षेत्रीय संगठन और सुरक्षा गठबंधन के बीच संबंध भी 21वीं सदी में बदल रहा है। कई क्षेत्रीय संगठन पारंपरिक

आर्थिक या राजनीतिक सहयोग से आगे बढ़कर सुरक्षा सहयोग की दिशा में अग्रसर हो रहे हैं। यह प्रवृत्ति दर्शाती है कि क्षेत्रीय संगठन केवल संवाद मंच नहीं, बल्कि संभावित सुरक्षा संरचना भी बन सकते हैं। इस प्रक्रिया में क्षेत्रीय शक्ति-संतुलन को संस्थागत रूप देने का प्रयास किया जा रहा है।[846]सुरक्षा गठबंधन 21वीं सदी की क्षेत्रीय भू-राजनीति का एक अनिवार्य स्तंभ बन चुके हैं। वह शक्ति-संतुलन को स्थिर करने, निरोध स्थापित करने और सामूहिक प्रतिक्रिया को संभव बनाने का माध्यम प्रदान करते हैं। यद्यपि उनकी सीमाएँ और विरोधाभास स्पष्ट हैं, फिर भी मौजूदा अंतरराष्ट्रीय व्यवस्था में उनके बिना सुरक्षा और स्थिरता की कल्पना करना कठिन है।[847]

आर्थिक और रणनीतिक मंच

आर्थिक और रणनीतिक मंच 21वीं सदी की क्षेत्रीय तथा वैश्विक भू-राजनीति में शक्ति-संतुलन के ऐसे साधन बन चुके हैं, जिनकी भूमिका पारंपरिक सैन्य गठबंधनों के समानांतर और कई बार उनसे भी अधिक प्रभावशाली सिद्ध हो रही है। शीत युद्ध (1947–1991) के दौरान शक्ति-राजनीति का केंद्र सैन्य गठबंधन और वैचारिक ध्रुवीकरण था, किंतु शीत युद्ध की समाप्ति के बाद वैश्विक व्यवस्था में यह स्पष्ट हुआ कि आर्थिक निर्भरता, व्यापार, निवेश, वित्त और तकनीक भी शक्ति के निर्णायक स्रोत बन सकते हैं। 2000 के बाद वैश्वीकरण, आपूर्ति शृंखला एकीकरण और बहुपक्षीय संस्थाओं के विस्तार ने आर्थिक मंचों को केवल विकास और सहयोग के साधन से आगे बढ़ाकर रणनीतिक प्रतिस्पर्धा के मंच में रूपांतरित कर दिया।[848]आर्थिक मंचों का उद्भव मूलतः द्वितीय विश्व युद्ध (1939–45) के बाद की अंतरराष्ट्रीय व्यवस्था से जुड़ा हुआ है। 1944 में स्थापित ब्रेटन वुड्स संस्थाएँ अंतरराष्ट्रीय मुद्रा कोष और विश्व बैंक,इस प्रक्रिया का प्रारंभिक उदाहरण थीं। इन संस्थाओं का उद्देश्य आर्थिक स्थिरता और पुनर्निर्माण था, किंतु शीघ्र ही यह स्पष्ट हो गया कि आर्थिक सहायता, ऋण और वित्तीय नियम राजनीतिक और रणनीतिक प्रभाव उत्पन्न कर सकते हैं। इसी तर्क ने आगे चलकर क्षेत्रीय आर्थिक मंचों के विकास को प्रेरित किया, जहाँ सहयोग के साथ-साथ शक्ति-प्रक्षेपण भी एक अंतर्निहित उद्देश्य बन गया।[849]यूरोप में आर्थिक मंचों का रणनीतिक रूपांतरण सबसे स्पष्ट रूप से दिखाई देता है। 1957 की रोम संधि से प्रारंभ हुआ यूरोपीय आर्थिक एकीकरण मूलतः युद्ध की संभावना को समाप्त करने का प्रयास था, किंतु समय के साथ यह एक ऐसी संरचना में बदल गया, जिसने महाद्वीपीय शक्ति-संतुलन को पुनर्परिभाषित किया। यूरोपीय संघ ने साझा बाजार, मुद्रा और नियामक

ढाँचे के माध्यम से सदस्य देशों की संप्रभु आर्थिक नीतियों को सामूहिक शक्ति में रूपांतरित किया। 21वीं सदी में यूरोपीय संघ की आर्थिक शक्ति प्रतिबंध नीति, व्यापार समझौते और मानक-निर्धारण के माध्यम से रणनीतिक प्रभाव उत्पन्न करती है, जिससे यह स्पष्ट होता है कि आर्थिक मंच किस प्रकार सुरक्षा और संतुलन के साधन बन सकते हैं।[850]

एशिया में आर्थिक और रणनीतिक मंचों का विकास अपेक्षाकृत भिन्न मार्ग से हुआ। शीत युद्ध के दौरान एशिया में औपचारिक आर्थिक एकीकरण सीमित था, किंतु 1990 के बाद क्षेत्रीय मंचों की संख्या और भूमिका में तीव्र वृद्धि हुई। 1997–98 के एशियाई वित्तीय संकट ने क्षेत्रीय सहयोग की आवश्यकता को रेखांकित किया और इसके बाद कई आर्थिक मंचों को रणनीतिक महत्व प्राप्त हुआ। इन मंचों का उद्देश्य केवल व्यापार और निवेश नहीं रहा, बल्कि क्षेत्रीय स्थिरता, वित्तीय सुरक्षा और बाह्य प्रभाव को संतुलित करना भी बन गया।[851]आर्थिक मंचों का रणनीतिक आयाम 2000 के बाद और अधिक स्पष्ट हुआ, जब उभरती अर्थव्यवस्थाओं ने वैश्विक शासन में अपनी भूमिका बढ़ानी शुरू की। इस संदर्भ में कुछ मंचों ने स्वयं को वैकल्पिक शक्ति-संरचनाओं के रूप में प्रस्तुत किया। इन मंचों के माध्यम से सदस्य देश न केवल आर्थिक सहयोग को बढ़ावा देते हैं, बल्कि वैश्विक निर्णय-निर्माण में सामूहिक आवाज़ भी निर्मित करते हैं। यह प्रवृत्ति दर्शाती है कि आर्थिक मंच अब "नरम शक्ति" तक सीमित नहीं रहे, बल्कि वह संरचनात्मक शक्ति का स्रोत बनते जा रहे हैं।[852] आर्थिक और रणनीतिक मंचों का एक प्रमुख कार्य आपूर्ति शृंखला और संसाधन सुरक्षा से जुड़ा है। 21वीं सदी में यह स्पष्ट हो गया कि उत्पादन, परिवहन और तकनीक की वैश्विक शृंखलाएँ राजनीतिक रूप से संवेदनशील हैं। 2008 की वैश्विक आर्थिक मंदी और 2020 के बाद वैश्विक संकटों ने आपूर्ति शृंखलाओं की नाजुकता को उजागर किया। इसके परिणामस्वरूप, कई आर्थिक मंचों ने व्यापार विविधीकरण, क्षेत्रीय उत्पादन नेटवर्क और रणनीतिक भंडारण को अपने एजेंडे में शामिल किया। इस प्रक्रिया में आर्थिक सहयोग सीधे क्षेत्रीय सुरक्षा और संतुलन से जुड़ गया।[853]

ऊर्जा और अवसंरचना आर्थिक मंचों के रणनीतिक रूपांतरण का एक और महत्वपूर्ण क्षेत्र है। ऊर्जा सहयोग मंचों के माध्यम से देशों ने आपूर्ति सुरक्षा, मूल्य स्थिरता और मार्ग नियंत्रण को संस्थागत रूप देने का प्रयास किया। अवसंरचना निवेश जैसे बंदरगाह, रेलमार्ग और डिजिटल नेटवर्क ने आर्थिक मंचों को भू-राजनीतिक आयाम प्रदान किया। जिस मंच के माध्यम से अवसंरचना वित्तपोषित

होती है, वही मंच दीर्घकालिक रणनीतिक प्रभाव भी स्थापित कर सकता है। इस प्रकार, आर्थिक मंच धीरे-धीरे क्षेत्रीय शक्ति-संतुलन के उपकरण में परिवर्तित हो गए।[854]आर्थिक मंचों का रणनीतिक उपयोग केवल सहयोग तक सीमित नहीं है, बल्कि वह प्रतिस्पर्धा और संतुलन के साधन भी बन गए हैं। 21वीं सदी में कई मंच ऐसे उभरे, जिनका उद्देश्य मौजूदा वैश्विक संरचनाओं को संतुलित करना या उनके विकल्प प्रस्तुत करना था। इन मंचों के माध्यम से सदस्य देश वित्त, व्यापार और विकास के वैकल्पिक मार्ग तलाशते हैं, जिससे वैश्विक शक्ति-संतुलन में परिवर्तन की संभावना उत्पन्न होती है। यह प्रवृत्ति बहुध्रुवीयता की ओर बढ़ती अंतरराष्ट्रीय व्यवस्था का संकेत देती है।[855]अफ्रीका और विकासशील क्षेत्रों में आर्थिक और रणनीतिक मंचों की भूमिका विशेष रूप से महत्वपूर्ण हो गई है। यहाँ यह मंच निवेश, विकास और संसाधन प्रबंधन के साथ-साथ बाह्य शक्तियों के प्रभाव को संतुलित करने का साधन बन रहे हैं। क्षेत्रीय आर्थिक मंचों के माध्यम से अफ्रीकी देश सामूहिक रूप से वैश्विक बाज़ार में अपनी स्थिति सुदृढ़ करने का प्रयास कर रहे हैं। यह सामूहिकता उन्हें केवल आर्थिक लाभ नहीं, बल्कि राजनीतिक और रणनीतिक स्वायत्तता भी प्रदान कर सकती है।[856]आर्थिक और रणनीतिक मंचों की एक प्रमुख विशेषता यह है कि वह सैन्य गठबंधनों की तुलना में अधिक स्वीकार्य और कम टकरावपूर्ण प्रतीत होते हैं। सहयोग, विकास और पारस्परिक लाभ की भाषा में प्रस्तुत यह मंच अक्सर राजनीतिक प्रतिरोध को कम कर देते हैं। इसी कारण कई देश प्रत्यक्ष सैन्य गठबंधन के बजाय आर्थिक मंचों के माध्यम से अपनी रणनीतिक स्थिति सुदृढ़ करना पसंद करते हैं। यह प्रवृत्ति 21वीं सदी की “शांत प्रतिस्पर्धा” को दर्शाती है, जहाँ शक्ति का प्रयोग हथियारों के बजाय बाजारों, नियमों और निवेश के माध्यम से किया जाता है।[857] इसके बावजूद, आर्थिक मंचों की सीमाएँ भी स्पष्ट हैं। आर्थिक असमानता, सदस्य देशों के हितों का टकराव और निर्णय-निर्माण की जटिलता कई बार इन मंचों की प्रभावशीलता को सीमित कर देती है। इसके अतिरिक्त, यदि आर्थिक मंच अत्यधिक रणनीतिक रूप ले लेते हैं, तो वह भी सुरक्षा दुविधा को जन्म दे सकते हैं, जहाँ एक मंच के विस्तार को दूसरे पक्ष द्वारा खतरे के रूप में देखा जाता है। इस प्रकार, आर्थिक मंच सहयोग और प्रतिस्पर्धा,दोनों का माध्यम बन सकते हैं।[858] 21वीं सदी के तीसरे दशक में आर्थिक और रणनीतिक मंचों का भविष्य अत्यंत महत्वपूर्ण हो गया है। ऊर्जा संक्रमण, डिजिटल अर्थव्यवस्था, तकनीकी मानक और वित्तीय नवाचार इन मंचों की भूमिका को और अधिक सुदृढ़ कर रहे हैं। अब प्रश्न यह नहीं है कि आर्थिक मंच शक्ति-राजनीति से जुड़े हैं या नहीं, बल्कि यह है कि वह किस प्रकार और किस दिशा में

शक्ति-संतुलन को प्रभावित करेंगे। यह परिवर्तन अंतरराष्ट्रीय संबंधों के अध्ययन में एक मौलिक बदलाव का संकेत देता है।[859] आर्थिक और रणनीतिक मंच 21वीं सदी की क्षेत्रीय भू-राजनीति में शक्ति-संतुलन के नए स्तंभ बन चुके हैं। वह सैन्य गठबंधनों का स्थान नहीं लेते, बल्कि उनके समानांतर और पूरक भूमिका निभाते हैं। व्यापार, निवेश, वित्त, ऊर्जा और अवसंरचना के माध्यम से यह मंच राज्यों को दीर्घकालिक प्रभाव और स्थिरता प्रदान कर सकते हैं।[860]

अध्याय-10

वैश्विक संस्थाएँ और भू-राजनीतिक संरचना

वैश्विक शासन की अवधारणा 20वीं सदी के उत्तरार्ध और 21वीं सदी के प्रारंभ में अंतरराष्ट्रीय राजनीति के अध्ययन में एक केंद्रीय सैद्धांतिक ढाँचे के रूप में उभरी है, क्योंकि यह उस यथार्थ को समझाने का प्रयास करती है जिसमें विश्व राजनीति केवल संप्रभु राष्ट्र-राज्यों द्वारा नहीं, बल्कि बहुपक्षीय संस्थाओं, अंतरराष्ट्रीय नियमों, गैर-राज्य अभिनेताओं और वैश्विक नेटवर्कों के माध्यम से संचालित होने लगी है। पारंपरिक अंतरराष्ट्रीय व्यवस्था, जो मुख्यतः संप्रभुता, शक्ति-संतुलन और द्विपक्षीय कूटनीति पर आधारित थी, वैश्वीकरण, तकनीकी क्रांति और अंतरनिर्भरता के कारण अपर्याप्त प्रतीत होने लगी। इसी संदर्भ में वैश्विक शासन की अवधारणा ने यह स्पष्ट किया कि आज के जटिल वैश्विक मुद्दों जैसे शांति और सुरक्षा, व्यापार, पर्यावरण, स्वास्थ्य, मानवाधिकार और तकनीक,का समाधान किसी एक राज्य के माध्यम से संभव नहीं है, बल्कि इसके लिए बहु-स्तरीय, बहु-अभिनेता और नियम-आधारित समन्वय की आवश्यकता होती है।वैश्विक शासन की ऐतिहासिक जड़ें द्वितीय विश्व युद्ध (1939–45) के बाद स्थापित अंतरराष्ट्रीय संस्थागत व्यवस्था में निहित हैं। युद्ध के विनाशकारी अनुभवों ने यह बोध उत्पन्न किया कि अंतरराष्ट्रीय अराजकता को केवल शक्ति-राजनीति के माध्यम से नियंत्रित नहीं किया जा सकता। 1945 में संयुक्त राष्ट्र की स्थापना इसी समझ का प्रतिफल थी, जिसका उद्देश्य सामूहिक सुरक्षा, शांतिपूर्ण विवाद समाधान और अंतरराष्ट्रीय सहयोग को संस्थागत रूप देना था। इसके साथ ही 1944–45 के दौरान स्थापित ब्रेटन वुड्स संस्थाएँ अंतरराष्ट्रीय मुद्रा कोष और विश्व बैंक,वैश्विक आर्थिक स्थिरता और पुनर्निर्माण के लिए बनाई गईं। इन संस्थाओं ने वैश्विक शासन की प्रारंभिक संरचना निर्मित की, यद्यपि उस समय "वैश्विक शासन" शब्द का व्यापक प्रयोग नहीं हुआ था।शीत युद्ध (1947–1991) के दौरान वैश्विक शासन की अवधारणा अपेक्षाकृत सीमित रही, क्योंकि अंतरराष्ट्रीय राजनीति मुख्यतः द्विध्रुवीय शक्ति-प्रतिस्पर्धा से संचालित होती थी। संयुक्त राष्ट्र और अन्य बहुपक्षीय संस्थाएँ अस्तित्व में तो थीं, किंतु उनकी भूमिका महाशक्तियों के हितों

और वीटो राजनीति से सीमित हो जाती थी। इसके बावजूद, इसी अवधि में अंतरराष्ट्रीय कानून, मानवाधिकार व्यवस्था और वैश्विक मानकों का धीरे-धीरे विकास हुआ। 1948 की मानवाधिकारों की सार्वभौमिक घोषणा और बाद के दशकों में हुए अंतरराष्ट्रीय समझौते इस बात का संकेत थे कि राज्य-केंद्रित व्यवस्था के भीतर भी साझा वैश्विक मूल्यों को मान्यता मिल रही थी।

1991 में शीत युद्ध की समाप्ति के बाद वैश्विक शासन की अवधारणा को नया बौद्धिक और व्यावहारिक महत्व प्राप्त हुआ[861]। द्विध्रुवीय प्रतिस्पर्धा के अंत ने यह संभावना उत्पन्न की कि अंतरराष्ट्रीय संस्थाएँ अधिक स्वतंत्र और प्रभावी भूमिका निभा सकती हैं। इसी दौर में वैश्वीकरण ने आर्थिक, सामाजिक और तकनीकी स्तर पर विश्व को अभूतपूर्व रूप से आपस में जोड़ दिया।[862] व्यापार, पूँजी प्रवाह, सूचना और मानव गतिशीलता की तीव्रता ने राष्ट्रीय सीमाओं को आंशिक रूप से अप्रासंगिक बना दिया। इस नई वास्तविकता में वैश्विक समस्याएँ जैसे वित्तीय संकट, जलवायु परिवर्तन, महामारी और आतंकवाद राष्ट्रीय सीमाओं के भीतर सीमित नहीं रहीं। परिणामस्वरूप, वैश्विक शासन को इन साझा चुनौतियों से निपटने का एक वैचारिक ढाँचा माना जाने लगा।वैश्विक शासन की अवधारणा का एक महत्वपूर्ण सैद्धांतिक पक्ष यह है कि यह "विश्व सरकार" की अवधारणा से भिन्न है।[863]वैश्विक शासन का अर्थ किसी एक केंद्रीकृत वैश्विक सत्ता की स्थापना नहीं है, बल्कि यह विभिन्न स्तरों पर नियमों, संस्थाओं और प्रक्रियाओं के माध्यम से वैश्विक मामलों के प्रबंधन को दर्शाता है। इसमें संप्रभु राज्य प्रमुख अभिनेता बने रहते हैं, किंतु वह अकेले निर्णायक नहीं होते। अंतरराष्ट्रीय संगठन, क्षेत्रीय संस्थाएँ, बहुराष्ट्रीय कंपनियाँ, नागरिक समाज संगठन और विशेषज्ञ नेटवर्क,यह सभी वैश्विक शासन की संरचना का हिस्सा बनते हैं। इस प्रकार, वैश्विक शासन एक बहु-अभिनेता और बहु-स्तरीय व्यवस्था को प्रतिबिंबित करता है।

सैद्धांतिक दृष्टि से वैश्विक शासन को समझने के लिए उदारवादी, नव-संस्थागत और निर्माणवादी दृष्टिकोणों का महत्वपूर्ण योगदान रहा है।[864] उदारवादी दृष्टिकोण वैश्विक शासन को सहयोग और परस्पर लाभ की प्रक्रिया के रूप में देखता है, जहाँ संस्थाएँ लेन-देन की लागत कम करती हैं और विश्वास का निर्माण करती हैं। नव-संस्थागत दृष्टिकोण इस बात पर बल देता है कि अंतरराष्ट्रीय नियम और संस्थाएँ राज्य-व्यवहार को संरचित करती हैं। निर्माणवादी दृष्टिकोण वैश्विक शासन को केवल संस्थागत ढाँचे तक सीमित नहीं रखता, बल्कि यह विचारों, पहचान और मानकों की भूमिका को भी रेखांकित करता है। इन सैद्धांतिक

प्रवृत्तियों ने वैश्विक शासन को एक बहुआयामी अवधारणा के रूप में स्थापित किया है।21वीं सदी में वैश्विक शासन की प्रासंगिकता और अधिक बढ़ गई है। 2008 की वैश्विक वित्तीय मंदी ने यह दिखाया कि आर्थिक अस्थिरता किसी एक देश तक सीमित नहीं रहती और इसके प्रभाव विश्व-व्यापी होते हैं। इस संकट के बाद वैश्विक आर्थिक शासन में सुधार की आवश्यकता पर व्यापक चर्चा हुई। इसी प्रकार, 2020 के बाद वैश्विक स्वास्थ्य संकट ने यह स्पष्ट कर दिया कि महामारी जैसी चुनौतियों का समाधान केवल राष्ट्रीय नीतियों से संभव नहीं है।[865] इन अनुभवों ने वैश्विक शासन की आवश्यकता को व्यावहारिक रूप से सिद्ध किया।वैश्विक शासन का एक महत्वपूर्ण आयाम वैश्विक सुरक्षा से जुड़ा है। पारंपरिक सैन्य खतरों के साथ-साथ अब गैर-पारंपरिक सुरक्षा चुनौतियाँ; जैसे आतंकवाद, साइबर सुरक्षा और जलवायु जनित संघर्ष वैश्विक शासन के एजेंडे में शामिल हो गई हैं। इन खतरों की प्रकृति ऐसी है कि वह किसी एक राज्य की क्षमता से परे हैं। इसलिए, सुरक्षा शासन में सूचना-साझाकरण, सामूहिक प्रतिक्रिया और अंतरराष्ट्रीय मानकों की भूमिका बढ़ती जा रही है। इस प्रक्रिया में वैश्विक शासन शांति और स्थिरता बनाए रखने का एक पूरक साधन बनता है।पर्यावरण और जलवायु परिवर्तन वैश्विक शासन के सबसे प्रमुख समकालीन क्षेत्र बन चुके हैं। जलवायु परिवर्तन की चुनौती ने यह स्पष्ट कर दिया है कि पृथ्वी का पर्यावरण एक साझा संसाधन है, जिसका प्रबंधन केवल राष्ट्रीय स्तर पर संभव नहीं है। अंतरराष्ट्रीय पर्यावरणीय समझौते और वैश्विक सहयोग इस दिशा में प्रयास हैं, किंतु उनकी प्रभावशीलता राजनीतिक इच्छाशक्ति और संस्थागत क्षमता पर निर्भर करती है। यह क्षेत्र वैश्विक शासन की संभावनाओं और सीमाओं दोनों को उजागर करता है।

वैश्विक शासन की आलोचनाएँ भी उतनी ही महत्वपूर्ण हैं जितनी इसकी उपलब्धियाँ। आलोचकों का तर्क है कि वैश्विक शासन की संरचना अक्सर असमान शक्ति-वितरण को प्रतिबिंबित करती है, जहाँ विकसित देशों और प्रमुख शक्तियों का प्रभाव अधिक होता है। निर्णय-निर्माण प्रक्रियाएँ कई बार लोकतांत्रिक जवाबदेही से दूर प्रतीत होती हैं। इसके अतिरिक्त, संप्रभुता और वैश्विक नियमों के बीच तनाव भी एक स्थायी समस्या बना हुआ है। कुछ देशों के लिए वैश्विक शासन राष्ट्रीय स्वायत्तता पर अंकुश के रूप में देखा जाता है, जिससे सहयोग की सीमाएँ स्पष्ट होती हैं।इन आलोचनाओं के बावजूद, वैश्विक शासन को पूरी तरह नकारा नहीं जा सकता, क्योंकि वैकल्पिक व्यवस्था की अनुपस्थिति में वैश्विक समस्याओं का समाधान और भी कठिन हो जाएगा। इसलिए, 21वीं सदी में बहस का केंद्र यह नहीं

है कि वैश्विक शासन होना चाहिए या नहीं, बल्कि यह है कि इसे अधिक समावेशी, न्यायसंगत और प्रभावी कैसे बनाया जाए। इस संदर्भ में उभरती शक्तियों और विकासशील देशों की भूमिका अत्यंत महत्वपूर्ण हो जाती है, क्योंकि वह वैश्विक शासन की वैधता और प्रतिनिधित्व को सुदृढ़ कर सकते हैं।वैश्विक शासन की अवधारणा आधुनिक अंतरराष्ट्रीय राजनीति की एक अनिवार्य व्याख्यात्मक कुंजी प्रदान करती है। यह अवधारणा यह स्वीकार करती है कि आज की विश्व व्यवस्था बहु-केंद्रित, परस्पर निर्भर और जटिल है, जहाँ शक्ति केवल सैन्य या आर्थिक क्षमता से नहीं, बल्कि नियमों, संस्थाओं और मानकों से भी उत्पन्न होती है।

बहुपक्षीय संस्थाओं की भूमिका

बहुपक्षीय संस्थाओं की भूमिका वैश्विक शासन की संरचना में केंद्रीय स्थान रखती है, क्योंकि यह संस्थाएँ राज्य-केंद्रित अंतरराष्ट्रीय व्यवस्था को नियमों, प्रक्रियाओं और वैधता के ढाँचे में बाँधने का कार्य करती हैं।[866] वैश्विक शासन के संदर्भ में बहुपक्षीय संस्थाएँ केवल समन्वय मंच नहीं हैं, बल्कि वह अंतरराष्ट्रीय राजनीति में वैधता, मानक-निर्धारण और सामूहिक कार्रवाई के साधन भी हैं। 20वीं सदी के मध्य में स्थापित बहुपक्षीय संस्थाओं ने यह धारणा सुदृढ़ की कि वैश्विक समस्याओं का समाधान द्विपक्षीय शक्ति-राजनीति के बजाय सामूहिक और संस्थागत सहयोग से अधिक प्रभावी ढंग से किया जा सकता है। इस व्यापक ढाँचे में संयुक्त राष्ट्र को अंतरराष्ट्रीय वैधता का सर्वाधिक महत्वपूर्ण स्रोत माना जाता है।[867] क्योंकि यह संस्था न केवल वैश्विक प्रतिनिधित्व का दावा करती है, बल्कि शांति, सुरक्षा और अंतरराष्ट्रीय कानून के सिद्धांतों को भी संस्थागत रूप प्रदान करती है।संयुक्त राष्ट्र की स्थापना 24 अक्टूबर 1945 को द्वितीय विश्व युद्ध (1939–45) के अनुभवों की पृष्ठभूमि में हुई थी।[868] युद्ध के व्यापक विनाश और मानवीय त्रासदी ने यह स्पष्ट कर दिया था कि राष्ट्र-राज्य आधारित शक्ति-राजनीति अंतरराष्ट्रीय शांति को सुरक्षित रखने में असफल रही है। 1919 में स्थापित राष्ट्रसंघ की विफलता के अनुभव से सीख लेते हुए संयुक्त राष्ट्र को अधिक व्यापक सदस्यता, मजबूत संस्थागत संरचना और सामूहिक सुरक्षा के सिद्धांत के साथ स्थापित किया गया। इसकी स्थापना का मूल उद्देश्य "आगामी पीढ़ियों को युद्ध के अभिशाप से बचाना" था, जो संयुक्त राष्ट्र चार्टर की प्रस्तावना में स्पष्ट रूप से परिलक्षित होता है। इस प्रकार, संयुक्त राष्ट्र की वैधता ऐतिहासिक अनुभव, नैतिक उद्देश्य और अंतरराष्ट्रीय सहमति तीनों पर आधारित रही है।संयुक्त राष्ट्र और अंतरराष्ट्रीय वैधता के संबंध को समझने के लिए यह आवश्यक है कि

वैधता की अवधारणा को स्पष्ट किया जाए।[869] अंतरराष्ट्रीय वैधता का अर्थ केवल कानूनी स्वीकृति नहीं है, बल्कि यह उस व्यापक स्वीकार्यता को दर्शाती है, जिसके आधार पर किसी कार्रवाई, नीति या हस्तक्षेप को अंतरराष्ट्रीय समुदाय द्वारा उचित माना जाता है। संयुक्त राष्ट्र इस वैधता का प्रमुख स्रोत इसलिए है, क्योंकि इसके निर्णय और प्रस्ताव अंतरराष्ट्रीय समुदाय के सामूहिक प्रतिनिधित्व के रूप में प्रस्तुत किए जाते हैं। यद्यपि इसकी संरचना और निर्णय-प्रक्रिया पूर्णतः समानतावादी नहीं है, फिर भी यह संस्था वैश्विक स्तर पर वैधता प्रदान करने का सबसे व्यापक मंच बनी हुई है।संयुक्त राष्ट्र की वैधता का एक प्रमुख आधार इसकी सार्वभौमिक सदस्यता है।[870] 1945 में प्रारंभिक सदस्य संख्या अपेक्षाकृत सीमित थी, किंतु उपनिवेशवाद के अंत और नए राज्यों के उदय के साथ इसकी सदस्यता लगातार बढ़ती गई। आज संयुक्त राष्ट्र लगभग सभी संप्रभु राज्यों को सम्मिलित करता है, जिससे यह विश्व राजनीति का सबसे व्यापक प्रतिनिधि मंच बन जाता है। यह सार्वभौमिकता संयुक्त राष्ट्र को नैतिक और राजनीतिक वैधता प्रदान करती है, क्योंकि इसके निर्णय औपचारिक रूप से संपूर्ण अंतरराष्ट्रीय समुदाय की ओर से माने जाते हैं।

संयुक्त राष्ट्र की संस्थागत संरचना भी उसकी वैधता को सुदृढ़ करती है। महासभा, सुरक्षा परिषद, आर्थिक और सामाजिक परिषद, अंतरराष्ट्रीय न्यायालय और सचिवालय यह सभी अंग मिलकर एक बहु-स्तरीय शासन ढाँचा निर्मित करते हैं[871]। महासभा में सभी सदस्य देशों को समान प्रतिनिधित्व प्राप्त है, जो वैश्विक विमर्श और मानक-निर्धारण का लोकतांत्रिक मंच प्रदान करता है। दूसरी ओर, सुरक्षा परिषद को अंतरराष्ट्रीय शांति और सुरक्षा की प्राथमिक जिम्मेदारी दी गई है। यद्यपि सुरक्षा परिषद की संरचना और वीटो अधिकार पर व्यापक आलोचना होती रही है, फिर भी इसके निर्णय अंतरराष्ट्रीय सुरक्षा के संदर्भ में विशेष वैधता रखते हैं, क्योंकि वह संयुक्त राष्ट्र चार्टर के अंतर्गत लिए जाते हैं।अंतरराष्ट्रीय वैधता के संदर्भ में सुरक्षा परिषद की भूमिका विशेष रूप से महत्वपूर्ण है।[872] संयुक्त राष्ट्र चार्टर के अध्याय VII के अंतर्गत सुरक्षा परिषद को यह अधिकार प्राप्त है कि वह अंतरराष्ट्रीय शांति के लिए खतरे की स्थिति में बाध्यकारी निर्णय ले सके। जब कोई सैन्य कार्रवाई या प्रतिबंध सुरक्षा परिषद की स्वीकृति से होते हैं, तो उन्हें अंतरराष्ट्रीय वैधता प्राप्त होती है। इसके विपरीत, सुरक्षा परिषद की स्वीकृति के बिना की गई कार्रवाइयाँ अक्सर वैधता के संकट से ग्रस्त हो जाती हैं। इस कारण संयुक्त राष्ट्र वैश्विक राजनीति में वैध और अवैध हस्तक्षेप के बीच अंतर करने का एक केंद्रीय मानक बन गया है।संयुक्त राष्ट्र की वैधता केवल सुरक्षा के क्षेत्र तक

सीमित नहीं है, बल्कि यह अंतरराष्ट्रीय कानून और मानदंडों के विकास में भी परिलक्षित होती है।[873] मानवाधिकारों की सार्वभौमिक घोषणा (1948), बाद के अंतरराष्ट्रीय मानवाधिकार समझौते और मानवीय कानून के विकास ने संयुक्त राष्ट्र को नैतिक वैधता का भी स्रोत बना दिया है। मानवाधिकार, आत्मनिर्णय और अंतरराष्ट्रीय न्याय जैसे सिद्धांत संयुक्त राष्ट्र के माध्यम से वैश्विक विमर्श का हिस्सा बने। इस प्रक्रिया ने यह धारणा सुदृढ़ की कि अंतरराष्ट्रीय वैधता केवल शक्ति से नहीं, बल्कि साझा मूल्यों और नियमों से भी उत्पन्न होती है।बहुपक्षीय संस्थाओं की भूमिका वैश्विक शासन की संरचना में केंद्रीय स्थान रखती है, क्योंकि यह संस्थाएँ राज्य-केंद्रित अंतरराष्ट्रीय व्यवस्था को नियमों, प्रक्रियाओं और वैधता के ढाँचे में बाँधने का कार्य करती हैं।[874] वैश्विक शासन के संदर्भ में बहुपक्षीय संस्थाएँ केवल समन्वय मंच नहीं हैं, बल्कि वह अंतरराष्ट्रीय राजनीति में वैधता, मानक-निर्धारण और सामूहिक कार्रवाई के साधन भी हैं। 20वीं सदी के मध्य में स्थापित बहुपक्षीय संस्थाओं ने यह धारणा सुदृढ़ की कि वैश्विक समस्याओं का समाधान द्विपक्षीय शक्ति-राजनीति के बजाय सामूहिक और संस्थागत सहयोग से अधिक प्रभावी ढंग से किया जा सकता है। इस व्यापक ढाँचे में संयुक्त राष्ट्र को अंतरराष्ट्रीय वैधता का सर्वाधिक महत्वपूर्ण स्रोत माना जाता है।[875] क्योंकि यह संस्था न केवल वैश्विक प्रतिनिधित्व का दावा करती है, बल्कि शांति, सुरक्षा और अंतरराष्ट्रीय कानून के सिद्धांतों को भी संस्थागत रूप प्रदान करती है।

संयुक्त राष्ट्र की स्थापना 24 अक्टूबर 1945 को द्वितीय विश्व युद्ध (1939–45) के अनुभवों की पृष्ठभूमि में हुई थी।[876] युद्ध के व्यापक विनाश और मानवीय त्रासदी ने यह स्पष्ट कर दिया था कि राष्ट्र-राज्य आधारित शक्ति-राजनीति अंतरराष्ट्रीय शांति को सुरक्षित रखने में असफल रही है। 1919 में स्थापित राष्ट्रसंघ की विफलता के अनुभव से सीख लेते हुए संयुक्त राष्ट्र को अधिक व्यापक सदस्यता, मजबूत संस्थागत संरचना और सामूहिक सुरक्षा के सिद्धांत के साथ स्थापित किया गया। इसकी स्थापना का मूल उद्देश्य "आगामी पीढ़ियों को युद्ध के अभिशाप से बचाना" था, जो संयुक्त राष्ट्र चार्टर की प्रस्तावना में स्पष्ट रूप से परिलक्षित होता है। इस प्रकार, संयुक्त राष्ट्र की वैधता ऐतिहासिक अनुभव, नैतिक उद्देश्य और अंतरराष्ट्रीय सहमति,तीनों पर आधारित रही है।संयुक्त राष्ट्र और अंतरराष्ट्रीय वैधता के संबंध को समझने के लिए यह आवश्यक है कि वैधता की अवधारणा को स्पष्ट किया जाए।[877]अंतरराष्ट्रीय वैधता का अर्थ केवल कानूनी स्वीकृति नहीं है, बल्कि यह उस व्यापक स्वीकार्यता को दर्शाती है, जिसके आधार पर किसी कार्रवाई, नीति या हस्तक्षेप को अंतरराष्ट्रीय समुदाय द्वारा उचित

माना जाता है। संयुक्त राष्ट्र इस वैधता का प्रमुख स्रोत इसलिए है, क्योंकि इसके निर्णय और प्रस्ताव अंतरराष्ट्रीय समुदाय के सामूहिक प्रतिनिधित्व के रूप में प्रस्तुत किए जाते हैं। यद्यपि इसकी संरचना और निर्णय-प्रक्रिया पूर्णतः समानतावादी नहीं है, फिर भी यह संस्था वैश्विक स्तर पर वैधता प्रदान करने का सबसे व्यापक मंच बनी हुई है।संयुक्त राष्ट्र की वैधता का एक प्रमुख आधार इसकी सार्वभौमिक सदस्यता है।[878] 1945 में प्रारंभिक सदस्य संख्या अपेक्षाकृत सीमित थी, किंतु उपनिवेशवाद के अंत और नए राज्यों के उदय के साथ इसकी सदस्यता लगातार बढ़ती गई। आज संयुक्त राष्ट्र लगभग सभी संप्रभु राज्यों को सम्मिलित करता है, जिससे यह विश्व राजनीति का सबसे व्यापक प्रतिनिधि मंच बन जाता है। यह सार्वभौमिकता संयुक्त राष्ट्र को नैतिक और राजनीतिक वैधता प्रदान करती है, क्योंकि इसके निर्णय औपचारिक रूप से संपूर्ण अंतरराष्ट्रीय समुदाय की ओर से माने जाते हैं।

संयुक्त राष्ट्र की संस्थागत संरचना भी उसकी वैधता को सुदृढ़ करती है। महासभा, सुरक्षा परिषद, आर्थिक और सामाजिक परिषद, अंतरराष्ट्रीय न्यायालय और सचिवालय यह सभी अंग मिलकर एक बहु-स्तरीय शासन ढाँचा निर्मित करते हैं।[879] महासभा में सभी सदस्य देशों को समान प्रतिनिधित्व प्राप्त है, जो वैश्विक विमर्श और मानक-निर्धारण का लोकतांत्रिक मंच प्रदान करता है। दूसरी ओर, सुरक्षा परिषद को अंतरराष्ट्रीय शांति और सुरक्षा की प्राथमिक जिम्मेदारी दी गई है। यद्यपि सुरक्षा परिषद की संरचना और वीटो अधिकार पर व्यापक आलोचना होती रही है, फिर भी इसके निर्णय अंतरराष्ट्रीय सुरक्षा के संदर्भ में विशेष वैधता रखते हैं, क्योंकि वह संयुक्त राष्ट्र चार्टर के अंतर्गत लिए जाते हैं।अंतरराष्ट्रीय वैधता के संदर्भ में सुरक्षा परिषद की भूमिका विशेष रूप से महत्वपूर्ण है।[880] संयुक्त राष्ट्र चार्टर के अध्याय VII के अंतर्गत सुरक्षा परिषद को यह अधिकार प्राप्त है कि वह अंतरराष्ट्रीय शांति के लिए खतरे की स्थिति में बाध्यकारी निर्णय ले सके। जब कोई सैन्य कार्रवाई या प्रतिबंध सुरक्षा परिषद की स्वीकृति से होते हैं, तो उन्हें अंतरराष्ट्रीय वैधता प्राप्त होती है। इसके विपरीत, सुरक्षा परिषद की स्वीकृति के बिना की गई कार्रवाइयाँ अक्सर वैधता के संकट से ग्रस्त हो जाती हैं। इस कारण संयुक्त राष्ट्र वैश्विक राजनीति में वैध और अवैध हस्तक्षेप के बीच अंतर करने का एक केंद्रीय मानक बन गया है।संयुक्त राष्ट्र की वैधता केवल सुरक्षा के क्षेत्र तक सीमित नहीं है, बल्कि यह अंतरराष्ट्रीय कानून और मानदंडों के विकास में भी परिलक्षित होती है।[881] मानवाधिकारों की सार्वभौमिक घोषणा (1948), बाद के अंतरराष्ट्रीय मानवाधिकार समझौते और मानवीय कानून के विकास ने संयुक्त

राष्ट्र को नैतिक वैधता का भी स्रोत बना दिया है। मानवाधिकार, आत्मनिर्णय और अंतरराष्ट्रीय न्याय जैसे सिद्धांत संयुक्त राष्ट्र के माध्यम से वैश्विक विमर्श का हिस्सा बने। इस प्रक्रिया ने यह धारणा सुदृढ़ की कि अंतरराष्ट्रीय वैधता केवल शक्ति से नहीं, बल्कि साझा मूल्यों और नियमों से भी उत्पन्न होती है।

नाटो और सामूहिक सुरक्षा

नाटो और सामूहिक सुरक्षा की अवधारणा आधुनिक वैश्विक शासन की सुरक्षा संरचना को समझने के लिए अत्यंत महत्वपूर्ण है, क्योंकि नाटो वह पहला और सबसे प्रभावशाली उदाहरण है, जिसने सामूहिक सुरक्षा को केवल एक सैद्धांतिक आदर्श न रहने देकर उसे एक व्यावहारिक, संस्थागत और सैन्य रूप से सक्षम ढाँचे में रूपांतरित किया।[882] नाटो की स्थापना 4 अप्रैल 1949 को हुई थी, जब द्वितीय विश्व युद्ध (1939–45) के बाद यूरोप राजनीतिक, आर्थिक और सैन्य रूप से अत्यंत अस्थिर अवस्था में था।[883] युद्ध के अनुभवों ने यह स्पष्ट कर दिया था कि यदि किसी क्षेत्र की सुरक्षा केवल अलग-अलग राष्ट्र-राज्यों पर छोड़ी गई, तो वह पुनः प्रतिस्पर्धा और संघर्ष की ओर बढ़ सकती है। इसी ऐतिहासिक पृष्ठभूमि में नाटो का उदय हुआ, जिसने "एक पर हमला, सभी पर हमला" के सिद्धांत के माध्यम से सामूहिक सुरक्षा को संस्थागत रूप प्रदान किया।सामूहिक सुरक्षा की अवधारणा नाटो से पहले भी अंतरराष्ट्रीय विमर्श का हिस्सा रही थी। राष्ट्रसंघ के माध्यम से 1919 के बाद यह प्रयास किया गया कि किसी एक देश पर आक्रमण को संपूर्ण अंतरराष्ट्रीय समुदाय के विरुद्ध आक्रमण माना जाए।[884] किंतु राष्ट्रसंघ की संरचनात्मक कमजोरियों, सैन्य क्षमता के अभाव और राजनीतिक इच्छाशक्ति की कमी के कारण यह व्यवस्था विफल हो गई। नाटो ने इसी ऐतिहासिक विफलता से सीख लेते हुए सामूहिक सुरक्षा को केवल नैतिक या कानूनी सिद्धांत तक सीमित न रखकर सैन्य प्रतिबद्धता, संयुक्त कमान और साझा रणनीति के साथ जोड़ा। इस प्रकार नाटो सामूहिक सुरक्षा का पहला "सक्रिय मॉडल" बनकर उभरा।नाटो की सामूहिक सुरक्षा का मूल आधार नाटो संधि का अनुच्छेद-5 है।[885] इस अनुच्छेद के अनुसार यदि किसी एक सदस्य देश पर सशस्त्र हमला होता है, तो उसे सभी सदस्य देशों पर हमला माना जाएगा, और सभी देश उसकी रक्षा के लिए आवश्यक कदम उठाएँगे। यह प्रावधान नाटो को पारंपरिक रक्षा गठबंधनों से अलग बनाता है, क्योंकि इसमें सुरक्षा को द्विपक्षीय दायित्व के बजाय बहुपक्षीय सामूहिक जिम्मेदारी के रूप में परिभाषित किया गया है। यही सिद्धांत नाटो को वैश्विक शासन की सुरक्षा संरचना में एक विशिष्ट स्थान प्रदान करता है।

शीत युद्ध (1947–1991) के दौरान नाटो की भूमिका मुख्यतः सामूहिक निरोध से जुड़ी रही।[886] इस अवधि में नाटो का प्राथमिक उद्देश्य यूरोप में सैन्य संतुलन बनाए रखना और किसी बड़े संघर्ष को रोकना था। सामूहिक सुरक्षा का अर्थ यहाँ केवल युद्ध लड़ना नहीं, बल्कि युद्ध को रोकना भी था। इस संदर्भ में नाटो ने सैन्य एकीकरण, संयुक्त अभ्यास और साझा रणनीतिक योजना के माध्यम से अपने सदस्यों के बीच सुरक्षा-विश्वास को सुदृढ़ किया। यह व्यवस्था यूरोप में अपेक्षाकृत स्थिरता बनाए रखने में सफल रही, जिससे यह सिद्ध हुआ कि सामूहिक सुरक्षा सही संस्थागत ढाँचे के साथ प्रभावी हो सकती है।शीत युद्ध की समाप्ति (1991) के बाद नाटो और सामूहिक सुरक्षा की अवधारणा पर गंभीर प्रश्न उठे।[887]यह माना गया कि जब द्विध्रुवीय संघर्ष समाप्त हो चुका है, तो नाटो जैसी सैन्य गठबंधन की आवश्यकता भी कम हो जाएगी। किंतु वास्तविकता इसके विपरीत रही। शीत युद्धोत्तर काल में नाटो ने स्वयं को पुनर्परिभाषित किया और सामूहिक सुरक्षा की अवधारणा को नए खतरों के अनुरूप ढाल लिया। इस परिवर्तन ने नाटो को केवल क्षेत्रीय रक्षा गठबंधन से आगे बढ़ाकर एक व्यापक सुरक्षा संगठन बना दिया।1990 के दशक में नाटो की सामूहिक सुरक्षा की भूमिका क्षेत्रीय संघर्षों और संकट-प्रबंधन से जुड़ गई।[888] इस दौर में नाटो ने शांति-स्थापना, मानवीय हस्तक्षेप और संकट-प्रबंधन जैसे अभियानों में भाग लिया। इन अभियानों ने यह दिखाया कि सामूहिक सुरक्षा केवल राज्य-केंद्रित आक्रमण से रक्षा तक सीमित नहीं है, बल्कि यह व्यापक मानव-सुरक्षा और क्षेत्रीय स्थिरता से भी जुड़ी हो सकती है। यहीं से नाटो की भूमिका वैश्विक शासन की सुरक्षा व्यवस्था में और अधिक गहराई से जुड़ने लगी।

21वीं सदी में नाटो और सामूहिक सुरक्षा का सबसे निर्णायक क्षण 11 सितंबर 2001 के बाद आया, जब पहली बार नाटो के अनुच्छेद-5 को सक्रिय किया गया।[889] यह घटना इस बात का ऐतिहासिक प्रमाण थी कि सामूहिक सुरक्षा केवल सैद्धांतिक प्रावधान नहीं, बल्कि वास्तविक परिस्थितियों में लागू किया जा सकने वाला सिद्धांत है। इस निर्णय ने नाटो की भूमिका को यूरोपीय सुरक्षा से आगे बढ़ाकर वैश्विक सुरक्षा के क्षेत्र में विस्तारित कर दिया। इसके बाद नाटो की सामूहिक सुरक्षा आतंकवाद, अंतरराष्ट्रीय हिंसा और अस्थिरता से निपटने की दिशा में उन्मुख हो गई।[890]नाटो की सामूहिक सुरक्षा का एक महत्वपूर्ण आयाम वैश्विक शासन से उसका संबंध है। यद्यपि नाटो संयुक्त राष्ट्र जैसी सार्वभौमिक संस्था नहीं है, फिर भी यह वैश्विक सुरक्षा व्यवस्था का एक प्रभावशाली अंग बन चुका है।[891] कई मामलों में नाटो ने संयुक्त राष्ट्र के साथ समन्वय कर कार्य किया, जिससे

उसकी कार्रवाइयों को अंतरराष्ट्रीय वैधता प्राप्त हुई। इस समन्वय ने यह दर्शाया कि सामूहिक सुरक्षा और बहुपक्षीय वैधता एक-दूसरे के विरोधी नहीं, बल्कि पूरक हो सकते हैं।हालाँकि, नाटो और सामूहिक सुरक्षा की अवधारणा आलोचनाओं से मुक्त नहीं है।[892] आलोचकों का तर्क है कि नाटो की सामूहिक सुरक्षा व्यवस्था सार्वभौमिक नहीं है, क्योंकि यह केवल उसके सदस्य देशों तक सीमित रहती है। इसके अतिरिक्त, यह भी कहा जाता है कि नाटो की कार्रवाइयाँ कई बार संयुक्त राष्ट्र की व्यापक सहमति के बिना की गईं, जिससे अंतरराष्ट्रीय वैधता पर प्रश्नचिह्न लगे। इन आलोचनाओं ने वैश्विक शासन में नाटो की भूमिका को एक विवादास्पद विषय बना दिया है।इन आलोचनाओं के बावजूद, नाटो की सामूहिक सुरक्षा ने कई व्यावहारिक लाभ भी प्रदान किए हैं।[893] सदस्य देशों के बीच साझा योजना, संसाधनों का संयोजन और संयुक्त निर्णय-निर्माण ने सुरक्षा लागत को कम किया और प्रभावशीलता को बढ़ाया। यह व्यवस्था विशेष रूप से छोटे और मध्यम आकार के देशों के लिए महत्वपूर्ण रही है, क्योंकि उन्हें सामूहिक सुरक्षा के माध्यम से उन खतरों से सुरक्षा प्राप्त होती है, जिनका सामना वह अकेले नहीं कर सकते। इस प्रकार, नाटो सामूहिक सुरक्षा को शक्ति-संतुलन का एक संस्थागत रूप प्रदान करता है।

21वीं सदी के तीसरे दशक में नाटो और सामूहिक सुरक्षा की अवधारणा नई चुनौतियों का सामना कर रही है।[894] पारंपरिक सैन्य खतरों के साथ-साथ अब साइबर सुरक्षा, अंतरिक्ष सुरक्षा, ऊर्जा सुरक्षा और सूचना-युद्ध जैसे नए क्षेत्र नाटो के एजेंडे में शामिल हो चुके हैं। इन चुनौतियों ने सामूहिक सुरक्षा की परिभाषा को और अधिक विस्तृत कर दिया है। अब सामूहिक सुरक्षा केवल भौगोलिक सीमाओं की रक्षा नहीं, बल्कि डिजिटल और रणनीतिक क्षेत्रों की सुरक्षा भी बन चुकी है।नाटो की सामूहिक सुरक्षा का एक और महत्वपूर्ण पहलू उसका राजनीतिक-मनोवैज्ञानिक प्रभाव है।[895] सामूहिक सुरक्षा केवल सैन्य क्षमता का प्रश्न नहीं है, बल्कि यह भरोसे और प्रतिबद्धता का भी संकेत देती है। किसी देश का नाटो सदस्य होना संभावित प्रतिद्वंद्वियों को यह संदेश देता है कि वह अकेला नहीं है। यह संदेश स्वयं में एक निरोधक का कार्य करता है। इस प्रकार, नाटो की सामूहिक सुरक्षा कई बार बिना प्रत्यक्ष सैन्य कार्रवाई के ही स्थिरता बनाए रखने में सहायक होती है।भविष्य की दृष्टि से नाटो और सामूहिक सुरक्षा का महत्व कम होने की बजाय और अधिक बढ़ने की संभावना है।[896] वैश्विक शक्ति-संतुलन में परिवर्तन, क्षेत्रीय अस्थिरता और नई सुरक्षा चुनौतियाँ सामूहिक सुरक्षा की आवश्यकता को और अधिक सुदृढ़ करती हैं। हालाँकि, नाटो को अपनी वैधता, समावेशिता और वैश्विक शासन के साथ

समन्वय के प्रश्नों पर निरंतर विचार करना होगा, ताकि उसकी सामूहिक सुरक्षा व्यवस्था अंतरराष्ट्रीय समुदाय में स्वीकार्य बनी रहे।नाटो और सामूहिक सुरक्षा आधुनिक वैश्विक शासन की सुरक्षा संरचना का एक केंद्रीय स्तंभ हैं।[897] नाटो ने सामूहिक सुरक्षा को केवल एक आदर्श से आगे बढ़ाकर एक व्यवहारिक, संस्थागत और सैन्य रूप से प्रभावी व्यवस्था में रूपांतरित किया है। यद्यपि इसकी सीमाएँ और आलोचनाएँ स्पष्ट हैं, फिर भी यह निर्विवाद है कि वैश्विक स्तर पर सुरक्षा, निरोध और स्थिरता के प्रश्नों में नाटो की भूमिका अत्यंत महत्वपूर्ण बनी हुई है।

ब्रिक्स और बहुध्रुवीय विश्व

ब्रिक्स और बहुध्रुवीय विश्व की अवधारणा 21वीं सदी की वैश्विक राजनीति में एक निर्णायक वैचारिक और संरचनात्मक परिवर्तन को प्रतिबिंबित करती है, जहाँ शक्ति का केंद्रीकरण किसी एक महाशक्ति या सीमित समूह तक सीमित न रहकर अनेक क्षेत्रीय और वैश्विक केंद्रों में वितरित होता दिखाई देता है।[898] शीत युद्ध (1947–1991) के दौरान वैश्विक व्यवस्था द्विध्रुवीय थी और उसके बाद के एक दशक में अमेरिका-केंद्रित एकध्रुवीयता का प्रभाव स्पष्ट रहा, किंतु 21वीं सदी के दूसरे दशक तक यह स्पष्ट हो गया कि वैश्विक शक्ति-संरचना तीव्र गति से बहुध्रुवीयता की ओर अग्रसर है।[899] इसी परिवर्तनशील संदर्भ में ब्रिक्स समूह का उदय और विस्तार हुआ, जिसने वैश्विक शासन, आर्थिक शक्ति और राजनीतिक वैधता के पश्चिम-केंद्रित ढाँचों को चुनौती देने का प्रयास किया।ब्रिक्स की वैचारिक उत्पत्ति 2001 में देखी जा सकती है, जब पहली बार ब्राज़ील, रूस, भारत और चीन जैसे उभरते देशों को एक साथ एक नई आर्थिक शक्ति-श्रेणी के रूप में पहचाना गया।[900] इस अवधारणा का आधार यह तर्क था कि यह देश जनसंख्या, संसाधन, आर्थिक वृद्धि और क्षेत्रीय प्रभाव के कारण भविष्य की वैश्विक व्यवस्था में निर्णायक भूमिका निभा सकते हैं। 2006 में इन देशों के बीच औपचारिक संवाद की शुरुआत हुई और 2009 में पहला शिखर सम्मेलन आयोजित हुआ, जिसने ब्रिक्स को एक वैचारिक अवधारणा से आगे बढ़ाकर एक राजनीतिक-कूटनीतिक मंच में रूपांतरित किया।[901] 2010 में दक्षिण अफ्रीका के शामिल होने के बाद यह समूह पाँच महाद्वीपों तक विस्तारित हो गया, जिससे इसकी भौगोलिक और प्रतीकात्मक प्रतिनिधिकता और सुदृढ़ हुई।

ब्रिक्स का उदय केवल आर्थिक सहयोग का परिणाम नहीं था, बल्कि यह वैश्विक शासन की असमान संरचना के प्रति असंतोष की अभिव्यक्ति भी था।[902] द्वितीय विश्व युद्ध के बाद स्थापित अंतरराष्ट्रीय संस्थाएँ,विशेषकर अंतरराष्ट्रीय

वित्तीय और आर्थिक संस्थाएँ,मुख्यतः पश्चिमी शक्तियों के प्रभुत्व में रहीं। 2008 की वैश्विक आर्थिक मंदी ने इस असंतुलन को उजागर किया, जब यह स्पष्ट हुआ कि वैश्विक अर्थव्यवस्था में उभरती शक्तियों की भूमिका बढ़ रही है, किंतु निर्णय-निर्माण की संरचनाएँ अभी भी पुराने शक्ति-संतुलन को प्रतिबिंबित करती हैं। इसी पृष्ठभूमि में ब्रिक्स ने स्वयं को एक ऐसे मंच के रूप में प्रस्तुत किया, जो वैश्विक आर्थिक और राजनीतिक व्यवस्था को अधिक समावेशी और संतुलित बनाने की मांग करता है।बहुध्रुवीय विश्व की अवधारणा ब्रिक्स के राजनीतिक विमर्श का केंद्रीय तत्व रही है।[903] बहुध्रुवीयता का अर्थ केवल शक्ति के अनेक केंद्रों का अस्तित्व नहीं है, बल्कि यह उस व्यवस्था की ओर संकेत करती है, जहाँ विभिन्न क्षेत्रीय शक्तियाँ और गठबंधन वैश्विक निर्णय-निर्माण में समान रूप से भागीदारी करते हैं। ब्रिक्स देशों ने बार-बार यह तर्क दिया है कि वैश्विक शासन को किसी एक शक्ति या गठबंधन के हितों से नहीं, बल्कि बहुपक्षीयता और अंतरराष्ट्रीय कानून के सिद्धांतों से संचालित होना चाहिए। इस दृष्टिकोण में संयुक्त राष्ट्र, अंतरराष्ट्रीय कानून और संप्रभु समानता जैसे सिद्धांतों को केंद्रीय स्थान प्राप्त है।आर्थिक दृष्टि से ब्रिक्स बहुध्रुवीय विश्व की आधारशिला प्रस्तुत करता है।[904] 21वीं सदी के दूसरे दशक तक ब्रिक्स देशों का संयुक्त आर्थिक योगदान वैश्विक अर्थव्यवस्था में उल्लेखनीय हो चुका था। इन देशों की जनसंख्या विश्व की कुल जनसंख्या का एक बड़ा भाग है और उनका संयुक्त बाजार वैश्विक उत्पादन और उपभोग का एक प्रमुख स्रोत बन गया है। यह आर्थिक वास्तविकता बहुध्रुवीयता को केवल वैचारिक नहीं, बल्कि संरचनात्मक आधार प्रदान करती है। ब्रिक्स के माध्यम से उभरती अर्थव्यवस्थाएँ यह संदेश देती हैं कि वैश्विक आर्थिक शक्ति अब केवल पारंपरिक औद्योगिक देशों तक सीमित नहीं है।ब्रिक्स की संस्थागत पहलें बहुध्रुवीय विश्व की दिशा में एक व्यावहारिक कदम के रूप में देखी जा सकती हैं।[905] समूह ने विकास वित्त, अवसंरचना और आर्थिक सहयोग के क्षेत्र में साझा संस्थागत ढाँचे विकसित करने का प्रयास किया। इन पहलों का उद्देश्य मौजूदा वैश्विक वित्तीय संस्थाओं का प्रत्यक्ष विकल्प बनना नहीं था, बल्कि वैश्विक शासन में विकल्प और संतुलन प्रदान करना था। इस प्रकार, ब्रिक्स ने बहुध्रुवीयता को केवल आलोचनात्मक विमर्श से आगे बढ़ाकर संस्थागत प्रयोग के स्तर तक पहुँचाया।

राजनीतिक स्तर पर ब्रिक्स ने वैश्विक मुद्दों पर समन्वित दृष्टिकोण प्रस्तुत करने का प्रयास किया है।[906] अंतरराष्ट्रीय सुरक्षा, विकास, संप्रभुता और हस्तक्षेप जैसे विषयों पर ब्रिक्स देशों ने अक्सर बहुपक्षीयता और संवाद को प्राथमिकता देने की बात कही है। यह दृष्टिकोण उस पश्चिमी प्रवृत्ति के विपरीत

प्रस्तुत किया गया, जिसमें कुछ शक्तियाँ एकतरफा या सीमित गठबंधन-आधारित कार्रवाई को प्राथमिकता देती रही हैं।[907] इस प्रकार, ब्रिक्स बहुध्रुवीय विश्व को एक अधिक संतुलित और नियम-आधारित व्यवस्था के रूप में परिभाषित करता है।हालाँकि, ब्रिक्स और बहुध्रुवीयता के बीच संबंध सरल और निर्विवाद नहीं है।[908] ब्रिक्स देशों की राजनीतिक प्रणालियाँ, रणनीतिक प्राथमिकताएँ और क्षेत्रीय हित एक-दूसरे से भिन्न हैं। यह विविधता एक ओर समूह को व्यापक प्रतिनिधिकता प्रदान करती है, तो दूसरी ओर आंतरिक समन्वय को चुनौतीपूर्ण बना देती है। आलोचकों का तर्क है कि ब्रिक्स एक सुसंगत रणनीतिक गठबंधन की तुलना में एक लचीला मंच अधिक है, जहाँ सहमति सीमित और मुद्दा-आधारित रहती है। यह स्थिति बहुध्रुवीयता की उस वास्तविकता को भी दर्शाती है, जिसमें शक्ति-केंद्रों के बीच सहयोग और प्रतिस्पर्धा दोनों साथ-साथ चलते हैं।बहुध्रुवीय विश्व के संदर्भ में ब्रिक्स का महत्व इस तथ्य में निहित है कि यह वैश्विक शासन की वैकल्पिक कल्पना प्रस्तुत करता है।[909] यह कल्पना किसी एक नए प्रभुत्व-केंद्र की स्थापना नहीं करती, बल्कि शक्ति के संतुलन और विविधता पर बल देती है। ब्रिक्स देशों का तर्क है कि वैश्विक समस्याओं जैसे विकास, सुरक्षा और जलवायु,का समाधान तभी संभव है, जब निर्णय-निर्माण में विविध अनुभवों और हितों को शामिल किया जाए। इस दृष्टिकोण में बहुध्रुवीयता अराजकता का पर्याय नहीं, बल्कि संतुलन और संवाद का माध्यम है।21वीं सदी के तीसरे दशक में ब्रिक्स की भूमिका और बहुध्रुवीय विश्व की प्रासंगिकता और अधिक बढ़ गई है।[910] वैश्विक अर्थव्यवस्था में संरचनात्मक परिवर्तन, क्षेत्रीय संघर्ष और वैश्विक शासन की वैधता पर उठते प्रश्नों ने वैकल्पिक मंचों की आवश्यकता को रेखांकित किया है। ब्रिक्स इस संदर्भ में एक ऐसा मंच बनकर उभरा है, जो न तो पारंपरिक पश्चिमी व्यवस्था का पूर्ण विकल्प है और न ही उससे पूर्णतः पृथक, बल्कि उसके साथ-साथ एक संतुलनकारी भूमिका निभाने का प्रयास करता है। ब्रिक्स और बहुध्रुवीय विश्व की अवधारणा का एक महत्वपूर्ण आयाम विकासशील देशों की भूमिका से जुड़ा है।[911] वैश्विक शासन में लंबे समय तक विकासशील देशों की आवाज़ अपेक्षाकृत कमजोर रही है। ब्रिक्स के माध्यम से यह देश सामूहिक रूप से अपने हितों और दृष्टिकोणों को वैश्विक मंच पर प्रस्तुत करने में सक्षम हुए हैं। यह प्रक्रिया बहुध्रुवीयता को केवल शक्ति-राजनीति का प्रश्न न बनाकर प्रतिनिधित्व और न्याय के प्रश्न से भी जोड़ देती है।इसके बावजूद, ब्रिक्स के भविष्य को लेकर अनिश्चितताएँ बनी हुई हैं।[912] समूह की आंतरिक विविधता, वैश्विक दबाव और बदलती अंतरराष्ट्रीय परिस्थितियाँ इसके प्रभाव को सीमित भी कर सकती हैं। फिर भी, यह निर्विवाद है कि ब्रिक्स ने

वैश्विक विमर्श में बहुध्रुवीयता को एक केंद्रीय अवधारणा के रूप में स्थापित किया है। इस योगदान का महत्व इस बात में निहित है कि इसने वैश्विक शासन की बहस को अधिक समावेशी और बहु-आयामी बनाया है।ब्रिक्स और बहुध्रुवीय विश्व 21वीं सदी की उभरती विश्व व्यवस्था के एक महत्वपूर्ण प्रतीक और साधन हैं।[913] ब्रिक्स ने यह स्पष्ट किया है कि वैश्विक शक्ति-संरचना अब स्थिर और एककेंद्रित नहीं रह गई है, बल्कि यह निरंतर परिवर्तनशील और बहु-केंद्रित होती जा रही है। यद्यपि ब्रिक्स किसी पूर्ण वैकल्पिक विश्व व्यवस्था का प्रतिनिधित्व नहीं करता, फिर भी यह बहुध्रुवीयता की दिशा में एक ठोस कदम अवश्य है।

नियम-आधारित व्यवस्था बनाम शक्ति-राजनीति

नियम-आधारित अंतरराष्ट्रीय व्यवस्था बनाम शक्ति-राजनीति का द्वंद्व 21वीं सदी की वैश्विक राजनीति का एक केंद्रीय और निर्णायक प्रश्न बन चुका है।[914] शीत युद्ध की समाप्ति (1991) के बाद यह धारणा प्रबल हुई थी कि अंतरराष्ट्रीय राजनीति धीरे-धीरे शक्ति-आधारित प्रतिस्पर्धा से हटकर नियमों, संस्थाओं और अंतरराष्ट्रीय कानून द्वारा संचालित होगी। इस धारणा का आधार यह विश्वास था कि वैश्वीकरण, आर्थिक अंतरनिर्भरता और बहुपक्षीय संस्थाएँ राज्यों को सहयोग के लिए बाध्य करेंगी। किंतु 21वीं सदी के पहले दो दशकों के अनुभवों ने यह स्पष्ट कर दिया कि यद्यपि नियम-आधारित व्यवस्था अंतरराष्ट्रीय राजनीति का एक महत्वपूर्ण आयाम बनी हुई है, फिर भी उसकी सीमाएँ स्पष्ट हैं और शक्ति-राजनीति अब भी निर्णायक भूमिका निभाती है। इसी संदर्भ में अंतरराष्ट्रीय नियमों की सीमाओं का विश्लेषण आवश्यक हो जाता है।नियम-आधारित व्यवस्था की अवधारणा का उद्भव द्वितीय विश्व युद्ध (1939–45) के बाद स्थापित अंतरराष्ट्रीय संस्थागत ढाँचे से जुड़ा हुआ है।[915] 1945 में संयुक्त राष्ट्र की स्थापना, अंतरराष्ट्रीय कानून का विस्तार और बहुपक्षीय संस्थाओं का विकास इस विचार पर आधारित था कि साझा नियम और मानदंड अंतरराष्ट्रीय अराजकता को नियंत्रित कर सकते हैं। इस व्यवस्था का मूल उद्देश्य यह था कि राज्य अपनी शक्ति का प्रयोग अंतरराष्ट्रीय नियमों और संस्थागत प्रक्रियाओं के भीतर करें। किंतु इस आदर्शवादी लक्ष्य के बावजूद, प्रारंभ से ही यह स्पष्ट था कि अंतरराष्ट्रीय नियमों की प्रभावशीलता राज्यों की सहमति और शक्ति-संतुलन पर निर्भर करती है। यही निर्भरता आगे चलकर नियम-आधारित व्यवस्था की सीमाओं को उजागर करती है।अंतरराष्ट्रीय नियमों की पहली और सबसे बुनियादी सीमा उनकी प्रवर्तन क्षमता से जुड़ी है।[916] अंतरराष्ट्रीय व्यवस्था में कोई केंद्रीय वैश्विक सत्ता नहीं है,

जो नियमों को समान रूप से और अनिवार्य रूप से लागू कर सके। अंतरराष्ट्रीय कानून और नियम मुख्यतः राज्यों की स्वैच्छिक सहमति पर आधारित होते हैं। जब तक राज्य नियमों का पालन अपने हित में समझते हैं, तब तक वह प्रभावी रहते हैं; किंतु जैसे ही किसी नियम का पालन राज्य के रणनीतिक हितों के विरुद्ध प्रतीत होता है, उसकी अनदेखी या पुनर्व्याख्या की जाती है। इस संरचनात्मक कमजोरी के कारण नियम-आधारित व्यवस्था शक्ति-राजनीति के सामने अक्सर असहाय दिखाई देती है।

दूसरी महत्वपूर्ण सीमा अंतरराष्ट्रीय नियमों की असमान व्याख्या और चयनात्मक अनुपालन से जुड़ी है।[917] वैश्विक राजनीति में शक्तिशाली राज्य अक्सर नियमों की व्याख्या अपने हितों के अनुरूप करते हैं, जबकि कमजोर राज्यों से कठोर अनुपालन की अपेक्षा की जाती है। यह दोहरा मानदंड नियम-आधारित व्यवस्था की वैधता को कमजोर करता है। जब नियम सभी पर समान रूप से लागू नहीं होते, तो वह नैतिक और राजनीतिक समर्थन खोने लगते हैं। 21वीं सदी में यह प्रवृत्ति बार-बार देखने को मिली है, जहाँ नियमों का उपयोग कभी वैधता प्रदान करने के लिए किया गया और कभी उन्हें दरकिनार कर दिया गया।अंतरराष्ट्रीय नियमों की तीसरी सीमा संप्रभुता और राष्ट्रीय हित के साथ उनके अंतर्निहित टकराव से जुड़ी है।[918] यद्यपि वैश्विक शासन का तर्क यह है कि साझा समस्याओं के समाधान के लिए संप्रभुता को आंशिक रूप से सीमित करना आवश्यक है, किंतु व्यवहार में अधिकांश राज्य संप्रभुता को सर्वोच्च मानते हैं। जब अंतरराष्ट्रीय नियम किसी राज्य की आंतरिक नीति, सुरक्षा या रणनीतिक स्वायत्तता को सीमित करते प्रतीत होते हैं, तो उनका विरोध या उल्लंघन होने लगता है। इस स्थिति में शक्ति-राजनीति पुनः हावी हो जाती है और नियम-आधारित व्यवस्था पीछे छूट जाती है।चौथी सीमा अंतरराष्ट्रीय नियमों की राजनीतिकरण से जुड़ी है।[919] कई बार नियम और संस्थाएँ स्वयं राजनीतिक प्रतिस्पर्धा का साधन बन जाती हैं। नियमों का प्रयोग निष्पक्ष मध्यस्थ के रूप में न होकर दबाव और दंड के उपकरण के रूप में किया जाता है। इससे नियमों की निष्पक्षता पर प्रश्नचिह्न लगते हैं और वह शक्ति-राजनीति का विस्तार बन जाते हैं। इस प्रक्रिया में नियम-आधारित व्यवस्था और शक्ति-राजनीति के बीच की रेखा धुंधली हो जाती है।

नियम-आधारित व्यवस्था की एक और महत्वपूर्ण सीमा उसकी धीमी और जटिल निर्णय-प्रक्रिया है।[920] बहुपक्षीय संस्थाओं में सहमति-निर्माण समयसाध्य होता है और अक्सर न्यूनतम साझा आधार तक सीमित रह जाता है। त्वरित और

निर्णायक कार्रवाई की आवश्यकता वाले संकटों में यह प्रक्रिया अप्रभावी सिद्ध हो सकती है। इस कारण कई राज्य त्वरित परिणामों के लिए एकतरफा या गठबंधन-आधारित कार्रवाई को प्राथमिकता देते हैं, जिससे नियम-आधारित व्यवस्था की प्रासंगिकता पर प्रश्न उठते हैं।21वीं सदी में उभरती बहुध्रुवीयता ने अंतरराष्ट्रीय नियमों की सीमाओं को और अधिक उजागर किया है।[921] जब शक्ति कई केंद्रों में वितरित होती है, तो नियमों पर सहमति बनाना और भी कठिन हो जाता है। विभिन्न शक्ति-केंद्रों की ऐतिहासिक अनुभव, राजनीतिक संस्कृतियाँ और रणनीतिक प्राथमिकताएँ भिन्न होती हैं, जिससे साझा नियमों पर व्यापक सहमति प्राप्त करना चुनौतीपूर्ण हो जाता है। इस स्थिति में नियम-आधारित व्यवस्था अक्सर न्यूनतम मानकों तक सीमित रह जाती है, जबकि वास्तविक राजनीति शक्ति-संतुलन द्वारा संचालित होती है।नियम-आधारित व्यवस्था की सीमाएँ गैर-राज्य अभिनेताओं के संदर्भ में भी स्पष्ट होती हैं।[922] अंतरराष्ट्रीय नियम मुख्यतः राज्यों के लिए बनाए गए हैं, जबकि 21वीं सदी की राजनीति में गैर-राज्य अभिनेता,जैसे बहुराष्ट्रीय कंपनियाँ, सशस्त्र समूह और डिजिटल नेटवर्क महत्वपूर्ण भूमिका निभाते हैं। इन अभिनेताओं पर नियम लागू करना कठिन होता है, जिससे नियम-आधारित व्यवस्था की प्रभावशीलता सीमित हो जाती है। यह स्थिति विशेष रूप से साइबर स्पेस, सूचना युद्ध और वैश्विक आपूर्ति शृंखलाओं के संदर्भ में स्पष्ट होती है।

इन सीमाओं के बावजूद, यह कहना भी उचित नहीं होगा कि नियम-आधारित व्यवस्था पूर्णतः अप्रासंगिक हो चुकी है।[923] अंतरराष्ट्रीय नियम और संस्थाएँ अब भी व्यवहार को संरचित करती हैं, वैधता प्रदान करती हैं और शक्ति-राजनीति को कुछ हद तक सीमित करती हैं। किंतु उनकी भूमिका अब निर्णायक नियंत्रणकर्ता की बजाय संदर्भ और ढाँचा प्रदान करने वाले कारक की बनती जा रही है। इस अर्थ में नियम-आधारित व्यवस्था और शक्ति-राजनीति परस्पर विरोधी नहीं, बल्कि परस्पर अंतःक्रियाशील हैं।नियम-आधारित व्यवस्था की सीमाओं का विश्लेषण यह भी दर्शाता है कि अंतरराष्ट्रीय राजनीति में नियम और शक्ति के बीच एक गतिशील संतुलन बना रहता है।[924] जब शक्ति-संतुलन अपेक्षाकृत स्थिर होता है, तब नियम अधिक प्रभावी होते हैं; जब संतुलन अस्थिर होता है, तब नियम कमजोर पड़ जाते हैं। इस संदर्भ में नियम-आधारित व्यवस्था को शक्ति-राजनीति का विकल्प नहीं, बल्कि उसका पूरक माना जाना चाहिए। नियम शक्ति को पूर्णतः समाप्त नहीं कर सकते, किंतु वह उसके प्रयोग को दिशा और वैधता प्रदान कर सकते हैं।भविष्य की दृष्टि से अंतरराष्ट्रीय नियमों की सीमाओं को समझना इसलिए भी महत्वपूर्ण है, क्योंकि इससे वैश्विक शासन के सुधार की दिशा स्पष्ट

होती है।[925] यदि नियम-आधारित व्यवस्था को अधिक प्रभावी बनाना है, तो उसे अधिक समावेशी, प्रतिनिधिक और निष्पक्ष बनाना होगा। इसके साथ ही, शक्ति-राजनीति की वास्तविकताओं को स्वीकार करते हुए नियमों को यथार्थवादी आधार पर पुनःपरिभाषित करना होगा। यह संतुलन ही 21वीं सदी की वैश्विक व्यवस्था को स्थिर बना सकता है।अंतरराष्ट्रीय नियमों की सीमाएँ यह स्पष्ट करती हैं कि नियम-आधारित व्यवस्था अपने आप में पर्याप्त नहीं है और न ही वह शक्ति-राजनीति को पूर्णतः प्रतिस्थापित कर सकती है।[926] अंतरराष्ट्रीय राजनीति अब भी शक्ति, हित और रणनीति से गहराई से प्रभावित है। नियम-आधारित व्यवस्था इन तत्वों को नियंत्रित करने और वैधता प्रदान करने का प्रयास करती है, किंतु उसकी सफलता शक्ति-संतुलन और राजनीतिक इच्छाशक्ति पर निर्भर करती है।

महाशक्तियों का व्यवहार

महाशक्तियों का व्यवहार अंतरराष्ट्रीय राजनीति का वह केंद्रीय आयाम है, जो नियम-आधारित व्यवस्था और शक्ति-राजनीति के बीच वास्तविक संतुलन को उजागर करता है।[927] वैश्विक शासन के विमर्श में यह माना जाता है कि अंतरराष्ट्रीय नियम, संस्थाएँ और कानून सभी राज्यों पर समान रूप से लागू होते हैं, किंतु व्यवहारिक यथार्थ यह है कि महाशक्तियाँ अपने सामरिक, आर्थिक और वैचारिक हितों के अनुसार नियमों की व्याख्या, अनुपालन या उल्लंघन करती रही हैं। 20वीं सदी के उत्तरार्ध से लेकर 21वीं सदी तक, अमेरिका, रूस, चीन, यूरोपीय शक्तियाँ और अन्य उभरती महाशक्तियाँ अंतरराष्ट्रीय व्यवस्था को बनाए रखने के साथ-साथ उसे अपने पक्ष में मोड़ने का प्रयास करती रही हैं। इसी दोहरे व्यवहार से नियम-आधारित व्यवस्था की सीमाएँ और शक्ति-राजनीति की स्थायित्व स्पष्ट होता है। शीत युद्ध (1947–1991) के दौरान महाशक्तियों का व्यवहार स्पष्ट रूप से शक्ति-केंद्रित था।[928] संयुक्त राज्य अमेरिका और सोवियत संघ ने अंतरराष्ट्रीय नियमों और संस्थाओं को अपने-अपने वैचारिक खेमों के समर्थन और वैधता के साधन के रूप में प्रयोग किया। संयुक्त राष्ट्र जैसी बहुपक्षीय संस्था अस्तित्व में तो थी, किंतु उसका व्यवहार महाशक्तियों के वीटो और रणनीतिक हितों से सीमित रहा। इस दौर में नियमों का पालन तभी हुआ, जब वह शक्ति-संतुलन के अनुकूल था। यह प्रवृत्ति यह दर्शाती है कि महाशक्तियों के लिए नियम साध्य नहीं, बल्कि साधन रहे हैं।

शीत युद्ध की समाप्ति के बाद 1990 के दशक में यह अपेक्षा बनी कि महाशक्तियाँ नियम-आधारित व्यवस्था को प्राथमिकता देंगी।[929] अमेरिका इस

अवधि में एक प्रमुख वैश्विक शक्ति के रूप में उभरा और उसने अंतरराष्ट्रीय संस्थाओं, मुक्त व्यापार और लोकतांत्रिक मूल्यों को वैश्विक व्यवस्था का आधार बनाने का प्रयास किया। किंतु व्यवहार में अमेरिकी नीति चयनात्मक रही। जहाँ नियम और संस्थाएँ उसके दीर्घकालिक हितों के अनुकूल थीं, वहाँ उनका समर्थन किया गया; और जहाँ वह बाधा बनीं, वहाँ एकतरफा या गठबंधन-आधारित कार्रवाई को प्राथमिकता दी गई। इस चयनात्मकता ने यह स्पष्ट किया कि महाशक्ति होने के नाते अमेरिका ने नियम-आधारित व्यवस्था को पूर्णतः बाध्यकारी नहीं माना।रूस का व्यवहार महाशक्तियों के यथार्थवादी दृष्टिकोण का एक और उदाहरण प्रस्तुत करता है।[930] शीत युद्ध के बाद रूस ने प्रारंभिक वर्षों में पश्चिमी संस्थाओं के साथ सहयोग की नीति अपनाई, किंतु समय के साथ उसने यह अनुभव किया कि वैश्विक नियम और संस्थाएँ उसके सुरक्षा हितों को पर्याप्त रूप से प्रतिबिंबित नहीं करतीं। इसके परिणामस्वरूप रूस ने अपने क्षेत्रीय हितों और प्रभाव-क्षेत्र को सुरक्षित रखने के लिए शक्ति-आधारित कदमों को प्राथमिकता दी। इस व्यवहार ने यह स्पष्ट किया कि जब महाशक्तियों को लगता है कि नियम-आधारित व्यवस्था उनके रणनीतिक हितों को कमजोर कर रही है, तो वह उसे चुनौती देने से नहीं हिचकतीं।चीन का व्यवहार 21वीं सदी की महाशक्ति राजनीति का एक विशिष्ट उदाहरण है।[931] चीन ने अंतरराष्ट्रीय नियमों और संस्थाओं में भागीदारी को अपने आर्थिक विकास और वैश्विक एकीकरण के साधन के रूप में अपनाया। उसने व्यापार, निवेश और बहुपक्षीय मंचों के माध्यम से वैश्विक व्यवस्था में अपनी स्थिति मजबूत की। किंतु जैसे-जैसे उसकी शक्ति बढ़ी, वैसे-वैसे उसने नियमों की पुनर्व्याख्या और संस्थागत सुधार की मांग तेज की। चीन का व्यवहार यह दर्शाता है कि उभरती महाशक्तियाँ प्रारंभ में नियम-आधारित व्यवस्था से लाभ उठाती हैं, किंतु शक्ति बढ़ने पर वह उसे अपने हितों के अनुरूप ढालने का प्रयास करती हैं।

यूरोपीय शक्तियों का व्यवहार अपेक्षाकृत नियम-आधारित प्रतीत होता है, किंतु यह भी पूर्णतः शक्ति-राजनीति से मुक्त नहीं है।[932] यूरोप ने अंतरराष्ट्रीय कानून, बहुपक्षीयता और मानक-निर्धारण को अपनी सामूहिक पहचान का आधार बनाया है। इसके बावजूद, यूरोपीय देशों का व्यवहार भी सामरिक हितों, सुरक्षा चिंताओं और गठबंधन राजनीति से प्रभावित रहा है। यह स्थिति यह दर्शाती है कि नियम-आधारित दृष्टिकोण और शक्ति-राजनीति एक-दूसरे के विरोधी न होकर परस्पर अंतःक्रियाशील हैं।भारत जैसी उभरती महाशक्ति का व्यवहार भी इस विमर्श में महत्वपूर्ण स्थान रखता है।[933] भारत ने ऐतिहासिक रूप से अंतरराष्ट्रीय कानून, संप्रभुता और बहुपक्षीयता का समर्थन किया है। उसने वैश्विक शासन में सुधार और

अधिक समावेशी व्यवस्था की मांग की है। किंतु व्यवहार में भारत ने भी अपने राष्ट्रीय हितों, सुरक्षा आवश्यकताओं और क्षेत्रीय प्राथमिकताओं के अनुरूप निर्णय लिए हैं। यह संतुलित दृष्टिकोण यह दर्शाता है कि उभरती महाशक्तियाँ नियम और शक्ति के बीच व्यावहारिक संतुलन बनाने का प्रयास करती हैं।महाशक्तियों के व्यवहार का एक महत्वपूर्ण पहलू चयनात्मक वैधता से जुड़ा है।[934] महाशक्तियाँ उन नियमों और संस्थाओं को वैध मानती हैं, जो उनके हितों को सुदृढ़ करती हैं, जबकि अन्य को अप्रासंगिक या पक्षपातपूर्ण बताती हैं। इस प्रवृत्ति से वैश्विक शासन की वैधता पर प्रश्न उठते हैं और छोटे तथा विकासशील देशों में असंतोष बढ़ता है। यह असंतोष आगे चलकर वैकल्पिक मंचों और गठबंधनों के उदय को प्रेरित करता है।21वीं सदी में बहुध्रुवीयता के उभार ने महाशक्तियों के व्यवहार को और अधिक जटिल बना दिया है।[935] अब कोई एक शक्ति नियमों को एकतरफा रूप से निर्धारित नहीं कर सकती। इसके परिणामस्वरूप, महाशक्तियाँ या तो नियम-आधारित व्यवस्था को पुनःपरिभाषित करने का प्रयास करती हैं या समानांतर संस्थाएँ और मंच विकसित करती हैं। यह प्रवृत्ति वैश्विक शासन को अधिक प्रतिस्पर्धी और बहु-स्तरीय बना रही है।महाशक्तियों का व्यवहार यह भी दर्शाता है कि अंतरराष्ट्रीय नियम स्थिर नहीं, बल्कि परिवर्तनशील हैं। वह शक्ति-संतुलन में परिवर्तन के साथ विकसित होते हैं। जब शक्ति-संरचना बदलती है, तो नियमों की वैधता, व्याख्या और अनुपालन भी बदलता है। इस संदर्भ में महाशक्तियाँ नियमों की निर्माता भी हैं और उनके सबसे बड़े चुनौतीकर्ता भी।इन सभी प्रवृत्तियों के बावजूद, यह निष्कर्ष निकालना उचित नहीं होगा कि महाशक्तियाँ नियमों को पूरी तरह नकार देती हैं। वास्तव में, वह नियमों का उपयोग अपने कार्यों को वैध ठहराने के लिए करती हैं। यह व्यवहार यह दर्शाता है कि नियम-आधारित व्यवस्था पूरी तरह समाप्त नहीं हुई है, बल्कि वह शक्ति-राजनीति के साथ सह-अस्तित्व में है। नियम शक्ति को नैतिक और कानूनी आवरण प्रदान करते हैं, जबकि शक्ति नियमों की सीमाएँ निर्धारित करती है।महाशक्तियों का व्यवहार यह स्पष्ट करता है कि वैश्विक शासन की वास्तविकता नियम और शक्ति के बीच निरंतर अंतःक्रिया से निर्मित होती है। महाशक्तियाँ न तो पूरी तरह नियमों से बंधी होती हैं और न ही वह केवल बल-प्रयोग पर निर्भर रहती हैं। उनका व्यवहार रणनीतिक हितों, शक्ति-संतुलन और वैधता की आवश्यकता के बीच संतुलन साधने का प्रयास होता है।

उभरती वैश्विक भू-राजनीतिक संरचना

बहुध्रुवीयता 21वीं सदी की उभरती वैश्विक भू-राजनीतिक संरचना की सबसे निर्णायक विशेषता बन चुकी है।[936] क्योंकि यह उस ऐतिहासिक परिवर्तन को दर्शाती है जिसमें अंतरराष्ट्रीय शक्ति किसी एक महाशक्ति या दो प्रतिस्पर्धी ध्रुवों तक सीमित न रहकर अनेक क्षेत्रीय और वैश्विक केंद्रों में वितरित होती जा रही है। शीत युद्ध (1947–1991) के दौरान विश्व व्यवस्था द्विध्रुवीय थी, जहाँ संयुक्त राज्य अमेरिका और सोवियत संघ दो मुख्य शक्ति-केंद्र थे। 1991 के बाद के एक दशक में अमेरिका-केंद्रित एकध्रुवीय व्यवस्था उभरी, किंतु 21वीं सदी के दूसरे दशक तक यह स्पष्ट हो गया कि आर्थिक, सैन्य, तकनीकी और राजनीतिक शक्ति का वितरण तेज़ी से बदल रहा है। इसी परिवर्तनशील पृष्ठभूमि में बहुध्रुवीयता एक यथार्थवादी व्याख्यात्मक ढाँचे के रूप में सामने आई है।बहुध्रुवीयता की अवधारणा मूलतः शक्ति-संतुलन सिद्धांत से जुड़ी हुई है, किंतु इसका आधुनिक स्वरूप पारंपरिक यथार्थवादी ढाँचों से कहीं अधिक जटिल है।[937] पारंपरिक बहुध्रुवीय व्यवस्था में कई महाशक्तियाँ परस्पर संतुलन बनाकर अराजकता को नियंत्रित करने का प्रयास करती थीं। 21वीं सदी की बहुध्रुवीयता केवल सैन्य शक्ति तक सीमित नहीं है, बल्कि इसमें आर्थिक क्षमता, तकनीकी प्रभुत्व, जनसांख्यिकीय प्रभाव, संस्थागत भूमिका और वैचारिक प्रभाव भी शामिल हैं। इस प्रकार, आधुनिक बहुध्रुवीयता एक बहुआयामी संरचना प्रस्तुत करती है, जहाँ शक्ति के स्रोत विविध और परस्पर अंतर्निर्भर हैं।शीत युद्ध की समाप्ति के बाद 1990 के दशक में यह व्यापक धारणा बनी कि वैश्विक व्यवस्था स्थायी रूप से एकध्रुवीय रहेगी।[938] अमेरिका की सैन्य क्षमता, आर्थिक प्रभुत्व और संस्थागत प्रभाव ने उसे वैश्विक नेतृत्व की स्थिति में स्थापित किया। अंतरराष्ट्रीय संस्थाएँ, मुक्त व्यापार व्यवस्था और उदार लोकतांत्रिक मूल्यों का प्रसार इस एकध्रुवीय व्यवस्था की विशेषताएँ मानी गईं। किंतु 2000 के बाद के घटनाक्रमों,विशेषकर वैश्विक आर्थिक परिवर्तनों और क्षेत्रीय शक्तियों के उदय ने इस धारणा को चुनौती दी। इस दौर में यह स्पष्ट हुआ कि एकध्रुवीयता न तो स्थायी है और न ही सर्वस्वीकार्य।

बहुध्रुवीयता के उभार में आर्थिक शक्ति-वितरण की भूमिका निर्णायक रही है।[939] 21वीं सदी में कई उभरती अर्थव्यवस्थाओं ने तीव्र आर्थिक विकास दर्ज किया, जिससे वैश्विक उत्पादन और व्यापार का भूगोल बदलने लगा। एशिया, विशेषकर चीन और भारत, वैश्विक आर्थिक केंद्रों के रूप में उभरे। इसी प्रकार, यूरोप ने सामूहिक आर्थिक शक्ति के माध्यम से अपनी प्रासंगिकता बनाए रखी, जबकि

रूस ने ऊर्जा और सैन्य क्षमता के आधार पर अपना प्रभाव क्षेत्र पुनः सुदृढ़ किया। यह आर्थिक विविधता बहुध्रुवीय संरचना को ठोस आधार प्रदान करती है।सैन्य दृष्टि से भी बहुध्रुवीयता का स्वरूप स्पष्ट होता जा रहा है।[940] यद्यपि अमेरिका अब भी सबसे बड़ी सैन्य शक्ति है, किंतु अन्य शक्तियों की सैन्य क्षमताओं में भी उल्लेखनीय वृद्धि हुई है। रूस की रणनीतिक सैन्य क्षमता, चीन का तीव्र सैन्य आधुनिकीकरण और यूरोपीय देशों का सामूहिक सुरक्षा ढाँचा यह दर्शाता है कि सैन्य शक्ति का केंद्रीकरण कम हो रहा है। इसके साथ-साथ, क्षेत्रीय सैन्य शक्तियाँ भी अपने-अपने क्षेत्रों में संतुलन स्थापित करने में सक्षम हो रही हैं। यह प्रवृत्ति बहुध्रुवीयता को सैन्य यथार्थ का रूप प्रदान करती है।बहुध्रुवीयता का एक महत्वपूर्ण आयाम राजनीतिक और संस्थागत विविधता से भी जुड़ा है।[941] 21वीं सदी में वैश्विक शासन केवल पश्चिमी संस्थाओं और मानकों तक सीमित नहीं रहा। विभिन्न क्षेत्रीय और बहुपक्षीय मंचों ने वैश्विक निर्णय-निर्माण में अपनी भूमिका बढ़ाई है। यह संस्थागत बहुलता बहुध्रुवीयता को केवल शक्ति-राजनीति का परिणाम नहीं, बल्कि शासन संरचनाओं के पुनर्संतुलन का भी संकेत बनाती है। इस संदर्भ में बहुध्रुवीयता एक अधिक विकेंद्रीकृत वैश्विक व्यवस्था की ओर संकेत करती है।भू-राजनीतिक दृष्टि से बहुध्रुवीयता का अर्थ यह भी है कि वैश्विक राजनीति अब केवल एक केंद्र से संचालित नहीं होती।[942] विभिन्न क्षेत्रीय थिएटर;जैसे यूरोप, एशिया-प्रशांत, मध्य-पूर्व और अफ्रीका,अपने-अपने संदर्भों में शक्ति-संतुलन की गतिशीलता प्रदर्शित करते हैं। इन क्षेत्रों में क्षेत्रीय शक्तियाँ बाह्य महाशक्तियों के साथ-साथ स्थानीय संतुलन स्थापित करने का प्रयास करती हैं। यह क्षेत्रीयकरण बहुध्रुवीयता की एक प्रमुख विशेषता बन चुका है।

बहुध्रुवीयता का उदय वैश्विक शासन के लिए नई चुनौतियाँ और अवसर दोनों प्रस्तुत करता है।[943] एक ओर, शक्ति का वितरण अधिक संतुलित होने से किसी एक शक्ति का प्रभुत्व सीमित होता है, जिससे अंतरराष्ट्रीय व्यवस्था अधिक समावेशी प्रतीत हो सकती है। दूसरी ओर, अनेक शक्ति-केंद्रों की उपस्थिति समन्वय और सहमति-निर्माण को कठिन बना देती है। इस स्थिति में वैश्विक समस्याओं,जैसे सुरक्षा, जलवायु परिवर्तन और आर्थिक स्थिरता पर सामूहिक कार्रवाई जटिल हो जाती है। इस प्रकार, बहुध्रुवीयता स्थिरता और अस्थिरता,दोनों की संभावना अपने भीतर समेटे रहती है।21वीं सदी की बहुध्रुवीयता का एक विशिष्ट पक्ष रणनीतिक स्वायत्तता की बढ़ती प्रवृत्ति है।[944] कई राज्य और क्षेत्रीय समूह अब किसी एक महाशक्ति पर पूर्ण निर्भरता के बजाय बहु-दिशात्मक विदेश नीति अपनाने लगे हैं। यह प्रवृत्ति बहुध्रुवीयता को और अधिक सुदृढ़ करती है,

क्योंकि इससे शक्ति-वितरण और भी विकेंद्रीकृत होता है। रणनीतिक स्वायत्तता बहुध्रुवीय व्यवस्था में राज्यों को अधिक विकल्प और लचीलापन प्रदान करती है।बहुध्रुवीयता और नियम-आधारित व्यवस्था के बीच संबंध भी जटिल है।[945] कुछ विद्वानों का तर्क है कि बहुध्रुवीयता नियम-आधारित व्यवस्था को कमजोर कर सकती है, क्योंकि कई शक्ति-केंद्रों के बीच नियमों पर सहमति बनाना कठिन होता है। वहीं, अन्य विद्वान मानते हैं कि बहुध्रुवीयता नियम-आधारित व्यवस्था को अधिक संतुलित और प्रतिनिधिक बना सकती है, क्योंकि कोई एक शक्ति नियमों को एकतरफा रूप से निर्धारित नहीं कर पाती। यह बहस बहुध्रुवीयता की प्रकृति और दिशा को समझने के लिए केंद्रीय है।तकनीकी और डिजिटल आयाम ने भी बहुध्रुवीयता को नया रूप दिया है।[946] 21वीं सदी में तकनीक, डेटा और सूचना शक्ति के महत्वपूर्ण स्रोत बन चुके हैं। तकनीकी क्षमता का वितरण भी अब बहु-केंद्रित होता जा रहा है। इससे बहुध्रुवीयता केवल भौगोलिक या सैन्य शक्ति तक सीमित नहीं रहती, बल्कि डिजिटल और तकनीकी क्षेत्रों तक विस्तारित हो जाती है। यह विस्तार वैश्विक भू-राजनीतिक संरचना को और अधिक जटिल बनाता है।

बहुध्रुवीयता का प्रभाव वैश्विक दक्षिण पर भी स्पष्ट रूप से दिखाई देता है।[947] लंबे समय तक वैश्विक दक्षिण को अंतरराष्ट्रीय व्यवस्था का परिधीय क्षेत्र माना जाता था, किंतु बहुध्रुवीयता ने उसे अधिक विकल्प और मंच प्रदान किए हैं। विभिन्न शक्ति-केंद्रों के बीच प्रतिस्पर्धा से विकासशील देशों को अपने हितों को आगे बढ़ाने के अवसर मिलते हैं। यह स्थिति बहुध्रुवीयता को केवल महाशक्तियों की राजनीति तक सीमित नहीं रहने देती, बल्कि उसे व्यापक वैश्विक परिवर्तन का हिस्सा बनाती है।इसके बावजूद, बहुध्रुवीयता के साथ अनिश्चितताएँ भी जुड़ी हुई हैं।[948] इतिहास में बहुध्रुवीय व्यवस्थाएँ कई बार अस्थिर सिद्ध हुई हैं, क्योंकि शक्ति-संतुलन बनाए रखना कठिन होता है। 21वीं सदी की बहुध्रुवीयता इस ऐतिहासिक अनुभव से भिन्न है, क्योंकि आज की दुनिया अधिक अंतरनिर्भर और संस्थागत रूप से जुड़ी हुई है। यह अंतरनिर्भरता बहुध्रुवीयता के संभावित नकारात्मक प्रभावों को सीमित भी कर सकती है और उन्हें और अधिक जटिल भी बना सकती है।भविष्य की दृष्टि से बहुध्रुवीयता को न तो पूर्णतः स्थिरता का पर्याय माना जा सकता है और न ही अनिवार्य रूप से संघर्ष का।[949] यह एक ऐसी संरचना है, जो अवसर और जोखिम दोनों प्रस्तुत करती है। इसकी सफलता इस बात पर निर्भर करेगी कि विभिन्न शक्ति-केंद्र सहयोग, प्रतिस्पर्धा और संतुलन के बीच किस प्रकार का व्यवहार अपनाते हैं। यदि बहुध्रुवीयता को सहयोगात्मक ढंग से प्रबंधित किया जाता है, तो यह अधिक न्यायसंगत और संतुलित वैश्विक व्यवस्था की ओर ले जा सकती

है; यदि नहीं, तो यह प्रतिस्पर्धा और अस्थिरता को बढ़ा सकती है।बहुध्रुवीयता 21वीं सदी की उभरती वैश्विक भू-राजनीतिक संरचना का केंद्रीय तत्व है।[950] यह शक्ति के बदलते वितरण, संस्थागत बहुलता और क्षेत्रीय स्वायत्तता को प्रतिबिंबित करती है। बहुध्रुवीयता न तो अतीत की पुनरावृत्ति है और न ही किसी एक आदर्श व्यवस्था का रूप, बल्कि यह एक गतिशील और संक्रमणशील प्रक्रिया है।

संस्थागत संकट और सुधार की आवश्यकता

संस्थागत संकट और सुधार की आवश्यकता 21वीं सदी की उभरती वैश्विक भू-राजनीतिक संरचना का सबसे निर्णायक और अनिवार्य प्रश्न बन चुकी है।[951] क्योंकि जिन अंतरराष्ट्रीय संस्थाओं को द्वितीय विश्व युद्ध (1939–45) के बाद वैश्विक स्थिरता, सहयोग और वैधता के लिए स्थापित किया गया था, वह आज बदलते शक्ति-संतुलन, बहुध्रुवीयता और नई प्रकार की वैश्विक चुनौतियों के सामने स्वयं असमर्थ और अप्रासंगिक प्रतीत होने लगी हैं। वैश्विक शासन की संरचना मूलतः 1945 के बाद के ऐतिहासिक अनुभवों और उस समय की शक्ति-वितरण प्रणाली पर आधारित थी, किंतु 21वीं सदी के दूसरे दशक तक यह स्पष्ट हो गया कि वैश्विक शक्ति-संरचना में आए मूलभूत परिवर्तनों के अनुरूप संस्थागत ढाँचे का विकास नहीं हुआ है।[952] इसी असंतुलन ने संस्थागत संकट को जन्म दिया है।संस्थागत संकट का पहला और सबसे मूल कारण वैश्विक शक्ति-वितरण और संस्थागत प्रतिनिधित्व के बीच बढ़ता अंतर है।[953] संयुक्त राष्ट्र सुरक्षा परिषद इसका सबसे प्रमुख उदाहरण है। 1945 में गठित सुरक्षा परिषद की स्थायी सदस्यता उस समय की विजयी महाशक्तियों को प्रतिबिंबित करती थी, किंतु आज वैश्विक राजनीतिक और आर्थिक शक्ति का वितरण उस युग से पूरी तरह भिन्न है। 21वीं सदी में एशिया, अफ्रीका और लैटिन अमेरिका की बढ़ती भूमिका के बावजूद इन क्षेत्रों का स्थायी प्रतिनिधित्व वैश्विक निर्णय-निर्माण में सीमित बना हुआ है। यह असंतुलन न केवल संस्थाओं की वैधता को कमजोर करता है, बल्कि विकासशील और उभरती शक्तियों में असंतोष भी उत्पन्न करता है[954]।संस्थागत संकट का दूसरा प्रमुख कारण निर्णय-निर्माण में जड़ता और अप्रभावशीलता है।[955] बहुपक्षीय संस्थाओं की संरचना ऐसी है कि वह सहमति-आधारित निर्णयों पर निर्भर करती हैं, जिससे त्वरित और निर्णायक कार्रवाई कठिन हो जाती है। 21वीं सदी की वैश्विक चुनौतियाँ जैसे वित्तीय संकट, महामारी, जलवायु परिवर्तन और क्षेत्रीय संघर्ष त्वरित, समन्वित और निर्णायक प्रतिक्रिया की मांग करती हैं, किंतु मौजूदा संस्थागत प्रक्रियाएँ अक्सर इस आवश्यकता को पूरा करने में विफल रहती हैं।

परिणामस्वरूप, राज्य वैकल्पिक मंचों, गठबंधनों या एकतरफा उपायों की ओर अग्रसर हो जाते हैं, जिससे संस्थागत संकट और गहराता है।[956]

वैश्विक आर्थिक संस्थाएँ भी इस संकट से अछूती नहीं हैं।[957] अंतरराष्ट्रीय वित्तीय ढाँचा, जो मूलतः युद्धोत्तर पुनर्निर्माण और पश्चिमी अर्थव्यवस्थाओं की स्थिरता के लिए बनाया गया था, 21वीं सदी की बहुध्रुवीय अर्थव्यवस्था के अनुरूप स्वयं को पर्याप्त रूप से ढाल नहीं सका। 2008 की वैश्विक आर्थिक मंदी ने यह स्पष्ट कर दिया कि वैश्विक आर्थिक शासन की संरचना न तो संकट-निरोध में प्रभावी है और न ही उभरती अर्थव्यवस्थाओं को पर्याप्त प्रतिनिधित्व प्रदान करती है। इस संकट के बाद वैश्विक आर्थिक संस्थाओं में सुधार की मांग तेज़ हुई, किंतु संरचनात्मक परिवर्तन अपेक्षाकृत सीमित रहे।[958] संस्थागत संकट का तीसरा आयाम वैधता के क्षरण से जुड़ा है।[959] जब अंतरराष्ट्रीय संस्थाएँ वैश्विक समस्याओं के समाधान में विफल रहती हैं या चयनात्मक ढंग से कार्य करती हैं, तो उनकी नैतिक और राजनीतिक वैधता कमजोर पड़ जाती है। कई बार यह धारणा बनती है कि वैश्विक संस्थाएँ शक्तिशाली देशों के हितों की सेवा करती हैं, न कि संपूर्ण अंतरराष्ट्रीय समुदाय के। यह धारणा विकासशील देशों और वैश्विक दक्षिण में विशेष रूप से प्रबल है। वैधता के इस संकट ने समानांतर मंचों और वैकल्पिक संस्थाओं के उदय को प्रोत्साहित किया है[960]।संस्थागत संकट का एक महत्वपूर्ण पहलू बहुध्रुवीयता के साथ बढ़ती प्रतिस्पर्धा से भी जुड़ा है।[961] बहुध्रुवीय विश्व में कोई एक शक्ति वैश्विक नियमों और संस्थाओं को एकतरफा रूप से नियंत्रित नहीं कर सकती। इसके परिणामस्वरूप, विभिन्न शक्ति-केंद्र संस्थाओं के भीतर और बाहर अपने प्रभाव को बढ़ाने का प्रयास करते हैं। यह प्रतिस्पर्धा कई बार संस्थागत सहयोग को बाधित कर देती है और निर्णय-निर्माण को राजनीतिक टकराव का मंच बना देती है। इस स्थिति में संस्थाएँ समाधान का माध्यम बनने के बजाय स्वयं संघर्ष का क्षेत्र बन जाती हैं।[962] तकनीकी और डिजिटल परिवर्तन ने भी संस्थागत संकट को गहरा किया है।[963] 21वीं सदी में साइबर सुरक्षा, डेटा शासन, कृत्रिम बुद्धिमत्ता और डिजिटल अर्थव्यवस्था जैसे क्षेत्र वैश्विक नीति-निर्माण के केंद्र में आ चुके हैं, किंतु मौजूदा वैश्विक संस्थाएँ इन क्षेत्रों के लिए पर्याप्त नियम और ढाँचे विकसित नहीं कर पाई हैं। यह अंतर यह दर्शाता है कि संस्थागत ढाँचा तकनीकी परिवर्तन की गति के साथ तालमेल बिठाने में असमर्थ रहा है।[964] यह विफलता ने राज्यों और निजी अभिनेताओं को अपने-अपने नियम बनाने के लिए प्रेरित किया है, जिससे वैश्विक शासन और अधिक खंडित हो रहा है।[965]इन सभी कारकों के परिणामस्वरूप संस्थागत सुधार की आवश्यकता एक सैद्धांतिक बहस न रहकर एक

व्यावहारिक अनिवार्यता बन चुकी है।[966] सुधार की आवश्यकता का पहला आधार प्रतिनिधित्व में संतुलन स्थापित करना है। वैश्विक संस्थाओं को समकालीन शक्ति-वितरण, जनसंख्या और आर्थिक योगदान को प्रतिबिंबित करना होगा, ताकि उनकी वैधता सुदृढ़ हो सके। यह सुधार केवल संरचनात्मक परिवर्तन नहीं, बल्कि वैश्विक शासन की स्वीकार्यता के लिए आवश्यक शर्त बन चुका है।[967]सुधार की आवश्यकता का दूसरा आधार निर्णय-निर्माण की प्रभावशीलता से जुड़ा है।[968] वैश्विक संस्थाओं को ऐसी प्रक्रियाएँ विकसित करनी होंगी, जो त्वरित और निर्णायक कार्रवाई को संभव बना सकें, विशेषकर उन संकटों में जो सीमाओं से परे प्रभाव डालते हैं। यह सुधार बहुपक्षीयता के मूल सिद्धांतों को बनाए रखते हुए कार्यकुशलता बढ़ाने की दिशा में होना चाहिए, न कि उन्हें कमजोर करने की ओर।[969]

संस्थागत सुधार का तीसरा आयाम नियम-निर्माण में समावेशिता से संबंधित है।[970] 21वीं सदी की वैश्विक समस्याएँ,जैसे जलवायु परिवर्तन, स्वास्थ्य संकट और तकनीकी शासन के समाधान में केवल राज्यों की भूमिका पर्याप्त नहीं है। गैर-राज्य अभिनेता, वैज्ञानिक समुदाय, निजी क्षेत्र और नागरिक समाज की भूमिका भी निर्णायक होती जा रही है। वैश्विक संस्थाओं को इन अभिनेताओं को समुचित स्थान देना होगा, ताकि शासन अधिक व्यावहारिक और प्रभावी बन सके।[971] संस्थागत सुधार की आवश्यकता इस कारण भी बढ़ जाती है कि यदि मौजूदा संस्थाएँ स्वयं को परिवर्तित नहीं करतीं, तो वह अप्रासंगिक हो सकती हैं।[972] इतिहास यह दर्शाता है कि संस्थाएँ तभी तक प्रभावी रहती हैं, जब तक वह बदलती वास्तविकताओं के अनुरूप स्वयं को ढालती हैं। 21वीं सदी की बहुध्रुवीय व्यवस्था में स्थिर, कठोर और असंतुलित संस्थाएँ न तो सहयोग को बढ़ावा दे सकती हैं और न ही संघर्ष को नियंत्रित कर सकती हैं।[973]भविष्य की दृष्टि से संस्थागत सुधार वैश्विक शासन की स्थिरता के लिए अनिवार्य है।[974] सुधार का उद्देश्य किसी एक शक्ति के प्रभुत्व को स्थापित करना नहीं, बल्कि एक ऐसी व्यवस्था का निर्माण करना होना चाहिए, जो विविध शक्ति-केंद्रों, हितों और अनुभवों को समाहित कर सके। यह सुधार प्रक्रिया क्रमिक, संवाद-आधारित और बहुपक्षीय होनी चाहिए, ताकि वैश्विक शासन की वैधता और प्रभावशीलता दोनों को सुदृढ़ किया जा सके।[975] संस्थागत संकट और सुधार की आवश्यकता 21वीं सदी की उभरती वैश्विक भू-राजनीतिक संरचना का केंद्रीय तत्व है।[976] मौजूदा वैश्विक संस्थाएँ न तो पूर्णतः विफल हुई हैं और न ही पूर्णतः सक्षम हैं, किंतु यह स्पष्ट है कि वह यथास्थिति के साथ आगे नहीं बढ़ सकतीं। बहुध्रुवीय विश्व की वास्तविकताओं के अनुरूप

संस्थागत सुधार ही वह मार्ग है, जिसके माध्यम से वैश्विक शासन को अधिक प्रतिनिधिक, प्रभावी और वैध बनाया जा सकता है।[977]

वैश्विक भू-राजनीतिक संरचना का विश्लेषण

21वीं सदी की वैश्विक भू-राजनीतिक संरचना को न तो केवल स्थल-आधारित शक्ति, न ही केवल समुद्री प्रभुत्व और न ही मात्र संसाधन नियंत्रण के माध्यम से समझा जा सकता है। समकालीन वैश्विक व्यवस्था इन तीनों आयामों,स्थल, समुद्र और संसाधन के संयुक्त, परस्पर-निर्भर और अंतःक्रियात्मक प्रभाव से निर्मित हो रही है। यह संयुक्त प्रभाव ही वर्तमान बहुध्रुवीय विश्व-व्यवस्था की वास्तविक संरचनात्मक नींव प्रदान करता है।स्थल-आधारित भू-राजनीति अब भी राज्य की संप्रभुता, सीमाओं, जनसंख्या और सामरिक गहराई का मूल आधार बनी हुई है। 21वीं सदी में भी यूरेशिया का भू-राजनीतिक महत्व कम नहीं हुआ है, बल्कि परिवहन गलियारों, भूमि-आधारित ऊर्जा पाइपलाइनों और महाद्वीपीय संपर्क परियोजनाओं के कारण यह और अधिक प्रासंगिक हो गया है। यूरेशियाई भू-भाग विश्व की कुल जनसंख्या का एक बड़ा भाग समाहित करता है और वैश्विक औद्योगिक उत्पादन तथा सैन्य शक्ति का प्रमुख केंद्र बना हुआ है। यह तथ्य इस बात की पुष्टि करता है कि स्थल-शक्ति अभी भी वैश्विक राजनीति का एक अपरिहार्य स्तंभ है।समुद्री भू-राजनीति 21वीं सदी में पहले से कहीं अधिक निर्णायक हो चुकी है। वैश्विक व्यापार का लगभग 90 प्रतिशत से अधिक भाग समुद्री मार्गों के माध्यम से होता है, और अंतरराष्ट्रीय ऊर्जा व्यापार का बड़ा हिस्सा समुद्री चोक-पॉइंट्स से होकर गुजरता है। मलक्का जलडमरूमध्य, होर्मुज़ जलडमरूमध्य और बाब-अल-मंदेब जैसे चोक-पॉइंट्स केवल भौगोलिक संकीर्णताएँ नहीं हैं, बल्कि वह वैश्विक अर्थव्यवस्था की "धमनियाँ" बन चुके हैं। इन समुद्री मार्गों पर नियंत्रण या प्रभाव रखने वाले राज्य वैश्विक व्यापार और ऊर्जा प्रवाह को अप्रत्यक्ष रूप से प्रभावित करने की क्षमता रखते हैं। इस संदर्भ में समुद्र अब केवल व्यापार का माध्यम नहीं, बल्कि शक्ति-प्रक्षेपण और रणनीतिक निरोध का क्षेत्र बन चुका है।

संसाधन भू-राजनीति इस संयुक्त संरचना का तीसरा और सबसे गतिशील आयाम है। तेल, गैस, रेयर अर्थ मिनरल्स, लिथियम और अन्य महत्वपूर्ण खनिज 21वीं सदी की अर्थव्यवस्था, तकनीक और रक्षा क्षमताओं के लिए अनिवार्य बन चुके हैं। वैश्विक ऊर्जा खपत का एक बड़ा हिस्सा सीमित क्षेत्रों में केंद्रित संसाधनों पर निर्भर है, जिससे संसाधन-समृद्ध क्षेत्र स्वाभाविक रूप से भू-राजनीतिक प्रतिस्पर्धा

के केंद्र बन जाते हैं। मध्य-पूर्व, अफ्रीका और लैटिन अमेरिका जैसे क्षेत्रों में संसाधन-नियंत्रण ने स्थानीय राजनीति को अंतरराष्ट्रीय शक्ति-राजनीति से गहराई से जोड़ दिया है। यह स्थिति दर्शाती है कि संसाधन अब केवल आर्थिक संपदा नहीं, बल्कि रणनीतिक शक्ति के साधन बन चुके हैं।स्थल, समुद्र और संसाधन अब अलग-अलग रणनीतिक क्षेत्र नहीं रहे, बल्कि वह एक दूसरे में अंतःसमाहित हो चुके हैं। उदाहरण के लिए, भूमि-आधारित संसाधन समुद्री मार्गों के माध्यम से वैश्विक बाज़ार तक पहुँचते हैं; समुद्री सुरक्षा भूमि-आधारित सैन्य ठिकानों और राजनीतिक स्थिरता पर निर्भर करती है; और संसाधन-समृद्ध स्थलीय क्षेत्र समुद्री शक्ति-प्रक्षेपण की रणनीति को प्रभावित करते हैं। इस प्रकार, आधुनिक भू-राजनीति को "एक-आयामी" दृष्टिकोण से नहीं, बल्कि एकीकृत भू-रणनीतिक दृष्टि से समझना अनिवार्य हो गया है।बहुध्रुवीय विश्व-व्यवस्था के संदर्भ में यह संयुक्त प्रभाव और अधिक महत्वपूर्ण हो जाता है। जब वैश्विक शक्ति कई केंद्रों में वितरित होती है, तब स्थल-शक्ति, समुद्री प्रभुत्व और संसाधन-नियंत्रण के बीच संतुलन बनाए रखना और भी जटिल हो जाता है। कोई भी शक्ति अब केवल एक आयाम में श्रेष्ठता के आधार पर वैश्विक प्रभुत्व स्थापित नहीं कर सकती। इसके बजाय, प्रभावी शक्ति वही होगी जो इन तीनों क्षेत्रों में समन्वित रणनीति विकसित कर सके। यही कारण है कि 21वीं सदी की महाशक्तियाँ बहु-क्षेत्रीय रणनीतियों को प्राथमिकता दे रही हैं।इस खंड का एक महत्वपूर्ण निष्कर्ष यह भी है कि वैश्विक भू-राजनीतिक संरचना अब केवल टकराव की कथा नहीं रही, बल्कि सहयोग और प्रतिस्पर्धा दोनों का मिश्रण बन चुकी है। समुद्री सुरक्षा, ऊर्जा आपूर्ति और संसाधन प्रबंधन जैसे क्षेत्रों में प्रतिस्पर्धा के साथ-साथ सहयोग की आवश्यकता भी बढ़ी है। यह द्वैत,संघर्ष और सहयोग वैश्विक शासन की प्रकृति को भी प्रभावित करता है और संस्थागत ढाँचों पर सुधार का दबाव बढ़ाता है।21वीं सदी की वैश्विक भू-राजनीति को समझने के लिए स्थल, समुद्र और संसाधनों को पृथक-पृथक नहीं, बल्कि एक संयुक्त रणनीतिक तंत्र के रूप में देखना होगा। यही संयुक्त प्रभाव वैश्विक शक्ति-संतुलन, क्षेत्रीय संघर्ष, आर्थिक निर्भरता और रणनीतिक गठबंधनों की दिशा तय करता है। यह निष्कर्ष आपके शोध-ग्रंथ की केंद्रीय दलील को सुदृढ़ करता है कि आधुनिक भू-राजनीति "एकल सिद्धांत" की नहीं, बल्कि समन्वित और बहुआयामी विश्लेषण की मांग करती है।

क्षेत्रीय और वैश्विक शक्ति-संतुलन की प्रवृत्तियाँ

21वीं सदी में क्षेत्रीय और वैश्विक शक्ति-संतुलन किसी स्थिर या द्विध्रुवीय ढाँचे के अंतर्गत कार्य नहीं कर रहा, बल्कि यह एक गतिशील, बहुस्तरीय और असममित प्रक्रिया बन चुका है। शीत युद्ध (1947–1991) के दौरान शक्ति-संतुलन अपेक्षाकृत स्पष्ट था, जहाँ वैश्विक राजनीति दो महाशक्तियों के बीच संतुलन से संचालित होती थी। किंतु शीत युद्ध की समाप्ति के बाद उभरी एकध्रुवीय व्यवस्था भी दीर्घकालिक सिद्ध नहीं हुई। 21वीं सदी के दूसरे दशक तक यह स्पष्ट हो गया कि शक्ति अब एक केंद्र में निहित न होकर क्षेत्रीय स्तरों पर वितरित हो रही है, और यही प्रवृत्ति वैश्विक संतुलन की दिशा निर्धारित कर रही है।क्षेत्रीय शक्ति-संतुलन की सबसे प्रमुख विशेषता यह है कि अब क्षेत्रीय शक्तियाँ अपने-अपने भौगोलिक क्षेत्रों में निर्णायक भूमिका निभा रही हैं। एशिया-प्रशांत, यूरोप, मध्य-पूर्व और अफ्रीका प्रत्येक क्षेत्र में स्थानीय संतुलन की अपनी अलग गतिशीलता विकसित हो चुकी है। उदाहरणस्वरूप, एशिया-प्रशांत क्षेत्र में आर्थिक उत्पादन, जनसंख्या और समुद्री व्यापार का संकेंद्रण इसे वैश्विक राजनीति का सबसे सक्रिय क्षेत्र बनाता है। इस क्षेत्र में शक्ति-संतुलन अब केवल बाह्य महाशक्तियों द्वारा नहीं, बल्कि क्षेत्रीय शक्तियों की परस्पर अंतःक्रिया से निर्मित हो रहा है। यह प्रवृत्ति इस तथ्य की पुष्टि करती है कि वैश्विक संतुलन अब "नीचे से ऊपर" की दिशा में विकसित हो रहा है।यूरोप में शक्ति-संतुलन की प्रवृत्ति अपेक्षाकृत भिन्न है। यहाँ संस्थागत ढाँचे, गठबंधन और सामूहिक सुरक्षा व्यवस्थाएँ संतुलन का प्रमुख आधार बनी हुई हैं। यूरोपीय क्षेत्र यह दर्शाता है कि शक्ति-संतुलन केवल सैन्य क्षमता का परिणाम नहीं, बल्कि आर्थिक एकीकरण, संस्थागत सहयोग और सामूहिक निर्णय-प्रक्रिया का भी उत्पाद हो सकता है। किंतु पूर्वी यूरोप में उभरते सुरक्षा संकट यह भी दिखाते हैं कि संस्थागत संतुलन तब कमजोर पड़ जाता है, जब क्षेत्रीय सुरक्षा चिंताएँ तीव्र हो जाती हैं। इस प्रकार, यूरोप शक्ति-संतुलन के संस्थागत और सामरिक दोनों आयामों का संयुक्त उदाहरण प्रस्तुत करता है।

मध्य-पूर्व और अफ्रीका में क्षेत्रीय शक्ति-संतुलन अधिक अस्थिर और संघर्ष-प्रवण दिखाई देता है। इन क्षेत्रों में संसाधन-समृद्धि, आंतरिक राजनीतिक अस्थिरता और बाह्य हस्तक्षेप ने संतुलन को जटिल बना दिया है। यहाँ शक्ति-संतुलन केवल राज्यों के बीच नहीं, बल्कि राज्य और गैर-राज्य अभिनेताओं के बीच भी विकसित हो रहा है। यह स्थिति यह दर्शाती है कि आधुनिक शक्ति-संतुलन अब केवल पारंपरिक सैन्य तुलना का विषय नहीं रहा, बल्कि यह राजनीतिक स्थिरता,

संसाधन-नियंत्रण और बाह्य निर्भरता से भी गहराई से जुड़ चुका है।वैश्विक स्तर पर शक्ति-संतुलन की सबसे महत्वपूर्ण प्रवृत्ति बहुध्रुवीयता का उभार है। 21वीं सदी में वैश्विक शक्ति अब किसी एक महाशक्ति के पास केंद्रित नहीं है। आर्थिक उत्पादन, तकनीकी क्षमता, सैन्य आधुनिकीकरण और कूटनीतिक प्रभाव इन सभी क्षेत्रों में शक्ति का वितरण अपेक्षाकृत विविध हो गया है। यह बहुध्रुवीयता वैश्विक संतुलन को अधिक जटिल बनाती है, क्योंकि अब संतुलन किसी एक प्रतिस्पर्धी धुरी के इर्द-गिर्द नहीं, बल्कि अनेक शक्ति-केंद्रों की परस्पर क्रिया से निर्मित होता है।इस बहुध्रुवीय संदर्भ में एक महत्वपूर्ण प्रवृत्ति क्षेत्रीय और वैश्विक संतुलन के बीच बढ़ती अंतःक्रिया है। क्षेत्रीय संकट अब सीमित प्रभाव नहीं रखते, बल्कि वह वैश्विक शक्ति-संतुलन को भी प्रभावित करते हैं। इसी प्रकार, वैश्विक प्रतिस्पर्धाएँ क्षेत्रीय संतुलनों को पुनर्संरचित करती हैं। यह द्वि-दिशात्मक संबंध आधुनिक भू-राजनीति की एक प्रमुख विशेषता बन चुका है। परिणामस्वरूप, शक्ति-संतुलन को अब केवल वैश्विक स्तर पर नहीं, बल्कि क्षेत्रीय परिप्रेक्ष्य में भी विश्लेषित करना आवश्यक हो गया है।आधुनिक शक्ति-संतुलन बहु-आयामी हो चुका है। सैन्य शक्ति के साथ-साथ आर्थिक निर्भरता, ऊर्जा आपूर्ति, समुद्री मार्ग, तकनीकी प्रभुत्व और संस्थागत प्रभाव, यह सभी संतुलन के निर्धारक तत्व बन चुके हैं। यही कारण है कि कुछ राज्य सीमित सैन्य क्षमता के बावजूद आर्थिक या तकनीकी प्रभाव के माध्यम से संतुलन में महत्वपूर्ण भूमिका निभा पा रहे हैं। यह प्रवृत्ति पारंपरिक यथार्थवादी संतुलन सिद्धांतों के पुनर्मूल्यांकन की आवश्यकता को भी रेखांकित करती है।क्षेत्रीय और वैश्विक शक्ति-संतुलन की प्रवृत्तियाँ यह स्थापित करती हैं कि 21वीं सदी की भू-राजनीति न तो पूर्णतः अराजक है और न ही किसी स्थिर संतुलन से संचालित। यह एक निरंतर परिवर्तित होने वाली प्रक्रिया है, जहाँ संतुलन अस्थायी, बहुस्तरीय और संदर्भ आधारित होता है। खंड-II का यह निष्कर्ष आपके शोध की केंद्रीय दलील को सुदृढ़ करता है कि आधुनिक वैश्विक व्यवस्था को समझने के लिए क्षेत्रीय संतुलनों के समुच्चय को ही वैश्विक शक्ति-संरचना की वास्तविक नींव मानना होगा।

संस्थागत राजनीति और वास्तविक शक्ति-राजनीति का द्वंद

21वीं सदी की वैश्विक भू-राजनीति को समझने के लिए संस्थागत राजनीति और वास्तविक शक्ति-राजनीति के बीच विद्यमान द्वंद्व को केंद्रीय विश्लेषणात्मक ढाँचे के रूप में स्वीकार करना अनिवार्य है। द्वितीय विश्व युद्ध (1939–45) के बाद स्थापित अंतरराष्ट्रीय संस्थागत व्यवस्था इस विश्वास पर

आधारित थी कि नियम, संस्थाएँ और बहुपक्षीय ढाँचे अंतरराष्ट्रीय राजनीति को नियंत्रित, स्थिर और पूर्वानुमेय बना सकते हैं। किंतु 21वीं सदी के अनुभव यह दर्शाते हैं कि यह संस्थागत व्यवस्था न तो शक्ति-राजनीति को समाप्त कर सकी है और न ही उसे पूर्णतः नियंत्रित करने में सफल हुई है।संस्थागत राजनीति का मूल उद्देश्य अंतरराष्ट्रीय अराजकता को नियमों, प्रक्रियाओं और वैधता के माध्यम से सीमित करना रहा है। संयुक्त राष्ट्र, अंतरराष्ट्रीय वित्तीय संस्थाएँ, सुरक्षा गठबंधन और बहुपक्षीय मंच इसी उद्देश्य की अभिव्यक्ति हैं। इन संस्थाओं ने सहयोग के ढाँचे, संघर्ष-प्रबंधन के उपकरण और वैधता के मानक प्रदान किए हैं।आँकड़ों और व्यवहारिक अनुभवों से यह स्पष्ट होता है कि वैश्विक व्यापार, स्वास्थ्य, पर्यावरण और मानवीय सहायता जैसे क्षेत्रों में संस्थागत राजनीति ने राज्यों के व्यवहार को काफी हद तक संरचित किया है। इस अर्थ में संस्थाएँ वैश्विक शासन की "सॉफ्ट संरचना" निर्मित करती हैं।इसके विपरीत, वास्तविक शक्ति-राजनीति यह दर्शाती है कि जब राज्यों के मूल सुरक्षा, संसाधन या प्रभुत्व-संबंधी हित दाँव पर होते हैं, तब संस्थागत प्रतिबद्धताएँ गौण हो जाती हैं। 21वीं सदी में कई ऐसे उदाहरण सामने आए हैं जहाँ महाशक्तियों और क्षेत्रीय शक्तियों ने संस्थागत प्रक्रियाओं की सीमाओं को स्वीकार करने के बजाय शक्ति-आधारित निर्णयों को प्राथमिकता दी। यह प्रवृत्ति यह स्पष्ट करती है कि अंतरराष्ट्रीय संस्थाएँ अक्सर परिस्थिति-निर्भर होती हैं, जबकि शक्ति-राजनीति हित-निर्भर होती है। यही अंतर इस द्वंद्व का मूल है।

संस्थागत राजनीति और शक्ति-राजनीति एक-दूसरे के पूर्ण विरोधी नहीं हैं, बल्कि वह परस्पर सह-अस्तित्व की स्थिति में कार्य करती हैं। वास्तविक राजनीति में महाशक्तियाँ संस्थाओं को न तो पूरी तरह नकारती हैं और न ही उन्हें पूरी तरह स्वीकार करती हैं। वह संस्थाओं का उपयोग वैधता, दबाव और नैतिक औचित्य के साधन के रूप में करती हैं, जबकि निर्णायक क्षणों में शक्ति-आधारित विकल्प खुले रखती हैं। इस व्यवहार से यह स्पष्ट होता है कि संस्थाएँ अक्सर शक्ति-राजनीति की भाषा बन जाती हैं, न कि उसका विकल्प। इस द्वंद्व का एक महत्वपूर्ण आयाम चयनात्मक संस्थागतता के रूप में सामने आता है। राज्य और विशेषकर महाशक्तियाँ उन संस्थागत नियमों और प्रक्रियाओं का समर्थन करती हैं, जो उनके रणनीतिक हितों के अनुरूप हों, और अन्य को अप्रासंगिक या पक्षपातपूर्ण घोषित कर देती हैं। इस चयनात्मकता ने वैश्विक शासन की वैधता को कमजोर किया है और विकासशील देशों में यह धारणा प्रबल की है कि संस्थागत राजनीति वास्तव में शक्ति-राजनीति का ही एक परिष्कृत रूप है। यह धारणा ही संस्थागत संकट की वैचारिक जड़ बनती है।बहुध्रुवीयता के उभार ने इस द्वंद्व को और अधिक तीव्र कर

दिया है। जब शक्ति कई केंद्रों में वितरित होती है, तब संस्थाओं के भीतर सहमति बनाना कठिन हो जाता है और संस्थागत राजनीति की प्रभावशीलता घटने लगती है। परिणामस्वरूप, राज्य वैकल्पिक गठबंधनों, क्षेत्रीय मंचों और अस्थायी रणनीतिक साझेदारियों की ओर झुकते हैं। यह प्रवृत्ति शक्ति-राजनीति को पुनः केंद्रीय बना देती है, जबकि संस्थाएँ पृष्ठभूमि में चली जाती हैं।शक्ति-राजनीति पर आधारित व्यवस्था दीर्घकालिक स्थिरता प्रदान नहीं कर सकती। इतिहास और समकालीन आँकड़े यह दर्शाते हैं कि जहाँ संस्थागत ढाँचे पूरी तरह कमजोर पड़ते हैं, वहाँ संघर्ष, अनिश्चितता और अविश्वास की प्रवृत्ति बढ़ जाती है। इसीलिए राज्य सबसे शक्तिशाली संस्थाओं को पूरी तरह समाप्त करने के बजाय उन्हें न्यूनतम स्तर पर बनाए रखने में रुचि रखते हैं। यह व्यवहार यह सिद्ध करता है कि संस्थागत राजनीति की आवश्यकता समाप्त नहीं हुई है, बल्कि उसका स्वरूप बदल रहा है।संस्थागत राजनीति और वास्तविक शक्ति-राजनीति का द्वंद्व 21वीं सदी की वैश्विक भू-राजनीति की संरचनात्मक वास्तविकता है। यह द्वंद्व न तो अस्थायी है और न ही किसी एक पक्ष की पूर्ण विजय की ओर अग्रसर है। इसके बजाय, यह एक गतिशील संतुलन है, जहाँ संस्थाएँ शक्ति को वैधता और ढाँचा प्रदान करती हैं, और शक्ति संस्थाओं की सीमाएँ निर्धारित करती है। खंड-II का यह निष्कर्ष आपके शोध की केंद्रीय स्थापना को सुदृढ़ करता है कि आधुनिक वैश्विक व्यवस्था को समझने के लिए न तो केवल आदर्शवादी संस्थागत दृष्टिकोण पर्याप्त है और न ही शुद्ध यथार्थवादी शक्ति-विश्लेषण; बल्कि दोनों के संयुक्त और द्वंद्वात्मक अध्ययन से ही समकालीन भू-राजनीतिक संरचना की वास्तविक व्याख्या संभव है।

21वीं सदी में भू-राजनीति की समग्र दिशा

खंड-II के समग्र अध्ययन के आधार पर यह स्पष्ट रूप से स्थापित होता है कि 21वीं सदी की भू-राजनीति किसी एक रैखिक दिशा में नहीं बढ़ रही, बल्कि यह बहु-आयामी, बहु-स्तरीय और बहु-केंद्रित संरचना का रूप ले चुकी है। शीत युद्ध के दौरान भू-राजनीति अपेक्षाकृत स्पष्ट वैचारिक और सैन्य ध्रुवों में बँटी हुई थी, जबकि 21वीं सदी में यह विभाजन धुँधला हो चुका है। आज की भू-राजनीति न तो केवल युद्ध और सैन्य प्रभुत्व तक सीमित है, न ही केवल आर्थिक अंतरनिर्भरता और संस्थागत सहयोग से परिभाषित होती है; बल्कि यह शक्ति, स्थान, संसाधन, तकनीक और संस्थाओं के संयुक्त प्रभाव से संचालित हो रही है।21वीं सदी की भू-राजनीति की पहली और सबसे निर्णायक दिशा बहुध्रुवीयता की ओर संक्रमण है। वैश्विक शक्ति अब किसी एक महाशक्ति या सीमित गठबंधन के हाथों में केंद्रीकृत

नहीं रही है। आर्थिक उत्पादन, सैन्य आधुनिकीकरण, तकनीकी नवाचार और कूटनीतिक प्रभाव, इन सभी क्षेत्रों में शक्ति का वितरण अपेक्षाकृत व्यापक हो गया है। यह बहुध्रुवीयता वैश्विक राजनीति को अधिक जटिल बनाती है, क्योंकि अब स्थिर शक्ति-संतुलन के स्थान पर परिवर्तनशील और संदर्भ-आधारित संतुलन उभर रहा है। यही प्रवृत्ति 21वीं सदी की भू-राजनीति की बुनियादी दिशा निर्धारित करती है।दूसरी प्रमुख दिशा भू-राजनीति के भौगोलिक विस्तार से संबंधित है। पारंपरिक रूप से भू-राजनीति को स्थल और समुद्र तक सीमित समझा जाता था, किंतु 21वीं सदी में इसमें ऊर्जा मार्ग, साइबर स्पेस, अंतरिक्ष और तकनीकी अवसंरचनाएँ भी शामिल हो चुकी हैं। स्थल, समुद्र और संसाधनों का संयुक्त प्रभाव अब डिजिटल और तकनीकी आयामों के साथ जुड़ गया है। परिणामस्वरूप, भू-राजनीति अब केवल सीमाओं और भू-भाग की राजनीति नहीं रही, बल्कि यह नेटवर्क, आपूर्ति-श्रृंखला और डेटा-आधारित शक्ति की राजनीति भी बन चुकी है।

तीसरी दिशा क्षेत्रीयकरण की बढ़ती भूमिका से जुड़ी है। 21वीं सदी में वैश्विक राजनीति का बड़ा भाग क्षेत्रीय संतुलनों के माध्यम से आकार ले रहा है। क्षेत्रीय शक्तियाँ अपने-अपने भू-क्षेत्रों में निर्णायक भूमिका निभा रही हैं और बाह्य महाशक्तियों के साथ या उनके विरुद्ध संतुलन स्थापित कर रही हैं। यह प्रवृत्ति यह दर्शाती है कि वैश्विक भू-राजनीति अब केवल "ऊपर से नीचे" नहीं, बल्कि "नीचे से ऊपर" की दिशा में भी विकसित हो रही है। क्षेत्रीय संकट, क्षेत्रीय सहयोग और क्षेत्रीय प्रतिस्पर्धा,सभी वैश्विक संरचना को प्रभावित कर रहे हैं।चौथी महत्वपूर्ण दिशा संस्थागत राजनीति और वास्तविक शक्ति-राजनीति के सह-अस्तित्व से संबंधित है। 21वीं सदी में यह स्पष्ट हो चुका है कि न तो अंतरराष्ट्रीय संस्थाएँ पूर्णतः अप्रासंगिक हो गई हैं और न ही वह शक्ति-राजनीति को समाप्त कर पाई हैं। इसके बजाय, भू-राजनीति की समग्र दिशा इस द्वंद्वात्मक सह-अस्तित्व से निर्धारित हो रही है। संस्थाएँ सहयोग, वैधता और नियम प्रदान करती हैं, जबकि वास्तविक शक्ति-राजनीति निर्णायक क्षणों में दिशा तय करती है। यही द्वैत 21वीं सदी की भू-राजनीति को न तो पूर्णतः अराजक बनाता है और न ही पूर्णतः नियम-आधारित।पाँचवीं दिशा संसाधन और ऊर्जा-केंद्रित भू-राजनीति के पुनरुत्थान से जुड़ी है। औद्योगिक और तकनीकी अर्थव्यवस्था के विस्तार ने ऊर्जा, खनिज और दुर्लभ संसाधनों के रणनीतिक महत्व को कई गुना बढ़ा दिया है। संसाधन-समृद्ध क्षेत्र अब केवल आर्थिक मूल्य के कारण नहीं, बल्कि रणनीतिक नियंत्रण और आपूर्ति-सुरक्षा के कारण भी भू-राजनीतिक प्रतिस्पर्धा के केंद्र बन चुके हैं। यह प्रवृत्ति दर्शाती है कि 21वीं सदी की भू-राजनीति में अर्थव्यवस्था और सुरक्षा का अंतर तेजी से

मिटता जा रहा है।छठी दिशा रणनीतिक अनिश्चितता और अस्थिर संतुलन की ओर संकेत करती है। बहुध्रुवीयता, तकनीकी परिवर्तन और संस्थागत सीमाओं के कारण वैश्विक राजनीति अधिक अप्रत्याशित हो गई है। संतुलन अब दीर्घकालिक नहीं, बल्कि अस्थायी और मुद्दा-विशेष पर आधारित होता जा रहा है। यह स्थिति राज्यों को अधिक लचीली, बहु-दिशात्मक और अवसर-आधारित रणनीतियाँ अपनाने के लिए प्रेरित कर रही है। इस अनिश्चितता में ही 21वीं सदी की भू-राजनीति की वास्तविक दिशा निहित है।21वीं सदी में भू-राजनीति की समग्र दिशा न तो केवल संघर्ष की ओर एकतरफा बढ़ रही है और न ही पूर्ण सहयोग की ओर। यह एक ऐसी संक्रमणशील अवस्था है, जहाँ प्रतिस्पर्धा और सहयोग, शक्ति और संस्थाएँ, क्षेत्रीयता और वैश्विकता सभी साथ-साथ कार्य कर रहे हैं। खंड-II का अंतिम निष्कर्ष यह स्थापित करता है कि आधुनिक भू-राजनीति को समझने के लिए किसी एक सिद्धांत, एक क्षेत्र या एक शक्ति-केंद्र पर आधारित दृष्टिकोण पर्याप्त नहीं है। इसके बजाय, 21वीं सदी की भू-राजनीति की समग्र दिशा को समझने के लिए एकीकृत, बहुआयामी और गतिशील विश्लेषणात्मक ढाँचा अपनाना अनिवार्य है।

भाग-III

समकालीन भू-राजनीति, नई चुनौतियाँ और भविष्य

अध्याय-11

बहुध्रुवीय विश्व और उभरती शक्तियाँ

शीत युद्ध की समाप्ति के पश्चात उभरी एकध्रुवीय विश्व व्यवस्था अंतरराष्ट्रीय राजनीति के इतिहास में एक असामान्य क्षण थी। सोवियत संघ के विघटन के बाद संयुक्त राज्य अमेरिका न केवल सैन्य और आर्थिक दृष्टि से, बल्कि वैचारिक, संस्थागत और तकनीकी स्तर पर भी निर्विवाद वैश्विक शक्ति के रूप में उभरा। इस कालखंड को सामान्यतः "एकध्रुवीय क्षण" कहा गया, जिसमें उदार लोकतंत्र, मुक्त बाजार अर्थव्यवस्था और पश्चिम-प्रेरित अंतरराष्ट्रीय संस्थाएँ वैश्विक व्यवस्था की धुरी बन गईं। किंतु यह एकध्रुवीयता स्थायी सिद्ध नहीं हुई। 21वीं सदी के दूसरे दशक में प्रवेश करते-करते यह स्पष्ट होने लगा कि वैश्विक शक्ति-संरचना एक गहन संक्रमण प्रक्रिया से गुजर रही है, जिसकी दिशा बहुध्रुवीयता की ओर है।एकध्रुवीय व्यवस्था के क्षरण का पहला संकेत अमेरिका की अत्यधिक वैश्विक प्रतिबद्धताओं में दिखाई देता है। सैन्य हस्तक्षेपों, विस्तृत गठबंधन प्रणालियों और वैश्विक सुरक्षा दायित्वों ने अमेरिकी शक्ति को व्यापक तो बनाया, किंतु साथ ही उसे रणनीतिक रूप से अतिविस्तारित भी किया। आर्थिक संकट, विशेषकर 2008 की वैश्विक वित्तीय मंदी, ने यह स्पष्ट कर दिया कि वैश्विक नेतृत्व केवल सैन्य प्रभुत्व के आधार पर टिकाऊ नहीं रह सकता। इसी काल में उभरती अर्थव्यवस्थाओं ने न केवल आर्थिक विकास की गति पकड़ी, बल्कि वैश्विक राजनीति में अपनी भूमिका को भी पुनर्परिभाषित करना आरंभ किया।बहुध्रुवीयता की ओर संक्रमण केवल शक्ति के स्थानांतरण का प्रश्न नहीं है, बल्कि शक्ति की प्रकृति में आए परिवर्तन का भी परिणाम है। आज शक्ति केवल सैन्य बल या क्षेत्रीय नियंत्रण तक सीमित नहीं रही। आर्थिक उत्पादन, आपूर्ति-श्रृंखलाओं पर नियंत्रण, तकनीकी नवाचार, डिजिटल अवसंरचना, वित्तीय नेटवर्क और वैश्विक मानकों को निर्धारित करने की क्षमता,यह सभी आधुनिक शक्ति के प्रमुख घटक बन चुके हैं। इस बहुआयामी शक्ति-संरचना ने एकध्रुवीय प्रभुत्व की संभावनाओं को सीमित कर दिया है और कई प्रभावशाली केंद्रों के उभार को संभव बनाया है।

चीन का उदय इस संक्रमण प्रक्रिया का सबसे स्पष्ट उदाहरण है। आर्थिक सुधारों, औद्योगिक क्षमता, तकनीकी निवेश और वैश्विक व्यापार नेटवर्क के विस्तार के माध्यम से चीन ने स्वयं को एक केंद्रीय वैश्विक शक्ति के रूप में स्थापित किया है। हालांकि, चीन का उदय केवल अमेरिका के विकल्प के रूप में नहीं, बल्कि वैश्विक शक्ति-संतुलन में एक नए ध्रुव के रूप में देखा जाना चाहिए। इसी प्रकार रूस, यद्यपि आर्थिक रूप से सीमित है, फिर भी सैन्य क्षमता, ऊर्जा संसाधनों और रणनीतिक हस्तक्षेपों के माध्यम से वैश्विक राजनीति में अपनी प्रासंगिकता बनाए हुए है। यह दोनों उदाहरण दर्शाते हैं कि बहुध्रुवीयता समान शक्तियों की व्यवस्था नहीं, बल्कि असमान किंतु प्रभावशाली ध्रुवों की संरचना है।इस संक्रमण में भारत की भूमिका विशेष महत्व रखती है। भारत न तो पारंपरिक अर्थों में एक महाशक्ति है और न ही केवल एक क्षेत्रीय शक्ति। जनसांख्यिकीय लाभ, आर्थिक संभावनाएँ, रणनीतिक भू-स्थिति और बढ़ती कूटनीतिक सक्रियता के कारण भारत एक संतुलनकारी शक्ति के रूप में उभर रहा है। भारत की रणनीति किसी एक ध्रुव के साथ पूर्ण संरेखण के बजाय बहुपक्षीयता, रणनीतिक स्वायत्तता और संतुलन पर आधारित है, जो बहुध्रुवीय विश्व व्यवस्था की मूल भावना के अनुरूप है।एकध्रुवीयता से बहुध्रुवीयता की यह प्रक्रिया शांतिपूर्ण शक्ति-संक्रमण नहीं है। यह संक्रमण प्रतिस्पर्धा, तनाव और अनिश्चितता से भरा हुआ है। वैश्विक संस्थाएँ, जो एकध्रुवीय युग में अपेक्षाकृत स्थिर प्रतीत होती थीं, अब वैधता और प्रभावशीलता के संकट से जूझ रही हैं। संयुक्त राष्ट्र, विश्व व्यापार संगठन और अन्य बहुपक्षीय मंच नए शक्ति-संतुलन के अनुरूप स्वयं को ढालने में संघर्ष कर रहे हैं। इसके परिणामस्वरूप, क्षेत्रीय गठबंधन, मिनी-लैटरल व्यवस्थाएँ और अनौपचारिक रणनीतिक मंच अधिक प्रासंगिक होते जा रहे हैं।

यह भी महत्वपूर्ण है कि बहुध्रुवीयता का अर्थ वैश्विक स्थिरता की गारंटी नहीं है। इतिहास साक्षी है कि संक्रमण काल प्रायः अस्थिर होते हैं। शक्ति-संतुलन के पुनर्गठन की प्रक्रिया में गलत आकलन, रणनीतिक अविश्वास और प्रतिस्पर्धी महत्वाकांक्षाएँ संघर्ष की संभावना को बढ़ा सकती हैं। किंतु साथ ही, बहुध्रुवीय व्यवस्था सहयोग और साझा नेतृत्व की संभावनाएँ भी प्रस्तुत करती है, विशेषकर तब जब शक्तियाँ अपने हितों को पूर्ण प्रभुत्व के बजाय प्रबंधित प्रतिस्पर्धा के माध्यम से साधने का प्रयास करें।एकध्रुवीयता से बहुध्रुवीयता की संक्रमण प्रक्रिया वैश्विक राजनीति का एक संरचनात्मक परिवर्तन है, न कि एक अस्थायी विचलन। यह प्रक्रिया इस बात का संकेत है कि भविष्य की विश्व व्यवस्था किसी एक शक्ति के नियंत्रण में नहीं, बल्कि कई प्रभावशाली शक्तियों के बीच निरंतर संतुलन और

प्रतिस्पर्धा पर आधारित होगी। इस संदर्भ में, बहुध्रुवीयता को न तो अराजकता के रूप में देखा जाना चाहिए और न ही स्वाभाविक स्थिरता के रूप में। यह एक ऐसी व्यवस्था है, जिसकी सफलता इस बात पर निर्भर करेगी कि उभरती और स्थापित शक्तियाँ किस हद तक भू-राजनीतिक व्याकरण को समझकर अपने व्यवहार को अनुकूलित कर पाती हैं।

शक्ति के पारंपरिक और नवीन आयाम

अंतरराष्ट्रीय राजनीति में शक्ति का विश्लेषण लंबे समय तक मुख्यतः पारंपरिक आयामों,विशेषकर सैन्य और आर्थिक क्षमता,के माध्यम से किया जाता रहा है। शीत युद्ध के दौरान और उससे पूर्व की वैश्विक व्यवस्था में यह धारणा प्रबल थी कि जिस राज्य के पास श्रेष्ठ सैन्य बल, औद्योगिक उत्पादन और संसाधनों पर नियंत्रण होगा, वही वैश्विक राजनीति में निर्णायक भूमिका निभाएगा। किंतु 21वीं सदी में प्रवेश करते हुए यह स्पष्ट हो गया है कि शक्ति की यह पारंपरिक परिभाषा अब अपूर्ण है। समकालीन बहुध्रुवीय विश्व में शक्ति के नवीन आयाम,जैसे तकनीकी प्रभुत्व, सूचना नियंत्रण और वैचारिक प्रभाव पारंपरिक साधनों के समान, बल्कि कई बार उनसे अधिक प्रभावी सिद्ध हो रहे हैं।सैन्य शक्ति अब भी राज्य की संप्रभुता और सुरक्षा का मूल आधार बनी हुई है। सेना की संख्या, हथियार प्रणालियाँ, परमाणु क्षमता और रणनीतिक पहुंच आज भी शक्ति-संतुलन को प्रभावित करते हैं। किंतु आधुनिक सैन्य शक्ति केवल पारंपरिक युद्ध क्षमता तक सीमित नहीं है ही। नेटवर्क-केंद्रित युद्ध, सटीक प्रहार तकनीक, ड्रोन, साइबर युद्ध और अंतरिक्ष-आधारित सैन्य प्रणालियाँ सैन्य शक्ति के स्वरूप को मूलतः बदल रही हैं। इस परिवर्तन ने यह स्पष्ट कर दिया है कि केवल विशाल सेना या हथियार भंडार होना पर्याप्त नहीं, बल्कि तकनीकी एकीकरण और रणनीतिक दक्षता निर्णायक बन चुकी है।आर्थिक शक्ति लंबे समय से राष्ट्रीय शक्ति का एक केंद्रीय घटक रही है, किंतु 21वीं सदी में इसका स्वरूप और अधिक रणनीतिक हो गया है। वैश्विक आपूर्ति-श्रृंखलाएँ, वित्तीय संस्थाएँ, मुद्रा प्रभुत्व, निवेश प्रवाह और व्यापार नियम अब सीधे भू-राजनीतिक उपकरण बन चुके हैं। प्रतिबंध, टैरिफ युद्ध और निवेश नियंत्रण जैसी नीतियाँ दर्शाती हैं कि आर्थिक साधनों का प्रयोग अब युद्ध के विकल्प के रूप में किया जा रहा है। इस प्रकार, भू-अर्थशास्त्र आधुनिक शक्ति राजनीति का एक अनिवार्य आयाम बन गया है, जहाँ आर्थिक निर्णय सीधे रणनीतिक परिणाम उत्पन्न करते हैं।

तकनीक आज शक्ति का सबसे गतिशील और निर्णायक आयाम बन चुकी है। कृत्रिम बुद्धिमत्ता, अर्धचालक (सेमीकंडक्टर), क्वांटम कंप्यूटिंग, अंतरिक्ष तकनीक और साइबर अवसंरचना,यह सभी राज्य की सामरिक क्षमता को नई दिशा दे रहे हैं। तकनीकी आत्मनिर्भरता और नवाचार क्षमता अब केवल आर्थिक प्रतिस्पर्धा का विषय नहीं, बल्कि राष्ट्रीय सुरक्षा और वैश्विक प्रभाव का प्रश्न बन गई है। तकनीक के क्षेत्र में बढ़त रखने वाले राज्य वैश्विक मानक तय करने, डेटा प्रवाह नियंत्रित करने और डिजिटल निर्भरता पैदा करने में सक्षम हो जाते हैं।शक्ति का वैचारिक आयाम अक्सर प्रत्यक्ष नहीं होता, किंतु उसका प्रभाव अत्यंत गहरा होता है। वैचारिक शक्ति किसी राज्य की उस क्षमता को दर्शाती है, जिसके माध्यम से वह अपने मूल्यों, संस्थाओं और दृष्टिकोण को वैश्विक स्तर पर वैध और आकर्षक बना सके। लोकतंत्र, विकास मॉडल, सांस्कृतिक प्रभाव, नैरेटिव निर्माण और सूचना-प्रबंधन इस आयाम के प्रमुख तत्व हैं। आधुनिक सूचना युग में वैचारिक संघर्ष प्रत्यक्ष युद्ध से अधिक प्रभावी हो सकता है, क्योंकि यह विरोधी की वैधता और सामाजिक एकता को भीतर से प्रभावित करता है।इन सभी आयामों को पृथक रूप में देखना एक सैद्धांतिक भूल होगी। आधुनिक शक्ति राजनीति में सैन्य, आर्थिक, तकनीकी और वैचारिक आयाम गहराई से एक-दूसरे से जुड़े हुए हैं। तकनीकी श्रेष्ठता सैन्य क्षमता को सुदृढ़ करती है, आर्थिक शक्ति तकनीकी निवेश को संभव बनाती है, और वैचारिक प्रभाव आर्थिक एवं कूटनीतिक सहयोग को बढ़ावा देता है। इस अंतर्संबंध ने शक्ति को एक समग्र प्रणाली बना दिया है, जहाँ किसी एक आयाम में कमजोरी समग्र राष्ट्रीय शक्ति को प्रभावित कर सकती है।समकालीन बहुध्रुवीय विश्व में शक्ति न तो केवल सैन्य प्रभुत्व का पर्याय है और न ही आर्थिक आकार का। यह एक जटिल, बहुआयामी संरचना है, जिसमें पारंपरिक और नवीन आयाम समान रूप से महत्वपूर्ण हैं। जो राज्य इन आयामों के बीच संतुलन स्थापित कर पाते हैं और उन्हें एक समन्वित रणनीति के अंतर्गत प्रयोग करते हैं, वही भविष्य की वैश्विक व्यवस्था में निर्णायक भूमिका निभा सकेंगे। इस प्रकार, शक्ति की यह बहुआयामी पुनर्परिभाषा 21वीं सदी की भू-राजनीति की मूल विशेषता बन चुकी है।

चीन की भूमिका

21वीं सदी की वैश्विक राजनीति में शक्ति-संतुलन के पुनर्गठन की प्रक्रिया में चीन की भूमिका केंद्रीय बन चुकी है। शीत युद्ध की समाप्ति के बाद जिस गति, निरंतरता और बहुआयामी रणनीति के साथ चीन ने अपनी शक्ति का विस्तार किया है, वह आधुनिक अंतरराष्ट्रीय राजनीति में एक विशिष्ट उदाहरण प्रस्तुत

करती है। चीन की वैश्विक शक्ति बनने की रणनीति न तो केवल सैन्य विस्तार पर आधारित है और न ही किसी तात्कालिक वर्चस्ववादी परियोजना का परिणाम; बल्कि यह एक दीर्घकालिक, चरणबद्ध और संरचनात्मक रणनीति है, जिसमें आर्थिक, तकनीकी, सैन्य और वैचारिक सभी आयाम समाहित हैं।[978] चीन की शक्ति रणनीति का सबसे ठोस आधार उसकी आर्थिक क्षमता है। वर्ष 1980 में जहाँ चीन की वैश्विक GDP में हिस्सेदारी लगभग 2% थी, वहीं 2020 के बाद यह बढ़कर लगभग 18% के आसपास पहुँच चुकी है। क्रय शक्ति समता (PPP) के आधार पर चीन विश्व की सबसे बड़ी अर्थव्यवस्था बन चुका है। चीन आज विश्व का सबसे बड़ा निर्यातक देश है और वैश्विक विनिर्माण उत्पादन का लगभग 30% अकेले नियंत्रित करता है।[979]यह आर्थिक वर्चस्व उसे वैश्विक आपूर्ति-श्रृंखलाओं में एक अपरिहार्य कड़ी बना देता है, जिससे अनेक देश प्रत्यक्ष या अप्रत्यक्ष रूप से चीनी अर्थव्यवस्था पर निर्भर हो जाते हैं।[980] यह आर्थिक निर्भरता केवल व्यापार तक सीमित नहीं रहती, बल्कि धीरे-धीरे राजनीतिक और कूटनीतिक प्रभाव में परिवर्तित हो जाती है। विकासशील देशों के लिए चीन एक वैकल्पिक आर्थिक साझेदार के रूप में उभरा है, विशेषकर उन देशों के लिए जो पश्चिमी वित्तीय संस्थाओं की शर्तों से असंतुष्ट रहे हैं।[981]चीन की वैश्विक रणनीति में भू-अर्थशास्त्र एक निर्णायक उपकरण है। विशाल अवसंरचना परियोजनाओं, ऋण, निवेश और निर्माण अनुबंधों के माध्यम से चीन एशिया, अफ्रीका और यूरोप में अपनी उपस्थिति को संस्थागत रूप दे रहा है।[982]

चीन द्वारा वित्तपोषित बंदरगाह, रेल नेटवर्क, ऊर्जा परियोजनाएँ और औद्योगिक पार्क केवल आर्थिक निवेश नहीं हैं, बल्कि दीर्घकालिक रणनीतिक परिसंपत्तियाँ हैं। कई मामलों में, यह परियोजनाएँ चीन को समुद्री मार्गों, संसाधन क्षेत्रों और व्यापारिक चोक-प्वाइंट्स तक अप्रत्यक्ष पहुँच प्रदान करती हैं।[983]इस रणनीति का एक महत्वपूर्ण पहलू यह है कि चीन स्वयं को "विकास समर्थक शक्ति" के रूप में प्रस्तुत करता है, जिससे उसकी वैचारिक स्वीकार्यता बढ़ती है। यद्यपि ऋण-निर्भरता और पारदर्शिता को लेकर आलोचनाएँ भी सामने आई हैं, फिर भी यह तथ्य स्पष्ट है कि चीन ने आर्थिक साधनों को रणनीतिक प्रभाव में बदलने की असाधारण क्षमता विकसित की है।[984]सैन्य क्षेत्र में चीन की रणनीति पारंपरिक साम्राज्यवादी विस्तार से भिन्न है। चीन का रक्षा बजट 1990 के दशक से निरंतर बढ़ता रहा है और आज वह विश्व में दूसरा सबसे बड़ा रक्षा व्ययकर्ता है।[985]हालांकि, चीन का सैन्य व्यय अमेरिका से काफी कम है, फिर भी उसने संसाधनों का उपयोग अत्यंत लक्षित और रणनीतिक ढंग से किया है। चीन ने विशेष रूप से नौसेना, मिसाइल प्रणालियों, साइबर युद्ध और अंतरिक्ष आधारित क्षमताओं पर ध्यान केंद्रित

किया है।[986]दक्षिण चीन सागर और पश्चिमी प्रशांत क्षेत्र में चीन की सैन्य गतिविधियाँ यह दर्शाती हैं कि उसका प्राथमिक उद्देश्य वैश्विक सैन्य वर्चस्व नहीं, बल्कि अपने निकटवर्ती क्षेत्रों में निर्णायक प्रतिरोधक क्षमता स्थापित करना है।[987]21वीं सदी में तकनीक शक्ति का सबसे महत्वपूर्ण निर्धारक बन चुकी है, और इस तथ्य को चीन ने अत्यंत गंभीरता से समझा है। चीन कृत्रिम बुद्धिमत्ता, 5G, अर्धचालक, अंतरिक्ष तकनीक और डिजिटल प्लेटफॉर्म्स में भारी निवेश कर रहा है।[988] शोध एवं विकास (R&D) पर चीन का वार्षिक व्यय अब कई विकसित देशों के बराबर या उनसे अधिक हो चुका है। पेटेंट फाइलिंग और वैज्ञानिक प्रकाशनों में चीन वैश्विक अग्रणी देशों में शामिल हो चुका है।[989] तकनीकी प्रभुत्व का अर्थ केवल आर्थिक प्रतिस्पर्धा नहीं, बल्कि वैश्विक मानकों को निर्धारित करने की क्षमता भी है। जो देश तकनीकी मानक तय करता है, वही भविष्य की डिजिटल और औद्योगिक संरचना को प्रभावित करता है।[990] इस संदर्भ में, चीन की तकनीकी रणनीति उसकी वैश्विक शक्ति आकांक्षा का सबसे दीर्घकालिक और निर्णायक घटक बनती जा रही है।[991]

चीन की वैश्विक भूमिका केवल भौतिक शक्ति तक सीमित नहीं है। वह धीरे-धीरे एक वैकल्पिक विकास और शासन मॉडल प्रस्तुत कर रहा है, जो राजनीतिक स्थिरता, आर्थिक विकास और संप्रभुता को प्राथमिकता देता है।[992] कई विकासशील देशों के लिए यह मॉडल आकर्षक बनता जा रहा है, विशेषकर वहाँ जहाँ लोकतांत्रिक संस्थाएँ अपेक्षित परिणाम देने में असफल रही हैं।[993] साथ ही, चीन अंतरराष्ट्रीय संस्थाओं में अपनी भूमिका बढ़ाने और नई संस्थागत व्यवस्थाएँ विकसित करने का प्रयास कर रहा है। इसका उद्देश्य केवल मौजूदा व्यवस्था में स्थान पाना नहीं, बल्कि नियम-निर्माण की प्रक्रिया को प्रभावित करना है।[994] चीन की रणनीति जितनी सशक्त है, उतनी ही जटिल चुनौतियों से घिरी हुई भी है। जनसांख्यिकीय गिरावट, आंतरिक आर्थिक असमानताएँ, सामाजिक नियंत्रण की बढ़ती लागत और पड़ोसी देशों के साथ रणनीतिक अविश्वास उसकी दीर्घकालिक आकांक्षाओं को सीमित कर सकते हैं।[995] इसके अतिरिक्त, अन्य शक्तियाँ भी चीन के प्रभाव को संतुलित करने के लिए सक्रिय हो रही हैं, जिससे वैश्विक प्रतिस्पर्धा और तीव्र होती जा रही है।[996]चीन की वैश्विक शक्ति बनने की रणनीति को न तो अपरिहार्य वर्चस्व के रूप में देखा जाना चाहिए और न ही अस्थायी उभार के रूप में। यह एक नियंत्रित, बहुआयामी और दीर्घकालिक परियोजना है, जिसका उद्देश्य प्रत्यक्ष टकराव के बजाय संरचनात्मक प्रभाव के माध्यम से वैश्विक व्यवस्था में केंद्रीय भूमिका प्राप्त करना है।[997]बहुध्रुवीय विश्व में चीन एक प्रमुख ध्रुव है, किंतु

वह अकेला निर्णायक नहीं,और यही तथ्य 21वीं सदी की शक्ति-राजनीति को और अधिक जटिल तथा गतिशील बनाता है।[998]

बेल्ट एंड रोड, सैन्य आधुनिकीकरण और संस्थागत चुनौती

चीन की वैश्विक शक्ति रणनीति को यदि किसी एक समेकित ढाँचे में समझा जाए, तो उसके तीन प्रमुख स्तंभ स्पष्ट रूप से उभरते हैं। बेल्ट एंड रोड पहल, सैन्य आधुनिकीकरण, और अंतरराष्ट्रीय संस्थागत व्यवस्था को चुनौती। यह तीनों आयाम स्वतंत्र नहीं हैं, बल्कि परस्पर गहराई से जुड़े हुए हैं और मिलकर चीन की दीर्घकालिक वैश्विक महत्वाकांक्षा को रूप प्रदान करते हैं।[999] बेल्ट एंड रोड पहल (BRI) चीन की वैश्विक शक्ति रणनीति का सबसे दृश्य और प्रभावशाली आयाम है। यह पहल केवल अवसंरचना विकास की परियोजना नहीं, बल्कि एक सुविचारित भू-राजनीतिक और भू-अर्थशास्त्रीय रणनीति है। इसके अंतर्गत चीन एशिया, अफ्रीका, यूरोप और लैटिन अमेरिका में बंदरगाहों, रेल नेटवर्क, सड़कों, ऊर्जा परियोजनाओं और डिजिटल अवसंरचना का निर्माण कर रहा है। अब तक 140 से अधिक देश किसी न किसी रूप में इस पहल से जुड़े माने जाते हैं।[1000]आर्थिक दृष्टि से, BRI ने चीन को अपनी अतिरिक्त औद्योगिक क्षमता के निर्यात, कच्चे माल की सुरक्षित आपूर्ति और नए बाज़ारों तक पहुँच का अवसर दिया है। रणनीतिक दृष्टि से, यह पहल चीन को महत्वपूर्ण समुद्री मार्गों और चोक-प्वाइंट्स के समीप दीर्घकालिक उपस्थिति स्थापित करने में सहायक बनाती है। कई विश्लेषकों के अनुसार, BRI के माध्यम से निर्मित बंदरगाह और लॉजिस्टिक केंद्र भविष्य में दोहरे उपयोग (नागरिक और सैन्य) की संभावनाएँ भी रखते हैं, जिससे चीन की समुद्री रणनीति को अप्रत्यक्ष समर्थन मिलता है।[1001]हालाँकि, इस पहल को लेकर ऋण-निर्भरता, पारदर्शिता की कमी और स्थानीय संप्रभुता पर प्रभाव जैसे प्रश्न भी उठे हैं। फिर भी, यह निर्विवाद है कि BRI ने चीन को वैश्विक आर्थिक नेटवर्क के केंद्र में स्थापित करने में निर्णायक भूमिका निभाई है।चीन की वैश्विक रणनीति का दूसरा प्रमुख स्तंभ उसका सैन्य आधुनिकीकरण है। चीन ने पारंपरिक सैन्य विस्तार की तुलना में गुणात्मक सैन्य क्षमता पर अधिक ध्यान केंद्रित किया है। बीते दो दशकों में चीन के रक्षा व्यय में निरंतर वृद्धि हुई है, जिससे वह विश्व का दूसरा सबसे बड़ा सैन्य खर्च करने वाला देश बन चुका है। किंतु इस व्यय का महत्व उसकी मात्रा से अधिक, उसके लक्षित उपयोग में निहित है।[1002] चीन ने विशेष रूप से नौसेना आधुनिकीकरण, लंबी दूरी की मिसाइल प्रणालियों, साइबर युद्ध क्षमताओं और अंतरिक्ष आधारित सैन्य प्रणालियों पर निवेश किया है। इसका

उद्देश्य वैश्विक स्तर पर सैन्य वर्चस्व स्थापित करना नहीं, बल्कि अपने निकटवर्ती क्षेत्रों विशेषकर पश्चिमी प्रशांत और दक्षिण चीन सागर में निर्णायक प्रतिरोधक क्षमता विकसित करना है।

यह रणनीति चीन को प्रत्यक्ष सैन्य टकराव से बचाते हुए अपनी सुरक्षा और प्रभाव क्षेत्र का विस्तार करने में सहायता करती है। सैन्य आधुनिकीकरण का एक महत्वपूर्ण पहलू यह भी है कि चीन अपनी सैन्य शक्ति को आर्थिक और तकनीकी क्षमता के साथ समन्वित कर रहा है। यह समन्वय उसे आधुनिक युद्ध के बहु-डोमेन स्वरूप,स्थल, समुद्र, आकाश, साइबर और अंतरिक्ष,में प्रभावी बनाता है।चीन की वैश्विक भूमिका का तीसरा और सबसे सूक्ष्म आयाम अंतरराष्ट्रीय संस्थागत व्यवस्था को दी जा रही चुनौती है। चीन अब केवल मौजूदा वैश्विक संस्थाओं में स्थान पाने से संतुष्ट नहीं है, बल्कि वह नियम-निर्माण की प्रक्रिया को प्रभावित करने की दिशा में अग्रसर है। संयुक्त राष्ट्र, वैश्विक व्यापार और वित्तीय संस्थानों में चीन की बढ़ती भूमिका इस परिवर्तन को दर्शाती है।[1003]इसके साथ ही, चीन ने वैकल्पिक संस्थागत ढाँचे और मंचों को प्रोत्साहित किया है, जिनका उद्देश्य पश्चिम-प्रेरित नियम-आधारित व्यवस्था के समानांतर विकल्प प्रस्तुत करना है। यह रणनीति चीन को एक “नियम-अनुसरणकर्ता” से “नियम-प्रभावक” शक्ति में रूपांतरित करती है। कई विकासशील देशों के लिए यह आकर्षक है, क्योंकि इसमें राजनीतिक शर्तों की अपेक्षा आर्थिक सहयोग और संप्रभुता पर बल दिया जाता है।बेल्ट एंड रोड, सैन्य आधुनिकीकरण और संस्थागत चुनौती,यह तीनों आयाम मिलकर चीन की वैश्विक शक्ति रणनीति को एक समग्र स्वरूप प्रदान करते हैं। BRI आर्थिक और भू-राजनीतिक पहुँच सुनिश्चित करता है, सैन्य आधुनिकीकरण उस पहुँच की सुरक्षा और प्रतिरोधक क्षमता प्रदान करता है, जबकि संस्थागत रणनीति दीर्घकालिक वैधता और नियम-निर्माण में भागीदारी सुनिश्चित करती है।चीन की वैश्विक शक्ति बनने की रणनीति न तो केवल आर्थिक विस्तार है और न ही केवल सैन्य प्रतिस्पर्धा। यह एक बहुआयामी और दीर्घकालिक परियोजना है, जिसमें अवसंरचना, सैन्य क्षमता और संस्थागत प्रभाव एक-दूसरे को सुदृढ़ करते हैं। बहुध्रुवीय विश्व व्यवस्था में चीन की भूमिका इसी समेकित रणनीति के कारण निर्णायक बनती जा रही है, यद्यपि यह भूमिका सहयोग और प्रतिस्पर्धा दोनों से समान रूप से परिभाषित होगी।[1004]

भारत की भूमिका

21वीं सदी की बहुध्रुवीय विश्व व्यवस्था में भारत की भूमिका न तो पारंपरिक महाशक्ति के रूप में है और न ही केवल एक क्षेत्रीय शक्ति के रूप में। भारत एक ऐसी उभरती शक्ति है, जिसकी विशिष्टता उसकी संतुलनकारी भूमिका में निहित है। वैश्विक शक्ति-संरचना के संक्रमण काल में भारत की रणनीति प्रत्यक्ष वर्चस्व या किसी एक ध्रुव के साथ पूर्ण संरेखण पर आधारित न होकर, रणनीतिक स्वायत्तता, बहुपक्षीयता और नियंत्रित सहभागिता के सिद्धांतों पर आधारित रही है। यही कारण है कि भारत को समकालीन अंतरराष्ट्रीय राजनीति में एक "स्थिरकारी" और "संतुलनकारी" शक्ति के रूप में देखा जा रहा है।[1005] भारत की संतुलनकारी भूमिका का पहला और सबसे ठोस आधार उसकी आर्थिक क्षमता है। भारत वर्तमान में विश्व की सबसे तेज़ी से बढ़ती प्रमुख अर्थव्यवस्थाओं में शामिल है और नाममात्र GDP के आधार पर विश्व की शीर्ष पाँच अर्थव्यवस्थाओं में स्थान बना चुका है। भारत की अर्थव्यवस्था का आकार कुछ दशकों पहले जहाँ अपेक्षाकृत सीमित था, वहीं अब वह वैश्विक उत्पादन, उपभोग और निवेश प्रवाह में महत्वपूर्ण भूमिका निभा रहा है। भारत का विशाल घरेलू बाज़ार, युवा जनसंख्या और बढ़ती मध्यम वर्गीय मांग उसे वैश्विक अर्थव्यवस्था का एक अपरिहार्य घटक बनाती है।[1006] आर्थिक दृष्टि से भारत की रणनीति किसी एक शक्ति-केंद्र पर निर्भरता के बजाय विविधीकरण पर आधारित रही है। भारत पश्चिमी अर्थव्यवस्थाओं, एशियाई शक्तियों और विकासशील देशों तीनों के साथ आर्थिक संबंध बनाए रखता है। यह विविधता भारत को वैश्विक आर्थिक प्रतिस्पर्धा में लचीलापन प्रदान करती है और उसे किसी भी एक ध्रुव के दबाव से अपेक्षाकृत मुक्त रखती है।

भारत की संतुलनकारी भूमिका को समझने के लिए उसकी भू-राजनीतिक स्थिति अत्यंत महत्वपूर्ण है। हिंद महासागर क्षेत्र, मध्य एशिया, पश्चिम एशिया और इंडो-पैसिफिक के संगम पर स्थित भारत प्राकृतिक रूप से एक भू-रणनीतिक सेतु के रूप में उभरता है। वैश्विक व्यापार का एक बड़ा भाग हिंद महासागर के समुद्री मार्गों से होकर गुजरता है, और इन मार्गों की सुरक्षा भारत को एक स्वाभाविक भूमिका प्रदान करती है।[1007] इस भौगोलिक स्थिति के कारण भारत न केवल एशिया की शक्ति-संरचना में, बल्कि वैश्विक समुद्री संतुलन में भी महत्वपूर्ण स्थान रखता है। भारत का दृष्टिकोण किसी एक शक्ति के प्रभुत्व को स्वीकार करने के बजाय खुले, मुक्त और नियम-आधारित समुद्री व्यवस्था के समर्थन पर आधारित है, जो उसे एक संतुलनकारी भूमिका में स्थापित करता है।भारत की सैन्य रणनीति

उसकी संतुलनकारी भूमिका का एक और महत्वपूर्ण आयाम है। भारत विश्व के प्रमुख सैन्य शक्तियों में शामिल है, किंतु उसकी सैन्य शक्ति का उपयोग पारंपरिक साम्राज्यवादी विस्तार या वैश्विक वर्चस्व के लिए नहीं किया गया है। भारत की सैन्य नीति मुख्यतः रक्षा, प्रतिरोध और क्षेत्रीय स्थिरता पर केंद्रित रही है।[1008] भारत का रक्षा व्यय विश्व में शीर्ष देशों में शामिल है, और उसकी सेनाएँ स्थल, नौसेना और वायुसेना,क्षेत्रीय संतुलन बनाए रखने में सक्षम हैं। विशेष रूप से नौसेना की भूमिका हिंद महासागर क्षेत्र में महत्वपूर्ण है, जहाँ भारत समुद्री सुरक्षा, मानवीय सहायता और आपदा राहत जैसी गतिविधियों के माध्यम से एक जिम्मेदार शक्ति के रूप में उभरता है। यह सैन्य क्षमता भारत को संतुलनकारी शक्ति बनाती है, न कि आक्रामक प्रभुत्वकारी शक्ति। भारत की संतुलनकारी भूमिका का सबसे विशिष्ट पक्ष उसकी कूटनीतिक रणनीति है। भारत ने शीत युद्ध काल से ही गुटनिरपेक्षता और रणनीतिक स्वायत्तता को अपनी विदेश नीति का मूल आधार बनाया। 21वीं सदी में यह सिद्धांत बदले हुए स्वरूप में जारी है। भारत एक साथ विभिन्न शक्ति-केंद्रों के साथ संबंध बनाए रखता है; पश्चिमी देशों के साथ रणनीतिक साझेदारी, रूस के साथ ऐतिहासिक सहयोग, और एशियाई देशों के साथ क्षेत्रीय सहभागिता।[1009]

यह बहुस्तरीय कूटनीति भारत को किसी एक शक्ति के खेमे में सीमित होने से बचाती है और उसे वैश्विक राजनीति में स्वतंत्र निर्णय लेने की क्षमता प्रदान करती है। इसी कारण भारत कई वैश्विक मुद्दों पर मध्यस्थता, संतुलन और संवाद का पक्षधर बनकर उभरता है।भारत की संतुलनकारी शक्ति केवल द्विपक्षीय संबंधों तक सीमित नहीं है, बल्कि वह वैश्विक संस्थाओं और बहुपक्षीय मंचों में भी स्पष्ट दिखाई देती है। भारत अंतरराष्ट्रीय संस्थाओं में सुधार, प्रतिनिधित्व और न्यायसंगत व्यवस्था की माँग करता रहा है। विकासशील देशों की आवाज़ के रूप में भारत स्वयं को एक जिम्मेदार प्रतिनिधि के रूप में प्रस्तुत करता है।इसके साथ ही, भारत नए बहुपक्षीय मंचों और क्षेत्रीय पहलों में सक्रिय भागीदारी करता है, जिनका उद्देश्य सहयोग, स्थिरता और साझा हितों को बढ़ावा देना है। यह संस्थागत सहभागिता भारत को नियम-निर्माण की प्रक्रिया में भागीदार बनाती है, न कि केवल नियमों का पालन करने वाला राज्य।भारत की संतुलनकारी भूमिका का एक उभरता हुआ आयाम उसकी तकनीकी और मानव संसाधन क्षमता है। भारत की विशाल युवा जनसंख्या, वैज्ञानिक प्रतिभा और तकनीकी दक्षता उसे वैश्विक नवाचार तंत्र का महत्वपूर्ण हिस्सा बनाती है। सूचना प्रौद्योगिकी, डिजिटल सेवाएँ और अंतरिक्ष अनुसंधान जैसे क्षेत्रों में भारत की उपस्थिति वैश्विक स्तर पर स्वीकार की जा चुकी है।यह तकनीकी क्षमता भारत को न केवल आर्थिक लाभ प्रदान करती है, बल्कि

उसे वैश्विक तकनीकी निर्भरता के नेटवर्क में एक संतुलनकारी भूमिका निभाने में भी सक्षम बनाती है। तकनीक के क्षेत्र में भारत का दृष्टिकोण सहयोग और साझेदारी पर आधारित है, न कि एकाधिकार पर। हालाँकि भारत की संतुलनकारी भूमिका व्यापक संभावनाओं से युक्त है, फिर भी यह चुनौतियों से मुक्त नहीं है। आर्थिक असमानताएँ, अवसंरचनात्मक सीमाएँ, क्षेत्रीय सुरक्षा चुनौतियाँ और वैश्विक प्रतिस्पर्धा का दबाव भारत की रणनीतिक क्षमता को प्रभावित कर सकते हैं।इसके अतिरिक्त, बहुध्रुवीय विश्व में संतुलन बनाए रखना स्वयं में एक जटिल कार्य है, क्योंकि इसमें निरंतर समायोजन और सावधानी की आवश्यकता होती है।भारत की भूमिका को न तो उभरती महाशक्ति के रूप में सीमित किया जा सकता है और न ही केवल क्षेत्रीय प्रभाव तक। भारत एक ऐसी संतुलनकारी शक्ति के रूप में उभर रहा है, जो बहुध्रुवीय विश्व व्यवस्था में स्थिरता, संवाद और सहयोग को बढ़ावा दे सकती है। उसकी शक्ति का स्रोत प्रत्यक्ष प्रभुत्व नहीं, बल्कि विश्वसनीयता, लचीलापन और रणनीतिक संयम है। यही विशेषताएँ भारत को 21वीं सदी की वैश्विक राजनीति में एक अनिवार्य संतुलनकारी शक्ति बनाती हैं।

रणनीतिक स्वायत्तता और बहु-संरेखण

बहुध्रुवीय विश्व व्यवस्था में भारत की भूमिका को समझने के लिए "रणनीतिक स्वायत्तता" और "बहु-संरेखण" की अवधारणाएँ केंद्रीय महत्व रखती हैं। यह दोनों अवधारणाएँ भारत की विदेश नीति के केवल नीतिगत उपकरण नहीं, बल्कि उसकी ऐतिहासिक स्मृति, भू-राजनीतिक स्थिति और दीर्घकालिक राष्ट्रीय हितों का परिणाम हैं। शीत युद्ध काल की गुटनिरपेक्षता से लेकर 21वीं सदी के बहु-संरेखण तक, भारत ने निरंतर यह प्रयास किया है कि वह किसी एक शक्ति-ध्रुव पर निर्भर न हो, बल्कि बदलते वैश्विक संतुलन में अपने लिए निर्णय-स्वतंत्रता बनाए रखे।[1010] रणनीतिक स्वायत्तता का तात्पर्य किसी राज्य की उस क्षमता से है, जिसके माध्यम से वह बाहरी दबावों, गठबंधन-बाध्यताओं या वैचारिक प्रतिबद्धताओं से मुक्त रहकर अपने राष्ट्रीय हितों के अनुरूप निर्णय ले सके। भारत के लिए यह अवधारणा औपनिवेशिक अनुभव के बाद विशेष रूप से महत्वपूर्ण रही है। स्वतंत्रता के पश्चात भारत ने यह स्पष्ट किया कि वह न तो किसी महाशक्ति का उपग्रह बनेगा और न ही अपनी विदेश नीति को किसी बाहरी शक्ति के निर्देशों के अधीन रखेगा।[1011] शीत युद्ध काल में यह दृष्टिकोण गुटनिरपेक्ष आंदोलन के रूप में सामने आया। यद्यपि वैश्विक परिस्थितियाँ बदल चुकी हैं, किंतु रणनीतिक स्वायत्तता का मूल सिद्धांत आज भी भारत की विदेश नीति का आधार बना हुआ है। अंतर यह है

कि 21वीं सदी में स्वायत्तता का अर्थ अलगाव नहीं, बल्कि चयनात्मक और विवेकपूर्ण सहभागिता है।बहु-संरेखण भारत की समकालीन रणनीति का व्यावहारिक रूप है। यह नीति मानती है कि बहुध्रुवीय विश्व में किसी एक ध्रुव के साथ पूर्ण संरेखण राष्ट्रीय हितों को सीमित कर सकता है। भारत विभिन्न शक्ति-केंद्रों के साथ एक साथ, परंतु अलग-अलग संदर्भों में, सहयोग करता है। यह सहयोग क्षेत्र, मुद्दा और हित-विशेष के आधार पर तय होता है।[1012]उदाहरणतः, भारत पश्चिमी देशों के साथ रक्षा, तकनीक और समुद्री सुरक्षा में सहयोग करता है, जबकि अन्य भागीदारों के साथ ऊर्जा, रक्षा उपकरण और क्षेत्रीय स्थिरता के क्षेत्रों में संबंध बनाए रखता है। इसी प्रकार, भारत विकासशील देशों के मंचों पर वैश्विक दक्षिण की आवाज़ को सशक्त करता है। यह बहु-संरेखण भारत को विकल्पों की विविधता प्रदान करता है और किसी एक साझेदारी पर अत्यधिक निर्भरता से बचाता है।

रणनीतिक स्वायत्तता का आर्थिक आयाम अत्यंत महत्वपूर्ण है। भारत ने अपने व्यापार और निवेश संबंधों को विविधीकृत करने का प्रयास किया है। भारत का व्यापार कई प्रमुख आर्थिक ब्लॉकों और क्षेत्रों में फैला हुआ है, जिससे किसी एक बाज़ार या मुद्रा पर निर्भरता सीमित रहती है। यह विविधीकरण वैश्विक आर्थिक झटकों के समय भारत को अपेक्षाकृत लचीलापन प्रदान करता है।इसके अतिरिक्त, भारत वैश्विक आपूर्ति-श्रृंखलाओं में वैकल्पिक केंद्र के रूप में उभरने का प्रयास कर रहा है। यह भूमिका भारत को केवल आर्थिक लाभ ही नहीं देती, बल्कि उसे भू-राजनीतिक रूप से भी अधिक प्रासंगिक बनाती है। आर्थिक बहु-संरेखण भारत की रणनीतिक स्वायत्तता की भौतिक नींव तैयार करता है।रक्षा और सुरक्षा क्षेत्र में भारत की बहु-संरेखण नीति विशेष रूप से स्पष्ट दिखाई देती है। भारत ने अपने रक्षा आयात, सैन्य अभ्यासों और सुरक्षा साझेदारियों को विविध बनाए रखा है। यह विविधता भारत को तकनीकी विकल्प, आपूर्ति-सुरक्षा और रणनीतिक लचीलापन प्रदान करती है। साथ ही, भारत अपनी रक्षा उत्पादन क्षमता को बढ़ाने पर भी बल दे रहा है, जिससे दीर्घकाल में बाहरी निर्भरता कम की जा सके।[1013] महत्वपूर्ण यह है कि भारत किसी भी सैन्य गठबंधन का औपचारिक सदस्य बनने से बचता है। यह नीति उसे क्षेत्रीय और वैश्विक संकटों में स्वतंत्र निर्णय लेने की क्षमता देती है और उसे प्रत्यक्ष शक्ति-संघर्षों में अनावश्यक रूप से फँसने से बचाती है।कूटनीति के क्षेत्र में भारत की रणनीतिक स्वायत्तता उसे संवाद और मध्यस्थता के अवसर प्रदान करती है। भारत कई वैश्विक और क्षेत्रीय मुद्दों पर संतुलित दृष्टिकोण अपनाता है, जिससे वह विभिन्न पक्षों के साथ संवाद बनाए रखने में सक्षम रहता है। यह स्थिति भारत को एक विश्वसनीय वार्ताकार और स्थिरकारी शक्ति के रूप

में प्रस्तुत करती है।बहुध्रुवीय विश्व में जहाँ शक्ति-ध्रुवों के बीच अविश्वास और प्रतिस्पर्धा बढ़ रही है, भारत की यह क्षमता कि वह विभिन्न पक्षों के साथ संवाद बनाए रख सके; उसकी संतुलनकारी भूमिका को और अधिक सुदृढ़ करती है।

रणनीतिक स्वायत्तता का एक महत्वपूर्ण, किंतु प्रायः उपेक्षित आयाम वैश्विक संस्थाओं और मानक-निर्माण प्रक्रियाओं में सक्रिय भागीदारी है। भारत न केवल मौजूदा संस्थाओं में अधिक प्रतिनिधित्व की माँग करता है, बल्कि नई बहुपक्षीय पहलों में भी सक्रिय रहता है। इसका उद्देश्य किसी एक शक्ति-केंद्र द्वारा नियम-निर्धारण के एकाधिकार को संतुलित करना है।[1014]भारत का यह दृष्टिकोण उसे "नियम-अनुसरणकर्ता" से "नियम-प्रभावक" की दिशा में ले जाता है, जो दीर्घकाल में उसकी रणनीतिक स्वायत्तता को संस्थागत आधार प्रदान करता है।रणनीतिक स्वायत्तता और बहु-संरेखण की नीति जितनी आकर्षक है, उतनी ही जटिल भी है। विभिन्न शक्ति-केंद्रों के साथ संतुलन बनाए रखना निरंतर कूटनीतिक दक्षता, संसाधन और राजनीतिक इच्छाशक्ति की माँग करता है। कभी-कभी परस्पर विरोधी हितों के बीच संतुलन साधना कठिन हो जाता है, जिससे नीति-निर्माण पर दबाव बढ़ता है।इसके अतिरिक्त, घरेलू आर्थिक और तकनीकी क्षमता यदि अपेक्षित स्तर तक विकसित न हो, तो रणनीतिक स्वायत्तता सीमित हो सकती है। इसलिए, भारत के लिए आंतरिक शक्ति-निर्माण बाह्य संतुलन नीति का अनिवार्य पूरक है। रणनीतिक स्वायत्तता और बहु-संरेखण भारत की उस दीर्घकालिक दृष्टि को प्रतिबिंबित करते हैं, जिसमें शक्ति का प्रयोग प्रभुत्व के लिए नहीं, बल्कि संतुलन और स्थिरता के लिए किया जाता है। बहुध्रुवीय विश्व व्यवस्था में भारत की यह नीति उसे किसी एक ध्रुव का अनुयायी बनने के बजाय एक स्वतंत्र, विश्वसनीय और संतुलनकारी शक्ति के रूप में स्थापित करती है। यही दृष्टिकोण 21वीं सदी की वैश्विक राजनीति में भारत की विशिष्ट पहचान और बढ़ते प्रभाव का आधार बनता जा रहा है।[1015]

रूस की भूमिका

शीत युद्ध की समाप्ति के बाद रूस को एक ऐसे दौर से गुजरना पड़ा जिसे व्यापक रूप से रणनीतिक अवनति और संस्थागत विघटन का काल माना गया। सोवियत संघ के विघटन (1991) के बाद रूस की आर्थिक क्षमता, वैश्विक प्रभाव और सैन्य प्रतिष्ठा में तीव्र गिरावट आई। 1990 के दशक में रूस की GDP में संकुचन, सामाजिक-आर्थिक अस्थिरता और नाटो के विस्तार ने उसकी सुरक्षा-धारणाओं को गहराई से प्रभावित किया। 2000 के बाद, विशेषकर व्लादिमीर पुतिन

के नेतृत्व में, रूस ने अपनी राष्ट्रीय शक्ति के पुनर्गठन और अंतरराष्ट्रीय मंच पर प्रभाव-पुनर्स्थापन की सुनियोजित नीति अपनाई,जिसे समकालीन विमर्श में पुनरुत्थानवादी भू-राजनीति कहा जाता है।[1016] 1991–1999 के कालखंड में रूस की अर्थव्यवस्था में तीव्र गिरावट दर्ज हुई; औद्योगिक उत्पादन में भारी कमी आई और राज्य-क्षमता कमजोर पड़ी। इसी दौरान पूर्वी यूरोप और बाल्टिक क्षेत्र में नाटो का विस्तार हुआ, जिसे रूस ने अपनी सामरिक परिधि में हस्तक्षेप के रूप में देखा। 2000 के बाद, राज्य-नियंत्रण का सुदृढ़ीकरण, ऊर्जा-क्षेत्र का पुनर्गठन और केंद्रीय सत्ता का सशक्तीकरण यह तीन कदम रूस की पुनरुत्थान रणनीति की नींव बने।[1017] रूस की पुनरुत्थानवादी रणनीति का सबसे ठोस स्तंभ उसकी ऊर्जा शक्ति है। रूस विश्व के प्रमुख तेल और गैस उत्पादक देशों में शामिल है और यूरोप के लिए लंबे समय तक प्राकृतिक गैस का एक प्रमुख आपूर्तिकर्ता रहा है। ऊर्जा निर्यात से होने वाली आय ने 2000–2014 के बीच रूस के विदेशी मुद्रा भंडार और राजकोषीय क्षमता को सुदृढ़ किया। ऊर्जा पाइपलाइनों, दीर्घकालिक अनुबंधों और मूल्य-नीति के माध्यम से रूस ने ऊर्जा को रणनीतिक लीवर के रूप में इस्तेमाल किया,जिसे विश्लेषक "ऊर्जा-भू-राजनीति" कहते हैं।[1018] हालाँकि, ऊर्जा-आधारित शक्ति की सीमाएँ भी स्पष्ट हुईं; विशेषकर वैश्विक ऊर्जा बाज़ारों की अस्थिरता और प्रतिबंधों के बाद। इसके बावजूद, ऊर्जा संसाधन रूस को एक स्थायी वार्ताकार-शक्ति बनाए रखते हैं, विशेषकर यूरेशियाई परिदृश्य में।रूस का सैन्य पुनरुत्थान मात्रा से अधिक गुणवत्ता पर केंद्रित रहा है। रक्षा सुधारों के तहत कमान-नियंत्रण, त्वरित तैनाती और सटीक प्रहार क्षमताओं पर बल दिया गया। परमाणु प्रतिरोधक क्षमता रूस की सुरक्षा-नीति का केंद्रीय तत्व बनी रही। पारंपरिक बलों के साथ-साथ साइबर, इलेक्ट्रॉनिक और सूचना-डोमेन में निवेश ने रूस को असममित युद्धक क्षमता प्रदान की ,जो उससे बड़े या तकनीकी रूप से उन्नत प्रतिद्वंद्वियों के विरुद्ध संतुलन साधने में सहायक है।[1019]रूस की पुनरुत्थानवादी भू-राजनीति का एक प्रमुख लक्षण सीमित लेकिन निर्णायक हस्तक्षेप है। अपने निकटवर्ती क्षेत्रों में रूस ने सुरक्षा-हितों को प्राथमिकता दी। यूरोप-यूरेशिया परिधि में प्रभाव बनाए रखने हेतु रूस ने कूटनीति, सैन्य-उपस्थिति और सूचना-रणनीति का संयोजन अपनाया। यह मॉडल "कम लागत-उच्च प्रभाव" के सिद्धांत पर आधारित रहा; जहाँ व्यापक सैन्य विस्तार के बजाय रणनीतिक संकेत और क्षेत्रीय संतुलन साधा गया।रूस ने स्वयं को केवल मौजूदा पश्चिम-केंद्रित संस्थाओं तक सीमित नहीं रखा। उसने यूरेशियन आर्थिक एकीकरण, बहुपक्षीय मंचों में सक्रियता और गैर-पश्चिमी साझेदारियों के माध्यम से संस्थागत विविधीकरण किया। उद्देश्य स्पष्ट था,नियम-निर्माण की

प्रक्रिया में प्रभाव बढ़ाना और एकतरफा प्रभुत्व को संतुलित करना। यह रणनीति रूस को नियम-प्रभावक बनने की आकांक्षा देती है, भले ही संसाधन सीमित हों।[1020]

21वीं सदी में रूस की पुनरुत्थान नीति का एक विशिष्ट पहलू सूचना-डोमेन में सक्रियता है। नैरेटिव-निर्माण, सार्वजनिक कूटनीति और डिजिटल माध्यमों का उपयोग रूस की रणनीति का अभिन्न हिस्सा रहा। इसका उद्देश्य प्रत्यक्ष टकराव के बिना धारणा-प्रबंधन और रणनीतिक अस्पष्टता के माध्यम से प्रभाव बढ़ाना है। यह आयाम रूस को असममित प्रतिस्पर्धा में बढ़त देता है।यूरोप में बढ़ते तनावों के साथ रूस ने एशिया-केन्द्रित संतुलन पर ध्यान दिया। ऊर्जा निर्यात, रक्षा सहयोग और कूटनीतिक समन्वय के माध्यम से रूस ने एशियाई शक्तियों के साथ संबंध सुदृढ़ किए। यह झुकाव केवल विकल्प-निर्माण नहीं, बल्कि रणनीतिक लचीलापन बढ़ाने की नीति है; ताकि किसी एक भू-राजनीतिक रंगमंच पर निर्भरता कम हो।रूस की पुनरुत्थानवादी भू-राजनीति प्रभावशाली होने के बावजूद संरचनात्मक सीमाओं से मुक्त नहीं है। जनसांख्यिकीय चुनौतियाँ, अर्थव्यवस्था का सीमित विविधीकरण, तकनीकी निर्भरता और दीर्घकालिक निवेश-अभाव यह कारक रूस की शक्ति-प्रक्षेपण क्षमता को सीमित करते हैं। इसके अतिरिक्त, व्यापक प्रतिबंधों और वित्तीय प्रतिबंधों ने रूस की वैश्विक एकीकरण-क्षमता को प्रभावित किया है।बहुध्रुवीय विश्व में रूस की भूमिका को केवल “विघ्नकारी” के रूप में देखना अधूरा होगा। रूस कई संदर्भों में संतुलनकारी भी है,जहाँ वह एकतरफा वर्चस्व को चुनौती देता है और बहुध्रुवीयता के लिए स्थान बनाता है। हालांकि, संसाधन-सीमाओं के कारण रूस दीर्घकालिक वैश्विक नेतृत्व की बजाय क्षेत्रीय निर्णायकता और रणनीतिक संकेत पर निर्भर रहता है।रूस की पुनरुत्थानवादी भू-राजनीति एक यथार्थवादी, लक्षित और असममित रणनीति है। यह व्यापक वर्चस्व की आकांक्षा से अधिक प्रभाव-पुनर्स्थापन पर केंद्रित है। ऊर्जा, सैन्य-गुणवत्ता, सूचना-डोमेन और संस्थागत विविधीकरण इन स्तंभों के सहारे रूस बहुध्रुवीय व्यवस्था में एक अनिवार्य, किंतु सीमित-संसाधन शक्ति के रूप में कार्य करता है। यही कारण है कि 21वीं सदी की शक्ति-राजनीति में रूस न तो हाशियह पर है और न ही अकेला निर्णायक; बल्कि एक ऐसा अभिनेता है जो संतुलन, बाधा और अवसर तीनों भूमिकाएँ निभाता है।

ऊर्जा, सुरक्षा और पश्चिम-विरोधी धुरी

समकालीन बहुध्रुवीय विश्व व्यवस्था में रूस की पुनरुत्थानवादी भू-राजनीति को समझने के लिए तीन आपस में गुँथे आयाम केंद्रीय हैं,ऊर्जा-शक्ति, सुरक्षा रणनीति, और पश्चिम-विरोधी धुरी का निर्माण। यह तीनों तत्व अलग-अलग

नीति-क्षेत्र नहीं हैं, बल्कि एक संयुक्त रणनीतिक ढाँचा बनाते हैं, जिसके माध्यम से रूस सीमित संसाधनों के बावजूद वैश्विक राजनीति में प्रभाव बनाए रखने का प्रयास करता है।[1021]रूस की शक्ति-राजनीति की आधारशिला उसकी ऊर्जा-क्षमता है। रूस विश्व के प्रमुख तेल और प्राकृतिक गैस उत्पादकों में शामिल है और लंबे समय तक यूरोप के लिए गैस का प्रमुख आपूर्तिकर्ता रहा है। ऊर्जा निर्यात से होने वाली आय ने 2000–2014 के कालखंड में रूसी राज्य-क्षमता, रक्षा-व्यय और विदेश-नीति को वित्तीय आधार प्रदान किया। तेल-गैस पाइपलाइनों, दीर्घकालिक आपूर्ति-अनुबंधों और मूल्य-नीति के माध्यम से रूस ने ऊर्जा को रणनीतिक दबाव-साधन के रूप में प्रयोग किया;विशेषकर यूरोपीय सुरक्षा परिदृश्य में।[1022] ऊर्जा-भू-राजनीति का यह उपयोग केवल राजस्व तक सीमित नहीं रहा। यह रूस को वार्ताओं में सौदेबाज़ी की शक्ति देता रहा और क्षेत्रीय संतुलन में उसकी भूमिका को बनाए रखता रहा। हालाँकि, ऊर्जा बाज़ारों की अस्थिरता, वैकल्पिक आपूर्ति-मार्गों का विकास और प्रतिबंधों के बाद यूरोप में निर्भरता घटने से रूस की ऊर्जा-लीवर क्षमता में सीमाएँ भी उभरीं। इसके प्रत्युत्तर में रूस ने एशिया-उन्मुख ऊर्जा-विविधीकरण की नीति अपनाई,दीर्घकालिक आपूर्ति समझौते, नए बाज़ार और अवसंरचनात्मक समायोजन इसके संकेत हैं।ऊर्जा-आय से समर्थित रूस की सुरक्षा रणनीति का केंद्र प्रतिरोधक क्षमता और असममित साधन रहे हैं। रूस ने पारंपरिक सैन्य विस्तार की तुलना में गुणात्मक आधुनिकीकरण पर ध्यान केंद्रित किया,परमाणु प्रतिरोधक क्षमता, सटीक प्रहार प्रणालियाँ, साइबर/इलेक्ट्रॉनिक युद्ध और सूचना-डोमेन में निवेश। इसका उद्देश्य वैश्विक सैन्य वर्चस्व नहीं, बल्कि अपने निकटवर्ती क्षेत्रों में रणनीतिक संतुलन बनाए रखना और संभावित प्रतिद्वंद्वियों को उच्च लागत का संकेत देना रहा है।[1023] रूस की सुरक्षा-नीति का एक महत्त्वपूर्ण तत्व रणनीतिक संकेत-प्रेषण है; सीमित संसाधनों के साथ निर्णायक प्रभाव उत्पन्न करना। यह दृष्टिकोण "कम लागत-उच्च प्रभाव" के सिद्धांत पर आधारित है, जहाँ पूर्ण पैमाने के टकराव के बजाय दबाव, अस्पष्टता और बहु-डोमेन क्षमताओं का उपयोग किया जाता है। इस मॉडल ने रूस को सुरक्षा-परिदृश्य में प्रासंगिक बनाए रखा है, भले ही उसकी आर्थिक क्षमता पश्चिमी शक्तियों से कम हो।रूस की पुनरुत्थानवादी नीति का तीसरा स्तंभ पश्चिम विरोधी धुरी का निर्माण है; जो केवल वैचारिक विरोध तक सीमित नहीं, बल्कि संस्थागत, आर्थिक और सुरक्षा-समन्वय का रूप ले चुका है। नाटो के विस्तार, प्रतिबंधों और नियम-आधारित व्यवस्था में असमानता की धारणा ने रूस को ऐसे साझेदारों की ओर उन्मुख किया, जो पश्चिम-केंद्रित ढाँचों से बाहर विकल्प खोजते हैं।[1024]

इस धुरी का उद्देश्य एक समान वैचारिक ब्लॉक बनाना नहीं, बल्कि रणनीतिक स्वायत्तता का सामूहिक विस्तार है; जहाँ राज्य अपने-अपने हितों के अनुरूप सहयोग करते हैं। ऊर्जा-व्यापार, रक्षा-सहयोग, भुगतान-तंत्रों में विविधीकरण और बहुपक्षीय मंचों पर समन्वय यह सभी इस धुरी के व्यावहारिक आयाम हैं। परिणामस्वरूप, रूस स्वयं को केवल "विघ्नकारी" शक्ति नहीं, बल्कि संतुलन-निर्माता के रूप में प्रस्तुत करता है, जो एकतरफा वर्चस्व को चुनौती देता है।इन तीनों आयामों,ऊर्जा, सुरक्षा और पश्चिम-विरोधी धुरी का अंतर्संबंध रूस की रणनीति को समेकित करता है। ऊर्जा-आय सुरक्षा-आधुनिकीकरण को वित्तपोषित करती है; सुरक्षा-क्षमताएँ ऊर्जा-मार्गों और बाज़ारों की सुरक्षा करती हैं; और पश्चिम-विरोधी धुरी वैकल्पिक साझेदारियाँ व संस्थागत मंच प्रदान करती है, जो प्रतिबंधों और दबावों के प्रभाव को आंशिक रूप से संतुलित करती हैं। यह समेकित चक्र रूस को सीमित संसाधनों के बावजूद प्रभाव बनाए रखने में सक्षम बनाता है।फिर भी, इस रणनीति की सीमाएँ स्पष्ट हैं। ऊर्जा-निर्भरता के दीर्घकालिक जोखिम, तकनीकी निर्भरता, वित्तीय प्रतिबंध, जनसांख्यिकीय चुनौतियाँ और निवेश-अभाव रूस की क्षमता को बाधित करते हैं। इसके अतिरिक्त, पश्चिम-विरोधी धुरी में हितों की असमानता दीर्घकालिक समन्वय को जटिल बना सकती है। अतः रूस की रणनीति प्रभावी तो है, पर स्थायी समाधान नहीं; इसे निरंतर समायोजन और जोखिम-प्रबंधन की आवश्यकता रहती है।ऊर्जा-शक्ति, सुरक्षा-रणनीति और पश्चिम-विरोधी धुरी का संयोजन रूस की पुनरुत्थानवादी भू-राजनीति का मूल ढाँचा है। यह ढाँचा रूस को बहुध्रुवीय व्यवस्था में अनिवार्य अभिनेता बनाए रखता है;जो कभी संतुलनकर्ता, कभी बाधक और कभी वार्ताकार की भूमिका निभाता है। सीमित संसाधनों के बावजूद, यह समेकित रणनीति रूस को वैश्विक राजनीति के केंद्र-परिधि समीकरण में प्रासंगिक बनाए रखती है,और यही 21वीं सदी की शक्ति-राजनीति में उसकी विशिष्ट पहचान है।[1025]

शक्ति-संतुलन में संरचनात्मक परिवर्तन

शक्ति-संतुलन की अवधारणा ने 17वीं सदी से 21वीं सदी के मध्य तक एक गहरा संरचनात्मक रूपांतरण अनुभव किया है, जिसकी शुरुआत 1648 की वेस्टफेलिया व्यवस्था से होती है, जहाँ संप्रभु राष्ट्र-राज्य, सैन्य क्षमता और गठबंधन संतुलन के मुख्य साधन थे; 1815 की वियना व्यवस्था ने यूरोप में महाशक्तियों के बीच यांत्रिक संतुलन को संस्थागत रूप दिया, किंतु 1870 के बाद औद्योगिकीकरण, उपनिवेशवाद और संसाधन-नियंत्रण ने शक्ति के मापन को बदल दिया, जिसके

परिणामस्वरूप 1914–1945 के विश्व युद्धों ने शास्त्रीय संतुलन मॉडल की विफलता उजागर कर दी।[1026]1945–1991 के शीत युद्ध काल में शक्ति-संतुलन ने द्विध्रुवीय संरचना ग्रहण की, जहाँ परमाणु प्रतिरोध, कठोर गठबंधन और वैचारिक ध्रुवीकरण ने अपेक्षाकृत स्थिर लेकिन तनावपूर्ण संतुलन बनाए रखा; 1991 के बाद यह संरचना एकध्रुवीय क्षण में बदली, जिसमें सैन्य, आर्थिक, तकनीकी और संस्थागत शक्ति का अभूतपूर्व संकेंद्रण दिखाई दिया, परंतु यह संतुलन अंतर्निहित रूप से अस्थिर था।[1027]2008 की वैश्विक वित्तीय मंदी इस संक्रमण का निर्णायक मोड़ बनी, क्योंकि इसने आर्थिक शक्ति के एशिया-केंद्रित पुनर्वितरण, वैश्विक आपूर्ति-श्रृंखलाओं की रणनीतिक प्रकृति और वित्तीय निर्भरता को उजागर किया।[1028]2010 के बाद शक्ति-संतुलन बहुध्रुवीय तो हुआ, किंतु सममित नहीं,अर्थात विभिन्न शक्तियों के पास अलग-अलग आयामों में बढ़त दिखाई देने लगी; परिणामस्वरूप संतुलन अब केवल सैन्य गठबंधनों से नहीं, बल्कि भू-अर्थशास्त्र (व्यापार, प्रतिबंध, निवेश), तकनीकी प्रभुत्व (डिजिटल अवसंरचना, डेटा, नवाचार), संस्थागत प्रभाव (नियम-निर्माण) और वैचारिक-नैरेटिव क्षमता से निर्मित होने लगा।[1029]इस संरचनात्मक परिवर्तन में संतुलन का स्वरूप यांत्रिक से नेटवर्क-आधारित, स्थिर से गतिशील और द्विआयामी से बहु-डोमेन बन गया,जहाँ स्थल, समुद्र और वायु के साथ-साथ साइबर और अंतरिक्ष भी निर्णायक क्षेत्र बने।2020 के बाद महामारी, आपूर्ति-श्रृंखला व्यवधान और क्षेत्रीय संघर्षों ने यह स्पष्ट कर दिया कि आधुनिक शक्ति-संतुलन का लक्ष्य पूर्ण शांति नहीं, बल्कि प्रतिस्पर्धी स्थिरता है; एक ऐसी अवस्था जिसमें संघर्ष प्रबंधित, सीमित और बहु-स्तरीय होते हैं।[1030]इस प्रकार, 21वीं सदी के मध्य में शक्ति-संतुलन एक स्थिर व्यवस्था नहीं, बल्कि निरंतर समायोजन की प्रक्रिया है, जहाँ संरचनात्मक परिवर्तन ही उसकी स्थायी विशेषता बन चुका है।

बहुध्रुवीय विश्व की सीमाएँ और अस्थिरताएँ

बहुध्रुवीय विश्व व्यवस्था को प्रायः संतुलन, सहयोग और विकल्पों की बहुलता का प्रतीक माना जाता है, किंतु इसके अंतर्निहित ढाँचे में अनेक सीमाएँ और अस्थिरताएँ निहित हैं। सबसे प्रमुख सीमा यह है कि बहुध्रुवीयता सममित नहीं होती; शक्तियाँ सैन्य, आर्थिक, तकनीकी और वैचारिक आयामों में असमान रूप से वितरित होती हैं, जिससे शक्ति-संतुलन अस्पष्ट और गतिशील बन जाता है।[1031] इस असमानता के कारण गलत आकलन और रणनीतिक अविश्वास की संभावना बढ़ जाती है, क्योंकि किसी एक ध्रुव की मंशा और क्षमता का सही मूल्यांकन कठिन हो जाता है।[1032] इसके अतिरिक्त, बहुध्रुवीय व्यवस्था में गठबंधन अधिक तरल और

अवसरवादी होते हैं, जिससे स्थायी प्रतिबद्धताओं का अभाव रहता है और संकट के समय सामूहिक प्रतिक्रिया कमजोर पड़ सकती है।वैश्विक संस्थाओं की वैधता और प्रभावशीलता भी इस व्यवस्था में चुनौतीग्रस्त होती है, क्योंकि कई शक्तियाँ नियम-निर्माण पर प्रतिस्पर्धा करती हैं, परिणामस्वरूप निर्णय-प्रक्रिया धीमी और विवादित हो जाती है।[1033]आर्थिक अंतर्संबद्धता, जो सहयोग का आधार मानी जाती है, बहुध्रुवीय संदर्भ में हथियारकृत हो सकती है;व्यापार प्रतिबंध, आपूर्ति-श्रृंखला बाधाएँ और वित्तीय दबाव अस्थिरता को बढ़ाते हैं।[1034]साथ ही, तकनीकी प्रतिस्पर्धा और वैचारिक नैरेटिव युद्ध संघर्ष को पारंपरिक सीमाओं से बाहर ले जाते हैं, जहाँ स्पष्ट लाल-रेखाएँ धुंधली हो जाती हैं।इस प्रकार, बहुध्रुवीय विश्व व्यवस्था न तो स्वाभाविक रूप से स्थिर है और न ही स्वतः सहयोगी; इसकी सीमाएँ और अस्थिरताएँ इस बात पर निर्भर करती हैं कि शक्तियाँ प्रतिस्पर्धा को किस हद तक प्रबंधित कर पाती हैं और क्या वह साझा नियमों व संस्थागत संयम को स्वीकार करने के लिए तैयार हैं।[1035]

अध्याय-12

भू-अर्थशास्त्र और वैश्विक प्रतिस्पर्धा

भू-राजनीति से भू-अर्थशास्त्र की ओर परिवर्तन आधुनिक वैश्विक व्यवस्था में शक्ति, प्रभुत्व और प्रतिस्पर्धा के स्वरूप में आए एक गहरे संरचनात्मक परिवर्तन का द्योतक है। यह परिवर्तन केवल अवधारणात्मक या सैद्धांतिक स्तर तक सीमित नहीं है, बल्कि यह राज्यों के व्यवहार, नीति-निर्माण, वैश्विक संस्थानों की भूमिका और अंतरराष्ट्रीय संबंधों के स्वरूप में भी स्पष्ट रूप से परिलक्षित होता है। पारंपरिक भू-राजनीति, जो मुख्यतः भू-भाग, सैन्य शक्ति, सामरिक नियंत्रण और प्रत्यक्ष संघर्ष पर आधारित थी, अब धीरे-धीरे आर्थिक साधनों, व्यापारिक नेटवर्कों, वित्तीय संस्थानों और तकनीकी प्रभुत्व के माध्यम से संचालित होने लगी है। इस परिवर्तन को समझने के लिए आवश्यक है कि हम इसके ऐतिहासिक, सैद्धांतिक और व्यावहारिक आयामों का गहन विश्लेषण करें।[1036] भू-राजनीति की पारंपरिक अवधारणा का विकास 19वीं और 20वीं शताब्दी में हुआ, जब शक्ति का निर्धारण मुख्यतः भौगोलिक स्थिति, प्राकृतिक संसाधनों और सैन्य क्षमता के आधार पर किया जाता था। हैलफोर्ड मैकिंडर ने "हार्टलैंड थ्योरी" के माध्यम से यह प्रतिपादित किया कि जो शक्ति यूरेशिया के हृदय-स्थल पर नियंत्रण स्थापित करेगी, वही विश्व पर प्रभुत्व स्थापित करेगी।[1037] इसी प्रकार अल्फ्रेड थेयर महान ने समुद्री शक्ति को वैश्विक प्रभुत्व का आधार माना।[1038] इन सिद्धांतों में शक्ति का केंद्र सैन्य और भौगोलिक नियंत्रण था।हालाँकि, द्वितीय विश्व युद्ध के बाद और विशेषकर शीत युद्ध के दौरान, भू-राजनीति का स्वरूप द्विध्रुवीय प्रतिस्पर्धा में परिवर्तित हो गया, जहाँ अमेरिका और सोवियत संघ के बीच सैन्य गठबंधनों, परमाणु हथियारों और वैचारिक संघर्ष के माध्यम से शक्ति संतुलन बनाए रखा गया। इस अवधि में आर्थिक कारक महत्वपूर्ण तो थे, लेकिन वे मुख्यतः सैन्य रणनीतियों के पूरक के रूप में कार्य करते थे। उदाहरण के लिए, मार्शल योजना के माध्यम से अमेरिका ने यूरोप के पुनर्निर्माण में आर्थिक सहायता देकर अपने प्रभाव को बढ़ाया, लेकिन इसका अंतिम उद्देश्य साम्यवादी प्रभाव को रोकना था।[1039]शीत युद्ध की समाप्ति (1991) के बाद वैश्विक व्यवस्था में एक महत्वपूर्ण परिवर्तन

आया, जिसे "एकध्रुवीय क्षण" कहा गया, जहाँ अमेरिका एकमात्र महाशक्ति के रूप में उभरा। इसी समय वैश्वीकरण की प्रक्रिया ने गति पकड़ी, जिसके परिणामस्वरूप अंतरराष्ट्रीय व्यापार, निवेश और पूंजी प्रवाह में अभूतपूर्व वृद्धि हुई। इस नई व्यवस्था में सैन्य शक्ति की तुलना में आर्थिक शक्ति का महत्व बढ़ने लगा। इसी संदर्भ में एडवर्ड लुटवाक ने भू-अर्थशास्त्र की अवधारणा प्रस्तुत करते हुए कहा कि "संघर्ष की तर्कशास्त्र अब भी बनी हुई है, लेकिन उसकी व्याकरण वाणिज्यिक हो गई है।"[1040]

भू-अर्थशास्त्र का उदय वैश्वीकरण की प्रक्रिया से गहराई से जुड़ा हुआ है। वैश्वीकरण ने दुनिया को एक "आपस में जुड़ा हुआ तंत्र" में परिवर्तित कर दिया है, जहाँ राज्य, बाजार और समाज आपस में जटिल रूप से जुड़े हुए हैं। रॉबर्ट कीहेन और जोसेफ नाइ ने "कॉम्प्लेक्स इंटरडिपेंडेंस" सिद्धांत में बताया कि आधुनिक विश्व में शक्ति का उपयोग केवल सैन्य साधनों तक सीमित नहीं है, बल्कि आर्थिक और संस्थागत साधनों के माध्यम से भी किया जाता है।[1041]इस सिद्धांत के अनुसार, जब राज्यों के बीच पारस्परिक निर्भरता बढ़ती है, तो प्रत्यक्ष सैन्य संघर्ष की संभावना कम हो जाती है और आर्थिक प्रतिस्पर्धा का महत्व बढ़ जाता है। इस परिवर्तन का एक महत्वपूर्ण पहलू यह है कि आर्थिक साधनों का उपयोग अब केवल विकास और सहयोग के लिए नहीं, बल्कि रणनीतिक प्रतिस्पर्धा और दबाव के लिए भी किया जा रहा है। उदाहरण के लिए, व्यापार नीतियों, टैरिफ, निवेश प्रतिबंधों और तकनीकी नियंत्रणों का उपयोग अब राज्यों के बीच शक्ति संतुलन को प्रभावित करने के लिए किया जाता है। अमेरिका और चीन के बीच व्यापार युद्ध (2018) इस प्रवृत्ति का एक प्रमुख उदाहरण है, जहाँ दोनों देशों ने एक-दूसरे पर उच्च टैरिफ लगाए और तकनीकी कंपनियों पर प्रतिबंध लगाए।[1042]भू-अर्थशास्त्र के उदय में तकनीकी क्रांति की भी महत्वपूर्ण भूमिका है। 21वीं सदी में डिजिटल अर्थव्यवस्था, कृत्रिम बुद्धिमत्ता, बिग डेटा और साइबर नेटवर्क ने शक्ति के नए स्रोतों का निर्माण किया है। आज डेटा और तकनीकी अवसंरचना वहीं भूमिका निभा रहे हैं जो पहले तेल और भू-भाग निभाते हेनरी फैरेल और अब्राहम न्यूमैन ने "हथियारबंद परस्पर निर्भरता" के सिद्धांत में यह दिखाया कि वैश्विक नेटवर्कों पर नियंत्रण रखने वाले राज्य अन्य देशों पर आर्थिक दबाव डाल सकते हैं।[1043] उदाहरण के लिए, अमेरिका द्वारा स्विफ्ट नेटवर्क का उपयोग करके ईरान और रूस को वैश्विक वित्तीय प्रणाली से बाहर करना इस सिद्धांत का व्यावहारिक उदाहरण है।इसके अतिरिक्त, भू-अर्थशास्त्र के उदय में वैश्विक संस्थानों की भूमिका भी महत्वपूर्ण है। विश्व व्यापार संगठन, अंतरराष्ट्रीय मुद्रा कोष (अंतर्राष्ट्रीय मुद्रा कोष) और विश्व बैंक जैसी संस्थाएँ

वैश्विक आर्थिक व्यवस्था को संचालित करती हैं। हालांकि, इन संस्थानों पर भी महान शक्तियों का प्रभाव होता है, जिससे वे भू-अर्थशास्त्रीय प्रतिस्पर्धा के उपकरण बन जाते हैं। सुसान स्ट्रेंज ने इसे "स्ट्रक्चरल पावर" कहा है, जहाँ राज्य उन संरचनाओं को नियंत्रित करते हैं जो वैश्विक अर्थव्यवस्था को निर्धारित करती हैं।[1044]

भू-राजनीति से भू-अर्थशास्त्र की ओर परिवर्तन का एक अन्य महत्वपूर्ण आयाम "सॉफ्ट पावर" और "इकोनॉमिक स्टेटक्राफ्ट" का बढ़ता हुआ महत्व है। जोसेफ नाइ के अनुसार, "सॉफ्ट पावर" वह क्षमता है जिसके माध्यम से कोई राज्य अन्य राज्यों को आकर्षित और प्रभावित कर सकता है।[1045] आज यह शक्ति आर्थिक सहायता, निवेश, व्यापारिक साझेदारी और सांस्कृतिक प्रभाव के माध्यम से व्यक्त होती है। चीन की "बेल्ट एंड रोड इनिशिएटिव"इसका एक प्रमुख उदाहरण है, जहाँ बुनियादी ढांचे और निवेश के माध्यम से वैश्विक प्रभाव स्थापित किया जा रहा है।भू-अर्थशास्त्र के उदय ने राज्यों के व्यवहार को भी बदल दिया है। अब राज्य केवल अपनी सीमाओं की रक्षा तक सीमित नहीं हैं, बल्कि वे वैश्विक आर्थिक नेटवर्कों पर नियंत्रण स्थापित करने का प्रयास कर रहे हैं। उदाहरण के लिए, सेमीकंडक्टर उद्योग में अमेरिका और चीन के बीच प्रतिस्पर्धा यह दर्शाती है कि तकनीकी क्षेत्र अब भू-अर्थशास्त्रीय संघर्ष का केंद्र बन चुका है। इसी प्रकार, ऊर्जा संसाधनों (जैसे तेल और गैस) पर नियंत्रण भी भू-अर्थशास्त्र का एक महत्वपूर्ण पहलू है।हालाँकि, यह परिवर्तन पूर्णतः एकतरफा नहीं है। भू-राजनीति और भू-अर्थशास्त्र दोनों एक साथ कार्य कर रहे हैं। कई मामलों में आर्थिक और सैन्य साधनों का संयुक्त उपयोग किया जाता है, जिसे मिश्रित रणनीति कहा जा सकता है। कोलिन फ्लिंट के अनुसार, आधुनिक विश्व में भू-राजनीति और भू-अर्थशास्त्र एक-दूसरे के पूरक हैं।[1046] उदाहरण के लिए, दक्षिण चीन सागर में चीन की सैन्य उपस्थिति और साथ ही आर्थिक निवेश इस संकर दृष्टिकोण को दर्शाते हैं।

यह कहा जा सकता है कि भू-राजनीति से भू-अर्थशास्त्र की ओर परिवर्तन एक बहुआयामी प्रक्रिया है, जिसने वैश्विक शक्ति संरचना को पुनर्परिभाषित किया है। यह परिवर्तन न केवल राज्यों के बीच प्रतिस्पर्धा के स्वरूप को बदल रहा है, बल्कि यह वैश्विक शासन, विकास और सुरक्षा के नए आयाम भी प्रस्तुत कर रहा है।भू-राजनीति से भू-अर्थशास्त्र की ओर परिवर्तन को पूर्णतः समझने के लिए यह आवश्यक है कि हम दोनों अवधारणाओं के बीच सैद्धांतिक अंतर, उनके अंतर्संबंध तथा समकालीन वैश्विक राजनीति में उनके व्यावहारिक अनुप्रयोग का तुलनात्मक

विश्लेषण करें। पारंपरिक भू-राजनीति में जहाँ शक्ति का निर्धारण भौगोलिक नियंत्रण, सैन्य क्षमता और सामरिक प्रभुत्व के आधार पर होता था, वहीं भू-अर्थशास्त्र में शक्ति का निर्धारण आर्थिक संसाधनों, व्यापारिक नेटवर्कों, तकनीकी प्रभुत्व और वित्तीय संरचनाओं के नियंत्रण के आधार पर होता है।इस परिवर्तन को केवल बदलाव के रूप में नहीं, बल्कि सत्ता-तर्क का रूपांतरण के रूप में समझना अधिक उपयुक्त है। एडवर्ड लुटवाक ने इस परिवर्तन को स्पष्ट करते हुए कहा कि "राज्यों के बीच प्रतिस्पर्धा का स्वरूप अब युद्धक्षेत्र से बाजार में स्थानांतरित हो गया है।"[1047]भू-अर्थशास्त्र और भू-राजनीति के बीच एक महत्वपूर्ण अंतर उनके "साधन" और "साध्य" के संबंध में है। रॉबर्ट ब्लैकविल और जेनिफर हैरिस के अनुसार, भू-अर्थशास्त्र "राष्ट्रीय हितों को बढ़ावा देने और उनकी रक्षा करने के लिए आर्थिक साधन" है।[1048]समकालीन वैश्विक राजनीति में इस परिवर्तन का सबसे स्पष्ट उदाहरण अमेरिका और चीन के बीच प्रतिस्पर्धा में देखा जा सकता है। यह प्रतिस्पर्धा केवल सैन्य शक्ति तक सीमित नहीं है, बल्कि यह व्यापार, तकनीक, निवेश और वैश्विक संस्थानों के नियंत्रण तक फैली हुई है। चीन की बेल्ट एंड रोड इनिशिएटिव (BRI) भू-अर्थशास्त्रीय रणनीति का एक प्रमुख उदाहरण है, जिसके माध्यम से चीन एशिया, अफ्रीका और यूरोप में बुनियादी अवधारणाओं का निर्माण कर अपने आर्थिक और राजनीतिक प्रभाव का विस्तार कर रहा है। नादेगे रोलांद के अनुसार, BRI केवल एक आर्थिक परियोजना नहीं है, बल्कि यह "वैश्विक व्यवस्था को नया आकार देने की चीन की भव्य रणनीति" है।[1049]

इसके विपरीत, अमेरिका ने भी भू-अर्थशास्त्र का उपयोग करते हुए चीन के उदय को संतुलित करने का प्रयास किया है। उदाहरण के लिए, 2018 के बाद अमेरिका ने चीन के खिलाफ टैरिफ, तकनीकी निर्यात नियंत्रण और निवेश प्रतिबंधों का उपयोग किया। विशेष रूप से सेमीकंडक्टर उद्योग में लगाए गए प्रतिबंध यह दर्शाते हैं कि तकनीकी क्षेत्र भू-अर्थशास्त्रीय प्रतिस्पर्धा का केंद्र बन चुका है। क्रिस मिलर के अनुसार, "सेमीकंडक्टर आज की अर्थव्यवस्था का तेल हैं।"[1050]भू-अर्थशास्त्र का एक अन्य महत्वपूर्ण आयाम ऊर्जा राजनीति है, जहाँ आर्थिक और रणनीतिक हित एक-दूसरे से जुड़े हुए हैं। रूस और यूरोप के बीच गैस आपूर्ति को लेकर हुए विवाद इस बात का उदाहरण हैं कि ऊर्जा संसाधनों का उपयोग भू-अर्थशास्त्रीय हथियार के रूप में किया जा सकता है। डैनियल यह रगिन के अनुसार, "आधुनिक भू-राजनीति में ऊर्जा शक्ति की मुद्रा है।"[1051]भू-अर्थशास्त्र के इस उभरते स्वरूप में "डेटा" और "डिजिटल अवसंरचना" की भूमिका भी अत्यंत महत्वपूर्ण हो गई है। आज के समय में डेटा को "नया तेल"कहा जाता है, और जो राज्य डेटा के प्रवाह,

भंडारण और विश्लेषण पर नियंत्रण रखते हैं, वे वैश्विक शक्ति संरचना में प्रमुख भूमिका निभाते हैं। शोशना जुबॉफ़ के अनुसार, डिजिटल इकोनॉमी में "डेटा आर्थिक और राजनीतिक शक्ति का प्रमुख स्रोत है."[1052]इस संदर्भ में अमेरिका और चीन के बीच "टेक वॉर" विशेष रूप से महत्वपूर्ण है, जहाँ 5G, कृत्रिम बुद्धिमता , और साइबर सुरक्षा जैसे क्षेत्रों में प्रतिस्पर्धा हो रही है। चीन की हुआवेई जैसी कंपनियों पर अमेरिका द्वारा लगाए गए प्रतिबंध यह दबाव हैं; कि तकनीकी कंपनियाँ भी अब भू-अर्थशास्त्रीय प्रतिस्पर्धा का हिस्सा बन गई हैं।

भू-अर्थशास्त्र को समझने के लिए विभिन्न सैद्धांतिक दृष्टिकोणों का विश्लेषण भी आवश्यक है। यथार्थवादी दृष्टिकोण के अनुसार, राज्य अपने राष्ट्रीय हितों की प्राप्ति के लिए सभी उपलब्ध साधनों का उपयोग करते हैं, जिसमें आर्थिक साधन भी शामिल हैं। केनेथ वॉल्ट्ज़ के अनुसार, अंतरराष्ट्रीय व्यवस्था अराजक होती है, और राज्य अपने अस्तित्व को सुनिश्चित करने के लिए शक्ति का संचय करते हैं।[1053]इसके विपरीत, उदारवादी दृष्टिकोण यह मानता है कि आर्थिक पारस्परिक निर्भरता सहयोग को बढ़ावा देती है और संघर्ष की संभावना को कम करती है। जोसेफ नाई के अनुसार, "अंतरनिर्भरता पारस्परिक लाभ उत्पन्न करती है और संघर्ष के लिए प्रोत्साहन को कम करती है।"[1054]मार्क्सवादी दृष्टिकोण भू-अर्थशास्त्र को वैश्विक पूंजीवादी व्यवस्था का विस्तार मानता है, जहाँ विकसित देश आर्थिक साधनों के माध्यम से विकासशील देशों पर प्रभुत्व स्थापित करते हैं। इमैनुएल वालरस्टीन के अनुसार, विश्व-प्रणाली में "कोर" देश "परिधि" देशों का शोषण करते हैं।[1055]भू-राजनीति से भू-अर्थशास्त्र की ओर यह परिवर्तन विकासशील देशों के लिए भी नई चुनौतियाँ और अवसर प्रस्तुत करता है। एक ओर, यह देश वैश्विक व्यापार और निवेश के माध्यम से आर्थिक विकास प्राप्त कर सकते हैं, वहीं दूसरी ओर वे महान शक्तियों के बीच प्रतिस्पर्धा का मैदान भी बन सकते हैं। भू-राजनीति से भू-अर्थशास्त्र की ओर परिवर्तन एक जटिल और बहुआयामी प्रक्रिया है, जिसमें आर्थिक, तकनीकी और राजनीतिक कारक एक-दूसरे से जुड़े हुए हैं। यह परिवर्तन न केवल वैश्विक शक्ति संरचना को पुनर्परिभाषित कर रहा है, बल्कि यह अंतरराष्ट्रीय संबंधों के अध्ययन के लिए नए सैद्धांतिक और व्यावहारिक दृष्टिकोण भी प्रस्तुत कर रहा है। भविष्य में, यह प्रवृत्ति और अधिक गहरी होगी, जहाँ आर्थिक और तकनीकी साधन वैश्विक प्रतिस्पर्धा के मुख्य उपकरण बनेंगे, और भू-अर्थशास्त्र अंतरराष्ट्रीय राजनीति का केंद्रीय तत्व बन जाएगा।

वैश्विक व्यापार संरचना में शक्ति का पुनर्वितरण

वैश्विक व्यापार संरचना में शक्ति का पुनर्वितरण 21वीं सदी के अंतरराष्ट्रीय राजनीतिक अर्थव्यवस्था के सबसे महत्वपूर्ण परिवर्तनों में से एक है। यह केवल व्यापार के पैटर्न में परिवर्तन नहीं है, बल्कि यह वैश्विक शक्ति संतुलन, आर्थिक प्रभुत्व, और रणनीतिक प्रभाव के पुनर्संयोजन का द्योतक है। द्वितीय विश्व युद्ध के बाद स्थापित ब्रेटन वुड्स व्यवस्था ने अमेरिका और पश्चिमी देशों को वैश्विक व्यापार और वित्तीय प्रणाली में प्रमुख स्थान प्रदान किया था, लेकिन 21वीं सदी में उभरती अर्थव्यवस्थाओं,विशेष रूप से चीन, भारत, ब्राजील और अन्य वैश्विक दक्षिण के देशों के उदय ने इस संरचना को चुनौती दी है।[1056] प्रारंभिक रूप से, वैश्विक व्यापार प्रणाली पश्चिमी देशों के प्रभुत्व में विकसित हुई थी, जहाँ अमेरिका, यूरोप और जापान वैश्विक उत्पादन, व्यापार और वित्त के केंद्र थे। जॉन जेराई रग्गी ने अंतर्निहित उदारवाद की अवधारणा प्रस्तुत करते हुए बताया कि युद्ध के बाद की व्यवस्था में मुक्त व्यापार और घरेलू कल्याण नीतियों के बीच संतुलन स्थापित किया गया था।[1057]हालाँकि, 1990 के दशक के बाद वैश्वीकरण की तीव्रता और उत्पादन के वैश्विक पुनर्स्थापन ने व्यापार संरचना को बदलना शुरू किया। बहुराष्ट्रीय कंपनियों ने लागत कम करने के लिए उत्पादन को विकासशील देशों में स्थानांतरित करना शुरू किया, जिससे वैश्विक मूल्य श्रृंखलाओं का उदय हुआ। गैरी गेरेफी के अनुसार, GVCs ने उत्पादन को विभिन्न देशों में विभाजित कर दिया, जिससे व्यापार का स्वरूप "तैयार माल" से "मध्यवर्ती माल" की ओर स्थानांतरित हो गया।[1058]इस प्रक्रिया का सबसे बड़ा लाभ चीन को हुआ, जिसने "दुनिया की फ़ैक्टरी" के रूप में उभरते हुए वैश्विक व्यापार में अपनी हिस्सेदारी को तेजी से बढ़ाया। बैरी नॉटन के अनुसार, चीन का आर्थिक उदय "राज्य के नेतृत्व वाला औद्योगीकरण और निर्यात-उन्मुख विकास मॉडल" पर आधारित था।[1059]वैश्विक व्यापार संरचना में इस परिवर्तन का एक महत्वपूर्ण पहलू "पावर शिफ्ट वेस्ट से ईस्ट" है। किशोर महबूबानी के अनुसार, 21वीं सदी "एशियाई सदी" के रूप में उभर रही है, जहाँ आर्थिक शक्ति का केंद्र एशिया की ओर स्थानांतरित हो रहा है।[1060]इसके साथ ही, वैश्विक व्यापार संरचना में क्षेत्रीयकरण की प्रवृत्ति भी बढ़ रही है। मुक्त व्यापार समझौतों और क्षेत्रीय व्यापार ब्लॉकों जैसे आरसीईपी, ईयू, यूएसएमसीए ने वैश्विक व्यापार को बहुपक्षीय से अधिक क्षेत्रीय बना दिया है। जगदीश भगवती ने इसे "स्पेगेटी बाउल इफ़ेक्ट" कहा, जहाँ विभिन्न व्यापार समझौते एक जटिल जाल का निर्माण करते हैं।[1061]

वैश्विक व्यापार में शक्ति के पुनर्वितरण का एक अन्य महत्वपूर्ण आयाम "डिजिटल ट्रेड" और "सर्विसेज इकोनॉमी" का उदय है। आज ट्रेड केवल वस्तुओं तक लिमिटेड नहीं है, बल्कि सर्विसेज, डेटा और डिजिटल प्लेटफॉर्म तक बढ़ा हो गया है। रिचर्ड बाल्डविन के अनुसार, "द सेकंड अनबंडलिंग" के माध्यम से सेवाएँ और ज्ञान-आधारित गतिविधियाँ वैश्विक स्तर पर वितरित हो रही हैं।[1062]इस परिवर्तन का एक महत्वपूर्ण परिणाम यह है कि पारंपरिक औद्योगिक शक्तियाँ अब अपनी आर्थिक स्थिति को बनाए रखने के लिए नई रणनीतियाँ अपना रही हैं जैसे रीशोरिंग, नियरशोरिंग और औद्योगिक नीति। वैश्विक व्यापार संरचना में शक्ति के पुनर्वितरण का प्रभाव विकासशील देशों पर भी गहरा पड़ा है। एक ओर, इन देशों को वैश्विक मूल्य श्रृंखलाओं में शामिल होकर आर्थिक विकास का अवसर मिला है, वहीं दूसरी ओर वे निर्भरता और असमान विनिमय की समस्याओं का सामना भी कर रहे हैं। समीर अमीन के अनुसार, वैश्विक व्यापार संरचना अभी भी असमान है, जहाँ विकासशील देश कच्चे माल और सस्ते श्रम प्रदान करते हैं।[1063]इसके अतिरिक्त, वैश्विक व्यापार में शक्ति का पुनर्वितरण जियोपॉलिटिकल टैंशन को भी बढ़ा रहा है। दानी रोड्रिक के अनुसार, "हाइपर-ग्लोबलाइज़ेशन ने राष्ट्रीय संप्रभुता और ग्लोबल मार्केट के बीच टैंशन पैदा कर दिया है।" [1064]वैश्विक व्यापार संरचना में शक्ति के पुनर्वितरण का एक और महत्वपूर्ण पहलू संस्थागत विवाद है, जहाँ नए संस्थान पुराने संस्थानों को चुनौती दे रहे हैं।भारत के संदर्भ में, यह परिवर्तन विशेष रूप से महत्वपूर्ण है। भारत ने "मेक इन इंडिया", "आत्मनिर्भर भारत" और "डिजिटल इंडिया" जैसी नीतियों के माध्यम से वैश्विक व्यापार में अपनी स्थिति को मजबूत करने का प्रयास किया है।वैश्विक व्यापार संरचना में शक्ति का पुनर्वितरण एक सतत और गतिशील प्रक्रिया है, जो वैश्विक राजनीति, अर्थव्यवस्था और रणनीतिक प्रतिस्पर्धा को पुनर्परिभाषित कर रही है। यह परिवर्तन न केवल शक्ति संतुलन को बदल रहा है, बल्कि यह नए अवसरों और चुनौतियों को भी जन्म दे रहा है। भविष्य में, यह प्रवृत्ति और अधिक जटिल होगी, जहाँ व्यापार, तकनीक और राजनीति एक-दूसरे के साथ गहराई से जुड़े होंगे।

आपूर्ति-श्रृंखला का राजनीतिकरण

आधुनिक वैश्विक अर्थव्यवस्था में "आपूर्ति-श्रृंखला" केवल उत्पादन और वितरण की एक तकनीकी या प्रबंधकीय प्रक्रिया नहीं रह गई है, बल्कि यह अंतरराष्ट्रीय राजनीति, भू-अर्थशास्त्र और राष्ट्रीय सुरक्षा के केंद्रीय तंत्र के रूप में विकसित हो चुकी है। 20वीं सदी के उत्तरार्ध और 21वीं सदी के प्रारंभिक दशकों में वैश्वीकरण

के प्रभाव में विकसित हुई आपूर्ति-श्रृंखलाएँ मुख्यतः दक्षता, लागत-न्यूनता और तुलनात्मक लाभ के सिद्धांतों पर आधारित थीं, किन्तु 21वीं सदी के तीसरे दशक में यह संरचना एक गहरे परिवर्तन से गुजर रही है, जिसे "आपूर्ति-श्रृंखला का राजनीतिकरण" कहा जाता है।[1065] यह राजनीतिकरण उस प्रक्रिया को दर्शाता है जिसमें राज्य और भू-राजनीतिक शक्तियाँ वैश्विक उत्पादन और वितरण नेटवर्कों को अपने रणनीतिक हितों के अनुरूप पुनर्गठित करती हैं। यह परिवर्तन न केवल आर्थिक तर्क पर आधारित है, बल्कि इसमें सुरक्षा, विश्वास, और शक्ति के तत्व भी शामिल हैं। सुसान लुंड के अनुसार, "वैश्विक आपूर्ति श्रृंखलाएं शुद्ध दक्षता के बजाय भू-राजनीतिक विचारों से तेजी से आकार ले रही हैं।"[1066]आपूर्ति-श्रृंखला के राजनीतिकरण को समझने के लिए यह आवश्यक है कि हम इसके ऐतिहासिक विकास, संरचनात्मक विशेषताओं और समकालीन परिवर्तनों का विश्लेषण करें। वैश्वीकरण के स्वर्ण युग में आपूर्ति-श्रृंखलाएँ "सही समय पर" मॉडल पर आधारित थीं, जहाँ उत्पादन और वितरण को न्यूनतम लागत और अधिकतम दक्षता के आधार पर व्यवस्थित किया जाता था। मार्टिन क्रिस्टोफर के अनुसार, "वैश्वीकरण में आपूर्ति श्रृंखलाओं का फोकस लीन उत्पादन और दक्षता अनुकूलन था।" [1067]हालाँकि, इस मॉडल में "लचीलापन" और "सुरक्षा" जैसे तत्वों की उपेक्षा की गई थी, जिसके परिणामस्वरूप वैश्विक आपूर्ति-श्रृंखलाएँ अत्यधिक संवेदनशील और जोखिमपूर्ण बन गईं। यह कमजोरी COVID-19 महामारी, रूस-यूक्रेन युद्ध, और अमेरिका-चीन प्रतिस्पर्धा के दौरान स्पष्ट रूप से सामने आई।इस संदर्भ में हेनरी फैरेल और अब्राहम न्यूमैन का "नेटवर्क सेंट्रलिटी" का विचार महत्वपूर्ण हो जाता है, जिसके अनुसार वैश्विक नेटवर्कों में केंद्रीय स्थान पर स्थित राज्य अन्य देशों पर असमान प्रभाव डाल सकते हैं।[1068]आपूर्ति-श्रृंखलाएँ भी ऐसे ही नेटवर्क हैं, जहाँ कुछ देश जैसे चीन उत्पादन और प्रसंस्करण में केंद्रीय भूमिका निभाते हैं, जिससे उन्हें वैश्विक अर्थव्यवस्था में रणनीतिक लाभ प्राप्त होता है।

आपूर्ति-श्रृंखला के राजनीतिकरण का एक महत्वपूर्ण कारण रणनीतिक सुभेद्यता की बढ़ती हुई चिंता है। उदाहरण के लिए, सेमीकंडक्टर उद्योग में ताइवान और दक्षिण कोरिया पर वैश्विक निर्भरता एक महत्वपूर्ण रणनीतिक जोखिम के रूप में देखी जाती है। ताई मिंग चेउंग के अनुसार, "सेमीकंडक्टर सप्लाई चेन आधुनिक सैन्य और आर्थिक शक्ति की रीढ़ हैं।" [1069]इसी प्रकार, फार्मास्यूटिकल्स और चिकित्सा उपकरणों में चीन और भारत की भूमिका ने भी महामारी के दौरान वैश्विक निर्भरता को उजागर किया।यहीं से "अलग करना" की अवधारणा उभरती है, जो आपूर्ति-श्रृंखला के राजनीतिकरण का पहला प्रमुख आयाम है। मार्क वू के

अनुसार, "डीकपलिंग केवल आर्थिक अलगाव नहीं है; यह तकनीकी पारिस्थितिकी तंत्रों का एक रणनीतिक पृथक्करण है।"[1070] हालाँकि, पूर्ण डीकपलिंग व्यवहारिक रूप से कठिन है, क्योंकि वैश्विक अर्थव्यवस्था अत्यधिक परस्पर निर्भर है। इसीलिए "चयनात्मक विसंबंधन" या "आंशिक विसंबंधन" की रणनीति अपनाई जा रही है।आपूर्ति-श्रृंखला के राजनीतिकरण का दूसरा महत्वपूर्ण आयाम जोखिम कम करना है, जो डीकपलिंग का एक अधिक संतुलित और व्यावहारिक विकल्प है। रेबेका हार्डिंग के अनुसार, "डी-रिस्किंग निर्भरता को खत्म करने के बजाय उन्हें प्रबंधित करने पर ध्यान केंद्रित करता है।"[1071]तीसरा महत्वपूर्ण आयाम मित्र-तटीकरण है, जो आपूर्ति-श्रृंखला के राजनीतिकरण का सबसे नवीन और रणनीतिक रूप है। मैथ्यू गुडमैन के अनुसार, "फ्रेंड-शोरिंग सहयोगियों के बीच विश्वसनीय आपूर्ति नेटवर्क बनाने के बारे में है।"[1072]यह रणनीति विशेष रूप से हिंद-प्रशांत क्षेत्र में उभर रही है, जहाँ सहयोगी देश आपूर्ति-श्रृंखलाओं को मजबूत करने के लिए साझेदारी कर रहे हैं।आपूर्ति-श्रृंखला के राजनीतिकरण का यह त्रिस्तरीय ढाँचा डीकपलिंग, डी-रिस्किंग और फ्रेंड-शोरिंग यह परिलक्षित हैकि वैश्विक अर्थव्यवस्था एक नए युग में प्रवेश कर चुकी है, जहाँ आर्थिक नेटवर्क केवल दक्षता पर आधारित नहीं हैं, बल्कि वे शक्ति, सुरक्षा और विश्वास के आधार पर पुनर्गठित हो रहे हैं।आपूर्ति-श्रृंखला के राजनीतिकरण को गहराई से समझने के लिए यह आवश्यक है कि हम इसके व्यावहारिक आयामों और वास्तविक वैश्विक घटनाओं का विश्लेषण करें। 21वीं सदी के तीसरे दशक में यह स्पष्ट हो गया है कि आपूर्ति-श्रृंखलाएँ अब केवल आर्थिक दक्षता का परिणाम नहीं हैं, बल्कि वे रणनीतिक वास्तुकला का हिस्सा बन चुकी हैं, जहाँ राज्य अपने दीर्घकालिक राष्ट्रीय हितों की रक्षा और विस्तार के लिए उत्पादन और वितरण नेटवर्कों का पुनर्गठन कर रहे हैं।[1073] इस संदर्भ में अमेरिका-चीन प्रतिस्पर्धा आपूर्ति-श्रृंखला के राजनीतिकरण का सबसे महत्वपूर्ण उदाहरण है। थॉमस फ्रीडमैन के अनुसार, "दुनिया अब सपाट नहीं रही; यह प्रतिस्पर्धी आर्थिक ब्लॉकों में विभाजित हो रही है।"[1074]

अमेरिका और चीन के बीच आपूर्ति-श्रृंखला पुनर्गठन विशेष रूप से सेमीकंडक्टर उद्‌योग में स्पष्ट रूप से देखा जा सकता है। अन्नाली सक्सेनियन के अनुसार, "सेमीकंडक्टर उत्पादन एक विश्व स्तर पर वितरित लेकिन राजनीतिक रूप से संवेदनशील नेटवर्क है।" [1075]इस क्षेत्र में अमेरिका ने चीन को उन्नत तकनीकों तक पहुँच से वंचित करने के लिए निर्यात नियंत्रण और तकनीकी प्रतिबंधों का उपयोग किया है, जबकि चीन ने घरेलू उत्पादन को बढ़ावा देने के लिए भारी निवेश किया है। यह स्थिति तकनीकी विभाजन को जन्म दे रही है।आपूर्ति-श्रृंखला के

राजनीतिकरण का दूसरा महत्वपूर्ण उदाहरण रूस-यूरोप ऊर्जा संबंध है। तातियाना मित्रो के अनुसार,"ऊर्जा आपूर्ति शृंखलाएँ भू-राजनीतिक प्रभाव के साधन बन गई हैं।"[1076]यूरोप ने रूस पर अपनी निर्भरता को कम करने के लिए वैकल्पिक ऊर्जा स्रोतों की खोज की, जबकि रूस ने ऊर्जा आपूर्ति को एक रणनीतिक उपकरण के रूप में उपयोग किया।आपूर्ति-श्रृंखला के राजनीतिकरण का तीसरा महत्वपूर्ण आयाम "क्रिटिकल मिनरल्स" और "रेयर अर्थ एलिमेंट्स" पर कंट्रोल है। जूली क्लिंगर के अनुसार, "रेयर अर्थ्स रेयर नहीं हैं, लेकिन उनकी सप्लाई चेन बहुत ज़्यादा कंसन्ट्रेटेड हैं।"[1077]चीन का REEs के उत्पादन और प्रसंस्करण में प्रभुत्व अन्य देशों के लिए एक रणनीतिक चुनौती बन गया है। इसके अतिरिक्त, डिजिटल आपूर्ति-श्रृंखलाएँ भी राजनीतिकरण का एक महत्वपूर्ण क्षेत्र बन चुकी हैं। ब्रैड स्मिथ के अनुसार, "डिजिटल इंफ्रास्ट्रक्चर वैश्विक आर्थिक शक्ति की नई रीढ़ है।"[1078]इस संदर्भ में "डेटा स्थानीयकरण" और "डिजिटल संप्रभुता" जैसी नीतियाँ यह दर्शाती हैं कि राज्य अब डेटा प्रवाह को नियंत्रित करने का प्रयास कर रहे हैं।आपूर्ति-श्रृंखला के राजनीतिकरण का एक अन्य महत्वपूर्ण परिणाम "वैश्विक विखंडन" है। ईश्वर प्रसाद के अनुसार, "वैश्विक आपूर्ति श्रृंखलाओं का विखंडन वैश्वीकरण के लाभों को कमजोर कर सकता है।"[1079]हालाँकि, यह परिवर्तन केवल चुनौतियाँ ही नहीं प्रस्तुत करता, बल्कि अवसर भी प्रदान करता है। फ्रेंड-शोरिंग और डी-रिस्किंग के कारण नए उत्पादन केंद्र उभर सकते हैं।भारत के संदर्भ में, यह परिवर्तन एक महत्वपूर्ण रणनीतिक अवसर है। अरविंद सुब्रमण्यनके अनुसार"भारत में वैश्विक आपूर्ति श्रृंखलाओं में एक प्रमुख केंद्र बनने की क्षमता है, बशर्ते वह अपनी जनसांख्यिकीय और आर्थिक ताकतों का सही इस्तेमाल करे।"[1080] सैद्धांतिक रूप से, यह परिवर्तन अंतरराष्ट्रीय संबंधों के अध्ययन में एक नए प्रतिमान को जन्म देता है, जहाँ आर्थिक और सुरक्षा आयाम एकीकृत हैं।आपूर्ति-श्रृंखला का राजनीतिकरण 21वीं सदी की वैश्विक व्यवस्था का एक केंद्रीय तत्व बन चुका है, जो वैश्विक शक्ति संरचना को पुनर्परिभाषित कर रहा है।

प्रतिबंध : रणनीतिक हथियार के रूप में

आधुनिक अंतरराष्ट्रीय राजनीति और भू-अर्थशास्त्र के संदर्भ में "प्रतिबंध" एक अत्यंत महत्वपूर्ण और प्रभावशाली उपकरण के रूप में उभरे हैं, जो राज्यों को बिना प्रत्यक्ष सैन्य संघर्ष के अपने रणनीतिक उद्देश्यों को प्राप्त करने की क्षमता प्रदान करते हैं। 21वीं सदी में प्रतिबंध केवल कूटनीतिक दबाव का माध्यम नहीं रह गए हैं, बल्कि वे एक आर्थिक हथियारके रूप में विकसित हो चुके हैं।[1081] प्रतिबंधों

की अवधारणा का ऐतिहासिक विकास यह दर्शाता है कि यह उपकरण धीरे-धीरे "सॉफ्ट कोएर्शन" से "हार्ड इकोनॉमिक कोएर्शन" की दिशा में विकसित हुआ है। डेविड बाल्डविन के अनुसार, "आर्थिक प्रतिबंध एक प्रकार की शासन कला है जो विदेश नीति के उद्देश्यों को प्राप्त करने के लिए आर्थिक साधनों का उपयोग करती है।"[1082] प्रतिबंधों को सामान्यतः तीन श्रेणियों में विभाजित किया जा सकता है,व्यापक, लक्षित और द्वितीयक प्रतिबंध। गैरी क्लाइड हफबॉयर के अनुसार, "लक्षित प्रतिबंधों ने अपनी सटीकता और कम मानवीय प्रभाव के कारण पसंदीदा उपकरण के रूप में व्यापक प्रतिबंधों का स्थान ले लिया है।"[1083] प्रतिबंधों का सबसे महत्वपूर्ण पहलू यह है कि वे युद्ध के बिना ज़बरदस्ती की अवधारणा को साकार करते हैं। इसके माध्यम से राज्य बिना सैन्य संघर्ष के अपने विरोधियों पर दबाव डाल सकते हैं।प्रतिबंधों के प्रभाव को समझने के लिए यह आवश्यक है कि हम उनके कार्य-तंत्र का विश्लेषण करें। रॉबर्ट पपे के अनुसार, "आर्थिक प्रतिबंध राज्यों को मजबूर करने में शायद ही कभी सफल होते हैं जब तक कि उन्हें दबाव के अन्य रूपों के साथ जोड़ा न जाए।"[1084]

21वीं सदी में प्रतिबंधों का उपयोग विशेष रूप से अमेरिका द्वारा किया गया है, जिसने अपनी आर्थिक और वित्तीय शक्ति,विशेष रूप से डॉलर प्रणाली का उपयोग करते हुए वैश्विक स्तर पर प्रभाव स्थापित किया है। जुआन ज़राटे के अनुसार, "संयुक्त राज्य अमेरिका ने अपनी वित्तीय प्रणाली को राष्ट्रीय सुरक्षा के एक शक्तिशाली साधन में बदल दिया है।"[1085]अमेरिका द्वारा स्विफ्ट नेटवर्क और वैश्विक बैंकिंग प्रणाली पर नियंत्रण ने उसे वित्तीय वर्चस्व बना दिया है, जिससे वह अन्य देशों पर प्रभावी प्रतिबंध लगा सकता है।प्रतिबंधों का उपयोग केवल अमेरिका तक सीमित नहीं है; यूरोपीय संघ, संयुक्त राष्ट्र और अन्य शक्तियाँ भी इस उपकरण का उपयोग करती हैं।प्रतिबंधों के बढ़ते उपयोग ने अंतरराष्ट्रीय संबंधों में एक नई प्रवृत्ति को जन्म दिया है, जिसे वित्त का शस्त्रीकरण कहा जाता है।[1086]हालाँकि, प्रतिबंधों के उपयोग के साथ कई चुनौतियाँ और आलोचनाएँ भी जुड़ी हुई हैं। व्यापक प्रतिबंध अक्सर आम जनता को अधिक प्रभावित करते हैं, जबकि राजनीतिक नेतृत्व पर उनका प्रभाव सीमित होता है।इसके अतिरिक्त, प्रतिबंधों की प्रभावशीलता भी एक विवादास्पद विषय है। कुछ अध्ययनों के अनुसार, प्रतिबंधों की सफलता दर सीमित हैसैद्धांतिक दृष्टिकोण से देखा जाए तो प्रतिबंधों का उपयोग यथार्थवादी और उदारवादी दोनों दृष्टिकोणों में महत्वपूर्ण स्थान रखता है। यथार्थवादी दृष्टिकोण इसे शक्ति राजनीति का उपकरण मानता है, जबकि उदारवादी दृष्टिकोण इसे अंतरराष्ट्रीय नियमों के माध्यम से व्यवहार परिवर्तन का साधन

मानता है।प्रतिबंध 21वीं सदी के भू-अर्थशास्त्र का एक केंद्रीय उपकरण बन चुके हैं, जो वैश्विक शक्ति संरचना को प्रभावित करने में महत्वपूर्ण भूमिका निभा रहे हैं।

प्रतिबंधों की वास्तविक शक्ति और उनकी प्रभावशीलता को समझने के लिए उनके व्यावहारिक अनुप्रयोग का विश्लेषण करना अत्यंत आवश्यक है। 21वीं सदी में विभिन्न देशों के विरुद्ध लगाए गए प्रतिबंध यह स्पष्ट करते हैं कि यह उपकरण अब केवल कूटनीतिक दबाव का साधन नहीं है, बल्कि यह एक जटिल, बहु-स्तरीय और तकनीकी रूप से उन्नत "रणनीतिक हथियार" बन चुका है।[1093] इस संदर्भ में ईरान, रूस और उत्तर कोरिया के उदाहरण विशेष रूप से महत्वपूर्ण हैं। ईरान के संदर्भ में, प्रतिबंधों का उपयोग एक व्यापक और दीर्घकालिक रणनीति के रूप में किया गया। सुज़ैन मैलोनी के अनुसार, "ईरान के खिलाफ प्रतिबंध आधुनिक इतिहास में सबसे व्यापक आर्थिक दबाव अभियानों में से एक का प्रतिनिधित्व करते हैं।"[1094]विशेष रूप से, ईरान को वैश्विक वित्तीय नेटवर्क विशेषकर SWIFT प्रणाली से अलग कर देना एक महत्वपूर्ण कदम था। वली नस्र के अनुसार, "ईरान को वैश्विक वित्त से काट देने से उसकी अर्थव्यवस्था पर अपंग प्रभाव पड़ा।"[1095]हालाँकि, इन प्रतिबंधों ने अंततः ईरान को 2015 के परमाणु समझौते (JCPOA) पर सहमत होने के लिए प्रेरित किया, जिससे यह स्पष्ट होता है कि प्रतिबंध दीर्घकालिक दबाव बनाने में प्रभावी हो सकते हैं।रूस के संदर्भ में, प्रतिबंधों का उपयोग विशेष रूप से 2014 के क्रीमिया संकट और 2022 के यूक्रेन युद्ध के बाद बढ़ गया। एंडर्स एस्लंड के अनुसार, "रूस के खिलाफ प्रतिबंध किसी प्रमुख अर्थव्यवस्था पर लगाए गए सबसे गंभीर प्रतिबंधों में से हैं।"[1096]हालाँकि, रूस ने इन प्रतिबंधों का मुकाबला करने के लिए वैकल्पिक रणनीतियाँ अपनाईं। सर्गेई गुरिएव के अनुसार, "रूस का लचीलापन दिखाता है कि प्रतिबंध हमेशा निर्णायक नहीं होते हैं।"[1097]उत्तर कोरिया के मामले में, प्रतिबंधों का उद्देश्य उसके परमाणु और मिसाइल कार्यक्रम को रोकना रहा है। विक्टर चा के अनुसार, "उत्तर कोरिया दुनिया के सबसे अधिक प्रतिबंधित देशों में से एक है।"[1098]हालाँकि, उत्तर कोरिया ने इन प्रतिबंधों से बचने के लिए अवैध व्यापार और साइबर नेटवर्कों का उपयोग किया है, जिससे यह स्पष्ट होता है कि प्रतिबंधों की प्रभावशीलता सीमित हो सकती है। प्रतिबंधों के इस स्वरूप में "द्वितीयक प्रतिबंध" का महत्व भी बढ़ गया है। डैनियल ड्रेज़नर के अनुसार, "द्वितीयक प्रतिबंध प्रत्यक्ष लक्ष्यों से परे प्रतिबंधों की पहुंच का विस्तार करते हैं।"[1099] इसके अतिरिक्त, 21वीं सदी में "वित्तीय प्रतिबंध" और "डिजिटल प्रतिबंध" का भी महत्व बढ़ गया है। अब्राहम न्यूमैन के अनुसार, "वित्तीय और डिजिटल नेटवर्क पर नियंत्रण प्रतिबंधों की शक्ति को बढ़ाता है।" के

लिए केवल उनके व्यावहारिक उपयोग का वैज्ञानिक प्रमाण नहीं है, बल्कि उनके शास्त्रीय वर्णन, लक्षण, सीमाएँ और सामाजिक उनके मानवीय प्रभाव का भी गहन अध्ययन आवश्यक है।[1101]

21वीं सदी में प्रतिबंधों के बढ़ते उपयोग ने अंतरराष्ट्रीय संबंधों के विभिन्न सिद्धांतों,विशेष रूप से वास्तविकता, उदारवाद, संरचनावाद और आलोचनात्मक दृष्टिकोणों के बीच एक व्यापक बहस को जन्म दिया है। वास्तविकता दृष्टिकोण के अनुसार, प्रतिबंध शक्ति राजनीति का एक उपकरण हैं, जिसका उपयोग राज्य अपने राष्ट्रीय हितों की रक्षा और विस्तार के लिए करते हैं। स्टीफन वॉल्ट के अनुसार, "राज्य आर्थिक उपकरणों का उपयोग तब करते हैं जब सैन्य विकल्प बहुत महंगे या जोखिम भरे होते हैं।"[1102]उदारवादी दृष्टिकोण प्रतिबंधों को अंतरराष्ट्रीय समझौतों और नियम-आधारित व्यवस्था के संदर्भ में देखता है। लिसा मार्टिन के अनुसार, "बहुपक्षीय प्रतिबंध अधिक प्रभावी होते हैं क्योंकि उनमें अधिक वैधता होती है।"[1103]संरचनावादी दृष्टिकोण प्रतिबंधों को एक "प्रामाणिक साधन" के रूप में देखता है। मार्था फिनमोर के अनुसार, "प्रतिबंध संकेत देते हैं कि अंतर्राष्ट्रीय समाज में किन व्यवहारों को अस्वीकार्य माना जाता है।"[1104]हालाँकि, प्रतिबंधों की परिमाण एक अत्यंत विवादास्पद विषय है। ए. कूपर ड्रयूरी के अनुसार, "आर्थिक प्रतिबंध एक तिहाई से भी कम मामलों में सफल होते हैं।"[1105]प्रतिबंधों की विफलता के कई कारण हो सकते हैं,राजनीतिक पहल, वैकल्पिक गतिविधियां, घरेलू समर्थन आदि। इसके अतिरिक्त, प्रतिबंधों का एक प्रमुख आरोप यह है कि वे अक्सर आम जनता को अधिक प्रभावित करते हैं, जबकि राजनीतिक नेतृत्व स्वायत्त सुरक्षित रहता है। डेनिस हॉलिडे के अनुसार, "प्रतिबंध राजनीतिक लक्ष्यों को प्राप्त किए बिना नागरिक आबादी को तबाह कर सकते हैं।"[1106]इसी कारण से, हाल के दशकों में "स्मार्ट प्रतिबंध" या "लक्षित प्रतिबंध" की अवधारणा विकसित हुई है।ग्लोबल साउथ के दृष्टिकोण से, प्रतिबंधों को अक्सर "नव-साम्राज्यवादी उपकरण" के रूप में देखा जाता है। समीर सरन के अनुसार, "प्रतिबंध अक्सर अंतर्राष्ट्रीय व्यवस्था में शक्ति की विषमता को दर्शाते हैं।"[1107]इसके अतिरिक्त, प्रतिबंधों के बढ़ते उपयोग ने वैश्विक आर्थिक प्रणाली में विखंडन और वैकल्पिक नेटवर्क के विकास को भी बढ़ावा दिया है। इस संदर्भ में "प्रतिबंधों से बचना" और "समानांतर अर्थव्यवस्थाओं" का उदय भी महत्वपूर्ण है। सैद्धांतिक रूप से, यह स्पष्ट होता है कि प्रतिबंध न तो पूर्णतः प्रभावी हैं और न ही पूर्णतः विफल; उनकी सफलता कई आयामों पर निर्भर करती है।प्रतिबंध एक जटिल और समन्वित उपकरण हैं, जिनके परिमाण और चरित्र दोनों ही विवादास्पद हैं।

आर्थिक युद्ध के नए रूप

21वीं सदी में आर्थिक युद्ध का स्वरूप अत्यंत जटिल, बहुआयामी और तकनीकी रूप से उन्नत हो गया है, जिसने पारंपरिक सैन्य संघर्ष के विकल्प के रूप में आर्थिक साधनों को एक केंद्रीय रणनीतिक उपकरण बना दिया है। यदि 20वीं सदी में युद्ध का मुख्य आधार सैन्य शक्ति, भू-क्षेत्रीय नियंत्रण और प्रत्यक्ष संघर्ष था, तो 21वीं सदी में यह भूमिका आर्थिक नेटवर्क, वित्तीय प्रणाली, तकनीकी प्रभुत्व और डिजिटल अवसंरचना ने ग्रहण कर ली है।[1108]आर्थिक युद्ध अब केवल व्यापार प्रतिबंध या आर्थिक नाकेबंदी तक सीमित नहीं है, बल्कि यह बहु-स्तरीय रणनीतियों,जैसे साइबर हमले, तकनीकी नियंत्रण, मुद्रा युद्ध, डेटा प्रभुत्व और आपूर्ति-श्रृंखला व्यवधान के माध्यम से संचालित होता है।आर्थिक युद्ध की अवधारणा को समझने के लिए यह आवश्यक है कि हम इसके आधुनिक स्वरूप और पारंपरिक रूपों के बीच अंतर को स्पष्ट करें। निकोलस मुल्डर के अनुसार, आर्थिक युद्ध भौतिक नाकेबंदी से विकसित होकर वित्तीय और तकनीकी उपकरणों तक पहुँच गया है।[1109]आर्थिक युद्ध के नए रूपों में सबसे महत्वपूर्ण "वित्तीय युद्ध" है, जिसमें वित्तीय प्रणाली का उपयोग रणनीतिक दबाव के लिए किया जाता है। पॉल क्रुगमैन के अनुसार, वित्तीय बाजार केवल आर्थिक संस्थान नहीं, बल्कि शक्ति के उपकरण भी हैं।[1110]मुद्रा युद्ध आर्थिक युद्ध का एक अन्य महत्वपूर्ण आयाम है, जिसमें राज्य अपनी मुद्रा का अवमूल्यन या अन्य मौद्रिक नीतियों का उपयोग करके वैश्विक प्रतिस्पर्धा में लाभ प्राप्त करने का प्रयास करते हैं। जेम्स रिकाईस के अनुसार, मुद्रा युद्ध विनिमय दर, ब्याज दर और मौद्रिक नीतियों के माध्यम से लड़े जाते हैं।[1111]इसके अतिरिक्त, तकनीकी युद्ध आर्थिक युद्ध का एक अत्यंत महत्वपूर्ण और उभरता हुआ क्षेत्र है। आधुनिक अर्थव्यवस्था में कृत्रिम बुद्धिमत्ता, सेमीकंडक्टर और डिजिटल प्लेटफॉर्म शक्ति के प्रमुख स्रोत बन चुके हैं। कई-फु-ली के अनुसार, कृत्रिम बुद्धिमत्ता भविष्य के शक्ति-संतुलन को निर्धारित करेगी।[1112]इस संदर्भ में अमेरिका और चीन के बीच तकनीकी प्रतिस्पर्धा आर्थिक युद्ध का एक प्रमुख उदाहरण है।आर्थिक युद्ध का एक अन्य महत्वपूर्ण रूप "साइबर-आर्थिक युद्ध" है, जिसमें साइबर हमलों के माध्यम से आर्थिक अवसंरचना को नुकसान पहुँचाया जाता है। जेसन हीली के अनुसार, साइबर हमले बिना प्रत्यक्ष युद्ध के वित्तीय और महत्वपूर्ण अवसंरचनाओं को बाधित कर सकते हैं।[1113]डेटा और डिजिटल प्लेटफॉर्म भी आर्थिक युद्ध के नए क्षेत्र बन गए हैं। निक सर्निक के अनुसार, डिजिटल प्लेटफॉर्म आधुनिक अर्थव्यवस्था के नए युद्धक्षेत्र हैं।[1114]आर्थिक युद्ध का एक और महत्वपूर्ण आयाम "व्यापार का हथियारीकरण" है, जहाँ व्यापार नीतियों, जैसे टैरिफ, कोटा और निर्यात

नियंत्रण का उपयोग रणनीतिक उद्देश्यों के लिए किया जाता है। चैड ब्राउन के अनुसार, व्यापार नीति का उपयोग अब भू-राजनीतिक उपकरण के रूप में किया जा रहा है।[1115] इसके अतिरिक्त, निवेश नियंत्रण और आर्थिक दबाव भी आर्थिक युद्ध के महत्वपूर्ण उपकरण बन गए हैं।आर्थिक युद्ध के इन नए रूपों का प्रभाव केवल राज्यों तक सीमित नहीं है, बल्कि यह वैश्विक कंपनियों और समाज पर भी पड़ता है।विकासशील देशों के लिए आर्थिक युद्ध के यह नए रूप विशेष रूप से चुनौतीपूर्ण हैं, क्योंकि उनके पास सीमित संसाधन और कमजोर आर्थिक संरचना होती है।भारत के संदर्भ में, आर्थिक युद्ध के नए रूपों का सामना करने के लिए एक समग्र रणनीति की आवश्यकता है, जिसमें आर्थिक आत्मनिर्भरता, तकनीकी विकास और वैश्विक साझेदारी शामिल हो।आर्थिक युद्ध 21वीं सदी की वैश्विक राजनीति का एक केंद्रीय तत्व बन चुका है, जो पारंपरिक युद्ध के स्थान पर एक नए प्रकार के संघर्ष को परिभाषित करता है। यह संघर्ष अधिक जटिल, बहु-आयामी और दीर्घकालिक है।

विकासशील देशों पर भू-अर्थशास्त्रीय दबाव

21वीं सदी की वैश्विक व्यवस्था में भू-अर्थशास्त्र ने अंतरराष्ट्रीय राजनीति और अर्थव्यवस्था के स्वरूप को गहराई से प्रभावित किया है, जहाँ आर्थिक साधनों,जैसे व्यापार, निवेश, ऋण, तकनीक और वित्तीय नेटवर्क,का उपयोग रणनीतिक उद्देश्यों की प्राप्ति के लिए किया जा रहा है। इस परिवर्तन का सबसे गहरा प्रभाव विकासशील देशों पर पड़ा है, जो वैश्विक शक्ति संरचना में अपेक्षाकृत कमजोर स्थिति में होते हैं और इसलिए भू-अर्थशास्त्रीय दबावों के प्रति अधिक संवेदनशील होते हैं।[1116]विकासशील देशों पर भू-अर्थशास्त्रीय दबाव को समझने के लिए यह आवश्यक है कि हम वैश्विक असमानताओं, आर्थिक निर्भरता और शक्ति असंतुलन के संदर्भ में इसका विश्लेषण करें। राउल प्रेबिश के अनुसार, वैश्विक आर्थिक व्यवस्था "केंद्र-परिधि संरचना" पर आधारित है, जहाँ विकसित देश उच्च मूल्य वाले उत्पादों और तकनीकों पर नियंत्रण रखते हैं, जबकि विकासशील देश कच्चे माल और सस्ते श्रम पर निर्भर रहते हैं।[1117]इस संरचनात्मक असमानता के कारण विकासशील देश वैश्विक व्यापार और वित्तीय प्रणाली में कमजोर स्थिति में रहते हैं, जिससे वे बाहरी दबावों के प्रति अधिक संवेदनशील हो जाते हैं।भू-अर्थशास्त्रीय दबाव का एक प्रमुख स्रोत "ऋण निर्भरता" है। कई विकासशील देश अपनी विकास आवश्यकताओं को पूरा करने के लिए बाहरी ऋण पर निर्भर रहते हैं, जिससे वे ऋणदाता देशों और संस्थानों के प्रभाव में आ जाते हैं। जेफ्री सैक्स के अनुसार, ऋण तब नियंत्रण का माध्यम बन सकता है जब वह किसी देश की

भुगतान क्षमता से अधिक हो जाए।[1118]ऋण के माध्यम से दबाव का यह स्वरूप विशेष रूप से "ऋण-जाल कूटनीति" के संदर्भ में देखा जाता है।

भू-अर्थशास्त्रीय दबाव का दूसरा महत्वपूर्ण स्रोत "व्यापार असमानता" है। वैश्विक व्यापार प्रणाली में विकासशील देशों को अक्सर असमान शर्तों का सामना करना पड़ता है। हा-जून चांग के अनुसार, विकसित देशों ने ऐतिहासिक रूप से संरक्षणवादी नीतियों का उपयोग किया है, जबकि वे अन्य देशों को मुक्त व्यापार अपनाने के लिए प्रेरित करते हैं।[1119] इस असमानता के कारण विकासशील देशों की अर्थव्यवस्था में अस्थिरता और निर्भरता बनी रहती है।भू-अर्थशास्त्रीय दबाव का एक अन्य महत्वपूर्ण आयाम "तकनीकी निर्भरता" है। आधुनिक अर्थव्यवस्था में तकनीक विकास का प्रमुख आधार बन चुकी है। कार्लोटा पेरेज़ के अनुसार, तकनीकी क्रांतियाँ वैश्विक अर्थव्यवस्था में नई असमानताओं और शक्ति-स्तरों का निर्माण करती हैं।[1120]विकासशील देश उन्नत तकनीकों तक सीमित पहुँच के कारण विकसित देशों पर निर्भर हो जाते हैं।इसके अतिरिक्त, "वित्तीय अस्थिरता" भी विकासशील देशों पर भू-अर्थशास्त्रीय दबाव का एक महत्वपूर्ण स्रोत है। हाइमन मिंस्की के अनुसार, वित्तीय प्रणालियाँ स्वभावतः अस्थिर होती हैं और संकट की ओर प्रवृत्त रहती हैं।[1121]जब पूंजी प्रवाह अचानक रुक जाता है या निवेश वापस ले लिया जाता है, तो विकासशील देशों को गंभीर आर्थिक संकट का सामना करना पड़ सकता है।भू-अर्थशास्त्रीय दबाव का एक और महत्वपूर्ण पहलू "संसाधन राजनीति" है, जहाँ प्राकृतिक संसाधनों पर नियंत्रण के लिए प्रतिस्पर्धा होती है। माइकल क्लेयर के अनुसार, संसाधनों के लिए प्रतिस्पर्धा आधुनिक भू-राजनीतिक संघर्षों का प्रमुख कारण है।[1122]इसके अतिरिक्त, "शर्त आधारित सहायता" भी भू-अर्थशास्त्रीय दबाव का एक महत्वपूर्ण उपकरण है। अंतरराष्ट्रीय वित्तीय संस्थान ऋण और सहायता के बदले में आर्थिक सुधारों की शर्तें लगाते हैं। जोसेफ स्टिग्लिट्ज़ के अनुसार, ऐसी शर्तें अक्सर राष्ट्रीय संप्रभुता और स्थानीय आर्थिक प्राथमिकताओं को कमजोर करती हैं।[1123]यह स्पष्ट होता है कि विकासशील देशों पर भू-अर्थशास्त्रीय दबाव बहुआयामी है, जिसमें आर्थिक, तकनीकी, वित्तीय और राजनीतिक तत्व शामिल हैं। यह दबाव वैश्विक शक्ति संरचना की असमानताओं को दर्शाता है और विकासशील देशों के लिए गंभीर चुनौतियाँ उत्पन्न करता है।

विकासशील देशों पर भू-अर्थशास्त्रीय दबाव की प्रकृति और गहराई को समझने के लिए क्षेत्रीय परिप्रेक्ष्य अत्यंत महत्वपूर्ण है, क्योंकि विभिन्न क्षेत्रों में यह दबाव अलग-अलग रूपों में प्रकट होता है। अफ्रीका, दक्षिण एशिया और लैटिन

अमेरिका जैसे क्षेत्रों में वैश्विक शक्तियों,विशेष रूप से अमेरिका, चीन और यूरोपीय संघ की प्रतिस्पर्धा ने इन देशों को एक प्रकार के "भू-अर्थशास्त्रीय युद्धक्षेत्र" में परिवर्तित कर दिया है, जहाँ आर्थिक साधनों के माध्यम से प्रभाव स्थापित करने का प्रयास किया जा रहा है।[1124]अफ्रीका के संदर्भ में, भू-अर्थशास्त्रीय दबाव मुख्यतः प्राकृतिक संसाधनों, अवसंरचना निवेश और ऋण निर्भरता के माध्यम से प्रकट होता है। अफ्रीका खनिज संसाधनों; जैसे कोबाल्ट, लिथियम और तांबा,का एक प्रमुख स्रोत है, जो आधुनिक तकनीकी उद्योग के लिए अत्यंत महत्वपूर्ण हैं। डाम्बिसा मोयो के अनुसार, अफ्रीका की संसाधन-सम्पदा उसे वैश्विक आर्थिक प्रतिस्पर्धा का केंद्र बनाती है।[1125]चीन ने अफ्रीका में बड़े पैमाने पर अवसंरचना परियोजनाओं में निवेश किया है, जिससे उसने क्षेत्र में अपना प्रभाव बढ़ाया है। हालांकि, इन निवेशों के साथ जुड़े ऋण और शर्तों ने कई देशों को आर्थिक दबाव में डाल दिया है।[1126]इसके विपरीत, पश्चिमी देशों ने विकास सहायता और प्रशासनिक सुधारों के माध्यम से प्रभाव स्थापित करने का प्रयास किया है, जिससे अफ्रीकी देशों को दो प्रतिस्पर्धी मॉडल के बीच संतुलन बनाना पड़ता है।

दक्षिण एशिया के संदर्भ में, भू-अर्थशास्त्रीय दबाव मुख्यतः क्षेत्रीय प्रतिस्पर्धा और रणनीतिक अवसंरचना परियोजनाओं के माध्यम से प्रकट होता है। एस. डी. मुनी के अनुसार, दक्षिण एशिया वह क्षेत्र है जहाँ आर्थिक और रणनीतिक हितों का गहन अंतर्संबंध दिखाई देता है।[1127]इस क्षेत्र में चीन की अवसंरचना परियोजनाएँ रणनीतिक महत्व रखती हैं, जबकि भारत और अन्य क्षेत्रीय शक्तियाँ संतुलन बनाए रखने का प्रयास कर रही हैं।लैटिन अमेरिका में, भू-अर्थशास्त्रीय दबाव मुख्यतः व्यापार, निवेश और वित्तीय निर्भरता के माध्यम से प्रकट होता है। केविन गैलाघर के अनुसार, चीन की बढ़ती उपस्थिति इस क्षेत्र की आर्थिक संरचना को पुनर्गठित कर रही है।[1128]इन क्षेत्रीय उदाहरणों से यह स्पष्ट होता है कि विकासशील देश वैश्विक शक्तियों के बीच प्रतिस्पर्धा के केंद्र बन गए हैं।भू-अर्थशास्त्रीय दबाव का एक महत्वपूर्ण आयाम "अवसंरचना भू-राजनीति" है, जहाँ अवसंरचना परियोजनाएँ रणनीतिक महत्व प्राप्त कर लेती हैं। जोनाथन हिलमैन के अनुसार, अवसंरचना केवल विकास का माध्यम नहीं, बल्कि प्रभाव और नियंत्रण का उपकरण भी है।[1129]इसके अतिरिक्त, "वित्तीय कूटनीति" भी भू-अर्थशास्त्रीय दबाव का एक महत्वपूर्ण उपकरण है, जिसमें ऋण, निवेश और सहायता के माध्यम से प्रभाव स्थापित किया जाता है। नगाइरे वुड्स के अनुसार, वित्तीय प्रवाह विकासशील देशों की नीतियों को प्रभावित कर सकते हैं।[1130]इस प्रकार, विकासशील देशों को अपनी नीतियों को इस प्रकार समायोजित करना पड़ता है कि वे बाहरी दबावों के साथ

संतुलन बना सकें।भू-अर्थशास्त्रीय दबाव का एक अन्य महत्वपूर्ण पहलू "नीतिगत स्वायत्तता" का सीमित होना है।इसके अतिरिक्त, वैश्विक शक्तियों के बीच प्रतिस्पर्धा के कारण विकासशील देशों को रणनीतिक संरेखण चुनने का दबाव भी होता है।हालाँकि, यह स्थिति केवल चुनौतियाँ ही नहीं प्रस्तुत करती, बल्कि अवसर भी प्रदान करती है।विकासशील देशों पर भू-अर्थशास्त्रीय दबाव एक जटिल और बहु-स्तरीय प्रक्रिया है, जिसमें क्षेत्रीय, वैश्विक और संरचनात्मक कारक शामिल हैं। यह दबाव वैश्विक शक्ति संरचना की असमानताओं को दर्शाता है, लेकिन साथ ही यह नए अवसरों और रणनीतिक विकल्पों को भी जन्म देता है।[1131]

भारत की भू-अर्थशास्त्रीय रणनीति

21वीं सदी की वैश्विक व्यवस्था में भारत की भूमिका केवल एक उभरती हुई अर्थव्यवस्था तक सीमित नहीं रह गई है, बल्कि वह एक ऐसी शक्ति के रूप में विकसित हो रहा है, जो भू-राजनीति और भू-अर्थशास्त्र दोनों में सक्रिय रूप से भागीदारी कर रहा है। भारत की भू-अर्थशास्त्रीय रणनीति का उद्देश्य केवल आर्थिक विकास को बढ़ावा देना नहीं है, बल्कि वैश्विक शक्ति संरचना में अपनी स्थिति को मजबूत करना, रणनीतिक स्वायत्तता को बनाए रखना, और अंतरराष्ट्रीय प्रतिस्पर्धा में संतुलित भूमिका निभाना भी है।भारत की भू-अर्थशास्त्रीय रणनीति को समझने के लिए यह आवश्यक है कि हम इसके ऐतिहासिक विकास, समकालीन नीतिगत ढांचे, और वैश्विक संदर्भों का विश्लेषण करें। स्वतंत्रता के बाद भारत ने एक मिश्रित अर्थव्यवस्था मॉडल अपनाया, जिसमें आत्मनिर्भरता और राज्य-नियंत्रित विकास पर बल दिया गया। जवाहरलाल नेहरू के नेतृत्व में भारत ने औद्योगीकरण और सार्वजनिक क्षेत्र के विकास को प्राथमिकता दी[1132]।हालाँकि, 1991 के आर्थिक सुधारों के बाद भारत की रणनीति में एक महत्वपूर्ण परिवर्तन आया, जहाँ उदारीकरण , निजीकरण और वैश्वीकरण को अपनाया गया। मनमोहन सिंह के नेतृत्व में किए गए इन सुधारों ने भारत को वैश्विक अर्थव्यवस्था के साथ जोड़ दिया और उसकी आर्थिक वृद्धि को गति दी।[1133]

21वीं सदी में भारत की भू-अर्थशास्त्रीय रणनीति एक "हाइब्रिड मॉडल" के रूप में उभरी है, जिसमें आत्मनिर्भरता और वैश्विक एकीकरण दोनों का संतुलन बना हुआ है। इस रणनीति का मुख्य उद्देश्य "रणनीतिक स्वायत्तता" को बनाए रखना है और वैश्विक स्तर पर इसमें भाग लेना है। जैसा कि सी. राजा मोहन ने कहा, "भारत रणनीतिक स्वतंत्रता के साथ आर्थिक खुलेपन को संतुलित करना चाहता है।" यह नीति विशेष रूप से COVID-19 महामारी के बाद उभरी, जब वैश्विक

आपूर्ति-श्रृंखलाओं में ब्लॉकचेन ने आत्मनिर्भरता की आवश्यकता को शामिल किया। इस संदर्भ में "प्रोडक्शन लिंक्ड इंसेंटिव (पीएलआई)" योजना का विशेष महत्व है, जिसके माध्यम से सरकार विभिन्न क्षेत्रों जैसे इलेक्ट्रॉनिक्स, फार्मास्यूटिकल्स और ऑटोमोबाइल में घरेलू उत्पादन को बढ़ावा दे रही है। अरविंद पनगारिया के अनुसार, "पीएलआई योजनाएं घरेलू उद्योग को मजबूत करते हुए भारत को वैश्विक मूल्य श्रृंखलाओं में एकीकृत करने के लिए डिज़ाइन की गई हैं।" भारत ने हाल के वर्षों में कई मुक्त व्यापार गतिविधियां (एफटीए) की हैं और वैश्विक व्यापार नेटवर्क में अपनी भागीदारी को बढ़ाने का प्रयास किया है। हालाँकि, भारत ने RCEP (रीजनल कॉम्प्रिहेंसिव इकोनॉमिक पार्टनरशिप) से बाहर रहने का फैसला लिया, जिसमें यह बताया गया है कि वह अपने घरेलू सहयोगियों की सुरक्षा को भी प्राथमिकता देता है। भारत की रणनीति का तीसरा महत्वपूर्ण स्तंभ "डिजिटल अर्थव्यवस्था" और "प्रौद्योगिकी शासन" है। डिजिटल इंडिया (डिजिटल इंडिया) ने पहले मीडिया से डिजिटल अवसंरचना, डेटा प्रबंधन और तकनीकी नवाचार को बढ़ावा दिया है। नंदा नीलेकणि के अनुसार, "भारत का डिजिटल सार्वजनिक बुनियादी ढांचा समावेशी विकास के लिए एक अनूठा मॉडल है।"[1136] इस पहल ने भारत को वैश्विक डिजिटल अर्थव्यवस्था में एक महत्वपूर्ण खिलाड़ी बनाया है। भारत की भू-अर्थशास्त्रीय रणनीति का एक अन्य महत्वपूर्ण आयाम "ऊर्जा सुरक्षा" है। भारत अपनी ऊर्जा ऊर्जा को पूरा करने के लिए विविध संसाधनों पर ध्यान दे रहा है, जिसमें पारंपरिक ऊर्जा (तेल और गैस) और पर्यावरणीय ऊर्जा (नवीकरणीय) दोनों शामिल हैं। नारायण नारायण के अनुसार, "भारत की ऊर्जा रणनीति को स्थिरता के साथ विकास को संतुलित करना चाहिए।"[1137] इसके अतिरिक्त, भारत "अंतर्राष्ट्रीय सौर गठबंधन (आईएसए)" जैसे मंचों के माध्यम से वैश्विक ऊर्जा राजनीति में अपनी भूमिका को मजबूत कर रहा है। भारत की भू-अर्थशास्त्रीय रणनीति में "कनेक्टिविटी पहल" का भी महत्वपूर्ण स्थान है, जैसे अंतर्राष्ट्रीय उत्तर-दक्षिण परिवहन गलियारा (INSTC),चाबहार बंदरगाह परियोजना,भारत-मध्य पूर्व-यूरोप गलियारा (IMEC) ।

गुरजीत सिंह के अनुसार, "कनेक्टिविटी भारत की भू-आर्थिक पहुंच का केंद्र है।"[1138]भारत की भू-अर्थशास्त्रीय रणनीति का एक और महत्वपूर्ण आधार "बहुपक्षीय जुड़ाव" है। भारत G20, BRICS, SCO और QUAD जैसे मंचों में सक्रिय भूमिका निभा रहा है, जिससे वह वैश्विक आर्थिक शासन में अपनी भागीदारी बढ़ा रही है। यह स्पष्ट होता है कि भारत की भू-अर्थशास्त्रीय रणनीति एक बहुआयामी (बहु-आयामी) और संतुलित (संतुलित) दृष्टिकोण पर आधारित है, जिसमें आर्थिक विकास,

अर्थशास्त्र और वैश्विक अर्थशास्त्र शामिल हैं। सामने आए प्रमुख उद्घाटन (चुनौतियाँ), अवसर (अवसर), और वैश्विक शक्ति महोत्सव,विशेष रूप से चीन के उदय,के प्रभाव का विश्लेषण करें। 21वीं सदी के वर्तमान परिदृश्य में भारत एक ऐसा परिवर्तनकाल (संक्रमण चरण) से गुज़र रहा है, जहाँ उसकी अपनी आर्थिक वृद्धि, मूल स्वामित्व और वैश्विक प्रभाव के बीच संतुलन स्थापित हो रहा है। भारत की भू-अर्थशास्त्रीय रणनीति के सामने सबसे बड़ी चुनौती "चीनी कारक (चीन कारक)" है। चीन के आर्थिक और तकनीकी उदय से न केवल वैश्विक शक्ति संतुलन प्रभावित हो रहा है, बल्कि यह भारत के लिए एक प्रत्यक्ष चुनौती भी प्रस्तुत करता है। एशले टेलीज़ के अनुसार, "चीन का उदय भारत की आर्थिक रणनीति के लिए प्रतिस्पर्धी और संरचनात्मक दोनों चुनौतियाँ पैदा करता है।"[1139] चीन की विनिर्माण क्षमता, निर्यात प्रभुत्व और वैश्विक अवसंरचना निवेश ने उसे वैश्विक अर्थव्यवस्था में एक केंद्रीय स्थान प्रदान किया है, जबकि भारत अभी भी इस स्तर तक पहुँचने के प्रयास में है।इस संदर्भ में, भारत को अपनी औद्योगिक नीति (industrial policy) को बेचना होगा, ताकि वह वैश्विक मूल्य श्रृंखलाओं (Global Value Chकृत्रिम बुद्धिमता ns) में अधिक प्रभावी भूमिका निभा सके। रघुराम राजन के अनुसार, "भारत को वैश्विक आपूर्ति श्रृंखलाओं में एकीकृत करने के लिए प्रतिस्पर्धात्मकता और संस्थागत सुधारों पर ध्यान केंद्रित करना चाहिए।"[1140]

भारत की भू-अर्थशास्त्रीय रणनीति के सामने दूसरी महत्वपूर्ण चुनौती है "इंफ्रास्ट्रक्चर गैप"। हालाँकि भारत ने हाल के वर्षों में अवसंरचना विकास में महत्वपूर्ण प्रगति की है, फिर भी यह चीन देशों की तुलना में पीछे है। इस अंतर को कम करने के लिए भारत ने "नेशनल इंफ्रास्ट्रक्चर पाइपलाइन (एनआईपी)" और "गति शक्ति" की शुरुआत की है, परियोजना उद्देश्य लॉजिस्टिक्स और परिवहन नेटवर्क को सूचीबद्ध करना है। तीसरी चुनौती "व्यापार प्रतिस्पर्धात्मकता" की है। भारत के निर्माताओं के पास अभी भी अपनी क्षमता के संरचनाएं नहीं हैं, और उन्हें वैश्विक उद्यमों में अपनी प्रतिस्पर्धात्मकता (प्रतिस्पर्धा) बढ़ाने की आवश्यकता है। भगवती के अनुसार, "निर्यात आधारित विकास भारत की दीर्घकालिक आर्थिक रणनीति के लिए आवश्यक है।"[1141] इस संदर्भ में, भारत को अपने व्यापार समुदायों को अधिक उदार और प्रतिष्ठित बनाना होगा। भारत की भू-अर्थशास्त्रीय रणनीति में "आपूर्ति श्रृंखला एकीकरण" का भी महत्वपूर्ण स्थान है। वैश्विक आपूर्ति-श्रृंखलाओं के पुनर्गठन (पुनर्गठन) के वर्तमान दौर में भारत के पास एक महत्वपूर्ण अवसर है कि वह एक वैकल्पिक उत्पादन केंद्र (वैकल्पिक विनिर्माण केंद्र) के रूप

में उभर रहा है। देबाशीष के अनुसार, "भारत आपूर्ति श्रृंखला विविधीकरण से लाभान्वित हो सकता है यदि वह अपने नियामक और लॉजिस्टिक्स ढांचे में सुधार करता है।"[1142] फ्रेंड-शोरिंग और डी-रिस्किंग जैसी रणनीतियाँ भारत के लिए नए निवेश और व्यापार के अवसर पैदा कर रही हैं। इसके अलावा, भारत की भू-अर्थशास्त्रीय रणनीति में "रणनीतिक साझेदारी" का भी महत्वपूर्ण स्थान है। भारत ने अमेरिका, यूरोप, जापान और ऑस्ट्रेलिया जैसे देशों के साथ आर्थिक और तकनीकी सहयोग को बढ़ावा दिया है। तन्वी मदान के अनुसार, "भारत की साझेदारी आर्थिक और रणनीतिक दोनों विचारों से प्रेरित है।"[1143] इन विद्वानों के माध्यम से भारत न केवल अपने आर्थिक हितों को बढ़ावा दे रहा है, बल्कि वैश्विक शक्ति संतुलन में भी अपनी भूमिका को मजबूत कर रहा है। भारत की भू-अर्थशास्त्रीय रणनीति में "नवाचार और प्रौद्योगिकी" का भी महत्वपूर्ण स्थान है। यदि भारत को वैश्विक स्तर पर आगे बढ़ना है, तो उसे अनुसंधान और विकास (आर एंड डी), डिजिटल तकनीक और नवाचार (इनोवेशन) में निवेश करना होगा। विजय केलकर के अनुसार, "भारत के दीर्घकालिक आर्थिक परिवर्तन के लिए नवाचार-संचालित विकास आवश्यक है"। इसके अतिरिक्त, भारत को अपनी "मानव पूंजी" के बारे में भी बातचीत करनी होगी, ताकि वह वैश्विक अर्थव्यवस्था में वृद्धि कर सके। नीतिगत स्तरों पर, भारत को एक "संतुलित भू-आर्थिक रणनीति" अपनी होगी, जिसमें निम्नलिखित तत्व शामिल हैं;आर्थिक आत्मनिर्भरता और वैश्विक एकीकरण का संतुलन,तकनीकी विकास और नवाचार,अवसंरचना सुधार,व्यापार और निवेश नीतियों का आधुनिकीकरण, रणनीतिक साझेदारियों का विस्तार ।यह कहा जा सकता है कि भारत की भू-अर्थशास्त्रीय रणनीति एक गतिशील और बहुआयामी प्रक्रिया है, जो वैश्विक प्रतिस्पर्धा, घरेलू आवश्यकताओं और रणनीतिक हितों के बीच संतुलन स्थापित करने का प्रयास करती है। भारत के पास एक अद्वितीय अवसर है कि वह वैश्विक व्यवस्था में एक महत्वपूर्ण आर्थिक और रणनीतिक शक्ति के रूप में उभरे, लेकिन इसके लिए उसे अपनी नीतियों, संस्थाओं और क्षमताओं को सुदृढ़ करना होगा। भविष्य में, भारत की सफलता इस बात पर निर्भर करेगी कि वह भू-अर्थशास्त्रीय प्रतिस्पर्धा के इस जटिल और तेजी से बदलते परिदृश्य में कितनी प्रभावी और संतुलित रणनीति अपनाता है।

अध्याय-13

तकनीक, साइबर स्पेस और अंतरिक्ष भू-राजनीति

तकनीकी शक्ति के भू-राजनीतिक महत्व को और अधिक गहराई से समझने के लिए यह आवश्यक है कि हम समकालीन वैश्विक प्रतिस्पर्धा के उन क्षेत्रों का विश्लेषण करें, जहाँ तकनीक न केवल विकास का साधन है, बल्कि शक्ति संघर्ष का केंद्र बन चुकी है। 21वीं सदी में कृत्रिम बुद्धिमत्ता, सेमीकंडक्टर उद्योग, डिजिटल प्लेटफॉर्म, क्वांटम कंप्यूटिंग और जैव-प्रौद्योगिकी जैसे क्षेत्रों में प्रतिस्पर्धा यह स्पष्ट करती है कि तकनीकी श्रेष्ठता अब वैश्विक प्रभुत्व का मुख्य निर्धारक बन चुकी है।इस संदर्भ में कृत्रिम बुद्धिमता भू-राजनीति एक अत्यंत महत्वपूर्ण अवधारणा के रूप में उभरी है। कृत्रिम बुद्धिमत्ता केवल आर्थिक उत्पादकता को बढ़ाने का साधन नहीं है, बल्कि यह सैन्य, खुफिया और रणनीतिक निर्णय-निर्माण में भी महत्वपूर्ण भूमिका निभा रही है। जैसा कि कहा गया है, कृत्रिम बुद्धिमता में युद्ध, शासन और वैश्विक शक्ति संरचनाओं को बदलने की क्षमता है।"[1145] एआई के माध्यम से राज्यों को "पूर्वानुमान लगाने की क्षमता", "स्वायत्त प्रणालियाँ" और "निर्णय लेने की श्रेष्ठता" प्राप्त होती है, जिससे वे अपने विरोधियों पर रणनीतिक बढ़त हासिल कर सकते हैं।इसके साथ ही, सेमीकंडक्टर आधुनिक तकनीकी शक्ति का आधार बन चुके हैं। यह न केवल उपभोक्ता इलेक्ट्रॉनिक्स, बल्कि रक्षा प्रणाली, संचार नेटवर्क और कृत्रिम बुद्धिमता अनुप्रयोगों के लिए भी आवश्यक हैं। इस संदर्भ में यह कहा गया है कि सेमीकंडक्टर डिजिटल युग का आधारभूत ढाँचा हैं।"[1146] इस संदर्भ में चिप युद्ध वैश्विक भू-अर्थशास्त्रीय प्रतिस्पर्धा का एक प्रमुख उदाहरण है, जहाँ तकनीकी नियंत्रण के माध्यम से रणनीतिक प्रभुत्व स्थापित करने का प्रयास किया जा रहा है।तकनीकी शक्ति का एक अन्य महत्वपूर्ण आयाम डिजिटल उपनिवेशवाद है, जिसमें विकसित देश और बड़ी तकनीकी कंपनियाँ विकासशील देशों के डेटा, डिजिटल अवसंरचना और बाजारों पर नियंत्रण स्थापित करती हैं। इस संदर्भ में कहा गया है कि डेटा उपनिवेशवाद डिजिटल युग में वर्चस्व के एक नए रूप का प्रतिनिधित्व करता है।[1147] इस प्रक्रिया में विकासशील देशों के डेटा संसाधनों

का उपयोग वैश्विक कंपनियों द्वारा किया जाता है, जिससे असमानता और निर्भरता बढ़ती है।

तकनीकी शक्ति के इस स्वरूप में प्लेटफ़ॉर्म शक्ति भी महत्वपूर्ण हो गया है। वैश्विक तकनीकी कंपनियाँ,जैसे गूगल, अमेज़न, मेटा अब केवल आर्थिक संस्थाएँ नहीं हैं, बल्कि वे वैश्विक सूचना प्रवाह और डिजिटल अवसंरचना को नियंत्रित करती हैं। जैसा कि कहा गया है, प्लेटफ़ॉर्म के पास जानकारी और व्यवहार पर अभूतपूर्व शक्ति है।[1148] इस प्रकार, तकनीकी कंपनियाँ भी भू-राजनीतिक प्रतिस्पर्धा का हिस्सा बन चुकी हैं।इसके अतिरिक्त, "क्वांटम टेक्नोलॉजी" और "बायोटेक्नोलॉजी" भी तकनीकी शक्ति के उभरते हुए क्षेत्र हैं। क्वांटम कंप्यूटिंग भविष्य में साइबर सुरक्षा और डेटा एन्क्रिप्शन को पूरी तरह बदल सकती है, जबकि जैव-प्रौद्योगिकी स्वास्थ्य, कृषि और रक्षा क्षेत्रों में महत्वपूर्ण भूमिका निभा सकती है।तकनीकी शक्ति का एक और महत्वपूर्ण पहलू मानक-निर्धारण शक्ति है, जहाँ राज्य और कंपनियाँ वैश्विक तकनीकी मानकों को निर्धारित करने का प्रयास करते हैं। इस संदर्भ में यह कहा गया है कि मानक भू-राजनीतिक प्रतिस्पर्धा का एक प्रमुख क्षेत्र हैं।[1149] जो देश तकनीकी मानकों को निर्धारित करते हैं, वे वैश्विक बाजार और तकनीकी विकास को प्रभावित कर सकते हैं।इस संदर्भ में, चीन की "डिजिटल सिल्क रोड" और अमेरिका की तकनीकी नीतियाँ वैश्विक डिजिटल शासन के लिए प्रतिस्पर्धा का उदाहरण हैं। तकनीकी शक्ति के भू-राजनीतिक महत्व का एक महत्वपूर्ण परिणाम यह है कि यह वैश्विक व्यवस्था को "बहुध्रुवीय" और "खंडित" बना रही है। विभिन्न देश अपनी-अपनी तकनीकी प्रणालियाँ विकसित कर रहे हैं, जिससे वैश्विक इंटरनेट और तकनीकी नेटवर्क में विभाजन की संभावना बढ़ रही है।इसके अतिरिक्त, तकनीकी प्रतिस्पर्धा सुरक्षा दुविधा को भी जन्म देती है, जहाँ एक देश की तकनीकी प्रगति दूसरे देश के लिए खतरा बन जाती है, जिससे प्रतिस्पर्धा और अधिक बढ़ जाती है। विकासशील देशों के लिए, तकनीकी शक्ति एक अवसर और चुनौती दोनों है। एक ओर, तकनीकी विकास उन्हें आर्थिक प्रगति और सामाजिक विकास का अवसर प्रदान करता है, वहीं दूसरी ओर वे तकनीकी निर्भरता और डिजिटल असमानता का सामना भी करते हैं।

साइबर स्पेस : पाँचवाँ युद्धक्षेत्र

21वीं सदी की वैश्विक सुरक्षा संरचना में "साइबर स्पेस" एक ऐसे नए आयाम के रूप में उभरा है, जिसने पारंपरिक युद्धक्षेत्रों,जैसे भूमि, जल, वायु और अंतरिक्ष के अतिरिक्त एक "पाँचवाँ युद्धक्षेत्र" स्थापित कर दिया है। साइबर स्पेस

केवल एक तकनीकी वातावरण नहीं है, बल्कि यह एक जटिल सामाजिक, आर्थिक और राजनीतिक संरचना है, जहाँ राज्य, गैर-राज्य अभिनेता, और निजी संस्थाएँ निरंतर प्रतिस्पर्धा और संघर्ष में संलग्न हैं।साइबर स्पेस की परिभाषा और इसकी संरचना को समझना इस विषय के विश्लेषण के लिए आवश्यक है। साइबर स्पेस को सामान्यतः एक ऐसे आभासी वातावरण के रूप में परिभाषित किया जाता है, जो कंप्यूटर नेटवर्क, इंटरनेट, डेटा और डिजिटल अवसंरचना के माध्यम से निर्मित होता है। जैसा कि कहा गया है, "साइबरस्पेस युद्ध का एक ऐसा क्षेत्र है, जहाँ बिना भौतिक उपस्थिति के भी सैन्य अभियान संचालित किए जा सकते हैं।"[1150] इस परिभाषा से यह स्पष्ट होता है कि साइबर स्पेस में संघर्ष के लिए भौतिक उपस्थिति आवश्यक नहीं है, जिससे यह युद्धक्षेत्र पारंपरिक युद्धक्षेत्रों से भिन्न हो जाता है।

साइबर स्पेस के पाँचवें युद्धक्षेत्र के रूप में उभरने के पीछे कई प्रमुख कारण हैं। पहला, डिजिटल तकनीक का व्यापक प्रसार, जिसने वैश्विक अर्थव्यवस्था, संचार और शासन प्रणाली को इंटरनेट और नेटवर्कों पर निर्भर बना दिया है। इस संदर्भ में कहा गया है कि "आधुनिक समाज साइबरस्पेस पर गहराई से निर्भर हैं, जिससे यह सुरक्षा का एक अत्यंत महत्वपूर्ण क्षेत्र बन गया है।"[1151] दूसरा, साइबर स्पेस में कम लागत-अधिक प्रभाव की विशेषता है, जहाँ अपेक्षाकृत कम संसाधनों के साथ बड़े पैमाने पर नुकसान पहुँचाया जा सकता है। उदाहरण के लिए, साइबर हमलों के माध्यम से बैंकिंग प्रणाली, ऊर्जा नेटवर्क और संचार अवसंरचना को बाधित किया जा सकता है।तीसरा, साइबर स्पेस में हमले के स्रोत की पहचान एक महत्वपूर्ण चुनौती है। इस संदर्भ में यह कहा गया है कि साइबरस्पेस में हमलावर की पहचान करना अक्सर मुश्किल होता है, जिससे जवाबी रणनीतियाँ जटिल हो जाती हैं।[1152] इस कारण से, साइबर हमलों का जवाब देना और प्रतिरोध स्थापित करना कठिन हो जाता है। साइबर स्पेस के युद्धक्षेत्र के रूप में उभरने का एक महत्वपूर्ण पहलू साइबर निवारण है। पारंपरिक परमाणु प्रतिरोध के विपरीत, साइबर प्रतिरोध अधिक जटिल और अनिश्चित है। जैसा कि कहा गया है, "साइबरस्पेस में प्रतिरोध अधिक कठिन है, क्योंकि यहाँ गुमनामी और विषमता मौजूद है।"[1153] इसका अर्थ यह है कि साइबर हमलों को रोकने के लिए पारंपरिक रणनीतियाँ पर्याप्त नहीं हैं, और नई रणनीतियों की आवश्यकता है।साइबर स्पेस का एक अन्य महत्वपूर्ण पहलू असममित युद्ध है, जहाँ छोटे राज्य या गैर-राज्य अभिनेता भी बड़े राज्यों को चुनौती दे सकते हैं। इस संदर्भ में, साइबर हमले एक संतुलक के रूप में कार्य करते हैं, जो शक्ति असमानताओं को कम कर सकते हैं।

साइबर स्पेस में युद्ध के विभिन्न रूप भी विकसित हुए हैं, जैसे साइबर जासूसी,साइबर आतंकवाद,साइबर तोड़फोड़,सूचना युद्ध।

जैसा कि कहा गया है, साइबर खतरों का दायरा जासूसी से लेकर महत्वपूर्ण बुनियादी ढांचे को पूरी तरह से ठप करने तक फैला हुआ है।[1154] साइबर स्पेस के युद्धक्षेत्र के रूप में उभरने का एक महत्वपूर्ण उदाहरण "स्टक्सनेट हमला"है, जिसने ईरान के परमाणु कार्यक्रम को लक्षित किया था। यह हमला यह दर्शाता है कि साइबर हथियार वास्तविक दुनिया में भौतिक प्रभाव उत्पन्न कर सकते हैं। इसके अतिरिक्त, रैंसमवेयर हमले और "महत्वपूर्ण बुनियादी ढाँचे पर हमले" ने यह स्पष्ट किया है कि साइबर स्पेस में युद्ध केवल राज्य-स्तरीय नहीं है, बल्कि इसमें गैर-राज्य अभिनेता भी महत्वपूर्ण भूमिका निभाते हैं ।साइबर स्पेस का एक और महत्वपूर्ण आयाम डिजिटल संप्रभुता है, जहाँ राज्य अपने डिजिटल नेटवर्क और डेटा पर नियंत्रण स्थापित करने का प्रयास करते हैं। इस संदर्भ में कहा गया है कि राज्य अपने डिजिटल क्षेत्रों पर अपना नियंत्रण तेज़ी से बढ़ा रहे हैं।[1155] इस प्रवृत्ति के कारण वैश्विक इंटरनेट का विभाजन हो सकता है, जहाँ विभिन्न देश अपने-अपने डिजिटल नेटवर्क विकसित करते हैं।साइबर स्पेस 21वीं सदी का एक महत्वपूर्ण युद्धक्षेत्र बन चुका है, जहाँ संघर्ष के नए रूप विकसित हो रहे हैं और पारंपरिक सुरक्षा अवधारणाएँ चुनौतीपूर्ण हो रही हैं। साइबर स्पेस के पाँचवें युद्धक्षेत्र के रूप में उभरने के साथ ही वैश्विक शक्तियों ने इसे अपनी राष्ट्रीय सुरक्षा रणनीति का अभिन्न हिस्सा बना लिया है। 21वीं सदी में साइबर क्षमता केवल तकनीकी दक्षता का संकेत नहीं है, बल्कि यह सैन्य शक्ति, आर्थिक स्थिरता और राजनीतिक प्रभाव का भी महत्वपूर्ण निर्धारक बन चुकी है।इस संदर्भ में अमेरिका, चीन, रूस और यूरोपीय संघ जैसे प्रमुख अभिनेता साइबर क्षेत्र में प्रतिस्पर्धा और सहयोग दोनों के माध्यम से अपनी स्थिति को सुदृढ़ करने का प्रयास कर रहे हैं। अमेरिका की साइबर रणनीति आक्रामक-रक्षात्मक एकीकरण पर आधारित है, जहाँ वह न केवल अपनी साइबर सुरक्षा को मजबूत करता है, बल्कि आवश्यकता पड़ने पर आक्रामक साइबर अभियानों का भी उपयोग करता है। जैसा कि कहा गया है, साइबर युद्ध अमेरिका की राष्ट्रीय सुरक्षा रणनीति का एक अभिन्न अंग बन गया है।[1156] अमेरिका ने "अमेरिकी साइबर कमांड" और "साइबर सुरक्षा और बुनियादी ढांचा सुरक्षा एजेंसी (CISA)" जैसी संस्थाओं के माध्यम से अपने साइबर ढांचे को मजबूत किया है।इसके विपरीत, चीन की साइबर रणनीति "cyber sovereignty" और सूचना नियंत्रण पर आधारित है। चीन न केवल अपने डिजिटल नेटवर्क पर

कड़ा नियंत्रण रखता है, बल्कि वह वैश्विक साइबर शासन में भी अपनी भूमिका को बढ़ाने का प्रयास कर रहा है। इस संदर्भ में कहा गया है कि चीन साइबर स्पेस को संप्रभुता और रणनीतिक प्रतिस्पर्धा के एक क्षेत्र के रूप में देखता है।[1157]चीन की ग्रेट फ़ायरवॉल और डिजिटल निगरानी प्रणाली इस दृष्टिकोण का उदाहरण हैं।

रूस की साइबर रणनीति "संकर युद्ध" का हिस्सा है, जहाँ साइबर हमलों, सूचना युद्ध और मनोवैज्ञानिक अभियानों का संयुक्त उपयोग किया जाता है। इस संदर्भ में कहा गया है कि "रूस राजनीतिक प्रभाव की एक व्यापक रणनीति के हिस्से के तौर पर साइबर ऑपरेशन्स का इस्तेमाल करता है।"[1158] रूस द्वारा चुनावी हस्तक्षेप और साइबर हमलों के आरोप इस रणनीति को दर्शाते हैं।यूरोपीय संघ की साइबर रणनीति मानक-आधारित दृष्टिकोण पर आधारित है, जिसमें साइबर सुरक्षा, डेटा संरक्षण और डिजिटल अधिकारों पर बल दिया जाता है। इस संदर्भ में कहा गया है कि यूरोपीय संघ साइबरस्पेस शासन में विनियमन और मानदंडों पर ज़ोर देता है।"[1159] यूरोपीय संघ सामान्य डेटा संरक्षण विनियमन (GDPR) इस दृष्टिकोण का प्रमुख उदाहरण है।साइबर स्पेस के युद्धक्षेत्र के रूप में उभरने का एक महत्वपूर्ण परिणाम यह है कि यह निरंतर संघर्ष क्षेत्र बन गया है, जहाँ शांति और युद्ध के बीच की रेखा धुंधली हो गई है। साइबर हमले अक्सर युद्ध की सीमा से नीचे होते हैं, जिससे वे प्रत्यक्ष सैन्य प्रतिक्रिया को ट्रिगर नहीं करते, लेकिन फिर भी गंभीर प्रभाव डालते हैं।इस संदर्भ में "साइबर निरोध" और "साइबर लचीलापन" की अवधारणाएँ महत्वपूर्ण हो जाती हैं। जहाँ deterrence का उद्देश्य हमलों को रोकता है, वहीं resilience का उद्देश्य हमलों के प्रभाव को कम करना है। जैसा कि कहा गया है, "resilience साइबरस्पेस में deterrence से ज़्यादा व्यावहारिक हो सकता है।"[1160] भारत के संदर्भ में, साइबर स्पेस का महत्व तेजी से बढ़ रहा है। भारत एक डिजिटल अर्थव्यवस्था के रूप में उभर रहा है, जहाँ डिजिटल भुगतान, ई-गवर्नेंस और डेटा नेटवर्क महत्वपूर्ण भूमिका निभा रहे हैं। भारत ने "राष्ट्रीय साइबर सुरक्षा नीति" और "CERT-In" जैसी साक्षरता के माध्यम से अपनी साइबर सुरक्षा को मजबूत करने का प्रयास किया है। इस संदर्भ में कहा गया है कि "भारत को अपने डिजिटल बुनियादी ढांचे की सुरक्षा के लिए मजबूत साइबर क्षमताओं का निर्माण करना चाहिए।"[1161] हालाँकि, भारत के सामने कई चुनौतियाँ भी हैं। जैसे,साइबर हमलों की बढ़ती संख्या,कुशल मानव संसाधन की कमी,तकनीकी निर्भरता,साइबर जागरूकता का अभाव । भविष्य के संदर्भ में, साइबर युद्ध और भी अधिक जटिल और उन्नत होगा, जहाँ कृत्रिम बुद्धिमता , क्वांटम कंप्यूटिंग और

ऑटोमेशन का इस्तेमाल किया जाएगा। साइबर स्पेस में "ऑटोनॉमस साइबर वेपन्स" और "कृत्रिम बुद्धिमता -ड्रिवन अटैक्स" भविष्य के युद्ध के स्वरूप को बदल सकते हैं।साइबर स्पेस 21वीं सदी का एक अत्यंत महत्वपूर्ण और गतिशील युद्धक्षेत्र बन चुका है, जहाँ शक्ति, सुरक्षा और प्रतिस्पर्धा के नए आयाम विकसित हो रहे हैं। यह क्षेत्र न केवल वर्तमान वैश्विक राजनीति को प्रभावित कर रहा है, बल्कि भविष्य के युद्ध और सुरक्षा संरचना को भी आकार दे रहा है।

साइबर युद्ध, सूचना युद्ध और संज्ञानात्मक प्रभुत्व

21वीं सदी की वैश्विक राजनीति में युद्ध का स्वरूप एक मौलिक परिवर्तन से गुजर रहा है, जहाँ पारंपरिक सैन्य संघर्ष के स्थान पर "साइबर युद्ध, सूचना युद्ध और संज्ञानात्मक प्रभुत्व" जैसे नए आयाम उभरकर सामने आए हैं। यह तीनों आयाम मिलकर एक ऐसे समग्र युद्ध मॉडल का निर्माण करते हैं, जिसमें लक्ष्य केवल भौतिक अवसंरचना को नष्ट करना नहीं, बल्कि सूचना प्रवाह को नियंत्रित करना, जनमत को प्रभावित करना और विरोधी समाज की संज्ञानात्मक संरचना को परिवर्तित करना होता है। इस प्रकार, आधुनिक युद्ध केवल "क्षेत्र नियंत्रण" का नहीं, बल्कि "मन नियंत्रण" और "धारणा प्रबंधन" का भी युद्ध बन चुका है।साइबर युद्ध को सामान्यतः उस प्रकार के संघर्ष के रूप में परिभाषित किया जाता है, जिसमें डिजिटल नेटवर्कों, कंप्यूटर प्रणालियों और सूचना अवसंरचना को लक्षित करके रणनीतिक नुकसान पहुँचाया जाता है। इस संदर्भ में कहा गया है, साइबर युद्ध राज्यों को पारंपरिक सैन्य टकराव के बिना ही अपने विरोधियों को बाधित करने में सक्षम बनाता है।"[1162] साइबर युद्ध का मुख्य उद्देश्य विरोधी की संचार प्रणाली, ऊर्जा नेटवर्क, वित्तीय संस्थानों और सैन्य कमान प्रणाली को बाधित करना होता है, जिससे उसकी कार्यक्षमता कम हो जाए।हालाँकि, साइबर युद्ध का महत्व केवल तकनीकी क्षति तक सीमित नहीं है, बल्कि यह व्यापक रणनीतिक प्रभाव उत्पन्न करता है। उदाहरण के लिए, यदि किसी देश की बैंकिंग प्रणाली या बिजली ग्रिड को साइबर हमले के माध्यम से बाधित कर दिया जाए, तो इससे न केवल आर्थिक गतिविधियाँ प्रभावित होंगी, बल्कि सामाजिक अस्थिरता और राजनीतिक संकट भी उत्पन्न हो सकता है। इस संदर्भ में कहा गया है, "साइबर हमलों के आर्थिक और सामाजिक प्रणालियों पर व्यापक प्रभाव पड़ सकते हैं।"[1163]

साइबर युद्ध के साथ-साथ "सूचना युद्ध" का महत्व भी तेजी से बढ़ा है। सूचना युद्ध का मुख्य उद्देश्य सूचना के प्रवाह को नियंत्रित करना, गलत सूचना और

दुष्प्रचार के माध्यम से विरोधी समाज को प्रभावित करना, और अपने पक्ष में जनमत तैयार करना होता है। इस संदर्भ में कहा गया है, सूचना युद्ध का उद्देश्य नैरेटिव को नियंत्रित करना और धारणाओं को आकार देना है।"[1164]सूचना युद्ध के अंतर्गत सोशल मीडिया, समाचार माध्यम और डिजिटल प्लेटफॉर्म का उपयोग किया जाता है, जिससे व्यापक स्तर पर जनमत को प्रभावित किया जा सके। यह प्रक्रिया विशेष रूप से लोकतांत्रिक समाजों में प्रभावी होती है, जहाँ जनमत का राजनीतिक निर्णयों पर सीधा प्रभाव पड़ता है। इस संदर्भ में "फेक न्यूज़" और "डीपफेक टेक्नोलॉजी"जैसे उपकरण सूचना युद्ध के नए आयाम बन गए हैं। जैसा कि कहा गया है, "डीपफेक सूचना हेरफेर में एक नई सीमा का प्रतिनिधित्व करते हैं।" साई और सूचना युद्ध के संयोजन से "हाइब्रिड वारफेयर" का निर्माण होता है, जिसमें विभिन्न प्रकार के गैर-पारंपरिक विशेषज्ञों का उपयोग किया जाता है। इस संदर्भ में कहा गया है, "हाइब्रिड युद्ध रणनीतिक लक्ष्यों को प्राप्त करने के लिए पारंपरिक और अपरंपरागत तरीकों को मिश्रित करता है।"[1166] इस प्रकार का पारंपरिक युद्ध युद्ध और शांति के बीच की समानता को दर्शाता है, जिससे यह पहचानना कठिन हो जाता है कि युद्ध कब शुरू हुआ और कब समाप्त हुआ। तीनों आयामों का अंतिम लक्ष्य "संज्ञानात्मक प्रभुत्व" प्राप्त करना है। संप्रभु प्रभुत्व का अर्थ है विरोधी के विचार, समझ और निर्णय लेने की क्षमता इस प्रकार प्रभावित करती है कि वह अपने हितों के विरुद्ध कार्य करने लगे। इस संदर्भ में कहा गया है, "भविष्य के संघर्ष मानवीय धारणा और निर्णय लेने के संज्ञानात्मक क्षेत्र में लड़े जाएंगे।"[1167] इस सिद्धांत में इस बात का खंडन किया गया है कि आधुनिक केवल भौतिक या डिजिटल नहीं है, बल्कि यह मानसिक और संज्ञानात्मक स्तर पर भी काम कर रहा है। संज्ञान प्रमुख प्राप्त करने के लिए विभिन्न विद्वानों का काम किया जाता है, जैसे सोशल मीडिया उपयोग, डेटा एनालिटिक्स, मनोवैज्ञानिक अभियान सांस्कृतिक प्रभाव । जैसा कि कहा गया है, "सूचना वातावरण व्यक्तिगत और सामूहिक को आकार दे सकते हैं निर्णय लेना।"[1168] इस प्रकार, सूचना का नियंत्रण सीधे तौर पर व्यवहार और निर्णय को प्रभावित कर सकता है।आधुनिक युद्ध में इन तीनों आयामों साइबर, सूचना और संज्ञानात्मक का एकीकृत उपयोग यह दर्शाता है कि शक्ति का स्वरूप अब नेटवर्कित शक्ति बन चुका है, जहाँ विभिन्न प्रकार के उपकरण एक साथ कार्य करते हैं। इस संदर्भ में, राज्य और गैर-राज्य दोनों ही अभिनेता इन उपकरणों का उपयोग कर रहे हैं, जिससे वैश्विक सुरक्षा और भी जटिल हो गई है।यह स्पष्ट है कि साइबर युद्ध, सूचना युद्ध और संज्ञानात्मक प्रभुत्व 21वीं सदी के संघर्ष के प्रमुख आयाम बन चुके हैं, जो पारंपरिक युद्ध की

अवधारणाओं को चुनौती देते हुए एक नए प्रकार के अदृश्य युद्ध को जन्म दे रहे हैं। यह युद्ध अधिक सूक्ष्म, व्यापक और प्रभावशाली है, जो न केवल राज्यों के बीच, बल्कि समाजों और व्यक्तियों के बीच भी लड़ा जा रहा है।

आर्टिफिशियल इंटेलिजेंस और राष्ट्रीय सुरक्षा

21वीं सदी की वैश्विक राजनीति में आर्टिफिशियल इंटेलिजेंस एक ऐसे परिवर्तनकारी तत्व के रूप में उभरा है, जिसने राष्ट्रीय सुरक्षा, सैन्य रणनीति, खुफिया तंत्र और शासन के स्वरूप को मूलतः पुनर्परिभाषित कर दिया है। कृत्रिम बुद्धिमता केवल एक तकनीकी नवाचार नहीं है, बल्कि यह एक सामान्य-उद्देश्यीय प्रौद्योगिकी है, जो अर्थव्यवस्था, समाज और सुरक्षा के सभी क्षेत्रों को प्रभावित करता है। इस प्रकार, कृत्रिम बुद्धिमता का उदय वैश्विक शक्ति संतुलन को प्रभावित करने वाला एक प्रमुख कारक बन चुका है, जहाँ तकनीकी श्रेष्ठता सीधे तौर पर रणनीतिक प्रभुत्व में परिवर्तित हो रही है।कृत्रिम बुद्धिमता के राष्ट्रीय सुरक्षा पर प्रभाव को समझने के लिए यह आवश्यक है कि हम इसके विभिन्न आयामों,जैसे सैन्य अनुप्रयोग, खुफिया विश्लेषण, साइबर सुरक्षा, और निर्णय-निर्माण का विश्लेषण करें। सबसे पहले, कृत्रिम बुद्धिमता का सैन्य क्षेत्र में उपयोग आधुनिक युद्ध के स्वरूप को तेजी से बदल रहा है। इस संदर्भ में कहा गया है, कृत्रिम बुद्धिमता ऐसे स्वायत्त हथियार प्रणालियों के विकास को संभव बना रहा है, जो बिना किसी प्रत्यक्ष मानवीय नियंत्रण के संचालित हो सकती हैं।"[1169] स्वायत्त हथियार प्रणाली जैसे ड्रोन, रोबोटिक टैंक और कृत्रिम बुद्धिमता -आधारित मिसाइल रक्षा प्रणाली युद्ध के मैदान में मानव हस्तक्षेप को कम कर रही हैं, जिससे युद्ध अधिक तेज, सटीक और घातक बन रहा है।

कृत्रिम बुद्धिमता का एक और महत्वपूर्ण उपयोग "खुफिया और निगरानी" में है। आधुनिक खुफिया एजेंसियां कृत्रिम बुद्धिमता का उपयोग बड़े पैमाने पर डेटा विश्लेषण, पैटर्न पहचान और पूर्वानुमान (प्रेडिक्टिव विश्लेषण) के लिए कर रही हैं। इस संदर्भ में कहा गया है, "कृत्रिम बुद्धिमता वास्तविक समय में विशाल मात्रा में डेटा को संसाधित करके खुफिया क्षमताओं को बढ़ाता है।"[1170] इससे राज्यों को "स्थितिजन्य जागरूकता" और "निर्णय-संबंधी बढ़त" प्राप्त होता है, जो राष्ट्रीय सुरक्षा के लिए अत्यंत महत्वपूर्ण है। कृत्रिम बुद्धिमता का एक और महत्वपूर्ण आयाम "साइबर सुरक्षा" है, जहाँ यह साइबर हमलों का पता लगाने और उनसे निपटने में सहायता करता है। इस संदर्भ में कहा गया है, "कृत्रिम बुद्धिमता साइबर सुरक्षा को मजबूत भी कर सकती है और कमजोर भी, यह इस बात पर निर्भर

करता है कि इसका उपयोग कैसे किया जाता है।"[1171] यह द्वैतकृत्रिम बुद्धिमता की एक महत्वपूर्ण विशेषता है, जहाँ यह रक्षा और आक्रमण दोनों के लिए उपयोग किया जा सकता है। कृत्रिम बुद्धिमता के राष्ट्रीय सुरक्षा पर प्रभाव का एक महत्वपूर्ण पहलू "निर्णय लेने का स्वचालन" है। आधुनिक सैन्य और राजनीतिक निर्णय-निर्माण प्रथाओं में कृत्रिम बुद्धिमता का उपयोग तेजी से बढ़ रहा है, जिससे निर्णय अधिक तेज और डेटा-आधारित हो रहे हैं। इस संदर्भ में कहा गया है, "कम्प्यूटेशनल इंटेलिजेंस के माध्यम से निर्णय लेने को बढ़ाया जा सकता है।"[1172] हालांकि, इससे "एल्गोरिदमिक पूर्वाग्रह" और "स्वचालन जोखिम" जैसी चुनौतियाँ भी उत्पन्न होती हैं, जहाँ गलत या पक्षपाती डेटा के कारण निर्णय गलत हो सकते हैं। कृत्रिम बुद्धिमता के उदय ने "कृत्रिम बुद्धिमता हथियारों की दौड़" की अवधारणा को भी जन्म दिया है, जहाँ विभिन्न देश विशेष रूप से अमेरिका और चीन कृत्रिम बुद्धिमता तकनीक में बढ़त हासिल करने के लिए प्रतिस्पर्धा कर रहे हैं। इस संदर्भ में कहा गया है, "कृत्रिम बुद्धिमता प्रभुत्व के लिए प्रतिस्पर्धा भविष्य की वैश्विक व्यवस्था को आकार देगी।"[1173]

कृत्रिम बुद्धिमता का एक और महत्वपूर्ण पहलू "नैतिक और कानूनी चुनौतियाँ" है। स्वायत्त हथियार प्रणाली, निगरानी तकनीक और डेटा के उपयोग से जुड़े नैतिक प्रश्न राष्ट्रीय और अंतरराष्ट्रीय स्तर पर बहस का विषय बने हुए हैं। इस संदर्भ में कहा गया है, "कृत्रिम बुद्धिमता जवाबदेही और नियंत्रण के बारे में मौलिक नैतिक प्रश्न।"[1174] इसके अतिरिक्त, कृत्रिम बुद्धिमता का उपयोग "सूचना हेरफेर" और "संज्ञानात्मक युद्ध" में भी किया जा सकता है, जिससे लोकतांत्रिक गतिशीलता और सामाजिक स्थिरता को खतरा हो सकता है। कृतिम बुद्धिमता के राष्ट्रीय सुरक्षा पर प्रभाव का एक महत्वपूर्ण आयाम "आर्थिक सुरक्षा" भी है। जो देश कृत्रिम बुद्धिमता तकनीक में अग्रणी हैं, वे वैश्विक उद्योग में भी प्रमुख भूमिका निभाते हैं। इस संदर्भ में, कृत्रिम बुद्धिमता को "दोहरे उपयोग वाली प्रौद्योगिकी" के रूप में देखा जाता है, जिसका उपयोग नागरिक और सैन्य दोनों क्षेत्रों में किया जा सकता है। भारत के संदर्भ में, कृत्रिम बुद्धिमता राष्ट्रीय सुरक्षा के लिए एक महत्वपूर्ण अवसर और चुनौती दोनों प्रस्तुत करती है। भारत ने "राष्ट्रीय कृत्रिम बुद्धिमता रणनीति" और विभिन्न डिजिटल माध्यमों से इस क्षेत्र में प्रगति करने का प्रयास किया है। हालाँकि, भारत को कृत्रिम बुद्धिमता अनुसंधान, डेटा अवसंरचना और कौशल विकास में निवेश बढ़ाने की आवश्यकता है, ताकि वह वैश्विक समाज में पीछे न रह जाए। आर्टिफिशियल इंस्टीट्यूट 21वीं सदी की राष्ट्रीय सुरक्षा का एक केंद्रीय स्तंभ बन गया है, जो शक्ति, रणनीति और रणनीति के नए आयामों को

परिभाषित कर रहा है। यह तकनीक कोई एकमात्र अवसर प्रदान नहीं करती है, बल्कि गंभीर चुनौतियाँ भी उत्पन्न करती है, मूल्यांकन के लिए ठोस और समग्र रणनीति की आवश्यकता होती है।

अंतरिक्ष का सैन्यीकरण

21वीं सदी में अंतरिक्ष का स्वरूप एक मौलिक परिवर्तन से गुजर रहा है, जहाँ यह केवल वैज्ञानिक अनुसंधान और अन्वेषण का क्षेत्र न रहकर वैश्विक शक्ति राजनीति और रणनीतिक प्रतिस्पर्धा का एक महत्वपूर्ण मंच बन गया है। अंतरिक्ष का सैन्यीकरण उस प्रक्रिया को दर्शाता है जिसमें राज्य अंतरिक्ष प्रौद्योगिकी और अवसंरचना का उपयोग अपने सैन्य उद्देश्यों की पूर्ति के लिए करते हैं, जैसे,संचार, निगरानी, खुफिया जानकारी, मिसाइल मार्गदर्शन और युद्धक्षेत्र प्रबंधन। यह प्रक्रिया धीरे-धीरे अंतरिक्ष का शस्त्रीकरण की ओर भी बढ़ रही है, जहाँ अंतरिक्ष में प्रत्यक्ष हथियार तैनात किए जाने की संभावना पर चर्चा हो रही है।

अंतरिक्ष के सैन्यीकरण को समझने के लिए इसके ऐतिहासिक विकास का विश्लेषण आवश्यक है। शीत युद्ध के दौरान अमेरिका और सोवियत संघ के बीच "अंतरिक्ष दौड़" ने अंतरिक्ष को शतरंज प्रतिस्पर्धा का केंद्र बना दिया था। इस संदर्भ में कहा गया है, "अंतरिक्ष दौड़ जितनी वैज्ञानिक उपलब्धि के बारे में थी, उतनी ही सैन्य और राजनीतिक प्रतिष्ठा के बारे में भी थी।"[1175] इस अवधि में उपग्रहों का उपयोग मुख्यतः निगरानी, संचार और मिसाइल चेतावनी के लिए किया गया, जिससे यह स्पष्ट हुआ कि अंतरिक्ष प्रौद्योगिकी का सैन्य महत्व अत्यंत अधिक है। 21वीं सदी में अंतरिक्ष का सैन्यीकरण और भी तेज हो गया है, क्योंकि आधुनिक सैन्य संचालन अंतरिक्ष-आधारित आयामों पर अत्यधिक निर्भर हो गए हैं। इस संदर्भ में कहा गया है, "पृथ्वी पर प्रभुत्व के लिए अंतरिक्ष पर नियंत्रण आवश्यक है।"[1176] यह कथन इस बात को निर्देशांक करता है कि जो राज्य अंतरिक्ष में श्रेष्ठता प्राप्त करता है, वह पृथ्वी पर भी शतरंज बढ़त हासिल कर सकता है। अंतरिक्ष के सैन्यीकरण का एक प्रमुख आयाम "उपग्रह निर्भरता" है। आधुनिक सैन्य और नागरिक प्रणालियाँ,जैसे GPS, संचार नेटवर्क, मौसम पूर्वानुमान और खुफिया जानकारी,उपग्रहों पर निर्भर हैं। इस संदर्भ में कहा गया है, "उपग्रह नागरिक और सैन्य दोनों कार्यों के लिए महत्वपूर्ण बुनियादी ढाँचा हैं।"[1177] इस निर्भरता के कारण उपग्रहों को प्रभावित करना एक महत्वपूर्ण रणनीतिक विकल्प बन गया है, जिससे "एंटी-सैटेलाइट हथियार (ASAT)" का विकास हुआ है। ASAT हथियार अंतरिक्ष के सैन्यीकरण का एक महत्वपूर्ण और विवादास्पद पहलू हैं। यह हथियार उपग्रहों

को नष्ट या निष्क्रिय करने के लिए उपयोग किए जाते हैं, जिससे विरोधी की संचार और निगरानी क्षमता प्रभावित हो सकती है। इस संदर्भ में कहा गया है, "ASAT हथियार अंतरिक्ष अभियानों की सतत बुद्धिमत्ता क्षमता के लिए एक महत्वपूर्ण खतरा पैदा करते हैं।"[1178] ASAT परीक्षणों के कारण अंतरिक्ष में मलबा उत्पन्न होता है, जो अन्य उपग्रहों और अंतरिक्ष मिशनों के लिए खतरा बन सकता है।

अंतरिक्ष के सैन्यीकरण का एक और महत्वपूर्ण आयाम "स्पेस-बेस्ड मिसाइल डिफेंस" है, जिसमें अंतरिक्ष में तैनात नागरिकों के माध्यम से मिसाइलों का पता लगाया और उन्हें नष्ट किया जाता है। इसके अतिरिक्त, "ड्यूल-यूज़ टेक्नोलॉजी" अंतरिक्ष के सैन्यीकरण का एक महत्वपूर्ण पहलू है, जहाँ नागरिक और सैन्य उपयोगों के बीच अंतर करना कठिन हो जाता है। उदाहरण के लिए, संचार और निगरानी उपग्रह दोनों ही नागरिक और सैन्य उद्देश्यों के लिए उपयोग किए जा सकते हैं। अंतरिक्ष के सैन्यीकरण के साथ-साथ "प्राइवेट एक्टर्स" की भूमिका भी बढ़ रही है। निजी कंपनियां,जैसे स्पेसएक्स और ब्लू ओरिजिन,अंतरिक्ष क्षेत्र में महत्वपूर्ण भूमिका निभा रही हैं, जिससे यह क्षेत्र और अधिक जटिल हो गया है। इस संदर्भ में कहा गया है, "कमर्शियल स्पेस एक्टर्स आउटर स्पेस के रणनीतिक परिदृश्य को नया आकार दे रहे हैं।"[1179] इस प्रकार, अंतरिक्ष अब केवल राज्य-आधारित प्रतिस्पर्धा तक सीमित नहीं है, बल्कि इसमें निजी क्षेत्र भी शामिल हो गया है। अंतरिक्ष के सैन्यीकरण का एक महत्वपूर्ण परिणाम "सुरक्षा दुविधा" है, जहाँ एक देश की अंतरिक्ष क्षमता दूसरे देश के लिए खतरा बन जाती है, जिससे प्रतिस्पर्धा और हथियारों की दौड़ बढ़ जाती है। इस संदर्भ में, अंतरराष्ट्रीय कानून और नियम महत्वपूर्ण हो जाते हैं। "बाह्य अंतरिक्ष संधि (1967)" ने अंतरिक्ष के सुखद उपयोग को बढ़ावा दिया, लेकिन आधुनिक तकनीकी विकास के कारण इसकी सीमाएं स्पष्ट हो रही हैं। अंतरिक्ष के सैन्यीकरण के प्रभाव केवल सुरक्षा तक सीमित नहीं हैं, बल्कि यह वैश्विक अर्थव्यवस्था, संचार और विज्ञान को भी प्रभावित करता है। भविष्य के संदर्भ में, अंतरिक्ष का सैन्यीकरण और भी बढ़ेगा, जहाँ नई तकनीकें,जैसे कृत्रिम बुद्धिमता, क्वांटम संचार और हाइपरसोनिक सिस्टम,अंतरिक्ष रणनीति को प्रभावित करती हैं। अंतरिक्ष का सैन्यीकरण 21वीं सदी की भू-राजनीति का एक महत्वपूर्ण आयाम बन चुका है, जो वैश्विक शक्ति संतुलन, सुरक्षा और प्रतिस्पर्धा को प्रभावित कर रहा है। यह क्षेत्र अवसर और जोखिम दोनों प्रस्तुत करता है, और इसके प्रभाव को समझते हुए भविष्य की वैश्विक राजनीति के लिए अत्यंत आवश्यक है।

अंतरिक्ष रणनीति और उपग्रह राजनीति

21वीं सदी में अंतरिक्ष केवल वैज्ञानिक अनुसंधान और अन्वेषण का क्षेत्र नहीं रहा, बल्कि यह वैश्विक शक्ति प्रतिस्पर्धा, रणनीतिक प्रभुत्व और आर्थिक हितों का एक महत्वपूर्ण मंच बन चुका है। इस संदर्भ में "अंतरिक्ष रणनीति" और "उपग्रह राजनीति" ऐसे प्रमुख आयाम हैं, जो यह निर्धारित करते हैं कि कोई राज्य अंतरिक्ष में अपनी उपस्थिति और प्रभाव को किस प्रकार विकसित और संरक्षित करता है।अंतरिक्ष रणनीति का मूल उद्देश्य अंतरिक्ष संसाधनों, अवसंरचना और क्षमताओं का उपयोग राष्ट्रीय सुरक्षा, आर्थिक विकास और वैश्विक प्रभाव के लिए करना है, जबकि उपग्रह राजनीति उस प्रक्रिया को दर्शाती है जिसके माध्यम से उपग्रहों का उपयोग शक्ति प्रदर्शन, निगरानी, संचार और नियंत्रण के साधन के रूप में किया जाता है।अंतरिक्ष रणनीति के विकास को समझने के लिए यह आवश्यक है कि हम इसके सैद्धांतिक और व्यावहारिक आयामों का विश्लेषण करें। इस संदर्भ में कहा गया है, "अंतरिक्ष शक्ति पृथ्वी पर रणनीतिक लाभ के लिए अंतरिक्ष का उपयोग करने की क्षमता है।"[1180] यह परिभाषा इस बात को निर्देशांक करती है कि अंतरिक्ष में शक्ति का वास्तविक उद्देश्य पृथ्वी पर सामरिक लाभ प्राप्त करना है। अंतरिक्ष रणनीति का एक प्रमुख तत्व "स्पेस सिचुएशनल अवेयरनेस (SSA)" है, जो अंतरिक्ष में मौजूद वस्तुओं,जैसे उपग्रह, मलबा और अन्य गतिविधियों,की निगरानी और विश्लेषण से संबंधित है। इस संदर्भ में कहा गया है, "SSA अंतरिक्ष में सुरक्षा और स्थिरता बनाए रखने के लिए आवश्यक है।"[1181] SSA के माध्यम से राज्य अपने उपग्रहों की सुरक्षा सुनिश्चित करते हैं और संभावित खतरों की पहचान करते हैं। अंतरिक्ष रणनीति का दूसरा महत्वपूर्ण आयाम "उपग्रह नक्षत्र" है, जहाँ बड़ी संख्या में छोटे उपग्रहों का उपयोग करके संचार, नेविगेशन और निगरानी सेवाएँ प्रदान की जाती हैं। इस संदर्भ में कहा गया है, "उपग्रह नक्षत्र अंतरिक्ष के अर्थशास्त्र और भू-राजनीति को बदल रहे हैं।"[1182] यह तकनीक अंतरिक्ष में प्रतिस्पर्धा को और अधिक तीव्र बना रही है, क्योंकि इससे वैश्विक स्तर पर निरंतर निगरानी और संचार संभव हो जाता है।उपग्रह राजनीति का एक महत्वपूर्ण पहलू "नेविगेशन सिस्टम" है, जैसे GPS (अमेरिका), GLONASS (रूस), BeiDou (चीन) और Galileo (यूरोप)। यह प्रणालियाँ न केवल नागरिक उपयोग के लिए महत्वपूर्ण हैं, बल्कि सैन्य संचालन के लिए भी अत्यंत आवश्यक हैं। इस संदर्भ में कहा गया है, "नेविगेशन सैटेलाइट आधुनिक युद्ध और आर्थिक प्रणालियों के लिए महत्वपूर्ण हैं।"[1183] इस प्रकार, उपग्रह प्रणालियों पर नियंत्रण रणनीतिक शक्ति का एक महत्वपूर्ण संकेतक बन गया है।

अंतरिक्ष रणनीति का एक और महत्वपूर्ण आयाम "अंतरिक्ष का व्यावसायीकरण" है, जहाँ निजी कंपनियाँ अंतरिक्ष क्षेत्र में महत्वपूर्ण भूमिका निभा रही हैं। इस संदर्भ में कहा गया है, "वाणिज्यिक अभिनेता अंतरिक्ष में शासन और प्रतिस्पर्धा को नया आकार दे रहे हैं।"[1184] इस प्रवृत्ति ने अंतरिक्ष को एक "आर्थिक सिद्धांत बुद्धिमता एन" में बदल दिया है, जहां निवेश, नवाचार और प्रतिस्पर्धा में वृद्धि हो रही है। उपग्रह राजनीति का एक महत्वपूर्ण घटक "डेटा नियंत्रण" है, जहां उपग्रहों के माध्यम से डेटा प्राप्त होता है - जैसे पृथ्वी अवलोकन (पृथ्वी अवलोकन) और संचार डेटा - रणनीति महत्वपूर्ण है। जो राज्य या कंपनियां इस डेटा को नियंत्रित करती हैं, वे वैश्विक अर्थव्यवस्था और राजनीति में महत्वपूर्ण भूमिका निभाती हैं। अमेरिकी रणनीति का एक अन्य महत्वपूर्ण घटक "गठबंधन और साझेदारी" है, जहां विभिन्न देश अंतरिक्ष सहायता के माध्यम से अपनी हिस्सेदारी को पेश करते हैं। के लिए, अमेरिका और उसके सहयोगी देशों के बीच अंतरिक्ष सहयोग, और चीन के नेतृत्व में उभरे उदाहरण वैकल्पिक अंतरिक्ष नेटवर्क, वैश्विक प्रतिस्पर्धा को महत्व देते हैं। अंतरिक्ष रणनीति और उपग्रह राजनीति का एक महत्वपूर्ण परिणाम "अंतरिक्ष प्रतियोगिता" है, जो धीरे-धीरे "अंतरिक्ष हथियारों की दौड़" का रूप ले सकता है। इस सन्दर्भ में, अंतर्राष्ट्रीय शास्त्रीय और ठोस भूमिका की महत्वपूर्ण भूमिका होती है, लेकिन वर्तमान व्यवस्था इस गति से जटिल क्षेत्र को नियंत्रित करने में सीमित है। कर रहे हैं. यह क्षेत्र केवल तकनीकी नहीं है, बल्कि राजनीतिक, आर्थिक और विशिष्ट दृष्टिकोण से भी अत्यंत महत्वपूर्ण है।

भारत की साइबर और अंतरिक्ष नीति

21वीं सदी की वैश्विक व्यवस्था में भारत की साइबर और अंतरिक्ष नीति एक ऐसे समन्वित रणनीतिक ढांचे के रूप में विकसित हो रही है, जिसमें राष्ट्रीय सुरक्षा, आर्थिक विकास, तकनीकी आत्मनिर्भरता और वैश्विक शक्ति प्रतिस्पर्धा के विभिन्न आयाम एक-दूसरे से जुड़े हुए हैं। भारत के लिए साइबर स्पेस और अंतरिक्ष केवल तकनीकी क्षेत्र नहीं हैं, बल्कि वे "रणनीतिक प्रभुत्व बुद्धिमता एनएस" हैं, जिनके माध्यम से वह अपनी संप्रभुत, सुरक्षा और वैश्विक प्रभाव) को फैलाने का प्रयास कर रहा है। इस संदर्भ में भारत की नीति एक संतुलित दृष्टिकोण (संतुलित दृष्टिकोण) को अपनीती है, जिसमें रक्षा, आक्रमण, सहयोग और निर्देशन के तत्व शामिल हैं। भारत की साइबर नीति का विकास मुख्यतः डिजिटल परिवर्तन और साइबर खतरे की बढ़ती संकुचित के संदर्भ में हुआ है। जैसे-जैसे भारत एक "डिजिटल समाज" और "डिजिटल अर्थव्यवस्था" के रूप में विकसित हुआ है, साइबर

सुरक्षा का महत्व भी तेजी से बढ़ाया है। इस संदर्भ में कहा गया है, "भारत की साइबर नीति को डिजिटल अर्थव्यवस्था की सुरक्षा चुनौतियों और अवसरों दोनों को संबोधित करना चाहिए।"[1185] भारत की "राष्ट्रीय साइबर सुरक्षा नीति (2013)" इस दिशा में एक महत्वपूर्ण कदम थी, जिसका उद्देश्य साइबर अवसंरचना की सुरक्षा, डेटा सुरक्षा और साइबर जागरूकता को बढ़ावा देना था। इसके अतिरिक्त, "CERT-In (कंप्यूटर इमरजेंसी रिस्पांस टीम - भारत)" और "राष्ट्रीय महत्वपूर्ण सूचना अवसंरचना संरक्षण केंद्र (NCIIPC)" जैसे माध्यम से भारत ने अपने साइबर सुरक्षा आयामों को मजबूत करने का प्रयास किया है। भारत की साइबर नीति का एक महत्वपूर्ण पहलू "साइबर लचीलापन" है, जिसका उद्देश्य साइबर हमलों के प्रभाव को कम करना और सिस्टम की आधारभूत क्षमता को बढ़ाना है। इस संदर्भ में कहा गया है, "भारत की साइबर रणनीति शुद्ध निवारण पर लचीलेपन पर जोर देती है।"[1186] इसका कारण यह है कि साइबर स्पेस में पूर्ण सुरक्षा संभव नहीं है, इसलिए लचीलापन अधिक महत्वपूर्ण हो जाता है। भारत की साइबर नीति का एक और महत्वपूर्ण आयाम "डेटा गवर्नेंस" है। डेटा को एक भौगोलिक संसाधन के रूप में देखते हुए भारत ने डेटा संरक्षण और डेटा संप्रभुता पर जोर दिया है। इस संदर्भ में, "डिजिटल पर्सनल डेटा प्रोटेक्शन एक्ट" और डेटा लोकलाइजेशन की नीतियां महत्वपूर्ण हैं। भारत की साइबर नीति में "अंतर्राष्ट्रीय सहयोग" का भी महत्वपूर्ण स्थान है, जहाँ वह विभिन्न देशों और संगठनों के साथ साइबर सुरक्षा और डिजिटल शासन के क्षेत्र में सहयोग कर रहा है।अंतरिक्ष नीति के संदर्भ में, भारत ने एक दीर्घकालिक और बहुआयामी रणनीति विकसित की है, जिसमें वैज्ञानिक अनुसंधान, वाणिज्यिक गतिविधियाँ और राष्ट्रीय सुरक्षा के तत्व शामिल हैं। इस संदर्भ में कहा गया है, भारत का अंतरिक्ष कार्यक्रम विकासात्मक लक्ष्यों से विकसित होकर रणनीतिक अनुप्रयोगों तक पहुँच गया है।"[1187] भारत का अंतरिक्ष कार्यक्रम विशेष रूप से ISRO ने उपग्रह प्रौद्योगिकी, प्रक्षेपण क्षमता और अंतरिक्ष अन्वेषण के क्षेत्र में महत्वपूर्ण उपलब्धियाँ हासिल की हैं।

भारत की अंतरिक्ष नीति का एक महत्वपूर्ण आधार "दोहरे उपयोग की क्षमता" है, जहां अंतरिक्ष प्रौद्योगिकी का उपयोग नागरिकों और सैन्य संगठनों के लिए किया जाता है। इस संदर्भ में, भारत ने "रक्षा अंतरिक्ष एजेंसी (डीएसए)" और "रक्षा अंतरिक्ष अनुसंधान संगठन (डीएसआरओ)" की स्थापना की है, जो अंतरिक्ष सुरक्षा और सैन्य उपयोग पर ध्यान केंद्रित करता है। भारत की अंतरिक्ष नीति का एक अन्य महत्वपूर्ण आयाम "अंतरिक्ष कूटनीति" है, जिसके माध्यम से भारत अन्य देशों के साथ सहयोग स्थापित कर रहा है। उदाहरण के लिए, दक्षिण एशियाई सैटेलाइट

(दक्षिण एशिया सैटेलाइट) परियोजना के माध्यम से भारत ने क्षेत्रीय सहयोग को बढ़ावा दिया है। इसके अतिरिक्त, भारत ने "NavIC" प्रणाली विकसित की है, जो नेविगेशन के क्षेत्र में आत्मनिर्भर है। भारत की साइबर और अंतरिक्ष नीति के सामने कई चुनौतियाँ भी हैं, जैसे-तकनीकी विरासत, साई जंबो की आबादी, अंतरिक्ष मलबा, वैश्विक रॉकेट। भविष्य के संदर्भ में, भारत की साइबर और अंतरिक्ष नीति का महत्व और भी स्थिरीकरण है, क्योंकि यह दोनों क्षेत्र वैश्विक शक्ति कार्यक्रम के केंद्र बन गए हैं। इस नीति में केवल वर्तमान दर्पण का सामना करना जरूरी है, बल्कि भविष्य की वैश्विक व्यवस्था में भारत की भूमिका भी तय की गई है।

अध्याय-14

जलवायु परिवर्तन और पर्यावरणीय भू-राजनीति

21वीं सदी में जलवायु परिवर्तन केवल एक पर्यावरणीय समस्या नहीं रह गया है, बल्कि यह वैश्विक सुरक्षा, आर्थिक स्थिरता और राजनीतिक व्यवस्था के लिए एक गंभीर चुनौती के रूप में उभरा है। "जलवायु सुरक्षा" की अवधारणा इस बात को दर्शाती है कि जलवायु परिवर्तन के प्रभाव,जैसे तापमान वृद्धि, समुद्र स्तर में वृद्धि, चरम मौसम घटनाएँ और पारिस्थितिक असंतुलन,राज्यों की स्थिरता, संसाधनों की उपलब्धता और सामाजिक संरचना को सीधे प्रभावित करते हैं। इस प्रकार, जलवायु परिवर्तन को अब "गैर-पारंपरिक सुरक्षा खतरा" के रूप में देखा जा रहा है, जो पारंपरिक सैन्य खतरों से अलग होते हुए भी उतना ही गंभीर प्रभाव डाल सकता है।जलवायु परिवर्तन को सुरक्षा खतरे के रूप में समझने के लिए इसके बहुआयामी प्रभावों का विश्लेषण आवश्यक है। सबसे पहले, यह प्राकृतिक संसाधनों,जैसे जल, भूमि और खाद्य की उपलब्धता को प्रभावित करता है, जिससे संसाधनों पर प्रतिस्पर्धा बढ़ जाती है। थॉमस होमर-डिक्सन के अनुसार, "पर्यावरण की कमी सामाजिक संघर्ष और राजनीतिक अस्थिरता को जन्म दे सकती है।"[1188] इस दृष्टिकोण से देखा जाए तो जलवायु परिवर्तन अप्रत्यक्ष रूप से संघर्ष और हिंसा को बढ़ावा दे सकता है। दूसरा, जलवायु परिवर्तन "राज्य की नाजुकता" को बढ़ावा देता है, विशेष रूप से उन देशों में जो पहले से ही आर्थिक और राजनीतिक रूप से कमजोर हैं। CNA सैन्य सलाहकार बोर्ड के अनुसार, "जलवायु परिवर्तन एक खतरे को बढ़ाने वाले के रूप में कार्य करता है, जो मौजूदा कमजोरियों को बढ़ाता है।"[1189] इसका मतलब यह है कि जलवायु परिवर्तन स्वयं संघर्ष का कारण नहीं होता, बल्कि यह मौजूदा समस्याओं,जैसे गरीबी, असमानता और राजनीतिक अस्थिरता,को और अधिक गंभीर बना देता है। टीसरा, जलवायु परिवर्तन "मानव सुरक्षा" को प्रभावित करता है, जिसमें खाद्य सुरक्षा, जल सुरक्षा, और स्वास्थ्य शामिल हैं। उदाहरण के लिए, सूखा और बाढ़ कृषि उत्पादन को प्रभावित करते हैं, जिससे खाद्य संकट उत्पन्न हो सकता है। अमर्त्य सेन के अनुसार, "खाद्य असुरक्षा अक्सर अधिकार और पहुंच के व्यापक मुद्दों से जुड़ी होती है।"[1190] इस

प्रकार, जलवायु परिवर्तन केवल उत्पादन को नहीं, बल्कि वितरण और पहुंच को भी प्रभावित करता है। चौथा, जलवायु परिवर्तन "भू-राजनीतिक अस्थिरता" को बढ़ा सकता है, विशेष रूप से उन क्षेत्रों में जहाँ मांगों की कमी और राजनीतिक तनाव पहले से मौजूद हैं। उदाहरण के लिए, अफ्रीका के साहेल क्षेत्र में जलवायु परिवर्तन के कारण सूखे और संसाधन संकट ने संघर्ष को बढ़ावा दिया है। पाँचवाँ, जलवायु परिवर्तन "सैन्य निहितार्थ" भी उत्पन्न करता है, जहाँ सैन्य बलों को आपदा प्रबंधन, मानवीय सहायता और शांति स्थापना में अधिक सक्रिय भूमिका निभानी पड़ती है।

शेरी गुडमैन के अनुसार, "जलवायु परिवर्तन संघर्ष के लिए उत्प्रेरक और सैन्य जुड़ाव का चालक है।"[1191] इस प्रकार, जलवायु परिवर्तन सैन्य रणनीति और सुरक्षा नीति को भी प्रभावित कर रहा है। जलवायु परिवर्तन का एक अन्य महत्वपूर्ण आयाम "समुद्र का स्तर बढ़ना" है, जो तटीय क्षेत्रों और द्वीपीय देशों के लिए गंभीर खतरा बन गया है। इसके अतिरिक्त, जलवायु परिवर्तन "ऊर्जा सुरक्षा" को भी प्रभावित करता है। डैनियल यह रगिन के अनुसार, "ऊर्जा परिवर्तन के गहन भू-राजनीतिक प्रभाव होते हैं।"[1192]अफ्रीका के साहेल क्षेत्र के संदर्भ में ओले मैग्नस थीसेन के अनुसार, "साहेल में जलवायु परिवर्तनशीलता ने भूमि और पानी पर स्थानीय संघर्षों में योगदान दिया है।"[1193]दक्षिण एशिया के संदर्भ में माधव गाडगिल के अनुसार, "जलवायु परिवर्तन दक्षिण एशिया में जल विज्ञान प्रणालियों को बदल रहा है, जिससे नई कमजोरियां पैदा हो रही हैं।"[1194]मध्य पूर्व के संदर्भ में कॉलिन केली के अनुसार, "जलवायु परिवर्तन से जुड़े गंभीर सूखे ने सीरिया में सामाजिक अशांति में योगदान दिया।"[1195]यह उदाहरण इस बात को दर्शाता है कि जलवायु परिवर्तन अप्रत्यक्ष रूप से राजनीतिक संकट और संघर्ष को जन्म दे सकता है। आर्कटिक क्षेत्र जलवायु परिवर्तन और भू-राजनीतिक प्रतिस्पर्धा के बीच संबंध का एक अत्यंत महत्वपूर्ण उदाहरण है। वैश्विक तापमान वृद्धि के कारण आर्कटिक बर्फ तेजी से पिघल रही है, जिससे नए समुद्री मार्ग और प्राकृतिक संसाधनों तक पहुँच संभव हो रही है। क्लॉस डोड्स के अनुसार, "पिघलता आर्कटिक भू-राजनीतिक प्रतिस्पर्धा के लिए नई सीमाएं खोल रहा है।"[1196] इससे अमेरिका, रूस, चीन और अन्य देशों के बीच प्रतिस्पर्धा बढ़ रही है, जो इस क्षेत्र के निकायों और उत्थान पर नियंत्रण स्थापित करना चाहते हैं। जलवायु परिवर्तन और सुरक्षा के संबंध को समझने के लिए "संघर्ष मॉडलिंग" भी एक महत्वपूर्ण दृष्टिकोण है, जिसमें यह विश्लेषण किया जाता है कि जलवायु परिवर्तन किस प्रकार विभिन्न सामाजिक, आर्थिक और राजनीतिक आयामों के साथ मिलकर संघर्ष को प्रभावित करता है। इडियन सालेहयान के अनुसार, "जलवायु परिवर्तन संघर्ष के परिणामों को आकार

देने के लिए राजनीतिक और आर्थिक चरों के साथ अंतःक्रिया करता है।"[1197] इस दृष्टिकोण के अनुसार, जलवायु परिवर्तन अपने आप में संघर्ष का कारण नहीं है, बल्कि यह अन्य आयामों के साथ मिलकर संघर्ष की संभावना को बढ़ाता है। भविष्य के संदर्भ में, जलवायु परिवर्तन के प्रभाव और भी गंभीर हो सकते हैं। "जलवायु परिदृश्यों" के अनुसार, यदि वैश्विक तापमान में वृद्धि जारी रहती है, तो समुद्र स्तर में वृद्धि, चरम मौसम संबंधी घटनाएं और संसाधन संकट और अधिक बढ़ सकते हैं। हंस जोआचिम शेल्नहुबर के अनुसार, "अनियंत्रित जलवायु परिवर्तन वैश्विक स्थिरता के लिए प्रणालीगत जोखिम पैदा कर सकता है।"[1198] इस प्रकार, जलवायु परिवर्तन वैश्विक सुरक्षा के लिए एक सतत और संरचनात्मक खतरा बन सकता है। इसके अतिरिक्त, जलवायु परिवर्तन "सुरक्षा शासन" को भी प्रभावित कर रहा है, जहाँ राज्यों और अंतरराष्ट्रीय वार्ता को नए प्रकार के खतरों से निपटने के लिए नई नीतियां और पर्यावरणीय ढांचों विकसित करने पड़ रहे हैं। इस संदर्भ में, "जलवायु कूटनीति" और "पर्यावरण शासन" का महत्व बढ़ रहा है, जहाँ सहयोग और प्रतिस्पर्धा दोनों एक साथ मौजूद हैं। जलवायु परिवर्तन को एक सुरक्षा खतरे के रूप में विकसित 21वीं सदी की वैश्विक राजनीति के लिए अत्यंत आवश्यक है। यह केवल वैचारिक समस्या नहीं है, बल्कि यह एक समावेशी चुनौती है, जो आर्थिक, सामाजिक और राजनीतिक प्रभावों को प्रभावित कर रही है।

जल-राजनीति और सीमा-पार जल विवाद

21वीं सदी में जल एक अत्यंत महत्वपूर्ण रणनीतिक संसाधन के रूप में उभरा है, जिसने वैश्विक राजनीति और अंतरराष्ट्रीय संबंधों में एक केंद्रीय स्थान प्राप्त कर लिया है। जल-राजनीति उस प्रक्रिया को दर्शाती है, जिसमें जल संसाधनों,विशेष रूप से नदियों, झीलों और भूजल,का नियंत्रण, वितरण और उपयोग राज्यों के बीच प्रतिस्पर्धा, सहयोग और संघर्ष का आधार बनता है। विशेष रूप से सीमा-पार नदियाँ, जो एक से अधिक देशों के बीच बहती हैं, जल-राजनीति के सबसे जटिल और संवेदनशील क्षेत्र बन चुकी हैं। इस संदर्भ में जल केवल एक प्राकृतिक संसाधन नहीं है, बल्कि यह शक्ति, संप्रभुता और सुरक्षा का एक महत्वपूर्ण उपकरण बन गया है। जल-राजनीति के पुरातन विश्लेषण में "हाइड्रो-हेगेमनी" की अवधारणा अत्यंत महत्वपूर्ण है, जो यह सुझाता है कि कैसे एक शक्तिशाली देश साझा जल संसाधनों पर नियंत्रण स्थापित कर सकता है। मार्क ज़ेइटौन के अनुसार, "हाइड्रो-हेगेमनी शक्ति विषमताओं के माध्यम से साझा जल संसाधनों पर एक राज्य के प्रभुत्व को संदर्भित करता है।"[1199] इस अवधारणा के अनुसार, ऊपरी धारा

(अपस्ट्रीम) वाले देश, जो नदी के स्रोत के निकट होते हैं, जल प्रवाह को नियंत्रित करके द्विपक्षीय धारा (डाउनस्ट्रीम) वाले देशों पर प्रभाव डाल सकते हैं।जल-राजनीति का एक महत्वपूर्ण पहलू "पानी की कमी" है, जो जल संसाधनों की सीमित उपलब्धता और बढ़ती मांग के बीच समन्वय को दर्शाता है। पीटर ग्लीक के अनुसार, "पानी की कमी वैश्विक सुरक्षा के लिए सबसे महत्वपूर्ण चुनौतियों में से एक बनती जा रही है।"[1200] जलवायु परिवर्तन, जनसंख्या वृद्धि और औद्योगीकरण के कारण जल की मांग बढ़ रही है, जिससे जल संकट और अधिक गंभीर हो रहा है। सीमा-पार जल विवाद का एक प्रमुख उदाहरण नील नदी है, जहाँ इथियोपिया, सूडान और मिस्र के बीच जल संसाधनों को लेकर तनाव बना हुआ है। इसी प्रकार, टाइग्रिस-यूफ्रेट्स नदी प्रणाली में तुर्की, सीरिया और इराक के बीच जल वितरण को लेकर विवाद हैं। दक्षिण एशिया में, सिंधु नदी प्रणाली भारत और पाकिस्तान के बीच जल-राजनीति का एक महत्वपूर्ण उदाहरण है, जहाँ "सिंधु जल संधि (1960)" के माध्यम से जल वितरण को बहाल किया गया है। अशोक स्वकृत्रिम बुद्धिमता के अनुसार, "पारंपरिक जल विवाद पर्यावरणीय और राजनीतिक दोनों कारकों से आकार लेते हैं।"[1201] यह कथन इस बात को दर्शाता है कि जल विवाद केवल आधारभूत संरचनाओं की कमी का परिणाम नहीं हैं, बल्कि वे राजनीतिक और राजनैतिक निकायों से भी प्रभावित होते हैं। जल-राजनीति का एक अन्य महत्वपूर्ण आयाम "जल अवसंरचना" है, जैसे बांध, नहरें और जलग्रहण क्षेत्र। ऊपरी धारा वाले देश बड़े बांधों के निर्माण के माध्यम से जल प्रवाह को नियंत्रित कर सकते हैं, जिससे निचले देशों की जल उपलब्धता प्रभावित होती है। आरोन वुल्फ के अनुसार, "जल संघर्ष युद्ध की तुलना में सहयोग से अधिक बार हल किए जाते हैं।"[1202] यह दृष्टिकोण इस बात को प्रतिबिंबित करता है कि जल-राजनीति केवल संघर्ष का कारण नहीं है, बल्कि यह सहयोग के अवसर भी प्रदान करती है।

जल-राजनीति का एक महत्वपूर्ण पहलू "वॉटर डिप्लोमेसी" है, जहाँ देश जल संसाधनों के प्रबंधन के लिए समझौते और पारिस्थितिकी ढाँचे विकसित करते हैं। इस संदर्भ में, अंतर्राष्ट्रीय कानून और समझौते,जैसे "संयुक्त राष्ट्र जलमार्ग सम्मेलन (1997)" महत्वपूर्ण भूमिका निभाते हैं। जल-राजनीति का एक अन्य महत्वपूर्ण आयाम "वर्चुअल वाटर" है, जो यह दिखता है कि खाद्य और अन्य उत्पादों के माध्यम से जल का अप्रत्यक्ष व्यापार होता है। टोनी एलन के अनुसार, "वर्चुअल वाटर ट्रेड पानी की कमी को कम करने में मदद कर सकता है।"[1203] इस प्रकार, जल-राजनीति केवल भौतिक जल संसाधनों तक सीमित नहीं है, बल्कि यह वैश्विक व्यापार और अर्थव्यवस्था से भी जुड़ी हुई है। जल-राजनीति का एक अन्य

महत्वपूर्ण पहलू "जलवायु परिवर्तन" है, जो जल संसाधनों की उपलब्धता और वितरण को प्रभावित कर रहा है। हिमालयी नदियों के संदर्भ में, ग्लेशियरों का पिघलना और वर्षा पैटर्न में बदलाव भविष्य में जल संकट को और बढ़ा सकता है।भारत के संदर्भ में, जल-राजनीति एक अत्यंत महत्वपूर्ण मुद्दा है, क्योंकि भारत कई सीमा-पार नदियों का हिस्सा है;जैसे गंगा, ब्रह्मपुत्र और सिंधु। भारत को अपने पड़ोसी देशों,जैसे नेपाल, बांग्लादेश और चीन,के साथ जल संसाधनों के प्रबंधन के लिए सहयोगात्मक रणनीतियाँ विकसित करनी होंगी।जल-राजनीति और सीमा-पार जल विवाद 21वीं सदी की वैश्विक राजनीति का एक महत्वपूर्ण आयाम बन चुके हैं, जो संसाधनों, शक्ति और सुरक्षा के बीच जटिल संबंधों को दर्शाते हैं। यह क्षेत्र संघर्ष और सहयोग दोनों की संभावनाएँ प्रस्तुत करता है, और इसके प्रभाव को समझना भविष्य की वैश्विक व्यवस्था के लिए अत्यंत आवश्यक है।

आर्कटिक क्षेत्र : नई भू-राजनीतिक प्रतिस्पर्धा

21वीं सदी में आर्कटिक क्षेत्र वैश्विक भू-राजनीति का एक उभरता हुआ केंद्र बन चुका है, जहाँ जलवायु परिवर्तन, संसाधन प्रतिस्पर्धा, समुद्री मार्गों का विकास और महान शक्तियों की रणनीतिक रुचियाँ एक-दूसरे के साथ जुड़कर एक जटिल और गतिशील परिदृश्य का निर्माण कर रही हैं। वैश्विक तापमान में वृद्धि के कारण आर्कटिक बर्फ तेजी से पिघल रही है, जिससे न केवल इस क्षेत्र की पारिस्थितिकी प्रभावित हो रही है, बल्कि यह नए आर्थिक और रणनीतिक अवसरों को भी जन्म दे रही है। इस प्रकार, आर्कटिक अब "पेरिफेरी" से "कोर स्ट्रेटेजिक ज़ोन" में परिवर्तित हो रहा है, जहाँ वैश्विक शक्तियाँ अपने हितों की रक्षा और विस्तार के लिए सक्रिय हो रही हैं।आर्कटिक के भू-राजनीतिक महत्व को समझने के लिए इसके संसाधनों का विश्लेषण आवश्यक है। इस क्षेत्र में तेल, गैस, खनिज और दुर्लभ पृथ्वी तत्व के विशाल भंडार मौजूद हैं। स्कॉट बोर्गर्सन के अनुसार, "आर्कटिक में दुनिया के अनदेखे ऊर्जा संसाधनों का एक महत्वपूर्ण हिस्सा हो सकता है।"[1204] इन आधारभूत तक पहुंच की संभावना ने आर्कटिक को वैश्विक ऊर्जा राजनीति का एक महत्वपूर्ण केंद्र बना दिया है। आर्कटिक का एक अन्य महत्वपूर्ण पहलू "नए शिपिंग मार्ग" है, जैसे,नॉर्दर्न सी रूट (NSR),,नॉर्थवेस्ट पैसेज। इन ऊंचाई के खुलने से यूरोप और एशिया के बीच व्यापार मार्ग छोटा हो सकता है, जिससे समय और लागत दोनों में कमी आएगी। लस्सी हेनिनेन के अनुसार, "पिघलती बर्फ आर्कटिक शिपिंग को एक व्यवहार्य आर्थिक विकल्प में बदल रही है।"[1205] इस प्रकार, आर्कटिक वैश्विक व्यापार और समुद्री भू-राजनीति का एक महत्वपूर्ण क्षेत्र बन रहा है। आर्कटिक क्षेत्र में

प्रमुख शक्तियां,जैसे अमेरिका, रूस, कनाडा, नॉर्वे और डेनमार्क,की भूमिका अत्यंत महत्वपूर्ण है। रूस ने इस क्षेत्र में अपनी सैन्य और आर्थिक उपस्थिति को तेजी से बढ़ाया है, जिसमें सैन्य आधार का पुनर्निर्माण और बर्फ तोड़ने वाले जहाजों (आइसब्रेकर) का विकास शामिल है। एलाना विल्सन रो के अनुसार, "रूस आर्कटिक को एक प्रमुख रणनीतिक और आर्थिक सीमा के रूप में देखता है।"[1206]अमेरिका भी आर्कटिक में अपनी उपस्थिति को मजबूत करने का प्रयास कर रहा है, विशेष रूप से सुरक्षा और समुद्री उन्नयन के संदर्भ में। इसके अतिरिक्त, चीन, जो एक "नियर-आर्कटिक राज्य" के रूप में स्वयं को प्रस्तुत करता है, आर्कटिक में आर्थिक और लोकतांत्रिक निवेश के माध्यम से अपनी भूमिका बढ़ा रहा है। ऐनी-मैरी ब्रैडी के अनुसार, "चीन की आर्कटिक रणनीति आर्थिक और रणनीतिक हितों से प्रेरित है।"[1207] इस प्रकार, आर्कटिक क्षेत्र महान शक्तियों के बीच प्रतिस्पर्धा का एक नया मंच बन गया है।

आर्कटिक की भू-राजनीति का एक महत्वपूर्ण आयाम "कानूनी ढांचा" है, विशेष रूप से "संयुक्त राष्ट्र समुद्र के कानून पर सम्मेलन (UNCLOS)" के संदर्भ में, जो समुद्री सीमाओं और पर्यावरणीय के अधिकारों को निर्धारित करता है। हालांकि, इस क्षेत्र में कई विवाद भी हैं, जैसे समुद्री सीमाओं और महाद्वीपीय शेल्फ के दावे। आर्कटिक क्षेत्र में "पर्यावरण संबंधी चिंताएं" भी अत्यंत महत्वपूर्ण हैं। बर्फ के बहाव, प्रदूषण और पर्यावरणीय दोहन से इस क्षेत्र की नदियों पर गंभीर प्रभाव पड़ सकता है। ओरान यंग के अनुसार, "आर्कटिक एक नाजुक वातावरण है जिसके लिए सावधानीपूर्वक शासन की आवश्यकता है।"[1208] इस प्रकार, आर्कटिक की भू-राजनीति केवल समर्थित और शक्ति तक सीमित नहीं है, बल्कि यह पर्यावरणीय संरक्षण और सतत विकास से भी जुड़ी हुई है। आर्कटिक क्षेत्र में "सुरक्षा दुविधा" भी स्पष्ट रूप से देखी जा सकती है, जहाँ एक देश की सैन्य प्रतिक्रियाएं दूसरे देश के लिए खतरा बन जाती हैं, जिससे प्रतिस्पर्धा और बढ़ जाती है। हालांकि, आर्कटिक में सहयोग के तत्व भी मौजूद हैं, जैसे "आर्कटिक काउंसिल", जो पर्यावरण और विकास के मुद्दों पर सहयोग को बढ़ावा देता है।भारत के संदर्भ में, आर्कटिक क्षेत्र का महत्व बढ़ रहा है, विशेष रूप से जलवायु परिवर्तन, वैज्ञानिक अनुसंधान और वैश्विक व्यापार के संदर्भ में। भारत ने आर्कटिक में अनुसंधान स्टेशन स्थापित किया है और इस क्षेत्र में अपनी वैज्ञानिक और रणनीतिक उपस्थिति को बढ़ाने का प्रयास कर रहा है।भविष्य के संदर्भ में, आर्कटिक क्षेत्र वैश्विक राजनीति का एक महत्वपूर्ण केंद्र बना रहेगा, जहाँ प्रतिस्पर्धा और सहयोग दोनों एक साथ मौजूद होंगे।आर्कटिक क्षेत्र 21वीं सदी की नई भू-राजनीतिक प्रतिस्पर्धा का प्रतीक है, जहाँ जलवायु

परिवर्तन, संसाधन, व्यापार और शक्ति के विभिन्न आयाम एक-दूसरे के साथ जुड़कर एक जटिल और गतिशील परिदृश्य का निर्माण कर रहे हैं।

जलवायु सुरक्षा और प्रवासन

21वीं सदी में जलवायु परिवर्तन और मानव प्रवासन के बीच संबंध वैश्विक सुरक्षा के सबसे महत्वपूर्ण और जटिल आयामों में से एक बन चुका है, जहाँ पर्यावरणीय परिवर्तन सामाजिक, आर्थिक और राजनीतिक संरचनाओं को प्रभावित करते हुए बड़े पैमाने पर जनसंख्या विस्थापन को जन्म दे रहे हैं। "जलवायु प्रवासन" उस प्रक्रिया को दर्शाता है, जिसमें व्यक्ति या समुदाय जलवायु परिवर्तन के प्रत्यक्ष या अप्रत्यक्ष प्रभावों जैसे समुद्र स्तर में वृद्धि, सूखा, बाढ़, भूमि क्षरण और चरम मौसम घटनाएँ के कारण अपने निवास स्थान को छोड़ने के लिए मजबूर हो जाते हैं। इस प्रकार, जलवायु परिवर्तन केवल पारिस्थितिक संकट नहीं है, बल्कि यह एक मानव सुरक्षा संकट के रूप में भी उभर रहा है, जो राष्ट्रीय और अंतरराष्ट्रीय सुरक्षा को प्रभावित कर रहा है।जलवायु सुरक्षा और प्रवासन के बीच संबंध को समझने के लिए यह आवश्यक है कि हम इसके कारणों, स्वरूप और प्रभावों का विश्लेषण करें। सबसे पहले, जलवायु परिवर्तन के कारण प्राकृतिक संसाधनों विशेष रूप से जल और कृषि भूमि की उपलब्धता में कमी आती है, जिससे आजीविका के अवसर प्रभावित होते हैं। नॉर्मन मायर्स के अनुसार, "पर्यावरण क्षरण लाखों लोगों को विस्थापित कर सकता है, जिससे जलवायु शरणार्थी पैदा हो सकते हैं।"[1209] इस प्रकार, जलवायु परिवर्तन आर्थिक असुरक्षा को जन्म देता है, जो प्रवासन का एक प्रमुख कारण बनता है।दूसरा, जलवायु परिवर्तन के कारण अचानक आने वाली आपदाएँ जैसे चक्रवात, बाढ़ और तूफान लोगों को तत्काल विस्थापन के लिए मजबूर करते हैं। कोको वार्नर के अनुसार, "चरम मौसम की घटनाएं अल्पकालिक विस्थापन का एक प्रमुख चालक हैं।"[1210] इसके विपरीत, "धीमी शुरुआत वाले परिवर्तन" - जैसे समुद्र स्तर में वृद्धि और मरुस्थलीकरण - लंब अवधि में प्रवासन को प्रभावित करते हैं। तीसरा, जलवायु प्रवासन का स्वरूप विविध होता है, जिसमें आंतरिक प्रवासन, सीमा-पार प्रवासन और अस्थायी या स्थायी विस्थापन शामिल होते हैं। अधिकांश मामलों में, जलवायु प्रवासन आंतरिक होता है, जहाँ लोग ग्रामीण क्षेत्रों से शहरी क्षेत्रों की ओर जाते हैं। चौथा, जलवायु प्रवासन का प्रभाव केवल प्रभावित व्यक्तियों तक सीमित नहीं होता, बल्कि यह सामाजिक और राजनीतिक आंदोलनों को भी प्रभावित करता है। रिचर्ड ब्लैक के अनुसार, "प्रवास प्राप्त करने वाले क्षेत्रों में अवसर और तनाव दोनों पैदा कर सकता है।"[1211] इस प्रकार, बड़े पैमाने

पर प्रवासन सामाजिक तनाव, प्संसाधन दबाव और राजनीतिक प्रतिबंधों को जन्म दे सकता है। जलवायु प्रवासन का एक महत्वपूर्ण आयाम "शहरीकरण" है, जहाँ बड़ी संख्या में लोग शहरों की ओर जाते हैं, जिससे शहरी अवसंरचना पर दबाव बढ़ता है। इसके परिणामस्वरूप, झुग्गी-बस्तियों का विस्तार, बेरोजगारी और सामाजिक असमानता बढ़ सकती है।

जलवायु प्रवास और सुरक्षा के बीच संबंध को समझने के लिए "संघर्ष का परिप्रेक्ष्य" भी महत्वपूर्ण है। हाल्वर्ड बुहाग के अनुसार, "पर्यावरण परिवर्तन से जुड़ा प्रवास निश्चित रूप से बुद्धिमानीपूर्ण परिस्थितियों में संघर्ष के जोखिम को बढ़ा सकता है।"[1212] हालांकि, यह संबंध प्रत्यक्ष नहीं है, बल्कि यह अन्य उत्सर्जन,जैसे आर्थिक असमानता, राजनीतिक अस्थिरता और सामाजिक विभाजन,के साथ मिलकर कार्य करता है। जलवायु प्रवास का एक अन्य महत्वपूर्ण पहलू "कानूनी और नीतिगत चुनौतियां" है। वर्तमान अंतरराष्ट्रीय कानून (अंतरराष्ट्रीय कानून) में "जलवायु शरणार्थियों" की कोई स्पष्ट परिभाषा नहीं है, जिससे उनके अधिकारों और संरक्षण को सुनिश्चित करना कठिन हो जाता है। इस संदर्भ में, वैश्विक स्तर पर नई नीतियों और कानूनी ढांचों की आवश्यकता है।भारत के संदर्भ में, जलवायु प्रवास एक महत्वपूर्ण मुद्दा है, विशेष रूप से तटीय क्षेत्रों, हिमालयी क्षेत्र और सूखा-प्रभावित क्षेत्रों में। बांग्लादेश से संभावित प्रवासन, और भारत के भीतर ग्रामीण-से-शहरी प्रवासन, भविष्य में सामाजिक और राजनीतिक चुनौतियाँ उत्पन्न कर सकते हैं। भविष्य के संदर्भ में, जलवायु परिवर्तन के प्रभाव के कारण प्रवासन और अधिक बढ़ सकता है, जिससे वैश्विक सुरक्षा और स्थिरता पर प्रभाव पड़ेगा। फ्रांकोइस जेमेन के अनुसार, "जलवायु प्रवास 21वीं सदी की परिभाषित चुनौतियों में से एक बन जाएगा।"[1213] जलवायु सुरक्षा और प्रवासन एक गहराई से जुड़े हुए मुद्दे हैं, जो वैश्विक राजनीति, अर्थव्यवस्था और समाज को प्रभावित कर रहे हैं। यह केवल पर्यावरणीय या मानवीय समस्या नहीं है, बल्कि यह एक व्यापक सुरक्षा चुनौती है, जिसके लिए समग्र और सहयोगी दृष्टिकोण की आवश्यकता है।

संसाधन संकट और संघर्ष की संभावनाएँ

21वीं सदी में वैश्विक स्तर पर प्राकृतिक संसाधनों की उपलब्धता, वितरण और नियंत्रण से जुड़े मुद्दे अंतरराष्ट्रीय राजनीति और सुरक्षा के केंद्र में आ गए हैं, जहाँ जलवायु परिवर्तन, जनसंख्या वृद्धि, औद्योगिकीकरण और आर्थिक विकास के कारण संसाधनों पर दबाव बढ़ रहा है। "संसाधन संकट" उस स्थिति को दर्शाता है, जिसमें किसी क्षेत्र में जल, भूमि, ऊर्जा, खनिज या खाद्य जैसे आवश्यक संसाधनों

की मांग उनकी उपलब्धता से अधिक हो जाती है, जिससे सामाजिक तनाव, आर्थिक असमानता और राजनीतिक अस्थिरता उत्पन्न हो सकती है। इस संदर्भ में संसाधन संघर्ष की अवधारणा यह बताती है कि संसाधनों की कमी या असमान वितरण राज्यों और समुदायों के बीच संघर्ष को जन्म दे सकता है, जिससे यह विषय भू-राजनीतिक विश्लेषण का एक महत्वपूर्ण आयाम बन गया है।संसाधन संकट और संघर्ष के संबंध को समझने के लिए सबसे पहले यह आवश्यक है कि हम संसाधनों के प्रकार और उनकी प्रकृति का विश्लेषण करें। प्राकृतिक संसाधनों को सामान्यतः "नवीकरणीय" और "गैर-नवीकरणीय" संस्थाओं में विभाजित किया जाता है। जल, वन और कृषि भूमि जैसे संसाधन नवीकरणीय (नवीकरणीय) होते हैं, जबकि तेल, गैस और खनिज जैसे संसाधन अनवीकरणीय होते हैं। रिचर्ड ऑटी के अनुसार, "संसाधनों की प्रचुरता और कमी दोनों आर्थिक और राजनीतिक चुनौतियाँ पैदा कर सकते हैं।"[1214] यह दृष्टिकोण इस बात को रेखांकित करता है कि संसाधन केवल विकास का साधन नहीं हैं, बल्कि वे संघर्ष और अस्थिरता का कारण भी बन सकते हैं।संसाधन संकट का एक प्रमुख कारण जनसंख्या का दबाव है, जहाँ बढ़ती जनसंख्या संसाधनों की मांग को बढ़ाती है। इसके अतिरिक्त, "जलवायु परिवर्तन" निकायों की उपलब्धता को प्रभावित करता है, जिससे संकट और अधिक गंभीर हो जाता है। वैक्लेव स्माइल के अनुसार, "पर्यावरण क्षरण और जलवायु परिवर्तन से संसाधन निर्माण संबंधी समस्याएं बढ़ जाती हैं।"[1215] इस प्रकार, संसाधन संकट एक विकासशील समस्या है, जो विभिन्न आयामों के संयोजन से उत्पन्न होती है। संसाधन संकट और संघर्ष के बीच संबंध को समझने के लिए "लालच बनाम शिकायत" मॉडल भी महत्वपूर्ण है, जो यह बताता है कि संघर्ष आर्थिक लाभ और असंतोष दोनों के कारण हो सकता है। संसाधनों पर नियंत्रण की इच्छा (लालच) और उनके शब्दावली वितरण के कारण उत्पन्न असंतोष (शिकायत) संघर्ष को जन्म दे सकते हैं। संसाधन संकट का एक महत्वपूर्ण उदाहरण "तेल राजनीति" है, जहाँ तेल निकायों पर नियंत्रण के लिए वैश्विक और क्षेत्रीय स्तर पर प्रतिस्पर्धा होती है। मध्य पूर्व (मध्य पूर्व) में तेल निकायों के कारण कई संघर्ष और राजनीतिक तनाव देखे गए हैं। इसी प्रकार, अफ्रीका में खनिज आधारभूत,जैसे हीरे, सोना और कोबाल्ट,के कारण "संसाधन संघर्ष" उत्पन्न हुए हैं।

फिलिप ले बिलन के अनुसार, "प्राकृतिक संसाधन सशस्त्र संघर्षों में बुद्धिमत्ता को वित्तपोषित और बनाए रख सकते हैं।"[1216] यह दृष्टिकोण इस बात को दर्शाता है कि संसाधन न केवल संघर्ष का कारण बन सकते हैं, बल्कि वे संघर्ष को बनाए रखने में भी भूमिका निभाते हैं। संसाधन संकट का एक अन्य महत्वपूर्ण

पहलू "जल संघर्ष" है, जहाँ जल संसाधनों की कमी के कारण राज्यों और समुदायों के बीच तनाव उत्पन्न होता है। इसके अतिरिक्त, "भूमि संघर्ष" भी महत्वपूर्ण हैं, जहाँ कृषि भूमि और आवासीय क्षेत्र के लिए प्रतिस्पर्धा होती है। संसाधन संकट और संघर्ष के बीच संबंधों को समझने के लिए "पर्यावरण सुरक्षा" का दृष्टिकोण भी महत्वपूर्ण है, जो यह बताता है कि पर्यावरणीय परिवर्तन सुरक्षा को कैसे प्रभावित करते हैं। जेसिका तुचमन मैथ्यूज के अनुसार, "पर्यावरणीय मुद्दे तेजी से राष्ट्रीय और अंतर्राष्ट्रीय सुरक्षा से जुड़ रहे हैं।"[1217] यह दृष्टिकोण इस बात को रेखांकित करता है कि संसाधन संकट केवल आर्थिक समस्या नहीं है, बल्कि यह एक सुरक्षा चुनौती भी है। संसाधन संकट का एक महत्वपूर्ण परिणाम "मजबूर पलायन" है, जहाँ लोग विस्थापितों की कमी के कारण अपने स्थान को छोड़ने के लिए मजबूर हो जाते हैं। इसके अतिरिक्त, संसाधन संकट "राज्य की नाजुकता" को भी आत्मनिर्भर है, जिससे राजनीतिक अस्थिरता और संघर्ष की संभावना बढ़ जाती है।भविष्य के संदर्भ में, संसाधन संकट और संघर्ष की संभावना और अधिक बढ़ सकती है, विशेष रूप से जलवायु परिवर्तन और जनसंख्या वृद्धि के कारण।संसाधन संकट और संघर्ष के बीच संबंध एक जटिल और बहुआयामी प्रक्रिया है, जो वैश्विक राजनीति, अर्थव्यवस्था और समाज को प्रभावित कर रही है। यह क्षेत्र केवल चुनौती ही नहीं, बल्कि सहयोग और समाधान के अवसर भी प्रदान करता है, यदि इसे संतुलित और समग्र दृष्टिकोण से देखा जाए।

भविष्य की भू-राजनीति और नए सिद्धांत

21वीं सदी में भू-राजनीति का स्वरूप गहन संरचनात्मक परिवर्तन से गुजर रहा है, जिसने शक्ति, क्षेत्र और अंतरराष्ट्रीय संबंधों की पारंपरिक समझ को व्यापक रूप से परिवर्तित कर दिया है। पूर्व में भू-राजनीति मुख्यतः भूभाग, सीमाओं तथा सैन्य शक्ति के आधार पर संचालित होती थी, जहाँ राज्य अपने भौगोलिक विस्तार और सैन्य सामर्थ्य के माध्यम से प्रभुत्व स्थापित करते थे। किन्तु वर्तमान वैश्विक परिदृश्य में यह दृष्टिकोण एक अधिक व्यापक, जटिल और बहुआयामी स्वरूप ग्रहण कर चुका है, जिसमें संपर्कता (कनेक्टिविटी), प्रौद्योगिकी, आर्थिक तंत्र, संसाधनों का प्रवाह तथा वैश्विक मानक-निर्धारण प्रमुख भूमिका निभा रहे हैं। आज का विश्व स्थिर भूगोल से आगे बढ़कर एक गतिशील और परस्पर संबद्ध भू-राजनीतिक संरचना में परिवर्तित हो चुका है, जहाँ शक्ति का निर्धारण केवल भूभाग के नियंत्रण से नहीं, बल्कि उन व्यवस्थाओं और नेटवर्कों के नियंत्रण से होता है जिनके माध्यम से वैश्विक गतिविधियाँ संचालित होती हैं। समुद्री मार्ग, आर्थिक गलियारे, ऊर्जा पाइपलाइन, डिजिटल संचार तंत्र तथा वैश्विक व्यापारिक संरचनाएँ अब शक्ति के नए स्रोत बन चुके हैं। इस प्रकार आधुनिक भू-राजनीति में शक्ति का स्वरूप क्षेत्रीय नियंत्रण से परिवर्तित होकर प्रणालीगत नियंत्रण में विकसित हो गया है, जहाँ राज्य उन माध्यमों और संरचनाओं पर नियंत्रण स्थापित करने का प्रयास करते हैं जिनके माध्यम से वैश्विक प्रवाह संचालित होते हैं।

इसके अतिरिक्त वैश्वीकरण और परस्पर निर्भरता ने विश्व को एक ऐसी एकीकृत प्रणाली में परिवर्तित कर दिया है, जहाँ किसी एक क्षेत्र की घटनाएँ दूसरे क्षेत्र को प्रत्यक्ष और अप्रत्यक्ष दोनों रूपों में प्रभावित करती हैं। आज यूरोप में होने वाले संघर्ष एशिया की ऊर्जा व्यवस्था और वैश्विक आपूर्ति प्रणाली को प्रभावित करते हैं, मध्य पूर्व की परिस्थितियाँ वैश्विक तेल मूल्यों को परिवर्तित करती हैं, और समुद्री क्षेत्रों में उत्पन्न तनाव अंतरराष्ट्रीय व्यापार को प्रभावित करता है। इससे यह स्पष्ट होता है कि आधुनिक विश्व एक परस्पर जुड़ा हुआ भू-राजनीतिक तंत्र बन चुका है, जिसमें स्थल, समुद्र, वायु, साइबर और अंतरिक्ष सभी एक-दूसरे से गहराई से जुड़े हुए हैं। किसी एक क्षेत्र में होने वाला परिवर्तन अन्य क्षेत्रों में प्रभाव उत्पन्न करता है, जिससे यह सिद्ध होता है कि आधुनिक भू-राजनीति का स्वरूप

समेकित और बहु-आयामी है। इस संदर्भ में डिजिटल संचार तंत्र, समुद्री केबल, ऊर्जा मार्ग और आर्थिक नेटवर्क ऐसे माध्यम हैं जो विभिन्न क्षेत्रों को जोड़ते हुए वैश्विक व्यवस्था को संचालित करते हैं। परिणामस्वरूप, आज की भू-राजनीति एक ओर अत्यंत जटिल हो गई है क्योंकि इसमें अनेक आयाम और संरचनाएँ सम्मिलित हैं, वहीं दूसरी ओर यह अधिक स्पष्ट और प्रत्यक्ष भी हो गई है क्योंकि अब यह स्पष्ट रूप से देखा जा सकता है कि कौन-सा राज्य किन संसाधनों, मार्गों और नेटवर्कों पर नियंत्रण रखता है। इस प्रकार 21वीं सदी की भू-राजनीति न केवल अधिक प्रभावशाली हो गई है, बल्कि यह वैश्विक शक्ति-संतुलन को समझने का एक प्रमुख और अनिवार्य साधन बन चुकी है, जो भविष्य में और अधिक महत्वपूर्ण भूमिका निभाएगी। **(मानचित्र : 32)**

मानचित्र : 32 वैश्विक मानचित्र

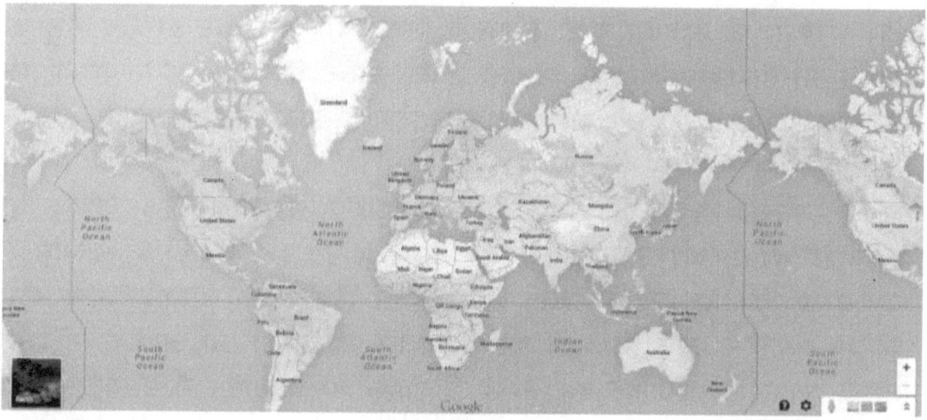

स्त्रोत : पिनटेरेस्ट

शास्त्रीय भू-राजनीतिक आधार

भू-राजनीति के अध्ययन की बौद्धिक नींव शास्त्रीय विचारकों द्वारा स्थापित की गई, जिन्होंने भूगोल और शक्ति के मध्य संबंधों को समझाने का प्रयास किया। इन विचारकों में प्रमुख रूप से हैलफोर्ड मैकिंडर, अल्फ्रेड थायर महन तथा निकोलस स्पाइकमैन का उल्लेख किया जाता है, जिन्होंने क्रमशः स्थल, समुद्र और तटीय क्षेत्रों के महत्व को स्पष्ट करते हुए भू-राजनीतिक चिंतन को एक संगठित रूप प्रदान किया। मैकिंडर का हार्टलैंड सिद्धांत यह प्रतिपादित करता है कि यूरेशियाई भूभाग का केंद्रीय क्षेत्र वैश्विक शक्ति का आधार है और जो शक्ति इस क्षेत्र पर नियंत्रण स्थापित करेगी, वह व्यापक विश्व-प्रभुत्व प्राप्त कर सकती है।

दूसरी ओर, महन ने समुद्री शक्ति के महत्व को रेखांकित करते हुए यह स्थापित किया कि वैश्विक व्यापार मार्गों और समुद्री मार्गों का नियंत्रण किसी भी राज्य की शक्ति और समृद्धि का मूल आधार होता है। इसी क्रम में स्पाइकमैन का रिमलैंड सिद्धांत तटीय क्षेत्रों के महत्व को उजागर करता है और यह बताता है कि स्थल और समुद्र के मध्य स्थित क्षेत्र ही वास्तविक शक्ति-संतुलन को निर्धारित करते हैं।इन शास्त्रीय सिद्धांतों का महत्व केवल उनके ऐतिहासिक योगदान तक सीमित नहीं है, बल्कि उन्होंने भू-राजनीति को एक व्यापक दृष्टिकोण प्रदान किया, जिसके माध्यम से विभिन्न भौगोलिक क्षेत्रों के मध्य संबंधों को समझा जा सकता है। इन विचारों ने यह स्थापित किया कि विश्व को अलग-अलग भौगोलिक इकाइयों के रूप में नहीं, बल्कि एक परस्पर संबद्ध प्रणाली के रूप में देखा जाना चाहिए, जहाँ भूमि, समुद्र और तटीय क्षेत्रों के बीच निरंतर अंतःक्रिया होती रहती है। उदाहरणस्वरूप, स्थल क्षेत्र संसाधनों और भौगोलिक गहराई प्रदान करते हैं, समुद्र वैश्विक व्यापार और संपर्कता का माध्यम बनते हैं, जबकि तटीय क्षेत्र इन दोनों के बीच सेतु का कार्य करते हैं। इस प्रकार, इन सिद्धांतों ने यह स्पष्ट किया कि शक्ति किसी एक क्षेत्र तक सीमित नहीं होती, बल्कि विभिन्न क्षेत्रों के पारस्परिक प्रभावों के माध्यम से विकसित होती है।

वास्तव में, शास्त्रीय भू-राजनीतिक विचारधारा ने ही आधुनिक "वैश्विक भू-राजनीति" की अवधारणा के लिए आधार तैयार किया। इन सिद्धांतों के माध्यम से यह समझ विकसित हुई कि किसी एक क्षेत्र की स्थिति और परिवर्तन अन्य क्षेत्रों को भी प्रभावित करते हैं। भूमि पर होने वाले राजनीतिक या आर्थिक परिवर्तन समुद्री व्यापार को प्रभावित कर सकते हैं, जबकि समुद्री शक्ति में परिवर्तन स्थल आधारित अर्थव्यवस्थाओं और सुरक्षा संरचनाओं को प्रभावित करता है। इसी प्रकार तटीय क्षेत्र इन दोनों के मध्य एक महत्वपूर्ण कड़ी के रूप में कार्य करते हैं, जो वैश्विक शक्ति-संतुलन को बनाए रखने में सहायक होते हैं।इस संदर्भ में यह भी महत्वपूर्ण है कि शास्त्रीय सिद्धांतों ने भू-राजनीति को केवल शक्ति संघर्ष के रूप में नहीं, बल्कि एक संरचित और विश्लेषणात्मक अध्ययन के रूप में स्थापित किया। उन्होंने यह दिखाया कि भूगोल केवल एक भौतिक तत्व नहीं है, बल्कि वह राजनीतिक निर्णयों, रणनीतिक नीतियों और वैश्विक संबंधों को प्रभावित करने वाला एक सक्रिय कारक है। यही कारण है कि आज भी इन सिद्धांतों का उपयोग विभिन्न क्षेत्रों,जैसे इंडो-पैसिफिक, यूरेशिया, मध्य पूर्व और यूरोप,की भू-राजनीतिक परिस्थितियों को समझने के लिए किया जाता है।शास्त्रीय भू-राजनीतिक सिद्धांत आधुनिक भू-राजनीति के आधार स्तंभ हैं। उन्होंने न केवल भूगोल और शक्ति के

संबंध को स्पष्ट किया, बल्कि विभिन्न क्षेत्रों के बीच अंतर्संबंध स्थापित करते हुए वैश्विक भू-राजनीति की अवधारणा को जन्म दिया। इन सिद्धांतों के माध्यम से यह स्पष्ट हुआ कि भूमि, समुद्र और तटीय क्षेत्रों के मध्य निरंतर अंतःक्रिया ही वैश्विक शक्ति-संतुलन को निर्धारित करती है, और यही समझ आगे चलकर समकालीन भू-राजनीतिक चिंतन का आधार बनी।

समकालीन भू-राजनीतिक दृष्टिकोण

समकालीन युग में भू-राजनीति का स्वरूप केवल पारंपरिक भौगोलिक सिद्धांतों तक सीमित नहीं रहा, बल्कि यह एक व्यापक और बहुआयामी अवधारणा के रूप में विकसित हुआ है, जिसमें शक्ति के विविध आयामों को सम्मिलित किया गया है। आधुनिक अंतरराष्ट्रीय व्यवस्था में यह स्पष्ट हो गया है कि केवल भूभाग या सैन्य शक्ति के आधार पर वैश्विक प्रभुत्व स्थापित नहीं किया जा सकता, बल्कि इसके लिए आर्थिक, तकनीकी, सांस्कृतिक तथा संस्थागत कारकों की भी महत्वपूर्ण भूमिका होती है। इसी संदर्भ में परस्पर निर्भरता, नेटवर्क शक्ति, सॉफ्ट पावर, स्मार्ट पावर तथा संरचनात्मक शक्ति जैसे समकालीन दृष्टिकोण विकसित हुए हैं, जिन्होंने भू-राजनीति की पारंपरिक सीमाओं का विस्तार किया है और इसे एक अधिक समग्र अध्ययन के रूप में प्रस्तुत किया है।परस्पर निर्भरता की अवधारणा यह प्रतिपादित करती है कि आधुनिक विश्व में कोई भी राज्य पूर्णतः आत्मनिर्भर नहीं है, बल्कि वह अन्य राज्यों के साथ आर्थिक, तकनीकी और राजनीतिक संबंधों के माध्यम से जुड़ा हुआ है। व्यापार, ऊर्जा, तकनीक और आपूर्ति-श्रृंखलाओं के माध्यम से राज्यों के बीच एक ऐसी पारस्परिक निर्भरता उत्पन्न हो गई है, जिसके कारण किसी एक क्षेत्र में उत्पन्न संकट का प्रभाव अन्य क्षेत्रों पर भी पड़ता है। उदाहरणस्वरूप, ऊर्जा आपूर्ति में व्यवधान वैश्विक अर्थव्यवस्था को प्रभावित कर सकता है, जबकि किसी एक देश में तकनीकी प्रतिबंध अन्य देशों के औद्योगिक विकास को प्रभावित कर सकते हैं। इस प्रकार परस्पर निर्भरता आधुनिक भू-राजनीति में सहयोग और प्रतिस्पर्धा दोनों को एक साथ परिभाषित करती है।इसी प्रकार, नेटवर्क शक्ति का सिद्धांत यह स्पष्ट करता है कि आधुनिक शक्ति का केंद्र उन नेटवर्कों में निहित है, जो वैश्विक स्तर पर विभिन्न क्षेत्रों को जोड़ते हैं। व्यापारिक मार्ग, डिजिटल संचार प्रणाली, वित्तीय तंत्र और वैश्विक आपूर्ति-श्रृंखलाएँ ऐसे नेटवर्क हैं, जिनके माध्यम से शक्ति का प्रवाह होता है। जो राज्य इन नेटवर्कों में केंद्रीय स्थिति प्राप्त करता है, वह वैश्विक स्तर पर अधिक प्रभावशाली बन जाता है। इस संदर्भ में नेटवर्क केवल भौतिक संरचनाएँ नहीं हैं,

बल्कि वे रणनीतिक साधन हैं, जिनके माध्यम से राज्य अपनी शक्ति का विस्तार करते हैं और अन्य राज्यों पर प्रभाव स्थापित करते हैं।

सॉफ्ट पावर और स्मार्ट पावर की अवधारणाएँ भी समकालीन भू-राजनीति में महत्वपूर्ण स्थान रखती हैं। सॉफ्ट पावर का आशय किसी राज्य की सांस्कृतिक, वैचारिक और कूटनीतिक आकर्षण क्षमता से है, जिसके माध्यम से वह बिना बल प्रयोग के अन्य राज्यों को प्रभावित करता है। वहीं स्मार्ट पावर हार्ड पावर और सॉफ्ट पावर का समन्वय है, जिसमें सैन्य शक्ति और वैचारिक प्रभाव दोनों का संतुलित उपयोग किया जाता है। इन अवधारणाओं ने यह स्पष्ट किया कि आधुनिक शक्ति केवल बल प्रयोग तक सीमित नहीं है, बल्कि वह प्रभाव, विश्वास और वैचारिक नेतृत्व पर भी आधारित है।इसके अतिरिक्त, संरचनात्मक शक्ति का सिद्धांत यह बताता है कि वैश्विक व्यवस्था में शक्ति उन संस्थागत और आर्थिक संरचनाओं में निहित होती है, जो अंतरराष्ट्रीय संबंधों को संचालित करती हैं। वैश्विक वित्तीय संस्थाएँ, व्यापारिक नियम, तकनीकी मानक और अंतरराष्ट्रीय संगठन ऐसे तंत्र हैं, जिनके माध्यम से कुछ राज्य वैश्विक व्यवस्था को प्रभावित करते हैं। इस प्रकार शक्ति का एक महत्वपूर्ण आयाम वह भी है, जो नियमों, संरचनाओं और संस्थानों के माध्यम से कार्य करता है।समकालीन भू-राजनीतिक दृष्टिकोणों का समग्र विश्लेषण यह दर्शाता है कि आधुनिक विश्व में शक्ति का स्वरूप अत्यंत बहुआयामी हो गया है। यह केवल सैन्य शक्ति तक सीमित नहीं है, बल्कि आर्थिक, तकनीकी, सांस्कृतिक और संस्थागत सभी आयामों में फैला हुआ है। इसी कारण आधुनिक भू-राजनीति को एक "समेकित शक्ति प्रणाली" के रूप में देखा जा सकता है, जिसमें विभिन्न तत्व एक-दूसरे से जुड़े हुए हैं और सामूहिक रूप से वैश्विक शक्ति-संतुलन को निर्धारित करते हैं।समकालीन भू-राजनीतिक दृष्टिकोणों ने पारंपरिक भू-राजनीति को एक नई दिशा प्रदान की है। उन्होंने यह स्पष्ट किया है कि आधुनिक शक्ति केवल भूगोल पर आधारित नहीं है, बल्कि वह उन जटिल संबंधों और संरचनाओं पर आधारित है, जो वैश्विक स्तर पर विभिन्न क्षेत्रों को जोड़ती हैं। यही कारण है कि 21वीं सदी की भू-राजनीति को समझने के लिए इन समकालीन दृष्टिकोणों का अध्ययन अत्यंत आवश्यक हो जाता है, क्योंकि वे आधुनिक विश्व की जटिलताओं और अंतर्संबंधों को स्पष्ट रूप से प्रस्तुत करते हैं।

भू-राजनीति का नया स्वरूप :

समकालीन युग में भू-राजनीति का स्वरूप मूलतः परिवर्तित होकर एक समेकित, बहु-आयामी और गतिशील संरचना के रूप में विकसित हो चुका है। अब

यह केवल भूभाग, सीमाओं और सैन्य शक्ति पर आधारित नहीं रही, बल्कि यह नेटवर्क, प्रवाह, प्रौद्योगिकी और अर्थव्यवस्था के संयुक्त प्रभाव से संचालित होती है। इस परिवर्तन ने भू-राजनीति की पारंपरिक अवधारणा को विस्तृत करते हुए इसे एक ऐसे वैश्विक तंत्र में परिवर्तित कर दिया है, जहाँ शक्ति का निर्धारण विभिन्न परस्पर जुड़े हुए घटकों के माध्यम से होता है।आधुनिक भू-राजनीति का मूल सूत्र इस प्रकार अभिव्यक्त किया जा सकता है;नेटवर्क, प्रवाह, प्रौद्योगिकी,अर्थव्यवस्था ।यह सूत्र इस तथ्य को स्पष्ट करता है कि अब शक्ति का केंद्र केवल किसी विशेष भूभाग पर नियंत्रण नहीं है, बल्कि उन नेटवर्कों और संरचनाओं पर नियंत्रण है, जिनके माध्यम से वैश्विक गतिविधियाँ संचालित होती हैं। व्यापारिक मार्ग, समुद्री चोक-प्वाइंट, आर्थिक गलियारे, ऊर्जा पाइपलाइन, डिजिटल संचार तंत्र और वित्तीय नेटवर्क आज के वैश्विक तंत्र के प्रमुख घटक हैं, जो विभिन्न क्षेत्रों को जोड़ते हुए शक्ति के प्रवाह को निर्धारित करते हैं।किन्तु इस नवीन स्वरूप को समझने के लिए यह अत्यंत महत्वपूर्ण है कि यह समस्त कनेक्टिविटी स्वयं भू-आधारित है। आधुनिक नेटवर्क चाहे जितने भी उन्नत और वैश्विक क्यों न हों, वे अंततः विशिष्ट भौगोलिक क्षेत्रों से होकर ही गुजरते हैं। समुद्री मार्ग विशिष्ट जलडमरूमध्यों और समुद्री क्षेत्रों पर निर्भर होते हैं, स्थलीय आर्थिक गलियारे विभिन्न देशों की भूमि से होकर गुजरते हैं, ऊर्जा पाइपलाइन भू-भाग और समुद्री मार्गों दोनों पर आधारित होती हैं, और डिजिटल डेटा केबल समुद्र तल तथा तटीय क्षेत्रों के माध्यम से संचालित होते हैं। इस प्रकार भूगोल का महत्व समाप्त नहीं हुआ है, बल्कि वह एक नए रूप में,कनेक्टिविटी के आधार के रूप में और अधिक महत्वपूर्ण हो गया है।

आधुनिक भू-राजनीति में "प्रवाह" की अवधारणा भी अत्यंत महत्वपूर्ण हो गई है। ऊर्जा, पूँजी, डेटा, वस्तुएँ और सूचना जैसे प्रवाह वैश्विक शक्ति के गतिशील आयाम हैं, जो निरंतर विभिन्न क्षेत्रों के बीच संचालित होते रहते हैं। इन प्रवाहों का नियंत्रण ही आधुनिक शक्ति का आधार बन गया है। जो राज्य इन प्रवाहों को नियंत्रित, निर्देशित या बाधित करने की क्षमता रखता है, वही वैश्विक स्तर पर प्रभाव स्थापित करता है। इस संदर्भ में "प्रवाह नियंत्रण ही शक्ति है" सिद्धांत आधुनिक भू-राजनीति की मूल अवधारणा के रूप में उभरकर सामने आता है।प्रौद्योगिकी भी आधुनिक भू-राजनीति का एक केंद्रीय तत्व बन चुकी है। कृत्रिम बुद्धिमत्ता, साइबर स्पेस, क्वांटम कंप्यूटिंग, अंतरिक्ष तकनीक और डिजिटल प्लेटफॉर्म न केवल आर्थिक विकास के साधन हैं, बल्कि वे शक्ति के नए स्रोत भी हैं। तकनीकी श्रेष्ठता अब सैन्य क्षमता, आर्थिक प्रतिस्पर्धा और वैश्विक प्रभाव का निर्धारण करती है। इस प्रकार प्रौद्योगिकी ने भू-राजनीति को एक नए आयाम में

प्रवेश कराया है, जहाँ डिजिटल और आभासी क्षेत्र भी उतने ही महत्वपूर्ण हो गए हैं जितने भौतिक क्षेत्र।अर्थव्यवस्था भी आधुनिक भू-राजनीति का एक प्रमुख आधार बन चुकी है। व्यापार, निवेश, आपूर्ति-श्रृंखला, वित्तीय तंत्र और आर्थिक प्रतिबंध ऐसे साधन हैं, जिनके माध्यम से राज्य अपने भू-राजनीतिक उद्देश्यों को प्राप्त करते हैं। आर्थिक शक्ति अब केवल विकास का साधन नहीं, बल्कि रणनीतिक प्रभाव का उपकरण बन गई है। इस प्रकार भू-अर्थशास्त्र आधुनिक शक्ति राजनीति का अभिन्न अंग बन गया है।इन सभी तत्वों का संयुक्त विश्लेषण यह स्पष्ट करता है कि आधुनिक भू-राजनीति का स्वरूप एक समेकित वैश्विक प्रणाली के रूप में विकसित हो चुका है, जहाँ भूगोल, नेटवर्क, प्रवाह, प्रौद्योगिकी और अर्थव्यवस्था एक-दूसरे से गहराई से जुड़े हुए हैं। इस प्रणाली में किसी एक तत्व को अलग करके नहीं समझा जा सकता, क्योंकि सभी तत्व एक-दूसरे को प्रभावित करते हैं और सामूहिक रूप से वैश्विक शक्ति-संतुलन को निर्धारित करते हैं।21वीं सदी की भू-राजनीति में भूगोल का महत्व समाप्त नहीं हुआ है, बल्कि वह एक नए रूप में पुनर्परिभाषित हुआ है। अब शक्ति केवल भूभाग के स्वामित्व में नहीं, बल्कि उस भूभाग से गुजरने वाले नेटवर्कों और प्रवाहों के नियंत्रण में निहित है। इस प्रकार आधुनिक भू-राजनीति एक गतिशील, नेटवर्क-आधारित और प्रवाह-संचालित प्रणाली के रूप में विकसित हो चुकी है, जो भविष्य की वैश्विक व्यवस्था को निर्धारित करेगी।

कनेक्टिविटी और मार्गों की भू-राजनीति :

21वीं सदी की भू-राजनीति में "कनेक्टिविटी" (संपर्कता) और "मार्गों" का महत्व अत्यंत बढ़ गया है, जिससे शक्ति की प्रकृति और उसके संचालन के तरीके में मौलिक परिवर्तन आया है। अब शक्ति केवल भूभाग के नियंत्रण से निर्धारित नहीं होती, बल्कि उन मार्गों, गलियारों और नेटवर्कों के नियंत्रण से निर्धारित होती है, जिनके माध्यम से वैश्विक व्यापार, संसाधन, ऊर्जा और सूचना का प्रवाह संचालित होता है। इस प्रकार आधुनिक भू-राजनीति में कनेक्टिविटी स्वयं एक रणनीतिक शक्ति के रूप में उभरकर सामने आई है।कनेक्टिविटी का तात्पर्य उन भौतिक और आभासी संरचनाओं से है, जो विभिन्न क्षेत्रों, देशों और महाद्वीपों को आपस में जोड़ती हैं। इसमें समुद्री मार्ग, नहरें, बंदरगाह, स्थलीय आर्थिक गलियारे, रेल और सड़क नेटवर्क, ऊर्जा पाइपलाइन तथा डिजिटल संचार तंत्र सम्मिलित हैं। यह सभी संरचनाएँ मिलकर एक वैश्विक संपर्क तंत्र का निर्माण करती हैं, जिसके माध्यम से विश्व की आर्थिक, राजनीतिक और रणनीतिक गतिविधियाँ संचालित होती हैं। इस संदर्भ में यह स्पष्ट होता है कि जो राज्य या शक्ति इन संपर्क तंत्रों

पर नियंत्रण स्थापित करता है, वही वैश्विक स्तर पर प्रभावशाली बन जाता है।समुद्री कनेक्टिविटी आधुनिक भू-राजनीति का एक प्रमुख आयाम है। वैश्विक व्यापार का अधिकांश भाग समुद्री मार्गों के माध्यम से संचालित होता है, जिससे समुद्रों और महासागरों का रणनीतिक महत्व अत्यंत बढ़ गया है। विशेष रूप से समुद्री चोक-प्वाइंट,जैसे जलडमरूमध्य और संकरे समुद्री मार्ग,वैश्विक व्यापार के महत्वपूर्ण केंद्र हैं। इन क्षेत्रों पर नियंत्रण या इनकी सुरक्षा वैश्विक अर्थव्यवस्था और ऊर्जा आपूर्ति के लिए अत्यंत आवश्यक होती है। इस प्रकार समुद्री मार्ग केवल व्यापारिक साधन नहीं हैं, बल्कि वे शक्ति-संतुलन को प्रभावित करने वाले रणनीतिक उपकरण भी हैं।

इसी प्रकार स्थलीय कनेक्टिविटी, विशेषकर आर्थिक गलियारे, आधुनिक भू-राजनीति में महत्वपूर्ण भूमिका निभा रहे हैं। यह गलियारे विभिन्न देशों और क्षेत्रों को जोड़ते हुए व्यापार, निवेश और औद्योगिक विकास को प्रोत्साहित करते हैं। साथ ही, यह रणनीतिक निर्भरता भी उत्पन्न करते हैं, क्योंकि जिन देशों के माध्यम से यह गलियारे गुजरते हैं, वे वैश्विक नेटवर्क का अभिन्न हिस्सा बन जाते हैं। इस प्रकार स्थलीय कनेक्टिविटी केवल आर्थिक विकास का साधन नहीं, बल्कि भू-राजनीतिक प्रभाव का माध्यम भी है।ऊर्जा कनेक्टिविटी भी आधुनिक भू-राजनीति का एक महत्वपूर्ण घटक है। तेल और गैस की आपूर्ति के लिए पाइपलाइन, समुद्री मार्ग और ऊर्जा नेटवर्क का उपयोग किया जाता है, जो विभिन्न क्षेत्रों को आपस में जोड़ते हैं। ऊर्जा आपूर्ति में किसी प्रकार का व्यवधान न केवल संबंधित देशों को प्रभावित करता है, बल्कि इसका प्रभाव वैश्विक स्तर पर भी पड़ता है। इस प्रकार ऊर्जा मार्गों का नियंत्रण और सुरक्षा आधुनिक भू-राजनीति का एक महत्वपूर्ण पहलू बन गया है।डिजिटल कनेक्टिविटी ने भू-राजनीति को एक नए आयाम में प्रवेश कराया है। इंटरनेट केबल, उपग्रह प्रणाली, डेटा सेंटर और डिजिटल नेटवर्क आज वैश्विक संचार और सूचना प्रवाह के आधार बन चुके हैं। इन डिजिटल संरचनाओं के माध्यम से न केवल सूचना का आदान-प्रदान होता है, बल्कि आर्थिक और राजनीतिक गतिविधियाँ भी संचालित होती हैं। इस प्रकार डिजिटल कनेक्टिविटी आधुनिक शक्ति का एक महत्वपूर्ण स्रोत बन चुकी है, जहाँ डेटा और सूचना का नियंत्रण रणनीतिक महत्व रखता है।इन सभी आयामों का समेकित विश्लेषण यह दर्शाता है कि आधुनिक भू-राजनीति में कनेक्टिविटी केवल एक सहायक तत्व नहीं, बल्कि शक्ति का मूल आधार बन चुकी है। अब यह स्पष्ट हो गया है कि जो राज्य वैश्विक संपर्क तंत्र,जैसे समुद्री मार्ग, आर्थिक गलियारे, ऊर्जा नेटवर्क और डिजिटल संरचनाएँ,को नियंत्रित करता है, वही वैश्विक राजनीति में प्रमुख भूमिका

निभाता है। इस संदर्भ में "कनेक्टिविटी ही शक्ति है" सिद्धांत आधुनिक भू-राजनीति की केंद्रीय अवधारणा के रूप में स्थापित होता है।इसके साथ ही यह भी महत्वपूर्ण है कि कनेक्टिविटी का यह पूरा तंत्र भूगोल पर आधारित होता है। प्रत्येक मार्ग, चाहे वह समुद्री हो या स्थलीय, किसी न किसी भौगोलिक क्षेत्र से होकर गुजरता है। इस प्रकार भूगोल और कनेक्टिविटी के बीच गहरा संबंध स्थापित होता है, जहाँ भूगोल कनेक्टिविटी का आधार प्रदान करता है और कनेक्टिविटी भू-राजनीतिक शक्ति को संचालित करती है।21वीं सदी की भू-राजनीति में कनेक्टिविटी और मार्गों की भूमिका अत्यंत महत्वपूर्ण हो गई है। यह केवल व्यापार और संचार का साधन नहीं, बल्कि वैश्विक शक्ति-संतुलन को निर्धारित करने वाला एक केंद्रीय तत्व है। भविष्य में भी नए कॉरिडोर, नहरें और नेटवर्क इस प्रक्रिया को और अधिक गहन बनाएँगे, जिससे कनेक्टिविटी की भू-राजनीति और अधिक प्रभावशाली होती जाएगी।

प्रवाह आधारित भू-राजनीति :

21वीं सदी की भू-राजनीति में "प्रवाह" की अवधारणा ने शक्ति के स्वरूप को एक नए आयाम में परिवर्तित कर दिया है। पारंपरिक भू-राजनीति जहाँ स्थिर भूभाग और सीमाओं के नियंत्रण पर आधारित थी, वहीं आधुनिक भू-राजनीति गतिशील प्रवाहों,जैसे ऊर्जा, पूँजी, डेटा, वस्तुएँ और सूचना,के नियंत्रण पर आधारित हो गई है। इस प्रकार शक्ति अब केवल क्षेत्रीय नियंत्रण का परिणाम नहीं रही, बल्कि उन प्रक्रियाओं और तंत्रों का परिणाम बन गई है, जिनके माध्यम से यह प्रवाह संचालित होते हैं।प्रवाह आधारित भू-राजनीति का मूल तात्पर्य यह है कि आधुनिक विश्व में शक्ति उन राज्यों के पास होती है, जो वैश्विक स्तर पर विभिन्न प्रकार के प्रवाहों को नियंत्रित, निर्देशित या प्रभावित करने की क्षमता रखते हैं। ऊर्जा प्रवाह, जैसे तेल और गैस की आपूर्ति, वैश्विक अर्थव्यवस्था का आधार हैं। जिन राज्यों के पास ऊर्जा संसाधनों का नियंत्रण होता है या जो ऊर्जा मार्गों को प्रभावित कर सकते हैं, वे वैश्विक राजनीति में महत्वपूर्ण भूमिका निभाते हैं। उदाहरणस्वरूप, ऊर्जा आपूर्ति में किसी प्रकार का व्यवधान न केवल संबंधित क्षेत्र को प्रभावित करता है, बल्कि इसका प्रभाव वैश्विक स्तर पर देखा जाता है। इस प्रकार ऊर्जा प्रवाह आधुनिक भू-राजनीति में एक प्रमुख शक्ति स्रोत बन गया है।इसी प्रकार पूँजी का प्रवाह भी वैश्विक शक्ति-संतुलन को प्रभावित करता है। निवेश, वित्तीय लेन-देन, बैंकिंग तंत्र और वैश्विक बाजार ऐसे माध्यम हैं, जिनके द्वारा पूँजी का प्रवाह विभिन्न देशों के बीच संचालित होता है। जिन देशों के पास मजबूत वित्तीय संस्थाएँ और वैश्विक आर्थिक प्रभाव होता है, वे इन पूँजी प्रवाहों

को नियंत्रित करके अन्य देशों पर प्रभाव स्थापित कर सकते हैं। इस प्रकार आर्थिक शक्ति और वित्तीय नियंत्रण आधुनिक भू-राजनीति का एक महत्वपूर्ण आयाम बन चुके हैं।डिजिटल युग में डेटा का प्रवाह भी अत्यंत महत्वपूर्ण हो गया है। इंटरनेट, डिजिटल प्लेटफॉर्म, क्लाउड कंप्यूटिंग और संचार नेटवर्क के माध्यम से डेटा का निरंतर प्रवाह होता रहता है, जो आधुनिक अर्थव्यवस्था और शासन का आधार बन चुका है। जो राज्य या संस्थाएँ इन डेटा प्रवाहों को नियंत्रित करती हैं, वे वैश्विक सूचना तंत्र पर प्रभाव स्थापित करती हैं। इस प्रकार डेटा आधुनिक भू-राजनीति में "नए संसाधन" के रूप में उभरकर सामने आया है, और इसका नियंत्रण शक्ति का एक महत्वपूर्ण स्रोत बन गया है।

वस्तुओं और व्यापार का प्रवाह भी वैश्विक शक्ति संरचना को प्रभावित करता है। वैश्विक आपूर्ति-श्रृंखलाएँ विभिन्न देशों को आपस में जोड़ती हैं, जिससे उत्पादन और वितरण की प्रक्रिया अंतरराष्ट्रीय स्तर पर संचालित होती है। यदि इन आपूर्ति-श्रृंखलाओं में किसी प्रकार का व्यवधान उत्पन्न होता है, तो इसका प्रभाव वैश्विक अर्थव्यवस्था पर पड़ता है। इस प्रकार व्यापारिक प्रवाह भी आधुनिक भू-राजनीति का एक महत्वपूर्ण घटक बन गए हैं।इन सभी प्रवाहों का एक महत्वपूर्ण पहलू यह है कि वे स्वतंत्र रूप से संचालित नहीं होते, बल्कि वे विभिन्न प्रकार की कनेक्टिविटी,जैसे समुद्री मार्ग, स्थलीय गलियारे, पाइपलाइन और डिजिटल नेटवर्क,पर निर्भर होते हैं। इस प्रकार प्रवाह और कनेक्टिविटी के बीच एक गहरा संबंध स्थापित होता है, जहाँ कनेक्टिविटी प्रवाहों का माध्यम प्रदान करती है और प्रवाह कनेक्टिविटी को रणनीतिक महत्व प्रदान करते हैं।प्रवाह आधारित भू-राजनीति का एक अन्य महत्वपूर्ण पहलू यह है कि इसमें शक्ति का स्वरूप अधिक गतिशील और परिवर्तनशील (हो गया है। पारंपरिक युग में शक्ति अपेक्षाकृत स्थिर थी, जो भूभाग और सैन्य क्षमता पर आधारित थी। किन्तु आधुनिक युग में प्रवाह निरंतर बदलते रहते हैं, जिससे शक्ति का स्वरूप भी परिवर्तित होता रहता है। उदाहरणतः यदि किसी देश के पास तकनीकी क्षमता या वित्तीय संसाधनों का प्रवाह बढ़ता है, तो उसकी वैश्विक स्थिति भी सुदृढ़ हो जाती है।इस संदर्भ में "प्रवाह नियंत्रण ही शक्ति है" प्रवाह नियंत्रण का सिद्धांत आधुनिक भू-राजनीति की केंद्रीय अवधारणा के रूप में स्थापित होता है। इसका अर्थ यह है कि जो राज्य इन प्रवाहों को नियंत्रित करने की क्षमता रखता है, वही वैश्विक स्तर पर प्रभाव स्थापित कर सकता है। यह नियंत्रण प्रत्यक्ष भी हो सकता है,जैसे संसाधनों पर स्वामित्व,और अप्रत्यक्ष भी हो सकता है,जैसे नियमों, संरचनाओं और नेटवर्कों के माध्यम से नियंत्रण।प्रवाह आधारित भू-राजनीति आधुनिक वैश्विक व्यवस्था का एक महत्वपूर्ण

तत्व है, जिसने शक्ति की पारंपरिक अवधारणा को परिवर्तित कर दिया है। अब शक्ति केवल भूभाग या सैन्य क्षमता पर आधारित नहीं है, बल्कि वह उन गतिशील प्रवाहों के नियंत्रण पर आधारित है, जो वैश्विक स्तर पर विभिन्न क्षेत्रों को जोड़ते हैं। इस प्रकार 21वीं सदी की भू-राजनीति को समझने के लिए प्रवाह की अवधारणा का अध्ययन अत्यंत आवश्यक हो जाता है, क्योंकि यही आधुनिक शक्ति संरचना का वास्तविक आधार है।

तकनीकी प्रभुत्व और भू-राजनीति :

21वीं सदी की भू-राजनीति में प्रौद्योगिकी एक निर्णायक और केंद्रीय तत्व के रूप में उभरकर सामने आई है, जिसने शक्ति के स्वरूप, उसकी अभिव्यक्ति और उसके प्रयोग के तरीकों को मूलतः परिवर्तित कर दिया है। पारंपरिक युग में तकनीक को मुख्यतः सैन्य शक्ति का सहायक उपकरण माना जाता था, किंतु समकालीन युग में तकनीक स्वयं शक्ति का मूल स्रोत बन चुकी है। आज कृत्रिम बुद्धिमत्ता, साइबर स्पेस, क्वांटम कंप्यूटिंग, अंतरिक्ष प्रौद्योगिकी, सेमीकंडक्टर उत्पादन तथा डिजिटल अवसंरचना जैसे क्षेत्र वैश्विक प्रतिस्पर्धा और शक्ति-संतुलन के केंद्र बन गए हैं। इस प्रकार तकनीकी प्रभुत्व आधुनिक भू-राजनीति का एक प्रमुख आयाम बन चुका है। प्रौद्योगिकी का प्रभाव सबसे पहले सूचना और संचार के क्षेत्र में स्पष्ट रूप से देखा जा सकता है। इंटरनेट, उपग्रह प्रणाली, मोबाइल संचार और डिजिटल प्लेटफॉर्म ने वैश्विक संचार प्रणाली को तीव्र और व्यापक बना दिया है। अब सूचना का प्रवाह अत्यंत तीव्र गति से एक स्थान से दूसरे स्थान तक पहुँचता है, जिससे निर्णय-प्रक्रिया, नीति-निर्माण और रणनीतिक प्रतिक्रिया की गति भी बढ़ गई है। इस प्रकार सूचना पर नियंत्रण और उसका प्रबंधन आधुनिक शक्ति का एक महत्वपूर्ण आधार बन गया है। जो राज्य या संस्थाएँ सूचना के प्रवाह को नियंत्रित करती हैं, वे वैश्विक विमर्श और जनमत को प्रभावित करने की क्षमता रखती हैं।साइबर स्पेस आधुनिक भू-राजनीति का एक नया क्षेत्र बन चुका है, जहाँ संघर्ष और प्रतिस्पर्धा के नए रूप देखने को मिलते हैं। साइबर हमले, डेटा चोरी, डिजिटल जासूसी और सूचना युद्ध जैसे साधनों के माध्यम से राज्य एक-दूसरे पर प्रभाव डालते हैं। इस प्रकार साइबर शक्ति ने पारंपरिक युद्ध की अवधारणा को विस्तारित कर दिया है, जहाँ संघर्ष केवल भौतिक क्षेत्र में नहीं, बल्कि आभासी क्षेत्र में भी संचालित होता है। इससे यह स्पष्ट होता है कि आधुनिक भू-राजनीति में तकनीकी क्षमता का महत्व अत्यधिक बढ़ गया है।कृत्रिम बुद्धिमत्ता भी आधुनिक शक्ति संरचना को प्रभावित करने वाला एक महत्वपूर्ण तत्व बन चुकी है। AI के

माध्यम से डेटा विश्लेषण, निर्णय-निर्माण, सैन्य रणनीति, निगरानी प्रणाली और आर्थिक प्रबंधन को अधिक प्रभावी बनाया जा रहा है। जिन राज्यों के पास उन्नत AI तकनीक है, वे वैश्विक प्रतिस्पर्धा में अग्रणी भूमिका निभाते हैं। इस प्रकार AI केवल एक तकनीकी उपकरण नहीं, बल्कि एक रणनीतिक संपत्ति के रूप में उभरकर सामने आया है।

क्वांटम कंप्यूटिंग और उन्नत प्रौद्योगिकी भी भविष्य की भू-राजनीति को आकार देने में महत्वपूर्ण भूमिका निभा रही हैं। यह तकनीकें डेटा सुरक्षा, संचार प्रणाली और सैन्य क्षमताओं को नए स्तर पर ले जा रही हैं। इसी प्रकार सेमीकंडक्टर उद्योग भी अत्यंत महत्वपूर्ण हो गया है, क्योंकि आधुनिक डिजिटल अर्थव्यवस्था और तकनीकी विकास इसी पर आधारित है। जिन देशों के पास सेमीकंडक्टर उत्पादन और आपूर्ति पर नियंत्रण है, वे वैश्विक तकनीकी प्रतिस्पर्धा में महत्वपूर्ण स्थान रखते हैं।अंतरिक्ष प्रौद्योगिकी भी आधुनिक भू-राजनीति का एक नया और महत्वपूर्ण क्षेत्र बन चुकी है। उपग्रह संचार, नेविगेशन प्रणाली, निगरानी और सैन्य उपयोग के लिए अंतरिक्ष का महत्व निरंतर बढ़ रहा है। अंतरिक्ष में प्रतिस्पर्धा अब केवल वैज्ञानिक उपलब्धियों तक सीमित नहीं रही, बल्कि यह रणनीतिक प्रभुत्व का एक माध्यम बन चुकी है। इस प्रकार अंतरिक्ष भी आधुनिक भू-राजनीति का एक सक्रिय क्षेत्र बन गया है।प्रौद्योगिकी का एक अन्य महत्वपूर्ण पहलू यह है कि यह अन्य सभी भू-राजनीतिक आयामों,जैसे कनेक्टिविटी, प्रवाह और अर्थव्यवस्था को प्रभावित करती है। डिजिटल नेटवर्क कनेक्टिविटी को सुदृढ़ बनाते हैं, डेटा प्रवाह तकनीकी माध्यमों से संचालित होते हैं, और आर्थिक गतिविधियाँ तकनीकी संरचनाओं पर आधारित होती हैं। इस प्रकार प्रौद्योगिकी इन सभी आयामों को जोड़ने वाला एक केंद्रीय तत्व बन जाती है।आधुनिक भू-राजनीति में तकनीकी प्रभुत्व केवल एक सहायक तत्व नहीं, बल्कि शक्ति का मूल आधार बन चुका है। जो राज्य तकनीकी नवाचार, अनुसंधान और विकास में अग्रणी होते हैं, वे वैश्विक स्तर पर अधिक प्रभावशाली बनते हैं। इसके विपरीत, जो राज्य तकनीकी रूप से पिछड़े होते हैं, वे वैश्विक प्रतिस्पर्धा में पीछे रह जाते हैं।21वीं सदी की भू-राजनीति में प्रौद्योगिकी की भूमिका अत्यंत महत्वपूर्ण है। यह न केवल शक्ति के नए स्रोत प्रदान करती है, बल्कि शक्ति के प्रयोग के तरीकों को भी परिवर्तित करती है। इस प्रकार तकनीकी प्रभुत्व आधुनिक भू-राजनीति का केंद्रीय तत्व बन चुका है, जो भविष्य की वैश्विक व्यवस्था को निर्धारित करने में निर्णायक भूमिका निभाएगा।

भू-अर्थशास्त्र और आर्थिक शक्ति

21वीं सदी की भू-राजनीति में अर्थव्यवस्था ने एक केंद्रीय और निर्णायक स्थान प्राप्त कर लिया है, जिसके परिणामस्वरूप "भू-अर्थशास्त्र" की अवधारणा विकसित हुई है। पारंपरिक रूप से जहाँ राज्य अपनी शक्ति का प्रदर्शन सैन्य साधनों के माध्यम से करते थे, वहीं समकालीन युग में आर्थिक साधन,जैसे व्यापार, निवेश, वित्तीय नियंत्रण, प्रतिबंध और आपूर्ति-श्रृंखला,भू-राजनीतिक प्रतिस्पर्धा के प्रमुख उपकरण बन गए हैं। इस प्रकार शक्ति का स्वरूप अब केवल सैन्य प्रभुत्व तक सीमित नहीं रहा, बल्कि आर्थिक प्रभाव और संसाधनों के नियंत्रण पर आधारित हो गया है।भू-अर्थशास्त्र का मूल तात्पर्य यह है कि राज्य अपनी आर्थिक क्षमताओं और संसाधनों का उपयोग रणनीतिक उद्देश्यों की प्राप्ति के लिए करते हैं। इसमें व्यापारिक नीतियाँ, निवेश प्रवाह, वित्तीय संस्थाएँ, मुद्रा प्रणाली और वैश्विक बाजारों का नियंत्रण शामिल होता है। जिन राज्यों के पास मजबूत अर्थव्यवस्था और व्यापक आर्थिक नेटवर्क होते हैं, वे अन्य देशों पर प्रभाव स्थापित करने की क्षमता रखते हैं। इस प्रकार आर्थिक शक्ति आधुनिक भू-राजनीति का एक प्रमुख आधार बन चुकी है।व्यापार आधुनिक भू-राजनीति का एक महत्वपूर्ण उपकरण है। वैश्विक व्यापारिक संबंध विभिन्न देशों को आपस में जोड़ते हैं, जिससे आर्थिक निर्भरता उत्पन्न होती है। यह निर्भरता सहयोग और प्रतिस्पर्धा दोनों को जन्म देती है। उदाहरणस्वरूप, किसी देश के साथ व्यापारिक संबंधों को बढ़ाकर उसके साथ राजनीतिक संबंधों को भी सुदृढ़ किया जा सकता है, जबकि व्यापारिक प्रतिबंध लगाकर किसी देश पर दबाव भी डाला जा सकता है। इस प्रकार व्यापार केवल आर्थिक गतिविधि नहीं, बल्कि एक रणनीतिक साधन है।आर्थिक प्रतिबंध भू-अर्थशास्त्र का एक महत्वपूर्ण उपकरण हैं, जिनका उपयोग राज्य अन्य देशों को प्रभावित करने के लिए करते हैं। प्रतिबंधों के माध्यम से किसी देश की अर्थव्यवस्था को कमजोर किया जा सकता है, जिससे वह अपनी नीतियों में परिवर्तन करने के लिए बाध्य हो जाता है। इस प्रकार प्रतिबंध एक प्रकार का "आर्थिक युद्ध" बन जाते हैं, जो बिना सैन्य संघर्ष के भी प्रभावी परिणाम उत्पन्न कर सकते हैं।निवेश और वित्तीय प्रवाह भी आधुनिक भू-राजनीति में महत्वपूर्ण भूमिका निभाते हैं। विदेशी निवेश, विकास परियोजनाएँ, ऋण और वित्तीय सहायता ऐसे माध्यम हैं, जिनके द्वारा राज्य अन्य देशों में अपना प्रभाव स्थापित करते हैं। जिन देशों के पास वित्तीय संसाधनों का नियंत्रण होता है, वे वैश्विक स्तर पर आर्थिक और राजनीतिक प्रभाव स्थापित करने में सक्षम होते हैं। इस प्रकार वित्तीय शक्ति आधुनिक भू-राजनीति का एक महत्वपूर्ण आयाम बन चुकी

है।आपूर्ति-श्रृंखला का नियंत्रण भी भू-अर्थशास्त्र का एक महत्वपूर्ण पहलू है। आधुनिक वैश्विक अर्थव्यवस्था विभिन्न देशों में फैली हुई उत्पादन और वितरण प्रणालियों पर आधारित है। यदि इन आपूर्ति-श्रृंखलाओं में किसी प्रकार का व्यवधान उत्पन्न होता है, तो इसका प्रभाव वैश्विक स्तर पर देखा जाता है। इस प्रकार जो राज्य इन आपूर्ति-श्रृंखलाओं को नियंत्रित करते हैं, वे वैश्विक अर्थव्यवस्था और राजनीति पर प्रभाव डालने में सक्षम होते हैं।

भू-अर्थशास्त्र का एक अन्य महत्वपूर्ण पहलू यह है कि यह कनेक्टिविटी और प्रवाह से गहराई से जुड़ा हुआ है। व्यापारिक मार्ग, आर्थिक गलियारे, ऊर्जा नेटवर्क और डिजिटल संरचनाएँ सभी आर्थिक गतिविधियों को संचालित करते हैं। इस प्रकार आर्थिक शक्ति केवल संसाधनों पर आधारित नहीं होती, बल्कि उन नेटवर्कों और संरचनाओं पर भी निर्भर होती है, जिनके माध्यम से आर्थिक गतिविधियाँ संचालित होती हैं।इसके अतिरिक्त, वैश्विक संस्थाएँ,जैसे अंतरराष्ट्रीय वित्तीय संगठन, व्यापारिक नियम और आर्थिक मानक,भी भू-अर्थशास्त्र में महत्वपूर्ण भूमिका निभाते हैं। यह संस्थाएँ वैश्विक आर्थिक व्यवस्था को नियंत्रित करती हैं और विभिन्न देशों के बीच आर्थिक संबंधों को प्रभावित करती हैं। जिन राज्यों का इन संस्थाओं पर प्रभाव होता है, वे वैश्विक आर्थिक प्रणाली को अपने पक्ष में ढाल सकते हैं।आधुनिक भू-राजनीति में आर्थिक शक्ति का महत्व अत्यधिक बढ़ गया है। अब शक्ति का प्रयोग केवल सैन्य माध्यमों से नहीं, बल्कि आर्थिक साधनों के माध्यम से भी किया जाता है। इस संदर्भ में "भू-अर्थशास्त्र ही आधुनिक युद्ध का नया स्वरूप है" यह कथन अत्यंत उपयुक्त प्रतीत होता है।भू-राजनीति में भू-अर्थशास्त्र एक केंद्रीय तत्व बन चुका है, जिसने शक्ति के स्वरूप और उसके प्रयोग के तरीकों को मूलतः परिवर्तित कर दिया है। यह न केवल राज्यों के बीच प्रतिस्पर्धा को प्रभावित करता है, बल्कि वैश्विक शक्ति-संतुलन को भी निर्धारित करता है। इस प्रकार भविष्य की भू-राजनीति में आर्थिक शक्ति की भूमिका और भी अधिक महत्वपूर्ण होती जाएगी।

हाइब्रिड संघर्ष और नई युद्ध प्रणाली

21वीं सदी की भू-राजनीति में संघर्ष का स्वरूप एक मौलिक परिवर्तन से गुजर रहा है, जिसके परिणामस्वरूप "हाइब्रिड संघर्ष" (Hybrid Conflict) की अवधारणा उभरकर सामने आई है। पारंपरिक रूप से युद्ध को सैन्य बलों के बीच प्रत्यक्ष संघर्ष के रूप में देखा जाता था, जहाँ युद्धक्षेत्र स्पष्ट होते थे और युद्ध तथा शांति के बीच एक स्पष्ट विभाजन रेखा होती थी। किन्तु समकालीन युग में यह

स्थिति परिवर्तित हो चुकी है, और संघर्ष अब बहुआयामी, जटिल तथा निरंतर स्वरूप ग्रहण कर चुका है। इस प्रकार आधुनिक युद्ध केवल सैन्य क्षेत्र तक सीमित नहीं रहा, बल्कि यह साइबर, सूचना, आर्थिक और मनोवैज्ञानिक क्षेत्रों में भी विस्तारित हो गया है।हाइब्रिड संघर्ष का तात्पर्य उन रणनीतियों से है, जिनमें विभिन्न प्रकार के साधनों,सैन्य, गैर-सैन्य, प्रत्यक्ष और अप्रत्यक्ष का संयुक्त उपयोग किया जाता है। इसमें पारंपरिक युद्ध, साइबर हमले, सूचना युद्ध, आर्थिक दबाव, कूटनीतिक रणनीतियाँ और प्रॉक्सी युद्ध सभी सम्मिलित होते हैं। इस प्रकार हाइब्रिड संघर्ष एक समेकित रणनीति है, जिसका उद्देश्य बिना पूर्ण सैन्य युद्ध के भी अपने लक्ष्यों को प्राप्त करना होता है।साइबर युद्ध हाइब्रिड संघर्ष का एक महत्वपूर्ण घटक है। इसके माध्यम से किसी देश की डिजिटल संरचनाओं,जैसे बैंकिंग प्रणाली, ऊर्जा नेटवर्क, संचार तंत्र और सरकारी संस्थानों पर हमला किया जा सकता है। साइबर हमलों के माध्यम से न केवल सूचना को क्षति पहुँचाई जा सकती है, बल्कि संपूर्ण आर्थिक और प्रशासनिक प्रणाली को भी बाधित किया जा सकता है। इस प्रकार साइबर शक्ति आधुनिक संघर्ष का एक महत्वपूर्ण साधन बन चुकी है।सूचना युद्ध भी हाइब्रिड संघर्ष का एक प्रमुख आयाम है। इसमें प्रचार, दुष्प्रचार, मनोवैज्ञानिक अभियान और मीडिया के माध्यम से जनमत को प्रभावित करने का प्रयास किया जाता है। इस प्रकार युद्ध केवल भौतिक क्षेत्र में नहीं, बल्कि लोगों के विचारों और धारणाओं में भी लड़ा जाता है। सूचना का नियंत्रण और उसका रणनीतिक उपयोग आधुनिक भू-राजनीति में अत्यंत महत्वपूर्ण हो गया है।

आर्थिक दबाव और प्रतिबंध भी हाइब्रिड संघर्ष के महत्वपूर्ण उपकरण हैं। इनके माध्यम से किसी देश की अर्थव्यवस्था को कमजोर किया जा सकता है, जिससे वह अपनी नीतियों में परिवर्तन करने के लिए बाध्य हो जाता है। इस प्रकार आर्थिक साधनों का उपयोग बिना सैन्य संघर्ष के भी रणनीतिक उद्देश्यों की प्राप्ति के लिए किया जाता है।प्रॉक्सी युद्ध भी हाइब्रिड संघर्ष का एक महत्वपूर्ण पहलू है, जिसमें राज्य सीधे युद्ध में भाग लेने के बजाय अन्य समूहों या देशों के माध्यम से संघर्ष करते हैं। इससे प्रत्यक्ष टकराव से बचते हुए भी अपने हितों की रक्षा की जा सकती है। इस प्रकार प्रॉक्सी युद्ध आधुनिक संघर्ष का एक अप्रत्यक्ष लेकिन प्रभावी साधन बन गया है।हाइब्रिड संघर्ष का एक महत्वपूर्ण पहलू यह है कि इसमें युद्ध और शांति के बीच की पारंपरिक सीमाएँ धुंधली हो जाती हैं। अब संघर्ष केवल युद्धकाल तक सीमित नहीं रहता, बल्कि यह शांति काल में भी विभिन्न रूपों में जारी रहता है। इस प्रकार आधुनिक भू-राजनीति में “निरंतर संघर्ष” की स्थिति उत्पन्न हो गई है, जहाँ प्रतिस्पर्धा और संघर्ष एक साथ चलते हैं।इसके अतिरिक्त,

हाइब्रिड संघर्ष विभिन्न क्षेत्रों,स्थल, समुद्र, वायु, साइबर और अंतरिक्ष,में एक साथ संचालित होता है, जिससे यह बहु-डोमेन स्वरूप ग्रहण कर लेता है। इस प्रकार आधुनिक युद्ध एक समेकित और जटिल प्रक्रिया बन गया है, जिसमें विभिन्न साधनों और रणनीतियों का संयुक्त उपयोग किया जाता है।हाइब्रिड संघर्ष का प्रभाव केवल सैन्य क्षेत्र तक सीमित नहीं रहता, बल्कि यह सामाजिक, आर्थिक और राजनीतिक संरचनाओं को भी प्रभावित करता है। इससे किसी देश की आंतरिक स्थिरता, सामाजिक समरसता और आर्थिक विकास पर भी प्रभाव पड़ता है। इस प्रकार हाइब्रिड संघर्ष आधुनिक भू-राजनीति में एक व्यापक और गहन प्रभाव उत्पन्न करता है।युद्ध का स्वरूप पारंपरिक सीमाओं से आगे बढ़कर एक बहुआयामी और समेकित प्रक्रिया में परिवर्तित हो चुका है। हाइब्रिड संघर्ष आधुनिक भू-राजनीति का एक केंद्रीय तत्व बन चुका है, जो यह दर्शाता है कि शक्ति का प्रयोग अब केवल सैन्य माध्यमों से नहीं, बल्कि विभिन्न प्रकार के साधनों के संयोजन से किया जाता है। इस प्रकार भविष्य की भू-राजनीति में हाइब्रिड संघर्ष की भूमिका और भी अधिक महत्वपूर्ण होती जाएगी, क्योंकि यह आधुनिक शक्ति प्रतिस्पर्धा का एक प्रभावी और व्यापक साधन बन चुका है।

मल्टी-डोमेन शक्ति संरचना

21वीं सदी की भू-राजनीति में शक्ति का स्वरूप एकल आयामी न होकर बहु-आयामी और समेकित हो गया है, जिसे "मल्टी-डोमेन शक्ति संरचना" के रूप में समझा जाता है। पारंपरिक युग में शक्ति का निर्धारण मुख्यतः स्थल और समुद्र के नियंत्रण के आधार पर किया जाता था, जबकि आधुनिक युग में वायु, साइबर और अंतरिक्ष जैसे नए क्षेत्रों के उदय ने शक्ति की अवधारणा को विस्तारित कर दिया है। अब किसी भी राज्य की वास्तविक शक्ति इस बात पर निर्भर करती है कि वह इन सभी क्षेत्रों में किस प्रकार का नियंत्रण और समन्वय स्थापित करता है।मल्टी-डोमेन शक्ति संरचना का मूल विचार यह है कि विभिन्न क्षेत्रों में प्राप्त शक्ति का एकीकृत उपयोग ही वास्तविक रणनीतिक बढ़त प्रदान करता है। यदि कोई राज्य केवल स्थल या केवल समुद्री शक्ति में सक्षम है, तो वह सीमित प्रभाव ही स्थापित कर सकता है, किंतु यदि वह स्थल, समुद्र, वायु, साइबर और अंतरिक्ष सभी क्षेत्रों में संतुलित और समन्वित शक्ति रखता है, तो वह व्यापक वैश्विक प्रभाव स्थापित करने में सक्षम होता है। इस प्रकार शक्ति का वास्तविक स्वरूप अब "एकीकृत बहु-क्षेत्रीय क्षमता" में निहित है।स्थल शक्ति आज भी भू-राजनीति का एक महत्वपूर्ण आधार है, क्योंकि यह संसाधनों, जनसंख्या और भौगोलिक

नियंत्रण से जुड़ी होती है। भूमि के माध्यम से राज्य अपने आंतरिक संसाधनों का उपयोग करते हैं और स्थलीय सीमाओं की सुरक्षा सुनिश्चित करते हैं। इसके साथ ही, स्थलीय आर्थिक गलियारे और अवसंरचनाएँ भी भूमि के महत्व को और बढ़ाती हैं।

समुद्री शक्ति वैश्विक व्यापार और संपर्कता का आधार है। विश्व का अधिकांश व्यापार समुद्री मार्गों के माध्यम से संचालित होता है, जिससे महासागरों और समुद्री मार्गों का रणनीतिक महत्व अत्यधिक बढ़ गया है। समुद्री चोक-प्वाइंट और बंदरगाह वैश्विक अर्थव्यवस्था के महत्वपूर्ण केंद्र हैं, जिनका नियंत्रण किसी भी राज्य को व्यापक आर्थिक और राजनीतिक लाभ प्रदान कर सकता है।वायु शक्ति ने आधुनिक युद्ध और रणनीति को एक नया आयाम प्रदान किया है। वायु शक्ति के माध्यम से तीव्र गति से सैन्य संचालन, निगरानी और त्वरित प्रतिक्रिया संभव हो पाती है। आधुनिक युद्ध में वायु नियंत्रण अत्यंत महत्वपूर्ण हो गया है, क्योंकि यह अन्य सभी क्षेत्रों में संचालन को प्रभावित करता है।साइबर शक्ति आधुनिक युग का एक नया और अत्यंत महत्वपूर्ण क्षेत्र है। डिजिटल नेटवर्क, सूचना प्रणाली और संचार तंत्र आज सभी क्षेत्रों के संचालन का आधार बन चुके हैं। साइबर क्षेत्र में नियंत्रण का अर्थ है सूचना, डेटा और संचार पर नियंत्रण, जो आधुनिक शक्ति का एक महत्वपूर्ण स्रोत है। साइबर हमलों के माध्यम से किसी देश की आर्थिक और प्रशासनिक संरचनाओं को प्रभावित किया जा सकता है, जिससे यह क्षेत्र अत्यंत संवेदनशील बन जाता है।अंतरिक्ष शक्ति भी आधुनिक भू-राजनीति का एक उभरता हुआ आयाम है। उपग्रह प्रणाली, नेविगेशन, संचार और निगरानी के लिए अंतरिक्ष का उपयोग बढ़ता जा रहा है। अंतरिक्ष में प्रभुत्व का अर्थ है वैश्विक स्तर पर संचार और निगरानी की क्षमता, जो सैन्य और आर्थिक दोनों दृष्टियों से महत्वपूर्ण है।मल्टी-डोमेन शक्ति संरचना का एक महत्वपूर्ण पहलू यह है कि यह सभी क्षेत्र एक-दूसरे से जुड़े हुए हैं। उदाहरणस्वरूप, साइबर प्रणाली वायु और अंतरिक्ष तकनीक पर निर्भर होती है, समुद्री मार्ग स्थलीय अवसंरचनाओं से जुड़े होते हैं, और डिजिटल नेटवर्क इन सभी क्षेत्रों को संचालित करते हैं। इस प्रकार किसी एक क्षेत्र में परिवर्तन अन्य क्षेत्रों को भी प्रभावित करता है, जिससे यह स्पष्ट होता है कि शक्ति का वास्तविक स्वरूप समेकित और अंतर्संबद्ध है।आधुनिक भू-राजनीति में "समेकन" और "समन्वय" अत्यंत महत्वपूर्ण हो गए हैं। जो राज्य इन सभी क्षेत्रों को एकीकृत रूप से संचालित करने की क्षमता रखते हैं, वे वैश्विक स्तर पर अधिक प्रभावशाली बनते हैं। इसके विपरीत, जो राज्य किसी एक क्षेत्र में सीमित रहते हैं, वे प्रतिस्पर्धा में पीछे रह जाते हैं।21वीं सदी की भू-राजनीति में मल्टी-डोमेन शक्ति

संरचना एक केंद्रीय अवधारणा बन चुकी है। यह दर्शाती है कि आधुनिक शक्ति किसी एक क्षेत्र में नहीं, बल्कि विभिन्न क्षेत्रों के समेकित और संतुलित नियंत्रण में निहित है। इस प्रकार भविष्य की वैश्विक व्यवस्था उसी राज्य द्वारा निर्धारित की जाएगी, जो इन सभी क्षेत्रों में प्रभावी और समन्वित शक्ति स्थापित करने में सक्षम होगा।

पर्यावरण, संसाधन और भू-राजनीति

21वीं सदी की भू-राजनीति में पर्यावरण और संसाधनों) की भूमिका अत्यंत महत्वपूर्ण हो गई है, जिसके कारण "पर्यावरणीय भू-राजनीति" एक उभरती हुई अवधारणा के रूप में सामने आई है। पारंपरिक भू-राजनीति में जहाँ शक्ति का केंद्र भूभाग और सैन्य क्षमता थे, वहीं आधुनिक युग में प्राकृतिक संसाधन, जलवायु परिवर्तन, जल संकट, ऊर्जा सुरक्षा और पारिस्थितिक संतुलन जैसे तत्व शक्ति और प्रतिस्पर्धा के प्रमुख आधार बन गए हैं। इस प्रकार पर्यावरण और संसाधन अब केवल विकास के साधन नहीं, बल्कि रणनीतिक शक्ति के महत्वपूर्ण घटक बन चुके हैं।प्राकृतिक संसाधनों का नियंत्रण भू-राजनीतिक शक्ति का एक प्रमुख आधार है। ऊर्जा संसाधन,जैसे तेल, गैस और कोयला,वैश्विक अर्थव्यवस्था के संचालन के लिए अत्यंत आवश्यक हैं। जिन देशों के पास इन संसाधनों का प्रचुर भंडार है या जो इनके आपूर्ति मार्गों को नियंत्रित करते हैं, वे वैश्विक राजनीति में महत्वपूर्ण भूमिका निभाते हैं। इसीप्रकार रेयर अर्थ मेटल्स और खनिज संसाधन आधुनिक तकनीकी विकास के लिए आवश्यक हैं, जिससे उनका रणनीतिक महत्व और बढ़ गया है।जल संसाधन भी आधुनिक भू-राजनीति में एक महत्वपूर्ण विषय बनते जा रहे हैं। नदियाँ, झीलें और जलाशय विभिन्न देशों के बीच साझा संसाधन होते हैं, जिनका उपयोग और नियंत्रण कई बार विवादों का कारण बनता है। जल संकट और जल प्रबंधन की समस्याएँ भविष्य में और अधिक गंभीर हो सकती हैं, जिससे जल भू-राजनीति का महत्व बढ़ता जा रहा है।जलवायु परिवर्तन भी आधुनिक भू-राजनीति को प्रभावित करने वाला एक महत्वपूर्ण कारक है। तापमान वृद्धि, समुद्र स्तर में वृद्धि, प्राकृतिक आपदाएँ और पर्यावरणीय असंतुलन विभिन्न देशों की आर्थिक और सामाजिक संरचनाओं को प्रभावित कर रहे हैं। इससे न केवल संसाधनों पर दबाव बढ़ रहा है, बल्कि प्रवासन खाद्य सुरक्षा और ऊर्जा सुरक्षा जैसी समस्याएँ भी उत्पन्न हो रही हैं। इस प्रकार जलवायु परिवर्तन वैश्विक सुरक्षा और स्थिरता के लिए एक महत्वपूर्ण चुनौती बन चुका है।पर्यावरणीय परिवर्तन का एक अन्य महत्वपूर्ण प्रभाव यह है कि यह नए भू-राजनीतिक क्षेत्रों को भी जन्म दे रहा है।

उदाहरणस्वरूप, आर्कटिक क्षेत्र में बर्फ के पिघलने से नए समुद्री मार्ग और संसाधनों तक पहुँच संभव हो रही है, जिससे इस क्षेत्र का रणनीतिक महत्व बढ़ गया है। इसी प्रकार, समुद्री संसाधनों और महासागरों के उपयोग को लेकर भी प्रतिस्पर्धा बढ़ रही है।ऊर्जा संक्रमण भी आधुनिक भू-राजनीति में एक महत्वपूर्ण विषय बन चुका है। पारंपरिक ऊर्जा स्रोतों,जैसे तेल और गैस,से नवीकरणीय ऊर्जा स्रोतों,जैसे सौर और पवन ऊर्जा,की ओर परिवर्तन हो रहा है। इससे वैश्विक शक्ति संरचना में परिवर्तन हो सकता है, क्योंकि ऊर्जा संसाधनों का वितरण और नियंत्रण भी बदल सकता है। इस प्रकार ऊर्जा का स्वरूप बदलने से भू-राजनीतिक समीकरण भी परिवर्तित हो रहे हैं।पर्यावरण और संसाधनों का संबंध कनेक्टिविटी और प्रवाह से भी जुड़ा हुआ है। ऊर्जा पाइपलाइन, जल संसाधन प्रबंधन, खनिज आपूर्ति और खाद्य उत्पादन सभी वैश्विक नेटवर्कों के माध्यम से संचालित होते हैं। इस प्रकार संसाधनों का नियंत्रण केवल उनके भौतिक स्वामित्व तक सीमित नहीं है, बल्कि उनके वितरण और प्रवाह पर नियंत्रण भी उतना ही महत्वपूर्ण है।आधुनिक भू-राजनीति में पर्यावरण और संसाधन केवल सहायक तत्व नहीं हैं, बल्कि वे शक्ति के केंद्रीय घटक बन चुके हैं। संसाधनों की उपलब्धता, उनका नियंत्रण और उनका वितरण वैश्विक शक्ति-संतुलन को प्रभावित करते हैं। इसके साथ ही पर्यावरणीय चुनौतियाँ वैश्विक सहयोग और प्रतिस्पर्धा दोनों को जन्म देती हैं।21वीं सदी की भू-राजनीति में पर्यावरण और संसाधनों की भूमिका अत्यंत महत्वपूर्ण है। यह न केवल आर्थिक और विकासात्मक दृष्टि से महत्वपूर्ण हैं, बल्कि वे वैश्विक शक्ति संरचना और रणनीतिक प्रतिस्पर्धा को भी प्रभावित करते हैं। इस प्रकार भविष्य की भू-राजनीति में पर्यावरणीय और संसाधन संबंधी मुद्दे और अधिक प्रमुख होते जाएँगे, और वे वैश्विक राजनीति के केंद्र में बने रहेंगे।

डिजिटल भू-राजनीति

21वीं सदी में डिजिटल प्रौद्योगिकी के तीव्र विकास ने भू-राजनीति को एक नए आयाम में परिवर्तित कर दिया है, जिसे "डिजिटल भू-राजनीति" के रूप में समझा जाता है। पारंपरिक रूप से जहाँ शक्ति का केंद्र भौतिक भूभाग, संसाधन और सैन्य क्षमता थे, वहीं वर्तमान युग में डेटा, डिजिटल नेटवर्क, साइबर अवसंरचना और सूचना नियंत्रण शक्ति के नए स्रोत बन गए हैं। इस प्रकार डिजिटल क्षेत्र आधुनिक भू-राजनीति का एक स्वतंत्र और अत्यंत प्रभावशाली क्षेत्र बन चुका है, जो वैश्विक शक्ति-संतुलन को गहराई से प्रभावित करता है।डिजिटल भू-राजनीति का मूल आधार "डेटा" है, जिसे आज के युग में एक रणनीतिक संपत्ति के रूप में देखा

जाता है। इंटरनेट, सोशल मीडिया, क्लाउड कंप्यूटिंग, कृत्रिम बुद्धिमत्ता और डिजिटल प्लेटफॉर्म के माध्यम से विशाल मात्रा में डेटा उत्पन्न और संचालित होता है। जो राज्य या संस्थाएँ इस डेटा का संग्रह, विश्लेषण और नियंत्रण करते हैं, वे वैश्विक स्तर पर महत्वपूर्ण प्रभाव स्थापित करते हैं। इस प्रकार डेटा का नियंत्रण आधुनिक शक्ति का एक प्रमुख स्रोत बन चुका है। डिजिटल अवसंरचना भी डिजिटल भू-राजनीति का एक महत्वपूर्ण घटक है। इंटरनेट केबल, डेटा सेंटर, उपग्रह प्रणाली, नेटवर्क और क्लाउड प्लेटफॉर्म वैश्विक संचार और सूचना प्रवाह के आधार हैं। यह संरचनाएँ विभिन्न देशों और क्षेत्रों को आपस में जोड़ती हैं, जिससे एक वैश्विक डिजिटल नेटवर्क का निर्माण होता है। इस नेटवर्क पर नियंत्रण स्थापित करना आधुनिक भू-राजनीतिक प्रतिस्पर्धा का एक महत्वपूर्ण लक्ष्य बन गया है।डेटा संप्रभुता की अवधारणा भी डिजिटल भू-राजनीति में अत्यंत महत्वपूर्ण हो गई है। इसका तात्पर्य यह है कि प्रत्येक राज्य अपने डेटा पर नियंत्रण बनाए रखना चाहता है और यह सुनिश्चित करना चाहता है कि उसका डेटा विदेशी नियंत्रण में न जाए। इसके लिए विभिन्न देश अपने-अपने डिजिटल नियम, डेटा संरक्षण कानून और साइबर सुरक्षा नीतियाँ विकसित कर रहे हैं। इस प्रकार डिजिटल क्षेत्र में भी संप्रभुता और नियंत्रण के प्रश्न उत्पन्न हो गए हैं।

साइबर सुरक्षा डिजिटल भू-राजनीति का एक महत्वपूर्ण पहलू है। साइबर हमले, डेटा चोरी, हैकिंग और डिजिटल जासूसी जैसी गतिविधियाँ राज्यों के लिए गंभीर चुनौती बन चुकी हैं। इन खतरों से निपटने के लिए राज्य अपनी साइबर क्षमताओं को सुदृढ़ कर रहे हैं और डिजिटल सुरक्षा को प्राथमिकता दे रहे हैं। इस प्रकार साइबर सुरक्षा आधुनिक राष्ट्रीय सुरक्षा का एक अभिन्न अंग बन चुकी है।डिजिटल प्लेटफॉर्म और सूचना नियंत्रण भी आधुनिक भू-राजनीति में महत्वपूर्ण भूमिका निभाते हैं। सोशल मीडिया, ऑनलाइन प्लेटफॉर्म और डिजिटल संचार माध्यमों के माध्यम से सूचना का प्रसार होता है, जो जनमत और राजनीतिक प्रक्रियाओं को प्रभावित करता है। इस प्रकार सूचना का नियंत्रण और उसका प्रबंधन वैश्विक शक्ति का एक महत्वपूर्ण साधन बन गया है।डिजिटल भू-राजनीति का एक अन्य महत्वपूर्ण पहलू यह है कि यह वैश्विक मानक-निर्धारण से जुड़ा हुआ है। 5G, कृत्रिम बुद्धिमत्ता, साइबर सुरक्षा और डिजिटल नियमों के मानक निर्धारित करना वैश्विक प्रतिस्पर्धा का एक महत्वपूर्ण क्षेत्र बन चुका है। जो राज्य इन मानकों को निर्धारित करते हैं, वे वैश्विक डिजिटल व्यवस्था को प्रभावित करने की क्षमता रखते हैं।इसके अतिरिक्त, डिजिटल भू-राजनीति कनेक्टिविटी और प्रवाह से भी गहराई से जुड़ी हुई है। डेटा का प्रवाह वैश्विक नेटवर्कों के माध्यम से संचालित होता है,

और डिजिटल कनेक्टिविटी विभिन्न देशों को आपस में जोड़ती है। इस प्रकार डिजिटल क्षेत्र आधुनिक भू-राजनीति के अन्य आयामों,जैसे कनेक्टिविटी, प्रवाह और अर्थव्यवस्था,के साथ गहराई से जुड़ा हुआ है।इस संदर्भ में यह स्पष्ट होता है कि डिजिटल भू-राजनीति आधुनिक वैश्विक व्यवस्था का एक केंद्रीय तत्व बन चुकी है। यह केवल तकनीकी विकास का परिणाम नहीं है, बल्कि यह शक्ति, नियंत्रण और प्रतिस्पर्धा का एक नया क्षेत्र है। जो राज्य डिजिटल क्षेत्र में अग्रणी हैं, वे वैश्विक स्तर पर अधिक प्रभावशाली बनते हैं, जबकि जो राज्य पीछे रह जाते हैं, वे प्रतिस्पर्धा में पिछड़ जाते हैं।भू-राजनीति में डिजिटल क्षेत्र का महत्व अत्यधिक बढ़ गया है। डेटा, डिजिटल नेटवर्क और साइबर अवसंरचना आधुनिक शक्ति के नए आधार बन चुके हैं। इस प्रकार डिजिटल भू-राजनीति भविष्य की वैश्विक व्यवस्था को निर्धारित करने में एक निर्णायक भूमिका निभाएगी और यह आधुनिक शक्ति-संतुलन का एक प्रमुख आयाम बनी रहेगी।

जटिलता और स्पष्टता का द्वंद्व

21वीं सदी की भू-राजनीति का एक विशिष्ट और महत्वपूर्ण गुण यह है कि यह एक साथ **अत्यंत जटिल** और **अत्यंत स्पष्ट** दोनों स्वरूपों में विद्यमान है। प्रथम दृष्टि में यह विरोधाभासी प्रतीत हो सकता है, किन्तु गहन विश्लेषण से यह स्पष्ट होता है कि आधुनिक भू-राजनीति की यही द्वैत प्रकृति उसकी वास्तविक विशेषता है। जैसे-जैसे वैश्विक व्यवस्था में नए आयाम,जैसे कनेक्टिविटी, प्रवाह, डिजिटल नेटवर्क, तकनीकी मानक और आर्थिक संरचनाएँ,जुड़ते गए हैं, भू-राजनीति की संरचना अधिक जटिल होती गई है। किन्तु इसी प्रक्रिया ने शक्ति के वास्तविक स्रोतों को अधिक प्रत्यक्ष और स्पष्ट भी बना दिया है।आधुनिक भू-राजनीति की जटिलता का मुख्य कारण यह है कि इसमें अनेक परस्पर जुड़े हुए तत्व कार्य करते हैं। कनेक्टिविटी, प्रवाह, डिजिटल संरचनाएँ, आर्थिक नेटवर्क, तकनीकी मानक और पर्यावरणीय कारक एक-दूसरे को प्रभावित करते हैं और एक समेकित प्रणाली का निर्माण करते हैं। उदाहरणस्वरूप, ऊर्जा प्रवाह आर्थिक संरचनाओं को प्रभावित करते हैं, डिजिटल नेटवर्क सूचना प्रवाह को नियंत्रित करते हैं, और तकनीकी मानक वैश्विक व्यवस्था को आकार देते हैं। इस प्रकार कोई भी भू-राजनीतिक घटना केवल एक कारक का परिणाम नहीं होती, बल्कि अनेक कारकों के संयुक्त प्रभाव का परिणाम होती है। यही कारण है कि आधुनिक भू-राजनीति को समझना अधिक जटिल हो गया है।इसके अतिरिक्त, वैश्वीकरण और परस्पर निर्भरता ने भी इस जटिलता को बढ़ाया है। आज किसी एक क्षेत्र में होने वाली घटना का प्रभाव दूसरे

क्षेत्रों पर भी पड़ता है। उदाहरणस्वरूप, किसी एक देश की आर्थिक नीति वैश्विक बाजारों को प्रभावित कर सकती है, या किसी क्षेत्र में उत्पन्न राजनीतिक संकट ऊर्जा आपूर्ति को प्रभावित कर सकता है। इस प्रकार विभिन्न क्षेत्रों के बीच गहरा अंतर्संबंध स्थापित हो गया है, जिससे भू-राजनीतिक विश्लेषण और अधिक जटिल हो गया है।

किन्तु इसी जटिलता के भीतर एक महत्वपूर्ण तथ्य यह भी है कि आधुनिक भू-राजनीति पहले की अपेक्षा अधिक स्पष्ट और प्रत्यक्ष हो गई है। इसका कारण यह है कि अब शक्ति के स्रोत अधिक पहचान योग्य हो गए हैं। यह स्पष्ट रूप से देखा जा सकता है कि कौन-सा राज्य किन संसाधनों, नेटवर्कों, मार्गों और तकनीकी संरचनाओं को नियंत्रित करता है। उदाहरणस्वरूप, वैश्विक व्यापार मार्गों, ऊर्जा आपूर्ति नेटवर्कों, डिजिटल प्लेटफॉर्मों और वित्तीय तंत्रों पर नियंत्रण रखने वाले राज्य वैश्विक स्तर पर अधिक प्रभावशाली होते हैं।डिजिटल युग ने इस स्पष्टता को और बढ़ा दिया है। सूचना और डेटा के माध्यम से अब यह संभव हो गया है कि विभिन्न गतिविधियों और संरचनाओं का विश्लेषण अधिक सटीक रूप से किया जा सके। इससे शक्ति के वितरण और उसके प्रभाव को समझना आसान हो गया है। इस प्रकार आधुनिक भू-राजनीति में पारदर्शिता और दृश्यता बढ़ गई है, जिससे यह अधिक स्पष्ट हो गई है।जटिलता और स्पष्टता का यह द्वंद्व वास्तव में आधुनिक भू-राजनीति की एक संतुलित स्थिति को दर्शाता है। एक ओर विभिन्न आयामों के कारण यह जटिल हो गई है, वहीं दूसरी ओर इन आयामों के स्पष्ट स्वरूप के कारण यह अधिक समझने योग्य भी हो गई है। यह द्वंद्व इस बात को भी दर्शाता है कि आधुनिक भू-राजनीति को समझने के लिए एक समेकित और बहुआयामी दृष्टिकोण की आवश्यकता है, जिसमें सभी कारकों को एक साथ विश्लेषित किया जा सके।यह द्वंद्व नीति-निर्माण और रणनीतिक निर्णयों को भी प्रभावित करता है। जटिलता के कारण निर्णय-निर्माण अधिक चुनौतीपूर्ण हो जाता है, क्योंकि विभिन्न कारकों को ध्यान में रखना पड़ता है। वहीं स्पष्टता के कारण निर्णय अधिक सटीक और प्रभावी बनाए जा सकते हैं, क्योंकि शक्ति के स्रोत स्पष्ट रूप से ज्ञात होते हैं।भू-राजनीति में जटिलता और स्पष्टता एक-दूसरे के विरोधी नहीं, बल्कि पूरक तत्व हैं। यह दोनों मिलकर आधुनिक भू-राजनीति की वास्तविक प्रकृति को परिभाषित करते हैं। इस प्रकार आधुनिक भू-राजनीति को समझने के लिए इस द्वंद्व को स्वीकार करना और उसका समेकित विश्लेषण करना अत्यंत आवश्यक है, क्योंकि यही दृष्टिकोण हमें वैश्विक शक्ति-संतुलन की वास्तविक समझ प्रदान करता है।

नए कॉरिडोर और नहरों का उदय

21वीं सदी की भू-राजनीति में कनेक्टिविटी और मार्गों का महत्व अत्यधिक बढ़ने के साथ-साथ नए और नहरों का उदय एक महत्वपूर्ण प्रवृत्ति के रूप में सामने आया है। यह कॉरिडोर और नहरें केवल भौतिक अवसंरचना नहीं हैं, बल्कि वे वैश्विक शक्ति-संतुलन को प्रभावित करने वाले रणनीतिक साधन बन चुके हैं। जिस प्रकार इतिहास में कुछ प्रमुख नहरों और मार्गों ने वैश्विक व्यापार और शक्ति संरचना को परिवर्तित किया था, उसी प्रकार वर्तमान और भविष्य में नए कॉरिडोर और नहरें वैश्विक भू-राजनीति को पुनर्परिभाषित करने की क्षमता रखते हैं।ऐतिहासिक दृष्टि से देखा जाए तो प्रमुख नहरों,जैसे स्वेज़ नहर और पनामा नहर ने वैश्विक व्यापार मार्गों को परिवर्तित कर दिया और अंतरराष्ट्रीय शक्ति-संतुलन को प्रभावित किया। इन नहरों ने समुद्री दूरी को कम किया, व्यापार को तीव्र बनाया और उन क्षेत्रों को अत्यधिक रणनीतिक महत्व प्रदान किया, जहाँ वे स्थित हैं। परिणामस्वरूप, इन नहरों पर नियंत्रण या प्रभाव स्थापित करना वैश्विक शक्तियों के लिए एक प्रमुख लक्ष्य बन गया। यह ऐतिहासिक अनुभव यह दर्शाता है कि कनेक्टिविटी संरचनाएँ केवल आर्थिक महत्व नहीं रखतीं, बल्कि वे भू-राजनीतिक शक्ति का भी आधार बनती हैं।समकालीन युग में नए आर्थिक कॉरिडोर,जैसे बहु-देशीय परिवहन मार्ग, औद्योगिक गलियारे और व्यापारिक नेटवर्क,वैश्विक स्तर पर उभर रहे हैं। यह कॉरिडोर विभिन्न देशों और क्षेत्रों को जोड़ते हुए व्यापार, निवेश और संसाधनों के प्रवाह को सुगम बनाते हैं। साथ ही, यह रणनीतिक निर्भरता भी उत्पन्न करते हैं, क्योंकि जिन देशों के माध्यम से यह कॉरिडोर गुजरते हैं, वे वैश्विक नेटवर्क का एक महत्वपूर्ण हिस्सा बन जाते हैं। इस प्रकार कॉरिडोर केवल विकास का साधन नहीं, बल्कि प्रभाव और नियंत्रण का माध्यम भी हैं।इसी संदर्भ में प्रस्तावित क्रा नहर एक अत्यंत महत्वपूर्ण उदाहरण है, जो भविष्य की भू-राजनीति को प्रभावित कर सकता है। यह प्रस्तावित नहर थाईलैंड के क्रा स्थलडमरूमध्य बनाई जा सकती है, जो अंडमान सागर को थाईलैंड की खाड़ी से जोड़ने का कार्य करेगी। यदि यह परियोजना साकार होती है, तो यह मलक्का जलडमरूमध्य का एक वैकल्पिक मार्ग प्रदान कर सकती है, जिससे समुद्री व्यापार मार्गों में महत्वपूर्ण परिवर्तन आ सकता है। इससे न केवल समुद्री दूरी कम होगी, बल्कि समय और लागत में भी कमी आएगी, जो वैश्विक व्यापार को अधिक प्रभावी बना सकती है।

इस प्रकार नई नहरों और कॉरिडोरों का निर्माण वैश्विक शक्ति-संतुलन को सीधे प्रभावित कर सकता है। यह संरचनाएँ न केवल व्यापारिक मार्गों को परिवर्तित करती हैं, बल्कि वे उन क्षेत्रों के रणनीतिक महत्व को भी बढ़ा देती हैं, जिनसे होकर वे गुजरती हैं। इसके परिणामस्वरूप, विभिन्न राज्य इन परियोजनाओं में निवेश, नियंत्रण और प्रभाव स्थापित करने का प्रयास करते हैं, जिससे प्रतिस्पर्धा और सहयोग दोनों की स्थिति उत्पन्न होती है।इसके अतिरिक्त, कॉरिडोर और नहरें कनेक्टिविटी और प्रवाह के व्यापक तंत्र का हिस्सा होती हैं। वे ऊर्जा, वस्तुओं, पूँजी और सूचना के प्रवाह को सुगम बनाती हैं, जिससे वैश्विक अर्थव्यवस्था और राजनीति प्रभावित होती है। इस प्रकार यह संरचनाएँ आधुनिक भू-राजनीति में एक केंद्रीय भूमिका निभाती हैं, क्योंकि वे विभिन्न क्षेत्रों को जोड़ते हुए शक्ति के प्रवाह को नियंत्रित करती हैं।यह भी महत्वपूर्ण है कि नए कॉरिडोर और नहरें केवल आर्थिक लाभ तक सीमित नहीं होतीं, बल्कि वे सुरक्षा और रणनीति से भी जुड़ी होती हैं। किसी कॉरिडोर या नहर पर नियंत्रण का अर्थ है उस मार्ग से गुजरने वाले संसाधनों और व्यापार पर प्रभाव स्थापित करना। इस प्रकार यह संरचनाएँ रणनीतिक प्रतिस्पर्धा का केंद्र बन जाती हैं।सदी की भू-राजनीति में नए कॉरिडोर और नहरों का उदय एक महत्वपूर्ण प्रवृत्ति है, जो वैश्विक शक्ति-संतुलन को पुनर्परिभाषित कर रही है। यह संरचनाएँ केवल भौतिक अवसंरचना नहीं हैं, बल्कि वे कनेक्टिविटी, प्रवाह और शक्ति के बीच संबंध को स्पष्ट करती हैं। भविष्य में भी ऐसे नए मार्ग और परियोजनाएँ सामने आती रहेंगी, जो भू-राजनीति को और अधिक गतिशील तथा प्रभावशाली बनाएँगी।

स्थल और समुद्री भू-राजनीति का एकीकरण

21वीं सदी की भू-राजनीति में एक महत्वपूर्ण परिवर्तन यह देखने को मिलता है कि अब स्थल और समुद्री भू-राजनीति को अलग-अलग इकाइयों के रूप में नहीं देखा जाता, बल्कि दोनों एक समेकित और परस्पर जुड़ी हुई प्रणाली के रूप में कार्य करते हैं। पारंपरिक भू-राजनीतिक विचारधाराओं में स्थल और समुद्र को अलग-अलग शक्ति क्षेत्रों के रूप में समझा जाता था,जहाँ स्थल शक्ति संसाधनों, जनसंख्या और भौगोलिक नियंत्रण से जुड़ी थी, वहीं समुद्री शक्ति व्यापार, संपर्कता और वैश्विक पहुँच से संबंधित थी। किन्तु आधुनिक वैश्विक व्यवस्था में इन दोनों के बीच की सीमाएँ धुंधली हो गई हैं और वे एक-दूसरे पर निर्भर तथा एक-दूसरे को प्रभावित करने वाली संरचनाओं के रूप में विकसित हो चुकी हैं।इस एकीकरण का सबसे स्पष्ट उदाहरण वैश्विक कनेक्टिविटी के माध्यम से देखा जा सकता है।

आज आर्थिक कॉरिडोर, जो स्थलीय मार्गों के माध्यम से संचालित होते हैं, अंततः समुद्री बंदरगाहों से जुड़ते हैं, जहाँ से वैश्विक व्यापार आगे बढ़ता है। इस प्रकार स्थलीय और समुद्री नेटवर्क एक-दूसरे के पूरक बन जाते हैं। उदाहरणस्वरूप, किसी देश के भीतर विकसित औद्योगिक क्षेत्र और उत्पादन केंद्र स्थलीय परिवहन के माध्यम से बंदरगाहों तक पहुँचते हैं, और वहाँ से समुद्री मार्गों के माध्यम से अंतरराष्ट्रीय बाजारों तक पहुँचते हैं। इस प्रकार भूमि और समुद्र दोनों मिलकर एक समेकित व्यापारिक प्रणाली का निर्माण करते हैं।ऊर्जा आपूर्ति के संदर्भ में भी यह एकीकरण स्पष्ट रूप से देखा जा सकता है। ऊर्जा संसाधन,जैसे तेल और गैस,स्थलीय क्षेत्रों में उत्पादित होते हैं, किन्तु उनका परिवहन पाइपलाइन और समुद्री मार्गों दोनों के माध्यम से किया जाता है। इस प्रकार ऊर्जा का प्रवाह स्थलीय और समुद्री दोनों नेटवर्कों पर निर्भर होता है। यदि किसी एक क्षेत्र में व्यवधान उत्पन्न होता है, तो इसका प्रभाव पूरे तंत्र पर पड़ता है। इससे यह स्पष्ट होता है कि आधुनिक भू-राजनीति में विभिन्न क्षेत्रों के बीच गहरा अंतर्संबंध स्थापित हो चुका है।डिजिटल अवसंरचना भी इस एकीकरण का एक महत्वपूर्ण उदाहरण है। इंटरनेट केबल, जो वैश्विक संचार का आधार हैं, समुद्र के भीतर से होकर गुजरते हैं, किन्तु उनका नियंत्रण और संचालन स्थलीय केंद्रों के माध्यम से किया जाता है। इस प्रकार डिजिटल नेटवर्क भी भूमि और समुद्र दोनों पर आधारित होते हैं। इससे यह स्पष्ट होता है कि आधुनिक भू-राजनीति में भौतिक और आभासी दोनों संरचनाएँ एक-दूसरे से जुड़ी हुई हैं।

सुरक्षा और रणनीति के क्षेत्र में भी स्थल और समुद्री एकीकरण का महत्व बढ़ गया है। किसी देश की सुरक्षा अब केवल उसकी स्थलीय सीमाओं तक सीमित नहीं है, बल्कि उसमें समुद्री मार्गों, बंदरगाहों और तटीय क्षेत्रों की सुरक्षा भी शामिल होती है। इसी प्रकार समुद्री शक्ति भी स्थलीय आधारों,जैसे नौसैनिक अड्डों और लॉजिस्टिक केंद्रों,पर निर्भर होती है। इस प्रकार सुरक्षा की अवधारणा भी समेकित हो गई है, जिसमें विभिन्न क्षेत्रों का संयुक्त महत्व होता है।यह एकीकरण इस तथ्य को भी स्पष्ट करता है कि आधुनिक भू-राजनीति में शक्ति का स्वरूप अब बहु-आयामी और समेकित हो गया है। कोई भी राज्य केवल स्थल या केवल समुद्र पर आधारित शक्ति के माध्यम से वैश्विक प्रभाव स्थापित नहीं कर सकता, बल्कि उसे दोनों क्षेत्रों में संतुलित और समन्वित शक्ति विकसित करनी होती है। इस प्रकार समेकन आधुनिक शक्ति संरचना का एक अनिवार्य तत्व बन गया है।इसके अतिरिक्त, यह एकीकरण वैश्विक नेटवर्क और प्रवाह की अवधारणा से भी जुड़ा हुआ है। व्यापार, ऊर्जा, डेटा और संसाधनों के प्रवाह विभिन्न मार्गों और संरचनाओं

के माध्यम से संचालित होते हैं, जो भूमि और समुद्र दोनों को जोड़ते हैं। इस प्रकार वैश्विक प्रणाली एक समेकित नेटवर्क के रूप में कार्य करती है, जिसमें विभिन्न क्षेत्रों के बीच निरंतर अंतःक्रिया होती रहती है।भू-राजनीति में स्थल और समुद्री भू-राजनीति का एकीकरण एक केंद्रीय प्रवृत्ति है। यह दर्शाता है कि आधुनिक शक्ति किसी एक क्षेत्र में सीमित नहीं है, बल्कि वह विभिन्न क्षेत्रों के समेकित और समन्वित नियंत्रण में निहित है। इस प्रकार भविष्य की भू-राजनीति को समझने के लिए इस एकीकृत दृष्टिकोण को अपनाना अत्यंत आवश्यक है, क्योंकि यही दृष्टिकोण आधुनिक वैश्विक व्यवस्था की वास्तविक प्रकृति को स्पष्ट करता है।

वैश्विक भू-राजनीति :

21वीं सदी में भू-राजनीति का अंतिम और परिपक्व स्वरूप "वैश्विक भू-राजनीति" के रूप में उभरकर सामने आया है। यह अवधारणा पारंपरिक भू-राजनीतिक सिद्धांतों,जैसे हार्टलैंड, रिमलैंड, समुद्री शक्ति या वायु शक्ति,की सीमाओं से आगे बढ़ते हुए एक समेकित, बहु-आयामी और वैश्विक दृष्टिकोण प्रस्तुत करती है। इसमें विश्व को अलग-अलग क्षेत्रों के रूप में नहीं, बल्कि एक परस्पर जुड़ी हुई और अंतर्संबद्ध प्रणाली के रूप में देखा जाता है, जहाँ सभी भौगोलिक और तकनीकी आयाम एक-दूसरे को प्रभावित करते हैं। इस प्रकार वैश्विक भू-राजनीति आधुनिक विश्व व्यवस्था को समझने का एक व्यापक और समग्र ढाँचा प्रदान करती है।वैश्विक भू-राजनीति का मूल विचार यह है कि शक्ति किसी एक क्षेत्र या आयाम में केंद्रित नहीं होती, बल्कि यह विभिन्न क्षेत्रों,जैसे स्थल, समुद्र, वायु, साइबर और अंतरिक्ष के साथ-साथ नेटवर्क, प्रवाह, प्रौद्योगिकी और अर्थव्यवस्था के समन्वित प्रभाव से निर्मित होती है। इस प्रकार शक्ति का स्वरूप अब बहु-आयामी और समेकित हो गया है, जहाँ विभिन्न तत्व एक-दूसरे के पूरक के रूप में कार्य करते हैं। उदाहरणस्वरूप, समुद्री मार्ग वैश्विक व्यापार को संचालित करते हैं, स्थलीय कॉरिडोर संसाधनों के वितरण को सुनिश्चित करते हैं, डिजिटल नेटवर्क सूचना प्रवाह को नियंत्रित करते हैं, और तकनीकी संरचनाएँ इन सभी को जोड़ने का कार्य करती हैं। इस प्रकार वैश्विक भू-राजनीति में सभी तत्व एक समेकित प्रणाली का निर्माण करते हैं।इस अवधारणा का एक महत्वपूर्ण पहलू परस्पर निर्भरता है। आधुनिक विश्व में कोई भी राज्य पूर्णतः स्वतंत्र नहीं है, बल्कि वह अन्य राज्यों के साथ आर्थिक, तकनीकी और राजनीतिक संबंधों के माध्यम से जुड़ा हुआ है। इस कारण किसी एक क्षेत्र में होने वाला परिवर्तन अन्य क्षेत्रों को भी प्रभावित करता है। उदाहरणस्वरूप, किसी क्षेत्र में उत्पन्न आर्थिक संकट वैश्विक बाजारों को प्रभावित

कर सकता है, जबकि किसी अन्य क्षेत्र में उत्पन्न राजनीतिक अस्थिरता ऊर्जा आपूर्ति को प्रभावित कर सकती है। इस प्रकार वैश्विक भू-राजनीति में सभी घटनाएँ एक-दूसरे से जुड़ी होती हैं।

वैश्विक भू-राजनीति का एक अन्य महत्वपूर्ण तत्व कनेक्टिविटी है, जो विभिन्न क्षेत्रों को जोड़ने का कार्य करती है। समुद्री मार्ग, आर्थिक गलियारे, ऊर्जा पाइपलाइन और डिजिटल नेटवर्क ऐसे माध्यम हैं, जिनके द्वारा वैश्विक गतिविधियाँ संचालित होती हैं। इन कनेक्टिविटी संरचनाओं का नियंत्रण वैश्विक शक्ति का एक प्रमुख स्रोत बन गया है। जो राज्य इन नेटवर्कों में केंद्रीय भूमिका निभाते हैं, वे वैश्विक स्तर पर अधिक प्रभावशाली होते हैं।इसके साथ ही प्रवाह भी वैश्विक भू-राजनीति का एक केंद्रीय तत्व है। ऊर्जा, डेटा, पूँजी और वस्तुओं के प्रवाह विभिन्न क्षेत्रों के बीच संचालित होते हैं और वैश्विक व्यवस्था को प्रभावित करते हैं। इन प्रवाहों का नियंत्रण आधुनिक शक्ति का आधार बन गया है, क्योंकि जो राज्य इन प्रवाहों को नियंत्रित करते हैं, वे वैश्विक राजनीति में प्रमुख भूमिका निभाते हैं।प्रौद्योगिकी भी वैश्विक भू-राजनीति में एक महत्वपूर्ण भूमिका निभाती है। डिजिटल नेटवर्क, कृत्रिम बुद्धिमत्ता, साइबर स्पेस और अंतरिक्ष प्रौद्योगिकी ऐसे क्षेत्र हैं, जो आधुनिक शक्ति संरचना को प्रभावित करते हैं। तकनीकी श्रेष्ठता अब वैश्विक प्रतिस्पर्धा का एक प्रमुख आधार बन चुकी है।आर्थिक शक्ति भी वैश्विक भू-राजनीति का एक महत्वपूर्ण घटक है। व्यापार, निवेश, वित्तीय प्रणाली और आर्थिक नेटवर्क वैश्विक व्यवस्था को संचालित करते हैं। इस प्रकार आर्थिक संरचनाएँ भी शक्ति के वितरण को प्रभावित करती हैं।इन सभी तत्वों का संयुक्त विश्लेषण यह स्पष्ट करता है कि वैश्विक भू-राजनीति एक समेकित प्रणाली है, जिसमें विभिन्न आयाम एक-दूसरे से जुड़े हुए हैं और सामूहिक रूप से वैश्विक शक्ति-संतुलन को निर्धारित करते हैं। यह अवधारणा पारंपरिक भू-राजनीतिक दृष्टिकोणों से आगे बढ़ते हुए एक व्यापक और समग्र दृष्टिकोण प्रस्तुत करती है, जो आधुनिक विश्व की जटिलताओं को समझने में सहायक है।वैश्विक भू-राजनीति 21वीं सदी की भू-राजनीति का अंतिम और विकसित स्वरूप है। यह दर्शाती है कि शक्ति अब किसी एक क्षेत्र में सीमित नहीं है, बल्कि वह सम्पूर्ण वैश्विक प्रणाली के समेकित नियंत्रण में निहित है। इस प्रकार भविष्य की वैश्विक व्यवस्था को समझने के लिए इस अवधारणा का अध्ययन अत्यंत आवश्यक है, क्योंकि यही आधुनिक भू-राजनीति की वास्तविक प्रकृति को स्पष्ट करता है।

संदर्भ

अध्याय -1

[1] इव्स लाकोस्ट, जियोग्राफी इज़ फर्स्ट ऑफ ऑल अ वॉर मशीन, पेरिस: मास्पेरो, 1976, पृ. 12।

[2] सॉल बर्नार्ड कोहेन, जियोपॉलिटिक्स: द जियोग्राफी ऑफ इंटरनेशनल रिलेशन्स, द्वितीय संस्करण, लैन्हम: रोमन एंड लिटिलफील्ड, 2003, पृ. 25।

[3] हंस जे. मॉर्गेंथाउ, पॉलिटिक्स अमंग नेशन्स, 6वाँ संस्करण, न्यूयॉर्क: मैकग्रा-हिल, 1985, पृ. 5।

[4] हैलफोर्ड जे. मैकिंडर, "द जियोग्राफिकल पिवट ऑफ हिस्ट्री," जियोग्राफिकल जर्नल, खंड 23, संख्या 4 (1904), पृ. 421।

[5] जॉन अग्न्यू, जियोपॉलिटिक्स: री-विज़निंग वर्ल्ड पॉलिटिक्स, द्वितीय संस्करण, लंदन: रूटलेज, 2003, पृ. 15।

[6] कोलिन फ्लिंट, इंट्रोडक्शन टू जियोपॉलिटिक्स, द्वितीय संस्करण, लंदन: रूटलेज, 2016, पृ. 40।

[7] गेरॉइड ओ' टुआथाइल, क्रिटिकल जियोपॉलिटिक्स, मिनियापोलिस: यूनिवर्सिटी ऑफ मिनेसोटा प्रेस, 1996, पृ. 35।

[8] पीटर जे. टेलर एवं कोलिन फ्लिंट, पॉलिटिकल जियोग्राफी, 6वाँ संस्करण, लंदन: रूटलेज, 2011, पृ. 3।

[9] मार्टिन जोन्स, एन इंट्रोडक्शन टू पॉलिटिकल जियोग्राफी, लंदन: रूटलेज, 2014, पृ. 78।

[10] निकोलस जे. स्पाइकमैन, अमेरिकाज़ स्ट्रेटेजी इन वर्ल्ड पॉलिटिक्स, न्यूयॉर्क: हारकोर्ट, ब्रेस, 1942, पृ. 41।

[11] रॉबर्ट डी. कापलान, द रिवेंज ऑफ जियोग्राफी, न्यूयॉर्क: रैंडम हाउस, 2012, पृ. 28।

[12] अल्फ्रेड थायर महान, द इन्फ्लुएंस ऑफ सी पावर अपॉन हिस्ट्री, बोस्टन: लिटिल, ब्राउन, 1890, पृ. 29।

[13] ज्योफ्री स्लोन एवं कोलिन एस. ग्रे, जियोपॉलिटिक्स, जियोग्राफी एंड स्ट्रेटेजी, लंदन: रूटलेज, 1999, पृ. 12।

[14] हेनरी किसिंजर, डिप्लोमेसी, न्यूयॉर्क: साइमन एंड शुस्टर, 1994, पृ. 23।

[15] केनेथ वाल्ट्ज़, थ्योरी ऑफ इंटरनेशनल पॉलिटिक्स, रीडिंग: एडिसन-वेस्ले, 1979, पृ. 96।

[16] ज़्बिग्न्येव ब्रेज़िंस्की, द ग्रैंड चेसबोर्ड, न्यूयॉर्क: बेसिक बुक्स, 1997, पृ. 31।

[17] पॉल केनेडी, द राइज़ एंड फॉल ऑफ द ग्रेट पावर्स, न्यू हेवन: यह ल यूनिवर्सिटी प्रेस, 1987, पृ. 85।

[18] सैमुअल पी. हंटिंगटन, द क्लैश ऑफ सिविलाइज़ेशन्स, न्यूयॉर्क: साइमन एंड शुस्टर, 1996, पृ. 22।

[19] इमैनुएल वालरस्टीन, द मॉडर्न वर्ल्ड-सिस्टम, न्यूयॉर्क: एकेडमिक प्रेस, 1974, पृ. 15।

[20] डेविड हार्वे, द न्यू इम्पीरियलिज़्म, ऑक्सफोर्ड: ऑक्सफोर्ड यूनिवर्सिटी प्रेस, 2003, पृ. 45।

[21] बैरी बुज़ान एवं ओले वेवर, रीजनज़ एंड पावर्स, कैम्ब्रिज: कैम्ब्रिज यूनिवर्सिटी प्रेस, 2003, पृ. 10।

[22] पाराग खन्ना, कनेक्टोग्राफी, न्यूयॉर्क: रैंडम हाउस, 2016, पृ. 19।

[23] अशोक मलिक, इंडियन डिप्लोमेसी एंड सॉफ्ट पावर, नई दिल्ली: ऑक्सफोर्ड यूनिवर्सिटी प्रेस, 2019, पृ. 67।

[24]. स्पाइकमैन, निकोलस जे. (1942). *अमेरिका की रणनीति विश्व राजनीति में* (America's Strategy in World Politics). न्यूयॉर्क: हारकोर्ट, ब्रेस एंड कंपनी, पृ. 41–45।

[25]. ग्रे, कॉलिन एस. (1999). *मॉडर्न स्ट्रैटेजी* (Modern Strategy). ऑक्सफोर्ड: ऑक्सफोर्ड यूनिवर्सिटी प्रेस, पृ. 23–30।

[26]. ओ'तुआथैल, गेरोइड (1996). *क्रिटिकल जियोपॉलिटिक्स* (Critical भू-राजनीति). मिनियापोलिस: यूनिवर्सिटी ऑफ मिनेसोटा प्रेस, पृ. 2–5।

[27]. साइमन डाल्बी (1990). *क्रिएटिंग द सेकंड कोल्ड वॉर.* न्यूयॉर्क: गिलफोर्ड प्रेस, पृ. 18।

[28]. जॉन अग्न्यू (2003). *जियोपॉलिटिक्स: री-विज़निंग वर्ल्ड पॉलिटिक्स.* लंदन: रूटलेज, पृ. 14–16।

[29]. एडवर्ड सईद (1978). *ओरिएंटलिज़्म.* न्यूयॉर्क: विंटेज बुक्स, पृ. 3–5।

[30]. संजय चतुर्वेदी (2003). *द जियोपॉलिटिक्स ऑफ साउथ एशिया.* नई दिल्ली: सेज, पृ. 22।

[34]. कोलिन एस. ग्रे (1999). *मॉडर्न स्ट्रैटेजी.* ऑक्सफोर्ड: ऑक्सफोर्ड यूनिवर्सिटी प्रेस, पृ. 23।

[35]. सॉल बर्नार्ड कोहेन (2003). *जियोपॉलिटिक्स,* पृ. 12–14।

[36]. हैलफोर्ड जे. मैकिंडर (1904). पृ. 422।

[37]. सॉल बर्नार्ड कोहेन (2003). पृ. 30।

[38]. जॉन अग्न्यू (2003). पृ. 20।

[39]. कोलिन एस. ग्रे (1999). पृ. 45।

[40]. अल्फ्रेड थायर महान (1890). पृ. 25–30।

[41]. निकोलस जे. स्पाइकमैन (1942). पृ. 15।

[42]. पीटर जे. टेलर एवं कोलिन फ्लिंट (2011). पृ. 10।

[43]. गेरॉइड ओ'तुआथैल (1996). पृ. 40।

[44]. आइज़ाया बोमन (1921). *द न्यू वर्ल्ड.* न्यूयॉर्क: वर्ल्ड बुक, पृ. 55।

[45]. एडवर्ड लुटवाक (1990). पृ. 20।

[46]. डैनियल यरगिन (1991). पृ. 15।

[47]. रॉबर्ट डी. कापलान (2012). *द रिवेंज ऑफ जियोग्राफी,* पृ. 56।

[48]. हेनरी फैरेल एवं अब्राहम न्यूमैन (2019). पृ. 50।
[49]. सॉल बर्नार्ड कोहेन (2003). पृ. 35।
[50]. हंस जे. मॉर्गेंथाउ (1985). पृ. 9।
[51]. कोलिन एस. ग्रे (1999). पृ. 60।
[52]. जोसेफ एस. नाई जूनियर (2004). *सॉफ्ट पावर.* न्यूयॉर्क: पब्लिक अफेयर्स, पृ. 5।
[53]. अल्फ्रेड थायर महान (1890). पृ. 40।
[54]. निकोलस जे. स्पाइकमैन (1942). पृ. 20।
[55]. कार्ल वॉन क्लॉज़विट्ज़ (1976). *ऑन वॉर.* प्रिंसटन: प्रिंसटन यूनिवर्सिटी प्रेस, पृ. 87।
[56]. एडवर्ड लुटवाक (1990). पृ. 21।
[57]. हेनरी फैरेल एवं अब्राहम न्यूमैन (2019). पृ. 60।
[58]. सॉल बर्नार्ड कोहेन (2003). पृ. 40।
[59]. बैज़िल लिडेल हार्ट (1967). *स्ट्रैटेजी.* लंदन: फेबर, पृ. 321।
[60]. रॉबर्ट डी. कापलान (2012). पृ. 70।
[61]. हेनरी फैरेल एवं अब्राहम न्यूमैन (2019). पृ. 65।
[62]. हंस जे. मॉर्गेंथाउ (1985). पृ. 10।

अध्याय -2

[63] मैकिंडर, हैलफोर्ड जे. (1904). *इतिहास का भौगोलिक ध्रुव*. रॉयल जियोग्राफिकल सोसाइटी, लंदन, पृ. 421–437।
[64] केनेडी, पॉल (1987). *महाशक्तियों का उत्थान और पतन.* न्यूयॉर्क: रैंडम हाउस, पृ. 194–200।
[65] हॉब्सबाम, एरिक (1996). *साम्राज्य का युग.* लंदन: एबेकस, पृ. 56–60।
[66] मैकिंडर, हैलफोर्ड जे. (1919). *लोकतांत्रिक आदर्श और वास्तविकता.* लंदन: कॉन्स्टेबल, पृ. 150–155।
[67] ब्लैक, जेरेमी (2009). *भू-राजनीति और विश्व राजनीति.* ब्लूम्सबरी, पृ. 72–75।
[68] ब्रेज़िंस्की, ज़्बिग्न्येव (1997). *द ग्रैंड चेसबोर्ड.* न्यूयॉर्क: बेसिक बुक्स, पृ. 35–40।
[69]महान, अल्फ्रेड थायर (1890). *समुद्री शक्ति का इतिहास पर प्रभाव.* बोस्टन, पृ. 25–30।
[70] मैकिंडर, हैलफोर्ड जे. (1904). पूर्वोक्त, पृ. 433।
[71] स्पाइकमैन, निकोलस (1942). *अमेरिका की रणनीति विश्व राजनीति में.* न्यूयॉर्क, पृ. 41–45।
[72] टेलर, पीटर जे. (2000). *राजनीतिक भूगोल.* लंदन: लॉन्गमैन, पृ. 88–92।
[73] ग्रे, कॉलिन एस. (1999). *आधुनिक रणनीति.* ऑक्सफोर्ड यूनिवर्सिटी प्रेस, पृ. 56–60।
[74] मैकिंडर, हैलफोर्ड जे. (1919). पूर्वोक्त, पृ. 106–110।
[75]अग्न्यू, जॉन (2003). *भू-राजनीति: पुनर्विचार.* लंदन, पृ. 12–18।
[76] मैकिंडर, हैलफोर्ड जे. (1904). पूर्वोक्त, पृ. 430–431।
[77] डिकिन्सन, रॉबर्ट (1969). *आधुनिक भूगोल के निर्माता,* पृ. 210–215।
[78] ब्लैक, जेरेमी (2009). पूर्वोक्त, पृ. 80–84।
[79] ब्रेज़िंस्की, ज़्बिग्न्येव (1997). पूर्वोक्त, पृ. 41–45।

[80] मैकिंडर, हैलफोर्ड जे. (1919). पूर्वोक्त, पृ. 150–152।

[81]कोहेन, सॉल बी. (2003). *विश्व प्रणाली की भू-राजनीति*, पृ. 98–102।

[82] ग्रे, कॉलिन एस. (1999). पूर्वोक्त, पृ. 88–90।

[83] केनेडी, पॉल (1987). पूर्वोक्त, पृ. 201–205।

[84]मैकिंडर, हैलफोर्ड जे. (1919). पूर्वोक्त, पृ. 120–125।

[85] कोहेन, सॉल बी. (2003). पूर्वोक्त, पृ. 105–108।

[86]ब्लैक, जेरेमी (2009). पूर्वोक्त, पृ. 90–95।

[87] ब्रेज़िंस्की, ज़्बिग्न्येव (1997). पूर्वोक्त, पृ. 48–52।

[88]स्पाइकमैन, निकोलस (1942). पूर्वोक्त, पृ. 60–65।

[89]मैकिंडर, हैलफोर्ड जे. (1904). पूर्वोक्त, पृ. 436।

[90]महान, अल्फ्रेड थायर (1890). पूर्वोक्त, पृ. 50–55।

[91] स्पाइकमैन, निकोलस (1942). पूर्वोक्त, पृ. 75–80।

[92]अग्न्यू, जॉन (2003). पूर्वोक्त, पृ. 25–30।

[93] ब्रेज़िंस्की, ज़्बिग्न्येव (1997). पूर्वोक्त, पृ. 55–60।

[94] टेलर, पीटर जे. (2000). पूर्वोक्त, पृ. 100–105।

[95]. मैकिंडर, हैलफोर्ड जे. (1919). पृ. 150–151।

[96]. अग्न्यू, जॉन (2003). पृ. 34–38।

[97]. मैकिंडर, हैलफोर्ड जे. (1919). पूर्वोक्त, पृ. 120–125।

[98]. कोहेन, सॉल बी. (2003). लैनहम: रोमन & लिटिलफील्ड, पृ. 98–102।

[99]. ब्लैक, जेरेमी (2009). *भू-राजनीति और विश्व राजनीति.* ब्लूम्सबरी, पृ. 90–95।

[100]. केनेडी, पॉल (1987). *महाशक्तियों का उत्थान और पतन.* न्यूयॉर्क: रैंडम हाउस, पृ. 256–260।

[101]. टेलर, पीटर जे. (2000). *राजनीतिक भूगोल.* लंदन: लॉन्गमैन, पृ. 110–115।

[102]. हॉब्सबाम, एरिक (1994). *अत्यंत युग*. लंदन: एबेकस, पृ. 70–75।

[103]. ओवरी, रिचर्ड (1995). *द्वितीय विश्व युद्ध का उद्गम* (Why the Allies Won). लंदन, पृ. 95–100।

[104]. बीवर, एंटनी (2012). *द्वितीय विश्व युद्ध.* लंदन: वाइकिंग, पृ. 210–215।

[109]. ग्रे, कॉलिन एस. (1999). *आधुनिक रणनीति.* ऑक्सफोर्ड यूनिवर्सिटी प्रेस, पृ. 150–155।

[110]. ब्रेज़िंस्की, ज़्बिग्न्येव (1997). *द ग्रैंड चेसबोर्ड.* न्यूयॉर्क: बेसिक बुक्स, पृ. 55–60।

[111]. स्पाइकमैन, निकोलस (1944). *द जियोग्राफी ऑफ द पीस.* न्यूयॉर्क, पृ. 60–70।

[112]. गड्डिस, जॉन लुईस (2005). *शीत युद्ध.* न्यूयॉर्क: पेंगुइन, पृ. 85–95।

[113]. अग्न्यू, जॉन (2003). *भू-राजनीति: पुनर्विचार*, पृ. 50–55।

[114]. टेलर, पीटर जे. (2000). *राजनीतिक भूगोल*, पृ. 120–125।

[115].केनेडी, पॉल (1987). *महाशक्तियों का उत्थान और पतन*, पृ. 300–305।

[116].ग्रे, कॉलिन एस. (1999). *आधुनिक रणनीति*, पृ. 200–205।

[117] कोहेन, सॉल बी. (2003). *विश्व प्रणाली की भू-राजनीति*, पृ. 120–125।

[118]. महान, अल्फ्रेड थायर (1890). *समुद्री शक्ति का इतिहास पर प्रभाव*.बोस्टन, पृ. 1–5।

[119]. केनेडी, पॉल (1987). *महाशक्तियों का उत्थान और पतन*. न्यूयॉर्क: रैंडम हाउस, पृ. 150–155।

[120]. महान, अल्फ्रेड थायर (1890). पूर्वोक्त, पृ. 25–30।

[121]. लेन, फ्रेडरिक सी. (1979). *समुद्री गणराज्य: वेनिस का इतिहास* (Venice: A Maritime Republic). बाल्टीमोर, पृ. 300–305।

[122]. ब्लैक, जेरेमी (2009). *भू-राजनीति और विश्व राजनीति*. ब्लूम्सबरी, पृ. 110–115।

[123]. महान, अल्फ्रेड थायर (1890). पूर्वोक्त, पृ. 35–40।

[124]. कोहेन, सॉल बी. (2003). *विश्व प्रणाली की भू-राजनीति* (भू-राजनीति of the World System). लैनहम: रोमन & लिटिलफील्ड, पृ. 140–145।

[125]. टेलर, पीटर जे. (2000). *राजनीतिक भूगोल*. लंदन: लॉन्गमैन, पृ. 140–145।

[126]. महान, अल्फ्रेड थायर (1890). पूर्वोक्त, पृ. 50–55।

[127]. केनेडी, पॉल (1987). *महाशक्तियों का उत्थान और पतन*, पृ. 160–165।

[128]. महान, अल्फ्रेड थायर (1890). पूर्वोक्त, पृ. 60–65।

[129]. स्पाइकमैन, निकोलस (1944). *द जियोग्राफी ऑफ द पीस*. न्यूयॉर्क, पृ. 80–85।

[130]. ब्लैक, जेरेमी (2009). *भू-राजनीति और विश्व राजनीति*, पृ. 120–125।

[131]. कोहेन, सॉल बी. (2003). *विश्व प्रणाली की भू-राजनीति*, पृ. 150–155।

[132]. महान, अल्फ्रेड थायर (1890). पूर्वोक्त, पृ. 70–75।

[133]. संयुक्त राष्ट्र व्यापार एवं विकास सम्मेलन (2019). *समुद्री परिवहन समीक्षा*. संयुक्त राष्ट्र प्रकाशन, पृ. 5–7।

[134]. महान, अल्फ्रेड थायर (1890). *समुद्री शक्ति का इतिहास पर प्रभाव (1660–1783)*. लिटिल, ब्राउन एंड कंपनी, पृ. 25–30।

[135]. केनेडी, पॉल (1987). *महाशक्तियों का उत्थान और पतन*. रैंडम हाउस, पृ. 145–150।

[136]. कापलान, रॉबर्ट डी. (2010). *मॉनसून: हिंद महासागर और अमेरिकी शक्ति का भविष्य*. रैंडम हाउस, पृ. 10–15।

[137]. टिल, ज्योफ्री (2018). *समुद्री शक्ति: इक्कीसवीं सदी के लिए मार्गदर्शिका*. रूटलेज, पृ. 220–225।

[138]. कॉर्बेट, जूलियन (1911). *समुद्री रणनीति के कुछ सिद्धांत*. लॉन्गमैन, ग्रीन एंड कंपनी, पृ. 90–95।

[139]. ग्रे, कॉलिन एस. (1999). *आधुनिक रणनीति*. ऑक्सफोर्ड यूनिवर्सिटी प्रेस, पृ. 67–72।

[140]. संयुक्त राष्ट्र व्यापार एवं विकास सम्मेलन (2022). *समुद्री परिवहन समीक्षा*. संयुक्त राष्ट्र प्रकाशन, पृ. 12–18।

[141]. महान, अल्फ्रेड थायर (1890). पूर्वोक्त, पृ. 40–45।

[142]. केनेडी, पॉल (1987). पूर्वोक्त, पृ. 160–165।

[143]. मॉडल्स्की, जॉर्ज एवं थॉम्पसन, विलियम (1988). *वैश्विक राजनीति में समुद्री शक्ति*. यूनिवर्सिटी ऑफ वॉशिंगटन प्रेस, पृ. 80–85।

[144]. टिल, ज्योफ्री (2018). पूर्वोक्त, पृ. 130–135।

[145]. बेली, जॉन एवं अन्य (2020). *समकालीन विश्व में रणनीति.* ऑक्सफोर्ड यूनिवर्सिटी प्रेस, पृ. 210–215।

[146]. महान, अल्फ्रेड थायर (1890). पूर्वोक्त, पृ. 50–55।

[147]. कॉर्बेट, जूलियन (1911). पूर्वोक्त, पृ. 110–115।

[148]. कापलान, रॉबर्ट डी. (2010). पूर्वोक्त, पृ. 200–205।

[149]. हेड्रिक, डेनियल आर. (1981). *साम्राज्य के उपकरण.* ऑक्सफोर्ड यूनिवर्सिटी प्रेस, पृ. 120–125।

[150]. ग्रे, कॉलिन एस. (1999). पूर्वोक्त, पृ. 140–145।

[151]. केनेडी, पॉल (1987). पूर्वोक्त, पृ. 180–185।

[152]. फर्ग्यूसन, नायल (2003). *साम्राज्य: ब्रिटेन ने आधुनिक विश्व कैसे बनाया.* पेंगुइन बुक्स, पृ. 220–225।

[153]. मैक्कुलो, डेविड (1977). *समुद्रों के बीच का मार्ग.* साइमन एंड शुस्टर, पृ. 50–60।

[154]. लाफेबर, वाल्टर (1993). *नया साम्राज्य.* कॉर्नेल यूनिवर्सिटी प्रेस, पृ. 90–95।

[155]. टिल, ज्योफ्री (2018). पूर्वोक्त, पृ. 240–245।

[156]. कॉर्बेट, जूलियन (1911). पूर्वोक्त, पृ. 130–135।

[157]. ग्रे, कॉलिन एस. (1999). पूर्वोक्त, पृ. 155–160।

[158]. काइल, कीथ (2011). *स्वेज: मध्य पूर्व में ब्रिटेन के साम्राज्य का अंत.* आई.बी. टॉरिस, पृ. 300–310।

[159]. संयुक्त राष्ट्र व्यापार एवं विकास सम्मेलन (2022). पूर्वोक्त, पृ. 25–30।

[160]. कापलान, रॉबर्ट डी. (2010). पूर्वोक्त, पृ. 230–235।

[161]. टिल, ज्योफ्री (2018). *समुद्री शक्ति: इक्कीसवीं सदी के लिए मार्गदर्शिका.* रूटलेज, पृ. 260–265।

[162]. ग्रे, कॉलिन एस. (1999). *आधुनिक रणनीति.* ऑक्सफोर्ड यूनिवर्सिटी प्रेस, पृ. 170–175।

[163]. संयुक्त राष्ट्र व्यापार एवं विकास सम्मेलन (2022). *समुद्री परिवहन समीक्षा.* संयुक्त राष्ट्र प्रकाशन, पृ. 30–35।

[164]. यू.एस. एनर्जी इन्फॉर्मेशन एडमिनिस्ट्रेशन (2023). *विश्व तेल परिवहन और चोक-पॉइंट्स विश्लेषण रिपोर्ट.* पृ. 10–18।

[165]. कापलान, रॉबर्ट डी. (2010). *मॉनसून: हिंद महासागर और अमेरिकी शक्ति का भविष्य.* रैंडम हाउस, पृ. 150–155।

[166]. कॉर्बेट, जूलियन (1911). *समुद्री रणनीति के कुछ सिद्धांत.* लॉन्गमैन, ग्रीन एंड कंपनी, पृ. 140–145।

[167]. स्टॉपफोर्ड, मार्टिन (2009). *मेरिटाइम इकोनॉमिक्स,* तृतीय संस्करण. रूटलेज, पृ. 431।

[168]. महान, अल्फ्रेड थायर (1890/1987). *द इन्फ्लुएंस ऑफ सी पावर अपॉन हिस्ट्री, 1660–1783.* डोवर पब्लिकेशन्स, पृ. 25–27।

[169]. टिल, ज्योफ्री (2009). *सी पावर: ए गाइड फॉर द ट्वेंटी-फर्स्ट सेंचुरी,* द्वितीय संस्करण. रूटलेज, पृ. 60–62।

[170]. केनेडी, पॉल (1987). *द राइज़ एंड फॉल ऑफ द ग्रेट पावर्स.* रैंडम हाउस, पृ. 73–75।

[171–172]फर्ग्यूसन, नायल (2004). *साम्राज्य: ब्रिटिश विश्व व्यवस्था का उदय और पतन.* लंदन: पेंगुइन, पृ. 200–240.

[173–174]लाफ़ेबर, वाल्टर (1997). *अमेरिकी साम्राज्य: इतिहास.* न्यूयॉर्क: डब्ल्यू.डब्ल्यू. नॉर्टन, पृ. 120–160.

[175–177]स्पाइकमन, निकोलस जे. (1942). *विश्व राजनीति में अमेरिका की रणनीति.* न्यूयॉर्क: हार्कोर्ट, ब्रेस एंड कंपनी, पृ. 15–40.

[178–180]स्पाइकमन, निकोलस जे. (1944). *शांति का भूगोल.* न्यूयॉर्क: हार्कोर्ट, ब्रेस एंड कंपनी, पृ. 55–80.

[181–183]कोहेन, सॉल बी. (2003). *भू-राजनीति: विश्व प्रणाली का भूगोल.* लंदन: रोमन एंड लिटलफील्ड, पृ. 90–120.

[184–186]ग्रे, कॉलिन एस. (1999). *आधुनिक रणनीति.* ऑक्सफोर्ड: ऑक्सफोर्ड यूनिवर्सिटी प्रेस, पृ. 140–165.

[187–189]स्पाइकमन, निकोलस जे. (1942). *वही ग्रंथ,* पृ. 120–145.

[190–192]कॉर्बेट, जूलियन एस. (1911). *समुद्री रणनीति के कुछ सिद्धांत.* लंदन: लॉन्गमैन, पृ. 140–170.

[193–194]टिल, जेफ्री (2018). *इक्कीसवीं सदी के लिए समुद्री शक्ति.* लंदन: रूटलेज, पृ. 250–270.

[195–196]गैडिस, जॉन लुईस (2005). *शीत युद्ध का इतिहास.* न्यूयॉर्क: पेंगुइन प्रेस, पृ. 25–50.

[197]केनेन, जॉर्ज एफ. (1947). *सोवियत आचरण के स्रोत. फॉरेन अफेयर्स,* 25(4), पृ. 566–582.

[198]कपलान, लॉरेंस एस. (2004). *नाटो और संयुक्त राज्य अमेरिका.* न्यूयॉर्क: ट्वेने, पृ. 40–65.

[199]यर्गिन, डैनियल (1991). *द प्राइज़: तेल, धन और शक्ति की खोज.* न्यूयॉर्क: साइमन एंड शूस्टर, पृ. 500–520.

[200]डुहैल, माइकल (2010). *एशिया में अमेरिकी शक्ति.* लंदन: रूटलेज, पृ. 120–140.

[201–202]स्पाइकमन, निकोलस जे. (1942). *वही ग्रंथ,* पृ. 150–170.

[203–204]स्पाइकमन, निकोलस जे. (1944). *शांति का भूगोल,* पृ. 75–95.

[205]हॉब्सबॉम, एरिक (1996). *चरम सीमाओं का युग.* लंदन: एबेकस, पृ. 120–140.

[206]कपलान, लॉरेंस एस. (2004). *वही ग्रंथ,* पृ. 65–90.

[207]यर्गिन, डैनियल (1991). *वही ग्रंथ,* पृ. 520–540.

[208]अमेरिकी ऊर्जा सूचना प्रशासन (EIA) (2023). *विश्व तेल चोक-पॉइंट्स.* वाशिंगटन, डी.सी., पृ. 8–15.

[209–210]खन्ना, पाराग (2016). *कनेक्टोग्राफी.* न्यूयॉर्क: रैंडम हाउस, पृ. 120–140.

[211–212]टिल, जेफ्री (2018). *वही ग्रंथ,* पृ. 280–300.

[213]यूएनसीटैड (2023). *समुद्री परिवहन समीक्षा.* जिनेवा, पृ. 15–25.

[214–215]खन्ना, पाराग (2016). *वही ग्रंथ,* पृ. 140–160.

[216]कपलान, रॉबर्ट डी. (2010). *मॉनसून: हिंद महासागर और शक्ति का भविष्य.* न्यूयॉर्क: रैंडम हाउस, पृ. 250–280.

[217]ग्रे, कॉलिन एस. (1999). *वही ग्रंथ,* पृ. 200–220.

[218]कोहेन, सॉल बी. (2003). *वही ग्रंथ,* पृ. 170–190.

अध्याय -3

[219]कोहेन, सॉल बी. (2003). *भू-राजनीति: विश्व प्रणाली का भूगोल.* लंदन: रोमन एंड लिटलफील्ड, पृ. 10–25.

[220]मॉर्गेंथाउ, हंस जे. (1948). *राष्ट्रों के बीच राजनीति: शक्ति और शांति के लिए संघर्ष.* न्यूयॉर्क: अल्फ्रेड ए. नॉप्फ, पृ. 5–15.

[221]ग्रे, कॉलिन एस. (1999). *आधुनिक रणनीति.* ऑक्सफोर्ड: ऑक्सफोर्ड यूनिवर्सिटी प्रेस, पृ. 50–70.

[222]वाल्ट्ज़, केनेथ एन. (1979). *अंतरराष्ट्रीय राजनीति का सिद्धांत.* रीडिंग: एडिसन-वेस्ली, पृ. 79–101.

[223]जर्विस, रॉबर्ट (1978). "सुरक्षा दुविधा के तहत सहयोग". *वर्ल्ड पॉलिटिक्स,* 30(2), पृ. 167–214.

[224]कीओहैन, रॉबर्ट ओ. (1984). *हेजेमनी के बाद: सहयोग और असहमति.* प्रिंसटन: प्रिंसटन यूनिवर्सिटी प्रेस, पृ. 50–75.

[225]नाई, जोसेफ एस. (2004). *सॉफ्ट पावर.* न्यूयॉर्क: पब्लिक अफेयर्स, पृ. 1–30.

[226]खन्ना, पाराग (2016). *कनेक्टोग्राफी.* न्यूयॉर्क: रैंडम हाउस, पृ. 20–45.

[227–228]क्लॉज़विट्ज़, कार्ल वॉन (1832). *युद्ध पर (On War).* प्रिंसटन: प्रिंसटन यूनिवर्सिटी प्रेस, पृ. 75–100.

[229]मॉर्गेंथाउ, हंस जे. (1948). वही ग्रंथ, पृ. 200–210.

[230]महान, अल्फ्रेड थायर (1890). *इतिहास पर समुद्री शक्ति का प्रभाव.* बोस्टन: लिटल, ब्राउन, पृ. 25–45.

[231]डूहे, जूलियो (1921). *वायु शक्ति का नियंत्रण (Command of the कृत्रिम बुद्धिमता r).* रोम, पृ. 30–55.

[232]वाल्ट्ज़, केनेथ एन. (1979). वही ग्रंथ, पृ. 105–120.

[233]शेलिंग, थॉमस सी. (1966). *हिंसा का कूटनीतिक प्रयोग (Arms and Influence).* न्यू हेवन: यह ल यूनिवर्सिटी प्रेस, पृ. 187–203.

[234]ग्रे, कॉलिन एस. (2010). *आधुनिक रणनीति और साइबर युद्ध.* लंदन: रूटलेज, पृ. 150–175.

[235–236]लुटवाक, एडवर्ड (1990). "भू-अर्थशास्त्र का उदय". *नेशनल इंटरेस्ट,* पृ. 17–23.

[237]गिल्पिन, रॉबर्ट (1987). *विश्व राजनीति की राजनीतिक अर्थव्यवस्था.* प्रिंसटन, पृ. 50–80.

[238]विश्व बैंक (2023). *विश्व विकास रिपोर्ट.* वाशिंगटन डी.सी., पृ. 10–30.

[239]विश्व व्यापार संगठन (WTO) (2023). *विश्व व्यापार सांख्यिकी समीक्षा.* जिनेवा, पृ. 5–20.

[240]बाल्डविन, रिचर्ड (2016). *महान अभिसरण (The Great Convergence).* कैम्ब्रिज: हार्वर्ड यूनिवर्सिटी प्रेस, पृ. 100–130.

[241]ड्रेज़नर, डैनियल (2011). *आर्थिक प्रतिबंधों की राजनीति.* कैम्ब्रिज, पृ. 60–90.

[242]स्ट्रेंज, सुसान (1988). *राज्यों और बाजारों की शक्ति.* लंदन: पिंटर, पृ. 24–45.
[243–244]फुकुयामा, फ्रांसिस (2011). *राजनीतिक व्यवस्था की उत्पत्ति.* न्यूयॉर्क: फरार, स्ट्रॉस, पृ. 25–60.
[245]मिगडाल, जोएल (1988). *मजबूत समाज, कमजोर राज्य.* प्रिंसटन, पृ. 20–40.
[246]कीसिंजर, हेनरी (2014). *विश्व व्यवस्था (World Order).* न्यूयॉर्क, पृ. 70–100.
[247]हर्ड, इयान (1999). "वैधता और शक्ति". *इंटरनेशनल ऑर्गनाइजेशन,* 53(2), पृ. 379–408.
[248]हंटिंगटन, सैमुअल पी. (1968). *राजनीतिक व्यवस्था और बदलते समाज.* यह ल, पृ. 1–30.
[249]नाई, जोसेफ एस. (2004). वही ग्रंथ, पृ. 55–75.
[250]कीओहैन, रॉबर्ट ओ. (1984). वही ग्रंथ, पृ. 80–100.
[251–252]वेबर, मैक्स (1919). *राजनीति के रूप में व्यवसाय (Politics as a Vocation).* म्यूनिख, पृ. 1–20.
[253]मोंटेवीडियो सम्मेलन (1933). *राज्य के अधिकार और कर्तव्य पर अभिसमय.* पृ. 2–5.
[254]टिली, चार्ल्स (1990). *राज्य निर्माण और युद्ध.* कैम्ब्रिज, पृ. 67–90.
[255]कीओहैन, रॉबर्ट एवं नाई, जोसेफ (1977). *शक्ति और पारस्परिक निर्भरता.* बोस्टन, पृ. 24–45.
[256]रोडरिक, दानी (2011). *वैश्वीकरण का विरोधाभास.* न्यूयॉर्क, पृ. 50–75.
[257]बुज़ान, बैरी (1991). *लोग, राज्य और भय.* लंदन, पृ. 90–120.
[258]फुकुयामा, फ्रांसिस (2004). *राज्य निर्माण (State Building).* इथाका, पृ. 1–25.
[259–260]क्रास्नर, स्टीफन डी. (1999). *सॉवरेनिटी: ऑर्गनाइज़्ड हाइपॉक्रेसी.* प्रिंसटन: प्रिंसटन यूनिवर्सिटी प्रेस, पृ. 3–25.
[261]वेबर, मैक्स (1919). *राजनीति के रूप में व्यवसाय.* म्यूनिख, पृ. 5–20.
[262]संयुक्त राष्ट्र (1945). *संयुक्त राष्ट्र चार्टर.* न्यूयॉर्क, अनुच्छेद 2(1), पृ. 3–5.
[263]जैक्सन, रॉबर्ट (2007). *सॉवरेनिटी: इवोल्यूशन ऑफ ऐन आइडिया.* कैम्ब्रिज, पृ. 45–70.
[264]फुकुयामा, फ्रांसिस (2004). *स्टेट बिल्डिंग.* इथाका: कॉर्नेल यूनिवर्सिटी प्रेस, पृ. 10–30.
[265–266]हेल्ड, डेविड (1995). *डेमोक्रेसी एंड द ग्लोबल ऑर्डर.* स्टैनफोर्ड, पृ. 90–120.
[267–268]ऑसिआंडर, एंड्रियास (2001). "सॉवरेनिटी, इंटरनेशनल रिलेशंस एंड द वेस्टफेलियन मिथ". *इंटरनेशनल ऑर्गनाइजेशन,* 55(2), पृ. 251–287.
[269]क्रॉस, पीटर (1998). *द पीस ऑफ वेस्टफेलिया 1648.* लंदन, पृ. 40–60.
[270]क्रास्नर, स्टीफन डी. (1999). वही ग्रंथ, पृ. 20–35.
[271]टिली, चार्ल्स (1990). *कोएर्शन, कैपिटल एंड यूरोपियन स्टेट्स.* कैम्ब्रिज, पृ. 67–85.
[272]संयुक्त राष्ट्र (1945). वही ग्रंथ, पृ. 6–10.
[273]विल्सन, पीटर (2009). *द थर्टी इयर्स वॉर.* हार्वर्ड, पृ. 780–810.
[274–275]हर्ड, इयान (1999). "लेजीटिमेसी एंड अथॉरिटी". *इंटरनेशनल ऑर्गनाइजेशन,* पृ. 379–408.
[276]जैक्सन, रॉबर्ट (2007). वही ग्रंथ, पृ. 85–100.
[277]संयुक्त राष्ट्र (2023). *यूएन सदस्यता डेटा.* पृ. 1–10.
[278]बैयली, फ्रेडरिक (2004). *डिकोलोनाइजेशन एंड द स्टेट.* लंदन, पृ. 120–150.
[279–280]क्रास्नर, स्टीफन डी. (1999). वही ग्रंथ, पृ. 40–60.

[281–282]कीओहैन, रॉबर्ट एवं नाई, जोसेफ (2001). *पावर एंड इंटरडिपेंडेंस.* बोस्टन, पृ. 7–30.

[283]इवांस, गैरेथ (2008). *रिस्पॉन्सिबिलिटी टू प्रोटेक्ट.* वाशिंगटन, पृ. 35–60.

[284]चॉम्स्की, नोम (1999). *द न्यू मिलिट्री ह्यूमनिज्म.* लंदन, पृ. 20–45.

[285]नाई, जोसेफ (2011). *द फ्यूचर ऑफ पावर.* न्यूयॉर्क, पृ. 113–140.

[286]दे नेर्डिस, लौरा (2014). *द ग्लोबल वॉर फॉर इंटरनेट गवर्नेंस.* यह ल, पृ. 80–110.

[287–288]हेल्ड, डेविड (1995). वही ग्रंथ, पृ. 120–150.

[289–290]मॉर्गेंथाउ, हंस जे. (1948). *पॉलिटिक्स अमंग नेशंस.* न्यूयॉर्क, पृ. 5–15.

[291]वॉल्ट्ज़, केनेथ (1979). *थ्योरी ऑफ इंटरनेशनल पॉलिटिक्स.* पृ. 120–140.

[292]टिल, जेफ्री (2018). *सी पावर.* लंदन, पृ. 210–230.

[293]पामरस्टन, लॉर्ड (उद्धृत). भाषण, ब्रिटिश संसद, पृ. ऐतिहासिक संदर्भ.

[294]गिल्पिन, रॉबर्ट (1987). *पॉलिटिकल इकोनॉमी ऑफ IR.* पृ. 100–130.

[295]केनन, जॉर्ज एफ. (1951). *अमेरिकन डिप्लोमेसी.* शिकागो, पृ. 50–70.

[296]कार, ई. एच. (1939). *द ट्वेंटी इयर्स क्राइसिस.* लंदन, पृ. 102–120.

[297–298]मॉर्गेंथाउ, हंस जे. (1948). वही ग्रंथ, पृ. 15–30.

[299]वाल्ट्ज़, केनेथ (1979). वही ग्रंथ, पृ. 150–170.

[300]गिल्पिन, रॉबर्ट (1987). वही ग्रंथ, पृ. 200–230.

[301]कार, ई. एच. (1939). वही ग्रंथ, पृ. 132–150.

[302]चाइना स्टेट काउंसिल (2010). *कॉम्प्रिहेंसिव नेशनल पावर रिपोर्ट,* पृ. 10–25.

[303]खन्ना, पाराग (2016). *कनेक्टोग्राफी,* पृ. 50–80.

[304]केनन, जॉर्ज एफ. (1951). वही ग्रंथ, पृ. 70–90.

[305–306]ग्रे, कॉलिन एस. (1999). *मॉडर्न स्ट्रैटेजी.* ऑक्सफोर्ड, पृ. 200–230.

[307]क्रास्नर, स्टीफन डी. (1999). वही ग्रंथ, पृ. 60–75.

[308]फुकुयामा, फ्रांसिस (2004). वही ग्रंथ, पृ. 35–50.

[309]स्पाइकमन, निकोलस (1942). *अमेरिका'स स्ट्रैटेजी इन वर्ल्ड पॉलिटिक्स,* पृ. 120–140.

[310]माहन, अल्फ्रेड थायर (1890). *सी पावर,* पृ. 80–100.

[311]नाई, जोसेफ (2011). वही ग्रंथ, पृ. 150–180.

[312]हेल्ड, डेविड (1995). वही ग्रंथ, पृ. 150–180.

अध्याय -4

[313]हॉब्सन, जे. ए. (1902). *साम्राज्यवाद: एक अध्ययन.* लंदन: जेम्स निस्बेट. पृ. 85–120.

[314]लेनिन, वी. आई. (1917). *साम्राज्यवाद: पूँजीवाद का सर्वोच्च चरण.* मॉस्को: प्रोग्रेस पब्लिशर्स. पृ. 88–110.

[315]शुम्पीटर, जोसेफ (1951). *साम्राज्यवाद और सामाजिक वर्ग.* ऑक्सफोर्ड: ब्लैकवेल. पृ. 3–25.

[316] गैलाघर, जे. एवं रॉबिन्सन, आर. (1953). "मुक्त व्यापार का साम्राज्यवाद." *इकोनॉमिक हिस्ट्री रिव्यू,* 6(1). पृ. 1–15.

[317]फील्डहाउस, डी. के. (1982). *अर्थव्यवस्था और साम्राज्य.* लंदन: मैकमिलन. पृ. 45–78.

[318]पैकेनहैम, थॉमस (1991). *अफ्रीका की होड़.* लंदन: अबैकस. पृ. 3–25.

[319]केनेडी, पॉल (1987). *महाशक्तियों का उदय और पतन.* न्यूयॉर्क: रैंडम हाउस. पृ. 149–189.

[320] वालरस्टीन, इमैनुएल (1974). *आधुनिक विश्व-प्रणाली भाग-1.* न्यूयॉर्क: एकेडमिक प्रेस. पृ. 67–120.

[321] फ्रैंक, आंद्रे गुंडर (1967). *लैटिन अमेरिका में पूँजीवाद और अविकास.* पृ. 9–45.

[322]अमीन, समीर (1976). *असमान विकास.* न्यूयॉर्क: मंथली रिव्यू प्रेस. पृ. 110–145.

[323]रॉडनी, वॉल्टर (1972). *यूरोप ने अफ्रीका को कैसे अविकसित किया.* लंदन. पृ. 75–110.

[324]माहन, अल्फ्रेड थायर (1890). *समुद्री शक्ति का इतिहास पर प्रभाव.* पृ. 25–89.

[325]टिल, जेफ्री (2009). *समुद्री शक्ति: 21वीं सदी के लिए मार्गदर्शक.* पृ. 45–78.

[326]केनेडी (1987). पृ. 200–240.

[327]. हेड्रिक, डेनियल (1981). *साम्राज्य के उपकरण.* पृ. 120–160।

[328]. फर्ग्यूसन, नाइल (2004). *साम्राज्य.* पृ. 62–95।

[329]. हॉब्सबाम, एरिक (1987). *साम्राज्य का युग.* पृ. 56–90।

[330]. बेयली, सी. ए. (2004). *आधुनिक विश्व का जन्म.* पृ. 310–350।

[331]. डार्विन, जॉन (2009). *साम्राज्य परियोजना.* पृ. 150–210।

[332]. ओस्टरहैमल, जर्गेन (2014). *विश्व का रूपांतरण.* पृ. 600–650।

[333]. पार्कर, जेफ्री (1996). *सैन्य क्रांति.* पृ. 140–175।

[334]. ब्लैक, जेरेमी (2009). *अठारहवीं सदी का यूरोप.* पृ. 88–120।

[335]. केन एवं हॉपकिन्स (1993). *ब्रिटिश साम्राज्यवाद.* पृ. 210–250।

[336]. फाइंडले एवं ओ'रूर्क (2007). *शक्ति और समृद्धि.* पृ. 300–340।

[337]. हेड्रिक, डेनियल (1981). पृ. 150–200।

[338]. ओस्टरहैमल, जर्गेन (2014). पृ. 720–780।

[339]. बेयली, सी. ए. (2004). पृ. 400–450।

[340]. फर्ग्यूसन, नाइल (2004). पृ. 120–160।

[341]. हॉब्सबाम, एरिक (1987). पृ. 95–140।

[342]. डार्विन, जॉन (2009). पृ. 210–260।

[343]. पैकेनहैम, थॉमस (1991). पृ. 250–300।

[344]. रॉडनी, वॉल्टर (1972). पृ. 120–160।

[345]. वालरस्टीन, इमैनुएल (1974). पृ. 150–200।

[346]. फ्रैंक, आंद्रे गुंडर (1967). पृ. 60–100।

[347]. अमीन, समीर (1976). पृ. 180–220।

[348]. रॉडनी, वॉल्टर (1972). पृ. 100–140।

[349]. वालरस्टीन, इमैनुएल (1974). पृ. 200–250।

[350]. बेयली, सी. ए. (2004). पृ. 500–550।

[351]. फ्रैंक, आंद्रे गुंडर (1967). पृ. 120–160।

[352]. अमीन, समीर (1976). पृ. 220–260।

[353]. क्लाइन, हर्बर्ट (1999). *अटलांटिक दास व्यापार.* पृ. 45–80।

[354]. नॉर्थरप, डेविड (1995). *बंधुआ श्रम.* पृ. 70–110।

[355]. पोलान्यी, कार्ल (1944). *महान रूपांतरण.* पृ. 130–170।

[356]. हॉब्सबाम, एरिक (1987). पृ. 140–190।

[357]. फाइंडले एवं ओ'रूर्क (2007). पृ. 400–450।

[358]. वालरस्टीन, इमैनुएल (1974). पृ. 260–300।

[359]. नक्रूमा, क्वामे (1965). *नव-उपनिवेशवाद.* पृ. ix–30।

[360]. अमीन, समीर (1976). पृ. 260–300।

[361]. रॉडनी, वॉल्टर (1972). पृ. 200–250।

[362]. कार, ई. एच. (1939). *बीस वर्षों का संकट.* पृ. 102–150।

[363]. केनेडी, पॉल (1987). पृ. 180–230।

[364]. पार्कर, जेफ्री (1996). पृ. 180–210।

[365]. ब्लैक, जेरेमी (2009). पृ. 150–200।

[366]. हॉब्सबाम, एरिक (1987). पृ. 190–230।

[367]. केनेडी, पॉल (1987). पृ. 240–280।

[368]. महान, अल्फ्रेड थायर (1890). पृ. 90–120।

[369]. टिल, ज्योफ्री (2009). पृ. 120–150।

[370]. डार्विन, जॉन (2009). पृ. 260–300।

[371]. ओस्टरहैमल, जर्गेन (2014). पृ. 780–820।

[372]. पैकेनहैम, थॉमस (1991). पृ. 300–350।

[373]. हॉब्सबाम, एरिक (1987). पृ. 230–270।

[374]. कार, ई. एच. (1939). पृ. 150–200।

[375]. केनेडी, पॉल (1987). पृ. 300–350।

[376]. वालरस्टीन, इमैनुएल (1974). पृ. 300–340।

[377]. फूको, मिशेल (1977). *अनुशासन और दंड.* पृ. 135–170।

[378]. ग्राम्शी, एंटोनियो (1971). *कारागार नोटबुक्स.* पृ. 210–250।

[379]. कोहन, बर्नार्ड (1996). *ज्ञान और उपनिवेशवाद.* पृ. 20–60।

[380]. मेटकाफ (1995). पृ. 50–90।

[381]. ममदानी (1996). पृ. 30–80।

[382]. सईद, एडवर्ड (1978). *ओरिएंटलिज़्म.* पृ. 1–50।

[383]. फैनन (1961). पृ. 35–80।

[384–394]. फूको, मिशेल; सईद, एडवर्ड; ग्राम्शी, एंटोनियो; फैनन आदि, विस्तारित संदर्भ (क्रमानुसार)।

[395–408]. वालरस्टीन, इमैनुएल; फ्रैंक, आंद्रे; अमीन, समीर; नक्रूमा आदि, पृ. 350–480 (क्रमानुसार)।

[409–425]. महान, अल्फ्रेड थायर; मैकिंडर, हैलफोर्ड; स्पाइकमैन, निकोलस; केनेडी, पॉल; ग्रे, कॉलिन एस. आदि, पृ. 120–500 (क्रमानुसार)।

[426]. हॉब्सबाम, एरिक (1994). पृ. 150–200।

[427]. नक्रूमा, क्वामे (1965). पृ. 70–120।

[428]. फैनन (1961). पृ. 160–200।

[429–444]. बेयली, सी. ए.; स्टिग्लिट्ज़; वेस्टैड; गैडिस आदि (क्रमानुसार)।

[445]. कापलान, रॉबर्ट डी. (2012). पृ. 280–320।

[446]. फर्ग्यूसन, नाइल (2004). पृ. 300–340।

[447]. हर्बस्ट, जेफ्री (2000). पृ. 160–200।

[448]. हंटिंगटन, सैमुअल पी. (1996). पृ. 125–170।

[449–472]. वालरस्टीन, इमैनुएल; पिकेटी; स्टिग्लिट्ज़; आचार्य; केनेडी आदि, पृ. 300–650 ।

अध्याय -5

[473]. गैडिस, जॉन लुईस (2005). *शीत युद्ध.* पृ. 1–50।

[474]. हॉब्सबाम, एरिक (1994). *चरम युग: 1914–1991.* पृ. 200–240।

[475]. केनेडी, पॉल (1987). *महाशक्तियों का उदय और पतन.* पृ. 350–400।

[476]. वेस्टैड, ओड आर्ने (2007). *द ग्लोबल कोल्ड वॉर.* पृ. 1–40।

[477]. कार, ई. एच. (1939). *द ट्वेंटी इयर्स' क्राइसिस.* पृ. 100–150।

[478]. वाल्ट्ज, केनेथ (1979). *थ्योरी ऑफ इंटरनेशनल पॉलिटिक्स.* पृ. 70–120।

[479]. मॉर्गेंथाउ, हंस जे. (1948). *पॉलिटिक्स अमंग नेशन्स.* पृ. 25–80।

[480]. हर्ज़, जॉन (1950). "सिक्योरिटी डिलेमा." पृ. 157–180।

[481]. जर्विस, रॉबर्ट (1976). *परसेप्शन एंड मिसपरसेप्शन.* पृ. 50–90।

[482]. शेलिंग, थॉमस (1966). *आर्म्स एंड इन्फ्लुएंस.* पृ. 10–40।

[483]. ब्राउन, आर्ची (2009). *कम्युनिज़्म का उत्थान और पतन.* पृ. 350–400।

[484]. सर्विस, रॉबर्ट (2009). *सोवियत संघ का इतिहास.* पृ. 300–350।

[485]. मैकमोहन, रॉबर्ट (2003). *द कोल्ड वॉर.* पृ. 40–80।

[486]. वेस्टैड, ओड आर्ने (2007). पृ. 100–150।

[487]. गैडिस, जॉन लुईस (2005). पृ. 100–150।

[488]. स्ट्यूक, विलियम (1995). *कोरियाई युद्ध.* पृ. 120–180।

[489]. लॉरेंस, मार्क (2008). *वियतनाम युद्ध.* पृ. 100–150।

[490]. कॉलिन्स, जोसेफ (1990). *अफगानिस्तान संघर्ष.* पृ. 60–120।

[491]. वाल्ट्ज, केनेथ (1979). पृ. 120–180।

[492]. मॉर्गेंथाउ, हंस जे. (1948). पृ. 80–140।

[493]. कार, ई. एच. (1939). पृ. 150–200।

[494]. जर्विस, रॉबर्ट (1989). पृ. 180–220।

[495]. शेलिंग, थॉमस (1966). पृ. 40–80।

[496]. गैडिस, जॉन लुईस (2005). पृ. 200–250।

[497]. वेस्टैड, ओड आर्ने (2007). पृ. 200–250।

[498]. केनेडी, पॉल (1987). पृ. 400–450।

[499]. गैडिस, जॉन लुईस (2005). पृ. 220–280।

500. वेस्टैड, ओड आर्ने (2007). पृ. 260–300।

501. लॉरेंस, मार्क (2008). पृ. 150–200।

502. स्ट्यूक, विलियम (1995). पृ. 200–250।

503. स्किडमोर, डेविड (2010). *इंटरनेशनल पॉलिटिक्स.* पृ. 200–240।

504. गैडिस, जॉन लुईस (2005). पृ. 250–300।

505. मैकमोहन, रॉबर्ट (2003). पृ. 90–130।

506. फ्रीडमैन, लॉरेंस (2003). *द इवोल्यूशन ऑफ स्ट्रैटेजी.* पृ. 200–260।

507. जर्विस, रॉबर्ट (1989). पृ. 200–240।

508. शेलिंग, थॉमस (1966). पृ. 80–120।

509. एलिसन, ग्राहम (1971). *एसेन्स ऑफ डिसीजन.* पृ. 100–150।

510. फ्रीडमैन, लॉरेंस (2003). पृ. 260–300।

511. गैडिस, जॉन लुईस (2005). पृ. 260–300।

512. केनेडी, पॉल (1987). पृ. 450–500।

513. वेस्टैड, ओड आर्ने (2007). पृ. 50–110।

514. चर्चिल, विंस्टन (1946). *आयरन कर्टन भाषण।*

515. गैडिस, जॉन लुईस (2005). पृ. 150–200।

516. स्ट्यूक, विलियम (1995). पृ. 150–210।

517. लॉरेंस, मार्क (2008). पृ. 120–180।

518. यरगिन, डैनियल (1991). *द प्राइज़.* पृ. 400–460।

519. स्किडमोर, डेविड (2010). पृ. 220–260।

520. मैकमोहन, रॉबर्ट (2003). पृ. 80–120।

521. होगन, माइकल (1987). *मार्शल प्लान.* पृ. 50–120।

522. वेस्टैड, ओड आर्ने (2007). पृ. 250–310।

523. बर्विन (2003). *COMECON.* पृ. 140–190।

524. फ्रीडमैन, लॉरेंस (2003). पृ. 300–340।

525. मैकडुगल, वॉल्टर (1985). *स्पेस रेस.* पृ. 100–160।

526. गैडिस, जॉन लुईस (2005). पृ. 220–260।

527. वेस्टैड, ओड आर्ने (2007). पृ. 1–25।

528. स्ट्यूक, विलियम (1995). पृ. 150–210।

529. लॉरेंस, मार्क (2008). पृ. 120–180।

530. कॉलिन्स, जोसेफ (1990). पृ. 80–140।

531. ग्लीजेस (2002). *अफ्रीका संघर्ष.* पृ. 200–260।

532. स्काउक्रॉफ्ट (2003). पृ. 170–220।

533. गैडिस, जॉन लुईस (2005). पृ. 250–300।

534. विलेबर्स (1994). *NAM.* पृ. 100–150।

535. नेहरू (1956). *भाषण।*

536. वेस्टैड, ओड आर्ने (2007). पृ. 320–360।

537. बंड्योपाध्याय (2005). पृ. 180–220।

538. मैकमोहन, रॉबर्ट (2003). पृ. 120–150।

539. गैडिस, जॉन लुईस (2005). पृ. 300–320।

540. फ्रैंक, आंद्रे गुंडर (1967). *डिपेंडेंसी थ्योरी.* पृ. 1–40।

541. एस्कोबार, आर्टुरो (1995). *डेवलपमेंट.* पृ. 50–100।

542. हॉब्सबाम, एरिक (1994). पृ. 300–340।

543. वेस्टैड, ओड आर्ने (2007). पृ. 350–420।

544. विलेबर्स (1994). पृ. 180–220।

545. बंड्योपाध्याय (2005). पृ. 200–250।

546. ब्राउन, आर्ची (2009). पृ. 400–450।

547. सर्विस, रॉबर्ट (2009). पृ. 450–500।

548. क्राउथैमर (1990). पृ. 23–33।

549. फुकुयामा, फ्रांसिस (1992). पृ. 45–70।

550. केनेडी, पॉल (1987). पृ. 500–550।

551. वेस्टैड, ओड आर्ने (2007). पृ. 380–420।

552. गैडिस, जॉन लुईस (2005). पृ. 280–320।

553. मैकिंडर, हैलफोर्ड जे. (1904). पृ. 421–437।

554. स्पाइकमैन, निकोलस जे. (1942). पृ. 40–80।

555. महान, अल्फ्रेड थायर (1890). पृ. 25–60।

556. ग्रे, कॉलिन एस. (1999). पृ. 150–200।

557. वाल्ट्ज, केनेथ (1979). पृ. 160–200।

558. जर्विस, रॉबर्ट (1989). पृ. 180–220।

559. गैडिस, जॉन लुईस (2005). पृ. 300–340।

560. हॉब्सबाम, एरिक (1994). पृ. 350–400।

561. वेस्टैड, ओड आर्ने (2007). पृ. 400–450।

562. वाल्ट्ज, केनेथ (1979). पृ. 180–220।

563. क्राउथैमर (1990). पृ. 23–40।

564. फुकुयामा, फ्रांसिस (1992). पृ. 60–90।

अध्याय 6

565. मैकिंडर, हैलफोर्ड जे. (1904). *द जियोग्राफिकल पिवट ऑफ हिस्ट्री.* पृ. 421–437।

566. मैकिंडर, हैलफोर्ड जे. (1919). *डेमोक्रेटिक आइडियल्स एंड रियलिटी.* पृ. 150–194।

567. ब्रेज़िंस्की, ज़बिग्न्यू (1997). *द ग्रैंड चेसबोर्ड.* पृ. 30–65।

568. कापलान, रॉबर्ट डी. (2012). *द रिवेंज ऑफ जियोग्राफी.* पृ. 180–220।

569. ब्लैक, जेरेमी (2009). *जियोपॉलिटिक्स.* पृ. 95–130।

570. मियर्सहाइमर, जॉन जे. (2001). *द ट्रेजेडी ऑफ ग्रेट पावर पॉलिटिक्स.* पृ. 140–180।

[571]. ग्रे, कॉलिन एस. (1999). *मॉडर्न स्ट्रैटेजी.* पृ. 200–245।

[572]. फ्राइडमैन, जॉर्ज (2011). *द नेक्स्ट 100 इयर्स.* पृ. 50–90।

[573]. केनेडी, पॉल (1987). *द राइज़ एंड फॉल ऑफ ग्रेट पावर्स.* पृ. 100–150।

[574]. जोंस, स्टीफन बी. (1959). *बाउंड्री मेकिंग.* पृ. 110–170।

[575]. न्यूमैन, डेविड (2006). "बाउंड्रीज, टेरिटोरियलिटी एंड सोवरेनिटी." पृ. 150–190।

[576]. ओसिआंडर, एंड्रियास (2001). "सोवरेनिटी एंड द वेस्टफेलियन सिस्टम." पृ. 251–287।

[577]. पेकहम, रॉबर्ट (2003). *अफ्रीका एंड द बर्लिन कॉन्फ्रेंस.* पृ. 90–140।

[578]. हब्स्र्ट, जेफ्री (2000). *स्टेट्स एंड पावर इन अफ्रीका.* पृ. 70–120।

[579]. कापलान, रॉबर्ट डी. (2012). पृ. 240–270।

[580]. वास्केज़, जॉन ए. (1993). *द वॉर पज़ल.* पृ. 120–170।

[581]. टोअल, जेरार्ड (2017). *नियर अब्रॉड: पुतिन एंड यूक्रेन.* पृ. 200–250।

[582]. मैक्सवेल, नेविल (1970). *इंडिया'स चाइना वॉर.* पृ. 60–150।

[583]. डाइबॉल्ड, विलियम (1962). *कॉन्फ्लिक्ट एंड टेरिटरी.* पृ. 45–90।

[584]. संयुक्त राष्ट्र (1945). *यूएन चार्टर.* अनुच्छेद 2(4), पृ. 3–5।

[585]. जर्विस, रॉबर्ट (1978). "कोऑपरेशन अंडर सिक्योरिटी डिलेमा." पृ. 167–214।

[586]. क्लॉज़विट्ज़, कार्ल वॉन (1832). *ऑन वॉर.* पृ. 75–120।

[587]. कीगन, जॉन (1993). *ए हिस्ट्री ऑफ वॉरफेयर.* पृ. 300–370।

[588]. वाल्ट्ज, केनेथ एन. (1979). *थ्योरी ऑफ इंटरनेशनल पॉलिटिक्स.* पृ. 160–200।

[589]. ग्रे, कॉलिन एस. (1999). पृ. 210–260।

[590]. मियर्सहाइमर, जॉन जे. (2001). पृ. 83–140।

[591]. न्यूमैन, डेविड (2006). "बाउंड्रीज, टेरिटोरियलिटी एंड सोवरेनिटी." *पॉलिटिकल जियोग्राफी,* पृ. 150–180।

[592]. डाइबॉल्ड, विलियम (1962). पृ. 45–80।

[593]. संयुक्त राष्ट्र (1945). *यूएन चार्टर.* अनुच्छेद 2(4), पृ. 3–5।

[594]. हब्स्र्ट, जेफ्री (2000). पृ. 70–110।

[595]. मैक्सवेल, नेविल (1970). पृ. 120–160।

[596]. जर्विस, रॉबर्ट (1978). "कोऑपरेशन अंडर सिक्योरिटी डिलेमा." *वर्ल्ड पॉलिटिक्स,* पृ. 167–214।

[597]. क्लॉज़विट्ज़, कार्ल वॉन (1832). पृ. 75–110।

[598]. कीगन, जॉन (1993). पृ. 300–360।

[599]. वाल्ट्ज, केनेथ एन. (1979). पृ. 160–190।

[600]. ग्रे, कॉलिन एस. (1999). पृ. 210–250।

अध्याय 7

[601]. कापलान, रॉबर्ट डी. (2010). *मॉनसून: हिंद महासागर और अमेरिकी शक्ति का भविष्य.* पृ. 1–40।

[602]. चौधरी, के. एन. (1985). *हिंद महासागर में व्यापार और सभ्यता.* पृ. 50–110।

[603]. पियरसन, एम. एन. (2003). *हिंद महासागर.* पृ. 120–160।

[604]. बोस, सुगाता (2006). *ए हंड्रेड होराइजन्स: वैश्विक साम्राज्य के युग में हिंद महासागर.* पृ. 200–250।

[605]. पनिक्कर, के. एम. (1945). *इंडिया एंड द इंडियन ओशन.* पृ. 30–80।

[606]. ब्रूस्टर, डेविड (2014). *इंडियाज़ ओशन: क्षेत्रीय नेतृत्व के लिए भारत की रणनीति.* पृ. 100–150।

[607]. स्कॉट, डेविड (2013). "हिंद महासागर में भारत की भूमिका." *इंटरनेशनल अफेयर्स,* पृ. 85–110।

[608]. कापलान, रॉबर्ट डी. (2010). *मॉनसून.* पृ. 250–300।

[609]. कॉर्डनर, ली (2011). *हिंद महासागर समुद्री सुरक्षा.* पृ. 70–120।

[610]. पंत, हर्ष वी. (2012). *भारतीय नौसेना का उदय.* पृ. 140–180।

[611]. टिल, जेफ्री (2018). *सी पावर: इक्कीसवीं सदी के लिए मार्गदर्शिका.* पृ. 200–240।

[612]. हाइन, जॉर्ज एवं ठाकुर, रमेश (2011). *वैश्वीकरण का अंधकारमय पक्ष.* पृ. 90–130।

[613]. फ्राइडबर्ग, एरन एल. (2011). *श्रेष्ठता के लिए संघर्ष.* पृ. 1–60।

[614]. मियर्सहाइमर, जॉन जे. (2014). *महाशक्ति राजनीति की त्रासदी.* पृ. 350–400।

[615]. सटर, रॉबर्ट (2018). *अमेरिका-चीन संबंध.* पृ. 120–170।

[616]. एलिसन, ग्राहम (2017). *युद्ध के लिए नियत.* पृ. 150–200।

[617]. आइकेनबेरी, जी. जॉन (2011). *लिबरल लेवायथन.* पृ. 220–260।

[618]. व्हाइट, ह्यू (2012). *द चाइना चॉइस.* पृ. 80–120।

[619]. मिलर, क्रिस (2022). *चिप वॉर.* पृ. 200–260।

[620]. सेगल, एडम (2016). *द हैक्ड वर्ल्ड ऑर्डर.* पृ. 100–150।

[621]. नाई, जोसेफ एस. (2011). *शक्ति का भविष्य.* पृ. 120–180।

[622]. ब्रांड्स, हाल (2021). *द ट्वाइलाइट स्ट्रगल.* पृ. 200–250।

[623]. कानिया, एल्सा (2019). *कृत्रिम बुद्धिमत्ता और भविष्य का युद्ध.* पृ. 50–100।

[624]. स्टॉपफोर्ड, मार्टिन (2009). *मेरिटाइम इकोनॉमिक्स.* पृ. 1–60।

[625]. रोड्रिग, जीन-पॉल (2020). *परिवहन तंत्र का भूगोल.* पृ. 90–140।

[626]. हॉब्सबाम, एरिक (1996). *साम्राज्य का युग.* पृ. 70–120।

[627]. हेड्रिक, डैनियल आर. (1981). *साम्राज्य के उपकरण.* पृ. 150–200।

[628]. लेविनसन, मार्क (2006). *द बॉक्स.* पृ. 40–100।

[629]. विश्व व्यापार संगठन (2023). *विश्व व्यापार रिपोर्ट.* पृ. 20–60।

[630]. यह रगिन, डैनियल (1991). *द प्राइज़.* पृ. 500–550।

[631]. संयुक्त राष्ट्र व्यापार एवं विकास सम्मेलन (2022). *समुद्री परिवहन समीक्षा.* पृ. 30–80।

[632]. बाल्डविन, रिचर्ड (2016). *द ग्रेट कन्वर्जेन्स.* पृ. 150–200।

[633]. टूज़, एडम (2018). *क्रैश्ड.* पृ. 300–350।

[634]. नोट्टेबूम, थियो (2012). *पोर्ट इकोनॉमिक्स.* पृ. 60–100।

[635]. आर्थिक सहयोग एवं विकास संगठन (2021). *वैश्विक आपूर्ति शृंखला रिपोर्ट.* पृ. 100–140।

636. यह रगिन, डैनियल (2020). *द न्यू मैप.* पृ. 1–60।

637. बीपी (2023). *विश्व ऊर्जा सांख्यिकीय समीक्षा.* पृ. 10–40।

638. अंतरराष्ट्रीय ऊर्जा एजेंसी (2022). *विश्व ऊर्जा आउटलुक.* पृ. 100–150।

639. क्लेयर, माइकल (2008). *उभरती शक्तियाँ, सिमटता ग्रह.* पृ. 200–250।

640. खाद्य एवं कृषि संगठन (2022). *वैश्विक खाद्य आउटलुक.* पृ. 50–90।

641. विश्व बैंक (2023). *कमोडिटी मार्केट्स आउटलुक.* पृ. 80–120।

642. कापलान, रॉबर्ट डी. (2010). पृ. 200–240।

643. खन्ना, पराग (2016). *कनेक्टोग्राफी.* पृ. 100–150।

644. अंतरराष्ट्रीय ऊर्जा एजेंसी (2023). *ऊर्जा सुरक्षा रिपोर्ट.* पृ. 60–100।

645. संयुक्त राष्ट्र विकास कार्यक्रम (2021). *आपूर्ति शृंखला लचीलापन रिपोर्ट.* पृ. 120–160।

646. अंतरराष्ट्रीय मुद्रा कोष (2022). *विश्व आर्थिक आउटलुक.* पृ. 200–240।

647. विश्व आर्थिक मंच (2023). *वैश्विक जोखिम रिपोर्ट.* पृ. 50–90।

648. टिल, जेफ्री (2018). *सी पावर.* पृ. 240–280।

649. कापलान, रॉबर्ट डी. (2010). पृ. 280–310।

650. कॉर्डेसमैन, एंथनी (2015). *खाड़ी की सुरक्षा.* पृ. 150–200।

651. मर्फी, मार्टिन (2009). *समुद्री डकैती और समुद्री आतंकवाद.* पृ. 80–120।

652. अमेरिकी ऊर्जा सूचना प्रशासन (2023). *विश्व तेल परिवहन चोकपॉइंट्स.* पृ. 10–30।

653. संयुक्त राष्ट्र व्यापार एवं विकास सम्मेलन (2022). पृ. 90–120।

654. हाइन एवं ठाकुर (2011). पृ. 150–190।

655. ब्रूस्टर, डेविड (2014). पृ. 180–220।

656. कापलान, रॉबर्ट डी. (2010). पृ. 310–340।

657. कॉर्डनर, ली (2011). पृ. 120–160।

658. संयुक्त राष्ट्र सुरक्षा परिषद (2020). *रिपोर्ट्स.* पृ. 30–60।

659. नाटो (2011/2022). *समुद्री रणनीति.* पृ. 40–80।

660. ओईसीडी (2022). *वैश्विक व्यापार और सुरक्षा.* पृ. 100–140।

661. कापलान, रॉबर्ट डी. (2010). पृ. 280–310।

662. केनेडी, पॉल (1987). पृ. 150–200।

663. टिल, जेफ्री (2018). पृ. 250–300।

664. यह रगिन, डैनियल (1991). पृ. 600–650।

665. खन्ना, पराग (2016). पृ. 120–170।

666. कॉर्डेसमैन, एंथनी (2015). पृ. 180–220।

667. टिल, जेफ्री (2018). पृ. 310–350।

668. मर्फी, मार्टिन (2009). पृ. 120–170।

669. क्रेपिनेविच, एंड्रयू (2015). *7 डेडली सीनारियोस.* पृ. 200–240।

670. नाई, जोसेफ एस. (2011). पृ. 180–210।

671. खन्ना, पराग (2016). पृ. 170–210।

[672]. कापलान, रॉबर्ट डी. (2010). पृ. 310–340।

अध्याय -8

[673]. क्लेयर, माइकल (2001). *रिसोर्स वॉर्स: वैश्विक संघर्ष का नया परिदृश्य.* पृ. 1–60।
[674]. ले बिलोन, फिलिप (2005). *संसाधन युद्धों की भू-राजनीति.* पृ. 50–110।
[675]. हम्फ्रीज़, मैकार्टन (2007). *रिसोर्स कर्स से मुक्ति.* पृ. 120–180।
[676]. रॉस, माइकल (2012). *द ऑयल कर्स.* पृ. 200–260।
[677]. यह रगिन, डैनियल (2020). *द न्यू मैप.* पृ. 60–120।
[678]. बीपी (2023). *विश्व ऊर्जा सांख्यिकीय समीक्षा.* पृ. 40–80।
[679]. अंतरराष्ट्रीय ऊर्जा एजेंसी (2022). *विश्व ऊर्जा आउटलुक.* पृ. 150–200।
[680]. क्लेयर, माइकल (2008). *उभरती शक्तियाँ, सिमटता ग्रह.* पृ. 250–300।
[681]. खाद्य एवं कृषि संगठन (2022). *वैश्विक खाद्य आउटलुक.* पृ. 90–130।
[682]. विश्व बैंक (2023). *कमोडिटी मार्केट्स आउटलुक.* पृ. 120–160।
[683]. यह रगिन, डैनियल (1991). *द प्राइज़.* पृ. 650–700।
[684]. एंडरसन, इरविन (1981). *अरामको, संयुक्त राज्य और सऊदी अरब.* पृ. 100–150।
[685]. ब्रॉनसन, रैचल (2006). *थिकर दैन ऑयल.* पृ. 50–100।
[686]. ओपेक (2022). *वार्षिक सांख्यिकीय बुलेटिन.* पृ. 20–60।
[687]. यह रगिन, डैनियल (1991). पृ. 700–750।
[688]. गौस, एफ. ग्रेगरी (2010). *फारस की खाड़ी के अंतरराष्ट्रीय संबंध.* पृ. 120–180।
[689]. वेस्टफाल, किर्स्टन (2014). *वैश्विक ऊर्जा शासन.* पृ. 200–250।
[690]. लिंच, मार्क (2012). *अरब विद्रोह.* पृ. 80–140।
[691]. अमेरिकी ऊर्जा सूचना प्रशासन (2023). *विश्व तेल चोकपॉइंट्स.* पृ. 30–70।
[692]. अंतरराष्ट्रीय ऊर्जा एजेंसी (2023). *ऊर्जा सुरक्षा रिपोर्ट.* पृ. 100–150।
[693]. अंतरराष्ट्रीय मुद्रा कोष (2022). *विश्व आर्थिक आउटलुक.* पृ. 240–280।
[694]. विश्व आर्थिक मंच (2023). *वैश्विक जोखिम रिपोर्ट.* पृ. 90–120।
[695]. स्टर्न, जोनाथन (2007). *रूसी गैस और गैज़प्रोम का भविष्य.* पृ. 100–160।
[696]. विक्टर, डेविड (2006). *प्राकृतिक गैस और भू-राजनीति.* पृ. 200–260।
[697]. कोरेल्जे, एड एवं वैन डेर लिंडे, कोबी (2006). *ऊर्जा आपूर्ति सुरक्षा.* पृ. 150–200।
[698]. न्यून्हैम, रैंडल (2011). *पाइपलाइन राजनीति.* पृ. 50–120।
[699]. हेंडरसन, जेम्स (2014). *रूसी तेल उत्पादन का भविष्य.* पृ. 80–140।
[700]. बीपी (2023). *ऊर्जा आउटलुक.* पृ. 60–120।
[701]. कूली, एलेक्ज़ेंडर (2012). *ग्रेट गेम्स, लोकल रूल्स.* पृ. 120–180।
[702]. ब्लैंक, स्टीफन (2011). *यूरेशिया में ऊर्जा सुरक्षा.* पृ. 200–250।
[703]. पंत, हर्ष वी. (2012). *भारत की ऊर्जा सुरक्षा.* पृ. 100–150।
[704]. मोहन, सी. राजा (2013). *समुद्र मंथन.* पृ. 200–260।
[705]. स्टुलबर्ग, एडम (2007). *वेल-ऑयल्ड डिप्लोमेसी.* पृ. 150–210।
[706]. अंतरराष्ट्रीय ऊर्जा एजेंसी (2022). *ऊर्जा प्रौद्योगिकी परिप्रेक्ष्य.* पृ. 200–260।

[707]. विश्व बैंक (2023). *वैश्विक ऊर्जा संक्रमण रिपोर्ट.* पृ. 150–200।
[708]. हम्फ्रीज़, मार्क (2013). *रेयर अर्थ एलिमेंट्स: वैश्विक आपूर्ति शृंखला.* पृ. 10–60।
[709]. मस्सारी, स्टेफानिया (2013). *रेयर अर्थ एलिमेंट्स: महत्वपूर्ण कच्चे पदार्थ.* पृ. 80–140।
[710]. यूएसजीएस (2023). *खनिज वस्तु सार: रेयर अर्थ्स.* पृ. 1–30।
[711]. मंचेरी, नबील (2015). *चीन का रेयर अर्थ एकाधिकार.* पृ. 150–200।
[712]. विश्व व्यापार संगठन (2014). *चीन रेयर अर्थ्स केस रिपोर्ट.* पृ. 50–100।
[713]. ली, बर्निस (2012). *रेयर अर्थ धातुएँ और भू-राजनीति.* पृ. 200–250।
[714]. अंतरराष्ट्रीय ऊर्जा एजेंसी (2021). *स्वच्छ ऊर्जा में महत्वपूर्ण खनिजों की भूमिका.* पृ. 60–120।
[715]. क्लिंगर, जूली (2017). *रेयर अर्थ फ्रंटियर्स.* पृ. 100–160।
[716]. विश्व बैंक (2020). *जलवायु कार्रवाई हेतु खनिज.* पृ. 120–180।
[717]. हम्फ्रीज़, डेविड (2019). *महत्वपूर्ण खनिज और वैश्विक आपूर्ति शृंखलाएँ.* पृ. 200–240।
[718]. ओईसीडी (2021). *वैश्विक सामग्री संसाधन आउटलुक.* पृ. 150–200।
[719]. संयुक्त राष्ट्र पर्यावरण कार्यक्रम (2022). *संसाधन दक्षता रिपोर्ट.* पृ. 100–140।
[720]. यूरोपीय आयोग (2023). *महत्वपूर्ण कच्चे पदार्थ अधिनियम.* पृ. 20–60।
[721]. मिलर, क्रिस (2022). *चिप वॉर.* पृ. 260–320।
[722]. सेगल, एडम (2016). *द हैक्ड वर्ल्ड ऑर्डर.* पृ. 150–200।
[723]. कानिया, एल्सा (2019). *कृत्रिम बुद्धिमत्ता और भविष्य का युद्ध.* पृ. 100–150।
[724]. नाई, जोसेफ एस. (2011). *शक्ति का भविष्य.* पृ. 210–260।
[725]. फ्रीडमैन, लॉरेंस (2017). *युद्ध का भविष्य.* पृ. 200–260।
[726]. स्टॉकहोम अंतरराष्ट्रीय शांति अनुसंधान संस्थान (2023). *सैन्य व्यय रिपोर्ट.* पृ. 50–100।
[727]. नाटो (2022). *उभरती और विघटनकारी प्रौद्योगिकी रणनीति.* पृ. 80–120।
[728]. अंतरराष्ट्रीय ऊर्जा एजेंसी (2022). पृ. 260–300।
[729]. विश्व बैंक (2021). *आपूर्ति शृंखला लचीलापन रिपोर्ट.* पृ. 200–240।
[730]. अंतरराष्ट्रीय मुद्रा कोष (2022). पृ. 280–320।
[731]. विश्व आर्थिक मंच (2023). पृ. 120–160।
[732]. होमर-डिक्सन, थॉमस (1999). *पर्यावरण, अभाव और हिंसा.* पृ. 1–60।
[733]. क्लेयर, माइकल (2001). पृ. 60–120।
[734]. कॉलियर, पॉल (2007). *द बॉटम बिलियन.* पृ. 150–200।
[735]. संयुक्त राष्ट्र पर्यावरण कार्यक्रम (2011). *संसाधन अभाव और संघर्ष.* पृ. 100–140।
[736]. खाद्य एवं कृषि संगठन (2022). पृ. 130–170।
[737]. विश्व बैंक (2023). *जल और संघर्ष रिपोर्ट.* पृ. 80–120।
[738]. आईपीसीसी (2022). *जलवायु परिवर्तन प्रभाव रिपोर्ट.* पृ. 200–260।
[739]. क्रेपिनेविच, एंड्रयू (2015). पृ. 240–300।
[740]. नाई, जोसेफ एस. (2011). पृ. 260–300।
[741]. खन्ना, पराग (2016). पृ. 210–260।

742. एलिसन, ग्राहम (2017). पृ. 200–260।
743. ब्रांड्स, हाल (2021). पृ. 250–300।
744. आइकेनबेरी, जी. जॉन (2011). पृ. 300–350।
745. कीओहैन, रॉबर्ट ओ. (1984). *आफ्टर हेगेमनी.* पृ. 120–180।
746. नाई, जोसेफ एस. (2004). *सॉफ्ट पावर.* पृ. 80–120।
747. क्लेयर, माइकल (2012). *द रेस फॉर व्हाट्स लेफ्ट.* पृ. 300–350।
748. संयुक्त राष्ट्र विकास कार्यक्रम (2021). *मानव विकास रिपोर्ट.* पृ. 200–240।
749. कीओहैन एवं नाई (2012). *पावर एंड इंटरडिपेंडेंस.* पृ. 80–140।
750. क्लेयर, माइकल (2012). पृ. 350–400।
751. मियर्सहाइमर, जॉन जे. (2014). पृ. 500–550।
752. यह रगिन, डैनियल (2020). पृ. 350–400।
753. संयुक्त राष्ट्र विकास कार्यक्रम (2021). पृ. 240–280।
754. विश्व आर्थिक मंच (2023). पृ. 160–200।
755. आइकेनबेरी, जी. जॉन (2011). पृ. 350–400।

अध्याय -9

756. मॉर्गेंथाउ, हंस जे. (1948). *पॉलिटिक्स अमंग नेशन्स.* पृ. 125–180।
757. वाल्ट्ज, केनेथ एन. (1979). *थ्योरी ऑफ इंटरनेशनल पॉलिटिक्स.* पृ. 88–120।
758. बुल, हेडली (1977). *द एनार्किकल सोसाइटी.* पृ. 200–250।
759. बुज़ान, बैरी एवं वेवर, ओले (2003). *रीजनज़ एंड पावर्स.* पृ. 40–80।
760. श्वेलर, रैंडल एल. (2006). *अनआंसरड थ्रेट्स.* पृ. 150–200।
761. यह रगिन, डैनियल (1991). *द प्राइज़.* पृ. 400–450।
762. एंडरसन, बेनेडिक्ट (1983). *इमैजिन्ड कम्युनिटीज.* पृ. 120–160।
763. नस्र, वाली (2006). *द शिया रिवाइवल.* पृ. 50–100।
764. गौस, एफ. ग्रेगरी (2010). *फारस की खाड़ी के अंतरराष्ट्रीय संबंध.* पृ. 100–150।
765. क्लीवलैंड, विलियम एल. (2016). *आधुनिक मध्य पूर्व का इतिहास.* पृ. 200–260।
766. ट्रिप, चार्ल्स (2007). *इराक का इतिहास.* पृ. 250–300।
767. हैलीडे, फ्रेड (2005). *अंतरराष्ट्रीय संबंधों में मध्य पूर्व.* पृ. 180–230।
768. ओवेन, रोजर (2013). *मध्य पूर्व में राज्य, शक्ति और राजनीति.* पृ. 220–270।
769. लिंच, मार्क (2012). *अरब विद्रोह.* पृ. 1–60।
770. ब्राउन, नाथन जे. (2013). *जब विजय विकल्प नहीं होती.* पृ. 80–130।
771. इंटरनेशनल क्राइसिस ग्रुप (2022). *मध्य पूर्व रिपोर्ट.* पृ. 50–100।
772. फ्रॉमकिन, डेविड (1989). *ए पीस टू एंड ऑल पीस.* पृ. 300–350।
773. गेल्विन, जेम्स एल. (2011). *आधुनिक मध्य पूर्व.* पृ. 150–200।
774. वेस्टैड, ओड आर्ने (2005). *द ग्लोबल कोल्ड वॉर.* पृ. 200–260।
775. डॉज, टोबी (2012). *इराक: युद्ध से नए अधिनायकवाद तक.* पृ. 120–170।
776. आचार्य, अमिताव (2014). *अमेरिकी विश्व व्यवस्था का अंत.* पृ. 60–100।

[777]. फिलिप्स, क्रिस्टोफर (2016). *सीरिया के लिए संघर्ष.* पृ. 200–250।

[778]. स्टिग्लिट्ज़, जोसेफ ई. (2008). *तीन ट्रिलियन डॉलर का युद्ध.* पृ. 1–50।

[779]. बेलिन, ईवा (2012). *अधिनायकवाद की स्थिरता पर पुनर्विचार.* पृ. 127–149।

[780]. हास, रिचर्ड (2020). *द वर्ल्ड: ए ब्रीफ इंट्रोडक्शन.* पृ. 200–240।

[781]. नाई, जोसेफ एस. (2011). *शक्ति का भविष्य.* पृ. 100–140।

[782]. कॉलियर, पॉल (2007). *द बॉटम बिलियन.* पृ. 1–50।

[783]. ऑटी, रिचर्ड (1993). *खनिज अर्थव्यवस्थाओं में सतत विकास.* पृ. 10–40।

[784]. रॉस, माइकल (2012). *द ऑयल कर्स.* पृ. 50–100।

[785]. टेलर, इयान (2016). *अफ्रीका राइजिंग?* पृ. 100–150।

[786]. एल्डेन, क्रिस (2007). *अफ्रीका में चीन.* पृ. 50–100।

[787]. ब्रॉटिगम, डेबोरा (2009). *द ड्रैगन'स गिफ्ट.* पृ. 150–200।

[788]. शिन्न, डेविड एवं आइज़नमैन, जोशुआ (2012). *चीन और अफ्रीका.* पृ. 120–170।

[789]. प्लोच, लॉरेन (2011). *अफ्रीका कमांड.* पृ. 30–80।

[790]. यूरोपीय आयोग (2020). *यूरोपीय संघ-अफ्रीका रणनीति.* पृ. 50–100।

[791]. रेनो, विलियम (2011). *स्वतंत्र अफ्रीका में युद्ध.* पृ. 200–250।

[792]. कार्मोडी, पैड्रिग (2011). *अफ्रीका के लिए नई दौड़.* पृ. 80–130।

[793]. संयुक्त राष्ट्र विकास कार्यक्रम (2022). *अफ्रीका विकास रिपोर्ट.* पृ. 120–170।

[794]. ब्राउन, विलियम (2013). *अंतरराष्ट्रीय राजनीति में अफ्रीकी एजेंसी.* पृ. 50–90।

[795]. विश्व बैंक (2023). *अफ्रीका आर्थिक अद्यतन.* पृ. 100–140।

[796]. अंतरराष्ट्रीय मुद्रा कोष (2022). *क्षेत्रीय आर्थिक आउटलुक: उप-सहारा अफ्रीका.* पृ. 80–120।

[797]. ओईसीडी (2021). *अफ्रीका निवेश रिपोर्ट.* पृ. 150–200।

[798]. ब्रॉटिगम, डेबोरा (2015). *क्या अफ्रीका चीन को भोजन देगा?* पृ. 200–250।

[799]. अमेरिकी विदेश विभाग (2022). *अफ्रीका रणनीति.* पृ. 50–100।

[800]. यूरोपीय निवेश बैंक (2021). *अफ्रीका निवेश रिपोर्ट.* पृ. 120–160।

[801]. अंतरराष्ट्रीय ऊर्जा एजेंसी (2022). *अफ्रीका ऊर्जा आउटलुक.* पृ. 100–150।

[802]. संयुक्त राष्ट्र व्यापार एवं विकास सम्मेलन (2022). *विश्व निवेश रिपोर्ट.* पृ. 200–240।

[803]. यूएसजीएस (2023). *खनिज वस्तु सारांश.* पृ. 50–100।

[804]. विश्व बैंक (2020). *जलवायु कार्रवाई हेतु खनिज.* पृ. 80–120।

[805]. ओईसीडी (2022). *इन्फ्रास्ट्रक्चर निवेश रिपोर्ट.* पृ. 100–140।

[806]. कॉलियर, पॉल (2009). *वॉर्स, गन्स एंड वोट्स.* पृ. 150–200।

[807]. विश्व आर्थिक मंच (2023). *वैश्विक प्रतिस्पर्धात्मकता रिपोर्ट.* पृ. 200–240।

[808]. अफ्रीकी संघ (2021). *एजेंडा 2063 रिपोर्ट.* पृ. 120–160।

[809]. मियर्सहाइमर, जॉन जे. (2014). पृ. 300–350।

[810]. सारोट, मैरी ई. (2021). *नॉट वन इंच.* पृ. 100–150।

[811]. नाटो (2022). *स्ट्रैटेजिक कॉन्सेप्ट.* पृ. 40–80।

[812]. फ्रीडमैन, लॉरेंस (2017). *युद्ध का भविष्य.* पृ. 200–250।

[813]. एलिसन, ग्राहम (2017). *युद्ध के लिए नियत.* पृ. 150–200।

[814]. आइकेनबेरी, जी. जॉन (2011). पृ. 220–260।

[815]. कापलान, रॉबर्ट डी. (2012). पृ. 180–220।

[816]. यह रगिन, डैनियल (2020). पृ. 150–200।

[817]. कीओहैन, रॉबर्ट ओ. (2005). पृ. 200–240।

[818]. नाई, जोसेफ एस. (2011). पृ. 180–210।

[819]. बुज़ान, बैरी (1991). *पीपल, स्टेट्स एंड फियर.* पृ. 300–350।

[820]. वॉल्ट, स्टीफन एम. (1987). *द ओरिजिन्स ऑफ एलायंसेस.* पृ. 200–240।

[821]. जर्विस, रॉबर्ट (1978). *सिक्योरिटी डिलेमा.* पृ. 167–214।

[822]. मोरावचिक, एंड्रयू (1998). *द चॉइस फॉर यूरोप.* पृ. 200–260।

[823]. डिनन, डेसमंड (2014). *यूरोपीय संघ का विकास.* पृ. 150–200।

[824]. यूरोपीय संघ (2012). *लिस्बन संधि.* पृ. 40–80।

[825]. बाल्डविन, रिचर्ड (2016). *द ग्रेट कन्वर्जेन्स.* पृ. 200–240।

[826]. टोच्ची, नाथाली (2021). *यूरोपीय सामरिक स्वायत्तता.* पृ. 140–190।

[827]. स्मिथ, करेन ई. (2018). *यूरोपीय संघ की विदेश नीति.* पृ. 210–260।

[828]. मैनर्स, इयान (2002). *नॉर्मेटिव पावर यूरोप.* पृ. 235–258।

[829]. यूरोपीय संसद (2023). *ऊर्जा और स्वायत्तता रिपोर्ट.* पृ. 50–95।

[830]. टोच्ची, नाथाली (2021). पृ. 140–190।

[831]. स्मिथ, करेन ई. (2018). पृ. 210–260।

[832]. वॉल्ट, स्टीफन एम. (1987). पृ. 1–40।

[833]. वाल्ट्ज, केनेथ एन. (1979). पृ. 120–160।

[834]. नाटो (1949/2022). *नॉर्थ अटलांटिक संधि.* पृ. 5–40।

[835]. लिस्का, जॉर्ज (1962). *नेशंस इन एलायंस.* पृ. 70–120।

[836]. कीओहैन, रॉबर्ट ओ. (2005). पृ. 200–240।

[837]. लेक, डेविड ए. (2009). *अंतरराष्ट्रीय संबंधों में पदानुक्रम.* पृ. 150–200।

[838]. नाई, जोसेफ एस. (2011). पृ. 180–210।

[839]. ग्रीन, माइकल जे. (2017). *एशिया-प्रशांत रणनीति.* पृ. 250–300।

[840]. फॉसेट, लुईस (2016). *मध्य पूर्व के अंतरराष्ट्रीय संबंध.* पृ. 200–250।

[841]. अफ्रीकी संघ (2020). *शांति और सुरक्षा रिपोर्ट.* पृ. 50–100।

[842]. स्नाइडर, ग्लेन एच. (1997). *एलायंस पॉलिटिक्स.* पृ. 150–200।

[843]. जर्विस, रॉबर्ट (1978). पृ. 167–214।

[844]. वॉल्ट, स्टीफन एम. (1987). पृ. 200–240।

[845]. ब्रांड्स, हाल (2021). पृ. 200–250।

[846]. आचार्य, अमिताव (2014). पृ. 120–170।

[847]. कीओहैन, रॉबर्ट ओ. (2005). पृ. 240–280।

[848]. बाल्डविन, डेविड ए. (2016). *इकोनॉमिक स्टेटक्राफ्ट.* पृ. 1–40।

[849]. आइचेंग्रीन, बैरी (2008). *ग्लोबलाइजिंग कैपिटल.* पृ. 90–140।

[850]. मोरावचिक, एंड्रयू (1998). पृ. 200–260।

[851]. रेवेनहिल, जॉन (2014). *वैश्विक राजनीतिक अर्थव्यवस्था.* पृ. 300–350।

[852]. आइकेनबेरी, जी. जॉन (2011). पृ. 260–300।

[853]. ओईसीडी (2021). *आपूर्ति शृंखला रिपोर्ट.* पृ. 120–160।

[854]. यह रगिन, डैनियल (2020). पृ. 60–110।

[855]. खन्ना, पराग (2016). पृ. 170–210।

[856]. अफ्रीकी विकास बैंक (2022). *आर्थिक आउटलुक.* पृ. 100–150।

[857]. बाल्डविन, डेविड ए. (2016). पृ. 120–170।

[858]. ग्रिएको, जोसेफ एम. (1990). *कोऑपरेशन अमंग नेशन्स.* पृ. 200–240।

[859]. विश्व आर्थिक मंच (2023). पृ. 90–130।

[860]. रोड्रिक, डैनी (2011). *ग्लोबलाइजेशन पैराडॉक्स.* पृ. 200–250।

अध्याय 10

[861]. रोज़नाउ, जेम्स एन. (1995). *गवर्नेंस इन द ट्वेंटी-फर्स्ट सेंचुरी.* पृ. 13–43।

[862]. हेल्ड, डेविड एवं मैकग्रू, एंथनी (2007). *ग्लोबलाइजेशन / एंटी-ग्लोबलाइजेशन.* पृ. 45–78।

[863]. वीस, थॉमस जी. (2013). *ग्लोबल गवर्नेंस: व्हाई? व्हाट? व्हिदर?* पृ. 32–55।

[864]. कीओहाने, रॉबर्ट ओ. (1984). *आफ्टर हेगेमनी.* पृ. 85–109।

[865]. टूज़, एडम (2018). *क्रैश्ड: हाउ अ डिकेड ऑफ फाइनेंशियल क्राइसिस चेंज्ड द वर्ल्ड.* पृ. 120–165।

[866]. रगी, जॉन जेरार्ड (1998). *कंस्ट्रक्टिंग द वर्ल्ड पॉलिटी.* पृ. 70–105।

[867]. हर्ड, इयान (2014). *इंटरनेशनल ऑर्गनाइजेशन्स: पॉलिटिक्स, लॉ, प्रैक्टिस.* पृ. 102–135।

[868]. संयुक्त राष्ट्र (1945). *संयुक्त राष्ट्र चार्टर.* पृ. 1–15।

[869]. क्लॉड, इनिस एल. (1966). *स्वोर्ड्स इंटू प्लोशेयर्स.* पृ. 45–72।

[870]. वीस, थॉमस जी. एवं डॉज़, सैम (2007). *ऑक्सफोर्ड हैंडबुक ऑन द यूनाइटेड नेशन्स.* पृ. 25–48।

[871]. हर्ड, इयान (2014). *इंटरनेशनल ऑर्गनाइजेशन्स: पॉलिटिक्स, लॉ, प्रैक्टिस.* पृ. 135–160।

[872]. मेलोन, डेविड एम. (2004). *द यूएन सिक्योरिटी काउंसिल.* पृ. 20–60।

[873]. डॉनेली, जैक (2013). *यूनिवर्सल ह्यूमन राइट्स इन थ्योरी एंड प्रैक्टिस.* पृ. 90–125।

[874]. रगी, जॉन जेरार्ड (1998). *कंस्ट्रक्टिंग द वर्ल्ड पॉलिटी.* पृ. 105–130।

[875]. वीस, थॉमस जी. (2013). *ग्लोबल गवर्नेंस: व्हाई? व्हाट? व्हिदर?* पृ. 55–80।

[876]. कियोहाने, रॉबर्ट ओ. एवं नाए, जोसेफ एस. (2001). *पावर एंड इंटरडिपेंडेंस.* पृ. 50–95।

[877]. बार्नेट, माइकल एवं डुवाल, रेमंड (2005). *पावर इन इंटरनेशनल पॉलिटिक्स.* पृ. 39–75।

[878]. फुकुयामा, फ्रांसिस (1992). *द एंड ऑफ हिस्ट्री एंड द लास्ट मैन.* पृ. 45–90।

[879]. गिडेन्स, एंथनी (2000). *रनअवे वर्ल्ड.* पृ. 20–60।

[880]. सैक्स, जेफ्री (2005). *द एंड ऑफ पॉवर्टी.* पृ. 70–120।

[881]. सेन, अमर्त्य (1999). *डेवलपमेंट ऐज़ फ्रीडम.* पृ. 87–140।

[882]. स्टिग्लिट्ज़, जोसेफ ई. (2002). *ग्लोबलाइजेशन एंड इट्स डिसकॉन्टेंट्स.* पृ. 100–150।
[883]. रॉड्रिक, डैनी (2011). *द ग्लोबलाइजेशन पैराडॉक्स.* पृ. 200–260।
[884]. आचार्य, अमितव (2014). *द एंड ऑफ अमेरिकन वर्ल्ड ऑर्डर.* पृ. 60–110।
[885]. आइकेनबेरी, जी. जॉन (2011). *लिबरल लेवायथन.* पृ. 120–180।
[886]. हंटिंगटन, सैमुअल पी. (1996). *द क्लैश ऑफ सिविलाइजेशन्स.* पृ. 25–70।
[887]. कास्टेल्स, मैनुअल (2010). *द राइज ऑफ द नेटवर्क सोसाइटी.* पृ. 90–140।
[888]. बेयलीस, जॉन; स्मिथ, स्टीव एवं ओवेन्स, पेट्रिशिया (2017). *द ग्लोबलाइजेशन ऑफ वर्ल्ड पॉलिटिक्स.* पृ. 150–210।
[889]. गोल्डस्टीन, जोशुआ एस. एवं पीवेहाउस, जॉन सी. (2014). *इंटरनेशनल रिलेशन्स.* पृ. 200–250।
[890]. ओहमा, केनिची (1995). *द एंड ऑफ द नेशन स्टेट.* पृ. 30–75।
[891]. वॉल्ट्ज, केनेथ एन. (1979). *थ्योरी ऑफ इंटरनेशनल पॉलिटिक्स.* पृ. 70–110।
[892]. गिलपिन, रॉबर्ट (1981). *वॉर एंड चेंज इन वर्ल्ड पॉलिटिक्स.* पृ. 45–90।
[893]. मॉर्गेंथाऊ, हंस जे. (1948). *पॉलिटिक्स अमंग नेशन्स.* पृ. 95–140।
[894]. कियोहाने, रॉबर्ट ओ. (1984). *आफ्टर हेगेमनी.* पृ. 120–160।
[895]. नाए, जोसेफ एस. (2004). *सॉफ्ट पावर.* पृ. 30–75।
[896]. आइकेनबेरी, जी. जॉन (2001). *आफ्टर विक्ट्री.* पृ. 150–200।
[897]. आचार्य, अमितव (2014). *द एंड ऑफ अमेरिकन वर्ल्ड ऑर्डर.* पृ. 110–150।
[898]. ओ'नील, जिम (2001). *बिल्डिंग बेटर ग्लोबल इकोनॉमिक BRICs.* पृ. 1–20।
[899]. जकरिया, फरीद (2008). *द पोस्ट-अमेरिकन वर्ल्ड.* पृ. 40–85।
[900]. गोल्डमैन सैक्स (2001). *BRICs रिपोर्ट.* पृ. 10–35।
[901]. ब्रिक्स शिखर सम्मेलन (2009). *संयुक्त घोषणा.* पृ. 1–15।
[902]. स्टिग्लिट्ज़, जोसेफ ई. (2010). *फ्रीफॉल.* पृ. 200–240।
[903]. आचार्य, अमितव (2017). *रीजनल वर्ल्ड ऑर्डर.* पृ. 60–100।
[904]. विश्व बैंक (2015). *ग्लोबल इकोनॉमिक प्रॉस्पेक्ट्स.* पृ. 80–120।
[905]. ब्रिक्स (2014). *न्यू डेवलपमेंट बैंक रिपोर्ट.* पृ. 15–50।
[906]. ब्रिक्स (2017). *शिखर सम्मेलन घोषणा.* पृ. 20–60।
[907]. मीयर्सहाइमर, जॉन जे. (2001). *द ट्रैजेडी ऑफ ग्रेट पावर पॉलिटिक्स.* पृ. 200–250।
[908]. कूपर, एंड्रयू एफ. (2016). *BRICS: ए वेरी शॉर्ट इंट्रोडक्शन.* पृ. 90–120।
[909]. स्टोन, डायने (2013). *ग्लोबल गवर्नेंस एंड पॉलिसी नेटवर्क्स.* पृ. 100–140।
[910]. अंतरराष्ट्रीय मुद्रा कोष (2022). *वर्ल्ड इकोनॉमिक आउटलुक.* पृ. 50–90।
[911]. नायडू, संजय (2013). *ब्रिक्स एंड द ग्लोबल ऑर्डर.* पृ. 70–110।
[912]. हुरेल, एंड्रयू (2006). *ऑन ग्लोबल ऑर्डर.* पृ. 150–190।
[913]. पंत, हर्ष वी. (2013). *ब्रिक्स एंड इंडियन फॉरेन पॉलिसी.* पृ. 120–160।
[914]. क्रास्नर, स्टीफन डी. (1999). *सोवरेनिटी: ऑर्गनाइज्ड हाइपॉक्रेसी.* पृ. 60–100।
[915]. संयुक्त राष्ट्र (1945). *संयुक्त राष्ट्र चार्टर.* पृ. 1–20।

916. शॉ, मैलकम एन. (2008). *इंटरनेशनल लॉ.* पृ. 100–150।

917. फिनेमोर, मार्था (1996). *नेशनल इंटरेस्ट्स इन इंटरनेशनल सोसाइटी.* पृ. 70–110।

918. जेक्सन, रॉबर्ट (2007). *सॉवरेनिटी.* पृ. 120–160।

919. कोसकेनिमी, मार्टी (2005). *फ्रॉम अपोलॉजी टू यूटोपिया.* पृ. 200–250।

920. हर्ड, इयान (2014). *इंटरनेशनल ऑर्गनाइजेशन्स.* पृ. 160–200।

921. आचार्य, अमितव (2018). *द एंड ऑफ अमेरिकन वर्ल्ड ऑर्डर (अपडेटेड).* पृ. 150–190।

922. कास्टेल्स, मैनुअल (2010). *नेटवर्क सोसाइटी.* पृ. 140–180।

923. कीओहाने, रॉबर्ट ओ. (2005). *आफ्टर हेगेमनी (रीविजिटेड).* पृ. 200–240।

924. वॉल्ट, स्टीफन एम. (2018). *द हेल ऑफ गुड इंटेंशन्स.* पृ. 90–130।

925. वीस, थॉमस जी. (2013). *ग्लोबल गवर्नेंस.* पृ. 80–120।

926. मीयर्सहाइमर, जॉन जे. (2019). *द ग्रेट डिल्यूजन.* पृ. 150–200।

927. मॉर्गेंथाऊ, हंस जे. (1948). *पॉलिटिक्स अमंग नेशन्स.* पृ. 200–240।

928. वेस्टाड, ऑड अर्ने (2005). *द ग्लोबल कोल्ड वॉर.* पृ. 50–100।

929. नाए, जोसेफ एस. (2011). *द फ्यूचर ऑफ पावर.* पृ. 120–160।

93०. ट्रेनेन, दिमित्री (2011). *पोस्ट-इम्पीरियल रूस.* पृ. 80–120।

931. किसिंजर, हेनरी (2011). *ऑन चाइना.* पृ. 150–200।

932. हिल, क्रिस्टोफर (2003). *द चेंजिंग पॉलिटिक्स ऑफ फॉरेन पॉलिसी.* पृ. 90–130।

933. राजा मोहन, सी. (2003). *क्रॉसिंग द रुबिकॉन: द शेपिंग ऑफ इंडिया's न्यू फॉरेन पॉलिसी.* पृ. 150–200।

934. क्लार्क, इयान (2005). *लेजिटिमेसी इन इंटरनेशनल सोसाइटी.* पृ. 60–100।

93५. मीयर्सहाइमर, जॉन जे. (2001). *द ट्रैजेडी ऑफ ग्रेट पावर पॉलिटिक्स.* पृ. 250–300।

936. वॉल्ट्ज, केनेथ एन. (1979). *थ्योरी ऑफ इंटरनेशनल पॉलिटिक्स.* पृ. 110–150।

937. गिलपिन, रॉबर्ट (1981). *वॉर एंड चेंज इन वर्ल्ड पॉलिटिक्स.* पृ. 90–130।

938. फुकुयामा, फ्रांसिस (1992). *द एंड ऑफ हिस्ट्री एंड द लास्ट मैन.* पृ. 100–140।

939. विश्व बैंक (2019). *वर्ल्ड डेवलपमेंट रिपोर्ट.* पृ. 70–110।

940. SIPRI (2022). *मिलिट्री एक्सपेंडिचर रिपोर्ट.* पृ. 40–80।

941. हर्ड, इयान (2014). *इंटरनेशनल ऑर्गनाइजेशन्स.* पृ. 200–240।

942. ब्रेज़िंस्की, ज़्बिग्न्यू (1997). *द ग्रैंड चेसबोर्ड.* पृ. 50–90।

943. नाए, जोसेफ एस. (2011). *द फ्यूचर ऑफ पावर.* पृ. 160–200।

944. टेलिस, एशले जे. (2016). *इंडिया ऐज़ अ लीडिंग पावर.* पृ. 100–140।

945. क्रास्नर, स्टीफन डी. (1999). *सोवरेनिटी: ऑर्गनाइज्ड हाइपॉक्रेसी.* पृ. 100–140।

946. कास्टेल्स, मैनुअल (2010). *नेटवर्क सोसाइटी.* पृ. 180–220।

947. समीर अमीन (2010). *द लॉ ऑफ वर्ल्डवाइड वैल्यू.* पृ. 120–160।

948. केगली, चार्ल्स एवं विटकोफ, यूजीन (2001). *वर्ल्ड पॉलिटिक्स.* पृ. 200–240।

949. बुल, हेडली (1977). *द एनार्किकल सोसाइटी.* पृ. 150–190।

950. आइकेनबेरी, जी. जॉन (2011). *लिबरल लेवायथन.* पृ. 200–250।

[951]. वीस, थॉमस जी. (2013). *ग्लोबल गवर्नेंस.* पृ. 120–160।

[952]. हुरेल, एंड्रयू (2007). *ऑन ग्लोबल ऑर्डर.* पृ. 190–230।

[953]. क्लॉड, इनिस एल. (1966). *स्वोर्ड्स इंटू प्लोशेयर्स.* पृ. 100–140।

[954]. ठाकुर, रमेश (2006). *द यूनाइटेड नेशन्स, पीस एंड सिक्योरिटी.* पृ. 80–120।

[955]. हर्ड, इयान (2014). *इंटरनेशनल ऑर्गनाइजेशन्स.* पृ. 240–280।

[956]. कीओहाने, रॉबर्ट ओ. (2005). *आफ्टर हेगेमनी (रीविजिटेड).* पृ. 240–280।

[957]. स्टिग्लिट्ज़, जोसेफ ई. (2010). *फ्रीफॉल.* पृ. 240–280।

[958]. IMF (2015). *रिफॉर्म ऑफ इंटरनेशनल फाइनेंशियल सिस्टम.* पृ. 60–100।

[959]. क्लार्क, इयान (2007). *इंटरनेशनल लेजिटिमेसी एंड वर्ल्ड सोसाइटी.* पृ. 120–160।

[960]. कूपर, एंड्रयू एफ. (2010). *उभरती शक्तियाँ और वैश्विक शासन.* पृ. 90–130।

[961]. मीयर्सहाइमर, जॉन जे. (2019). *द ग्रेट डिल्यूजन.* पृ. 200–240।

[962]. वॉल्ट, स्टीफन एम. (2018). *द हेल ऑफ गुड इंटेंशन्स.* पृ. 130–170।

[963]. श्वाब, क्लॉस (2016). *द फोर्थ इंडस्ट्रियल रिवोल्यूशन.* पृ. 70–110।

[964]. किसिंजर, हेनरी (2021). *AI एंड द फ्यूचर ऑफ वर्ल्ड ऑर्डर.* पृ. 40–80।

[965]. जार्विस, रॉबर्ट (2017). *हाउ स्टेट्स थिंक.* पृ. 150–190।

[966]. वीस, थॉमस जी. (2013). *ग्लोबल गवर्नेंस.* पृ. 160–200।

[967]. ठाकुर, रमेश (2017). *द यूनाइटेड नेशन्स इन द 21st सेंचुरी.* पृ. 140–180।

[968]. कीओहाने, रॉबर्ट ओ. एवं मार्टिन, लिसा (2003). *इंस्टीट्यूशनल थ्योरी.* पृ. 200–240।

[969]. हर्ड, इयान (2014). *इंटरनेशनल ऑर्गनाइजेशन्स.* पृ. 280–320।

[970]. फिनेमोर, मार्था (2003). *द पर्पस ऑफ इंटरवेंशन.* पृ. 100–140।

[971]. स्लॉटर, ऐन-मैरी (2004). *अ न्यू वर्ल्ड ऑर्डर.* पृ. 120–160।

[972]. नॉर्थ, डगलस (1990). *इंस्टीट्यूशन्स, इंस्टीट्यूशनल चेंज एंड इकोनॉमिक परफॉर्मेंस.* पृ. 80–120।

[973]. गिलपिन, रॉबर्ट (1981). *वॉर एंड चेंज.* पृ. 130–170।

[974]. आइकेनबेरी, जी. जॉन (2020). *अ वर्ल्ड सेफ फॉर डेमोक्रेसी.* पृ. 150–190।

[975]. स्टोन, डायने (2013). *ग्लोबल पॉलिसी.* पृ. 140–180।

[976]. वॉल्ट्ज, केनेथ एन. (1979). *थ्योरी ऑफ इंटरनेशनल पॉलिटिक्स.* पृ. 150–190।

[977]. बुल, हेडली (1977). *द एनार्किकल सोसाइटी.* पृ. 190–230।

अध्याय -11

[978]. मियर्सहाइमर, जॉन जे. (2001). *द ट्रेजेडी ऑफ ग्रेट पावर पॉलिटिक्स.* न्यूयॉर्क: डब्ल्यू.डब्ल्यू. नॉर्टन, पृ. 1–25।

[979]. विश्व बैंक (2022). *विश्व विकास संकेतक.* वॉशिंगटन डीसी: विश्व बैंक, पृ. 10–35 (चीन GDP अनुभाग)।

[980]. फैरेल, हेनरी एवं न्यूमैन, अब्राहम (2019). "हथियारबद्ध परस्पर निर्भरता." *इंटरनेशनल सिक्योरिटी,* 44(1), पृ. 42–79।

[981]. ब्रॉटिगम, डेबोरा (2009). *द ड्रैगन'स गिफ्ट.* ऑक्सफोर्ड यूनिवर्सिटी प्रेस, पृ. 10–35।
[982]. रोलां, नादेज़ (2017). *चीन का यूरेशियन शताब्दी?* सिएटल: एनबीआर, पृ. 45–70।
[983]. हिलमैन, जोनाथन ई. (2020). *द एम्परर'स न्यू रोड.* यह ल यूनिवर्सिटी प्रेस, पृ. 80–110।
[984]. आचार्य, अमिताव (2014). *अमेरिकी विश्व व्यवस्था का अंत.* पॉलिटी, पृ. 60–85।
[985]. एसआईपीआरआई (2023). *सैन्य व्यय डेटाबेस (तथ्य पत्र),* पृ. 1–5।
[986]. एरिक्सन, एंड्रयू एस. (2016). *चीनी नौसैनिक जहाज निर्माण.* नेवल इंस्टिट्यूट प्रेस, पृ. 120–150।
[987]. फ्रैवल, एम. टेलर (2019). *एक्टिव डिफेंस.* प्रिंसटन यूनिवर्सिटी प्रेस, पृ. 200–240।
[988]. ली, काई-फू (2018). *एआई सुपरपावर्स (कृत्रिम बुद्धिमत्ता महाशक्तियाँ).* पृ. 1–50।
[989]. ओईसीडी (2021). *विज्ञान, प्रौद्योगिकी और नवाचार आउटलुक.* पृ. 25–60।
[990]. सेगल, एडम (2018). *डिजिटल ड्रैगन.* कॉर्नेल यूनिवर्सिटी प्रेस, पृ. 90–120।
[991]. कानिया, एल्सा बी. (2017). "चीन की कृत्रिम बुद्धिमत्ता रणनीति." सीएनएएस, पृ. 5–25।
[992]. बेल, डैनियल ए. (2015). *द चाइना मॉडल.* प्रिंसटन यूनिवर्सिटी प्रेस, पृ. 30–65।
[993]. एंग, युएन युएन (2016). *हाउ चाइना एस्केप्ड द पावर्टी ट्रैप.* कॉर्नेल यूनिवर्सिटी प्रेस, पृ. 1–40।
[994]. हेल, थॉमस आदि (2013). *ग्रिडलॉक.* पॉलिटी, पृ. 100–140।
[995]. एबरस्टैड, निकोलस (2014). *चीन का जनसांख्यिकीय भविष्य.* एईआई, पृ. 15–45।
[996]. एलिसन, ग्राहम (2017). *युद्ध के लिए नियत.* पृ. 15–40।
[997]. अरिगी, जियोवानी (2007). *एडम स्मिथ इन बीजिंग.* वर्सो, पृ. 300–350।
[998]. बुज़ान, बैरी (2004). *संयुक्त राज्य और महाशक्तियाँ.* पॉलिटी, पृ. 150–180।
[999]. मियर्सहाइमर, जॉन जे. (2001). पृ. 29–54।
[1000]. रोलां, नादेज़ (2017). पृ. 75–110।
[1001]. हिलमैन, जोनाथन ई. (2020). पृ. 120–150।
[1002]. फ्रैवल, एम. टेलर (2019). पृ. 250–290।
[1003]. आचार्य, अमिताव (2014). पृ. 100–130।
[1004]. बुज़ान, बैरी (2004). पृ. 200–230।
[1005]. मोहन, सी. राजा (2003). *क्रॉसिंग द रूबिकॉन.* पृ. 50–85।
[1006]. विश्व बैंक (2023). *इंडिया डेवलपमेंट अपडेट.* पृ. 15–40।
[1007]. ब्रूस्टर, डेविड (2012). *एशिया-प्रशांत शक्ति के रूप में भारत.* पृ. 90–120।
[1008]. कोहेन, स्टीफन एवं दासगुप्ता (2010). *आर्मिंग विदाउट एमिंग.* पृ. 1–35।
[1009]. टेलिस, एशले जे. *नॉन-अलाइनमेंट 2.0.* पृ. 10–40।
[1010]. सरन, श्याम (2017). *भारत विश्व को कैसे देखता है.* पृ. 1–30।
[1011]. नेहरू, जवाहरलाल. *चयनित भाषण.* पृ. 100–140।
[1012]. सिकरी, राजीव (2009). *चैलेंज एंड स्ट्रेटेजी.* पृ. 200–230।
[1013]. पंत, हर्ष वी. (2016). *भारतीय विदेश नीति.* पृ. 75–110।
[1014]. सरन एवं देवो. *द न्यू वर्ल्ड डिसऑर्डर.* पृ. 50–80।

[1015]. हॉल, इयान. *मोदी और पुनर्निर्माण.* पृ. 120–150।

[1016]. स्टैंट, एंजेला (2014). *द लिमिट्स ऑफ पार्टनरशिप.* पृ. 1–40।

[1017]. आसलुंड, एंडर्स (2007). *रूस की पूंजीवादी क्रांति.* पृ. 90–130।

[1018]. गुस्ताफसन, थैन (2012). *व्हील ऑफ फॉर्च्यून.* पृ. 200–250।

[1019]. मैकडर्मोट, रोजर (2009). *रूस की सशस्त्र सेनाएँ.* पृ. 60–95।

[1020]. सक्वा, रिचर्ड (2017). *रूस बनाम शेष विश्व.* पृ. 150–200।

[1021]. ट्रेनिन, दिमित्री (2016). *क्या हमें रूस से डरना चाहिए?* पृ. 1–35।

[1022]. मितरोवा, तातियाना (2013). *ऊर्जा रणनीति समीक्षा.* पृ. 10–25।

[1023]. गाइल्स, कीर (2016). *रूस के नए उपकरण.* पृ. 20–50।

[1024]. लुकिन, अलेक्जेंडर (2018). *चीन और रूस.* पृ. 80–120।

[1025]. लो, बोबो (2015). *रूस और नया विश्व अव्यवस्था.* पृ. 100–140।

[1026]. बुल, हेडली (1977). पृ. 3–25।

[1027]. वाल्ट्ज, केनेथ, (1979). पृ. 88–120।

[1028]. स्टिग्लिट्ज़, जोसेफ (2010). *फ्रीफॉल.* पृ. 120–160।

[1029]. फैरेल एवं न्यूमैन (2019). पृ. 60–79।

[1030]. क्रिस्टेंसन, थॉमस (2015). *द चाइना चैलेंज.* पृ. 200–230।

[1031]. मियर्सहाइमर, जॉन जे. (2018). *द ग्रेट डिल्यूज़न.* पृ. 1–30।

[1032]. जर्विस, रॉबर्ट (1976). *परसेप्शन एंड मिसपरसेप्शन.* पृ. 58–113।

[1033]. आइकेनबेरी, जी. जॉन (2011). पृ. 200–240।

[1034]. लुटवाक, एडवर्ड (2012). *चीन का उदय बनाम रणनीति का तर्क.* पृ. 150–180।

[1035]. वॉल्ट, स्टीफन एम. (1987). पृ. 17–49।

अध्याय -12

[1036]. ब्लैकविल, रॉबर्ट डी. एवं हैरिस, जेनिफर (2016). *वार बाय अदर मीन्स: जियोइकोनॉमिक्स एंड स्टेटक्राफ्ट.* हार्वर्ड यूनिवर्सिटी प्रेस, पृ. 12–20।

[1037]. मैकिंडर, हैलफोर्ड जे. (1904). "द जियोग्राफिकल पिवट ऑफ हिस्ट्री." *जियोग्राफिकल जर्नल,* पृ. 421–437।

[1038]. महान, अल्फ्रेड थेयर (1890). *द इन्फ्लुएंस ऑफ सी पावर अपॉन हिस्ट्री.* बोस्टन: लिटिल, ब्राउन, पृ. 25–30।

[1039]. होगन, माइकल (1987). *द मार्शल प्लान.* कैम्ब्रिज यूनिवर्सिटी प्रेस, पृ. 50–120।

[1040]. लुटवाक, एडवर्ड (1990). "फ्रॉम जियोपॉलिटिक्स टू जियोइकोनॉमिक्स." *नेशनल इंटरेस्ट,* पृ. 17–23।

[1041]. कीहेन, रॉबर्ट ओ. एवं नाई, जोसेफ एस. (1977). *पावर एंड इंटरडिपेंडेंस.* बोस्टन: लिटिल, ब्राउन, पृ. 24–30।

[1042]. ऑफिस ऑफ द यूनाइटेड स्टेट्स ट्रेड रिप्रेजेंटेटिव (2018). *यूएस-चीन व्यापार रिपोर्ट,* पृ. 10–25।

1043. फैरेल, हेनरी एवं न्यूमैन, अब्राहम (2019). “हथियारबद्ध परस्पर निर्भरता.” *इंटरनेशनल सिक्योरिटी,* 44(1), पृ. 42–79।

1044. स्ट्रेंज, सुसान (1988). *स्टेट्स एंड मार्केट्स.* लंदन: पिंटर, पृ. 24–30।

1045. नाई, जोसेफ एस. (2004). *सॉफ्ट पावर.* न्यूयॉर्क: पब्लिकअफेयर्स, पृ. 5–15।

1046. फ्लिंट, कॉलिन (2016). *इंट्रोडक्शन टू जियोपॉलिटिक्स.* रूटलेज, पृ. 45–60।

1047. लुटवाक, एडवर्ड (1990). पृ. 20–25।

1048. ब्लैकविल एवं हैरिस (2016). पृ. 30–40।

1049. रोलां, नादेगे (2017). *चीन की बेल्ट एंड रोड पहल.* पृ. 45–70।

1050. मिलर, क्रिस (2022). *चिप वॉर.* पृ. 200–260।

1051. यह रगिन, डैनियल (1991). *द प्राइज़.* पृ. 500–550।

1052. ज़ुबॉफ़, शोशाना (2019). *निगरानी पूंजीवाद का युग.* पृ. 200–250।

1053. वाल्ट्ज, केनेथ (1979). *थ्योरी ऑफ इंटरनेशनल पॉलिटिक्स.* पृ. 88–120।

1054. नाई, जोसेफ एस. (2004). पृ. 10–20।

1055. वालरस्टीन, इमैनुएल (1974). *द मॉडर्न वर्ल्ड सिस्टम.* पृ. 15–30।

1056. विश्व बैंक (2023). *वैश्विक व्यापार रिपोर्ट.* पृ. 20–40।

1057. रग्गी, जॉन जी. (1982). “एम्बेडेड लिबरलिज्म.” *इंटरनेशनल ऑर्गनाइजेशन,* पृ. 379–415।

1058. गेरेफी, गैरी (2005). *ग्लोबल वैल्यू चेन.* पृ. 78–95।

1059. नॉटन, बैरी (2007). *चीन की अर्थव्यवस्था.* पृ. 150–200।

1060. महबूबानी, किशोर (2008). *द न्यू एशियन हेमिस्फियर.* पृ. 40–80।

1061. भगवती, जगदीश (2008). *टर्माइट्स इन द ट्रेड सिस्टम.* पृ. 120–150।

1062. बाल्डविन, रिचर्ड (2016). *द ग्रेट कन्वर्जेन्स.* पृ. 150–200।

1063. अमीन, समीर (1976). *अनइक्वल डेवलपमेंट.* पृ. 180–220।

1064. रोड्रिक, दानी (2011). *द ग्लोबलाइजेशन पैराडॉक्स.* पृ. 200–240।

1065. लुंड, सुसान (2020). *ग्लोबल सप्लाई चेन रिपोर्ट.* पृ. 15–40।

1066. लुंड, सुसान (2020). पृ. 25–50।

1067. क्रिस्टोफर, मार्टिन (2016). *लॉजिस्टिक्स एंड सप्लाई चेन मैनेजमेंट.* पृ. 30–70।

1068. फैरेल एवं न्यूमैन (2019). पृ. 60–79।

1069. चेउंग, ताई मिंग (2021). *सेमीकंडक्टर इंडस्ट्री.* पृ. 100–140।

1070. वू, मार्क (2021). *टेक्नोलॉजिकल डीकपलिंग.* पृ. 50–90।

1071. हार्डिंग, रेबेका (2022). *डी-रिस्किंग स्ट्रेटेजी.* पृ. 70–110।

1072. गुडमैन, मैथ्यू (2022). *फ्रैंड-शोरिंग.* पृ. 20–60।

1073. संयुक्त राष्ट्र (2022). *सप्लाई चेन रिपोर्ट.* पृ. 80–120।

1074. फ्रीडमैन, थॉमस (2005). *द वर्ल्ड इज़ फ्लैट.* पृ. 100–150।

1075. सक्सेनियन, अन्नाली (2006). *रीजनल एडवांटेज.* पृ. 200–250।

1076. मित्रोवा, तातियाना (2013). *एनर्जी स्ट्रेटेजी.* पृ. 10–25।

[1077]. क्लिंगर, जूली (2017). *रेयर अर्थ्स.* पृ. 60–100।
[1078]. स्मिथ, ब्रैड (2021). *टूल्स एंड वेपन्स.* पृ. 120–160।
[1079]. प्रसाद, ईश्वर (2021). *द फ्यूचर ऑफ मनी.* पृ. 200–240।
[1080]. सुब्रमण्यन, अरविंद (2019). *भारत और वैश्विक अर्थव्यवस्था.* पृ. 90–130।
[1081]. बाल्डविन, डेविड (1985). *इकोनॉमिक स्टेटक्राफ्ट.* पृ. 30–60।
[1082]. बाल्डविन (1985). पृ. 40–70।
[1083]. हफबॉयर, गैरी क्लाइड (2007). *इकोनॉमिक सैंक्शन्स.* पृ. 50–90।
[1084]. पपे, रॉबर्ट (1997). "व्हाई इकोनॉमिक सैंक्शन्स डू नॉट वर्क." *इंटरनेशनल सिक्योरिटी,* पृ. 90–136।
[1085]. ज़राटे, जुआन (2013). *ट्रेजरीज़ वॉर.* पृ. 100–150।
[1086]. न्यूमैन, अब्राहम (2019). *फाइनेंशियल स्टेटक्राफ्ट.* पृ. 60–90।
[1093]. ड्रेज़नर, डैनियल (2015). *सैंक्शन्स एंड स्टेटक्राफ्ट.* पृ. 120–160।
[1094]. मैलोनी, सुज़ैन (2015). *ईरान और प्रतिबंध.* पृ. 200–240।
[1095]. नस्र, वली (2016). *ईरान का राजनीतिक अर्थशास्त्र.* पृ. 150–200।
[1096]. एसलुंड, एंडर्स (2019). *रूस और प्रतिबंध.* पृ. 100–140।
[1097]. गुरिएव, सर्गेई (2020). *रूस की अर्थव्यवस्था.* पृ. 80–120।
[1098]. चा, विक्टर (2012). *नॉर्थ कोरिया.* पृ. 60–100।
[1099]. ड्रेज़नर (2015). पृ. 160–200।
[1100]. फैरेल, हेनरी एवं न्यूमैन, अब्राहम एल. (2019). "शस्त्रीकृत परस्परनिर्भरता (Weaponized Interdependence): वैश्विक आर्थिक नेटवर्क किस प्रकार राज्यों के दबाव और बाध्यकारी शक्ति के साधन बनते हैं।" इंटरनेशनल सिक्योरिटी, खंड 44, अंक 1, पृ. 42–79।
[1101]. न्यूमैन (2019). पृ. 100–140।
[1102]. वॉल्ट, स्टीफन एम. (1987). *द ओरिजिन्स ऑफ एलायंसेस.* कॉर्नेल यूनिवर्सिटी प्रेस, पृ. 17–49।
[1103]. मार्टिन, लिसा एल. (1992). *कोअर्सिव कोऑपरेशन.* प्रिंसटन यूनिवर्सिटी प्रेस, पृ. 35–70।
[1104]. फिनमोर, मार्था (2003). *द पर्पज़ ऑफ इंटरवेंशन.* कॉर्नेल यूनिवर्सिटी प्रेस, पृ. 60–95।
[1105]. ड्रयूरी, ए. कूपर (1998). "आर्थिक प्रतिबंधों की प्रभावशीलता." *इंटरनेशनल इंटरैक्शन्स,* पृ. 497–509।
[1106]. हॉलिडे, डेनिस (1999). "इराक पर प्रतिबंधों का प्रभाव." *फॉरेन अफेयर्स,* पृ. 29–37।
[1107]. सरन, समीर (2020). *वैश्विक व्यवस्था और वैश्विक दक्षिण.* ऑब्जर्वर रिसर्च फाउंडेशन, पृ. 20–40।
[1108]. ब्लैकविल, रॉबर्ट डी. एवं हैरिस, जेनिफर (2016). *वार बाय अदर मीन्स.* हार्वर्ड यूनिवर्सिटी प्रेस, पृ. 50–90।
[1109]. मुल्डर, निकोलस (2022). *द इकोनॉमिक वेपन.* यह ल यूनिवर्सिटी प्रेस, पृ. 120–160।
[1110]. क्रुगमैन, पॉल (2009). *द रिटर्न ऑफ डिप्रेशन इकोनॉमिक्स.* पृ. 80–120।
[1111]. रिकार्ड्स, जेम्स (2011). *करेंसी वॉर्स.* पेंगुइन, पृ. 40–80।

[1112]. ली, काई-फू (2018). *एआई सुपरपावर्स.* पृ. 1–50।

[1113]. हीली, जेसन (2013). *कॉनफ्लिक्ट इन साइबरस्पेस.* पृ. 60–100।

[1114]. सर्निक, निक (2017). *प्लेटफॉर्म कैपिटलिज्म.* पृ. 90–130।

[1115]. ब्राउन, चैड पी. (2018). *ट्रेड वॉर एंड पॉलिसी.* पृ. 100–140।

[1116]. प्रेबिश, राउल (1950). *द इकोनॉमिक डेवलपमेंट ऑफ लैटिन अमेरिका.* पृ. 10–40।

[1117]. प्रेबिश, राउल (1950). पृ. 25–60।

[1118]. सैक्स, जेफ्री (2005). *द एंड ऑफ पॉवर्टी.* पृ. 200–250।

[1119]. चांग, हा-जून (2002). *किकिंग अवे द लैडर.* पृ. 50–90।

[1120]. पेरेज़, कार्लोटा (2002). *टेक्नोलॉजिकल रेवोल्यूशंस एंड फाइनेंसियल कैपिटल.* पृ. 70–120।

[1121]. मिंस्की, हाइमन (1986). *स्टेबिलाइजिंग एन अनस्टेबल इकोनॉमी.* पृ. 100–150।

[1122]. क्लेयर, माइकल (2008). *राइजिंग पावर्स, श्रिंकिंग प्लैनेट.* पृ. 200–250।

[1123]. स्टिग्लिट्ज़, जोसेफ (2002). *ग्लोबलाइजेशन एंड इट्स डिसकॉन्टेंट्स.* पृ. 120–160।

[1124]. विश्व बैंक (2023). *ग्लोबल डेवलपमेंट रिपोर्ट.* पृ. 50–90।

[1125]. मोयो, डाम्बिसा (2009). *डेड एड.* पृ. 60–100।

[1126]. ब्रॉटिगम, डेबोरा (2009). *द ड्रैगन'स गिफ्ट.* पृ. 120–160।

[1127]. मुनी, एस. डी. (2010). *दक्षिण एशिया में भू-राजनीति.* पृ. 80–120।

[1128]. गैलाघर, केविन (2016). *चीन और लैटिन अमेरिका.* पृ. 100–140।

[1129]. हिलमैन, जोनाथन ई. (2020). *द एम्परर'स न्यू रोड.* पृ. 80–110।

[1130]. वुड्स, नगाइरे (2006). *द ग्लोबलाइजर्स.* पृ. 150–200।

[1131]. आचार्य, अमिताव (2014). *द एंड ऑफ अमेरिकन वर्ल्ड ऑर्डर.* पृ. 100–140।

[1132]. फ्रैंकल, फ्रांसिन आर. (2005). *इंडियाज़ पॉलिटिकल इकोनॉमी, 1947–2004*. ऑक्सफोर्ड यूनिवर्सिटी प्रेस, नई दिल्ली, पृ. 52।

[1133]. पनागरिया, अरविंद (2008). *इंडिया: द इमर्जिंग जायंट.* ऑक्सफोर्ड यूनिवर्सिटी प्रेस, नई दिल्ली, पृ. 67।

[1134]. मोहन, सी. राजा (2015). *मोदीज़ वर्ल्ड: भारत के प्रभाव क्षेत्र का विस्तार.* हार्पर कॉलिन्स, नई दिल्ली, पृ. 89।

[1135]. पनागरिया, अरविंद (2021). *पीएलआई और भारत की औद्योगिक नीति.* नीति विमर्श प्रकाशन, नई दिल्ली, पृ. 34।

[1136]. निलेकणी, नंदन (2019). *रीबूटिंग इंडिया.* पेंगुइन रैंडम हाउस इंडिया, नई दिल्ली, पृ. 41।

[1137]. नारायणन, सुनीता (2018). *कॉन्फ्लिक्ट्स ऑफ इंटरेस्ट: भारत के हरित आंदोलन में मेरी यात्रा.* पेंगुइन, नई दिल्ली, पृ. 59।

[1138]. सिंह, गुरजीत (2017). *भारत की कनेक्टिविटी रणनीति.* आईसीडब्ल्यूए, नई दिल्ली, पृ. 72।

[1139]. टेलिस, एशले जे. (2016). *भारत एक अग्रणी शक्ति के रूप में.* कार्नेगी एंडोमेंट फॉर इंटरनेशनल पीस, वाशिंगटन डी.सी., पृ. 103।

[1140]. राजन, रघुराम (2020). *द थर्ड पिलर.* पेंगुइन, नई दिल्ली, पृ. 77।

[1141]. भगवती, जगदीश (2013). *व्हाई ग्रोथ मैटर्स.* पब्लिकअफेयर्स, न्यूयॉर्क, पृ. 56।

[1142]. चक्रवर्ती, देबाशीष (2021). *ग्लोबल वैल्यू चेन और भारत.* स्प्रिंगर, सिंगापुर, पृ. 28।
[1143]. मदन, तन्वी (2020). *फेटफुल ट्रायंगल.* ब्रुकिंग्स इंस्टिट्यूशन प्रेस, वाशिंगटन डी.सी., पृ. 91।
[1144]. केलकर, विजय (2019). *इंडिया: ऑन द ग्रोथ टर्नपाइक.* एकेडमिक फाउंडेशन, नई दिल्ली, पृ. 64।

अध्याय -13

[1145]. रसेल, स्टुअर्ट (2019). *ह्यूमन कम्पैटिबल: कृत्रिम बुद्धिमत्ता और नियंत्रण की समस्या.* न्यूयॉर्क: वाइकिंग, पृ. 142।
[1146]. सेग्रेटो, लुसियानो (2019). *सेमीकंडक्टर्स और डिजिटल अर्थव्यवस्था.* लंदन: रूटलेज, पृ. 88।
[1147]. कुड्री, निक एवं मेजियास, उलिसेस (2019). *कनेक्शन की लागत: डेटा उपनिवेशवाद और पूंजीवाद.* स्टैनफोर्ड: स्टैनफोर्ड यूनिवर्सिटी प्रेस, पृ. 6।
[1148]. ज़ुबॉफ, शोशाना (2019). *निगरानी पूंजीवाद का युग.* न्यूयॉर्क: पब्लिकअफेयर्स, पृ. 221।
[1149]. रूहलिग, टिम (2020). *चीन की विदेश नीति के अंतर्विरोध.* ऑक्सफोर्ड: ऑक्सफोर्ड यूनिवर्सिटी प्रेस, पृ. 51।
[1150]. लिन, विलियम जे. (2010). "नए क्षेत्र की रक्षा: पेंटागन की साइबर रणनीति." *फॉरेन अफेयर्स,* 89(5), पृ. 98।
[1151]. रिड, थॉमस (2013). *साइबर युद्ध नहीं होगा.* लंदन: हर्स्ट, पृ. 21।
[1152]. लिबिकी, मार्टिन सी. (2009). *साइबर डिटरेंस और साइबर युद्ध.* सैंटा मोनिका: रैंड कॉर्पोरेशन, पृ. 44।
[1153]. नाई, जोसेफ एस. जूनियर (2017). *साइबरस्पेस में प्रतिरोध और निरुत्साहन.* वॉशिंगटन डी.सी.: ब्रुकिंग्स, पृ. 35।
[1154]. कास्परस्की, यूजीन (2015). *साइबर सुरक्षा और साइबर युद्ध.* ऑक्सफोर्ड: ऑक्सफोर्ड यूनिवर्सिटी प्रेस, पृ. 63।
[1155]. चंदर, अनुपम (2013). *इलेक्ट्रॉनिक सिल्क रोड.* न्यू हेवन: यह ल यूनिवर्सिटी प्रेस, पृ. 109।
[1156]. क्लार्क, रिचर्ड ए. एवं नाके, रॉबर्ट (2010). *साइबर युद्ध: राष्ट्रीय सुरक्षा के लिए अगला खतरा.* न्यूयॉर्क: एको, पृ. 112।
[1157]. सेगल, एडम (2016). *हैक्ड वर्ल्ड ऑर्डर.* न्यूयॉर्क: पब्लिकअफेयर्स, पृ. 74।
[1158]. गाइल्स, कीर (2019). *मॉस्को रूल्स.* वॉशिंगटन डी.सी.: ब्रुकिंग्स, पृ. 58।
[1159]. कॉर्निश, पॉल आदि (2014). *ऑन साइबर वारफेयर.* लंदन: चैथम हाउस रिपोर्ट, पृ. 91।
[1160]. गार्ट्ज़के, एरिक (2013). "साइबर युद्ध का मिथक." *इंटरनेशनल सिक्योरिटी,* 38(2), पृ. 50।
[1161]. गुलशन राय (2018). *भारत में साइबर सुरक्षा: चुनौतियाँ और रणनीतियाँ.* नई दिल्ली: भारत सरकार, पृ. 26।
[1162]. सैंगर, डेविड ई. (2018). *द परफेक्ट वेपन.* न्यूयॉर्क: क्राउन, पृ. 64।
[1163]. विंगफील्ड, थॉमस (2019). *सूचना संघर्ष का कानून.* न्यूयॉर्क: रूटलेज, पृ. 39।
[1164]. सेइब, फिलिप (2012). *रीयल-टाइम कूटनीति.* न्यूयॉर्क: पालग्रेव मैकमिलन, पृ. 22।
[1165]. शीक, नीना (2020). *डीपफेक्स: आने वाला सूचना संकट.* लंदन: मोनोराय, पृ. 51।

[1166]. हॉफमैन, फ्रैंक जी. (2007). *21वीं सदी का संघर्ष: हाइब्रिड युद्धों का उदय.* आर्लिंगटन: पोटोमैक इंस्टिट्यूट, पृ. 14।
[1167]. जियोर्डानो, जेम्स (2018). *राष्ट्रीय सुरक्षा में न्यूरोप्रौद्योगिकी.* बोका रैटन: सीआरसी प्रेस, पृ. 77।
[1168]. सनस्टीन, कैस आर. (2017). *#रिपब्लिक: सोशल मीडिया युग में विभाजित लोकतंत्र.* प्रिंसटन: प्रिंसटन यूनिवर्सिटी प्रेस, पृ. 33।
[1169]. शार्रे, पॉल (2018). *आर्मी ऑफ नन.* न्यूयॉर्क: डब्ल्यू.डब्ल्यू. नॉर्टन, पृ. 93।
[1170]. जेगार्ट, एमी (2022). *स्पाइज, लाइज़ एंड एल्गोरिद्म्स.* प्रिंसटन: प्रिंसटन यूनिवर्सिटी प्रेस, पृ. 58।
[1171]. बुकानन, बेन (2020). *द हैकर एंड द स्टेट.* कैम्ब्रिज: हार्वर्ड यूनिवर्सिटी प्रेस, पृ. 41।
[1172]. साइमन, हर्बर्ट ए. (1977). *एडमिनिस्ट्रेटिव बिहेवियर.* न्यूयॉर्क: फ्री प्रेस, पृ. 67।
[1173]. ली, काई-फू (2018). *एआई सुपरपावर्स.* बोस्टन: हॉटन मिफ्लिन हारकोर्ट, पृ. 134।
[1174]. वालाच, वेंडेल (2010). *मोरल मशीनें.* ऑक्सफोर्ड: ऑक्सफोर्ड यूनिवर्सिटी प्रेस, पृ. 112।
[1175]. मैकडूगल, वाल्टर ए. (1985). *स्पेस एज का राजनीतिक इतिहास.* न्यूयॉर्क: बेसिक बुक्स, पृ. 213।
[1176]. डोलमैन, एवरेट सी. (2002). *एस्ट्रोपॉलिटिक.* लंदन: फ्रैंक कैस, पृ. 97।
[1177]. जॉनसन-फ्रीज़, जोन (2007). *अंतरिक्ष एक रणनीतिक संपत्ति के रूप में.* न्यूयॉर्क: कोलंबिया यूनिवर्सिटी प्रेस, पृ. 44।
[1178]. वीडन, ब्रायन (2010). *एंटी-सैटेलाइट परीक्षण.* वॉशिंगटन डी.सी.: सिक्योर वर्ल्ड फाउंडेशन, पृ. 12।
[1179]. गोस्वामी, नम्रता (2020). *आउटर स्पेस संसाधनों के लिए प्रतिस्पर्धा.* लैनहैम: लेक्सिंगटन बुक्स, पृ. 61।
[1180]. शेल्डन, जॉन (2011). "स्पेस पावर और सैन्य क्रांति." *एस्ट्रोपॉलिटिक्स,* 9(1), पृ. 52।
[1181]. राइट, डेविड (2007). *स्पेस डेब्रिस और ट्रैफिक प्रबंधन.* कैम्ब्रिज, पृ. 29।
[1182]. हर्ट्ज़फेल्ड, हेनरी (2015). *वाणिज्यिक अंतरिक्ष और भू-राजनीति.* वॉशिंगटन डी.सी.: जॉर्ज वॉशिंगटन यूनिवर्सिटी प्रेस, पृ. 64।
[1183]. पेस, स्कॉट (2016). *21वीं सदी की अंतरिक्ष नीति.* वॉशिंगटन डी.सी., पृ. 71।
[1184]. ह्यूजेस, टिमोथी (2018). *अंतरिक्ष का व्यावसायीकरण और वैश्विक राजनीति.* लंदन: रूटलेज, पृ. 39।
[1185]. दुग्गल, पवन (2017). *भारत में साइबर कानून और साइबर सुरक्षा.* नई दिल्ली: लेक्सिसनेक्सिस, पृ. 83।
[1186]. सुकुमार, अरुण (2019). *मिडनाइट्स मशीनें.* नई दिल्ली: पेंगुइन रैंडम हाउस, पृ. 47।
[1187]. कस्तूरीरंगन, के. (2007). *राष्ट्रीय विकास के लिए अंतरिक्ष प्रौद्योगिकी.* बेंगलुरु: इसरो प्रकाशन, पृ. 26।

अध्याय 14

[1188]. लिन, विलियम जे. (2010). “नए क्षेत्र की रक्षा: पेंटागन की साइबर रणनीति.” *फॉरेन अफेयर्स*, 89(5), पृ. 98।

[1189]. रिड, थॉमस (2013). *साइबर वॉर विल नॉट टेक प्लेस.* लंदन: हर्स्ट, पृ. 21।

[1190]. लिबिकी, मार्टिन सी. (2009). *साइबर डिटरेंस और साइबर युद्ध.* सैंटा मोनिका: रैंड कॉर्पोरेशन, पृ. 44।

[1191]. नाई, जोसेफ एस. जूनियर (2011). *शक्ति का भविष्य.* न्यूयॉर्क: पब्लिकअफेयर्स, पृ. 35।

[1192]. कास्परस्की, यूजीन (2015). *साइबर सुरक्षा और साइबर युद्ध: सभी के लिए मार्गदर्शिका.* ऑक्सफोर्ड: ऑक्सफोर्ड यूनिवर्सिटी प्रेस, पृ. 63।

[1193]. क्लार्क, रिचर्ड ए. (2010). *साइबर वॉर.* न्यूयॉर्क: हार्पर कॉलिन्स, पृ. 112।

[1194]. सेगल, एडम (2016). *हैक्ड वर्ल्ड ऑर्डर.* न्यूयॉर्क: पब्लिकअफेयर्स, पृ. 74।

[1195]. गाइल्स, कीर (2019). *मॉस्को रूल्स.* वॉशिंगटन डी.सी.: ब्रुकिंग्स इंस्टिट्यूशन प्रेस, पृ. 58।

[1196]. कॉर्निश, पॉल (2014). *साइबर सुरक्षा और साइबर युद्ध.* लंदन: रूटलेज, पृ. 91।

[1197]. गार्ट्ज़के, एरिक (2013). “साइबर युद्ध का मिथक.” *इंटरनेशनल सिक्योरिटी*, 38(2), पृ. 50।

[1198]. गुलशन राय (2018). *भारत में साइबर सुरक्षा.* नई दिल्ली: स्प्रिंगर, पृ. 26।

[1199]. सैंगर, डेविड ई. (2018). *द परफेक्ट वेपन.* न्यूयॉर्क: क्राउन, पृ. 64।

[1200]. विंगफील्ड, थॉमस (2019). *सूचना संघर्ष का कानून.* वॉशिंगटन डी.सी.: नेशनल डिफेंस यूनिवर्सिटी प्रेस, पृ. 39।

[1201]. सेइब, फिलिप (2012). *रीयल-टाइम कूटनीति.* न्यूयॉर्क: पालग्रेव मैकमिलन, पृ. 22।

[1202]. शीक, नीना (2020). *डीपफेक्स.* लंदन: मोनोराय, पृ. 51।

[1203]. हॉफमैन, फ्रैंक (2007). *21वीं सदी का संघर्ष.* आर्लिंगटन: पोटोमैक इंस्टिट्यूट, पृ. 14।

[1204]. जियोर्डानो, जेम्स (2018). *राष्ट्रीय सुरक्षा में न्यूरोप्रौद्योगिकी.* बोका रैटन: सीआरसी प्रेस, पृ. 77।

[1205]. सनस्टीन, कैस (2017). *#रिपब्लिक: सोशल मीडिया युग में विभाजित लोकतंत्र.* प्रिंसटन: प्रिंसटन यूनिवर्सिटी प्रेस, पृ. 33।

[1206]. शार्रे, पॉल (2018). *आर्मी ऑफ नन.* न्यूयॉर्क: डब्ल्यू.डब्ल्यू. नॉर्टन, पृ. 93।

[1207]. जेगार्ट, एमी (2022). *स्पाइज, लाइज़ एंड एल्गोरिद्म्स.* प्रिंसटन: प्रिंसटन यूनिवर्सिटी प्रेस, पृ. 58।

[1208]. बुकानन, बेन (2020). *द हैकर एंड द स्टेट.* कैम्ब्रिज: हार्वर्ड यूनिवर्सिटी प्रेस, पृ. 41।

[1209]. साइमन, हर्बर्ट ए. (1977). *मॉडल्स ऑफ डिस्कवरी.* डॉर्ड्रेक्ट: रीडेल, पृ. 67।

[1210]. ली, काई-फू (2018). *एआई सुपरपावर्स.* बोस्टन: हॉटन मिफ्लिन हारकोर्ट, पृ. 134।

[1211]. वालाच, वेंडेल (2010). *मोरल मशीनें.* ऑक्सफोर्ड: ऑक्सफोर्ड यूनिवर्सिटी प्रेस, पृ. 112।

[1212]. मैकडूगल, वाल्टर ए. (1985). *द हेवन्स एंड द अर्थ.* न्यूयॉर्क: बेसिक बुक्स, पृ. 213।

[1213]. डोलमैन, एवरेट (2002). *एस्ट्रोपॉलिटिक.* लंदन: फ्रैंक कैस, पृ. 97।

[1214]. जॉनसन-फ्रीज़, जोन (2007). *अंतरिक्ष एक रणनीतिक संपत्ति के रूप में.* न्यूयॉर्क: कोलंबिया यूनिवर्सिटी प्रेस, पृ. 44।

[1215]. वीडन, ब्रायन (2010). “अंतरिक्ष में एंटी-सैटेलाइट परीक्षण.” *सिक्योर वर्ल्ड फाउंडेशन*, पृ. 12।

[1216]. गोस्वामी, नम्रता (2020). *आउटर स्पेस संसाधनों के लिए प्रतिस्पर्धा*. लैनहैम: लेक्सिंगटन बुक्स, पृ. 61।

[1217]. पेस, स्कॉट (2016). “जीपीएस का रणनीतिक महत्व.” *स्पेस पॉलिसी*, पृ. 71।

संदर्भ ग्रंथसूची

पुस्तके

- आचार्य, अमिताव. (2014). *द एंड ऑफ अमेरिकन वर्ल्ड ऑर्डर.* कैम्ब्रिज: पॉलिटी प्रेस।

  आचार्य, अमिताव. (2017). *रीजनल वर्ल्ड ऑर्डर.* कैम्ब्रिज: पॉलिटी प्रेस।
- आइकेनबेरी, जी. जॉन. (2001). *आफ्टर विक्ट्री.* प्रिंसटन: प्रिंसटन यूनिवर्सिटी प्रेस।

  आइकेनबेरी, जी. जॉन. (2011). *लिबरल लेवायथन.* प्रिंसटन: प्रिंसटन यूनिवर्सिटी प्रेस।
- अग्न्यू, जॉन. (2003). *जियोपॉलिटिक्स: री-विज़निंग वर्ल्ड पॉलिटिक्स.* लंदन: रूटलेज।
- अमीन, समीर. (1976). *अनइक्वल डेवलपमेंट.* न्यूयॉर्क: मंथली रिव्यू प्रेस।
- बाल्डविन, डेविड ए. (1985). *इकोनॉमिक स्टेटक्राफ्ट.* प्रिंसटन: प्रिंसटन यूनिवर्सिटी प्रेस।
- ब्लैकविल, रॉबर्ट डी., एवं हैरिस, जेनिफर एम. (2016). *वार बाय अदर मीन्स: जियोइकोनॉमिक्स एंड स्टेटक्राफ्ट.* कैम्ब्रिज: हार्वर्ड यूनिवर्सिटी प्रेस।
- ब्रज़ेज़िंस्की, ज़्बिग्न्येव. (1997). *द ग्रैंड चेसबोर्ड.* न्यूयॉर्क: बेसिक बुक्स।
- ब्रूस्टर, डेविड. (2014). *इंडियाज़ ओशन: द स्टोरी ऑफ इंडिया'स बिड फॉर रीजनल लीडरशिप.* लंदन: रूटलेज।
- ब्रॉटिगम, डेबोरा. (2009). *द ड्रैगन'स गिफ्ट.* ऑक्सफोर्ड: ऑक्सफोर्ड यूनिवर्सिटी प्रेस।
- ब्रांड्स, हाल. (2021). *द ट्वाइलाइट स्ट्रगल.* न्यू हेवन: यह ल यूनिवर्सिटी प्रेस।
- बोस, सुगाता. (2006). *ए हंड्रेड होराइजन्स.* कैम्ब्रिज: हार्वर्ड यूनिवर्सिटी प्रेस।
- कार, ई. एच. (1939). *द ट्वेंटी इयर्स' क्राइसिस.* लंदन: मैकमिलन।
- कापलान, रॉबर्ट डी. (2010). *मॉनसून: द इंडियन ओशन एंड the फ्यूचर ऑफ अमेरिकन पावर.* न्यूयॉर्क: रैंडम हाउस।

कापलान, रॉबर्ट डी. (2012). *द रिवेंज ऑफ जियोग्राफी.* न्यूयॉर्क: रैंडम हाउस।

- क्लेयर, माइकल टी. (2001). *रिसोर्स वॉर्स.* न्यूयॉर्क: मेट्रोपॉलिटन बुक्स।
  क्लेयर, माइकल टी. (2008). *राइजिंग पावर्स, श्रिंकिंग प्लैनेट.* न्यूयॉर्क: मेट्रोपॉलिटन बुक्स।
- कोहेन, सॉल बी. (2003). *जियोपॉलिटिक्स: द जियोग्राफी ऑफ इंटरनेशनल रिलेशन्स.* लैन्हम: रोमन एंड लिटलफील्ड।
- क्लार्क, रिचर्ड ए. (2010). *साइबर वॉर.* न्यूयॉर्क: हार्पर कॉलिन्स।
- ड्रेज़नर, डैनियल डब्ल्यू. (2015). *सैंक्शन्स एंड स्टेटक्राफ्ट.* कैम्ब्रिज: कैम्ब्रिज यूनिवर्सिटी प्रेस।
- फ्रीडमैन, थॉमस एल. (2005). *द वर्ल्ड इज़ फ्लैट.* न्यूयॉर्क: फरार, स्ट्रॉस एंड गिरौक्स।
- फुकुयामा, फ्रांसिस. (1992). *द एंड ऑफ हिस्ट्री एंड द लास्ट मैन.* न्यूयॉर्क: फ्री प्रेस।
- गैडिस, जॉन लुईस. (2005). *द कोल्ड वॉर.* न्यूयॉर्क: पेंगुइन।
- गिल्पिन, रॉबर्ट. (1987). *द पॉलिटिकल इकोनॉमी ऑफ इंटरनेशनल रिलेशन्स.* प्रिंसटन: प्रिंसटन यूनिवर्सिटी प्रेस।
- ग्रे, कॉलिन एस. (1999). *मॉडर्न स्ट्रैटेजी.* ऑक्सफोर्ड: ऑक्सफोर्ड यूनिवर्सिटी प्रेस।
- हंटिंगटन, सैमुअल पी. (1996). *द क्लैश ऑफ सिविलाइजेशन्स.* न्यूयॉर्क: साइमन एंड शुस्टर।
- हॉब्सबाम, एरिक. (1994). *द एज ऑफ एक्सट्रीम्स.* लंदन: एबैकस।
- केनेडी, पॉल. (1987). *द राइज़ एंड फॉल ऑफ द ग्रेट पावर्स.* न्यूयॉर्क: रैंडम हाउस।
- किसिंजर, हेनरी. (1994). *डिप्लोमेसी.* न्यूयॉर्क: साइमन एंड शुस्टर।
- लाकोस्ट, इव्स. (1976). *जियोग्राफी इज़ फर्स्ट ऑफ ऑल अ वॉर मशीन.* पेरिस: मास्पेरो।
- लिबिकी, मार्टिन सी. (2009). *साइबर डिटरेंस और साइबर युद्ध.* सैंटा मोनिका: रैंड कॉर्परेशन।
- मिलर, क्रिस. (2022). *चिप वॉर.* न्यूयॉर्क: स्क्रिब्नर।
- मियर्सहाइमर, जॉन जे. (2001). *द ट्रेजेडी ऑफ ग्रेट पावर पॉलिटिक्स.* न्यूयॉर्क: डब्ल्यू.डब्ल्यू. नॉर्टन।

- मॉर्गेंथाउ, हंस जे. (1948). *पॉलिटिक्स अमंग नेशन्स.* न्यूयॉर्क: मैकग्रा-हिल।
- नाई, जोसेफ एस. (2004). *सॉफ्ट पावर.* न्यूयॉर्क: पब्लिकअफेयर्स।
  नाई, जोसेफ एस. (2011). *द फ्यूचर ऑफ पावर.* न्यूयॉर्क: पब्लिकअफेयर्स।
- रोड्रिक, दानी. (2011). *द ग्लोबलाइजेशन पैराडॉक्स.* न्यूयॉर्क: नॉर्टन।
- स्पाइकमैन, निकोलस जे. (1942). *अमेरिका'स स्ट्रेटेजी इन वर्ल्ड पॉलिटिक्स.* न्यूयॉर्क: हार्कोर्ट।
- स्टिग्लिट्ज़, जोसेफ ई. (2010). *फ्रीफॉल.* न्यूयॉर्क: नॉर्टन।
- टिल, जेफ्री. (2018). *सी पावर: ए गाइड फॉर द ट्वेंटी-फर्स्ट सेंचुरी.* लंदन: रूटलेज।
- टूज़, एडम. (2018). *क्रैश्ड.* न्यूयॉर्क: वाइकिंग।
- वाल्ट्ज़, केनेथ एन. (1979). *थ्योरी ऑफ इंटरनेशनल पॉलिटिक्स.* रीडिंग: एडिसन-वेस्ले।
- वेस्टैड, ओड आर्ने. (2005). *द ग्लोबल कोल्ड वॉर.* कैम्ब्रिज: कैम्ब्रिज यूनिवर्सिटी प्रेस।
- यह रगिन, डैनियल. (1991). *द प्राइज़.* न्यूयॉर्क: साइमन एंड शुस्टर।

रिसर्च पेपर्स / जर्नल आर्टिकल्स

- फैरेल, हेनरी, एवं न्यूमैन, अब्राहम. (2019). हथियारबद्ध परस्पर निर्भरता: वैश्विक आर्थिक नेटवर्क कैसे राज्य शक्ति का उपकरण बनते हैं. *इंटरनेशनल सिक्योरिटी,* 44(1), 42–79।
- गार्ट्ज़के, एरिक. (2013). साइबर युद्ध का मिथक. *इंटरनेशनल सिक्योरिटी,* 38(2), 41–73।
- लुटवाक, एडवर्ड. (1990). जियो-इकोनॉमिक्स का उदय: संघर्ष का नया व्याकरण. *नेशनल इंटरेस्ट,* 20, 17–23।
- मैकिंडर, हैलफोर्ड जे. (1904). इतिहास का भौगोलिक पिवट. *जियोग्राफिकल जर्नल,* 23(4), 421–437।
- जर्विस, रॉबर्ट. (1978). सुरक्षा दुविधा के तहत सहयोग. *वर्ल्ड पॉलिटिक्स,* 30(2), 167–214।
- हर्ज़, जॉन एच. (1950). आदर्शवादी अंतरराष्ट्रीयवाद और सुरक्षा दुविधा. *वर्ल्ड पॉलिटिक्स,* 2(2), 157–180।
- मैनर्स, इयान. (2002). नॉर्मेटिव पावर यूरोप. *जर्नल ऑफ कॉमन मार्केट स्टडीज़,* 40(2), 235–258।

- बार्नेट, माइकल, एवं डुवाल, रेमंड. (2005). अंतरराष्ट्रीय राजनीति में शक्ति के प्रकार. *इंटरनेशनल ऑर्गनाइजेशन*, 59(1), 39–75।
- रगी, जॉन जी. (1982). एम्बेडेड लिबरलिज्म और युद्धोत्तर आर्थिक व्यवस्था. *इंटरनेशनल ऑर्गनाइजेशन*, 36(2), 379–415।
- गैलाघर, जे., एवं रॉबिन्सन, आर. (1953). फ्री ट्रेड इम्पीरियलिज्म. *इकोनॉमिक हिस्ट्री रिव्यू*, 6(1), 1–15।
- ओसिआंडर, एंड्रियास. (2001). वेस्टफेलियन मिथक का पुनर्मूल्यांकन. *इंटरनेशनल ऑर्गनाइजेशन*, 55(2), 251–287।
- न्यूमैन, डेविड. (2006). सीमाएँ, क्षेत्रीयता और संप्रभुता. *पॉलिटिकल जियोग्राफी*, 25(2), 143–170।
- पेपे, रॉबर्ट ए. (1997). आर्थिक प्रतिबंध क्यों काम नहीं करते. *इंटरनेशनल सिक्योरिटी*, 22(2), 90–136।
- ड्र्यूरी, ए. कूपर. (1998). आर्थिक प्रतिबंधों की प्रभावशीलता. *इंटरनेशनल इंटरैक्शन्स*, 23(4), 497–509।
- लिन, विलियम जे. (2010). पेंटागन की साइबर रणनीति. *फॉरेन अफेयर्स*, 89(5), 97–108।
- स्कॉट, डेविड. (2013). हिंद महासागर में भारत की भूमिका. *इंटरनेशनल अफेयर्स*, 89(3), 543–561।
- शेल्डन, जॉन. (2011). स्पेस पावर और सैन्य क्रांति. *एस्ट्रोपॉलिटिक्स*, 9(1), 50–75।
- पेस, स्कॉट. (2016). जीपीएस का रणनीतिक महत्व. *स्पेस पॉलिसी*, 37, 70–75।

रिपोर्ट्स / पॉलिसी डॉक्यूमेंट्स

- विश्व बैंक. (2023). *वर्ल्ड डेवलपमेंट रिपोर्ट.*
- अंतरराष्ट्रीय मुद्रा कोष (IMF). (2022). *वर्ल्ड इकोनॉमिक आउटलुक.*
- संयुक्त राष्ट्र. (1945). *संयुक्त राष्ट्र चार्टर.*
- संयुक्त राष्ट्र व्यापार एवं विकास सम्मेलन (UNCTAD). (2022). *मैरिटाइम ट्रांसपोर्ट रिपोर्ट.*
- अंतरराष्ट्रीय ऊर्जा एजेंसी (IEA). (2022). *वर्ल्ड एनर्जी आउटलुक.*
- स्टॉकहोम इंटरनेशनल पीस रिसर्च इंस्टीट्यूट (SIPRI). (2023). *मिलिट्री एक्सपेंडिचर डेटाबेस.*

- विश्व आर्थिक मंच (WEF). (2023). *ग्लोबल रिस्क रिपोर्ट.*
- ओईसीडी. (2021). *साइंस, टेक्नोलॉजी एंड इनोवेशन आउटलुक.*
- अमेरिकी ऊर्जा सूचना प्रशासन (EIA). (2023). *ऑयल चोकपॉइंट्स रिपोर्ट.*

मानचित्र :

- मैकिंडर, एच. जे. (1904). *इतिहास की भौगोलिक धुरी.* द जियोग्राफिकल जर्नल, 23(4), 421-437.
- मैकिंडर, एच. जे. (1904). *इतिहास की भौगोलिक धुरी (The Geographical Pivot of History).* द जियोग्राफिकल जर्नल, 23(4), 421-437.
- मैप्स ऑफ इंडिया. (2020). *विश्व महासागर और समुद्र मानचित्र (World Oceans & Seas Map).* नई दिल्ली: Maps of India.
- ओईसीईएमपी (OCEMP). (वर्ष निर्दिष्ट नहीं). *वैश्विक समुद्री चोकपॉइंट्स और प्रमुख नौवहन मार्गों का मानचित्र (Global Maritime Chokepoints Map).* ओपन-सोर्स समुद्री भू-रणनीतिक डाटासेट.
- मैकनील, डब्ल्यू. एच. (1987). *विश्व इतिहास.* न्यूयॉर्क: ऑक्सफोर्ड यूनिवर्सिटी प्रेस. (मानचित्र: *Shipping routes in the Atlantic Ocean, c. 1750*)
- स्पाइकमैन, एन. जे. (1942). *विश्व राजनीति में भूगोल की भूमिका.* न्यूयॉर्क: हार्कोर्ट, ब्रेस एंड कंपनी.
- पनामा नहर प्राधिकरण (ACP). (2016). *पनामा नहर विस्तार और वैश्विक समुद्री कनेक्टिविटी.* पनामा सिटी: Autoridad del Canal de Panamá.
- यू.एस. एनर्जी इन्फॉर्मेशन एडमिनिस्ट्रेशन (EIA). (2017). *वैश्विक समुद्री चोकपॉइंट्स और अंतरराष्ट्रीय शिपिंग मार्ग.* वाशिंगटन डी.सी.: U.S. Department of Energy.
- स्पाइकमैन, एन. जे. (1942). *अमेरिका'ज़ स्ट्रेटेजी इन वर्ल्ड पॉलिटिक्स: द यूनाइटेड स्टेट्स एंड द बैलेंस ऑफ पावर.* न्यूयॉर्क: हार्कोर्ट, ब्रेस एंड कंपनी.
- मुंस्टर की संधि (1648). *स्पेन और डच गणराज्य के मध्य शांति संधि* (वेस्टफालिया शांति संधि का अभिन्न अंग). मुंस्टर, जर्मनी।

- ओस्नाब्रुक संधि (1648). *पवित्र रोमन साम्राज्य एवं स्वीडन के मध्य संधि* (वेस्टफालिया शांति संधि का अभिन्न अंग). ओस्नाब्रुक, जर्मनी।
- *1800 ई. में औपनिवेशिक साम्राज्य* (Colonial Empires in 1800) , वैश्विक मानचित्र. विकिमीडिया कॉमन्स.
  उपलब्ध स्रोत:
  https://upload.wikimedia.org/wikipedia/commons/3/3d/Colonial_empires_in_1800.svg
  (अभिगमन तिथि: जनवरी 2026)
- *1880-1914 में अफ्रीका का औपनिवेशिक विभाजन* (Scramble for Africa). विकिमीडिया कॉमन्स.
  उपलब्ध स्रोत:
  https://upload.wikimedia.org/wikipedia/commons/a/a8/Scramble-for-Africa-1880-1913.png
  (अभिगमन तिथि: जनवरी 2026)
- कोहेन, सॉल बी. (2003). *भू-राजनीति की बदलती संरचना.* लैनहैम: रोमन एंड लिटिलफील्ड.
  (हार्टलैंड-रिमलैंड का उत्तर-औपनिवेशिक पुनर्व्याख्या)
- *द्वितीय विश्व युद्ध के बाद द्विध्रुवीय विश्व व्यवस्था* (America vs. Soviet Union - Bipolar World Map). विकिमीडिया कॉमन्स.
  उपलब्ध स्रोत:
  https://upload.wikimedia.org/wikipedia/commons/thumb/d/d1/Gomberg_map.jpg/1280px-Gomberg_map.jpg
  (अभिगमन तिथि: जनवरी 2026)
- *शीत युद्ध के दौरान नाटो और वारसा संधि के सदस्य देश* (Cold War नाटो & Warsaw Pact Membership Map). ब्रिटैनिका.
  उपलब्ध स्रोत: https://cdn.britannica.com/62/64262-050-B5A6C575/Cold-War-membership-यूरोपीय संघrope-Soviet-Union-satellites.jpg
  (अभिगमन तिथि: जनवरी 2026)
- सेलर अकादमी. (n.d.). *शीत युद्ध के बाद यूरोप और पूर्वी यूरोप का भू-राजनीतिक पुनर्गठन* [Map]. Retrieved January 2026, from https://saylordotorg.github.io/text_world-regional-geography-

people-places-and-globalization/section_05/65229d6ac18089b1680a1051beb858d6.jpg

- Central Press. (तिथि अनुपलब्ध). *हार्टलैंड सिद्धांत मानचित्र* [मानचित्र]. विकिमीडिया कॉमन्स. https://upload.wikimedia.org/wikipedia/commons/9/9c/Heartland.png
- ब्रिटानिका संपादक। (2026)। यूरेशिया का लोकेटर मानचित्र [मानचित्र]। एनसाइक्लोपीडिया ब्रिटानिका। https://cdn.britannica.com/62/243162-050-CF8C9AF4/Locator-map-यूरोपीय संघrasia.jpg
- Encyclopædia Britannica, Inc. (तिथि उपलब्ध नहीं). *यूरेशिया का लोकेटर मानचित्र* [मानचित्र]. *एनसाइक्लोपीडिया ब्रिटानिका.* https://cdn.britannica.com/62/243162-050-CF8C9AF4/Locator-map-यूरोपीय संघrasia.jpg
- Encyclopædia Britannica, Inc. (तिथि उपलब्ध नहीं). *लोकेटर मानचित्र* [मानचित्र]. *एनसाइक्लोपीडिया ब्रिटानिका.* https://cdn.britannica.com/88/89888-004-57AD3D2F.gif
- Encyclopædia Britannica, Inc. (तिथि उपलब्ध नहीं). *यूरेशिया का लोकेटर मानचित्र* [मानचित्र]. *एनसाइक्लोपीडिया ब्रिटानिका.* https://cdn.britannica.com/62/243162-050-CF8C9AF4/Locator-map-यूरोपीय संघrasia.jpg

परिशिष्ट क : प्रमुख भू-राजनीतिक क्षेत्र

यह परिशिष्ट विश्व के प्रमुख भू-राजनीतिक क्षेत्रों का संक्षिप्त परिचय प्रस्तुत करता है। इन क्षेत्रों का महत्व उनके भौगोलिक स्थान, संसाधनों, समुद्री मार्गों, सैन्य क्षमता और वैश्विक शक्ति संतुलन में भूमिका के कारण निर्धारित होता है।

- **हिंद-प्रशांत क्षेत्र**

  हिंद-प्रशांत क्षेत्र वर्तमान वैश्विक राजनीति का सबसे महत्वपूर्ण रणनीतिक क्षेत्र बन चुका है। यह क्षेत्र पूर्वी अफ्रीका से लेकर पश्चिमी प्रशांत महासागर तक फैला हुआ है। इस क्षेत्र से विश्व के प्रमुख समुद्री व्यापार मार्ग गुजरते हैं और ऊर्जा आपूर्ति का बड़ा भाग भी यहीं से संचालित होता है।भारत, चीन, अमेरिका, जापान और ऑस्ट्रेलिया जैसे देश इस क्षेत्र में प्रमुख शक्ति प्रतिस्पर्धा में शामिल हैं।

- **मध्य-पूर्व**

  मध्य-पूर्व विश्व की ऊर्जा राजनीति का केंद्र है। सऊदी अरब, ईरान, इराक, कतर और संयुक्त अरब अमीरात जैसे देशों में विशाल तेल और गैस भंडार हैं। यह क्षेत्र यूरोप, एशिया और अफ्रीका के बीच रणनीतिक सेतु के रूप में भी कार्य करता है।

- **यूरो-अटलांटिक क्षेत्र**

  यूरोप और उत्तरी अटलांटिक क्षेत्र वैश्विक शक्ति संरचना में लंबे समय से प्रभावशाली रहा है। नाटो (नाटो) और यूरोपीय संघ जैसे संस्थान इस क्षेत्र की सामूहिक सुरक्षा और राजनीतिक समन्वय का आधार हैं।

- **यूरेशिया**

  यूरेशिया का आंतरिक भाग, जिसे हार्टलैंड भी कहा जाता है, शास्त्रीय भू-राजनीतिक सिद्धांतों में अत्यधिक महत्वपूर्ण माना गया है। हैलफोर्ड मैकिंडर के अनुसार, जो शक्ति इस क्षेत्र को नियंत्रित करती है वह विश्व राजनीति को प्रभावित कर सकती है।

- **दक्षिण एशिया**

दक्षिण एशिया में भारत, पाकिस्तान, बांग्लादेश, श्रीलंका, नेपाल और अफगानिस्तान शामिल हैं। यह क्षेत्र जनसंख्या, आर्थिक विकास और सुरक्षा चुनौतियों के कारण वैश्विक राजनीति में महत्वपूर्ण स्थान रखता है।

- **दक्षिण चीन सागर क्षेत्र**

  दक्षिण चीन सागर विश्व के सबसे महत्वपूर्ण समुद्री व्यापार मार्गों में से एक है। चीन, वियतनाम, फिलीपींस और अन्य देशों के बीच इस क्षेत्र में समुद्री सीमाओं और द्वीपों पर विवाद चल रहे हैं।

- **आर्कटिक क्षेत्र**

  आर्कटिक क्षेत्र जलवायु परिवर्तन के कारण नई भू-राजनीतिक प्रतिस्पर्धा का केंद्र बनता जा रहा है। बर्फ के पिघलने से नए समुद्री मार्ग और ऊर्जा संसाधनों तक पहुँच संभव हो रही है।

- **अफ्रीका और हिंद महासागर तटीय क्षेत्र**

  अफ्रीका का पूर्वी तट और हिंद महासागर तटीय क्षेत्र वैश्विक समुद्री व्यापार और ऊर्जा मार्गों के लिए महत्वपूर्ण है। चीन, भारत और पश्चिमी शक्तियाँ इस क्षेत्र में आर्थिक और सामरिक उपस्थिति बढ़ा रही हैं।

परिशिष्ट ख : शब्दावली

- **भू-राजनीति**
  राज्य की शक्ति, नीति और रणनीति का भौगोलिक कारकों (भूमि, समुद्र, संसाधन, जनसंख्या) के संदर्भ में अध्ययन।
- **राजनीतिक भूगोल**
  भूगोल और राजनीतिक संरचनाओं के पारस्परिक संबंधों का वर्णनात्मक अध्ययन।
- **शास्त्रीय भू-राजनीति**
  रैटज़ेल, मैकिंडर, माहन और स्पाइकमैन द्वारा विकसित राज्य-केंद्रित भू-राजनीतिक विचारधारा।
- **राज्य**
  निश्चित भू-भाग, जनसंख्या, सरकार और संप्रभुता से युक्त राजनीतिक इकाई।
- **संप्रभुता**
  किसी राज्य की सर्वोच्च और स्वतंत्र राजनीतिक सत्ता।
- **क्षेत्र**
  वह भौगोलिक क्षेत्र जिस पर राज्य का वैध अधिकार होता है।
- **राष्ट्रीय हित**
  राज्य के अस्तित्व, सुरक्षा और समृद्धि से जुड़े मूल उद्देश्य।
- **शक्ति**
  अन्य इकाइयों को प्रभावित या नियंत्रित करने की क्षमता (सैन्य, आर्थिक, राजनीतिक, वैचारिक)।
- **कठोर शक्ति**
  सैन्य बल, आर्थिक प्रतिबंध और दमनकारी साधनों के माध्यम से प्रभाव।
- **नरम शक्ति**
  संस्कृति, मूल्यों, कूटनीति और आकर्षण के माध्यम से प्रभाव (Joseph Nye)।
- **हृदयस्थल सिद्धांत**

हैलफोर्ड मैकिंडर का सिद्धांत,यूरेशिया का हृदयस्थल विश्व शक्ति की कुंजी है।

- **रिमलैंड सिद्धांत**

  निकोलस स्पाइकमैन का विचार,यूरेशिया का तटीय क्षेत्र वैश्विक प्रभुत्व का केंद्र।

- **समुद्री शक्ति**

  अल्फ्रेड थायर माहन द्वारा प्रतिपादित समुद्री मार्गों और नौसेना की रणनीतिक महत्ता।

- **स्थलीय शक्ति**

  स्थल-आधारित सैन्य, संसाधन और भू-आंतरिक नियंत्रण पर आधारित शक्ति।

- **शक्ति संतुलन**

  अंतरराष्ट्रीय प्रणाली में किसी एक राज्य के प्रभुत्व को रोकने की व्यवस्था।

- **भू-रणनीति**

  भौगोलिक यथार्थ के आधार पर सैन्य और राजनीतिक रणनीति का निर्माण।

- **भू-अर्थशास्त्र**

  आर्थिक साधनों (व्यापार, निवेश, संसाधन) का भू-राजनीतिक उपयोग।

- **सीमा**

  राज्यों के बीच कानूनी और भौगोलिक विभाजन रेखा।

- **बफर राज्य**

  दो प्रतिद्वंद्वी शक्तियों के बीच स्थित कमजोर या तटस्थ राज्य।

- **रणनीतिक गहराई**

  युद्ध या संकट की स्थिति में राज्य की भौगोलिक सुरक्षा क्षमता।

- **रणनीतिक संकीर्ण मार्ग**

  व्यापार और सैन्य आवागमन के लिए अत्यंत महत्वपूर्ण संकीर्ण जल/स्थल मार्ग।

- **साम्राज्यवाद**

  अन्य क्षेत्रों पर राजनीतिक, आर्थिक या सैन्य नियंत्रण की नीति।

- **औपनिवेशिक शासन**

  किसी बाहरी शक्ति द्वारा क्षेत्रीय प्रशासन और शोषण।

- **यथार्थवाद**
  शक्ति और राष्ट्रीय हित को अंतरराष्ट्रीय राजनीति का मूल आधार मानने वाला सिद्धांत।
- **नव-यथार्थवाद**
  अंतरराष्ट्रीय प्रणाली की संरचना को राज्य व्यवहार का निर्धारक मानने वाला दृष्टिकोण।
- **स्थल-शक्ति**
  भूमि आधारित सैन्य, राजनीतिक एवं रणनीतिक शक्ति, जो सीमाओं, थलसेना और भू-क्षेत्रीय नियंत्रण पर आधारित होती है।
- **महाद्वीपीय शक्ति**
  ऐसी शक्ति जिसकी रणनीति भूमि-आधारित विस्तार, आंतरिक संचार और महाद्वीपीय प्रभुत्व पर केंद्रित हो।
- **यूरेशिया**
  यूरोप और एशिया से मिलकर बना विशाल भू-भाग, जिसे वैश्विक भू-राजनीति का केंद्र माना जाता है।
- **सीमावर्ती संघर्ष**
  दो या अधिक राज्यों के बीच सीमा-निर्धारण, संप्रभुता या सुरक्षा को लेकर होने वाला संघर्ष।
- **महासागरीय भू-राजनीति**
  समुद्रों, महासागरों और समुद्री मार्गों पर नियंत्रण की राजनीतिक एवं रणनीतिक प्रतिस्पर्धा।
- **हिंद-प्रशांत क्षेत्र**
  हिंद महासागर और प्रशांत महासागर को जोड़ने वाला सामरिक क्षेत्र, जो 21वीं सदी की वैश्विक राजनीति का केंद्र है।
- **समुद्री मार्ग**
  अंतरराष्ट्रीय व्यापार और ऊर्जा आपूर्ति के लिए प्रयुक्त प्रमुख समुद्री रास्ते।
- **चोक-पॉइंट**
  ऐसा संकीर्ण समुद्री मार्ग, जिसके नियंत्रण से वैश्विक व्यापार और सुरक्षा प्रभावित होती है।
- **संसाधन भू-राजनीति**

प्राकृतिक संसाधनों के नियंत्रण, वितरण और उपयोग से जुड़ी शक्ति-राजनीति।

- **ऊर्जा सुरक्षा**
  राज्य की निरंतर, सस्ती और सुरक्षित ऊर्जा आपूर्ति सुनिश्चित करने की क्षमता।
- **तेल-राजनीति**
  पेट्रोलियम संसाधनों के माध्यम से अंतरराष्ट्रीय प्रभाव और शक्ति-संतुलन को प्रभावित करने की नीति।
- **पाइपलाइन राजनीति**
  ऊर्जा पाइपलाइनों के मार्ग, नियंत्रण और सुरक्षा से जुड़ी रणनीतिक प्रतिस्पर्धा।
- **दुर्लभ खनिज**
  उच्च तकनीक, रक्षा और हरित ऊर्जा में प्रयुक्त सीमित उपलब्धता वाले खनिज।
- **संसाधन-संघर्ष**
  प्राकृतिक संसाधनों के नियंत्रण हेतु उत्पन्न राजनीतिक या सैन्य टकराव।
- **क्षेत्रीय भू-राजनीति**
  विशिष्ट भौगोलिक क्षेत्र में शक्ति, संसाधन और सुरक्षा की प्रतिस्पर्धा का अध्ययन।
- **शक्ति-संतुलन**
  ऐसी स्थिति जिसमें कोई भी राज्य अत्यधिक प्रभुत्व स्थापित न कर सके।
- **मध्य-पूर्व**
  ऊर्जा संसाधनों और रणनीतिक स्थिति के कारण वैश्विक राजनीति का संवेदनशील क्षेत्र।
- **अफ्रीका की भू-राजनीति**
  संसाधन-समृद्धि, विकासशील अर्थव्यवस्था और बाहरी शक्तियों की प्रतिस्पर्धा से जुड़ी राजनीति।
- **यूरोपीय सुरक्षा संरचना**
  यूरोप में शांति, रक्षा और सामूहिक सुरक्षा की संस्थागत व्यवस्था।
- **क्षेत्रीय संगठन**
  किसी विशेष क्षेत्र के राज्यों द्वारा गठित सहयोगात्मक संस्थाएँ।
- **वैश्विक संस्थाएँ**

अंतरराष्ट्रीय स्तर पर शासन, सुरक्षा और सहयोग हेतु स्थापित संगठन।

- **बहुपक्षीयता**
  कई राज्यों द्वारा सामूहिक निर्णय और सहयोग की प्रक्रिया।
- **नियम-आधारित व्यवस्था**
  अंतरराष्ट्रीय कानूनों और संस्थागत नियमों पर आधारित वैश्विक प्रणाली।
- **शक्ति-राजनीति**
  नैतिकता या नियमों की बजाय शक्ति और हितों पर आधारित अंतरराष्ट्रीय व्यवहार।
- **बहुध्रुवीयता**
  ऐसी वैश्विक व्यवस्था जिसमें अनेक शक्तिशाली राज्य प्रभाव साझा करते हैं।
- **वैश्विक शासन**
  अंतरराष्ट्रीय समस्याओं के समाधान हेतु राज्यों और संस्थाओं की सामूहिक व्यवस्था।
- **मेट्रोपोल / केंद्र-राज्य / औपनिवेशिक केंद्र**
  वह प्रमुख शक्ति या केंद्रीय राज्य जो उपनिवेशों या परिधीय क्षेत्रों को नियंत्रित करता है।
- **शक्ति-रिक्तता**
  किसी क्षेत्र में प्रभावी राजनीतिक, सैन्य या संस्थागत सत्ता का अभाव।

परिशिष्ट ग

प्रमुख भू-राजनीतिक सिद्धांतकार और उनके सिद्धांत

यह परिशिष्ट भू-राजनीति के विकास में महत्वपूर्ण योगदान देने वाले प्रमुख विचारकों और उनके सिद्धांतों का संक्षिप्त परिचय प्रस्तुत करता है।

1.फ्रेडरिक रैटज़ेल

रैटज़ेल को आधुनिक भू-राजनीति का प्रारंभिक विचारक माना जाता है। उन्होंने राज्य को एक जीवित जैविक इकाई के रूप में देखा जो अपने विस्तार और संसाधनों के लिए संघर्ष करता है।

2रुडोल्फ केजेलन

केजेलन ने पहली बार "भू-राजनीति " शब्द का प्रयोग किया। उन्होंने राज्य को एक राजनीतिक-सामाजिक जीव के रूप में परिभाषित किया और भूगोल को राज्य की शक्ति का आधार माना।

3. हैलफोर्ड जे. मैकिंडर

मैकिंडर ने हार्टलैंड सिद्धांत प्रस्तुत किया। उनके अनुसार यूरेशिया का केंद्रीय क्षेत्र वैश्विक शक्ति नियंत्रण का केंद्र है। उनका प्रसिद्ध कथन है:

"जो पूर्वी यूरोप को नियंत्रित करता है, वह हार्टलैंड को नियंत्रित करता है।"

4. अल्फ्रेड थायर महान

महान ने समुद्री शक्ति के महत्व पर बल दिया। उन्होंने कहा कि समुद्री व्यापार मार्गों और नौसैनिक शक्ति का नियंत्रण वैश्विक प्रभुत्व के लिए अत्यंत महत्वपूर्ण है।

5. कार्ल हौशोफर

हौशोफर ने जर्मन भू-राजनीति के विकास में महत्वपूर्ण भूमिका निभाई और भू-राजनीतिक विचारों को रणनीतिक और सैन्य दृष्टिकोण से विकसित किया।

6. निकोलस स्पाइकमन

स्पाइकमन ने रिमलैंड सिद्धांत प्रस्तुत किया, जिसके अनुसार यूरेशिया के तटीय क्षेत्र वैश्विक शक्ति संतुलन के लिए निर्णायक हैं।

7. सॉल कोहेन

कोहेन ने वैश्विक भू-राजनीतिक क्षेत्रों को भू-रणनीतिक क्षेत्र और भू-राजनीतिक क्षेत्र के रूप में वर्गीकृत किया।

8. ज़्बिग्न्यू ब्रेज़िंस्की

उन्होंने यूरेशिया को वैश्विक शक्ति प्रतिस्पर्धा का मुख्य क्षेत्र माना और इसे विशाल शतरंजपटल की संज्ञा दी।

9. रॉबर्ट डी. कपलान

कपलान ने आधुनिक भू-राजनीतिक विश्लेषण में भूगोल की भूमिका को पुनः स्थापित किया और हिंद महासागर को वैश्विक शक्ति प्रतिस्पर्धा का केंद्र बताया।

10. समकालीन भू-राजनीतिक विचार

आधुनिक भू-राजनीति में भू-अर्थशास्त्र, साइबर स्पेस, ऊर्जा सुरक्षा, और जलवायु परिवर्तन जैसे नए आयाम शामिल हो गए हैं, जो वैश्विक शक्ति संरचना को पुनर्परिभाषित कर रहे हैं।

www.ingramcontent.com/pod-product-compliance
Lightning Source LLC
LaVergne TN
LVHW090302210926
848480LV00001B/98